공인중개사법및중개실무

- 홍길성 교수 경영학박사(감정평가사) / 성대경영행정대학원 교수 / 감정평가학회장 역임
- 정신교 교수 법학박사 / 목포해양대 교수 / 한국부동산학회 분과위원장
- 김상현 교수 법학박사 / 건대 · 한북대 교수 / 한국부동산학회 학술위원 / 한국지식재단 연구위원
- 유원상 교수 부동산학박사 / 한양대학교 교수 / 한국부동산학회 분과위원장
- 양영준 교수 부동산학박사 / 제주대부동산학 교수 / 한국부동산학회 지역학회장
- 김동현 교수 부동산학박사 / 이학박사 / 청암대 교수 / 자산정보연구소장 / 한국부동산학회 학술위원
- 조광행 교수 경제학박사 / 열린사이버대 교수 / 한국부동산학회 부학회장
- 김성은 교수 법학박사 / 고려대 · 창신대부동산학과 교수 / 고려대법학연구원 연구위원
- 방경식 교수 행정학박사(부동산) / 주택산업연구원연구실장 · 한국부동산학회 수석부학회장 역임
- 윤황지 교수 법학박사 / 건국대 · 강남대부동산학과 전교수 / 한국부동산학회 자문위원
- 박기원 연구위원 부동산학전공 / 건대행정대학원 / 한국부동산학회이사 역임, 연구위원
- 장재원 교수 국민대법무대학원 중개실무연구 / 단국대 강사 / 한국지식재단 연구교수

부동산공법

- 송명규 교수 환경토지정책박사 / 단국대부동산학과 교수 / 한국부동산학회 부학회장
- 윤준선 교수 공학박사 / 강남대부동산건축공학부 교수 / 한국부동산학회 부학회장
- 정태용 교수 서울대법학전공, 아주대 로스쿨 교수 / 법제처 행정심판관리국장 역임
- 김행종 교수 행정학박사 / 세명대 교수 / LH토지연수석연구원 역임 / 한국부동산학회 지역학회장
- 김진수 교수 행정학박사 / 건국대행정대학원 교수 / 한국부동산학회 부학회장 / 한국지식재단 자문위원
- 이옥동 교수 경영학박사(부동산) / 성결대도시계획부동산학부 교수 / 한국부동산학회 부학회장
- 홍성지 교수 행정학박사 / 백석대부동산학 교수 / 한국지식재단 연구위원
- 김동환 교수 부동산학박사 / 서울사이버대부동산학과 교수 / 한국부동산학회 학술위원
- 백연기 교수 한국부동산학회 공법연구위원 겸 연구교수 / 인하대강사
- 이윤상 연구위원 도시계획학박사 / LH연구원 연구위원 / 한국부동산학회 학술위원
- 이춘호 교수 공학박사 / 강남대부동산건축공학부 교수 / 한국부동산학회 학술위원
- 이기우 교수 법학박사 / 호남대학교대학원장 역임 / 한국부동산법학회장 역임
- 김용민 교수 법학박사 / 강남대부동산학과 전교수 / 한국부동산학회 지역학회장 역임
- 진정수 연구위원 행정학박사(부동산학) / 국토연구원 전연구위원
- 조정환 교수 법학박사 / 건국대 · 대진대법무대학원장 · 한국부동산학회 부학회장 역임
- 김재덕 교수 법학박사 / 건국대부동산학과 교수 · LA캠퍼스총장 역임/한국지식재단 자문위원

부동산공시법

- 조재영 교수 법학박사 / 한양대학교 교수 / 한국부동산학회 부학회장
- 최승영 교수 법학박사 / 목포대지적부동산학과 교수 / 한국부동산학회 학술위원
- 천 영 교수 법학박사 / 감정평가사 / 건국대부동산대학원 교수 / 한국부동산학회 부학회장
- 이승섭 교수 서울대법학전공, 충남대로스쿨 교수 / 대전 · 인천지방법원판사역임/한국지식재단 선문위원
- 주명식 교수 민사집행실무연구회장 / 사법연수원 교수 / 대법원법정국장 역임
- 정삼석 교수 도시계획학박사 / 창신대부동산대학원 교수 / 한국지식재단 연구위원
- 이진경 교수 공학박사 / 감사원평가연구원 · SH연구원팀장 / 상지대교수 / 한국부동산학회 학술위원
- 이기우 교수 법학박사 / 호남대 교수 · 대학원장 / 한국부동산학회장 · 한국부동산학회 자문위원 역임
- 송현승 교수 부동산학박사 / 평택대학교 교수 / 한국부동산학회 학술이사
- 윤창구 교수 경영학박사 / 인천대경영대학원부동산학과 교수 / 한국감정원연수원장 역임
- 임이택 교수 경영학박사 / 목포대지적부동산학과 교수 · 대학원장 · 교수협회장 / 한국부동산회장 역임
- 오현진 교수 법학박사(부동산학) / 청주대지적학과 교수 · 사회과학대학장 · 한국부동산학회 부학회장 역임
- 박준석 변호사 건국대 / 수원지방법원/군판사역임
- 조형래 변호사 한국부동산학회 학술위원
- 손기선 연구원 부동산공시전문 / 한국지식재단 연구원 / 한국부동산학회 연구원
- 임석회 연구위원 지리학박사 / 대한감정평가협회 연구위원

부동산세법

- 이찬호 교수 경영학박사(회계학) / 부동산학박사 / 부산대학교 교수 / 한국부동산학회 지역학회장
- 김용구 교수 부동산학박사 / 건국대학교 부동산대학원강사 / 단국대학교 겸임교수
- 장 긴 교수 법학박사 / 김포대부동산경영학과 교수 / 한국부동산학회 학술위원 / 한국지식재단 연구위원
- 황재성 교수 기획재정부 재산세과장 역임 / 세무대학교 교수
- 안상인 교수 경영학박사(회계학) / 창신대부동산학과 전교수 / 한국지식재단 연구위원
- 이옥동 교수 경영학박사(부동산) / 성결대도시계획부동산학 교수 / 한국부동산학회 부학회장
- 최정일 교수 경영학박사(재무, 금융) / 성결대학교 교수 / 한국부동산학회 분과위원장
- 양해식 교수 세무대학세법전공 / 고세청 전재직 / 중부대학겸임교수
- 송진영 교수 세무사시험출제위원 / 한국지식재단 연구위원
- 김재운 교수 부동산전공 / 남서울대부동산학과 전교수 / 한국부동산학회 윤리위원
- 김정완 연구원 법학박사(수) / 한국부동산학회 연구원 / 한국지식재단 연구원
- 오맹렬 연구원 법무전문 / 한국지식재단 연구원 / 한국부동산학회 연구원
- 김병준 교수 경영학박사(금융) / 강남대실버산업학과 교수 / 한국부동산학회 학술위원
- 나병삼 교수 행정학박사(부동산학) / 명지전대부동산경영과 전교수
- 박상학 연구위원 경제박사(금융/부동산) / LH토지주택연구원 연구위원 / 한국부동산학회 분과위원장

그 밖에 시험출제위원 활동중인 교수그룹 등은 참여생략

알고 보니 경록이다

우리나라 부동산전문교육의 본산 경록 1957

한방에 합격은 경록이다

제1회 시험부터 수많은 합격자를 배출한 전문성 - 경록

별☆이☆일☆곱☆개

경록 부동산학・부동산교육 최초 독자개척 고객과 함께, 68주년 기념

1957

알고 보니 경록이다

우리나라 부동산전문교육의 본산 경록 1957

머리말

매년 99% 문제가 경록 교재에서!!

경록 교재는 공인중개사사 시험 통계작성 이후 27년간 매년 99% 문제가 출제되는 독보적 정답률을 기록한 유일한 교재입니다. 경록은 우리나라 부동산 교육의 본산이며 경록교재는 우리나라 부동산교육의 정통한 역사를 이끌어가는 오리지널 교재입니다.

이 교재는 우리나라 부동산교육의 본산인 경록의 68년간 축적된 전문성을 기반으로 130여 명의 역대 최대 '시험출제위원 부동산학 대학교수그룹'이 제작, 해마다 완성도를 높여가며 시험을 리드하는 교재입니다.

특히 경록의 온라인과정 전문기획인강은 언택트시대를 리드하는 뉴 트렌드가 되었습니다. 업계 최초로 1998년부터 〈경록 + MBN TV 족집게강좌〉 8년, 현재까지 28년차 검증된 99%족집게강좌입니다.
일반 학원의 6개월에 1회 수강과정을 경록에서는 1개월마다 2회 반복완성이 가능합니다.

경록의 전문성이 곧 합격의 지름길로 이끌어 드립니다. 성공은 경록과 함께 시작됩니다.

여러분의 건투를 빕니다.

교재 구성과 활용

무엇을 공부해야 하는가
"학습포인트"
핵심이 무엇인지 문제의식을 가지고 공부한다.

학습포인트
- 이 장(章)의 내용은 제2장 부동산의 개념 및 제3장 부동산의 특성과 연결시켜 이해하게 되면 부동산학 이론의 전반적인 내용을 체계적으로 학습할 수 있다. 부동산학은 부동산의 자연적 특성에서 비롯되어 종합식 접근방법에 의한 종합응용사회과학으로 체계화된 것이다.
- 부동산학연구의 전반을 차지하는 것은 부동산활동이다.

주요키워드 **만화해설**

내용이 너무 어려워요
"삽화해설"
초학자도 쉽게 접근할 수 있도록 삽화로 풀이하였다.

 부증성(不增性)

① · **不**: 아닐 [부]
· **增**: 증가할[증]
· **性**: 성질 [성]

② 부증성이란 글자 그대로 '증가하지 않는 성질'을 말한다.
③ 토지의 자연적 특징 중 가장 많이 출제되는 특성임!

이 단원 알아둘 **키워드**

콕 짚어주세요.
"키워드"
각 장별로 중요한 주제들을 선별하였다.

CHAPTER	학습 & 출제되는 키워드

☑ 부동산학의 정의   ☑ 부동산현상의 개념   ☑ 부동산활동의 개념
☑ 부동산환경의 분야   ☑ 종합식 접근방법   ☑ 능률성의 원칙

이 단원 주요 **출제질문 예**

이렇게 문제로 출제되는 구나
"출제질문 예"
최근 시험에서 출제된 문항들을 정리하였다.

CHAPTER	학습 & 출제되는 질문

☑ 부동산학에 관한 설명으로 틀린 것은?
☑ 부동산활동에 관한 설명으로 옳은 것을 모두 고른 것은?

단락문제 02
제24회 기출개작

한국표준산업분류에 따른 부동산업에 해당하지 않는 것은?
① 주거용 건물 개발 및 공급업
② 부동산 투자 및 금융업
③ 부동산 중개 및 대리업
④ 비주거용 부동산 관리업
⑤ 기타 부동산 임대업

해설 부동산업
한국표준산업분류에 따른 부동산업에는 "부동산 투자 및 금융업"이 포함되지 않는다. **답** ②

> **잊기 전에 문제로 확인한다**
> "단락문제"
> 각 단락의 내용이 실전에서 어떻게 문제로 변환되는지 알 수 있도록 하였다.

Key Point 법정대리와 임의대리

구 분		법정대리	임의대리
발생원인		법률의 규정	법률행위(대리권수여 의사표시)
대리권의 범위		법률의 규정	대리권수여 범위 내(보충 제118조)
복임권	선임권	언제나 선임가능	① 본인의 승낙이 있는 때 ② 부득이한 경우에 한해서 가능
	책 임	무과실책임	선임감독책임 및 통지에 한하여
대리권 소멸		본인의 사망, 대리인의 사망, 성년후견개시, 파산	본인의 사망, 대리인의 사망, 성년후견개시, 파산, 원인된 법률관계의 종료, 수권행위의 철회

> **이것이 이해의 핵심**
> "key point"
> 각 단락의 핵심내용을 압축적으로 표현하여 복습이 가능하도록 했다.

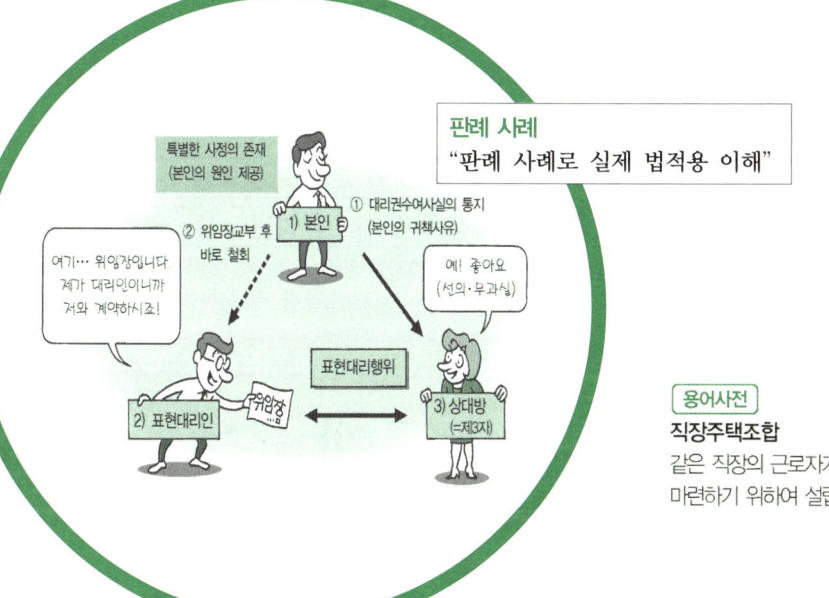

판례 사례
"판례 사례로 실제 법적용 이해"

> **숨은 의미가 있어요**
> "wide(참고사항)"
> 참고사항과 이해를 위한 부가적 사항을 따로 정리하였다.

용어사전
직장주택조합
같은 직장의 근로자가 주택을 마련하기 위하여 설립한 조합

> **용어사전을 쉽게 정리**
> "용어사전"
> 독학자를 위해 관련용어를 쉽게 쉽게 풀이 하였다.

단락핵심
부동산문제
(1) 지가고(地價高)란 합리적 지가수준을 넘는 지가상태를 말한다.
(2) 양적 주택문제는 주택수가 가구 총수에 합리적인 공가율에 의한 필요공가수를 합친 필요주택수에 미달하는 현상이다.

> **이것만은 반드시 기억하자**
> "단락핵심"
> 기출 지문을 중심으로 각 단락별 핵심내용을 정리했다. 학습한 내용을 확인하고 복습 및 정리를 위해 활용할 수 있도록 하였다.

> **단원을 정리하자**
> "단원 오답 잡기"

지속가능한 직업
공인중개사

▎공인중개사란

🔍 공인중개사?
공인중개사법령에 의한 공인중개사자격을 취득한 자를 말한다(「공인중개사법」 제2조 제2항).

🔍 중개업?
중개업은 다른 사람의 의뢰에 의하여 일정한 보수를 받고 중개대상물에 대한 거래당사자 간의 매매, 교환, 임대차 그 밖의 권리의 득실변경에 관한 행위의 알선을 업으로 하는 것이다(「공인중개사법」 제2조 제1호, 제3호 참조).

🔍 중개대상물?

| 토지 | 건축물 그 밖의 토지의 정착물 | 입목 |
| 광업재단 | 공장재단 | 분양권 | 입주권 |

(대판 2000.6.19. 2000도837 등 참조)

▎개업 공인중개사 업역
(「공인중개사법」 제14조 참조)

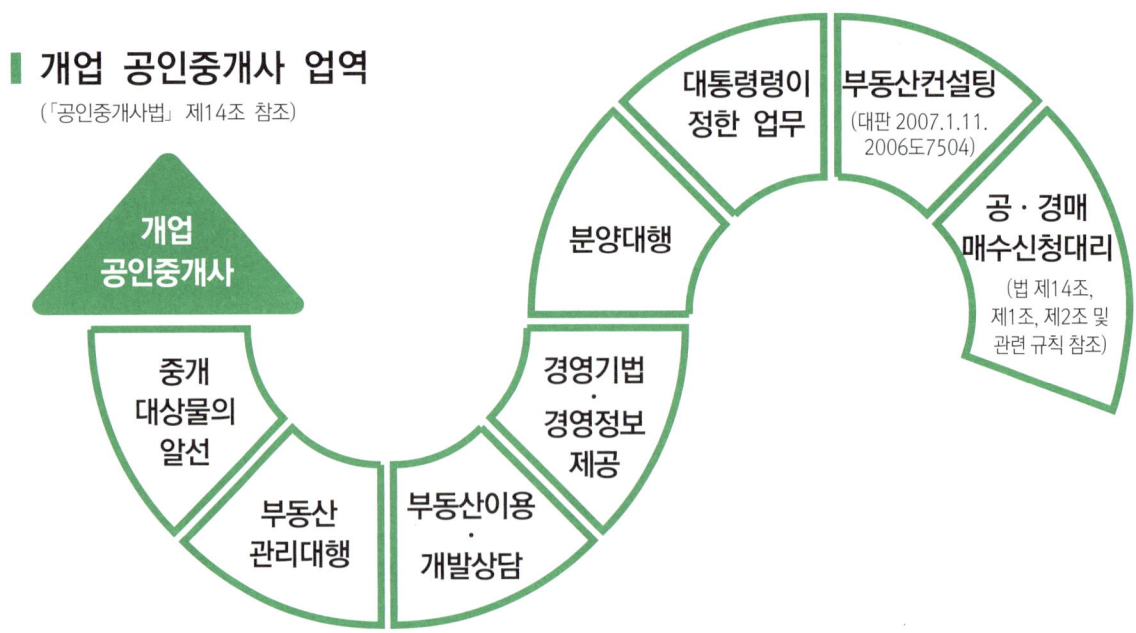

개업 (창업)

중개업의 개업은 공인중개사시험에 합격한 후 소정의 교육을 받고, 개설코자 하는 사무소 소재지 시·군·구청에 "사무소" 개설 등록을 하면 된다.

개인중개사무소, 합동중개사무소, 법인중개사무소를 개설하여 영위할 수 있다.

세상에는 수많은 직업이 있으나 돈이 되고, 시장규모가 크고, 경제성이 높고, 일반 진입이 용이한 직업은 거의 없다.

100세가 되어도 건강하면 경제활동이 가능하고, 시장규모가 크고, 높은 경제성이 있고, 일반 진입이 가능한 직업은 공인중개사뿐이다.

법정취업

- **개인중개사무소, 합동중개사무소, 법인공인중개사무소의 소속공인중개사로 취업**
  11만 4천여 개(법인 포함) 중개업체의 소속 공인중개사, 법인의 사원 또는 임원으로 취업 (2021현재)

- **특수 중개법인 취업**(「공인중개사법」 제9조 참조)
  - **지역농업협동조합** : 농지의 매매·교환·임대차 업무
  - **산림조합** : 임야, 입목의 매매·교환 업무
  - **산업단지관리기관** : "산단" 내 공장용지·건축물의 매매·임대차 업무
  - **자산관리공사** : 금융회사 부실자산 등 비업무용 부동산의 매매 업무

일반취업 (가산점 등)

공인중개사 수요는 경제성장과 함께 폭발적으로 증가한다.

국내외 부동산투자회사, 부동산투자신탁회사, LH토지주택공사, SH공사 등 각 지자체공사, 금융기관, 보험기관 등에서 유자격자를 내부적으로 보직 고려나 승급 시 가산점을 부여한다.

일반기업, 공무원 등에서 보직 참고, 승급 등의 업무소양을 가늠하는 전문자격 및 직능향상 기능을 한다.

탁월한 선택

경록의 선택은 탁월한 선택입니다. 우리나라 부동산교육의 본산으로서 65년 전통과 축적된 전문성, 그리고 국내 최대 전문가 그룹이 서포트 합니다.

부동산학을 독자연구 정립하고, 최초로 한국부동산학회를 설립하였으며 대학원에 최초로 독립학과를 설립 교육하고, 공인중개사 제도를 주창, 시험시행 전부터 교육해 시험을 리드한 역사적 전통과 축적을 이룬 기관은 경록뿐입니다(설립자 김영진 박사 1957~현재).

공인중개사 시험

▍시험일정 : 매년 1회 1, 2차 동시 시행

시험 시행기관 등	인터넷 시험접수	시험일자	응시자격
• 법률근거 : 공인중개사법 • 주무부 : 국토교통부 • 시행기관 : 한국산업인력공단	• 매년 8월 둘째 주 5일간 • 특별추가 접수기간 : 별도 공지 일정은 변경될 수 있음	매년 10월 마지막 토요일	학력, 연령, 내·외국인 제한 없이 누구나 가능 (법에 의한 응시자격 결격사유에 해당하는 자는 제외)

※ 큐넷(http://www.q-net.or.kr) 참조, 이상의 일정 등은 변경될 수 있습니다.

▍시험과목 및 시험방법

구 분	시험과목	시험방법	문항 수	시험시간	휴대

1차 시험
1교시
(2과목)
	■ 부동산학개론
	   (부동산감정평가론 포함)
	■ 민법 및 민사특별법 중
	   부동산중개에 관련되는 규정
		객관식
		5지선다형
			과목당
			40문항
			(1번~80번)
				100분
				(9:30~11:10)
					계산기

2차 시험 1교시 (2과목)	■ 공인중개사의 업무 및 부동산거래신고 등 에 관한 법령·중개실무 ■ 부동산공법 중 부동산중개에 관련되는 규정		과목당 40문항 (1번~80번)	100분 (13:00~14:40)	

2차 시험
2교시
(1과목)
	■ 부동산공시에 관한 법령(「부동산등기법」,
	  「공간정보의 구축 및 관리등에 관한 법률」)
	   및 부동산 관련 세법
			40문항
			(1번~40번)
				50분
				(15:30~16:20)	

※ 답안작성 시 법령이 필요한 경우는 시험시행일 현재 시행되고 있는 법령을 기준으로 작성

주의사항
1. 수험자는 반드시 입실시간까지 입실하여야 함(시험시작 이후 입실 불가)
2. 개인별 좌석배치도는 입실시간 20분 전에 해당 교실 칠판에 별도 부착함
3. 위 시험시간은 일반응시자 기준이며, 장애인 등 장애유형에 따라 편의제공 및 시험시간 연장가능
   (장애 유형별 편의제공 및 시험시간 연장 등 세부내용은 큐넷 공인중개사 홈페이지 공지사항 참조)

▌합격기준

구분	합격결정기준
1차 시험	매 과목 100점을 만점으로 하여 매 과목 40점 이상, 전 과목 평균 60점 이상 득점한 자
2차 시험	

▌시험과목 및 출제비율

구 분	시험과목	출제범위	출제비율
1차 시험 (2과목)	부동산학개론 (부동산감정평가론 포함)	부동산학개론	85% 내외
		부동산감정평가론	15% 내외
	민법 및 민사특별법 중 부동산중개에 관련되는 규정	민법(총칙 중 법률행위, 질권을 제외한 물권법, 계약법 중 총칙·매매·교환·임대차)	85% 내외
		민사특별법(주택임대차보호법, 집합건물의 소유 및 관리에 관한 법률, 가등기담보 등에 관한 법률, 부동산 실권리자명의 등기에 관한 법률, 상가건물 임대차보호법)	15% 내외
2차 시험 (3과목)	공인중개사의 업무 및 부동산거래신고 등에 관한 법령·중개실무	공인중개사법, 부동산거래신고 등에 관한 법률	70% 내외
		중개실무	30% 내외
	부동산공법 중 부동산중개에 관련되는 규정	국토의 계획 및 이용에 관한 법률	30% 내외
		도시개발법, 도시 및 주거환경정비법	30% 내외
		주택법, 건축법, 농지법	40% 내외
	부동산공시에 관한 법령 (「부동산등기법」, 「공간정보의 구축 및 관리등에 관한 법률」) 및 부동산 관련 세법	부동산등기법	30% 내외
		공간정보의 구축 및 관리 등에 관한 법률 (제2장 제4절 및 제3장)	30% 내외
		부동산 관련 세법(상속세, 증여세, 법인세, 부가가치세 제외)	40% 내외

차 례

Part 1 공인중개사법령

Chapter 1 총 칙 4

제1절 부동산중개제도의 연혁 5
1. 부동산중개의 기원 5
2. 부동산중개업법의 제정 및 개정 7
3. 공인중개사의 업무 및 부동산거래신고에 관한 법률로 전문개정 7
4. 공인중개사법으로 법명의 개정 7
5. 공인중개사법의 성격 8

제2절 공인중개사법의 제정목적 9

제3절 용어의 정의 11
1. 중 개 11
2. 공인중개사 16
3. 중개업 16
4. 개업공인중개사 19
5. 소속공인중개사 21
6. 중개보조원 21

제4절 공인중개사 정책심의위원회 23

제5절 중개대상물 27
1. 중개대상물의 범위 27
2. 중개대상물 및 중개대상 권리가 아닌 것 34
- 단원 오답 잡기 40

Chapter 2 공인중개사 41

제1절 공인중개사 자격제도 42
1. 공인중개사의 의의 42
2. 공인중개사제도 42

제2절 공인중개사 시험제도 43
1. 자격시험의 의의 43
2. 시험방법 46
3. 자격증의 교부 등 50

제3절 양도·대여 및 유사명칭 사용금지 52
1. 자격증 대여 등의 금지 52
2. 유사명칭의 사용금지 54
- 단원 오답 잡기 58

Chapter 3 중개업 59

제1절 중개사무소 개설등록 60
1. 사무소 개설등록 60
2. 이중등록 및 이중소속 83
3. 중개사무소등록증 대여 등의 금지 85
4. 등록의 효력상실 및 무등록 85
5. 등록의 결격사유 88
   - 단원 오답 잡기 103

제2절 중개업무 104
1. 업무범위(업무지역 제한) 104
2. 개인인 개업공인중개사의 겸업 106
3. 법인의 겸업제한 107
   - 단원 오답 잡기 112

제3절 중개사무소 113
1. 중개사무소의 설치기준 113
2. 명칭 및 성명 표기 120
3. 개업공인중개사의 고용인의 신고 등 129
4. 인장의 등록 137
5. 중개사무소등록증 등의 게시 142
6. 중개사무소의 이전신고 143
7. 휴업 또는 폐업의 신고 148
8. 간판의 철거 153
   - 단원 오답 잡기 154

제4절 중개계약과 부동산거래정보망 155
1. 일반중개계약 155
2. 전속중개계약 157
3. 부동산거래정보망의 지정 166
4. 부동산거래정보망을 통한 공동중개 175
5. 「독점규제 및 공정거래에 관한 법률」에 의한 부당경쟁 제한 179
   - 단원 오답 잡기 180

제5절 중개대상물 확인·설명의무 및 거래계약서 작성의무 181
1. 중개대상물 확인·설명의무 181
2. 거래계약서의 작성의무 191
   - 단원 오답 잡기 198

제6절 개업공인중개사의 일반의무 199
1. 개업공인중개사등의 기본윤리 199
2. 손해배상책임의 보장 204
3. 계약금 등의 반환채무이행의 보장 223
4. 개업공인중개사등의 교육 229
5. 금지행위 235
   - 단원 오답 잡기 254

제7절 중개보수 등 255
1. 중개보수청구권 255
2. 중개보수 한도액 264

3 실비청구권 270
4 의무위반의 벌칙 271
5 중개보수 계산사례 272
■ 단원 오답 잡기 277

4 고유식별정보의 처리 328
■ 단원 오답 잡기 329

Chapter 4 지도·감독 278

제1절 감독상의 명령 등 279
1 감독상의 명령 등의 내용 및 요건 279
2 의무위반에 대한 벌칙 281

제2절 행정처분 282
1 행정처분의 개요 282
2 지정취소 284
3 자격취소 287
4 자격정지 293
5 절대등록취소 297
6 상대등록취소 304
7 등록취소 관련 행정절차 310
8 업무의 정지처분 312
9 행정제재처분효과의 승계 등 319

제3절 보 칙 322
1 업무위탁 322
2 포상금 324
3 행정수수료 327

Chapter 5 공인중개사협회 330

제1절 협회의 개념 및 설립 331
1 공인중개사협회의 개념 331
2 협회의 설립 334
3 조 직 336

제2절 협회의 업무 및 지도·감독 337
1 협회의 업무 337
2 공제사업 338
3 지도·감독 등 344
■ 단원 오답 잡기 345

Chapter 6 벌 칙 346

제1절 행정벌 347
1 행정형벌 347
2 행정질서벌 348

제2절 행정형벌 349

1. 3년 이하의 징역 또는 3천만원 이하의 벌금형 349
2. 1년 이하의 징역 또는 1천만원 이하의 벌금형 352
3. 양벌규정 355
4. 벌금형의 분리선고 356

제3절 행정질서벌 356

1. 과태료 처분대상자 356
2. 과태료 부과·징수 359
   - 단원 오답 잡기 363

Part2 부동산 거래신고 등에 관한 법률

Chapter 1 총 칙 366

1. 부동산거래신고에 관한 법률의 도입배경 367
2. 제정목적과 용어의 정의 368

Chapter 2 부동산거래신고 369

1. 부동산거래신고 대상 및 시기 370
2. 부동산거래신고의무 및 금지행위 371
3. 부동산거래신고 절차 377
4. 정정신청, 변경신고 382
5. 주택임대차 계약신고 383
6. 부동산거래신고서의 작성 388
   - 단원 오답 잡기 390

Chapter 3 외국인등의 부동산취득의 특례 391

1. 상호주의 392
2. 부동산 등의 취득·보유신고 393
3. 토지취득허가 394
4. 신고 또는 신청 후의 절차 397
   - 단원 오답 잡기 398

Chapter 4 토지거래허가 399

1. 토지거래 허가구역의 지정 400
2. 토지거래에 대한 허가 404
3. 허가기준 411

차 례

4 허가의 불복 등 413
5 토지이용에 관한 의무 등 416
6 이행강제금 418
7 지가동향의 조사 420
8 그 외 사항 421
- 단원 오답 잡기 424

Chapter 5 부동산 정보관리 및 보칙 425

1 부동산 정보관리 426
2 보 칙 427
- 단원 오답 잡기 431

Chapter 6 벌 칙 432

1 벌 칙 433
2 과태료 434
3 자진 신고자에 대한 감면 등 435
- 단원 오답 잡기 440

Part3 중개실무

Chapter 1 중개실무 총론 444

제1절 중개실무의 범위 445
1 부동산중개활동과 중개실무 445
2 부동산중개활동 445

제2절 중개업경영 447
1 중개업경영의 특징 447
2 리스팅농장의 경영 449

3 중개광고 451
- 단원 오답잡기 453

Chapter 2 중개계약 454

제1절 중개계약의 수집 455
1 중개계약 수집업무 455
2 직접수집방법과 간접수집방법 456

제2절 중개계약서 작성 460
1. 중개계약 460
2. 중개계약의 필요성 467
3. 일반중개계약서 작성 469
4. 전속중개계약서 작성 471
- 단원 오답 잡기 473

Chapter 3 중개대상물의 조사·분석 474

제1절 중개대상물 조사·분석 개요 475
1. 조사·분석의 목적 및 절차 475
2. 권리분석 476

제2절 공부조사 477
1. 개 설 477
2. 부동산등기부 조사·분석 479
3. 지적공부조사 484
4. 건축물대장 490
5. 토지이용계획확인서 491
6. 미등기부동산의 조사·분석 496

제3절 현장조사 497
1. 현장조사의 개요 497
2. 토지의 현장조사 500

3. 건물의 현장조사 514
4. 취득시 부담하여야 할 조세의 종류 및 세율 조사·확인 515

제4절 기타 부동산의 조사·분석 516
1. 입목 조사·분석 516
2. 광업재단 및 공장재단 조사·분석 518
3. 분양권 조사·분석 519

제5절 중개대상물 확인·설명서 작성 521
1. 개 요 521
2. 작성방법 523
- 단원 오답 잡기 544

Chapter 4 중개대상물의 중개기법 545

제1절 특징분석 546
1. 셀링포인트 546
2. 개별 부동산의 특징분석 549

제2절 중개기법 551
1. 중개심리 및 고객의 특징분석 551
2. 현장안내 및 클로징 555
- 단원 오답 잡기 558

차 례

Chapter 5 부동산거래계약 559

제1절 거래계약의 성질 560
1. 계약서의 법률적 성질 및 효력 560
2. 부동산거래계약서의 요건 560

제2절 거래계약체결 561
1. 일반적 주의사항 561
2. 계약서의 필요기재사항 563
3. 거래당사자 확인의무 568
4. 대상물의 특정 571
5. 부동산거래 전자계약시스템 574
- 단원 오답 잡기 578

Chapter 6 부동산거래 관련제도 580

제1절 부동산등기 특별조치법 581
1. 등기신청의무 및 미등기전매 금지 581
2. 계약서 등의 검인에 대한 특례 583
3. 등기원인 허위기재 등의 금지 587
4. 벌칙 587
5. 법률위반 계약의 효력 588

제2절 부동산 실권리자명의 등기에 관한 법률 589
1. 용어의 정의 및 실명등기의무 589
2. 명의신탁약정의 효력 592
3. 벌칙 및 과징금 595

제3절 주택임대차보호법 597
1. 적용범위 및 강행규정 597
2. 대항력 등 598
3. 확정일자인과 우선변제권 601
4. 보증금반환채권의 양수와 우선변제권 604
5. 소액보증금의 보호 605
6. 임차권등기명령 607
7. 임대차기간 및 차임증감 등 609
8. 계약의 갱신 610
9. 주택임대차위원회 613
10. 주택임대차분쟁조정위원회 616

제4절 상가건물 임대차보호법 622
1. 제정목적 622
2. 적용대상 623
3. 대항력 624
4. 확정일자 받은 임차인에 의한 우선변제권 626
5. 보증금반환채권 양수와 우선변제권 626
6. 소액보증금에 의한 우선변제권 628
7. 임대차기간 보장 및 계약갱신요구권 630
8. 권리금 634
9. 기타 사항 636

제5절 기타 부동산거래 관련법규 640
① 농지법상의 거래규제 640
② 기타 거래규제제도 642
■ 단원 오답잡기 644

Chapter 7 부동산경매 및 공매 645

제1절 경매제도 646
① 민사집행법과 경매 646
② 경매의 종류 647
③ 부동산 경매 권리분석 650
④ 경매방법 657

제2절 공 매 659
① 공매 개요 659
② 국세징수법에 의한 공매 660
③ 한국자산관리공사에서의 공매 661

제3절 법원경매 절차 664
① 법원경매의 진행 664
② 법원경매 참가절차 666

제4절 공인중개사의 매수신청대리인 등록 등에 관한 규칙 등 676
① 총 칙 676
② 매수신청대리인 등록 등 679
③ 매수신청대리행위 689
④ 지도 및 감독 696
■ 단원 오답잡기 700

부 록 제35회 공인중개사시험
경록교재 99% 정답!! 기출문제해설

PART 01 공인중개사법령

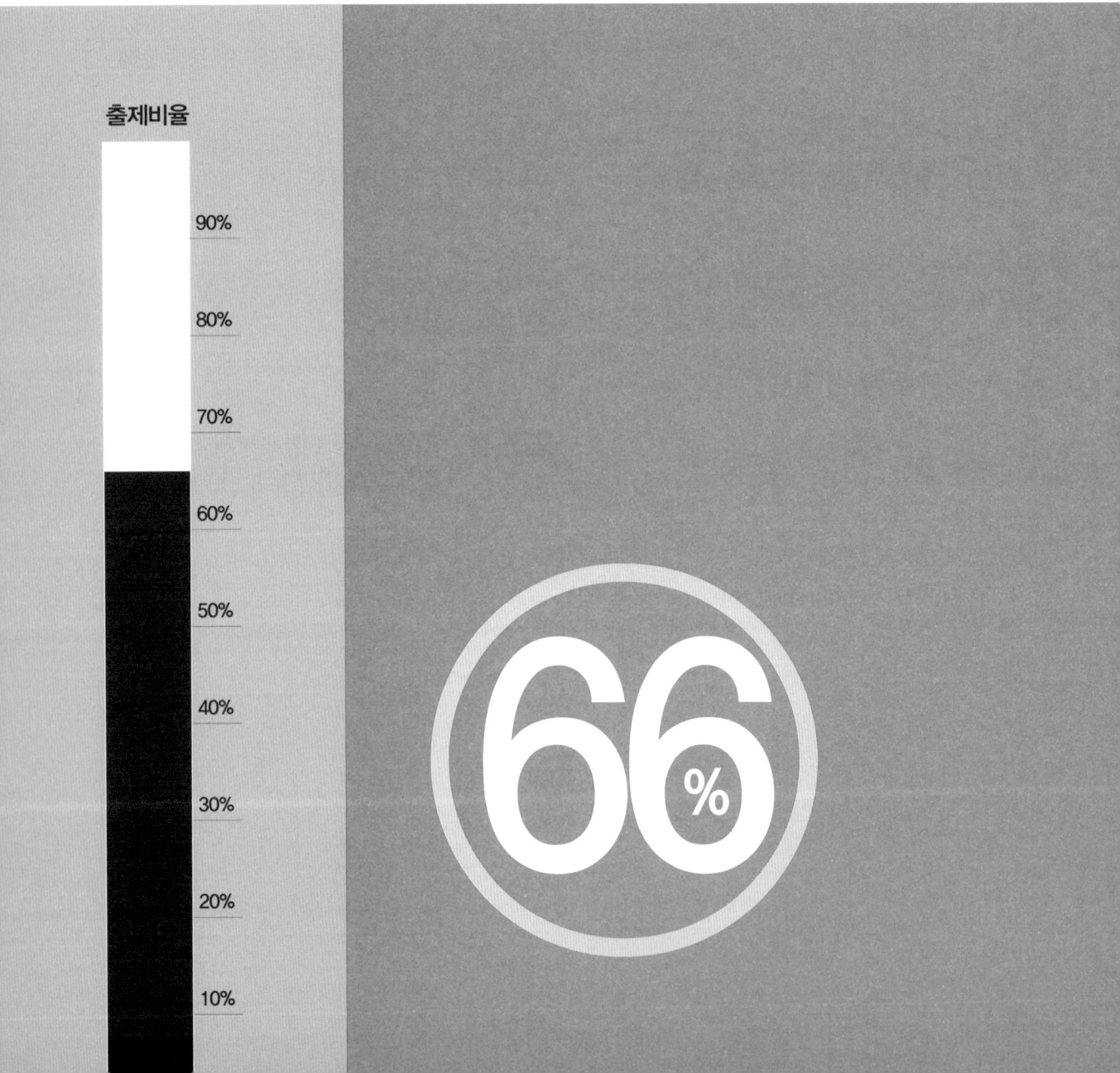

	구 분	26회	27회	28회	29회	30회	31회	32회	33회	34회	35회	계	비율(%)
공인중개사 법령	제1장 총칙	2	3	3	2	3	1	2	3	3	1	23	5.8
	제2장 공인중개사	1	1	1	0	1	2	0	1	0	0	7	1.8
	제3장 중개업	18	16	20	19	13	21	16	11	16	14	164	41.0
	제4장 지도·감독	7	5	4	5	5	2	5	5	3	2	43	10.8
	제5장 공인중개사협회	0	1	0	1	3	0	2	1	1	2	11	2.8
	제6장 벌칙	2	2	2	2	1	2	2	1	0	1	15	3.8
	소 계	30	28	30	29	26	28	27	22	23	20	263	65.8

CHAPTER 01 총칙

학습포인트

- 목 적(제1조) : 이 법 전반의 흐름을 이해할 수 있는 것이며, 과거 시험에서는 조문 그대로를 묻는 문제가 빈번하게 출제되었으므로 반드시 이해하고 암기해야 한다.
- 용어의 정의(제2조) : 이 법 전체에 걸친 해석의 기준으로 반드시 암기해야 하며, 용어의 정의와 관련된 이해력을 묻는 문제도 지속적으로 출제된다.
- 중개대상물(제3조) : 중개업의 범위를 정하는 것으로, 중개대상물에 포함되는지의 여부를 묻는 문제가 빈번히 출제되므로 각 대상물에 대한 심도 높은 학습이 필요하다.

CHAPTER 학습 & 출제되는 키워드

- ☑ 부동산중개업법의 제정 및 개정
- ☑ 중개대상물
- ☑ 중개의 유형
- ☑ 고용행위
- ☑ 중개업
- ☑ 중개보조원
- ☑ 건축물
- ☑ 입목·공장 및 광업재단
- ☑ 공인중개사법의 제정목적
- ☑ 권리의 득실·변경
- ☑ 위임행위
- ☑ 도급행위
- ☑ 개업공인중개사
- ☑ 공인중개사 정책심의위원회
- ☑ 장래 건축될 건물(분양권)
- ☑ 중개대상이 아닌 것
- ☑ 중 개
- ☑ 알선행위
- ☑ 대리행위
- ☑ 현상광고
- ☑ 소속공인중개사
- ☑ 토 지
- ☑ 토지의 정착물

CHAPTER 학습 & 출제되는 질문

- ☑ 공인중개사법령의 제정목적으로 틀린 것은?
- ☑ 용어의 정의에 대해 바르게 설명한 것은?
- ☑ 중개대상물이 아닌 것은?

제1장 총칙

제1절 부동산중개제도의 연혁

Professor Comment
부동산중개제도의 연혁은 직접 시험에 출제될 확률은 낮으나 먼저 읽어두면 현재의 법령을 이해하는 데 도움이 될 것이다.

01 부동산중개의 기원

1 객주

(1) 의의
객주란 타인의 상품을 위탁매매(委託賣買)하는 일종의 위탁매매인을 의미한다.

(2) 기원
우리나라에서 중개제도의 기원은 고려시대의 객주(客主) 상인에서 찾는 것이 일반적이다.
→ 객상주인이라고도 함, 중개업의 효시

2 가쾌(집주름)

(1) 의의
가쾌(家儈)란 조선말경부터 부동산의 매매나 임대차를 알선하던 사람들을 말한다.

(2) 집주름
가쾌는 집주름이라고도 하였고 이들의 사무소를 복덕방(生起福德의 준말)이라고 하였다.

Professor Comment
최초의 부동산중개 전문업자로 볼 수 있다.

3 「객주거간규칙」과 객주거간 인가제

(1) 객주거간규칙의 제정
1890년에는 객주와 거간의 난립으로 인한 문제를 방지하기 위하여 「객주거간규칙(客主居間規則)」이 제정되었다.
← 최초의 부동산중개 관련 법제

(2) 객주거간 인가제
한성부(漢城府)에서는 1893년 규칙을 개정하여 거간업을 인가제로 하였고, 인가증(認可證)을 발행하기 전에 신원조사 등의 상당한 절차를 거쳐 발급한 거간인가증(居間認可證)이 있어야 영업을 할 수 있었다. 이 제도는 1910년 일제강점기가 시작되기 전까지 실시되었다.

4 소개영업취체규칙

일제시대에는 1912년 제정된 조선민사령(朝鮮民事令)에 의해 일본의 법령이 의용(擬用)되다가, 1922년 경기도령 제10호로 「소개영업취체규칙(紹介營業取締規則)」이 제정되어 허가제가 되었다.

5 소개영업법

「소개영업법」은 1961년 9월 15일 국가재건최고회의 제47차 상임위원회에 상정·의결되어, 1961년 9월 23일 법률 제726호로 공포되었다. 제정 당시 「소개영업법」의 주요 골자는 다음과 같다.

(1) 소개영업의 의의

소개영업이라 함은 부동산, 동산등의 매매, 대차의 소개, 혼인의 중매 및 고용자 등의 소개를 영업으로 하는 것을 말한다(제3조).

(2) 소개영업의 신고

소개영업을 하고자 하는 자는 관할 구청장, 시, 읍, 면장에게 신고해야 한다(제2조).

부동산중개의 기원

① 부동산중개는 고려시대의 객주상인에서 찾는다.
② 고려와 조선중기까지의 중개업은 자유업이었다.
③ 객주·거간·가쾌(=집주름)들이 활동하였다.

제1장 총 칙

02 부동산중개업법의 제정 및 개정

1983년에 「소개영업법」을 폐지하고 이에 갈음하여 「부동산중개업법(不動産仲介業法)」을 제정하여, 부동산중개업을 허가제(許可制)로 하며 부동산중개제도를 부분적으로 도입하는 등 개업공인중개사의 공신력을 높이는 한편 개업공인중개사를 적절히 규율하여 건전한 부동산거래질서를 확립함으로써 국민의 재산권을 보호하도록 하였다.

03 공인중개사의 업무 및 부동산거래신고에 관한 법률로 전문개정

2005년에 「부동산중개업법」을 부동산거래의 신고에 관한 사항으로 규정하기 위하여 법률의 제명을 「공인중개사의 업무 및 부동산거래신고에 관한 법률」로 변경함으로써 투명하고 공정한 부동산거래질서를 확립할 수 있도록 하였다.

04 공인중개사법으로 법명의 개정

2014년 「공인중개사의 업무 및 부동산거래신고에 관한 법률」이 「공인중개사법」으로 개정되고 부동산거래신고와 관련된 규정은 「부동산거래신고 등에 관한 법률」로 개정되었다. 이는 전문 직업인인 공인중개사의 업무영역을 인정해 주는 효과가 있다.

중개제도의 변천

자유업 → 인가제 → 허가제 → 신고제 → 허가제 → 등록제 → 등록제

앞 글자만 따면 '자인허신허등등'

제1편 공인중개사법령

> **Wide | 중개업의 변천사**
>
> ① **고려시대** : 객주(객상주인)—중개업의 효시
> ↓
> ② **조선 초기 및 중기** : 객주, 거간
> ↓
> ③ **조선 후기(말엽)** : 가쾌, 집주름, 가거간 – 최초의 부동산중개 전문업자
>   객주거간규칙의 제정(부동산 중개관련 최초법령)
>   객주거간인가제 시행(자유업에서 인가제로 변경)
> ↓
> ④ **일제시대** : 소개영업취체규칙(허가제)
> ↓
> ⑤ **1961년** : 소개영업법(신고제)
> ↓
> ⑥ **1983년(1984년 시행)** : 부동산중개업법(허가제→등록제)
> ↓
> ⑦ **2005년(2006년 시행)** : 공인중개사의 업무 및 부동산거래신고에관한 법률 – 등록제
> ↓
> ⑧ **2014년** : 공인중개사법—등록제

05 공인중개사법의 성격

1 부동산중개에 있어 일반법(기본법)적 성격

「공인중개사법」은 부동산중개에 있어 우선 적용되므로 부동산중개에 있어서는 일반법 또는 기본법적 성격을 가지고 있다.

2 민법 및 상법에 있어 특별법적 성격

「공인중개사법」은 부동산중개와 관련된 규정에 있어 「민법」이나 「상법」이 먼저 적용되지 않고 「공인중개사법」이 먼저 적용되며 이 법에서 관련규정이 없으면 「민법」이나 「상법」이 적용되므로 「민법」 및 「상법」에 대하여는 특별법적 성격을 가지고 있다.

3 중간법(혼합법)적 성격

「공인중개사법」은 공법과 사법이 혼합된 법으로서 이를 중간법 혹은 사회법이라 한다. 공법적 성격을 가지고 있는 규정으로서는 개업공인중개사에게 적용되는 이전신고 의무, 휴·폐업신고 의무, 게시의무, 고용인신고 의무 등이 있으며, 사법적 성격을 가지고 있는 것으로서는 개업공인중개사와 의뢰인 사이에 있어 개업공인중개사의 의무와 손해배상책임 등이 있다.

단락핵심 공인중개사법의 성격

(1) 「공인중개사법」은 민법의 특별법적 성격을 가진다.
(2) 「공인중개사법」은 부동산중개에 관한 기본법적 성격을 갖는다.

제1장 총칙

제2절 공인중개사법의 제정목적 ★★
11·13·추가15·16·17회 출제

Professor Comment
개업공인중개사의 업무 등에 관한 사항을 정하는 것은 아니다.

이 법은 공인중개사의 업무 등에 관한 사항을 정하여 그 전문성을 제고하고 부동산중개업을 건전하게 육성하여 국민경제에 이바지함을 목적으로 한다(법 제1조). 20회 출제

직접 목적	목적달성 수단(간접 목적)	궁극 목적
공인중개사의 업무 등에 관한 사항을 정함	① 전문성 제고 ② 부동산중개업을 건전하게 육성	국민경제에 이바지함

 공인중개사법의 제정목적

- 공인중개사의 업무 등에 관한 사항을 정함(직접 목적)
- 전문성 제고
- 부동산 중개업을 건전하게 육성(간접 목적)
- 국민경제에 이바지(종국 목적)

첫 번째, 업무 등에 관한 사항 정립

첫 번째 목적은 공인중개사의 업무 등에 관한 사항을 정한다.

두 번째, 전문성을 제고

지금까지 공인중개사의 업무가 전문적이지 못한 부분이 있었지

전문성 제고

세 번째, 부동산중개업을 건전하게 육성

지금까지 중개업이 건전하지 못했으니까!

중개업의 건전한 육성

네 번째, 국민경제에 이바지

국민경제 이바지는 종국(궁극)목적에 해당한다.

국민경제에 이바지

제1편 공인중개사법령

1 공인중개사 업무 등에 관한 사항을 정함

이 법의 첫 번째 목적으로서 직접 목적에 해당한다. 이 법은 공인중개사의 업무 등에 관한 사항을 정하여 개업공인중개사, 소속 공인중개사 등의 업무영역을 구분한다.

2 전문성 제고

「공인중개사법」의 두 번째 목적은 전문성을 제고하는 것이다. 공인중개사는 부동산 중개에 관한 폭 넓은 지식과 그에 따른 의무를 부여하기 위해 전문성 제고를 요구한다.

3 부동산중개업을 건전하게 육성

(1) 이 법 제정의 세 번째 목적은 **부동산중개업**을 건전하게 육성하는 것이다. → 부동산업(×), 부동산중개업무(×)

(2) 공인중개사의 전문성이 제고됨으로써 대외적으로 공신력(公信力)을 높여 국민들의 부동산 거래활동을 건전한 방향으로 안전하게 유도하고 중개·알선토록 한다.

Professor Comment
중개업무를 육성하는 것은 아니다.

4 국민경제에 기여

「공인중개사법」의 **궁극적인 목적은 국민경제에 이바지함**에 있다.
└→ 재산권 보호에 기여(×)

제3절 용어의 정의   12·13·18·25·27·28·29·34회 출제

01 중 개 ★★   10·14·19·20회 출제

Professor Comment
용어의 정의를 분명하게 이해하는 것은 이 법의 구체적 내용을 이해하는 기본이다.

"중개(仲介)"라 함은 제3조의 규정에 의한 중개대상물에 대하여 거래당사자 간의 매매·교환·임대차 <u>그 밖의 권리</u>의 득실(得失)·변경(變更)에 관한 행위를 알선하는 것을 말한다(법 제2조 제1호). 사전적 의미에서 중개(仲介, intermediation)란 제3자가 당사자 사이에 서서 일이 잘되도록 노력하는 것을 의미한다.
　→ 저당권 등 담보물권도 포함

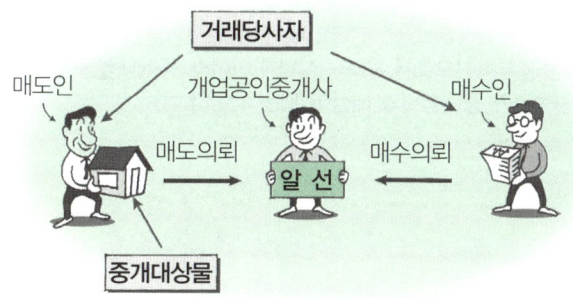

1 중개대상물   22회 출제

「공인중개사법」에서 정한 중개대상물은 다음과 같다(법 제3조 및 영 제2조).

(1) 토 지
(2) 건축물 및 그 밖의 토지의 정착물
(3) 「입목에 관한 법률」에 의한 입목
(4) 「공장 및 광업재단 저당법」에 의한 공장재단 및 광업재단

제1편 공인중개사법령

2 권리의 득실·변경행위 26회 출제

(1) 권리의 득실·변경

권리의 발생과 취득·변경·소멸을 의미한다.

1) 권리의 득실·변경의 범위

「공인중개사법」에 예시된 매매나 교환, 임대차는 대상권리의 취득자 입장에서는 소유권이나 임차권을 취득하는 것으로 권리의 득실·변경의 범위에 포함된다.

2) 권리의 득실·변경에 포함되는 중개대상 행위

기타 각종 부동산에 대한 물권을 설정하는 행위 역시 권리의 발생이므로 득실·변경에 포함된다. 예를 들어 지상권설정이나 전세권설정 등의 행위가 이에 해당된다.

3) 권리의 득실·변경에 포함되지 않는 중개대상 행위

중개대상 권리의 득실·변경은 거래를 원인으로 한 것이므로, 상속에 의한 소유권 취득이나 법정지상권, 분묘기지권의 설정과 같이 법률이나 관습법에 의해서 발생되는 권리의 득실·변경은 중개대상 행위에 포함되지 않는다.

(2) 채권행위와 물권행위

중개행위의 대상인 부동산에 대한 거래행위는 거래당사자 간의 매매·교환·임대차 그 밖의 권리의 득실·변경에 관한 행위로서 거래행위에는 채권행위와 물권행위가 포함된다.

Professor Comment
중개행위의 대상은 중개대상물인 부동산으로서 물리적 실체가 아니라, 중개대상물에 대한 권리의 득실(得失)·변경(變更)에 관한 행위, 즉 법률행위가 중개행위의 대상이 되는 것이다.

3 알선행위

(1) '중개'에 포함된 '알선'의 의의

제2조 제1호 '중개'에 포함된 **'알선'**이란 거래당사자 사이의 중개대상물에 대한 권리의 득실·변경이 잘 되도록 도와주는 행위로 볼 수 있다.

1) 알선(斡旋)

다른 사람의 일을 잘 되도록 주선해 주는 것을 의미한다.

2) 주선(周旋)

일이 잘 되도록 여러 가지 방법으로 두루 힘을 써주는 것을 말한다.

(2) 알선 대상행위

중개가 성립되기 위해서는 거래당사자 쌍방의 거래행위에 대해서 제3자인 개업공인중개사가 개입하는 것으로, 개업공인중개사가 일방 당사자가 되고 개업공인중개사가 아닌 자가 타방 당사자가 되는 거래는 알선 대상행위에 포함되지 않을 것이다.

제1장 총칙

4 중개의 유형

(1) 상사중개와 민사중개(거래행위의 성격에 따라)

1) 상사중개(商事仲介)
상사중개는 「상법」상 타인의 상행위를 중개하는 것으로 일반적으로 상인이라고 한다. 상사중개행위로 볼 수 있는 것은 유가증권의 매매중개, 보험중개, 해상운송중개 등이 있다. 상사중개는 기본적으로 「상법」의 규정이 적용되며 상법상 관련규정이 적용된다.

2) 민사중개(民事仲介)
일반적으로 민사중개는 혼인중개, 직업중개, 부동산중개를 말하는데 이는 상행위가 아닌 행위의 중개를 업무로 한다. 민사중개는 상행위 이외의 일반적인 사적 거래행위를 중개하는 것으로서 「상법」의 적용을 받지 않고 개별법이 우선 적용(예를 들어 부동산중개는 「공인중개사법」, 직업소개는 「직업안정법」 적용)되며 개별법의 규정이 없으면 민법이 적용된다. 부동산중개는 민사중개에 해당한다. 그러나 대법원은 부동산중개를 업으로 하는 개업공인중개사는 상인에 해당한다고 보아 개업공인중개사에게 상인보수청구권이 있다고 판시하고 있다.

(2) 지시중개와 참여중개(개입정도에 따라)

1) 지시중개(指示仲介)
지시중개는 중개대상물에 대하여 그 권리에 대한 각종 정보나 자료를 제공하거나 중개대상물에 대한 사진 등을 일정기간 전시하고 그에 대한 보수를 받는 것을 말한다. 이를 전시중개(展示仲介)라고도 하며 개업공인중개사가 운영하는 부동산전시장 등이 지시중개에 해당한다. 그러나 부동산 전시업이 현재는 거의 존재하지 않으므로 각 시·도조례에서는 전시중개보수 규정을 삭제하였다.

2) 참여중개(參與仲介)
참여중개는 중개대상물에 대하여 중개대상물 확인·설명과 계약서 작성 등 개업공인중개사의 적극적인 중개활동을 통해 중개를 완성하는 것으로서 거래계약이 성립되어야 중개보수를 청구할 수 있다.

(3) 일방적 중개와 쌍방적 중개(의무정도에 따라)

1) 일방적 중개(一方的 仲介)
일방적 중개는 일반중개계약(一般仲介契約)의 형태로 이루어지는 것으로서 중개의뢰인과 개업공인중개사 간의 중개계약에 있어서 개업공인중개사가 중개를 해 줄 의무를 갖지 않는 것을 말한다. 또한 일방적 중개에 있어서는 거래계약을 성사시킨 개업공인중개사만 중개보수를 청구할 권리가 있다.

2) 쌍방적 중개(雙方的 仲介)

쌍방적 중개는 전속중개계약(專屬仲介契約)의 형태로 나타나게 되는 중개유형인데 개업공인중개사는 성실하게 중개업무를 수행하여 최대한 중개가 이루어지도록 노력하여야 할 의무가 있으며 중개의뢰인도 보수지급 의무가 생기는 등 쌍방이 상호 의무가 있는 중개형태이다.

5 민법의 개념과 구별되는 중개

(1) 위임행위

위임은 타인의 사무처리를 목적으로 성립하는 계약으로서 당사자 간의 신뢰관계를 기초로 하고 무상계약임을 원칙으로 하는 반면에, 중개는 사실행위로서 유상계약(일정중개보수)을 전제로 한 점이 다르다.

(2) 대리행위

중개와 대리는 다른 사람들 사이에 개입하여 그들 간의 거래가 신속히 성립하도록 보조하여 준다는 점에서는 유사하나, 중개행위는 거래당사자 간에 개업공인중개사가 개입하여 법률행위(거래행위)가 성립하도록 노력하는 사실행위에 불과한 반면, 대리는 자신이 직접 대리행위의 당사자로서 법률행위의 성립에 관여하고, 그 효력은 본인에게 발생하게 한다는 점이 다르다. 또한 중개는 불특정다수인을 상대로 하지만 대리는 본인이 특정되어 있다.

(3) 고용행위

고용과 중개는 유상을 전제로 타인을 위해 노무를 공급하는 점에서 유사하나, 고용계약이 제공된 일의 완성이나 일정한 결과의 성부(成否)는 고려하지 않는 점에서 계약의 성립을 중개보수 지급조건으로 하는 중개와 구별된다.

(4) 도급행위

도급과 중개는 일의 완성을 보수의 지급조건으로 하는 점에서 동일하나, 도급은 계약의 일종으로 일의 완성 후에 하자발생 여부에 따라 그 보수를 감액할 수 있다는 점에서 다르다. 또한 도급인은 수령의무가 있고 수급인은 일의 완성의무가 있으나 중개의 경우 개업공인중개사는 일의 완성의무가 없고 의뢰인은 개업공인중개사의 급부를 거절할 수 있다는 점에서 다르다.

(5) 현상광고

일의 완성을 목적으로 하는 것과 일의 완성이 있어야 보수를 지급한다는 것이 공통점이나 중개는 청약이 반드시 광고에 의하지 않고 현상광고는 광고에 의한 방법으로 청약을 한다. 또한 현상광고는 요물계약에 해당하나 중개계약은 낙성계약에 해당한다.

제1장 총칙

구 분	다른 개념의 특징	중 개	공통점
위임	① 신뢰관계를 기초 ② 무상이 원칙 ③ 적극적 사무처리의무	① 반드시 신뢰관계를 기초로 하지 않음 ② 유상이 원칙	① 선관주의 의무 ② 타인의 사무처리
고용	① 일의 완성과 무관하게 보수지급 ② 지시를 받는다.	① 일의 완성이 있어야 보수지급 ② 지시를 받지 않는다.	타인을 위해 노무제공
대리	① 거래당사자 ② 법률행위에 해당	① 단순한 제3자 ② 사실행위	거래성립 보조
현상광고	① 광고의 방법으로 청약 ② 불특정 다수인에 청약	① 청약이 반드시 광고의 방법이 아님 ② 특정인에게 청약	일의 완성이 있어야 보수지급
도급	① 수급인: 일의 완성의무 ② 도급인: 수령의무	① 개업공인중개사: 일의 완성의무가 없다. ② 의뢰인: 급부거절가능	일의 완성이 있어야 보수지급

단락핵심 중개

(1) 부동산중개는 재산상의 법률행위인 동시에 부동산의 교환·매매·임대차 등의 계약을 중개하는 민사중개이다.
(2) 중개라 함은 중개대상물에 대하여 거래당사자 간의 매매·교환·임대차 그 밖의 권리의 득실·변경에 관한 행위를 알선하는 것을 말한다.
(3) 중개행위에 해당하는지 여부는 개업공인중개사의 행위를 객관적으로 보아 사회 통념상 거래의 알선·중개를 위한 행위라고 인정되는지 여부에 의하여 판단한다.

단락문제 Q01

제23회 기출

공인중개사법령상 용어와 관련된 설명으로 틀린 것은? (다툼이 있으면 판례에 의함)

① 법인인 개업공인중개사의 소속공인중개사는 그 개업공인중개사의 중개업무를 보조할 수 있다.
② 거래당사자 사이에 부동산에 관한 환매계약이 성립하도록 알선하는 행위도 중개에 해당한다.
③ 부동산 컨설팅에 부수하여 반복적으로 이루어진 부동산중개행위는 중개업에 해당하지 않는다.
④ 공인중개사 자격취득 후 중개사무소 개설등록을 하지 않은 자는 개업공인중개사가 아니다.
⑤ 중개보조원이 개업공인중개사를 대신하여 특정 중개업무를 수행하였더라도 해당 거래계약서에 중개보조원을 개업공인중개사로 기재해서는 안 된다.

해설 중개업
부동산 컨설팅에 부수하여 반복적으로 이루어진 부동산중개행위는 중개업에 해당한다. **정답** ③

제1편 공인중개사법령

02 공인중개사 ★   21회 출제

1 공인중개사의 의의
"공인중개사(公認仲介士)"라 함은 이 법에 의한 공인중개사자격을 취득한 자를 말한다(법 제2조 제2호).

2 공인중개사와 개업공인중개사의 구분
"개업공인중개사"라 함은 이 법에 의하여 중개사무소의 개설등록을 한 자를 말하는 것이므로(법 제2조 제4호), 개업공인중개사의 지위를 갖기 위한 공인중개사는 중개사무소를 두려는 지역을 관할하는 시장·군수·구청장에게 중개사무소의 개설등록을 하여야 한다(법 제9조 참조).

03 중개업 ★   17·25회 출제

1 중개업의 의의

(1) 중개업의 개념   22·24회 출제
"중개업(仲介業)"이라 함은 다른 사람의 의뢰에 의하여 일정한 보수(報酬)를 받고 중개를 업(業)으로 하는 것을 말한다(법 제2조 제3호).

(2) 의미
중개업은 다른 사람의 의뢰에 의하여 일정한 보수를 받고 제3조의 중개대상물에 대한 거래당사자 간의 매매·교환·임대차 그 밖의 권리의 득실·변경에 관한 행위의 알선을 업으로 하는 것이다(제2조 제1호의 중개의 개념 참조).

판례 ■ 중개업에 해당하는 경우

1 부동산 컨설팅행위에 부수하여 이루어진 부동산 중개행위가 구 부동산중개업법 제2조 제2호에 정한 중개업에 해당하지 않는지 여부
부동산 중개행위가 부동산 컨설팅행위에 부수하여 이루어졌다고 하여 이를 구 부동산중개업법 제2조 제2호(현 공인중개사법) 소정의 중개업에 해당하지 않는다고 볼 것은 아니라고 할 것이다(대판 2007.1.11. 2006도7594).

2 저당권 등 담보물권의 설정에 관한 행위의 알선
타인의 의뢰에 의하여 일정한 중개보수를 받고 부동산에 대하여 저당권 등 담보물권의 설정에 관한 행위의 알선을 업으로 하는 것도 구 부동산중개업법 제2조 제2호(현 공인중개사법) 소정의 중개업에 해당하며, 그와 같은 저당권 등 담보물권의 설정에 관한 행위의 알선이 금전소비대차의 알선에 부수하여 이루어졌다고 하여 달리 볼 것은 아니다(대판 2000.6.19. 2000도837).

2 중개업의 성립요건

현행 「공인중개사법」에서 정한 중개업이 성립되기 위해서는 다음과 같은 3가지 요건이 모두 갖추어져야 한다.

(1) 다른 사람의 의뢰

중개업이 되기 위해서는 반드시 다른 사람의 의뢰가 있어야 한다. 이때의 '다른 사람'이란 중개행위의 주체가 아닌 개업공인중개사에게 중개를 의뢰한 중개의뢰인을 의미한다.

(2) 일정한 보수

1) 법령

법 제2조 제3호에 의하면 중개업이 성립되기 위해서는 반드시 일정한 보수(報酬)를 받아야 한다.

2) 개업공인중개사의 무상중개행위

다만, 중개의뢰인이 개업공인중개사에게 소정의 중개보수를 지급하지 아니하였다고 해서 부동산중개계약에 따른 개업공인중개사의 확인·설명의무와 이에 위반한 경우의 손해배상의무가 당연히 소멸되는 것이 아닌 점에 유의해야 한다(대판 2002.2.5. 2001다71484).

 **중개업**

1) 성립요건
   ① 다른 사람의 의뢰
   ② 일정한 보수
   ③ 중개를 업으로 해야 함

2) **우연한 기회에 단 한번 중개**
   우연한 기회에 단 한번 건물전세계약의 중개를 하고 중개보수를 받았더라도 반복·계속하여 중개를 한 증거가 없으면(무등록업자로) 처벌하지 못한다.

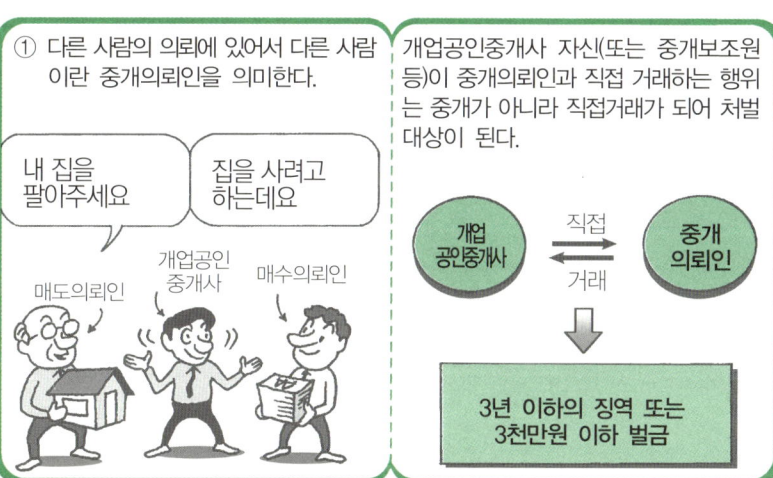

■ 개업공인중개사의 무상중개행위

중개대상물의 거래당사자들로부터 중개보수를 현실적으로 받지 아니하고 단지 중개보수를 받을 것을 약속하거나 거래당사자들에게 중개보수를 요구하는 데 그친 경우에는 구 부동산중개업법 제2조 제2호 소정의 '중개업'에 해당한다고 할 수 없어 같은 법 제38조 제1항 제1호에 의한 **처벌대상이 아니라고 할 것**이고, 또한 위와 같은 중개보수 약속·요구행위를 별도로 처벌하는 규정 또는 같은 법 제38조 제1항 제1호 위반죄의 미수범을 처벌하는 규정도 존재하지 않으므로, 죄형법정주의 원칙상 중개사무소 개설등록을 하지 아니하고 부동산거래를 중개하면서 그에 대한 중개보수를 약속·요구하는 행위를 구 부동산중개업법위반죄로 처벌할 수는 없다(대판 2006.9.22. 2006도4842).

(3) 중개를 업으로 할 것

법 제2조 제3호에서는 '중개를 업'으로 행할 때만 중개업으로 보고 있다. 어떤 행위가 '업(業)'이라 할 수 있으려면 계속성과 반복성, 영업성이 있어야 할 것이다. 기타 '업'이 되기 위해서는 불특정 다수를 대상으로 해야 한다는 주장도 있다.

 ■ 중개를 업으로 한다는 것의 의미해석

중개를 업(業)으로 한다는 것은 반복 계속하여 영업으로 알선·중개를 하는 것을 의미한다고 해석할 수 있으므로, 알선·중개를 업으로 하였는지의 여부는 알선·중개행위의 반복 계속성, 영업성 등의 유무와 그 행위의 목적이나 규모, 회수, 기간, 태양(態樣) 등 여러 사정을 종합적으로 고려하여 사회통념에 따라 판단해야 한다. 따라서 우연한 기회에 단 한번 건물전세계약의 중개를 하고 중개보수를 받았더라도, 반복·계속하여 중개를 한 증거가 없으면 무등록업자로 처벌하지 못한다(대판 1988.8.9. 88도998).

단락핵심 중개업

(1) 금전소비대차에 부수하여 저당권의 설정에 관한 행위의 알선을 업으로 하는 경우에도 부동산 중개업에 해당된다.
(2) 판례에 의하면 우연한 기회에 단 1회 건물전세계약의 중개를 하고 중개보수를 받은 사실만으로는 알선·중개를 업으로 한 것이라 볼 수 없다.
(3) 반복·계속성이나 영업성이 없이 우연한 기회에 타인간의 거래행위를 중개한 경우는 중개업에 해당하지 않는다.

단락문제 Q02
제25회 기출

공인중개사법령상 중개업에 관한 설명으로 옳은 것은? (다툼이 있으면 판례에 의함)

① 반복, 계속성이나 영업성이 없이 우연한 기회에 타인간의 임야매매중개행위를 하고 보수를 받은 경우, 중개업에 해당한다.
② 중개사무소의 개설등록을 하지 않은 자가 일정한 보수를 받고 중개를 업으로 행한 경우, 중개업에 해당하지 않는다.
③ 일정한 보수를 받고 부동산 중개행위를 부동산 컨설팅 행위에 부수하여 업으로 하는 경우, 중개업에 해당하지 않는다.
④ 보수를 받고 오로지 토지만의 중개를 업으로 하는 경우, 중개업에 해당한다.
⑤ 타인의 의뢰에 의하여 일정한 보수를 받고 부동산에 대한 저당권설정 행위의 알선을 업으로 하는 경우 그 행위의 알선이 금전소비대차의 알선에 부수하여 이루어졌다면 중개업에 해당하지 않는다.

해설 중개업
① 반복, 계속성이나 영업성이 없이 우연한 기회에 타인간의 임야매매중개행위를 하고 보수를 받은 경우에는 중개업에 해당하지 않는다.
② 중개사무소의 개설등록을 하지 않은 자가 일정한 보수를 받고 중개를 업으로 행한 경우 중개업에 해당한다.
③ 일정한 보수를 받고 부동산 중개행위를 부동산 컨설팅 행위에 부수하여 업으로 하는 경우 중개업에 해당한다.
⑤ 타인의 의뢰에 의하여 일정한 보수를 받고 부동산에 대한 저당권설정 행위의 알선을 업으로 하는 경우 그 행위의 알선이 금전소비대차의 알선에 부수하여 이루어졌다면 중개업에 해당한다.

정답 ④

04 개업공인중개사 ★★★
30회 출제

1 개업공인중개사의 의의

"개업공인중개사(仲介業者)"라 함은 이 법에 의하여 중개사무소의 개설등록을 한 자를 말한다(법 제2조 제4호). 이때 '중개사무소(仲介事務所)'란 중개업을 영위하는 사무소를 의미하는 것으로, 중개사무소를 개설하기 위해서는 법 제9조의 규정에 의거 등록관청에 개설등록을 해야 한다.

2 개업공인중개사의 종류

「공인중개사법」에 의해 중개사무소의 개설등록을 한 개업공인중개사의 종류는 다음과 같다.

(1) 법인인 개업공인중개사 (다른 법률에 의해 중개업을 할 수 있는 특수법인 포함)

'법인인 개업공인중개사'는 중개업을 영위할 목적으로 설립된 법인 중 중개사무소 개설등록을 한 자를 의미하며, 다른 법률의 규정에 의해 중개업을 영위할 수 있는 법인(후술)들 역시 법인인 개업공인중개사의 범위에 포함되어야 할 것이다.

제1편 공인중개사법령

Professor Comment

본서에서는 '법인인 개업공인중개사'를 편의상 '중개법인'으로 부르기로 한다.

> **Wide** 특수 중개법인(다른 법률에 의해 중개업을 할 수 있는 법인)

특수법인의 종류	관련법	중개업무의 종류 및 등록 여부
지역농업협동조합	농업협동조합법(제57조)	• 농지의 매매·교환·임대차 • 등록 여부 – 등록 불요
지역산림조합	산림조합법(제46조)	• 임야, 입목의 매매·교환 • 등록 여부 – 등록 불요
산업단지관리기관	산업집적활성화 및 공장설비에 관한 법률(제30조)	• 산업단지 내의 공장용지, 공장건축물의 매매, 임대차 • 등록 여부 – 등록 불요
자산관리공사	금융회사부실자산 등의 효율적 처리 및 한국자산관리공사의 설립에 관한 법률(제26조)	• 비업무용 부동산의 매매 • 등록 여부 – 등록 필요

※ 업무보증설정금액 : 모든 특수법인 2천만원 이상

(2) 공인중개사인 개업공인중개사

'공인중개사인 개업공인중개사'는 공인중개사 중 중개사무소 개설등록을 한 자를 말한다.

(3) 부칙에 의한 개업공인중개사(법률 제7638호 부칙 제6조 제2항의 규정에 따라 이 법에 의한 중개사무소의 개설등록을 한 것으로 보는 자)

'부칙에 의한 개설등록을 한 것으로 보는 자'란 「공인중개사법」으로 개정되기 전 「부동산중개업법」에서 '중개인'으로 불리던 중개업자를 의미하는 것으로, 「공인중개사법」으로 개정되면서 '중개인'이라는 용어가 삭제되고, 「공인중개사법」 부칙 제6조 제2항에서는 종전의 중개인을 '중개사무소의 개설등록을 한 것으로 보는 자'라고 규정하고 있다.

Professor Comment

이 교재에서는 '부칙에 의한 개설등록을 한 것으로 보는 자'는 '부칙에 의한 개업공인중개사'라 칭하도록 하겠다(별지 [서식 11], [서식 11의2], [서식 13] 등 참조).

단락핵심 개업공인중개사

개업공인중개사라 함은 이 법에 의하여 중개사무소 개설등록을 한 자를 말한다.

제1장 총 칙

05 소속공인중개사 ★★
19회 출제

소속공인중개사(所屬公認仲介士)라 함은 개업공인중개사에 소속된 공인중개사(개업공인중개사인 법인의 사원 또는 임원으로서 공인중개사인 자를 포함)로서 중개업무를 수행하거나 개업공인중개사의 중개업무를 보조하는 자를 말한다(법 제2조 제5호).

1 소속공인중개사의 의의

개업공인중개사에게 소속된 공인중개사를 말한다. 이때 개업공인중개사에게 '소속'되었다 함은 개업공인중개사에게 고용된 것을 의미하기도 하지만, 중개업을 영위하는 법인의 공인중개사인 사원이나 임원일 수 있다.

2 소속공인중개사의 지위

소속공인중개사는 개업공인중개사에게 소속된 공인중개사로서 개업공인중개사를 위해 중개업무를 수행하거나 개업공인중개사의 중개업무를 보조하는 자는 소속공인중개사가 된다. 따라서 반드시 법 제15조의 규정에 의거 고용인 신고를 마쳐야 소속공인중개사의 지위가 확정되는 것은 아니며, 고용인 신고를 하지 않은 경우에도 소속공인중개사의 지위를 갖는다.

Professor Comment
개업공인중개사인 법인의 사원 또는 임원으로서 공인중개사인 자 역시 개업공인중개사를 위해 중개업무를 수행하거나 개업공인중개사의 중개업무를 보조하는 것으로서 소속공인중개사로 보아야 한다.

06 중개보조원 ★★
16·19회 출제

1 중개보조원의 의의

"중개보조원(仲介補助員)"이라 함은 공인중개사가 아닌 자로서 개업공인중개사에 소속되어 중개대상물에 대한 현장안내 및 일반서무 등 개업공인중개사의 중개업무와 관련된 단순한 업무를 보조하는 자를 말한다(법 제2조 제6호).

2 공인중개사가 아닌 자

공인중개사가 아닌 자이어야 한다. 만약 공인중개사인 경우에는 '소속공인중개사'가 된다.

제1편 공인중개사법령

3 개업공인중개사에 소속된 자

개업공인중개사에 소속된 자이다. 개업공인중개사에게 소속된 자라 함은 개업공인중개사에게 고용된 자를 의미하기도 하지만 법인에 있어 공인중개사가 아닌 사원·임원도 포함된다 할 것이다.

단락핵심 중개보조원

중개보조원이라 함은 공인중개사가 아닌 자로서 개업공인중개사에 소속되어 중개대상물에 대한 현장안내 및 일반서무 등 개업공인중개사의 중개업무와 관련된 단순한 업무를 보조하는 자를 말한다.

단락문제 Q03 제34회 기출

공인중개사법령상 용어와 관한 설명으로 옳은 것은?

① 중개대상물을 거래당사자 간에 교환하는 행위는 '중개'에 해당한다.
② 다른 사람의 의뢰에 의하여 중개를 하는 경우는 그에 대한 보수를 받지 않더라도 '중개업'에 해당한다.
③ 개업공인중개사인 법인의 임원으로서 공인중개사인 자가 중개업무를 수행하는 경우에는 '개업공인중개사'에 해당한다.
④ 공인중개사가 개업공인중개사에 소속되어 개업공인중개사의 중개업무와 관련된 단순한 업무를 보조하는 경우에는 '중개보조원'에 해당한다.
⑤ 공인중개사자격을 취득한 자는 중개사무소의 개설등록 여부와 관계없이, '공인중개사'에 해당한다.

해설 용어정의
① 중개대상물을 거래당사자 간에 교환을 알선하는 행위는 '중개'에 해당한다.
② 중개업이란 다른 사람의 의뢰에 의하여 일정한 보수를 받고 중개를 업으로 하는 것을 말한다.
③ 개업공인중개사인 법인의 임원으로서 공인중개사인 자가 중개업무를 수행하는 경우에는 '소속공인중개사'에 해당한다.
④ 공인중개사가 개업공인중개사에 소속되어 있는 경우 소속공인중개사에 해당한다.

정답 ⑤

제4절 공인중개사 정책심의위원회 30·33·34·35회 출제

1 공인중개사 정책심의위원회 27·28·33회 출제

(1) 공인중개사의 업무에 관한 다음의 사항을 심의하기 위하여 국토교통부에 공인중개사 정책심의위원회를 둘 수 있다(법 제2조의2 제1항).
  1) 공인중개사의 시험 등 공인중개사의 자격취득에 관한 사항
  2) 부동산 중개업의 육성에 관한 사항
  3) 중개보수 변경에 관한 사항
  4) 손해배상책임의 보장 등에 관한 사항

(2) 공인중개사 정책심의위원회의 구성 및 운영 등에 관하여 필요한 사항은 대통령령으로 정한다(법 제2조의2 제2항).

(3) 공인중개사 정책심의위원회에서 심의한 사항 중 공인중개사 시험 등 공인중개사 자격취득에 관한 사항의 경우에는 특별시장·광역시장·도지사·특별자치도지사는 이에 따라야 한다(법 제2조의2 제3항).

2 공인중개사 정책심의위원회의 구성

(1) 공인중개사 정책심의위원회는 위원장 1명을 포함하여 7명 이상 11명 이내의 위원으로 구성한다(영 제1조의2 제1항).

(2) 심의위원회 위원장은 국토교통부 제1차관이 되고, 위원은 다음의 어느 하나에 해당하는 사람 중에서 국토교통부장관이 임명하거나 위촉한다(영 제1조의2 제2항).
  1) 국토교통부의 4급 이상 또는 이에 상당하는 공무원이나 고위공무원단에 속하는 일반직공무원
  2) 「고등교육법」제2조에 따른 학교에서 부교수 이상의 직(職)에 재직하고 있는 사람
  3) 변호사 또는 공인회계사의 자격이 있는 사람
  4) 법 제41조에 따른 공인중개사협회에서 추천하는 사람
  5) 법 제45조에 따라 법 제4조에 따른 공인중개사자격시험(이하 "시험"이라 한다)의 시행에 관한 업무를 위탁받은 기관의 장이 추천하는 사람
  6) 「비영리민간단체 지원법」제4조에 따라 등록한 비영리민간단체에서 추천한 사람
  7) 「소비자 기본법」제29조에 따라 등록한 소비자단체 또는 같은 법 제33조에 따른 한국소비자원의 임직원으로 재직하고 있는 사람
  8) 그 밖에 부동산·금융 관련 분야에 학식과 경험이 풍부한 사람

(3) 위 (2)의 2)부터 8)까지의 규정에 따른 위원의 임기는 2년으로 하되, 위원의 사임 등으로 새로 위촉된 위원의 임기는 전임위원 임기의 남은 기간으로 한다(영 제1조의2 제3항).

제1편 공인중개사법령

단락문제 Q04 제32회 기출

공인중개사법령상 공인중개사 정책심의위원회(이하 '위원회'라 함)에 관한 설명으로 옳은 것을 모두 고른 것은?

> ㄱ. 위원회는 중개보수 변경에 관한 사항을 심의할 수 있다.
> ㄴ. 위원회는 위원장 1명을 포함하여 7명 이상 11명 이내의 위원으로 구성한다.
> ㄷ. 위원장은 국토교통부장관이 된다.
> ㄹ. 위원장이 부득이한 사유로 직무를 수행할 수 없을 때에는 위원 중에서 호선된 자가 그 직무를 대행한다.

① ㄱ, ㄴ ② ㄱ, ㄷ ③ ㄷ, ㄹ
④ ㄱ, ㄴ, ㄷ ⑤ ㄱ, ㄴ, ㄹ

해설 정책심의위원회
ㄷ. 위원장은 국토교통부장관 제1차관이 된다(영 제1조의 2 제2항).
ㄹ. 위원장이 부득이한 사유로 직무를 수행할 수 없을 때에는 미리 지명한 위원이 그 직무를 대행한다(영 제1조의 4 제2항).

정답 ①

3 위원의 제척·기피·회피 등

(1) 심의위원회의 위원이 다음의 어느 하나에 해당하는 경우에는 심의위원회의 심의·의결에서 제척(除斥)된다(영 제1조의3 제1항).
  1) 위원 또는 그 배우자나 배우자이었던 사람이 해당 안건의 당사자(당사자가 법인·단체 등인 경우에는 그 임원을 포함)가 되거나 그 안건의 당사자와 공동권리자 또는 공동의무자인 경우
  2) 위원이 해당 안건의 당사자와 친족이거나 친족이었던 경우(당사자가 법인·단체 등인 경우 그 임원을 포함)
  3) 위원이 해당 안건에 대하여 증언, 진술, 자문, 조사, 연구, 용역 또는 감정을 한 경우
  4) 위원이나 위원이 속한 법인·단체 등이 해당 안건의 당사자의 대리인이거나 대리인이었던 경우

(2) 해당 안건의 당사자는 위원에게 공정한 심의·의결을 기대하기 어려운 사정이 있는 경우에는 심의위원회에 기피 신청을 할 수 있고, 심의위원회는 의결로 이를 결정한다. 이 경우 기피 신청의 대상인 위원은 그 의결에 참여하지 못한다(영 제1조의3 제2항).

(3) 위원 본인이 제척 사유에 해당하는 경우에는 스스로 해당 안건의 심의·의결에서 회피(回避)하여야 한다(영 제1조의3 제3항).

(4) 국토교통부장관은 위원이 제척 사유의 어느 하나에 해당하는 데에도 불구하고 회피하지 아니한 경우에는 해당 위원을 해촉(解囑)할 수 있다(영 제1조의3 제4항).

4 위원장의 직무

(1) 위원장은 심의위원회를 대표하고, 심의위원회의 업무를 총괄한다(영 제1조의4 제1항).
(2) 위원장이 부득이한 사유로 직무를 수행할 수 없을 때에는 위원장이 미리 지명한 위원이 그 직무를 대행한다(영 제1조의4 제2항).

5 심의위원회의 운영

(1) 위원장은 심의위원회의 회의를 소집하고, 그 의장이 된다(영 제1조의5 제1항).
(2) 심의위원회의 회의는 재적위원 과반수의 출석으로 개의(開議)하고, 출석위원 과반수의 찬성으로 의결한다(영 제1조의5 제2항).
(3) 위원장은 심의위원회의 회의를 소집하려면 회의 개최 7일 전까지 회의의 일시, 장소 및 안건을 각 위원에게 통보하여야 한다. 다만, 긴급하게 개최하여야 하거나 부득이한 사유가 있는 경우에는 회의 개최 전날까지 통보할 수 있다(영 제1조의5 제3항).
(4) 위원장은 심의에 필요하다고 인정하는 경우 관계 전문가를 출석하게 하여 의견을 듣거나 의견 제출을 요청할 수 있다(영 제1조의5 제4항).

6 간사 및 수당

(1) 심의위원회에 심의위원회의 사무를 처리할 간사 1명을 둔다(영 제1조의6 제1항).
(2) 간사는 심의위원회의 위원장이 국토교통부 소속 공무원 중에서 지명한다(영 제1조의6 제2항).
(3) 심의위원회에 출석한 위원 및 관계 전문가에게는 예산의 범위에서 수당과 여비를 지급할 수 있다. 다만, 공무원인 위원이 그 소관 업무와 직접적으로 관련되어 심의위원회에 출석하는 경우에는 그러하지 아니하다(영 제1조의7).

7 운영세칙

이 영에서 규정한 사항 외에 심의위원회의 운영 등에 필요한 사항은 심의위원회 의결을 거쳐 위원장이 정한다(영 제1조의8).

제1편 공인중개사법령

단락문제 Q05
제27회 기출

공인중개사법령상 공인중개사 정책심의위원회에 관한 설명으로 틀린 것은?

① 위원장은 국토교통부 제1차관이 된다.
② 심의위원회는 위원장 1명을 포함하여 7명 이상 11명 이내의 위원으로 구성한다.
③ 심의위원회에서 중개보수 변경에 관한 사항을 심의한 경우 시·도지사는 이에 따라야 한다.
④ 심의위원회 위원이 해당 안건에 대하여 연구, 용역 또는 감정을 한 경우 심의위원회의 심의·의결에서 제척된다.
⑤ 위원장이 부득이한 사유로 직무를 수행할 수 없을 때에는 위원장이 미리 지명한 위원이 그 직무를 대행한다.

[해설] 공인중개사 정책심의위원회
공인중개사 정책심의위원회에서 심의한 사항 중 공인중개사의 시험 등 공인중개사의 자격취득에 관한 사항의 경우에는 특별시장·광역시장·도지사·특별자치도지사(이하 "시·도지사"라 한다)는 이에 따라야 한다(법 제2조의2 제3항). **정답** ③

중개대상물

① 개업공인중개사가 적법하게 중개를 업으로 할 수 있는 물건
② 중개대상물은 「공인중개사법」에서 정한 것과 「공인중개사법 시행령」에서 정한 것이 있다.

「공인중개사법」에서 정한 중개대상물은 ① 토지, ② 건축물 그 밖의 토지의 정착물, ③ 그 밖의 대통령령(시행령)이 정하는 재산권 및 물건 등이다.

공인중개사법	① 토지
	② 건축물 그 밖의 토지의 정착물
	③ 시행령이 정하는 재산권 및 물건

「공인중개사법 시행령」에서 정한 중개대상물은 ① 입목, ② 광업재단, ③ 공장재단이다.

앞글자만 따서 '토건입광장!'

공인중개사법 시행령 (대통령령)	① 입목
	② 광업재단
	③ 공장재단

입목이란 토지에 부착된 수목(나무)의 집단으로서 소유자가 소유권보존등기를 받은 것을 말한다.

입목에 관한 법률에 의해 등기한 나무(입목)는 중개가 가능하지!

'토건입광장'의 법정중개대상물은 개업공인중개사만이 업으로 중개할 수 있다.

제1장 총 칙

제5절 중개대상물 (仲介對象物) 〔10·13·14·18회 출제〕

01 중개대상물의 범위★★ 〔17·19·20·28·29·31·33·34회 출제〕

> **Key Point** 중개대상물
>
> 1) 공인중개사법에 의한 중개대상물(법 제3조)
>   ① 토 지
>   ② 건축물 그 밖의 토지의 정착물
>   ③ 그 밖에 대통령령이 정하는 재산권 및 물건
> 2) 법 제3조 제3호의 규정에 의한 중개대상물(영 제2조)
>   ① 「입목에 관한 법률」에 따른 입목
>   ② 「공장 및 광업재단 저당법」에 따른 공장재단 및 광업재단

「공인중개사법」에서 중개대상물의 범위는 부동산학에서 정의하는 부동산 및 준부동산(광의의 부동산)의 개념을 원용하고 있다.

Professor Comment
중개대상물의 범위는 개업공인중개사의 고유(固有)·전속(專屬)의 중개대상물로서, 「공인중개사법」에서 말하는 무등록업자(無登錄業者)를 구분하는 기준이 된다.

1 토 지

(1) 민법상 토지소유권의 범위

토지의 소유권은 정당한 이익이 있는 범위 내에서 토지의 상하에 미친다(민법 제212조). 즉, 지표뿐만 아니라(예 경작, 보행 등) 지상의 공간(예 건물, 전선 등)이나 지하의 지반(예 샘, 동굴 등)에 대해서도 소유권의 효력이 미치나, 정당한 이익의 범위를 벗어난 지상이나 지하 공간에 대해서는 효력이 미치지 못한다.

(2) 판례상 토지소유권의 범위

토지소유권은 지표와 지상·지하를 포괄하고 있으므로, 토지의 거래에 있어서 지표부분과 지하부분을 분리하여 거래하는 것은 불가능하다. 예를 들어 지표부분은 제외하고 지하부분만을 매도한다는 것은 불가능하다. 이런 경우는 그 토지의 해당 지하부분에 대한 사용권만을 부여하는 토지의 임대차나 사용대차의 형식을 취할 수밖에 없을 것이다(대판 1984.4.10. 83다카421).

제1편 공인중개사법령

(3) 주물(主物)과 종물(從物)

토지에 부착된 물건은 토지의 종물(從物)로서, 종물은 주물의 처분에 따르는 것이 원칙이나(민법 제100조 제2항) 우리나라에서는 토지에 부착된 물건으로서 건물과 관습법에서 인정한 토지의 정착물은 토지와 독립된 물건으로 소유권이 인정되고 있다.

 ■ **대토권의 중개대상물 여부와 공인중개사법상의 손해배상책임 여부**

대토권은 주택이 철거될 경우 일정한 요건하에 택지개발지구 내에 이주자택지를 공급받을 지위에 불과하고 특정한 토지나 건물 기타 정착물 또는 법 시행령이 정하는 재산권 및 물건에 해당한다고 볼 수 없으므로 법 제3조에서 정한 중개대상물에 해당하지 않는다고 볼 것이다. **대토권이 법이 규율하는 중개대상물에서 제외**되는 이상 대토권의 매매 등을 알선한 행위가 법 제19조 제1항, 제2항, 제35조의2의 규정에 따라 공제사업자를 상대로 개업공인중개사(구 중개업자)의 **손해배상책임을 물을 수 있는 중개행위에 해당한다고 할 수 없다**(대판 2011.5.26. 2011다23682).

단락문제 Q06　　　　　　　　　　　　　　　　　　　　　　제32회 기출

공인중개사법령상 중개대상물에 해당하는 것은?(다툼이 있으면 판례에 따름)

① 토지에서 채굴되지 않은 광물
② 영업상 노하우 등 무형의 재산적 가치
③ 토지로부터 분리된 수목
④ 지목(地目)이 양어장인 토지
⑤ 주택이 철거될 경우 일정한 요건하에 택지개발지구 내 이주자택지를 공급받을 수 있는 지위

해설 중개대상물
미채굴광물, 권리금, 수목의 집단, 대토권은 중개대상물이 아니다.　　　　　　　　　　**정답** ④

---

2 건축물

(1) 건축물의 독립성

1) 민법 규정
우리 「민법」에서는 토지 및 그 정착물은 부동산으로 보고 있으나(민법 제99조 제1항), 토지의 정착물 중 건축물(建築物)이 토지와는 별개의 부동산이라는 것에 대한 명백한 규정은 없다.

2) 부동산등기법 규정
다만, 부동산등기법(不動産登記法)에서는 건물에 대해서 별개의 독립된 건물등기부를 둔다는 규정(「부동산등기법」 제14조 제1항)을 전제로 건물을 토지와 별개인 부동산으로 취급하고 있다.

(2) 건축물의 범위
1) 건축법 규정
현행「건축법」에서 건축물(建築物)이란 토지에 정착하는 공작물(工作物) 중 지붕과 기둥 또는 벽이 있는 것과 이에 딸린 시설물, 지하 또는 고가(高架)의 공작물에 설치하는 사무소·공연장·점포·차고·창고 등을 말한다(건축법 제2조).

2) 건축물의 범위
① 우리나라 판례는 건축물의 범위를 '토지에의 정착성'과 '지붕과 기둥 등의 형태적 요건' 2가지 요건을 모두 갖춘 것으로 보고 있다.
② 또한 독립된 부동산으로서의 건물이라고 함은 최소한의 기둥과 지붕 그리고 주벽이 이루어지면 법률상 건물이라고 할 수 있다(대판 1996.6.14. 94다53006).

(3) 공사 중인 건물
1) 건축법상의 건물
건축 중인 건물의 경우에도 최소한 기둥과 지붕 그리고 주벽(主壁)이 이루어지면 이를 법률상 건물이라고 본다(대판 1986.11.11. 86누173).

2) 독립된 부동산으로서의 건물
독립된 부동산으로서의 건물이라고 하기 위하여는 최소한의 기둥과 지붕 그리고 주벽이 이루어지면 된다(대판 2003.5.30. 2002다21592, 21608).

3) 세차장 구조물
세차장 구조물이 콘크리트 지반 위에 볼트조립방식 등으로 사용하여 철제파이프 또는 철골기둥을 세우고 상부에 철골트러스트 또는 샌드위치 판넬지붕을 덮었으며 기둥과 기둥 사이에 차량이 드나드는 쪽을 제외한 2면 또는 3면에 천막이나 유리 등으로 된 구조물로서 주벽이라고 할 만한 것이 없고 볼트만 해체하면 쉽게 토지로부터 분리·철거 가능한 것이라면 토지의 정착물로 볼 수 없다(대판 2009.1.15. 2008도9427).

(4) 장래 건축될 건물(분양권) 23회 출제
1) 분양권
공인중개사법(구 부동산중개업법 제3조 제2호)에 규정된 중개대상물 중 '건물'에는 기존의 건축물뿐만 아니라, 장차 건축될 특정의 건물도 포함된다고 볼 것이므로 아파트의 특정 동, 호수에 대하여 피분양자가 선정되거나 분양계약이 체결된 후에는 그 특정아파트가 완성되기 전이라 하여도 이에 대한 매매 등 거래를 중개하는 것은 '건물'의 중개에 해당한다(대판 2005.5.27. 2004도62).

2) 분양예정자로 선정될 수 있는 지위
그러나 특정한 아파트에 입주할 수 있는 권리가 아니라 아파트에 대한 추첨기일에 신청을 하여 당첨이 되면 아파트의 분양예정자로 선정될 수 있는 지위를 가리키는 데에 불과한 입주권은「공인중개사법」제3조 제2호 소정의 중개대상물인 건물에 해당한다고 보기 어렵다(대판 1991.4.23. 90도1287).

3 토지의 정착물

(1) 토지의 정착물의 개념

1) 토지의 정착물(定着物)이란 토지에 고정적으로 부착하여 용이하게 이동할 수 없는 물건으로서 거래관행상 계속적으로 토지에 부착하여 이용되는 것으로 인정되는 것을 말한다.
2) 건물을 제외한 토지의 정착물은 원칙적으로 토지의 구성부분으로 독립된 소유권이 인정되지 않고 있다.

(2) 별개의 소유권이 인정되는 정착물

거래의 대상이 되는 토지의 정착물이란 건물 이외의 토지에 정착된 물건으로서 부동산으로 인정되는 물건으로 독립된 소유권이 인정되는 것을 의미한다.

Professor Comment

관습법에서 인정되는 토지의 정착물에는 명인방법을 갖춘 수목의 집단과 미분리과실, 경작 중인 농작물이 있다.

> **Wide | 판례상의 명인방법**
>
> ① 명인방법(明認方法)이란 제3자로 하여금 수목과 같은 지상물의 소유권이 누구에게 귀속하고 있다는 것을 명백히 인식하게 하는 방법을 말하는 것으로, 명인방법을 갖추었다고 하기 위해서는 지상물이 독립된 물건이며 현재의 소유자가 누구라는 것이 명시되어야 한다(대판 1990.2.13. 89다카23022).
> 예 나무의 표피에 페인트칠 및 번호표기만 가지고는 명인방법으로 볼 수는 없다(대판 1990.2.13. 89다카23022).
> ② 쪽파와 같은 수확되지 아니한 농작물에 있어서는 명인방법을 실시함으로써 그 소유권을 취득한다. <u>농작물을 소유자로부터 매수하였다고 하더라도 명인방법을 갖추지 아니한 이상 소유권을 취득하였다고 볼 수 없다</u>(대판 1996.2.23. 95도2754).

(3) 명인방법을 갖춘 수목의 집단

명인방법이라는 관습법상의 공시방법을 갖추는 경우에는 토지와는 독립하여 거래의 대상이 될 수도 있다는 것이 일반적 견해라 할 것이다. 따라서 명인방법을 갖춘 수목의 집단은 토지와 독립하여 거래의 대상이 되는 토지의 정착물이므로 「공인중개사법」에 의한 중개대상물에 해당한다고 보아야 한다(2004. 사건04-01961 제14회 공인중개사자격시험 불합격처분 취소청구).

4 대통령령이 정하는 재산권 및 물건

(1) 「입목에 관한 법률」에 의한 입목

1) 입목

이 법률에서 입목이란 토지에 부착된 수목(樹木)의 집단으로서 그 소유자가 이 법에 의하여 소유권보존의 등기를 받은 것을 의미하며(법 제2조), 입목으로 등기를 받을 수 있는 수목의 집단의 범위는 1필의 토지 또는 1필의 토지의 일부분에 생립(生立)하고 있는 모든 수종(樹種)의 수목을 의미한다(영 제1조).

2) 입목의 독립성

입목은 부동산으로 간주되며, 입목의 소유자는 토지와 분리하여 입목을 양도하거나 이를 저당권의 목적으로 할 수 있고, 입목은 토지의 소유권 또는 지상권과 독립된 권리의 객체로 인정하고 있다(법 제3조).

3) 저당권의 효력

입목을 목적으로 하는 저당권의 효력은 입목을 베어낸 경우에 그 토지로부터 분리된 수목에도 미친다(법 제4조 제1항).

4) 입목의 등록

소유권보존의 등기를 받을 수 있는 수목의 집단은 입목등록원부에 등록된 것에 한정되며, 입목등록원부에 등록하거나 변경등록하기 위해서는 그 소재지를 관할하는 특별자치도지사, 시장·군수 또는 구청장(자치구의 구청장)에게 신청해야 한다(법 제8조). 입목등록원부는 이해관계 있는 자가 열람하거나 등·초본을 교부받을 수 있다(법 제10조).

5) 토지등기부의 표제부에 대한 표기

등기관은 이미 등기되어 있는 토지에 부착된 수목에 대하여 소유권보존의 등기를 하였을 때와 입목의 구분등기를 하였을 때에는 토지의 등기기록 중 표제부에 입목등기기록을 표시하여야 한다(법 제19조 제1항).

Professor Comment

중개업무 과정에서 입목이 등기된 것인지 여부를 판단하기 위해서는 해당 지번 토지등기부의 표제부를 판독하면 될 것이며, 입목 소유자 여부는 해당 입목등기부를 통하여 확인하면 될 것이다.

6) 입목등기의 효력

① 별개 부동산 : 입목은 토지와는 별개의 부동산으로 간주되며, 소유권과 저당권의 목적이 된다.

② 지상권 등의 포기 : 지상권자 또는 토지의 임차인에게 속하는 입목이 저당권의 목적이 되어 있는 경우에는 지상권자 또는 임차인은 저당권자의 승낙 없이 그 권리를 포기하거나 계약을 해지할 수 없다.

③ 보험가입 : 입목을 담보로 저당권을 설정하고자 하는 경우에는 사전에 그 입목을 보험에 붙여야 한다.

④ 토지와 분리 : 입목은 토지의 소유권 또는 지상권과 독립된 객체로 인정하고 있기 때문에 입목의 지반인 토지에 관한 소유권 또는 지상권의 처분은 입목에 영향을 미치지 못한다. 따라서 입목의 소유자는 토지와 분리하여 입목에 대한 양도 및 저당권을 설정할 수 있다.

⑤ 조성·육림 의무 : 입목에 저당권이 설정된 경우 입목소유자는 당사자 간에 약정된 시업방법에 따라 그 입목을 조성·육림하여야 하나, 천재·지변 기타 불가항력으로 입목에 손실이 발생한 때에는 입목소유자는 그 책임을 면한다.

⑥ 저당권의 효력 : 입목에 대하여 저당권이 설정된 경우 입목을 목적으로 하는 저당권의 효력은 입목을 베어낸 경우에 그 토지로부터 분리된 수목에 대하여도 미치며, 경매 기타 사유로 인하여 토지와 입목이 각각 다른 소유자에게 속하게 되는 경우에는 토지소유자는 입목소유자에게 지상권을 설정한 것으로 본다.

⑦ 경매신청 : 저당권이 설정된 입목에 대하여 그 베어낸 경우 저당권자는 변제기일이 도래하기 전이라 하더라도 경매에 부칠 수 있으나 매각된 금원은 변제기일이 도래할 때까지 법원에 공탁하여야 한다.

(2) 「공장 및 광업재단 저당법」에 의한 광업재단

1) 광업재단(鑛業財團)

광업권과 그 광업권에 기하여 광물을 채굴, 취득하기 위한 각종 설비 및 이에 부속하는 사업의 설비로 구성되는 일단의 기업재산으로서 이 법에 의하여 소유권과 저당권의 목적이 되는 것이다(법 제2조).

2) 광업재단의 설정과 구성

광업권자는 저당권의 목적으로 하기 위하여 광업재단을 설정할 수 있다. 광업재단은 광업권과 다음에 열거하는 것으로서 그 광업에 관하여 동일한 광업권자에 속하는 것의 전부 또는 일부로써 이를 구성할 수 있다(법 제53조).

① 토지, 건물, 그 밖의 공작물
② 기계, 기구, 그 밖의 부속물
③ 항공기, 선박, 자동차 등 등기 또는 등록이 가능한 동산
④ 지상권이나 그 밖의 토지사용권
⑤ 임대인이 동의하는 경우에는 물건의 임차권
⑥ 지식재산권

> **Wide | 광업권**
>
> 광업권이나 그 광업권에서 설정된 저당권, 그리고 변경, 이전, 소멸 및 처분의 제한, 광업권의 존속기간, 공동광업권자의 탈퇴 등은 산업통상자원부에 있는 광업 원부(鑛業 原簿)에 등록되는데, 광업권이 광업 원부에 등록되면 등기부에 갈음하여 대체되므로 사실상 등기된 것과 같은 보호를 받게 된다. 그러나 광업권은 「공인중개사법」에서 정한 중개대상물이 아니다.

(3) 「공장 및 광업재단 저당법」에 의한 공장재단

1) 공장재단(工場財團)
공장에 속하는 일정한 기업용 재산으로써 구성되는 일단(一團)의 기업재산으로서 이 법에 의하여 소유권과 저당권의 목적이 되는 것을 말한다(법 제2조).

2) 공장재단의 구성
다음에 열거하는 것의 전부 또는 일부로써 이를 구성할 수 있다(법 제13조).
① 공장에 속하는 토지, 건물, 그 밖의 공작물
② 기계, 기구, 전봇대, 전선, 배관, 레일, 그 밖의 부속물
③ 항공기, 선박, 자동차 등 등기나 등록이 가능한 동산
④ 지상권 및 전세권
⑤ 임대인이 동의한 경우에는 물건의 임차권
⑥ 지식재산권

(4) 재단등기의 효력
1) 공장재단 및 광업재단의 전부 또는 일부에 대하여 소유권보존등기를 하여 광업재단이 되면 소유권과 저당권의 목적이 된다.
2) 공장재단 및 광업재단은 1개의 부동산으로 취급되므로 광업재단은 이를 분리하여 처분할 수 없다.
3) 공장재단 및 광업재단에 속하는 토지에 설정한 저당권의 효력은 그 토지에 부합된 물건과 그 토지에 설치된 기계, 기구, 그 밖의 공용물에 미친다.
4) 저당권의 목적인 토지나 건물에 대한 압류, 가압류 또는 가처분은 저당권의 목적이 되는 물건에 효력이 미치며 저당권의 목적이 되는 물건은 토지나 건물과 함께하지 아니하면 압류, 가압류 또는 가처분의 목적으로 하지 못한다.
5) 공장 및 광업권자가 저당권자의 동의를 받아 토지나 건물에 부합된 물건을 분리한 경우 그 물건에 관하여는 저당권이 소멸한다.
6) 공장재단 및 광업재단은 기업재산의 담보가치를 증대시켜 금융자금을 원활하게 융통할 목적으로 여러 개의 물건을 1개의 권리로 등기한 것이므로 광업재단의 소유권보존등기 후 10월 내에 저당권설정의 등기를 하지 아니하는 경우에는 그 광업재단 등기의 효력은 상실된다.

제1편 공인중개사법령

02 중개대상물 및 중개대상 권리가 아닌 것 ★   19·30회 출제

Professor Comment
공인중개사시험에서는 중개대상물의 범위와 관련하여 중개대상물이 아닌 것을 묻는 문제들이 출제된다. 중개대상물이 아닌 것은 논리상 중개대상물이 될 수 없는 것과 중개대상물이 아닌 것으로 구분된다.

1 중개대상물이 아닌 것

(1) 사적 거래가 불가능한 것 → 중개대상물이 아닌 것을 중개해도 이 법 위반 아님

중개대상물이 될 수 없는 것이란 그 거래에 개업공인중개사의 중개행위가 개입될 수 없는 것을 의미한다.

1) 국유재산

① **처분의 금지**
부동산 중 그 거래에 중개행위가 개입될 수 없는 대표적인 것은 국유재산이다. 국유재산 중 행정재산과 보존재산은 원칙적으로 처분이 불가능하다(국유재산법 제27조).

② **처분의 제한**
일반재산은 처분이 가능하나 일반재산의 처분은 경쟁입찰방식으로 처분하는 것이 원칙이고 수의계약은 특별한 경우에 예외적으로 허용되므로 중개행위가 개입되기 어렵다(동법 제43조 및 동법시행령 제40조).

2) 공유재산

① **처분의 금지**
지방자치단체의 소유인 공유재산 중 행정재산과 보존재산은 원칙적으로 처분이 불가능하다(공유재산 및 물품 관리법 제19조 제1항).

② **처분의 제한**
공유재산 중 일반재산은 처분이 가능하나, 일반재산의 처분은 경쟁입찰 방식으로 처분하는 것이 원칙이다. 다만 예외적으로 지방자치단체의 장이 「공인중개사법」에 의한 개업공인중개사에게 중개를 의뢰하여 매각되지 아니한 재산을 일정한 매각기준에 따라 매각하는 경우에는 당해 개업공인중개사에게 중개보수를 지급할 수 있도록 규정하고 있으므로(공유재산 및 물품관리법 시행령 제43조), 공유재산 중 일반재산으로서 이 규정에 적합한 것은 예외적으로 중개대상물이 될 수 있다.

3) 무주(無主)의 부동산

① 무주의 부동산은 국유로 한다(민법 제252조 제2항). 즉, 무주의 부동산은 국유로 귀속되는 것으로, 지번이 부여되지 않은 미등록토지는 정당한 토지소유자가 적극적으로 소유권을 증빙하지 못하는 한 국유로 보아야 한다(대판 1997.11.28. 96다30199).

② 지번이 부여되지 않은 미등록토지와 같이 무주의 부동산은 국유이므로, 거래가 성립될 수 없어, 중개대상이 될 수 없다고 보아야 한다.

4) 하천(국공유로 편입된 경우)

하천이라 함은 지표면에 내린 빗물 등이 모여 흐르는 물길로서 공공의 이해에 밀접한 관계가 있어 국가하천 또는 지방하천으로 지정된 것을 말하며, 하천구역과 하천시설을 포함한다(하천법 제2조 제1호).

> **Wide | 하천의 구분**(하천법 제7조)
>
> ① **국가하천**
> 국토보전상 또는 국민경제상 중요한 하천으로서 국토교통부장관이 그 명칭과 구간을 지정하는 하천을 말한다.
>
> ② **지방하천**
> 지방의 공공이해와 밀접한 관계가 있는 하천으로서 시·도지사가 그 명칭과 구간을 지정하는 하천을 말한다.

5) 공유수면 및 바닷가

공유수면이란 바다·바닷가, 하천·호소·구거 그 밖에 공공용으로 사용되는 수면 또는 수류로서 국유인 것을 의미한다. 이때 바닷가란 해안선으로부터 지적공부에 등록된 지역까지의 사이를 의미한다(공유수면 관리 및 매립에 관한 법률 제2조).

■ 공유수면 및 바닷가 (판례)

1 공유수면
공유수면이라 함은 하천, 바다, 호수 기타 공공용에 사용되는 수류 또는 수면으로서 국가의 소유에 속하는 자연공물에 해당한다(대판 1992.4.28. 91누4300).

2 바닷가
바닷가(종전의 법률에 의한 빈지)란 자연의 상태 그대로 공공용에 제공될 수 있는 실체를 갖추고 있는 이른바 자연공물로서 「국유재산법」상의 행정재산에 속하는 것으로 사법상 거래의 대상이 되지 않는다(대판 2000.5.26. 98다15446).

6) 포락지

① 포락지(浦落地)라 함은 지적공부에 등록된 토지가 물에 침식되어 수면 밑으로 잠긴 토지를 말한다(공유수면 관리 및 매립에 관한 법률 제2조 제2호).

② 토지소유권의 상실원인이 되는 포락이라 함은 토지가 바닷물이나 하천법상의 적용하천의 물에 개먹어(침식되어) 무너져 바다나 적용하천에 떨어져 그 원상복구가 과다한 비용을 요하는 등 사회통념상 불가능한 상태에 이르렀을 때를 말하고, 그 원상회복의 불가능 여부는 포락 당시를 기준으로 결정되어야 한다(대판 1994.12.13. 94다25209).

■ 포락지 등

1 포락지
포락한 토지가 재차 성토화(盛土化)하였을 경우 포락한 토지에 대한 종전소유자의 소유권은 영구히 소멸되고 그 성토화한 토지에 대한 소유권을 다시 취득하지 못한다(대판 1965.3.30. 64다1951).

2 사실상의 하천이나 준용하천
토지소유권의 상실원인이 되는 포락은 특정인의 소유 토지가 바닷물이나 하천법상의 적용하천의 물에 개먹어 무너져 바다나 적용하천에 떨어짐으로써 그 원상복구가 사회통념상 불가능한 상태에 이르렀을 때를 일컫는 것이지, 바닷물이나 적용하천의 유수가 아닌 사실상의 하천이나 준용하천의 물에 무너져 내려 **사실상의 하상(河床)**이 되어 그 원상복구가 어렵게 된 때까지를 포함하는 것이 아니다(대판 1992.4.28. 92다3793).

> **Wide** 하천 등에 대한 사권행사의 제한(하천법 제4조 제2항)
>
> 하천을 구성하는 토지와 그 밖의 하천시설에 대하여는 사권(私權)을 행사할 수 없다. 다만, 다음의 어느 하나에 해당하는 경우에는 그러하지 아니하다.
> ① 소유권을 이전하는 경우
> ② 저당권을 설정하는 경우
> ③ 하천점용허가(소유권자 외의 자는 소유권자의 동의를 얻은 경우에 한함)를 받아 그 허가받은 목적대로 사용하는 경우

7) 미채굴 광물
광업권의 대상인 미채굴 광물의 경우 국가는 미채굴 광물(未採掘鑛物)에 대하여 이를 채굴(採掘)하고 취득할 권리를 부여할 권능을 갖는 것으로(광업법 제2조), 미채굴 광물 역시 토지와 독립된 것으로 중개대상물이 될 수 없다고 본다.

(2) 부동산중개가 개입될 수 없는 행위 11회 출제
부동산의 경매나 공매, 상속, 공용수용 등은 법률의 규정에 의해 진행되는 것으로 이들 행위에는 부동산중개가 개입될 수 없다. 따라서 이들 행위는 중개대상 행위가 아닌 것이 원칙이다.

(3) 이 법령에서 정하지 않은 것
다음의 물건들은 별도로 공시에 관한 특별법을 가지고 있으나 중개대상물에 포함되지 않는다.
1) 어업재단
2) 항만운송사업재단
3) 20톤 이상의 선박(선박법 제8조)
4) 항공기(자동차 등 특정동산 저당법 제3조)
5) 건설기계(자동차 등 특정동산 저당법 제3조) 등

 **Q07** 제23회 기출

공인중개사법령상 중개대상물이 될 수 있는 것은 모두 몇 개인가? (다툼이 있으면 판례에 의함)

- 주택이 철거될 경우 일정한 요건하에서 택지개발지구 내 이주자택지를 공급받을 수 있는 지위인 대토권
- 분양계약이 체결되어 동·호수가 특정된 장차 건축될 아파트
- 아파트 추첨기일에 신청하여 당첨되면 아파트의 분양예정자로 선정될 수 있는 지위인 입주권
- 「입목에 관한 법률」에 따른 입목
- 「공장 및 광업재단 저당법」에 따른 광업재단

① 1개 ② 2개 ③ 3개 ④ 4개 ⑤ 5개

해설 중개대상물
주택이 철거될 경우 일정한 요건하에서 택지개발지구 내 이주자택지를 공급받을 수 있는 지위인 대토권(대판 2011.5.26. 2011다23682)과 아파트 추첨기일에 신청하여 당첨되면 아파트의 분양예정자로 선정될 수 있는 지위인 입주권(대판 2005.5.27. 90도1287)은 중개대상물이 아니다.   **정답** ③

판례 ■ 중개대상물에 해당하는지 여부

1 영업용 건물의 영업시설·비품 등 유형물이나 거래처, 신용, 영업상의 노하우 또는 점포위치에 따른 영업상의 이점 등 무형의 재산적 가치가 구 부동산중개업법에 규정된 중개대상물에 해당하는지 여부
영업용 건물의 영업시설·비품 등 유형물이나 거래처, 신용, 영업상의 노하우 또는 점포위치에 따른 영업상의 이점 등 무형의 재산적 가치는 구 부동산중개업법 제3조(현 공인중개사법 제3조), 같은 법 시행령 제2조에서 정한 중개대상물이라고 할 수 없으므로, 그러한 유·무형의 재산적 가치의 양도에 대하여 이른바 "권리금" 등을 수수하도록 중개한 것은 구 부동산중개업법이 규율하고 있는 중개행위에 해당하지 아니하고, 따라서 같은 법이 규정하고 있는 중개보수의 한도액을 초과하여 받은 것에 해당하지 않는다.

2 저당권 등 담보물권이 구 부동산중개업법 제2조 제1호에서 말하는 "기타 권리"에 포함되는지 여부
구 부동산중개업법(현 공인중개사법) 제2조 제1호, 제3조, 같은법 시행령 제2조의 각 규정들을 종합하면 위 법 제2조 제1호에서 말하는 "기타 권리" 가운데에는 저당권 등 담보물권이 포함된다 할 것이다(대판 1991.6.25. 91도485).

중개대상권리가 아닌 것 21·25·27회 출제

(1) 법정지상권이나 법정저당권, 분묘기지권, 유치권, 점유권은 법률의 규정에 의해 성립되는 권리로서 이들 권리의 발생에 중개행위가 개입될 여지가 없다. 이 중 분묘기지권은 일신전속적 권리이므로 중개대상권리가 될 수 없으나, 등기된 법정지상권이나 법정저당권, 유치권은 권리이전이 가능하므로 중개대상권리가 될 수 있다.

(2) 또한 부동산에 대한 동산질권은 인정되지 않으며, 광업권이나 어업권, 저작권, 특허권, 실용신안권 등 지식재산권처럼 중개대상권리로서 명시되지 않은 권리도 중개대상권리로 볼 수 없다.

단락핵심 중개대상물

(1) 중개대상물
 1) 아파트 분양예정자로 선정될 수 있는 지위를 가리키는 당첨권 즉, 아파트입주권은 중개대상물인 건물에 해당하는 것으로 보기 어렵다.
 2) 공장재단을 구성하는 지식재산권 및 시설 등은 각각 분리하여 중개대상물이 되지 못한다.
 3) 광업재단에 속한 지식재산권은 독립한 중개대상물이 아니다.
 4) 가식의 수목이나 암석·토사는 중개대상물이 아니다.
 5) 자산관리공사에서 매각의뢰된 법인의 비업무용 부동산 및 법원 경매대상인 사유부동산 등은 공개매각이라는 절차를 통하여 처분하게 되므로 중개행위가 개입될 여지가 없다.
 6) 영업상의 노하우 등 무형의 재산적 가치는 중개대상물이 아니다.

(2) 중개대상물과 중개대상권리의 범위
 1) 광업재단, 지상권, 가압류된 부동산, 상속된 토지, 토지 일부의 임대차
 2) 미등기건물, 개인의 공유수면 매립토지, 지상권, 가등기가 설정되어 있는 토지, 무허가건물, 등기된 환매권, 「공장 및 광업재단 저당법」에 따른 공장재단, 접도구역에 포함된 사유지
 3) 중개대상물 중 '건축물'에는 장차 건축될 특정의 건물도 포함된다.

Wide 중개대상물

법정 중개대상물	토지, 건축물 그 밖의 토지의 정착물, 입목, 광업재단, 공장재단
중개대상권리	저당권, 전세권, 지상권, 지역권, 임차권, 환매권, 가등기담보권
중개대상물이 아닌 것	① 사적거래가 불가능한 것 : 국유재산(행정재산, 보존재산), 사유가 될 수 없는 공유수면·하천(국·공유 재산으로 편입된 경우)·바다·바닷가(빈지)·공도, 포락지, 미채굴광물, 무주부동산 ② 개입여지가 없는 것 : 상속·증여대상 부동산, 경매·공매 대상 부동산 등, 국유재산법상의 일반재산(공매대상) ③ 「공인중개사법」에 규정되지 않은 것 : 항만운송사업재단, 선박, 항공기, 건설기계 등
중개대상권리가 아닌 것	① 점유권·질권·법정지상권(성립시)·법정저당권(성립시), 분묘기지권, 유치권(성립시) ② 특허권·저작권 등의 무체재산권

단락문제 Q08

공인중개사법령상 중개대상에 관한 설명으로 틀린 것은? (다툼이 있으면 판례에 따름)

① 중개대상물인 '건축물'에는 기존의 건축물뿐만 아니라 장차 건축될 특정의 건물도 포함될 수 있다.
② 공용폐지가 되지 아니한 행정재산인 토지는 중개대상물에 해당하지 않는다.
③ 「입목에 관한 법률」에 따라 등기된 입목은 중개대상물에 해당한다.
④ 주택이 철거될 경우 일정한 요건하에 택지개발지구 내에 이주자 택지를 공급받을 지위인 대토권은 중개대상물에 해당하지 않는다.
⑤ "중개"의 정의에서 말하는 '그 밖의 권리'에 저당권은 포함되지 않는다.

해설 용어정의
"중개"의 정의에서 말하는 '그 밖의 권리'에 저당권 등 담보물권도 포함된다.   **정답** ⑤

단락문제 Q09

공인중개사법령상 중개대상에 관한 설명으로 옳은 것은? (다툼이 있으면 판례에 의함)

① 점포위치에 따른 영업상의 이점(利點)은 중개대상물이다.
② 명인방법을 갖춘 수목은 중개대상물이 될 수 없다.
③ 동산질권은 중개대상이 아니다.
④ 아파트에 대한 추첨기일에 신청을 하여 당첨이 되면 아파트의 분양예정자로 선정될 수 있는 지위를 가리키는 입주권도 중개대상물이 된다.
⑤ 20톤 미만의 선박은 중개대상물이 된다.

해설 중개대상물
① 점포위치에 따른 영업상의 이점(利點), 즉 권리금은 중개대상물이 아니다(대판 2006.9.22. 2005도6054).
② 명인방법을 갖춘 수목은 중개대상물에 해당한다.
④ 아파트에 대한 추첨기일에 신청을 하여 당첨이 되면 아파트의 분양예정자로 선정될 수 있는 지위를 가리키는 입주권은 중개대상물이 아니다(대판 1991.4.23. 90도1287).
⑤ 선박은 중개대상물이 아니다.   **정답** ③

총칙

CHAPTER 01

• 경록 교재에 모든 답이 있습니다.

01 이 법은 공인중개사의 업무 등에 관한 사항을 정하여 그 전문성을 제고하고 부동산중개업을 건전하게 육성하여 국민경제에 이바지함을 목적으로 한다.

01. O

02 "중개업"이라 함은 다른 사람의 의뢰에 의하여 일정한 보수를 받고 중개를 하는 것을 말한다.

02. X
중개업은 다른 사람의 의뢰에 의하여 일정한 보수를 받고 중개를 업으로 행하는 것을 말한다.

03 개업공인중개사라 함은 이 법에 의하여 중개사무소의 개설등록을 한 자를 말한다.

03. O

04 「공인중개사법」에 의한 중개대상물은 토지, 건축물 그 밖의 토지의 정착물, 그 밖에 대통령령이 정하는 재산권 및 물건이다.

04. O

05 소속공인중개사라 함은 개업공인중개사에 소속된 공인중개사로서 개업공인중개사의 중개업무를 보조하는 자를 말한다.

05. X
소속공인중개사라 함은 개업공인중개사에 소속된 공인중개사(개업공인중개사인 법인의 사원 또는 임원으로서 공인중개사인 자를 포함)로서 중개업무를 수행하거나 개업공인중개사의 중개업무를 보조하는 자를 말한다.

06 "중개보조원"이라 함은 공인중개사인 자로서 개업공인중개사에 소속되어 중개대상물에 대한 현장안내 및 일반서무 등 개업공인중개사의 중개업무와 관련된 단순한 업무를 보조하는 자를 말한다.

06. X
"중개보조원"이라 함은 공인중개사가 아닌 자로서 개업공인중개사에 소속되어 중개대상물에 대한 현장안내 및 일반서무 등 개업공인중개사의 중개업무와 관련된 단순한 업무를 보조하는 자를 말한다.

07 "공인중개사"라 함은 이 법에 의한 공인중개사자격을 취득하여 중개업을 영위하는 자를 말한다.

07. X
"공인중개사"라 함은 이 법에 의한 공인중개사자격을 취득한 자를 말한다.

CHAPTER 02 공인중개사

학습포인트

- 공인중개사제도에 대해서는 과거에는 출제비중이 높지 않았으나, 제15회 시험부터는 공인중개사제도 관리에 대한 부분의 시험출제가 되고 있으며 1문제 정도가 출제되고 있다.
- 공인중개사제도의 관리는 행정처벌과 관련되어 출제될 가능성이 높은 점에 유의해야 한다.

CHAPTER 학습 & 출제되는 키워드

- ☑ 공인중개사 자격제도
- ☑ 응시자격
- ☑ 출제 및 채점
- ☑ 응시수수료
- ☑ 합격자 결정 원칙
- ☑ 중개행위
- ☑ 의무위반의 벌칙
- ☑ 공인중개사의 명칭
- ☑ 공인중개사 시험제도
- ☑ 자격취소자
- ☑ 시험방법
- ☑ 합격자 결정
- ☑ 자격증 대여 등의 금지
- ☑ 성명 사용
- ☑ 유사명칭의 사용금지
- ☑ 공인중개사와 유사한 명칭
- ☑ 시행기관
- ☑ 부정행위자
- ☑ 시험의 시행·공고
- ☑ 자격증의 교부
- ☑ 양도·대여의 금지
- ☑ 자격증 양도·대여 행위
- ☑ 공인중개사가 아닌 자
- ☑ 의무위반의 벌칙

CHAPTER 학습 & 출제되는 질문

- ☑ 공인중개사 시험시행기관이 아닌 것은?
- ☑ 공인중개사 시험위탁기관에 해당되지 않는 것은?
- ☑ 시험시행기관과 관련한 설명으로 틀린 것은?
- ☑ 자격증을 양도·대여한 경우 형벌은?

제1편 공인중개사법령

제1절 공인중개사 자격제도 [19회 출제]

01 공인중개사의 의의

공인중개사(Licensed Real Estate Agent)라 함은 「공인중개사법」에 의한 공인중개사 자격을 취득한 자를 말한다(법 제2조 제2호).

02 공인중개사제도

(1) 공인중개사제도는 부동산중개업무의 중요성을 감안하여 부동산중개는 일정한 자격을 가진 자를 통해 이루어지도록 하기 위하여 「부동산중개업법」 제정 당시부터 도입하였다.

(2) 1989년의 제1차 개정을 통하여 부동산중개업은 원칙적으로 공인중개사 자격자만 가능하도록 하였다.

(3) 「부동산중개업법」은 2005년 전면 개정을 통해 「공인중개사의 업무 및 부동산거래신고에 관한 법률」로 법률 명칭이 개정되었고, 다시 2014년 「공인중개사법」으로 개정되었다.

> **Wide** 공인중개사 자격제도의 특징
>
> ① **기본자격** 부동산중개업은 원칙적으로 공인중개사인 자만이 등록할 수 있다.
> ② **일신전속** 양도나 대여가 불가능하다.
> ③ **국가자격** 시·도에서 시행하나 국가자격이므로 대한민국 내 어느 지역에서라도 적용된다.
> ④ **법정자격** 법률에 의해 자격이 부여되며, 법률로써만 자격을 취소할 수 있다.
> ⑤ **영 속 성** 자격취득 후 일정기간 경과로 효력을 잃거나 갱신하는 규정은 없다.
> ⑥ **1인1자격** 1인에게 복수의 자격이 주어지더라도 1인은 1자격만 사용이 가능하다.

제2장 공인중개사

제2절 공인중개사 시험제도   10·추가15·30회 출제

01 자격시험의 의의 ★

1 자격시험 시행기관   22·23회 출제

(1) 원칙적 시행기관 : 시·도지사

공인중개사가 되고자 하는 자는 시·도지사가 시행하는 공인중개사자격시험에 합격하여야 한다(법 제4조 제1항).

(2) 예외적 시행기관 : 국토교통부장관

1) 시험문제의 직접 출제 또는 시험시행

국토교통부장관은 공인중개사자격시험 수준의 균형유지 등을 위하여 필요하다고 인정하는 때에는 대통령령이 정하는 바에 따라 직접 시험문제를 출제하거나 시험을 시행할 수 있다(법 제4조 제2항).

2) 심의위원회의 의결

국토교통부장관이 직접 공인중개사자격시험(이하 "시험"이라 함)의 시험문제를 출제하거나 시험을 시행하고자 하는 때에는 공인중개사정책심의위원회의 의결을 미리 거쳐야 한다(영 제3조).

(3) 시험의 위탁   → 시·도지사 또는 국토교통부장관

1) 시험시행기관장은 시험의 시행에 관하여 필요하다고 인정하는 업무를 「공공기관의 운영에 관한 법률」에 의한 공기업, 준정부기관 또는 협회에 위탁할 수 있다(영 제36조 제2항).

2) 시험시행기관장은 시험업무를 위탁한 때에는 위탁받은 기관의 명칭·대표자 및 소재지와 위탁업무의 내용 등을 관보에 고시하여야 한다(영 제36조 제3항).

2 자격시험 응시자격   31회 출제

(1) 일반적 제한

현행 「공인중개사법」에서는 공인중개사자격시험의 응시자에 대한 학력이나 경력, 국적 등에 대한 일반적 제한이 없다. 따라서 자연인(自然人)은 미성년자라도 응시제한에 포함되지 않는 한 누구나 응시자격이 있다.

(2) 응시제한(자격의 결격사유)

1) 자격취소자   → 3년간 결격사유에도 해당

① 공인중개사의 자격이 취소된 후 3년이 경과되지 아니한 자는 공인중개사가 될 수 없다(법 제6조).

제1편 공인중개사법령

② 이때의 결격사유는 공인중개사자격 취득의 결격사유로서 개업공인중개사등(개업공인중개사, 소속공인중개사, 중개보조원)이 될 수 없는 결격사유와 구분해야 하는 점에 유의해야 한다.

Professor Comment
등록의 결격사유에 해당하더라도 공인중개사의 결격사유(자격취소 3년)에 해당하지 않을 경우에는 공인중개사자격 취득이 제한되는 것이 아니다.

2) 부정행위자

시험시행기관장은 시험에서 부정한 행위를 한 응시자에 대하여는 그 시험을 무효로 하고, 그 처분이 있는 날로부터 5년간 시험응시자격을 정지한다. 이 경우 시험시행기관장은 지체없이 이를 다른 시험시행기관장에게 통보하여야 한다(법 제4조의3).

Professor Comment
부정행위자는 그 처분이 있는 날로부터 5년간 시험에 응시하지 못하지만 중개보조원은 될 수 있다.

공인중개사 자격시험

① 공인중개사가 되려면 자격시험에 합격하여야 한다.
② 미성년자와 외국인도 응시가능하다.
③ 다만, 미성년자의 경우 시험응시는 가능하나 성년이 되어야 중개업에 종사할 수 있다.

제2장 공인중개사

단락문제 Q01
제5회 기출 개작

공인중개사자격시험에 관한 설명 중 옳지 않은 것은?

① 중개사무소 등록이 취소된 후 3년이 경과하지 아니한 자도 공인중개사자격시험에 응시자격이 있다.
② 공인중개사자격시험의 응시자격은 법률행위의 제한능력자에 해당하지 않는 자이다.
③ 공인중개사자격시험에 있어서 부정행위를 한 자는 무효처분이 있는 날로부터 5년간 응시자격이 정지된다.
④ 공인중개사자격시험의 원칙적인 시험실시기관은 특별시장·광역시장·도지사·특별자치도지사이다.
⑤ 국토교통부장관도 시험수준의 균형유지를 위하여 필요한 때에는 직접 시험을 시행할 수 있다.

해설 공인중개사자격시험
법 제35조 제1항의 규정에 의하여 공인중개사의 자격이 취소된 후 3년이 경과되지 아니한 자는 공인중개사가 될 수 없다(법 제6조). 그러나 법률행위의 제한능력자라고 해서 응시자격이 주어지지 않는 것은 아니다. **정답** ②

3 시험의 출제 및 채점

(1) 출제위원 위촉
시험시행기관장은 부동산중개업무 및 관련 분야에 관한 학식과 경험이 풍부한 자 중에서 시험문제의 출제·선정·검토 및 채점을 담당할 자(이하 "출제위원")를 임명 또는 위촉한다(영 제9조 제1항).

(2) 출제위원의 의무
출제위원으로 임명 또는 위촉된 자는 시험시행기관장이 요구하는 시험문제의 출제·선정·검토 또는 채점상의 유의사항 및 준수사항을 성실히 이행하여야 한다(영 제9조 제2항).

(3) 출제위원에 대한 규제
1) 시험시행기관장은 유의사항 및 준수사항 규정을 위반함으로써 시험의 신뢰도를 크게 떨어뜨리는 행위를 한 출제위원이 있는 때에는 그 명단을 다른 시험시행기관장 및 그 출제위원이 소속하고 있는 기관의 장에게 통보하여야 한다(영 제9조 제3항).
2) 국토교통부장관 또는 시·도지사는 위의 규정에 따라 시험시행기관장이 명단을 통보한 출제위원에 대하여는 그 명단을 통보한 날부터 5년간 시험의 출제위원으로 위촉하여서는 아니 된다(영 제9조 제4항).

(4) 시험수당 등의 지급
출제위원 및 시험시행업무 등에 종사하는 자에 대하여는 예산의 범위 안에서 수당 및 여비를 지급할 수 있다(영 제11조).

제1편 공인중개사법령

 ■ 공인중개사 시험

행정행위로서의 시험의 출제업무에 있어서 출제 담당위원은 법령규정의 허용범위 내에서 어떠한 내용의 문제를 출제할 것인가, 그 문제의 문항과 답항을 어떤 용어나 문장형식을 써서 구성할 것인가를 자유롭게 정할 수 있다는 의미에서 재량권을 가지고, 반면에 그 재량권에는 그 시험의 목적에 맞추어 수험생들의 능력을 평가할 수 있도록 출제의 내용과 구성에서 적정하게 행사되어야 할 한계가 내재되는 것이어서 그 **재량권의 행사가 그 한계를 넘을 때에는 그 출제행위는 위법하게 된다**(대판 2006.12.22. 2006두12883).

02 시험방법 ★

공인중개사자격시험의 시험과목·시험방법 및 시험의 일부면제 그 밖에 시험에 관하여 필요한 사항은 대통령령으로 정한다(법 제4조 제3항).

1 시행방법

(1) 시험방법

1) 구분시행

시험은 제1차 시험 및 제2차 시험으로 구분하여 시행한다. 이 경우 제2차 시험은 제1차 시험에 합격한 자를 대상으로 시행한다(영 제5조 제1항).

① **제1차 시험** : 선택형으로 출제하는 것을 원칙으로 하되, 주관식 단답형 또는 기입형을 가미할 수 있다(영 제5조 제4항).

② **제2차 시험** : 논문형으로 출제하는 것을 원칙으로 하되, 주관식 단답형 또는 기입형을 가미할 수 있다(영 제5조 제5항).

2) 동시시행

① 시험을 시행하는 특별시장·광역시장·도지사·특별자치도지사 또는 국토교통부장관 (이하 "시험시행기관장"이라 함)이 필요하다고 인정하는 경우에는 제1차 시험과 제2차 시험을 구분하되 동시에 시행할 수 있다.

② 동시시행의 경우 제2차 시험의 시험방법은 선택형으로 출제하는 것을 원칙으로 하되, 주관식 단답형 또는 기입형을 가미할 수 있다(영 제5조 제2항 참조).

③ 제1차 시험과 제2차 시험을 동시에 시행하는 경우에는 제1차 시험에 불합격한 자의 제2차 시험은 무효로 한다(영 제5조 제3항).

Professor Comment
현재 이 규정에 의하여 공인중개사 시험은 동시에 시행하고 있다.

(2) 시험의 일부면제

제1차 시험에 합격한 자에 대하여는 다음 회의 시험에 한하여 제1차 시험을 면제한다(영 제5조 제6항).

2 시험과목

제1차 시험 및 제2차 시험의 시험과목은 다음과 같다.

▼ 공인중개사 자격시험의 내용

구 분	시험과목
제1차 시험	• 부동산학개론(부동산감정평가론을 포함) • 민법(총칙 중 법률행위, 질권을 제외한 물권법, 계약법 중 총칙·매매·교환·임대차) 및 민사특별법 중 부동산중개에 관련되는 규정
제2차 시험	• 공인중개사의 업무 및 부동산거래신고에 관한 법령(「공인중개사법」, 「부동산거래신고 등에 관한 법률」), 중개실무 • 부동산공시에 관한 법령(「부동산등기법」, 「공간정보의 구축 및 관리 등에 관한 법률」 제2장 제4절 및 제3장) 및 부동산 관련 세법 • 부동산공법(「국토의 계획 및 이용에 관한 법률」·「건축법」·「도시개발법」·「도시 및 주거환경정비법」·「주택법」·「농지법」) 중 부동산 중개에 관련되는 규정

3 시험의 시행·공고

(1) 시행주기

시험은 매년 1회 이상 시행한다. 다만, 시험시행기관장은 시험을 시행하기 어려운 부득이한 사정이 있는 경우에는 심의위원회의 의결을 거쳐 당해 연도의 시험을 시행하지 아니할 수 있다(영 제7조 제1항).

(2) 개략적 사항 공고

시험시행기관장은 시험을 시행하고자 하는 때에는 예정 시험일시·시험방법 등 시험시행에 관한 개략적인 사항을 매년 2월 말일까지 관보, 「신문 등의 진흥에 관한 법률」 제2조 제1호 가목의 규정에 따른 일반일간신문(이하 "일간신문"이라 함). 방송 중 하나 이상에 공고하여야 한다(영 제7조 제2항).

(3) 시행 공고

시험시행기관장은 시험시행 공고 후 시험을 시행하고자 하는 때에는 시험일시, 시험장소, 시험방법, 합격자 결정방법 및 응시수수료의 반환에 관한 사항 등 시험의 시행에 관하여 필요한 사항을 시험시행일 90일 전까지 관보, 일간신문, 방송 중 하나 이상에 공고하여야 한다(영 제7조 제3항).

제1편 공인중개사법령

4 응시수수료

(1) 응시원서
시험에 응시하고자 하는 자는 국토교통부령이 정하는 바에 따라 응시원서를 제출하여야 한다(영 제8조 제1항). 응시원서는 「공인중개사법 시행규칙」[별지 제1호의 서식]에 따른다(규칙 제2조 제1항).

(2) 응시수수료 반환

1) 의의
시험시행기관장은 다음의 어느 하나에 해당하는 경우에는 국토교통부령이 정하는 바에 따라 응시수수료의 전부 또는 일부를 반환하여야 한다(영 제8조 제2항).
① 수수료를 과오납한 경우
② 시험시행기관의 귀책사유로 시험에 응하지 못한 경우
③ 시험시행일 10일 전까지 응시원서 접수를 취소하는 경우

2) 반환기준
응시수수료(이하 "수수료"라 함)의 반환기준은 다음과 같다(규칙 제2조 제2항).
① 수수료를 과오납한 경우에는 그 과오납한 금액의 전부
② 시험시행기관의 귀책사유로 시험에 응하지 못한 경우에는 납입한 수수료의 전부
③ 응시원서 접수기간 내에 접수를 취소하는 경우에는 납입한 수수료의 전부
④ 응시원서 접수마감일의 다음 날부터 7일 이내에 접수를 취소하는 경우에는 납입한 수수료의 100분의 60
⑤ 위 ④에서 정한 기간을 경과한 날부터 시험시행일 10일 전까지 접수를 취소하는 경우에는 납입한 수수료의 100분의 50

Professor Comment
수수료의 반환절차 및 반환방법 등은 영 제7조 제3항의 규정에 따른 시험시행공고에서 정하는 바에 따른다.

5 합격자 결정

(1) 제1차 시험 합격자
제1차 시험에 있어서는 매과목 100점을 만점으로 하여 매과목 40점 이상, 전과목 평균 60점 이상 득점한 자를 합격자로 한다(영 제10조 제1항).

(2) 제2차 시험 합격자

1) 합격자 결정원칙
제2차 시험에 있어서는 매과목 100점을 만점으로 하여 매과목 40점 이상, 전과목 평균 60점 이상 득점한 자를 합격자로 한다(영 제10조 제2항 전단).

2) 선발예정인원 공고

시험시행기관장이 공인중개사의 수급상 필요하다고 인정하여 심의위원회의 의결을 거쳐 선발예정인원을 미리 공고한 경우에는 2차 시험에 한해 매과목 40점 이상인 자 중에서 선발예정인원의 범위 안에서 전과목 총득점의 고득점자 순으로 합격자를 결정한다(영 제10조 제2항 단서).

3) 최소 선발인원 공고

① 시험시행기관장은 응시생의 형평성 확보 등을 위하여 필요하다고 인정하는 경우에는 심의위원회의 의결을 거쳐 최소 선발인원 또는 응시자 대비 최소 선발비율을 미리 공고할 수 있다(영 제10조 제4항).

② 최소 선발인원 또는 최소 선발비율을 공고한 경우 제2차 시험에서 매과목 40점 이상, 전과목 평균 60점 이상 득점한 자가 최소 선발인원 또는 최소선발비율에 미달되는 경우에는 매과목 40점 이상인 자 중에서 최소 선발인원 또는 최소 선발비율의 범위 안에서 전과목 총득점의 고득점자 순으로 합격자를 결정한다(영 제10조 제5항).

4) 동점자 처리

선발예정인원 또는 비율을 정한 경우 합격자를 결정함에 있어서 동점자로 인하여 선발예정인원을 초과하는 경우에는 그 동점자 모두를 합격자로 한다(영 제10조 제3항).

단락핵심 공인중개사 시험

(1) 공인중개사자격시험 응시자격에 대하여는 제한이 없다.
(2) 자격취소자 이외에는 결격사유자라 하더라도 자격시험에 응시할 수 있다.
(3) 부정행위자는 그 시험을 무효로 하고 무효처분을 받은 날부터 5년간 응시자격이 제한된다.

단락문제 Q02 제23회 기출

공인중개사법령상 공인중개사 자격시험에 관한 설명으로 옳은 것을 모두 고른 것은?

㉠ 공인중개사정책심의위원회에서 시험에 관한 사항을 정하는 경우에는 시·도지사는 이에 따라야 한다.
㉡ 국토교통부장관이 직접 시험문제를 출제하려는 경우에는 공인중개사정책심의위원회의 사후 의결을 거쳐야 한다.
㉢ 시험시행기관장은 시험을 시행하기 어려운 부득이한 사정이 있는 경우에는 공인중개사정책심의위원회의 의결을 거쳐 당해 연도의 시험을 시행하지 않을 수 있다.
㉣ 국토교통부장관은 공인중개사시험의 합격자에게 공인중개사자격증을 교부하여야 한다.

① ㉠, ㉡   ② ㉠, ㉢   ③ ㉡, ㉢   ④ ㉢, ㉣   ⑤ ㉠, ㉢, ㉣

해설 공인중개사 자격시험
㉡ 국토교통부장관이 직접 시험문제를 출제하려는 경우에는 미리 공인중개사정책심의위원회의 의결을 거쳐야 한다(영 제3조).
㉣ 시·도지사는 공인중개사시험의 합격자에게 공인중개사자격증을 교부하여야 한다(법 제5조 제2항).

정답 ②

03 자격증의 교부 등 20·33회 출제

1 자격증의 교부

(1) 합격자 공고
공인중개사자격시험을 시행하는 시험시행기관장은 공인중개사자격시험의 합격자가 결정된 때에는 이를 공고(公告)하여야 한다(법 제5조 제1항).

(2) 자격증 교부 20·27·33회 출제
1) 시·도지사는 공인중개사자격시험 합격자에게 국토교통부령이 정하는 바에 따라 공인중개사자격증을 교부하여야 한다(법 제5조 제2항).
2) 시·도지사는 시험합격자의 결정 공고일부터 1월 이내에 시험합격자에 관한 사항을 공인중개사 자격증교부대장에 기재한 후, 시험 합격자에게 공인중개사자격증을 교부하여야 한다(규칙 제3조 제1항).

공인중개사 자격취소

① 공인중개사가 자격취소사유에 해당하는 행위를 하는 경우 특·광·도지사·특도지사는 그 자격을 취소하여야 한다.
② 공인중개사 자격이 취소된 후 3년이 경과하지 아니한 자는 공인중개사가 될 수 없다.
⇨ 자격취소 후 3년간은 응시자격이 없다.

3) 자격증교부대장은 전자적 처리가 불가능한 특별한 사유가 없으면 전자적 처리가 가능한 방법으로 작성·관리하여야 한다(규칙 제3조 제3항).

Professor Comment
국토교통부장관이 직접 시행한 경우에도 시·도지사가 자격증을 교부한다.

2 자격증의 재교부 26·33회 출제

(1) 재교부 신청
공인중개사자격증을 교부받은 자는 공인중개사자격증을 잃어버리거나 못쓰게 된 경우에는 국토교통부령이 정하는 바에 따라 시·도지사에게 재교부를 신청할 수 있다(법 제5조 제3항).

(2) 재교부신청서 제출
공인중개사자격증의 재교부를 신청하는 자는 재교부신청서를 자격증을 교부한 시·도지사에게 제출하여야 한다(규칙 제3조 제2항).

제3절 양도·대여 및 유사명칭 사용금지

01 자격증 대여 등의 금지 ★★   19·24·28회 출제

1 양도·대여의 금지   31회 출제

공인중개사는 다른 사람에게 자기의 성명을 사용하여 중개업무를 하게 하거나 자기의 공인중개사자격증을 <u>양도 또는 대여</u>하거나 알선하는 행위를 하여서는 아니 된다(법 제7조 제1항).
→ 자격취소사유

(1) 금지행위의 내용

1) 성명 사용 중개행위

① **다른 사람의 범위** : 다른 사람이란 공인중개사 본인 이외의 모든 자를 의미하는 것으로, 친·인척은 물론이고 공인중개사 자격을 가진 자나 개업공인중개사의 자격을 가진 자도 포함되는 것으로 해석할 수 있다.

> **판례** ■「세무사법」에서 다른 사람
>
> 「세무사법」제12조의3은 세무사는 '다른 사람'에게 자신의 성명 또는 상호를 이용하여 세무대리를 하게 하여서는 아니 된다라고 규정하고 있는 바, 여기에서 말하는 '다른 사람'에는 세무사의 자격이 없는 사람은 물론 그러한 자격이 있는 사람도 포함된다(대판 2000.6.27. 2000도1408).

② **성명 사용** : 다른 사람에게 자기의 성명을 사용하여 중개업무를 하게 하는 행위가 금지되는 것이므로, 다른 사람이 공인중개사의 성명을 사용하더라도 그 사람이 자신의 명의를 이용해 중개업무를 수행하지 않은 경우에는 금지행위의 범위에 포함되지 않을 것이다(대판 2003.12.26. 2003도5541, 2000.1.18. 99도1519).

2) 자격증 양도·대여행위

① **양도와 대여의 의미** : '공인중개사 자격'은 일신전속적 특성이 있으므로 다른 사람에게 양도하거나 대여할 수 없으나, 공인중개사자격증은 유형의 문서로서 그 문서의 소유권을 타인에게 이전하면 양도가 되며, 그 문서를 일정기간 동안 사용을 허락한다면 대여가 되는 것이다.

② **양도·대여행위의 금지** : 공인중개사는 다른 사람에게 자기의 공인중개사자격증을 양도하거나 대여하는 행위가 금지되는 것으로, 이때의 양도나 대여가 반드시 대가를 받는 유상이어야 하는 것은 아니다.

③ **공인중개사자격증을 양도하거나 대여한다는 의미** : 공인중개사자격증을 양도하거나 대여를 한다는 것은 다른 사람에게 자신의 자격증을 사용하여 공인중개사로 행세하면서 중개업무를 하려는 것을 알면서도 자격증을 빌려주는 것을 말하는 것으로 자격증을 양수받거나 대여받은 자가 중개업무를 수행하지 않은 경우에는 금지되는 행위에 포함되지 않을 것이다(대판 2003.12.26. 2003도5541, 2000.1.18. 99도1519).

(2) 의무위반의 벌칙

1) 자격취소
시·도지사는 공인중개사가 제7조 제1항의 규정에 위반하여 다른 사람에게 자기의 성명을 사용하여 중개업무를 하게 하거나 공인중개사자격증을 양도 또는 대여한 경우에는 그 자격을 취소하여야 한다(법 제35조 제1항 제2호).

2) 행정형벌
법 제7조의 규정을 위반하여 다른 사람에게 자기의 성명을 사용하여 중개업무를 하게 하거나 공인중개사자격증을 양도·대여한 자는 1년 이하의 징역 또는 1천만원 이하의 벌금에 처한다(법 제49조 제1항 제1호 전단).

2 양수 행위의 금지

누구든지 다른 사람의 공인중개사자격증을 양수하거나 대여받아 이를 사용하여서는 아니 된다(법 제7조 제2항).

(1) 금지의무자
이 의무는 국민 일반에 적용되는 포괄적인 의무로서 '누구든지'의 범위에는 모든 사람과 법인이 포함되므로 공인중개사나 개업공인중개사도 포함되는 것으로 해석된다.

Professor *C*omment

이때의 다른 사람이란 금지행위를 하는 자 이외의 모든 자를 의미하는 것으로, 공인중개사가 금지행위자의 친·인척이나 종업원 등 특수관계인인 경우에도 다른 사람에 포함된다고 보아야 한다.

(2) 의무위반의 벌칙
법 제7조의 규정을 위반하여 다른 사람의 공인중개사자격증을 양수·대여받은 자는 1년 이하의 징역 또는 1천만원 이하의 벌금에 처한다(법 제49조 제1항 제1호 후단).

- 공인중개사가 비록 스스로 몇 건의 중개업무를 직접 수행한 바 있다 하더라도, 실질적으로는 무자격자로 하여금 자기명의로 공인중개사 업무를 수행하도록 한 것으로 인정하여 구 「부동산중개업법」(현 공인중개사법)이 금지하는 공인중개사자격증의 대여행위에 해당한다고 한 사례

공인중개사가 비록 스스로 몇 건의 중개업무를 직접 수행한 바 있다 하더라도, 적어도 무자격자가 성사시킨 거래에 관해서는 무자격자가 거래를 성사시켜 작성한 계약서에 자신의 인감을 날인하는 방법으로 자신이 직접 공인중개사 업무를 수행하는 형식만 갖추었을 뿐 실질적으로는 무자격자로 하여금 자기명의로 공인중개사 업무를 수행하도록 한 것이므로, 이는 구 부동산중개업법(현 공인중개사법)이 금지하는 공인중개사자격증의 대여행위에 해당한다(대판 2007.3.29. 2006도9334).

제1편 공인중개사법령

3 알선 행위의 금지

누구든지 자격증을 양도하거나 대여행위를 알선하는 행위를 해서는 안된다(법 제7조 제3항). 이를 위반한 경우 1년이하 징역 또는 1천만원 이하의 벌금에 처한다.

단락문제 Q03
제22회 기출

공인중개사법령상 공인중개사시험 및 자격제도에 관한 설명으로 틀린 것은?
① 이 시험은 국토교통부장관이 시행하는 것이 원칙이나 예외적으로 시·도지사가 시행할 수 있다.
② 이 시험의 응시원서 접수마감일의 다음 날부터 7일 이내에 접수를 취소한 자는 납입한 응시수수료의 100분의 60을 반환받을 수 있다.
③ 이 시험은 매년 1회 이상 시행해야 하나 부득이한 사정이 있는 경우 공인중개사시험위원회의 의결을 거쳐 당해 연도에는 시행하지 않을 수 있다.
④ 공인중개사 자격증을 양수받은 자는 1년 이하 징역 또는 1천만원 이하의 벌금에 처한다.
⑤ 공인중개사자격이 취소된 자는 그 자격이 취소된 후 3년이 경과되어야 공인중개사가 될 수 있다.

해설 공인중개사시험제도
① (×) ㉠ 공인중개사가 되고자 하는 자는 시·도지사가 시행하는 시험에 합격하여야 하고(법 제4조 제1항) ㉡ 국토교통부장관은 공인중개사 자격시험의 균형유지 등을 위하여 필요하다고 인정하는 때에는 대통령령이 정하는 바에 따라 직접 시험문제를 출제하거나 시험을 시행할 수 있다(법 제4조 제2항). 즉 원칙적으로 시·도지사가 시행한다고 보아야 한다.

정답 ①

02 유사명칭의 사용금지 ★

공인중개사가 아닌 자는 공인중개사 또는 이와 유사한 명칭을 사용하지 못한다(법 제8조).

1 공인중개사가 아닌 자

(1) 공인중개사가 아닌 자의 의의

공인중개사란 「공인중개사법」에 의한 공인중개사자격을 취득한 자를 말하는 것으로(법 제2조 제2호), 공인중개사가 아닌 자에는 공인중개사자격이 없는 중개보조원이나 법 제7638호 부칙 제6조 제2항의 규정에 따라 이 법에 의한 중개사무소의 개설등록을 한 것으로 보는 자(부칙에 의한 개업공인중개사)도 포함되는 것으로 보아야 한다.

(2) 유사명칭 사용금지 규정의 위반

중개보조원의 명함에 등록번호 및 사무소명칭만을 기재한 경우 「공인중개사법」 제28조의 유사명칭의 사용금지 규정을 위반한 것으로 판단된다(국토교통부 전자민원 2000. 10. 19. 회신 제34168호).

2 공인중개사의 명칭

(1) 공인중개사의 명칭 사용

공인중개사의 명칭을 사용한다는 것은 공인중개사가 아닌 자가 자신이 공인중개사인 것처럼 행동하는 것을 의미한다.

(2) 공인중개사자격증을 양수 또는 대여받아도 사용금지

「공인중개사법」에서는 다른 사람의 공인중개사자격증을 양수하거나 대여받아 이를 사용하는 것을 금지하고 있으므로(법 제7조 제2항), 공인중개사로부터 명의사용을 허락받았거나 공인중개사자격을 양수받거나 대여받은 경우라도 공인중개사의 명칭을 사용할 수 없는 것으로 보아야 한다.

3 공인중개사와 유사한 명칭 19회 출제

(1) 의 의

공인중개사와 유사한 명칭이란 일반적인 상식을 가진 자가 공인중개사로 오인하도록 하는 명칭을 의미하는 것으로 보인다.

(2) 공인중개사 아닌 자의 명칭의 사용금지

행위자의 상대방 있는 언행은 물론이고 사무소 간판이나 명함, 광고, 출판물, 방송 등 대외적으로 공표되는 매체를 통하여 공인중개사가 아닌 자가 공인중개사 명칭을 사용하는 것은 금지된다고 보아야 한다.

■ 중개사무소의 대표자를 가리키는 명칭이 구 부동산중개업법 제28조(현 공인중개사법 제8조)가 사용을 금지하는 '공인중개사와 유사한 명칭'에 해당하는지 여부

구 부동산중개업법(현 공인중개사법) 및 같은법 시행령의 관련 규정에 의하면 중개사무소의 개설등록은 공인중개사 또는 법인만이 할 수 있도록 정하여져 있으므로, **중개사무소의 대표자를 가리키는 명칭은** 일반인으로 하여금 그 명칭을 사용하는 자를 공인중개사로 오인하도록 할 위험성이 있는 것으로 같은 구 법 제28조(현 공인중개사법 제8조)가 **사용을 금지하는 '공인중개사와 유사한 명칭'에 해당한다.** 무자격자가 자신의 명함에 '부동산뉴스 대표'라는 명칭을 기재하여 사용한 것이 공인중개사와 유사한 명칭을 사용한 것에 해당한다(대판 2007. 3. 29. 2006도9334).

제1편 공인중개사법령

> **판례** ■ 자격모용(資格冒用)에 의한 사문서작성죄의 성립요건
>
> 부동산중개사무소를 대표하거나 대리할 권한이 없는 사람이 부동산매매계약서의 공인중개사란에 '○○○부동산 대표 △△△(피고인의 이름)'라고 기재한 사안에서, '○○부동산'이라는 표기는 단순히 상호를 가리키는 것이 아니라 독립한 사회적 지위를 가지고 활동하는 존재로 취급될 수 있으므로 자격모용사문서작성죄의 '명의인'에 해당한다(대판 2008.2.14. 2007도9606).

4 의무위반의 벌칙

법 제8조의 규정을 위반하여 공인중개사가 아닌 자로서 공인중개사 또는 이와 유사한 명칭을 사용한 자는 1년 이하의 징역 또는 1천만원 이하의 벌금에 처한다(법 제49조 제2항).

단락핵심 공인중개사 자격 및 유사명칭

(1) 공인중개사가 아닌 자가 공인중개사 명칭을 사용할 경우 1년 이하의 징역 또는 1천만원 이하의 벌금에 처하게 된다.
(2) 공인중개사 자격증을 양수받은 자는 1년 이하의 징역 또는 1천만원 이하의 벌금에 처한다.
(3) 중개보조원은 공인중개사가 아니다.
(4) 공인중개사 자격이 없는 자가 자신의 명함에 '부동산뉴스 대표'라는 명칭을 사용하여 중개행위를 한 것은 공인중개사와 유사한 명칭을 사용한 것에 해당한다.

단락문제 Q04 제20회 기출

공인중개사법령상 공인중개사에 관한 설명으로 틀린 것은?

① 시·도지사는 시험합격자의 결정 공고일부터 1개월 이내에 공인중개사자격증을 교부해야 한다.
② 공인중개사자격증교부대장은 전자적 처리가 불가능한 특별한 사유가 없으면 전자적 처리가 가능한 방법으로 작성·관리해야 한다.
③ 자격증 교부 시·도지사와 사무소 소재지 관할 시·도지사가 다른 경우 자격증 교부 시·도지사가 자격취소처분에 필요한 절차를 모두 이행한 후 사무소 소재지 관할 시·도지사에게 통보해야 한다.
④ 시·도지사가 공인중개사의 자격취소처분을 한 때에는 5일 이내에 이를 국토교통부장관에게 보고하고 다른 시·도지사에게 통지해야 한다.
⑤ 폐업신고 후 1년 이내에 중개사무소의 개설등록을 다시 신청하려는 자는 시·도지사가 실시하는 실무교육을 받지 않아도 된다.

해설 자격증 교부
자격증 교부 시·도지사와 사무소 관할 시·도지사가 다른 경우 사무소 관할 시·도지사가 취소처분에 필요한 절차를 모두 이행한 후 자격증 교부 시·도지사에게 통지해야 한다(영 제29조 제2항). **정답** ③

 **Q05** 제24회 기출

공인중개사법령상 공인중개사 자격증 등에 관한 설명으로 옳은 것은?
(다툼이 있으면 판례에 의함)

① 공인중개사자격증은 특정업무를 위하여 일시적으로 대여할 수 있다.
② 무자격자인 乙이 공인중개사인 甲명의의 중개사무소에서 동업형식으로 중개업무를 한 경우, 乙은 형사처벌의 대상이 된다.
③ 공인중개사 자격증을 대여받은 자가 임대차의 중개를 의뢰한 자와 직접 거래당사자로서 임대차계약을 체결하는 것도 중개행위에 해당한다.
④ 무자격자가 공인중개사의 업무를 수행하였는지 여부는 실질적으로 무자격자가 공인중개사의 명의를 사용하여 업무를 수행하였는지 여부에 상관없이, 외관상 공인중개사가 직접 업무를 수행하는 형식을 취하였는지 여부에 따라 판단해야 한다.
⑤ 무자격자가 자신의 명함에 중개사무소명칭을 '부동산뉴스', 그 직함을 '대표'라고 기재하여 사용하였더라도, 이를 공인중개사와 유사한 명칭을 사용한 것이라고 볼 수 없다.

해설 공인중개사 자격증
① 공인중개사 자격증은 어떠한 경우에도 대여할 수 없다.
③ 공인중개사 자격증을 대여받은 자가 임대차의 중개를 의뢰한 자와 직접 거래당사자로서 임대차계약을 체결하는 것은 직접 거래일 뿐 중개행위에 해당하지 않는다.
④ 무자격자가 공인중개사의 업무를 수행하였는지 여부는 실질적으로 무자격자가 공인중개사의 명의를 사용하여 업무를 수행하였는지 여부에 의하여 판단된다.
⑤ 무자격자가 자신의 명함에 중개사무소명칭을 '부동산뉴스', 그 직함을 '대표'라고 기재하여 사용하였더라도, 이는 공인중개사와 유사한 명칭을 사용한 것에 해당한다.

정답 ②

공인중개사

단원 오답 잡기

CHAPTER 02

• 경록 교재에 모든 답이 있습니다.

01 공인중개사자격시험의 응시자격은 시험시행공고일 현재 20세 이상인 자이다.

01. X
공인중개사자격시험에 응시하고자 하는 자에 대해서는 연령이나 성별, 국적의 제한이 없다.

02 제1차 시험에 합격한 자에 대하여는 향후 시행되는 모든 시험에서 제1차 시험을 면제한다.

02. X
제1차 시험에 합격한 자에 대하여는 다음 1회에 한하여 제1차 시험을 면제한다.

03 「공인중개사법」에 위반하여 벌금 이상의 형의 선고를 받은 경우에는 그 자격을 취소할 수 있다.

03. X
「공인중개사법」에 위반하여 징역형의 선고를 받은 경우에는 그 자격을 취소하여야 한다.

04 현재 공인중개사시험은 시·도지사가 시행하고 있으며 국토교통부장관이 균형유지 등을 위하여 직접 시행하거나 직접 출제할 수 있도록만 규정하고 있다.

04. ○

05 공인중개사정책심의위원회의 공인중개사 시험에 관한 사항의 의결사항에 대하여 시·도지사는 이에 따라야 한다.

05. ○

06 공인중개사자격시험에는 연령, 성별, 학력, 국적에 대한 제한은 없다.

06. ○

07 법률에 의해 공인중개사자격이 취소된 자는 그 취소된 후 3년 이내에는 법률에 의한 공인중개사자격을 다시 취득하지 못한다.

07. ○

08 시험에 있어서 부정한 행위를 한 응시자는 시험을 무효로 하고 그 처분이 있는 날로부터 5년간 시험응시자격을 정지한다.

08. ○

09 개업공인중개사등이 될 수 없는 결격사유에 해당하는 자 중에는 시험응시자격이 제한되는 자가 없다.

09. X
개업공인중개사등의 결격사유에 해당하는 공인중개사자격이 취소된 자는 3년간 중개사무소 개설등록이 불가능하며, 3년간은 공인중개사시험에 응시할 수 없다.

CHAPTER 03 중개업

학습포인트

- 출제의 비중이 제일 높은 단원으로 특히 중개사무소의 개설등록, 중개사무소의 설치기준, 중개대상물 확인·설명의무, 거래계약서 작성 및 중개보수 등은 가장 핵심적인 출제분야이므로 반드시 숙지하도록 한다.

CHAPTER 학습 & 출제되는 키워드

- ☑ 중개사무소 개설등록
- ☑ 등록의 효력상실 및 무등록
- ☑ 개인인 개업공인중개사의 겸업
- ☑ 명칭 및 성명 표기
- ☑ 등록증 등의 게시
- ☑ 일반중개계약
- ☑ 거래정보망을 통한 공동중개
- ☑ 거래계약서의 작성의무
- ☑ 이중등록 및 이중소속
- ☑ 등록의 결격사유
- ☑ 법인의 겸업제한
- ☑ 고용인의 신고 등
- ☑ 이전·휴업·폐업의 신고
- ☑ 전속중개계약
- ☑ 사설정보망을 이용한 부당경쟁
- ☑ 중개업자의 일반의무
- ☑ 등록증 대여의 금지
- ☑ 업무범위
- ☑ 중개사무소의 설치기준
- ☑ 인장의 등록
- ☑ 간판의 철거
- ☑ 부동산거래정보망의 지정
- ☑ 중개대상물의 확인·설명의무
- ☑ 중개보수·실비청구권

CHAPTER 학습 & 출제되는 질문

- ☑ 개설등록기준에 대한 설명으로 틀린 것은?
- ☑ 결격사유에 해당하지 않는 것은?
- ☑ 법인인 개업공인중개사의 겸업범위에 해당하지 않는 것은?
- ☑ 고용인과 관련한 설명으로 옳지 않은 것은?
- ☑ 전속중개계약에 대한 설명으로 옳지 않은 것은?
- ☑ 개업공인중개사의 확인·설명 의무에 대한 설명으로 옳지 않은 것은?
- ☑ 개업공인중개사의 업무보증 설정에 관한 설명으로 옳은 것은?
- ☑ 계약금 등의 예치제도에 대한 설명으로 옳지 않은 것은?
- ☑ 중개보수 및 실비에 대한 설명으로 옳지 않은 것은?

PART 01 공인중개사 법령

제1편 공인중개사법령

제1절 중개사무소 개설등록   11·13·15·31회 출제

Professor Comment

중개사무소의 개설등록(제9조)은 시험에 평균 2문제 이상이 출제되는 필수적인 항목 중 하나이며, 등록절차 등 간단한 문제부터 개설등록요건을 이해해야 하는 깊은 난이도의 문제도 출제됨을 유의해야 한다.

01 사무소 개설등록 ★   14·29회 출제

중개업을 영위하려는 자는 국토교통부령이 정하는 바에 따라 중개사무소(법인의 경우에는 주된 중개사무소를 말함)를 두려는 지역을 관할하는 시장(구가 설치되지 아니한 시의 시장과 특별자치도의 행정시를 말함. 이하 같음)·군수 또는 구청장(이하 "등록관청"이라 함)에게 중개사무소의 개설등록을 하여야 한다(법 제9조 제1항).

1 중개사무소 개설등록의 의의

(1) 중개사무소 개설등록제도

1) 등록의 의의

등록(登錄)이란 일정한 사실이나 법률관계를 행정관청 등에 비치되어 있는 공부에 기재하고 이에 따라 일정한 사실이나 법률관계의 존재 여부를 공적으로 증명하는 것을 의미한다. 따라서 이론상 등록은 사실이나 법률관계의 존재 여부를 형식적으로 증명하는 것에 불과하므로 등록관청은 등록의 수리여부에 대하여 전혀 재량을 가지지 못한다.

2) 중개사무소 개설등록의 의미

중개사무소 개설등록은 원래는 국민들이 자유롭게 영위할 수 있던 중개활동을 공권력에 의해 금지시켜 놓고 일정한 경우에 한해서만 금지를 해제(상대적 금지의 해제)시킴으로써 그 일을 할 수 있게 하는 행정행위를 의미한다.

3) 허가와 등록 (재량적 ← 허가, 등록 → 기속적)

법규에 의한 일반적인 상대적 금지를 특정한 경우에 해제하여 적법하게 일정한 행위를 할 수 있게 해주는 행위를 허가(許可)라고 하며, 영업규제법규에서는 일정한 영업행위를 일반적으로 하지 못하도록 금지해놓고 등록을 한 경우에는 그 금지된 행위를 할 수 있도록 규정하고 있어 이 경우에 있어서의 등록은 그 성질상 허가와 유사한 것으로 볼 수 있다.

Professor Comment
「공인중개사법」에서의 중개사무소 개설등록은 사실상 낮은 의미의 허가로 사용되고 있는 것으로, 실무적으로도 부동산중개사무소 개설등록 신청에 대해서는 등록요건에 부적합할 경우에는 등록을 수리하지 않고 있다.

(2) 중개사무소 개설등록의 특징

「공인중개사법」 전반을 검토해보면 중개사무소의 개설등록은 다음과 같은 특징을 지니고 있음을 알 수 있다.

1) **적법요건** : 부동산중개업을 영위하고자 하는 자는 반드시 개설등록을 해야 한다.
2) **자격자등록** : 원칙적으로 공인중개사 자격자만이 개설등록이 가능하다(다만, 법인은 예외).

중개사무소 개설등록절차(Ⅰ)

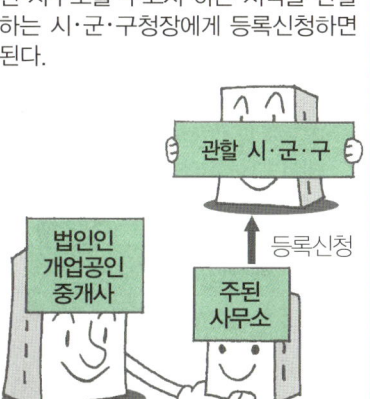

제1편 공인중개사법령

3) **일신전속성** : 등록의 대여나 양도, 증여, 상속 등이 불가능하다(이전성이 없음).
4) **1인 1등록** : 이중등록금지(법 제12조)
5) **1사무소** : 원칙적으로 1개 사무소만 두어야 한다(법인의 예외가 인정됨).
6) **법정등록** : 법률의 요건에 맞는 경우 등록되며, 법률에 근거해야 등록취소가 가능하다.
7) **영속성** : 등록의 효력은 폐업이나 법률에 의한 등록취소가 없는 한 영속적이다.
8) **지역성** : 사무소 지역 관할 등록관청에 등록하며, 사무소 이전시 관할관청이 변경된다. `24회 출제`

중개사무소 개설등록절차(Ⅱ)

(3) 중개사무소 개설등록의 필수성

1) 중개사무소 개설등록은 중개업을 영위하기 위한 필수적 요건이다.
2) 중개사무소는 개업공인중개사의 중개활동이 이루어지는 주된 장소인 동시에 중개활동의 계획과 통제가 이루어지는 장소를 의미한다. 따라서 부동산중개업을 영위하고자 하는 자는 반드시 중개사무소의 개설등록을 해야 하며, 중개사무소의 개설등록을 하지 않은 자의 중개업은 「공인중개사법」에 의해 처벌된다(법 제38조 제1항).
3) 부동산중개업이 주된 업무가 아닌 경우에도 영업으로 부동산중개행위를 하려면 반드시 중개사무소 개설등록을 해야 하며, 인터넷을 통한 부동산중개업무도 개설등록을 해야 한다(국토교통부 전자민원 2000.9.6 회신 제29285호 참조).

(4) 중개업의 종별에 따른 중개사무소 개설등록

「공인중개사법」에서는 개업공인중개사의 종별로 개설등록의 기준을 정하고 있다. 「공인중개사법」에서 개업공인중개사의 종별에 따른 개설등록의 필요성 여부를 보면 다음과 같다.

1) **중개법인** : 신규로 부동산중개업을 하기 위해서는 중개사무소 개설등록을 해야 한다.
2) **공인중개사** : 신규로 부동산중개업을 하기 위해서는 중개사무소 개설등록을 해야 한다.
3) **부칙에 의한 개업공인중개사** : 「공인중개사법」 부칙에 의한 중개사무소 개설등록을 한 것으로 보는 자로서, 신규 개설등록은 불가능하다.
4) **다른 법률의 규정에 의해 부동산중개업을 영위할 수 있는 법인**(특수법인) : 해당 법률의 규정에 따라 중개사무소 개설등록을 하거나 하지 않고도 부동산중개업을 영위할 수 있다.

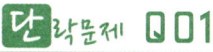 제26회 기출

공인중개사법령상 공인중개사 자격증이나 중개사무소 등록증의 교부에 관한 설명으로 틀린 것은?

① 자격증 및 등록증의 교부는 국토교통부령이 정하는 바에 따른다.
② 등록증은 중개사무소를 두려는 지역을 관할하는 시장(구가 설치되지 아니한 시의 시장과 특별자치도 행정시의 시장을 말함)·군수 또는 구청장이 교부한다.
③ 자격증 및 등록증을 잃어버리거나 못쓰게 된 경우에는 시·도지사에게 재교부를 신청한다.
④ 등록증을 교부한 관청은 그 사실을 공인중개사협회에 통보해야 한다.
⑤ 자격증의 재교부를 신청하는 자는 당해 지방자치단체의 조례가 정하는 바에 따라 수수료를 납부해야 한다.

해설 자격증, 등록증 교부 및 재교부
자격증을 잃어버리거나 못쓰게 된 경우에는 교부한 시·도지사에게 재교부를 신청할 수 있으며 등록증을 잃어버리거나 못쓰게 된 경우에는 등록관청에 재교부를 신청할 수 있다(규칙 제3조 제2항).   **정답** ③

제1편 공인중개사법령

2 개설등록신청자 20·24회 출제

(1) 공인중개사 또는 법인
공인중개사(소속공인중개사를 제외함) 또는 법인이 아닌 자는 중개사무소의 개설등록을 신청할 수 없다(법 제9조 제2항).

(2) 개설등록을 신청할 수 없는 자
1) 현행 「공인중개사법」에서는 공인중개사가 아닌 자나 법인이 아닌 자는 중개사무소의 개설등록을 신청할 수 없도록 규정하고 있다. 따라서 개인의 경우에는 공인중개사 자격을 갖추지 못한 자는 개설등록을 신청할 수 없으며, 공인중개사이더라도 소속공인중개사인 자는 개설등록을 신청하지 못하도록 규정하고 있다.
2) 소속공인중개사가 아닌 공인중개사나 법인은 개설등록을 신청할 수 있다는 의미이지, 개설등록을 신청한다고 해서 반드시 개설등록이 된다는 의미는 아니다. 등록의 결격사유에 해당하는 자(법 제10조 참조) 또는 이중등록에 해당하는 자(법 제12조), 겸업제한 규정에 해당하는 자(법 제14조), 기타 개설등록의 요건을 갖추지 못한 자의 경우에는 개설등록을 신청하더라도 개설등록신청이 반려되기 때문이다.

3 등록관청

(1) 개설등록 신청
중개사무소 개설등록은 중개사무소(법인의 경우에는 주된 사무소를 말함)를 두고자 하는 지역을 관할하는 등록관청에 신청해야 한다(법 제9조 제1항). 이때 '법인의 주된 사무소'라 함은 법인등기에 등재되어 있는 본점 소재지를 의미하는 것으로 보아야 할 것이다.

(2) 등록관청
등록관청이란 시장(구가 설치되지 아니한 시의 시장과 특별자치시, 특별자치도 행정시의 시장을 말함)·군수·구청장을 의미한다(법 제9조 제1항). 「공인중개사법」 전반을 볼 때 등록관청은 개설등록 신청을 받는 곳의 의미뿐만 아니라, 지도·감독 및 행정처분, 과태료 부과 등을 주관하는 위치에 있다.

(3) 구청장이 등록관청이 되는 경우
법 제9조에 의해서 군수 또는 시장과 구가 설치된 다음의 시의 경우에는 구청장이 등록관청이 된다.
1) **특별시 및 광역시**: 서울, 인천, 대전, 광주, 대구, 부산, 울산시
2) **특별자치시**: 세종시
3) **일반 시지역**: 경기도 고양시, 부천시, 성남시, 수원시, 안양시, 안산시, 충북 청주시, 전북 전주시, 경북 포항시, 경남 창원시 등

4 개설등록 기준 34회 출제

중개사무소 개설등록의 기준은 대통령령으로 정하는 것으로(법 제9조 제3항), 중개사무소 개설등록의 기준은 다음과 같다. 다만, 다른 법률의 규정에 따라 부동산중개업을 할 수 있는 경우에는 다음의 기준을 적용하지 아니한다(영 제13조).

(1) 공인중개사 사무소 개설등록 기준

공인중개사가 중개사무소를 개설하고자 하는 경우에는 개설등록 신청 이전에 다음의 2가지 개설등록 기준을 모두 갖추어야 한다(영 제13조 제1호).
→ 그 외 결격사유가 없어야 함

1) 실무교육 수료 18·24회 출제

① **개설등록을 신청한 공인중개사**
공인중개사가 중개사무소를 개설하고자 하는 경우 등록을 신청하는 공인중개사가 법 제34조 제1항의 규정에 따른 실무교육을 받았어야 한다(영 제13조 제1호 가목).

② **등록신청일 전 1년 이내에 실무교육 수료**
중개사무소의 개설등록을 신청하려는 자는 등록신청일 전 1년 이내에 시·도지사가 실시하는 실무교육을 받아야 한다(법 제34조 제1항 본문).

③ **폐업신고 후 1년 이내에 개설등록을 다시 신청하는 경우**
'폐업신고 후 1년 이내에 중개사무소의 개설등록을 다시 신청하고자 하는 자는 그러하지 아니하다.'라고 규정되어 있으므로(법 제34조 제1항 단서), 개업공인중개사가 폐업신고일부터 1년 이내에 개설등록을 신청한 경우에는 실무교육을 받지 않아도 된다.

④ **실무교육 이수자**
실무교육은 개설등록 신청일을 기준으로 1년 이내에 받은 것이어야 하며, 실무교육을 받은 자는 중개사무소를 개설하고자 하는 공인중개사이어야 한다(법 제34조 제1항 참조).

2) 중개사무소 확보 20회 출제

건축물대장(가설건축물대장은 제외)에 기재된 건물(준공검사, 준공인가, 사용승인, 사용검사 등을 받은 건물로서 건축물대장에 기재되기 전의 건물을 포함)에 중개사무소(소유·전세·임대차 또는 사용대차 등의 방법에 의하여 사용권을 확보하여야 함)를 확보하여야 한다.

① **건축물대장에 기재된 건물**
  ㉠ **적법성**
  어떤 건물이 건축물대장(「건축법」 제20조 제5항에 따른 가설건축물 대장은 제외)에 기재된 건물(준공검사, 준공인가, 사용승인, 사용검사 등을 받은 건물로서 건축물대장에 기재되기 전의 건물을 포함)이기 위해서는 「건축법」상 적법한 절차(건축허가 또는 신고 및 사용승인 등)를 거쳐야 하는 것으로, 중개사무소가 되기 위해서는 「건축법」상 적법한 건물에 소재한 것이어야 할 것이다. 따라서 실무에서는 「건축법」 위반으로 지적된 건물에 소재한 사무실에는 중개사무소 개설등록이 되지 않아야 한다.

제1편 공인중개사법령

예 국토교통부에서도 중개사무소 개설등록신청 당시 건축허가가 나지 않은 건물이나 사용승인이 되지 않은 건물에서는 개설등록이 어려울 것이라고 유권해석을 하고 있다(국토교통부 전자민원 2000.4.27 회신 제11273호 및 1999.11.25 회신 제15329호 참조).

ⓛ **준공검사 등을 받은 경우**
준공검사, 준공인가, 사용승인, 사용검사를 받은 건물로서 건축물대장에 기재되기 전의 건물에도 중개사무소 개설등록을 할 수 있다.

ⓒ **이용가능성**
「건축법」상 중개사무소로 사용이 가능한 건물이어야 할 것이다. 현행 「건축법」에서는 제2종 근린생활시설의 건축물은 사무소로 사용이 가능한 것으로 규정되어 있는 것으로(건축법 시행령 별표1 참조), 건축물대장에 이들 이외의 용도로 기재된 건물이라면 적법한 절차를 거쳐 용도변경을 한 이후에나 중개사무소 개설등록이 가능하다.

중개사무소 확보요건
① 건축물대장에 기재된 건물이어야 한다.
② 가설건축물대장은 제외한다.
③ 사용권을 확보하여야 한다.

㉣ 적합성

사무소로 사용할 수 있어야 할 것이다. 사무소란 인적·물적 설비를 갖추고 계속하여 사무 또는 사업이 행하여지는 장소이므로(대판 1993.6.11. 92누10029), 예를 들어 주거용인 다가구주택에는 중개사무소를 개설할 수 없다(국토교통부 전자민원 2000.4.20. 회신 제11521호).

② 다른 개업공인중개사의 중개사무소

㉠ 개업공인중개사는 그 등록관청의 관할구역 안에 중개사무소를 두어야 하나(법 제13조 제1항 전단), 그 업무의 효율적인 수행을 위하여 다른 개업공인중개사와 중개사무소를 공동으로 사용할 수 있는 것으로(동조 제6항), 기존의 영업 중인 중개사무소에 공동으로 사용할 목적으로 다른 개업공인중개사의 중개사무소 신규 개설등록도 가능하다.

㉡ 다만, 개업공인중개사의 상호는 다르게 등록해야 한다(국토교통부 전자민원 2000.9.9. 회신 제29465호).

Professor Comment
① 「공인중개사법」에 의해 업무정지처분 중에 있는 개업공인중개사의 사무소가 이전한 장소에 다른 개업공인중개사가 중개업등록을 받는 데 대한 제한도 없다.
② 중개사무소는 「건축법」에 위반되지 않아야 하고, 건축법에 적합해야 하며 이용가능성이 있어야 한다.

(2) 중개법인의 개설등록 기준 ★★   추가15·18·26·27·28회 출제

법인이 중개사무소를 개설하고자 하는 경우에는 개설등록 신청 이전에 다음의 5가지 **개설등록 기준을 모두 갖추어야** 한다(영 제13조 제1항 제2호).

상대등록취소 ←

1) 상법상 회사 또는 협동조합 기본법에 의한 협동조합(사회적 협동조합 제외)으로서 **자본금이 5천만원 이상일 것**

① 「상법」상 회사

㉠ 의 의

「상법」에서 회사라 함은 상행위나 기타 영리를 목적으로 하여 설립한 사단법인(社團法人)을 의미하며, 법인은 법률의 규정에 좇아 정관으로 정한 목적의 범위 내에서 권리와 의무의 주체(主體)가 된다(상법 제169조, 민법 제34조).

㉡ 회사의 종류

「상법」상의 회사는 합명회사, 합자회사, 유한책임회사, 주식회사, 유한회사의 5종으로 한다(상법 제170조).

제1편 공인중개사법령

> **Wide | 상법상 회사**
>
> 「상법」상의 회사는 법인으로 하며, 회사의 주소는 본점소재지에 있는 것으로 한다. 「상법」상의 회사는 본점소재지에서 설립등기를 함으로써 성립한다(상법 제171조, 제172조).

② 「협동조합 기본법」에 의한 협동조합

재화 또는 용역의 구매·생산·판매·제공 등을 협동으로 영위함으로써 조합원의 권익을 향상하고 지역사회에 공헌하고자 하는 사업조직을 의미한다.

Professor Comment

「공인중개사법」에서는 「상법」상의 회사 또는 「협동조합 기본법」에 의한 협동조합일 것을 전제로 하고 있으므로 중개사무소개설등록신청 이전에 「상법」에 의한 설립등기 또는 「협동조합 기본법」에 의한 신고를 마쳐야 할 것이다.

법인인 개업공인중개사의 개설등록기준

법인이 중개사무소를 개설하여 법인인 개업공인중개사가 되려면 5가지의 개설등록기준을 모두 갖추어야 한다.	첫째, 자본금 5천만원 이상의 상법상 회사 또는 협동조합 기본법에 의한 협동조합(사회적 협동조합 제외)이어야 한다.	둘째, 「공인중개사법」 제14조에 규정된 업무만을 영위할 목적으로 설립된 법인이어야 한다.

법인인 개업공인중개사는 제14조에 규정된 업무(중개업, 관리대행, 컨설팅 등)만을 할 수 있다.

셋째, 대표자는 공인중개사이어야 하며, 대표자를 제외한 임원 또는 사원의 3분의 1 이상은 공인중개사이어야 한다.

대표인 나는 공인중개사이지!

대표자 제외한 임원 또는 사원의 3분의 1 이상이 공인중개사이지!

따라서 일반인도 임원 또는 사원이 될 수 있지!

넷째, 임원 또는 사원 전원 및 분사무소책임자가 실무교육을 받아야 한다.

공인중개사가 아닌 임원 또는 사원도 모두 실무교육을 받아야 하지!

다섯째, 건축물대장에 기재된 건물 등에 중개사무소를 확보하여 한다.

사무소의 사용권 확보방법에는 소유·전세·임대·사용대차 등의 방법이 있다.

③ **자본금**
　㉠ **「상법」 또는 「협동조합 기본법」** : 「상법」 또는 「협동조합 기본법」에서는 자본금 규정을 두고 있지 않다.
　㉡ **「공인중개사법」** : 「공인중개사법」에서는 중개법인이 되려면 반드시 자본금이 5천만원 이상이어야 한다고 규정하고 있는 점에 유의해야 한다(영 제13조 제1항 제2호 가목).

2) **법 제14조에 규정된 업무만을 영위할 목적으로 설립될 것** → 상대등록취소
　① **「공인중개사법」 제14조에 규정된 중개법인의 업무**
　　중개업 이외에도 관리대행업 및 컨설팅업(상담업), 프랜차이즈업, 분양대행업, 부동산 거래 관련 용역알선업, 경·공매 부동산의 알선 및 입찰 대행업 등이 포함된다(후술).
　② **중개법인의 겸업**
　　중개법인이 규정된 업무 이외의 업무를 겸업할 것을 목적으로 한다면 사무실개설등록이 되지 못할 것이다. 또한 법인은 정관에서 정한 목적의 범위 안에서 권리와 의무의 주체가 되는 것으로, 중개법인의 정관에는 「공인중개사법」 제14조의 규정 이외의 업무 목적이 포함되지 않아야 할 것이다.

3) **대표자는 공인중개사이어야 하며, 대표자를 제외한 임원 또는 사원**(합명회사·합자회사의 무한책임사원을 말함)**의 3분의 1 이상은 공인중개사이어야 함**
　① **대표자** : 중개법인의 대표자는 공인중개사이어야 하는 것으로, 그 대표자란 상법의 규정을 감안할 때 다음과 같이 각 회사마다 다르게 해석된다.
　　㉠ **합명회사 또는 합자회사 대표자** : 합명회사의 경우 대표자란 업무집행사원 중 회사를 대표할 자를 의미하는 것으로 보아야 할 것이며, 회사를 대표할 업무집행사원이 없는 경우에는 업무집행사원을, 업무집행사원이 없는 경우에는 각 사원이 대표자가 된다.
　　㉡ **유한책임회사의 대표자** : 유한책임회사는 정관으로 사원 또는 사원 아닌 자 중에서 업무집행자를 정하여야 한다(상법 제287조의11, 제287조의19). 1명 또는 2 이상의 업무집행자를 정한 경우에는 업무집행자 각자가 회사의 업무를 집행할 권리와 의무가 있다(상법 제287조의12 제2항).
　　㉢ **주식회사의 대표자** : 주식회사의 경우 대표자란 회사를 대표할 이사(즉, 대표이사)가 된다.
　　㉣ **유한회사의 대표자** : 유한회사의 경우 대표자란 회사를 대표할 이사(즉, 대표이사)가 되나, 대표이사가 없는 경우에는 이사가 대표자가 된다.
　　㉤ **협동조합의 대표자** : 협동조합은 이사장 1명을 포함한 3명 이상의 이사와 1명 이상의 감사로 구성하는데 이사장이 대표자가 된다.

② **임원과 사원의 구성**
  대표자를 제외한 임원 또는 사원(합명회사·합자회사의 무한책임사원)의 3분의 1 이상은 공인중개사이어야 하는 것으로(영 제13조 제1항 제2호 다목), 공인중개사가 아닌 자도 중개법인의 임원이나 사원이 될 수 있으나, 법인의 대표는 반드시 공인중개사이어야 한다.

③ **공인중개사가 아닌 임원과 사원의 지위**
  ㉠ 사원이나 임원 중 공인중개사인 자는 소속공인중개사의 자격을 갖게 되나(법 제2조 제5호), 공인중개사가 아닌 자에 대해서「공인중개사법」에서는 아무런 규정도 없다.
  ㉡「상법」등의 규정을 참조할 때 사원이나 임원은 해당 법인의 업무를 수행하는 자이므로 소속공인중개사가 아닌 사원이나 임원이 해당 중개법인의 업무를 수행할 경우에는 중개보조원의 자격을 갖게 된다.

단락문제 Q02   제23회 기출

공인중개사법령상 법인이 중개사무소를 개설등록하려는 경우 이에 관한 설명으로 옳은 것을 모두 고른 것은?(다른 법률에 의해 중개업을 할 수 있는 법인은 제외함)

> ㉠ 중개업 및 주택의 분양대행업을 영위할 목적으로 설립된 법인은 개설등록을 신청할 수 있다.
> ㉡ 자본금 5천만원 이상의 유한책임회사는 개설등록을 신청할 수 있다.
> ㉢ 대표자를 제외한 임원 또는 사원(합명회사 또는 합자회사의 무한책임사원을 말함)이 7명이라면 그 중 2명이 공인중개사면 된다.
> ㉣ 분사무소를 설치하는 경우, 그 분사무소의 책임자와 소속공인중개사는 설치신고일전 1년 이내에 연수교육을 받은 자이어야 한다.

① ㉠, ㉡ ② ㉠, ㉣ ③ ㉡, ㉢ ④ ㉡, ㉣ ⑤ ㉢, ㉣

해설 중개사무소의 개설
㉢ 대표자를 제외한 임원 또는 사원(합명회사 또는 합자회사의 무한책임사원을 말함)의 3분의 1 이상이 공인중개사이어야 하므로(영 제13조 제1항 제2호) 3명이 공인중개사이어야 한다.
㉣ 분사무소를 설치하는 경우, 그 분사무소의 책임자 및 소속공인중개사는 실무교육을 받아야 한다(영 제13조 제1항 제2호).   **정답** ①

---

4) **대표자, 임원 또는 사원 전원 및 분사무소의 책임자**(법 제13조 제3항의 규정에 따라 분사무소를 설치하고자 하는 경우에만 해당)**가 법 제34조 제1항의 규정에 따른 실무교육을 받을 것** 23회 출제

① **사원 또는 임원 전원**
  공인중개사인 사원 또는 임원뿐만 아니라 공인중개사가 아닌 사원 또는 임원도 실무교육을 받아야 한다.

② **임원의 교체·증원이 있는 경우**
기존의 중개법인에 임원이나 사원, 분사무소 책임자의 교체 또는 증원이 있는 경우 새로운 임원이나 사원, 분사무소 책임자는 미리 실무교육을 받아야 한다(국토교통부 전자민원 2000.8.30 회신 제28412호 참조).

Professor Comment
이때의 실무교육은 등록신청일 전 1년 이내에 시·도지사가 실시하는 실무교육을 의미하며, 폐업신고 후 1년이 안 된 개업공인중개사의 경우 실무교육을 받지 않아도 되는 것 등은 개인의 경우와 동일하다.

5) 중개사무소 확보
① 건축물대장(가설건축물대장 제외)에 기재된 건물(준공검사, 준공인가, 사용승인, 사용검사 등을 받은 건물로서 건축물대장에 기재되기 전의 건물을 포함)에 중개사무소를 확보할 것
② 중개법인의 중개사무소도 마찬가지로 건축물대장(「건축법」 제20조 제5항에 따른 가설건축물대장은 제외)에 기재된 건물(준공검사, 준공인가, 사용승인, 사용검사 등을 받은 건물로서 건축물대장에 기재되기 전의 건물을 포함)을 중개사무소로 확보하여야 한다.

(3) 특수법인의 예외 ★
중개사무소 개설등록기준은 다른 법률의 규정에 따라 부동산중개업을 할 수 있는 경우에는 적용하지 아니한다(영 제13조 단서 참조).

1) 다른 법률에서 부동산중개업을 할 수 있도록 명시하고 있는 법인
다른 법률에서 부동산중개업을 할 수 있도록 명시하고 있는 자들은 다음과 같은 법인들을 의미한다(본서에서는 편의상 '특수법인'이라고 함).
① **지역농업협동조합** : 농지의 매매·임대차·교환의 중개(농업협동조합법 제57조 제1항 제2호 바목)
② **지역산림조합** : 입목·임야의 매매·임대차·교환 등의 중개(산림조합법 제46조 제1항 제2호 자목)
③ **산업단지의 관리를 위탁받은 산업단지 관리기관** : 해당 산업단지의 공장용지 및 공장건축물에 대한 부동산중개업(「산업집적활성화 및 공장설립에 관한 법률」 제30조 제5항)
④ **한국자산관리공사** : 비업무용 자산 및 구조개선기업의 자산의 관리·매각, 매매의 중개(「금융회사부실자산 등의 효율적 처리 및 한국자산관리공사의 설립에 관한 법률」 제26조 제1항 제7호)

2) 특수법인으로서 중개사무소 개설등록을 하지 않아도 되는 경우
특수법인 중 지역농업협동조합과 농업협동조합중앙회(「농업협동조합법」 제12조 제1항), 지역산림조합(「산림조합법」 제11조 제1항), 산업단지 관리기관(「산업단지 및 공장설립에 관한 법률」 제30조 제5항)의 경우는 각각의 법률에서 「공인중개사법」 제9조를 적용하지 않도록 규정하고 있어, 부동산중개업을 영위하기 위해 부동산중개사무소 개설등록을 하지 않아도 된다고 보아야 할 것이다.

제1편 공인중개사법령

3) 특수법인으로서 중개사무소 개설등록을 하여야 하는 경우

한국자산관리공사의 경우에는 해당 법률에 「공인중개사법」 제9조를 적용하지 않는다는 명문의 규정이 없으므로, 중개업무를 수행하기 위해서는 반드시 「공인중개사법」 제9조에 의해서 부동산중개사무소 개설등록을 신청해야 한다(국토교통부 전자민원 2000.5.16 회신 제14575호 참조).

4) 중개법인의 개설등록요건과 특수법인

이들 특수법인의 개설등록에는 개설등록기준이 적용되지 않으므로, 개업공인중개사등의 개설등록사유에 저촉되지만 않는다면 개설등록증을 교부해야 할 것이다. 즉, 특수법인은 시행령 제5조 제2호에서 정하고 있는 중개법인의 개설등록요건이 한 가지도 적용되지 않는다고 보아야 할 것이다(국토교통부 전자민원 2000.9.6 회신 제29288호 참조).

> **Wide** 특수법인의 업무범위
>
> 특수법인의 업무범위는 해당 법률에서 정한 규정을 따라야 한다는 것이 국토교통부의 입장이며(국토교통부 전자민원 2000.8.24 회신 제27469호), 특수법인의 중개업무에 관해서는 개설등록관련 규정과 분사무소 설치, 법인의 업무 범위 이외에 나머지 「공인중개사법」에서 정한 부동산중개에 관련된 규정(업무보증, 의무 등)은 적용되는 것으로 보인다.

단락문제 Q03   제20회 기출

공인중개사법령상 법인이 중개사무소를 개설하려는 경우의 등록기준에 관한 설명으로 옳은 것은?

① 상법상 회사로서 자본금이 3천만원 이상이어야 한다.
② 중개업만을 영위할 목적으로 설립되어야 한다.
③ 대표자는 공인중개사가 아니어도 되나 대표자를 제외한 임원 또는 사원의 3분의 1 이상이 공인중개사이어야 한다.
④ 대표자, 임원 또는 사원 반수 이상 및 분사무소의 책임자가 실무교육을 받았어야 한다.
⑤ 건축물대장(「건축법」 제20조 제5항에 따른 가설건축물대장은 제외)에 기재된 건물(준공검사, 준공인가, 사용승인, 사용검사 등을 받은 건물로서 건축대장에 기재되기 전의 건물을 포함)에 사용권이 있는 중개사무소를 확보해야 한다.

해설 법인의 등록기준(영 제13조 제2호)
① 「상법」상 회사 또는 「협동조합 기본법」에 의한 협동조합(사회적 협동조합 제외)으로서 자본금이 5천만원 이상이어야 한다.
② 법 제14조에 규정된 업무만을 영위할 목적으로 설립된 법인이면 된다.
③ 대표자는 공인중개사이어야 하며, 대표자를 제외한 임원 또는 사원(합명회사 또는 합자회사의 무한책임사원을 말함)의 3분의 1 이상이 공인중개사이어야 한다.
④ 임원 또는 사원 전원 및 분사무소의 책임자(법 제13조 제3항의 규정에 따라 분사무소를 설치하고자 하는 경우에 한함)가 법 제34조 제1항의 규정에 따른 실무교육을 받아야 한다.

정답 ⑤

(4) 개설등록기준의 적용범위

1) 개설등록기준의 계속유지

중개사무소가 개설등록기준에 적합하게 되지 않을 경우에는 등록이 취소될 수 있으므로(법 제38조 제2항 제1호 참조), 중개사무소의 개설등록기준은 중개사무소를 신규로 개설등록 당시뿐만 아니라, 중개업을 영위하는 한 계속 유지해야 한다고 해석된다.

2) 사무소 이전 시 개설등록기준

사무소를 이전할 경우에도 새로운 중개사무소는 개설등록기준에 적합해야 할 것이다. 개설등록기준 중 사무소 이전 시 적용되는 기준은 개업공인중개사 및 법인의 임원에 대한 실무교육 요건을 제외한 기타 기준이 되는 것으로 해석된다.

5 개설등록의 기속성 24회 출제

(1) 시장(구가 설치되지 아니한 시의 시장과 특별자치도의 행정시장을 말한다. 이하 같다)·군수 또는 구청장(이하 "등록관청"이라 한다)은 법 제9조에 따른 개설등록 신청이 다음의 어느 하나에 해당하는 경우를 제외하고는 개설등록을 해주어야 한다(영 제13조 제2항).

1) 공인중개사 또는 법인이 아닌 자가 중개사무소 개설등록을 신청하는 경우

공인중개사 또는 법인만이 중개사무소 개설등록을 신청할 수 있으므로 공인중개사 또는 법인이 아닌 자를 등록할 수 없다.

2) 개업공인중개사등의 결격사유에 해당하는 자

「공인중개사법」에서는 제10조에서 정한 결격사유에 해당하는 중개사무소 개설등록을 할 수 없다고 규정하고 있다.

3) 등록기준에 적합하지 않는 경우

등록기준에 적합한 경우에만 등록을 할 수 있으며 등록기준에 적합하지 않다면 등록을 할 수 없다.

4) 그 밖에 이 법 또는 다른 법령에 따른 제한에 위반되는 경우

① 이중등록금지 → 절대등록취소

개업공인중개사는 이중으로 중개사무소의 개설등록을 하여 중개업을 할 수 없다(법 제12조 제1항). 따라서 이미 중개사무소 개설등록을 한 개업공인중개사는 폐업신고를 하지 않은 한 중개사무소 개설등록이 불가능한 것으로 보아야 할 것이다.

② 이중소속 금지 → 절대등록취소 24회 출제

개업공인중개사·소속공인중개사·중개보조원 및 개업공인중개사인 법인의 사원·임원(개업공인중개사등)은 다른 개업공인중개사의 소속공인중개사·중개보조원 또는 개업공인중개사인 법인의 사원·임원이 될 수 없다.

제1편 공인중개사법령

Professor Comment

소속공인중개사 및 개업공인중개사인 법인의 사원·임원인 자는 그 직위에서 사임하지 않는 한 중개사무소 개설등록을 할 수 없는 것으로 보아야 할 것이다.

> **Wide | 등록관청의 등록거부 법률상 근거**
>
> ① **국세징수법 제7조**(관허사업의 제한)
> ㉠ 세무서장은 납세자가 대통령령으로 정하는 사유없이 국세를 체납하였을 때에는 허가·인가·면허 및 등록과 그 갱신(이하 "허가등"이라 한다)이 필요한 사업의 주무관서에 그 납세자에 대하여 그 허가등을 하지 아니할 것을 요구할 수 있다.
> ㉡ 세무서장은 허가등을 받아 사업을 경영하는 자가 국세를 3회 이상 체납한 경우로서 그 체납액이 500만원 이상일 때에는 대통령령으로 정하는 경우를 제외하고 그 주무관서에 사업의 정지 또는 허가등의 취소를 요구할 수 있다.
>
> ② **지방세징수법 제7조**(관허사업의 제한)
> ㉠ 지방자치단체의 장은 납세자가 대통령령으로 정하는 사유 없이 지방세를 체납하면 허가·인가·면허·등록 및 대통령령으로 정하는 신고와 그 갱신(이하 "허가등"이라 한다)이 필요한 사업의 주무관청에 그 납세자에게 그 허가등을 하지 아니할 것을 요구할 수 있다.
> ㉡ 지방자치단체의 장은 허가등을 받아 사업을 경영하는 자가 지방세를 3회 이상 체납한 경우로서 그 체납액이 30만원 이상일 때에는 대통령령으로 정하는 경우를 제외하고, 그 주무관청에 사업의 정지 또는 허가등의 취소를 요구할 수 있다.
>
> ③ **건축법 제79조**(위반 건축물 등에 대한 조치 등)
> ㉠ 허가권자는 대지나 건축물이 이 법 또는 이 법에 따른 명령이나 처분에 위반되면 이 법에 따른 허가 또는 승인을 취소하거나 그 건축물의 건축주·공사시공자·현장관리인·소유자·관리자 또는 점유자(이하 "건축주등"이라 한다)에게 공사의 중지를 명하거나 상당한 기간을 정하여 그 건축물의 철거·개축·증축·수선·용도변경·사용금지·사용제한, 그 밖에 필요한 조치를 명할 수 있다.
> ㉡ 허가권자는 ㉠에 따라 허가나 승인이 취소된 건축물 또는 ㉠에 따른 시정명령을 받고 이행하지 아니한 건축물에 대하여는 다른 법령에 따른 영업이나 그 밖의 행위를 허가·면허·인가·등록·지정 등을 하지 아니하도록 요청할 수 있다. 다만, 허가권자가 기간을 정하여 그 사용 또는 영업, 그 밖의 행위를 허용한 주택과 대통령령으로 정하는 경우에는 그러하지 아니하다.

> **Wide | "개업공인중개사"와 "개업공인중개사등"과의 구분**
>
> 「공인중개사법」에서는 "개업공인중개사"와 "개업공인중개사등"을 엄격하게 구분하고 있다. 즉, "개업공인중개사"는 법 제2조 제4호의 정의에 의한 "이 법에 의하여 중개업을 영위하는 중개사무소의 개설등록을 한 자"를 의미하며, "개업공인중개사등"은 "개업공인중개사와 그 소속공인중개사·중개보조원 및 개업공인중개사인 법인의 사원·임원"을 의미한다. 또한, "개업공인중개사등"의 범위에는 법인의 분사무소 책임자도 포함된다.

(2) 외국인의 중개사무소 개설등록

상기 2가지 제한 이외의 공인중개사나 법인은 등록요건을 갖추면 중개사무소 개설등록을 할 수 있다. 외국인의 경우에도 공인중개사자격이 있으면 개인인 중개사무소의 개설등록을 할 수 있다. 이 경우 개설등록 신청 시 외국인개설등록에 필요한 서류를 추가로 구비하여야 할 것이다(국토교통부 전자민원 2000.8.30 회신 제28365호 참조).

6 개설등록 신청절차★★ 22·28회 출제

(1) 개설등록 첨부서면

중개사무소 개설등록을 할 때는 「시행규칙」 [별지 제5호 서식]의 신청서와 다음의 첨부서면을 준비해서 제출해야 한다(규칙 제4조 제1항).

1) 법 제34조 제1항의 규정에 따른 실무교육의 수료확인증 사본(전자적으로 확인할 수 있는 경우는 제외한다)

2) 여권용 사진

3) 건축물대장(가설건축물대장 제외)에 기재된 건물(준공검사, 준공인가, 사용승인, 사용검사 등을 받은 건물로서 건축물대장에 기재되기 전의 건물을 포함. 이하 같다)에 중개사무소를 확보(소유·전세·임대차 또는 사용대차 등의 방법에 의하여 사용권을 확보하여야 함)하였음을 증명하는 서류. 다만, 건축물대장에 기재되지 아니한 건물에 중개사무소를 확보하였을 경우에는 건축물대장 기재가 지연되는 사유를 적은 서류도 함께 제출해야 한다.

4) **다음의 서류**(외국인이나 외국에 주된 영업소를 둔 법인의 경우에 한함)
   ① 법 제10조 제1항 각 호의 어느 하나에 해당되지 아니함을 증명하는 다음의 어느 하나에 해당하는 서류
   ㉠ 외국 정부나 그 밖에 권한 있는 기관이 발행한 서류 또는 공증인(법률에 따른 공증인의 자격을 가진 자만 해당. 이하 같다)이 공증한 신청인의 진술서로서 「재외공관 공증법」에 따라 그 국가에 주재하는 대한민국공관의 영사관이 확인한 서류
   ㉡ 「외국공문서에 대한 인증의 요구를 폐지하는 협약」을 체결한 국가의 경우에는 해당 국가의 정부나 공증인, 그 밖의 권한이 있는 기관이 발행한 것으로서 해당 국가의 아포스티유(Apostille) 확인서 발급 권한이 있는 기관이 그 확인서를 발급한 서류
   ② 「상법」 제614조의 규정에 따른 영업소의 등기를 증명할 수 있는 서류

> **Wide | 담당공무원의 확인**
> ① 등록관청은 행정정보의 공동이용을 통하여 건축물 대장 및 법인등기사항 증명서(신청인이 법인인 경우)를 확인하여야 한다.
> ② 등록관청은 자격증을 발급한 시·도지사에게 등록하려는 자(법인의 경우 대표자를 포함한 공인중개사인 사원 또는 임원을 말함)의 공인중개사 자격확인을 요청하여야 한다.

제1편 공인중개사법령

단락문제 Q04 제24회 기출

공인중개사법령상 중개사무소의 개설등록에 관한 설명으로 옳은 것은?

① 개설등록을 신청받은 등록관청은 그 인가 여부를 신청일부터 14일 이내에 신청인에게 통보해야 한다.
② 광역시장은 개설등록을 한 자에 대하여 법령에 따라 중개사무소개설등록증을 교부해야 한다.
③ 법인인 개업공인중개사가 주택분양을 대행하는 경우, 겸업제한 위반을 이유로 그 등록이 취소될 수 있다.
④ 소속공인중개사는 중개사무소를 두려는 지역을 관할하는 등록관청에 개설등록을 신청할 수 없다.
⑤ A광역시 甲구(區)에 주된 사무소 소재지를 둔 법인인 개업공인중개사는 A광역시 乙구(區)에 분사무소를 둘 수 없다.

해설 개설등록 및 분사무소 설치
① 개설등록을 신청받은 등록관청은 그 등록 여부를 신청일부터 7일 이내에 신청인에게 통보해야 한다.
② 등록관청은 개설등록을 한 자에 대하여 법령에 따라 중개사무소개설등록증을 교부해야 한다.
③ 주택분양을 대행하는 것은 겸업범위에 포함된다.
⑤ A광역시 甲구(區)에 주된 사무소 소재지를 둔 법인인 개업공인중개사는 A광역시 乙구(區)에 분사무소를 둘 수 있다.

정답 ④

(2) 개설등록 통지   16회 출제

1) 등록관청의 통지

등록신청을 받은 등록관청은 7일 이내에 다음의 개업공인중개사의 종별에 따라 구분하여 등록을 하고 등록신청인에게 서면으로 통지하여야 한다(규칙 제4조 제2항).
① 법인인 개업공인중개사
② 공인중개사인 개업공인중개사

2) 개업공인중개사의 종별

중개사무소 등록신청에서의 개업공인중개사의 종별(種別)이란 법인인 개업공인중개사와 공인중개사인 개업공인중개사를 의미하는 것으로, 이론상의 종별 구분(중개법인, 특수법인, 공인중개사인 개업공인중개사, 부칙에 의한 개설등록한 것으로 보는 자)과는 다른 점에 유의해야 한다.

Professor Comment
이때의 등록통지는 등록을 한 후 등록이 되었다는 통지이며, 등록증이 교부되는 것이 아님을 유의해야 한다.

제3장 중개업

▼ 중개사무소 개설등록 절차(법 제9조, 제11조, 제15조 내지 제17조 참조)

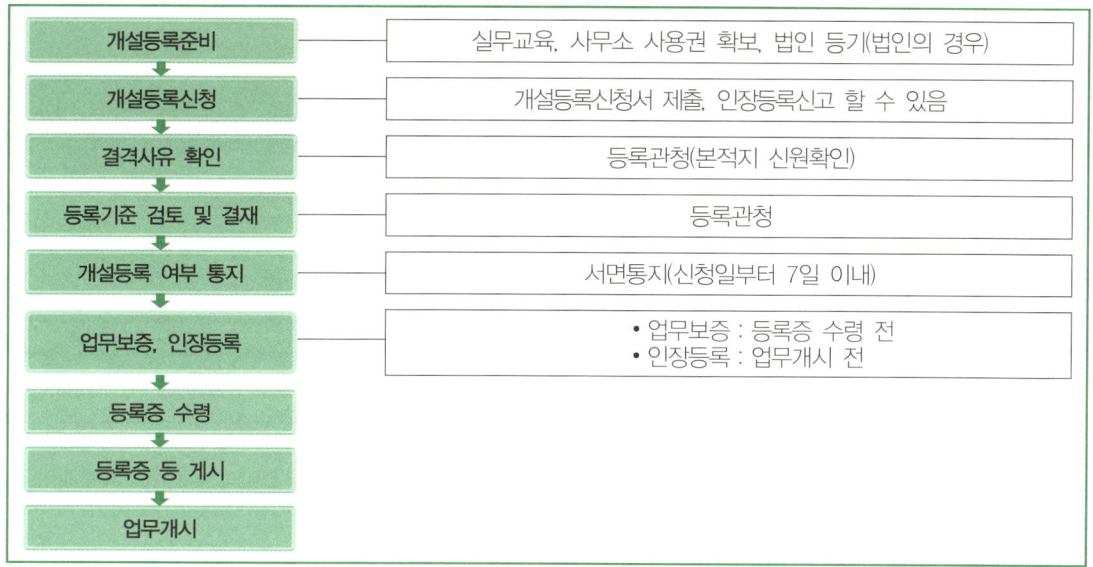

제1편 공인중개사법령

■ 공인중개사법 시행규칙[별지 제5호서식] 〈개정 2016. 12. 30.〉

[ ] 부동산중개사무소 개설등록신청서
[ ] 개업공인중개사 인장등록 신고서

※ [ ]에는 해당하는 곳에 ✔표를 합니다.

접수번호	접수일	처리기간 7일

신청인	성명(대표자)	주민등록번호(외국인등록번호)
	주소(체류지)	
	(전화번호:)	휴대전화:
	공인중개사 자격증 발급 시·도	

개업공인중개사종별	[ ] 법인 [ ] 공인중개사

사무소	명칭	전화번호(휴대전화)
	소재지	

「공인중개사법」 제9조·제16조 및 같은 법 시행규칙 제4조·제9조에 따라 위와 같이

[ ] 부동산중개
[ ] 개업공인중

사무소 개설등록 신청서를
개사 인장등록 신고서를   제출합니다.

년   월   일

신청인   (서명 또는 인)

시장·군수·구청장 귀하

신청인 제출서류	1. 「공인중개사법」 제34조제1항에 따른 실무교육의 수료확인증 사본 1부(영 제36조제1항에 따라 실무교육을 위탁받은 기관 또는 단체가 실무교육 수료 여부를 등록관청이 전자적으로 확인할 수 있도록 조치한 경우는 제외합니다)
	2. 여권용(3.5cm×4.5cm) 사진 1매
	3. 건축물대장(「건축법」 제20조제5항에 따른 가설건축물대장은 제외합니다)에 기재된 건물(준공검사, 준공인가, 사용승인, 사용검사 등을 받은 건물로서 건축물대장에 기재되기 전의 건물을 포함합니다)에 중개사무소를 확보하였음을 증명하는 서류 1부(건축물대장에 기재되지 않은 건물에 중개사무소를 확보하였을 경우에는 건축물대장 기재가 지연되는 사유를 적은 서류도 함께 내야 합니다).
	4. 다음 각 목의 서류 각 1부(외국인이나 외국에 주된 영업소를 둔 법인의 경우로 한정합니다)
	  가. 「공인중개사법」 제10조제1항 각 호의 어느 하나에 해당되지 아니함을 증명하는 다음의 어느 하나에 해당하는 서류
	    1) 외국 정부나 그 밖의 권한 있는 기관이 발행한 서류 또는 공증인(법률에 따른 공증인의 자격을 가진 자만 해당합니다. 이하 이 목에서 같습니다)이 공증한 신청인의 진술서로서 「재외공관 공증법」에 따라 그 국가에 주재하는 대한민국공관의 영사관이 확인한 서류
	    2) 「외국공문서에 대한 인증의 요구를 폐지하는 협약」을 체결한 국가의 경우에는 해당 국가의 정부나 공증인, 그 밖의 권한이 있는 기관이 발행한 것으로서 해당 국가의 아포스티유(Apostille) 확인서 발급 권한이 있는 기관이 그 확인서를 발급한 서류
	  나. 「상법」 제614조에 따른 영업소의 등기를 증명할 수 있는 서류
		수수료
		
		시·군·구 조례로 정하는 금액
		
		(등록인장 인)

담당 공무원 확인사항	1. 법인 등기사항증명서 2. 건축물대장(「건축법」 제20조제5항에 따른 가설건축물대장은 제외합니다)	

유의사항

1. 시장·군수·구청장은 「공인중개사법」 제5조제2항에 따라 공인중개사 자격증을 발급한 시·도지사에게 개설등록을 하려는 자(법인의 경우에는 대표자를 포함한 공인중개사인 임원 또는 사원을 말합니다)의 공인중개사 자격 확인을 요청하여야 합니다.
2. 개설등록 통지 시 개업공인중개사는 손해배상책임 보증증명서류를 등록관청에 신고 후 등록증을 발급받습니다.

210mm×297mm[백상지 80g/㎡(재활용품)]

 **Q05** 제16회 기출

중개업의 등록에 관한 설명 중 틀린 것은?

① 업무정지처분을 받은 개업공인중개사는 그 기간 중에 당해 중개업을 폐업하고 업무정지 기간 동안 다시 중개사무소의 개설등록을 신청할 수 없다.
② 중개사무소의 개설등록을 한 개업공인중개사가 종별을 달리하여 업무를 하고자 하는 경우에는 등록신청서를 다시 제출하여야 한다.
③ 등록신청을 받은 등록관청은 10일 이내에 개업공인중개사의 종별에 따라 구분하여 등록을 하고, 등록신청인에게 서면으로 통지하여야 한다.
④ 등록관청은 중개사무소 등록사항을 공인중개사협회에 다음달 10일까지 통보하여야 한다.
⑤ 등록관청은 등록증을 교부하는 때에는 손해배상책임을 보장하기 위한 보증의 설정여부를 확인하여야 한다.

해설 중개업의 등록
중개사무소 개설등록의 신청을 받은 등록관청은 개업공인중개사의 종별에 따라 구분하여 개설등록을 하고, 개설등록 신청을 받은 날부터 7일 이내에 등록신청인에게 서면으로 통지하여야 한다(규칙 제4조 제2항).   **정답** ③

(3) 개업공인중개사 종별 전환의 예외★

1) 종별 전환 시 제출서류   → 등록의 재신청
중개사무소의 개설등록을 한 개업공인중개사가 종별을 달리하여 업무를 하고자 하는 경우에는 등록신청서를 다시 제출하여야 한다. 이 경우 종전에 제출한 서류 중 변동사항이 없는 서류는 제출하지 아니할 수 있으며, 종전의 등록증은 이를 반납하여야 한다(규칙 제4조 제3항).

2) 종별 전환(법인인 개업공인중개사 ⇄ 공인중개사인 개업공인중개사)
이때의 종별 전환이란 대부분 공인중개사인 개업공인중개사가 중개법인으로 영업을 하거나, 중개법인의 대표가 공인중개사인 개업공인중개사로 영업을 하는 경우를 의미하는 것으로 보인다.

3) 부칙에 의한 개업공인중개사의 종별 변경
법 제7638호 부칙 제6조 제2항의 규정에 따라 이 법에 따른 중개사무소의 개설등록을 한 것으로 보는 자가 공인중개사 자격을 취득하여 그 등록관청의 관할구역 안에서 공인중개사인 개업공인중개사로서 업무를 계속하고자 하는 경우에는 [별지 제4호 서식]의 신청서에 이미 교부받은 등록증과 변경사항을 증명하는 서류를 첨부하여 등록증의 재교부를 신청하여야 한다(규칙 제5조 제4항 참조).

제1편 공인중개사법령

7 등록증의 교부 및 재교부

(1) 등록증의 교부

1) 등록증 교부
등록관청은 중개사무소의 개설등록을 한 자에 대하여 국토교통부령이 정하는 바에 따라 중개사무소등록증을 교부하여야 한다(법 제11조 제1항).

2) 보증설정 여부 확인
등록관청은 중개사무소의 개설등록을 한 자가 영 제24조 제2항의 규정에 따른 보증(이하 "보증"이라 함)을 설정하였는지 여부를 확인한 후 법 제11조 제1항의 규정에 따라 중개사무소등록증(별지 제6호 서식)을 지체없이 교부하여야 한다(규칙 제5조 제1항).

3) 등록대장 기재 및 관리
① 등록관청이 중개사무소등록증을 교부하는 때에는 중개사무소등록대장(별지 제7호 서식)에 그 등록에 관한 사항을 기록한 후 중개사무소등록증을 교부하여야 한다(규칙 제5조 제2항).
② 중개사무소 등록대장은 전자적 처리가 불가능한 특별한 사유가 없으면 전자적 처리가 가능한 방법으로 작성·관리하여야 한다(규칙 제5조 제5항).

(2) 등록증의 재교부
법 제5조 제3항의 규정은 중개사무소등록증의 재교부에 관하여 이를 준용한다(법 제11조 제2항). 따라서 중개사무소등록증을 교부받은 자는 등록증을 잃어버리거나 못쓰게 된 경우에는 국토교통부령이 정하는 바에 따라 등록관청에 재교부를 신청할 수 있다.

▼ 등록증 재교부 사유

① 등록증의 분실 또는 훼손(법 제11조 제2항)
② 등록증 기재사항의 변경(규칙 제5조 제4항)
③ 부칙에 의한 개업공인중개사가 동일 관할구역 내에서 공인중개사인 개업공인중개사로 변경하는 경우(규칙 제5조 제4항)

1) 분실·훼손의 경우
중개사무소등록증의 재교부신청은 중개사무소등록증 재교부신청서(별지 제4호 서식)에 따른다(규칙 제5조 제3항).

2) 기재사항변경의 경우
개업공인중개사가 등록증의 기재사항의 변경으로 인하여 다시 등록증을 교부받고자 할 경우에는 중개사무소등록증 재교부신청서(별지 제4호 서식)에 이미 교부받은 등록증과 변경사항을 증명하는 서류를 첨부하여 등록증의 재교부를 신청하여야 한다(규칙 제5조 제4항 참조).

Professor Comment
중개법인의 대표자가 외부에서 영입된 경우에는 변경된 대표자의 공인중개사 자격증 사본, 실무교육수료확인증 사본을 첨부하여 중개사무소등록증 재교부를 신청하여 처리하여야 할 것이다.

단락문제 Q06
제22회 기출

공인중개사법령상 중개사무소의 개설등록에 관한 설명으로 옳은 것은?(다른 법률에 의해 중개업을 할 수 있는 법인은 제외함)

① 공인중개사가 개설등록을 신청하려는 경우 연수교육을 받아야 한다.
② 개설등록을 하고자 하는 자가 사용대차한 건물에는 개설등록할 수 없다.
③ 「건축법」상 가설건축물대장에 기재된 건축물에 개설등록할 수 있다.
④ 법인의 경우 대표자는 공인중개사이어야 하며, 대표자를 포함한 임원 또는 사원의 3분의 1 이상은 공인중개사이어야 한다.
⑤ 외국에 주된 영업소를 둔 법인이 개설등록을 하기 위해서는 「상법」상 외국회사 규정에 따른 영업소의 등기를 증명할 수 있는 서류를 첨부해야 한다.

해설 중개사무소의 개설등록
① 공인중개사가 개설등록을 신청하려는 경우 실무교육을 받아야 한다(영 제13조).
②, ③ 건축물 대장(가설건축물 대장 제외)에 기재된 건물에 중개사무소를 확보(소유, 전세, 임대차 또는 사용대차 등의 방법에 의하여 사용권을 확보하여야 한다)할 것(영 제13조 제1항 제1호 나목).
④ 법인의 경우 대표자는 공인중개사이어야 하며, 대표자를 제외한 임원 또는 사원의 3분의 1 이상은 공인중개사이어야 한다(영 제13조 제1항 제2호 다목).

정답 ⑤

8 업무개시 ★

(1) 업무개시 요건

현행 공인중개사법령의 규정을 종합해 볼 때 개업공인중개사가 「공인중개사법」을 위반하지 않고 업무를 수행하기 위해서는 다음의 3가지 요건을 모두 갖춘 후 업무를 개시해야 하는 것으로 보인다.

1) 인장등록(법 제16조 제1항 참조)
2) 업무보증 설정(법 제38조 제2항 제8호 참조)
3) 등록증 및 업무보증설정서류 게시(법 제17조 참조)

(2) 업무개시를 하지 않은 경우

1) 휴업신고

현행 「공인중개사법」 제21조(휴업 또는 폐업의 신고)에서는 개업공인중개사가 중개사무소의 개설등록 후 업무를 개시하지 않는 것을 휴업과 동일하게 취급하고 있다. 따라서 중개사무소 개설등록 후 3개월을 초과하여 업무를 개시하지 못할 사유가 있을 경우에는 휴업신고를 해야 하며 휴업의 최장기간은 원칙적으로 6개월을 초과하지 못한다(법 제21조 참조).

2) 무단휴업의 경우

3개월을 초과하여 업무를 개시하지 않을 경우에는 무단휴업으로 봐서 100만원 이하의 과태료 처분을 받을 수 있으며(법 제51조 제3항 제4호), 6개월을 초과하여 무단으로 업무를 개시하지 않은 경우에는 「공인중개사법」 제38조 제2항 제5호의 규정에 의거 등록취소의 처분을 받을 수 있다.

9 등록사항의 통보 25·29·35회 출제

(1) 공인중개사협회에 통보

등록관청은 다음의 어느 하나에 해당하는 때에는 그 사실을 국토교통부령이 정하는 바에 따라 법 제41조의 규정에 따른 공인중개사협회에 통보하여야 한다(영 제14조). → 개업공인중개사가 통보하는 것이 아님

1) 법 제11조 제1항의 규정에 따라 중개사무소등록증을 교부한 때
2) 법 제13조 제3항(분사무소 설치)·법 제20조 제1항(중개사무소 이전) 또는 법 제21조 제1항(휴업 또는 폐업)의 규정에 따른 신고를 받은 때
3) 법 제38조(등록취소) 또는 법 제39조(업무정지)의 규정에 따른 행정처분을 한 때
4) 법 제15조 제1항에 따라 소속공인중개사 또는 중개보조원의 고용이나 고용관계 종료 신고를 받은 때

(2) 통보기한

등록관청은 영 제14조의 규정에 따라 매월 중개사무소의 등록·행정처분 및 신고 등에 관한 사항을 중개사무소등록·행정처분등통지서(별지 제8호 서식)에 기재하여 다음달 10일까지 공인중개사협회에 통보하여야 한다(규칙 제6조).

단락핵심 중개업등록

(1) 중개업을 영위하고자 하는 자는 중개사무소를 두고자 하는 지역을 관할하는 시장·군수·구청장에게 중개사무소의 개설등록을 하여야 한다.
(2) 등록관청이 중개사무소의 개설등록을 한 때에는 국토교통부령이 정하는 바에 따라 중개사무소 등록증을 교부하여야 한다.
(3) 개업공인중개사는 교부받은 등록증의 기재사항 변경으로 인하여 등록증의 재교부를 받고자 할 경우 등록증과 변경사항을 증명하는 서면을 첨부하여 등록관청에 재교부신청하여야 한다.
(4) 중개사무소의 개설등록을 할 수 있는 자의 기준 등에 관하여 필요한 사항은 대통령령으로 정한다.
(5) 중개사무소의 개설등록을 하고자 하는 공인중개사는 개설등록을 신청하기 전 1년 이내에 실무교육을 받아야 한다.
(6) 법인은 자본금 5천만원 이상의 상법상 회사 또는 협동조합 기본법에 의한 협동조합(사회적 협동조합 제외)이어야 한다.
(7) 업무정지처분기간 중에는 폐업은 가능하나 결격사유에 해당되어 개설등록을 하지 못한다.
(8) 등록관청은 중개사무소 개설등록을 신청한 경우에 등록관청은 7일 이내에 등록의 통지를 하여야 한다.
(9) 부칙에 의한 개업공인중개사가 자격증을 취득한 후 종별을 달리하여 동일한 등록관청 내에서 공인중개사인 개업공인중개사로서 업무를 계속하고자 하는 경우 등록증을 재교부신청하여야 한다.
(10) 중개사무소의 용도는 건축법상 업무시설, 제2종 및 제3종 근린생활시설로서 구분되며, 중개사무소의 임차인은 반드시 중개사무소 개설등록 신청인의 명의가 아니어도 된다.

02 이중등록 및 이중소속

27회 출제

Professor Comment
이중등록금지(제12조)와 명칭(제18조), 대여금지(제19조)는 상호 종합적으로 출제될 수 있음을 유의해야 한다.

1 이중등록금지

개업공인중개사는 이중으로 중개사무소의 개설등록을 하여 중개업을 할 수 없다(법 제12조 제1항).

(1) 의무의 내용

1) 이중등록의 의의
이중(二重)으로 중개사무소의 개설등록을 한다는 것은 개설등록을 두 번 이상 한 것을 의미하며, 2개의 사무소를 갖는 것과 구분된다.

2) 이중등록의 전형적인 형태
① 개설등록을 한 공인중개사인 개업공인중개사가 다른 등록관청 관할구역에서 새로이 중개사무소를 개설하는 경우이다.
② 종전의 중개사무소를 사실상 폐업하고 새로운 중개사무소 개설등록을 하는 경우, 종전 중개사무소의 폐업신고를 완전히 이행하지 않을 경우에도 이중등록금지의 위반이 될 수 있다(국토교통부 전자민원 1999.12.3 회신 제15987호).

(2) 의무위반의 벌칙

1) 중개사무소 개설등록의 취소
중개사무소를 이중으로 개설등록을 한 경우에는 등록관청은 중개사무소의 개설등록을 취소하여야 한다(절대등록취소, 법 제38조 제1항 제4호). 이중으로 등록한 모든 개설등록이 소멸된다.

2) 1년 이하의 징역 또는 1천만원 이하의 벌금
이중등록을 한 개업공인중개사는 1년 이하의 징역 또는 1천만원 이하의 벌금에 처한다(법 제49조 제1항 제3호).

2 이중소속금지 ★

개업공인중개사·소속공인중개사·중개보조원 및 개업공인중개사인 법인의 사원·임원(개업공인중개사등)은 다른 개업공인중개사의 소속공인중개사·중개보조원 또는 개업공인중개사인 법인의 사원·임원이 될 수 없다(법 제12조 제2항).

(1) 의무의 내용

1) 의 의
개업공인중개사등(개업공인중개사·소속공인중개사·중개보조원 및 개업공인중개사인 법인의 사원·임원)은 다른 개업공인중개사의 소속공인중개사·중개보조원 또는 개업공인중개사인 법인의 사원·임원이 될 수 없다.

2) 금지목적
이는 1인이 둘 이상의 중개사무소에 소속되는 것(이중소속)을 금지하는 것으로, 공인중개사 1인이 둘 이상의 중개사무소에서 개업공인중개사와 소속공인중개사의 지위를 갖고 중개업무에 종사할 경우 사실상 중개사무소를 2개소 이상 보유하는 것과 같은 효과가 나타날 수 있기 때문이다.

(2) 의무위반의 벌칙
이중소속 금지의무를 위반한 개업공인중개사는 1년 이하의 징역 또는 1천만원 이하의 벌금에 처한다(법 제49조 제1항 제3호 참조).

Professor Comment
개업공인중개사가 이중소속을 한 경우 반드시 등록이 취소되며 소속공인중개사가 이중소속을 한 경우 자격이 정지될 수 있다.

단락문제 Q07 제27회 기출

공인중개사법령상 이중등록 및 이중소속의 금지에 관한 설명으로 옳은 것을 모두 고른 것은?

㉠ A군에서 중개사무소 개설등록을 하여 중개업을 하고 있는 자가 다시 A군에서 개설등록을 한 경우, 이중등록에 해당한다.
㉡ B군에서 중개사무소 개설등록을 하여 중개업을 하고 있는 자가 다시 C군에서 개설등록을 한 경우, 이중등록에 해당한다.
㉢ 개업공인중개사 甲에게 고용되어 있는 중개보조원은 개업공인중개사인 법인 乙의 사원이 될 수 없다.
㉣ 이중소속의 금지에 위반한 경우 1년 이하의 징역 또는 1천만원 이하의 벌금형에 처한다.

① ㉠, ㉡　　② ㉢, ㉣　　③ ㉠, ㉡, ㉢
④ ㉡, ㉢, ㉣　　⑤ ㉠, ㉡, ㉢, ㉣

해설 이중등록 및 이중소속
모두 옳은 내용이다. **정답** ⑤

03 중개사무소등록증 대여 등의 금지 ★
[28회 출제]

1 개업공인중개사의 의무
개업공인중개사는 다른 사람에게 자기의 성명 또는 상호를 사용하여 중개업무를 하게 하거나 자기의 중개사무소등록증을 양도 또는 대여하거나 알선하는 행위를 하여서는 아니 된다(법 제19조 제1항).
→ 절대등록취소

2 일반적 금지의무 [26회 출제]

(1) 의 의

누구든지 다른 사람의 성명 또는 상호를 사용하여 중개업무를 하거나 다른 사람의 중개사무소등록증을 양수 또는 대여받아 이를 사용하는 행위를 하여서는 아니 된다(법 제19조 제2항).

(2) 절대등록취소

중개사무소 등록증을 양도 또는 대여한 경우 등록을 취소하여야 한다.

(2) 1년 이하의 징역 또는 1천만원 이하의 벌금

법 제19조의 규정을 위반하여 등록증을 양도 또는 대여하거나 다른 사람의 성명·상호를 사용하여 중개업무를 하거나 중개사무소등록증을 양수·대여받거나 알선한 자는 1년 이하의 징역 또는 1천만원 이하의 벌금형에 처하게 된다(법 제49조 제1항 제7호 후단 참조).

04 등록의 효력상실 및 무등록 ★

1 등록의 효력상실 ★

(1) 개설등록효력이 상실되는 경우

「공인중개사법」에서 중개사무소 등록의 효력상실시기에 대해서 명백하게 특정하고 있지 않다. 다만, 법률의 규정 등을 감안할 경우 다음의 경우에 개설등록효력이 상실된다고 해석된다.

1) 개업공인중개사의 폐업신고가 수리된 경우(법 제21조)
2) 중개사무소 등록취소의 행정처분을 받은 경우(법 제38조)
3) 법인의 해산 및 개업공인중개사의 사망

(2) 등록취소의 행정처분이 없는 경우 등록의 효력

중개사무소 등록취소의 대상이 되더라도 등록취소의 행정처분이 없으면 등록의 효력은 지속된다고 보아야 한다.

(3) 개업공인중개사의 사망

법 제38조 제1항에서는 개업공인중개사의 사망이나 법인의 해산을 기속등록취소(당연등록취소) 사유로 정하고 있다. 그러나 대인적 효력이 있는 중개사무소 등록의 특성을 볼 때 등록관청의 행정처분이 없더라도 개업공인중개사가 사망하거나 법인이 해산한 경우 등록의 대상자가 존재하지 않으므로 등록의 효력은 상실된다고 보아야 할 것이다.

단락문제 Q08 제15회 기출

다음 중 중개사무소 등록의 효력이 상실되는 것이 아닌 것은?

① 개업공인중개사의 사망
② 폐 업
③ 중개법인의 해산
④ 중개사무소 개설등록이 취소된 경우
⑤ 결격사유에 해당된 경우

해설 등록효력의 상실
결격사유에 해당되는 경우로 이 사실이 등록관청에 알려질 경우 반드시 등록을 취소해야 하나, 등록을 취소하지 않는 한 등록의 효력이 상실되는 것은 아니다. **정답** ⑤

---

2 무등록행위자

중개업을 영위하기 위해서는 중개사무소의 개설등록은 중개행위를 하기 위한 적법요건으로서 중개업을 영위하고자 하는 자는 일정한 요건을 구비하여 중개사무소의 개설등록을 하여야 하며 이를 위반한 경우에는 3년 이하의 징역 또는 3천만원 이하의 벌금에 처한다.

(1) 무등록업자의 유형

1) 중개업 등록을 하지 아니하고 중개업무를 한 자
2) 개업공인중개사가 등록관청에 폐업신고를 한 후 중개업무를 한 자
3) 중개업 등록이 취소된 후 중개업무를 한 자

Professor Comment

주의할 점은 업무정지 기간 중 혹은 휴업기간 중에 있는 개업공인중개사가 그 기간 중에 중개업무를 행한 경우에는 무등록업자는 아니며, 이중등록의 경우나 2개 이상의 사무소를 둔 경우에 절대적 등록취소 사유에 해당하지만, 무등록업자는 아니다.

(2) 무등록중개업의 제재 → 행정처분은 적용 안 됨

등록을 하지 아니하고 중개행위를 한 자와 등록의 효력이 상실된 자가 중개업을 하였을 경우에는 3년 이하의 징역 또는 3천만원 이하의 벌금에 처한다(법 제48조 제1항).

(3) 무등록중개행위의 효력

중개사무소의 개설등록은 중개업을 영위하기 위한 적법요건일 뿐 유효요건은 아니므로 중개사무소의 개설등록을 하지 아니하고 중개업을 영위하는 자로 인한 중개행위는 「공인중개사법」 위반으로 행정형벌의 대상일 뿐 거래당사자 간의 법률행위의 효력은 유효하다.

(4) 보수청구권

현행법상 무등록업자의 중개행위로 인하여 중개가 완성된 경우 무등록업자의 보수청구권을 인정하느냐에 대한 명문규정은 없다. 그러나 판례에 따르면 무등록업자가 한 중개행위는 무효이며 반환하여야 한다고 판시하고 있다. 다만 우연한 기회에 1회 중개행위를 하고 보수를 받은 경우에는 무효가 아니라고 판시하고 있다.

> **판례** ■ 무등록업자가 한 보수약정의 효력
>
> 공인중개사 자격이 없어 중개사무소 개설등록을 하지 아니한 채 부동산중개업을 한 자에게 형사적 제재를 가하는 것만으로는 부족하고 그가 체결한 중개보수 지급약정에 의한 경제적 이익이 귀속되는 것을 방지하여야 할 필요가 있다고 할 것이고, 따라서 중개사무소 개설등록에 관한 위와 같은 규정들은 공인중개사 자격이 없는 자가 중개사무소 개설등록을 하지 아니한 채 부동산중개업을 하면서 체결한 중개보수 지급약정의 효력을 제한하는 이른바 강행법규에 해당한다고 보아야 한다(대판 2010.12.23. 2008다75119).

> **판례** ■ 개업공인중개사가 아닌 자가 우연한 기회에 중개행위를 한 경우 중개보수의 효력
>
> 공인중개사 자격이 없는 자가 우연한 기회에 단 1회 타인 간의 거래행위를 중개한 경우 등과 같이 '중개를 업으로 한' 것이 아닌 경우에도 그에 따른 중개보수 지급약정은 유효하며 이때 중개보수의 약정이 부당하게 과다하여 민법상 신의성실의 원칙이나 형평의 원칙에 반한다고 볼만한 사정이 있는 경우에는 그 상당하다고 인정되는 범위 내로 감액된 보수액만을 청구할 수 있다(대판 2012.6.14. 2010다86525).

제1편 공인중개사법령

05 등록의 결격사유 ★★★

16·17·19·20·21·24·25·26·27·28·29·30·31회 출제

Professor Comment

결격사유(제10조)는 단순한 결격사유에 해당되는 문제뿐만 아니라, 결격사유의 의미를 이해해야 하는 문제도 출제됨을 유의하여 학습해야 한다.

1 결격사유 개설

(1) 법률행위의 제한능력자나 범법행위 경력자 배제

개업공인중개사는 국민의 재산권 거래를 담당하는 전문가로서 높은 신뢰성이 요구되므로, 「공인중개사법」에서는 법률행위의 제한능력자나 범법행위 경력자에게는 일정기간 중개업을 영위할 수 없도록 제한하고 있다.

등록의 결격사유

① 법 제10조에 규정된다.
② 등록의 결격사유에 해당하는 자는 중개사무소 개설등록도 할 수 없고 중개업무에 종사할 수 없다.

(2) 개업공인중개사등이 될 수 있는지 여부

1) 등록의 결격사유에 해당하는 자는 중개사무소의 개설등록을 할 수 없고(법 제10조 제1항), 개업공인중개사란 이 법에 의하여 중개사무소의 개설등록을 한 자를 말하므로(법 제2조 제4호), 개업공인중개사도 될 수 없다.
2) 등록결격사유 중 법 제10조 제1항 제1호 내지 제11호의 어느 하나에 해당하는 자는 소속공인중개사 또는 중개보조원이 될 수 없다(법 제10조 제2항). **15회 출제**
3) 그러나 법 제6조(공인중개사의 자격이 취소된 후 3년이 경과되지 아니한 자)의 결격사유에 해당되지 않는 한 공인중개사 자격은 취득할 수 있다. **22회 출제**

(3) 관계기관의 조회

등록관청은 개업공인중개사등(개업공인중개사, 소속공인중개사, 중개보조원 및 개업공인중개사인 법인의 사원·임원)이 결격사유의 어느 하나에 해당하는지 여부를 확인하기 위해 관계기관에 조회할 수 있다(법 제10조 제3항).

종 별	구 분	결격사유 포함기간
제한능력자	미성년자	미성년자인 기간
	피한정후견인 또는 피성년후견인	선고 취소(후견종료심판) 이전
경제적 무능력자	파산선고자	복권일 이전
수형인	금고 이상의 수형자	형집행 종료일 또는 형집행을 받지 않기로 한 날부터 3년간
	금고 이상의 형 집행유예선고자	집행유예기간이 종료되고 2년간
공인중개사법 위반 경력자	공인중개사 자격취소자	자격취소처분을 받은 날부터 3년간
	공인중개사 자격정지자	자격정지기간
	중개사무소 등록취소자	등록취소처분을 받은 날부터 3년간
	업무정지처분을 받고 폐업한 자	업무정지기간
	업무정지 사유발생 당시 법인의 사원·임원이었던 자	업무정지기간
	300만원 이상의 벌금형을 선고 받은 자	3년간
법인의 특칙	결격사유에 해당되는 사원·임원이 있는 법인	결격사유에 해당되는 사원·임원 퇴임 시점

→ 법인이 결격사유자가 됨
(2월 내 해소한 경우 등록취소 안 됨)

제1편 공인중개사법령

단락문제 Q09　　　　　　　　　　　　　　　　　　　　　제26회 기출

2020.10.23. 현재 공인중개사법령상 중개사무소 개설등록 결격사유에 해당하는 자는?
(주어진 조건만 고려함)

① 형의 선고유예 기간 중에 있는 자
② 2014.4.15. 파산선고를 받고 2020.4.15. 복권된 자
③ 「도로교통법」을 위반하여 2017.11.15. 벌금 500만원을 선고받은 자
④ 거짓으로 중개사무소의 개설등록을 하여 2017.11.15. 개설등록이 취소된 자
⑤ 2020.4.15. 공인중개사 자격의 정지처분을 받은 자

해설 결격사유
거짓으로 중개사무소의 개설등록을 하여 2017.11.15. 개설등록이 취소된 자는 3년간의 결격사유에 해당하므로 10월 23일을 기준으로 한다면 결격사유 기간 중에 있다.　　　　　　　　　　　　　　　　　**정답** ④

2 법률행위 제한능력자

법률행위 제한능력자란 단독으로 완전히 유효한 법률행위를 할 수 있는 지위 또는 자격이 없는 자를 의미하는 것으로, 「민법」에서 제한능력자제도는 판단능력이 불충분한 자가 불이익한 행위로 인하여 손실을 입지 않도록 보호하는 것을 목적으로 한다.

Professor Comment
제한능력자의 법률행위는 무효이거나 취소될 수 있는 것으로, 제한능력자가 타인 간의 부동산거래를 중개하는 중요한 위치에 있는 개업공인중개사가 될 수 없는 것은 당연한 것이다.

(1) 미성년자(법 제10조 제1항 제1호)

1) 미성년자의 의의
「민법」에서는 19세로 성년(成年)이 된다고 하고 있으므로(민법 제4조), 미성년자(未成年者)란 성년이 아닌 자, 즉 19세 미만인 자를 의미한다.

2) 개업공인중개사가 될 수 없는 이유
① 미성년자는 판단능력이 불완전하므로 제한능력자로 보아 미성년자가 법률행위를 함에는 법정대리인의 동의를 얻도록 하는 등 행위능력을 제한받는다(민법 제5조 참조).
② 따라서 타인의 재산권의 거래를 중개하는 중개업무를 담당하는 것은 부적격하다고 보아 개업공인중개사등이 될 수 없도록 규정하고 있는 것이다.

3) 성년의제와 적용 여부

「민법」은 '미성년자가 혼인을 한 때에는 성년자로 본다(민법 제826조의2)'고 규정하고 있는데, 이를 성년의제제도라고 한다. 따라서 혼인한 미성년자는 법정대리인의 동의 없이 법률행위를 하거나 영업을 할 수 있다. 그러나 「공인중개사법」은 「민법」의 특별규정이므로 「공인중개사법」의 규정이 있는 경우는 「민법」보다 우선적용되므로 성년의제규정은 적용되지 아니하고 혼인한 미성년자도 중개사무소 개설등록을 할 수 없다.

(2) 피한정후견인(법 제10조 제1항 제2호)

1) 피한정후견인의 의의

① 피한정후견인이란 질병·장애·노령, 그 밖의 사유로 인한 정신적 제약으로 사무를 처리할 능력이 부족한 사람에 대하여 본인의 주소지 가정법원에서 본인, 배우자, 4촌 이내의 친족, 후견인 또는 검사의 청구에 의하여 피한정후견인 심판을 받은 자를 의미한다(민법 제12조, 가사소송법 제44조 참조).
② 따라서 피한정후견선고를 받은 자는 한정후견종료심판 이전에는 중개사무소 개설등록을 할 수 없다.

2) 개업공인중개사가 될 수 없는 이유

① 피한정후견인도 판단능력이 불완전한 제한능력자로 보아 피한정후견인이 법원이 정한 범위의 법률행위를 함에 있어서는 한정후견인의 동의를 얻도록 하고 있다(민법 제10조 참조).
② 따라서 타인의 재산권의 거래를 중개하는 중개업무를 담당하는 것은 부적격하다고 보아 개업공인중개사등이 될 수 없도록 규정하고 있다.

(3) 피성년후견인(법 제10조 제1항 제2호)

1) 피성년후견인의 의의

피성년후견인이란 질병·장애·노령, 그 밖의 사유로 인한 정신적 제약으로 사무를 처리할 능력이 지속적으로 결여된 사람에 대하여 본인의 주소지 가정법원에서 본인, 배우자, 4촌 이내의 친족, 후견인 또는 검사의 청구에 의하여 피성년후견선고를 받은 자를 의미한다(민법 제9조, 가사소송법 제44조).

2) 개업공인중개사가 될 수 없는 이유

피성년후견인은 사무를 처리할 능력이 지속적으로 결여된 자로서 「민법」에서는 피성년후견인의 법률행위는 취소할 수 있도록 규정하므로(민법 제10조) 피성년후견인이 개업공인중개사등이 될 수 없도록 규정한 것은 당연한 조치이다.

제1편 공인중개사법령

> **Wide** 피특정후견인
>
> 질병, 장애, 노령 그 밖의 사유로 인한 정신적 제약으로 일시적 후원 또는 특정한 사무에 관한 후원이 필요한 사람에 대하여 본인, 배우자, 4촌 이내의 친족, 미성년후견인, 미성년후견감독인, 검사 또는 지방자치단체의 장의 청구에 의하여 가정법원으로부터 특정후견의 심판을 받은 사람을 말한다. 피특정후견인은 결격사유에 해당하지 않는다.

단락문제 Q10 제32회 기출

공인중개사법령상 중개사무소 개설등록에 관한 설명으로 옳은 것을 모두 고른 것은?

ㄱ. 피특정후견인은 중개사무소의 등록을 할 수 없다.
ㄴ. 금고 이상의 형의 집행유예를 받고 그 유예기간 중에 있는 자는 유예기간이 만료된 날부터 2년이 경과되지 않으면 중개사무소의 등록을 할 수 없다.
ㄷ. 자본금이 5천만원 이상인 「협동조합 기본법」상 사회적협동조합은 중개사무소의 등록을 할 수 있다.

① ㄱ   ② ㄴ   ③ ㄱ, ㄴ   ④ ㄱ, ㄷ   ⑤ ㄴ, ㄷ

해설 중개사무소 개설등록
ㄱ. 피특정후견인은 결격사유가 아니다.
ㄷ. 「협동조합 기본법」상 사회적협동조합은 중개사무소의 등록을 할 수 없다.. **정답** ②

3 파산선고(破産宣告)를 받고 복권(復權)되지 아니한 자(법 제10조 제1항 제3호)

(1) 파산선고

파산(破産)이란 어떠한 사람이 경제적으로 파탄하여 그의 변제능력으로서는 총채권자의 채무를 완제(完濟)할 수 없는 상태에 이르렀을 때, 이에 대처하기 위한 법률적 수단으로서 강제적으로 그의 전재산을 관리·환가하여 총채권자에게 공평한 금전적 만족을 주는 것을 목적으로 하는 재판상 절차를 말하는 것으로, 그 절차는 「채무자회생 및 파산에 관한 법률」에 의해 규정되어 있다.

(2) 파산자

1) 파산자의 의의

파산자란 파산선고를 받고 현재 그 자에 대하여 파산절차가 진행되고 있거나, 아직 복권(復權)되지 아니한 자를 의미한다.

2) 파산자의 법률행위

「채무자 회생 및 파산에 관한 법률」에 따르면 파산자는 파산재단에 속하는 재산을 관리·처분할 권한을 상실하며, 파산재단에 속한 재산에 관하여 파산자가 행한 또는 이에 대하여 행하여진 법률행위는 무효(無效)로 한다(동법 제219조).

Professor Comment

파산자는 법원의 허가가 없으면 주거지를 떠날 수 없는 등 경제적인 의사능력이 크게 제약되어 있는 자로서, 타인의 재산권을 중개하는 업무에 적절치 못한 자이므로 개업공인중개사등이 될 수 없도록 규정하고 있다.

(3) 복 권

1) 당연복권(채무자 회생 및 파산에 관한 법률 제574조 제1항)

파산자는 다음 중 하나에 해당하는 경우에는 복권(復權)된다.
① 면책(免責)의 결정이 확정된 때
② 「채무자 회생 및 파산에 관한 법률」 제538조의 규정에 의한 신청에 기한 파산폐지의 결정이 확정된 때
③ 파산자가 파산선고 후에 사기파산의 죄에 관하여 유죄의 확정판결을 받음이 없이 10년을 경과한 때

2) 신청에 의한 복권(동법 제575조 제1항)

당연복권의 규정에 의하여 복권될 수 없는 파산선고를 받은 채무자가 변제 기타의 방법으로 파산채권자에 대한 채무의 전부에 관하여 그 책임을 면한 때에는 파산계속법원은 파산선고를 받은 채무자 신청에 의하여 복권의 결정을 하여야 한다.

4 금고(禁錮) 이상의 실형의 선고를 받고 그 집행이 종료(집행이 종료된 것으로 보는 경우를 포함)되거나 집행이 면제된 날부터 3년이 경과되지 아니한 자(법 제10조 제1항 제4호)

> 가석방 후 가석방기간을 경과한 경우

(1) 금고 이상의 실형

1) 의의

금고 이상의 실형이란 사형과 징역, 금고형을 의미하는 것으로, 징역 또는 금고는 무기(無期) 또는 유기(有期)로 구분된다.

2) 형의 경중

형법상 형의 경중은 사형, 징역, 금고, 자격상실, 자격정지, 벌금, 구류, 과료, 몰수의 순서에 의한다. 따라서 자격상실 이하의 형을 선고받은 경우에는 등록결격사유에 해당하지 않는다.

(2) 형집행 종료

현행「공인중개사법」에서는 형집행이 종료되거나(형집행이 종료된 것으로 보는 경우) 집행이 면제된 날부터 3년이 경과되지 아니한 자는 중개사무소 개설등록을 할 수 없도록 규정하고 있다.

1) 형집행 종료일

실형의 집행 종료시점에 대해서는 다음과 같은 기준에 의해 판단해야 한다.
① **형기 종료일** : 형기 종료일(형법 제86조)이 형집행 종료일이다.
② **가석방(假釋放)의 경우** : 가석방의 처분을 받은 후 그 처분이 실효 또는 취소되지 아니하고 가석방기간을 경과한 때에는 형의 집행을 종료한 것으로 본다(형법 제76조 제1항).

2) 형집행 면제일

다음의 경우 형집행이 면제되므로 형집행이 종료된 것으로 볼 수 있다.
① **특별사면** : 특별사면(特別赦免) 및 감형(減刑)은 형의 선고(宣告)를 받은 자에 대해 행하는 것으로, 특별사면은 형의 집행이 면제된다. 단, 특별한 사정이 있을 때에는 이후 형선고의 효력을 상실하게 할 수 있다(사면법 제3조, 제5조). 따라서 원칙적으로 특별사면을 받은 경우에는 특별사면을 받은 날부터 3년 동안은 결격사유에 해당된다.

> **Wide │ 일반사면**
> ① 일반사면(一般赦免)은 죄를 범한 자에 대해 행하는 것으로, 일반사면은 형의 선고의 효력이 상실되며 형의 선고를 받지 않은 자에 대하여는 공소권(公訴權)이 상실된다. 단, 특별한 규정이 있을 때에는 예외로 한다(사면법 제3조, 제5조).
> ② 따라서 원칙적으로 일반사면을 받은 경우에는 형의 언도의 효력이 상실되어 형의 선고를 받지 않은 것과 동일한 효력이 발생되므로, 일반사면을 받은 자는 일반사면을 받은 날부터 결격사유에 해당하지 않는다.

② **법률의 변경** : 재판확정 후 법률의 변경에 의하여 그 행위가 범죄를 구성하지 아니하는 때에는 형의 집행을 면제한다(형법 제1조).
③ **외국에서 받은 형의 집행** : 죄를 지어 외국에서 형의 전부 또는 일부가 집행된 사람에 대해서는 그 집행된 형의 전부 또는 일부를 선고하는 형에 산입한다(형법 제7조). 형을 감경받은 경우에는 형기 만료로 인한 석방의 경우와 같이 석방일부터 기간을 계산하며, 면제를 받은 경우에는 면제일부터 3년간은 결격사유에 해당된다.
④ **형의 시효완성으로 인한 집행면제의 경우**
  ㉠ 형의 선고를 받은 자는 시효의 완성으로 인하여 그 집행이 면제된다. 시효는 형을 선고하는 재판이 확정된 후 그 집행을 받음이 없이 일정한 기간을 경과함으로 인하여 완성된다(형법 제77조, 제78조).
  예 3년 미만의 징역이나 금고 또는 5년 이상의 자격정지는 7년
  ㉡ 형의 선고를 받고 상기 시효의 기간이 경과한 자는 시효의 기간이 경과한 날부터 3년간은 결격사유에 해당된다.

제3장 중개업

Professor Comment

체포되지 않은 채 2017.1.1.에 2년 형의 선고를 받은 자는 시효가 완성되는 5년의 기간이 경과한 날인 2022.1.1.부터 3년이 경과한 2025.12.31.까지는 결격사유에 포함되어 개업공인중개사등이 될 수 없다.

> **Wide** 공소시효
>
> 공소시효(公訴時效)란 범죄자에 대한 형사소송을 제기할 수 있는 기간을 의미하는 것으로, 공소시효가 진행되거나 경과한 경우에도 형의 선고가 없었으므로 결격사유에 해당되지 않을 것이다.

(3) 기간계산 기준

1) 판결이 확정된 날로부터 형기 기산

형법은 형기(刑期)는 판결이 확정된 날로부터 기산(起算)한다고 규정하고 있으며(형법 제84조 제1항), 형의 집행과 시효기간의 초일(初日)은 시간을 계산함이 없이 1일로 산정한다고 규정하고 있다(형법 제85조).

Professor Comment

3년의 기간은 집행이 종료되거나 면제된 날짜부터 계산한다. 즉, 2020.1.1에 석방되어 형의 집행이 종료된 경우 2022.12.31까지 결격사유에 해당되며, 2023.1.1부터는 결격사유에 해당하지 않는다.

2) 결격사유 기간계산에 모두 적용

이와 같은 기간계산기준은 「공인중개사법」 제10조의 결격사유 기간계산에 적용된다는 것이 유권해석기관의 입장이다(국토교통부 전자민원 2000.9.9 회신 제29624호 참고). 다만 행정처분의 경우 초일 불산입으로 계산한다.

단락문제 Q11 제9회 기출

법률상 등록의 결격사유에 대한 기술로서 옳은 것은?

① 파산자는 복권 후 5년이 경과되지 않으면 개업공인중개사가 될 수 없다.
② 금고 이상의 형의 선고를 받은 자는 그 집행이 종료되거나 집행을 받지 아니하기로 확정된 후 3년이 경과되지 않으면 개업공인중개사가 될 수 없다.
③ 미성년자는 혼인을 하였거나 법정대리인의 동의를 얻은 경우에는 중개보조원이 될 수 있다.
④ 이 법에 의하여 중개사무소의 등록취소처분을 받은 자는 등록취소를 받은 날로부터 5년이 경과되지 않으면 개업공인중개사가 될 수 없다.
⑤ 이 법에 위반하여 300만원 이상의 벌금형 선고를 받은 자는 벌금형의 선고를 받고 1년이 경과되지 않으면 개업공인중개사가 될 수 없다.

제1편 공인중개사법령

> **해설** 등록의 결격사유
> ① 파산선고를 받고 복권되지 아니한 자는 개업공인중개사등이 될 수 없다.
> ③ 미성년자는 혼인을 한 경우나 법정대리인의 동의를 얻었다 하더라도 개업공인중개사가 될 수 없다.
> ④ 중개사무소 개설등록취소를 받고 3년간은 개업공인중개사등이 될 수 없다.
> ⑤ 이 법에 위반하여 300만원 이상 벌금형의 선고를 받은 자는 벌금형의 선고를 받고 3년이 경과되지 않으면 개업공인중개사등이 될 수 없다.
>
> **정답** ②

5 금고 이상의 형의 집행유예를 받고 그 유예기간이 만료되고 2년이 경과되지 않은 자(법 제10조 제1항 제5호)

→ 가석방 후 가석방기간을 경과한 경우

(1) 집행유예의 의의

1) 집행유예(執行猶豫)란 3년 이하의 징역이나 금고 또는 벌금(500만원 이하)의 형을 선고할 경우에 형법 제51조의 사항(양형의 조건)을 참작하여 그 정상에 참작할 만한 사유가 있는 때에는 1년 이상 5년 이하의 기간 형의 집행을 유예하는 것을 의미한다(형법 제62조 제1항).

2) 집행유예의 효과

집행유예의 선고를 받은 후 그 선고의 실효 또는 취소됨이 없이 유예기간을 경과한 때에는 형의 선고는 효력을 잃게 된다(형법 제65조).

(2) 집행유예기간이 만료되고 2년간 결격사유

집행유예기간 동안만 결격사유이며 집행유예기간이 종료되고 2년이 경과되면 결격사유에서 벗어난다. **10회 출제**

6 공인중개사의 자격이 취소된 후 3년이 경과되지 아니한 자(법 제10조 제1항 제6호)

「공인중개사법」 제35조(자격의 취소)에 규정된 공인중개사 자격취소 사유에 해당되어 공인중개사자격이 취소된 자는 취소된 후 3년간은 등록의 결격사유에 해당되어 개업공인중개사등이 될 수 없고, 공인중개사 결격사유에 포함되어 공인중개사도 될 수 없다.

7 공인중개사의 자격이 정지된 자로서 자격정지기간 중에 있는 자(법 제10조 제1항 제7호)

법 제36조(자격의 정지)는 공인중개사가 소속공인중개사로서 업무를 수행하는 기간 중에 행한 불법행위에 대하여 6월의 범위 안에서 기간을 정하여 그 자격을 정지할 수 있도록 규정하고 있다. 자격정지 사유로 인한 결격사유는 중개업에 종사하지 못할 뿐 이를 사유로 인한 등록취소 사유는 되지 않는다.

8 법 제38조 제1항 제2호·제4호부터 제8호까지, 동조 제2항 제2호부터 제11호까지에 해당하는 사유로 중개사무소의 개설등록이 취소된 후 3년(제40조 제3항의 규정에 의하여 등록이 취소된 경우에는 3년에서 동항 제1호의 규정에 의한 폐업기간을 공제한 기간을 말함)이 경과되지 아니한 자(법 제10조 제1항 제8호)

(1) 「공인중개사법」에 의한 중개사무소 개설등록취소자

1) 개설등록이 취소된 후 3년이 경과되지 아니한 자
개업공인중개사가 중개사무소의 개설등록이 취소된 후 3년(폐업 후 재등록한 업자가 폐업 전의 행위로 등록이 취소된 경우에는 3년에서 폐업기간을 공제한 기간을 말함)이 경과되지 아니한 자는 중개사무소 개설등록을 할 수 없다(법 제10조 제1항 제8호).

2) 폐업 후 재등록업자가 폐업 전의 행위로 등록이 취소된 경우
폐업 후 다시 등록한 개업공인중개사가 폐업 전의 행위로 개설등록이 취소된 재등록 개업공인중개사는 3년에서 재등록 전 폐업기간을 공제한 기간 동안만 개업공인중개사등이 될 수 없다.

3) 3년의 적용·배제
개업공인중개사가 사망하거나 법인의 해산으로 인하여 등록이 취소된 경우, 등록기준미달로 등록이 취소된 경우, 결격사유로 등록이 취소된 경우에는 등록취소로 인한 결격사유 3년 기간이 적용되지 않는다.

(2) 다른 법률에 의해 중개사무소 개설등록 취소를 받은 경우
「공인중개사법」의 규정에 의한다고 규정하고 있으므로, 「공인중개사법」에 의해 중개사무소 개설등록이 취소된 개업공인중개사에게만 해당된다. 따라서 「국세징수법」이나 「지방세법」 등의 규정에 의해 개설등록이 취소된 경우에는 등록이 취소된 경우에도 등록의 결격사유에 해당하지 않을 것이다.

> **Wide** 국세나 지방세를 체납한 경우
> ① 국세징수법(國稅徵收法)에서는 개업공인중개사가 국세를 체납한 때 세무서장은 등록관청에 등록취소를 요구할 수 있으며(제7조), 지방세법(地方稅法)에서도 개업공인중개사가 면허세를 납부하지 않은 경우 부과관청에서는 등록관청에 면허의 취소를 요구할 수 있다(제39조)고 규정하며, 양 법률에서는 이러한 경우 등록관청은 반드시 등록을 취소하도록 규정하고 있다.
> ② 따라서 중개사무소 개설등록자도 국세징수법이나 지방세법의 규정에 의하여 등록이 취소될 수 있으며(국토교통부 질의회신 1998.5.27 회신 토관 58370-426호 참조), 이 경우 국세나 지방세를 완납한다면, 중개사무소 개설등록의 결격사유에 해당하지 않는다고 보아야 할 것이다.

(3) 개설등록 취소처분을 받은 경우
"개설등록이 취소된 자"를 등록의 결격사유에 포함되는 것으로 규정하고 있으므로, 법 제38조의 개설등록 취소사유에 해당되더라도 개설등록 취소처분을 받지 않은 경우에는 결격사유에 포함되지 않는 것으로 보아야 할 것이다.

9 업무정지처분을 받고 폐업신고를 한 자로서 업무정지기간(폐업에 불구하고 진행되는 것으로 봄)이 경과되지 아니한 자(법 제10조 제1항 제9호)

(1) 업무정지처분일부터 정지기간이 경과해야 개업공인중개사등이 될 수 있음

「공인중개사법」에서는 업무정지처분을 받은 개업공인중개사가 업무정지처분기간 중에 폐업하는 것을 금지하고 있지 않다. 이 규정은 이런 제도를 악용해 업무정지처분을 받은 개업공인중개사가 폐업신고를 하고 새로운 개설등록을 신청하는 것을 방지하기 위한 것으로, 업무정지처분을 받은 개업공인중개사는 폐업을 했더라도 업무정지처분일부터 정지기간이 경과하여야 개업공인중개사등이 될 수 있다.

(2) 업무정지기간의 경과 여부

업무정지기간의 경과 여부를 판단함에 있어 "폐업에 불구하고 진행되는 것으로 본다"라고 정하고 있으므로, 폐업이 업무정지기간의 경과여부 산정에 아무런 영향을 미치지 못하는 것을 알 수 있다.

10 업무정지처분을 받은 개업공인중개사인 법인의 업무정지의 사유가 발생한 당시의 사원 또는 임원이었던 자로서 당해 개업공인중개사에 대한 업무정지기간이 경과되지 아니한 자(법 제10조 제1항 제10호)

법인의 업무는 사원 또는 임원이 수행하는 것으로, 중개법인이 업무정지사유발생 당시 사원이나 임원이었던 자는 법인의 업무정지기간 동안 등록의 결격사유에 해당되므로, 업무정지처분일부터 업무정지기간이 경과해야 개업공인중개사등이 될 수 있다. 다만, 이를 사유로 등록취소사유는 되지 않는다.

11 이 법을 위반하여 300만원 이상의 벌금형(罰金刑) 선고(宣告)를 받고 3년이 경과되지 아니한 자(법 제10조 제1항 제11호) **23회 출제**

(1) 법 제48조(3천만원 이하의 벌금), 법 제49조(1천만원 이하의 벌금)에 의하여 300만원 이상의 벌금형 선고를 받고 3년이 경과되지 아니한 자를 말한다.

(2) "이 법을 위반하여"라고 규정하고 있으므로, 「공인중개사법」에 근거해 벌금형을 선고받은 자에게만 해당하며, 형법이나 기타 다른 법률의 규정에 의해 벌금형의 선고를 받은 자는 등록의 결격사유에 해당하지 않을 것이다.

(3) 개업공인중개사가 고용인의 업무상 행위로 양벌규정에 의한 벌금형을 받은 경우에는 "이 법을 위반하여" 벌금형을 받은 것은 아니다.

(4) 형법 제38조에도 불구하고 제48조 및 제49조에 규정된 조와 다른 죄의 경합범에 대하여 벌금형을 선고하는 경우에는 이를 분리 선고해야 한다(법 제10조의2). 이는 이 법을 위반하여 300만원 이상의 벌금형 선고를 구분하기 위함이다.

■ 공인중개사법 제10조 제1항 제11호에 규정된 '이 법을 위반하여 벌금형의 선고를 받고 3년이 경과되지 아니한 자'에 같은 법 제50조의 양벌규정으로 처벌받은 개업공인중개사가 포함되는지 여부(소극)

공인중개사법(구 「공인중개사의 업무 및 부동산거래신고에 관한 법률」) 제10조 제1항 제1호 내지 제12호, 제2항, 제38조 제1항 제3호의 입법취지 및 양벌규정은 형사법상 자기책임주의의 원칙에 대한 예외로서 그러한 양벌규정을 행정처분의 근거로 규정한 법규를 해석함에 있어서는 그 문언에 맞게 엄격하게 해석할 것이 요구되는 점 등에 비추어, 같은 법 제10조 제1항 제11호에 규정된 '이 법을 위반하여 300만원 이상의 벌금형의 선고를 받고 3년이 경과되지 아니한 자'에는 중개보조원 등이 중개업무에 관하여 같은 법 제8조를 위반하여 그 사용주인 개업공인중개사가 같은 법 제50조의 양벌규정으로 처벌받는 경우는 포함되지 않는다고 해석하여야 한다(대판 2008.5.29. 2007두26568).

12 사원 또는 임원 중 법 제10조 제1항 제1호 내지 제11호의 등록의 결격사유 중 어느 하나에 해당하는 자가 있는 법인(법 제10조 제1항 제12호) **26회 출제**

(1) 대표자를 제외한 법인의 사원이나 임원 중 3분의 1 이상은 공인중개사이어야 하며 대표이사는 반드시 공인중개사여야 하나, 공인중개사인 사원이나 임원뿐만 아니라 공인중개사가 아닌 사원이나 임원 중 1인이라도 등록의 결격사유에 해당하면 그 법인은 중개사무소 개설등록을 할 수 없다.

(2) 사원 또는 임원이 결격사유에 해당하는 경우 법인자체가 결격사유에 해당되어 법인의 등록이 취소된다. 이러한 사원 또는 임원을 2월 이내에 그 사유를 해소한 경우에도 등록취소는 되지 않는다(법 제38조 제1항 제3호).

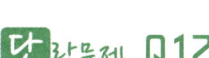 **Q12**   제16회 기출 개작

등록의 결격사유에 관한 설명 중 옳은 것으로 묶인 것은?

㉠ 2005.10.30. 오후7시에 출생한 자는 2024.10.30. 0시부터 개업공인중개사의 결격사유에서 벗어난다.
㉡ 질병 등의 정신적 제약으로 사무를 처리할 능력이 부족한 자는 결격사유에 해당한다.
㉢ 2022.11.1.에 징역 1년 6월에 집행유예 3년을 선고받은 자는 2027.11.1. 이후에는 결격사유에서 벗어난다(단, 유예가 실효되지 않음을 전제함).
㉣ 2025.8.11.에 6개월의 업무정지처분을 받고 2025.10.3.에 폐업신고를 한 자는 2026.2.11. 이후에는 결격사유에서 벗어난다.
㉤ 「형법」상 사기죄로 300만원의 벌금형을 선고받고 1년이 경과되지 아니한 자는 결격사유에 해당한다.
㉥ 법률에 의하여 2024.5.15. 중개사무소개설 등록취소를 당한 자는 2026.5.15. 이후에는 결격사유에서 벗어난다.

① ㉠, ㉡, ㉢   ② ㉠, ㉢, ㉣   ③ ㉠, ㉢, ㉥
④ ㉢, ㉣, ㉤   ⑤ ㉠, ㉢, ㉤, ㉥

해설 등록의 결격사유

㉠ 미성년자는 등록의 결격사유에 포함되는 것으로(법 제10조 제1항 제1호), 2005.10.30. 오후 7시에 출생한 자는 2024.10.30. 0시부터 개업공인중개사의 결격사유에서 벗어난다.
㉡ 피한정후견인은 등록의 결격사유에 포함되는 것으로(법 제10조 제1항 제2호), 심신이 박약하거나 재산의 낭비로 자기나 가족의 생활을 궁박하게 할 염려가 있는 자를 의미하기는 하나, 이런 사유를 갖는 자이더라도 법원으로부터 피한정후견인 심판을 받아야 피한정후견인이 된다. 따라서 틀린 설명이다.
㉢ 금고 이상의 형의 집행유예를 받고 그 유예기간이 만료되고 2년이 경과되지 않은 자는 등록의 결격사유에 포함되는 것으로(법 제10조 제1항 제5호), 2022.11.1.에 징역 1년 6월에 집행유예 3년을 선고받은 자는 집행유예의 효력이 상실되지 않는 한 3년이 경과하고 2년이 만료한 2027.11.1. 이후에는 결격사유에서 벗어난다.
㉣ 법 제39조의 규정에 의하여 업무정지처분을 받고 제21조의 규정에 의한 폐업신고를 한 자로서 업무정지기간(폐업에 불구하고 진행되는 것으로 봄)이 경과되지 아니한 자는 결격사유에 포함되는 것으로(법 제10조 제1항 제9호), 업무정지기간이 경과한 날부터 결격사유에서 벗어난다.
㉤ 이 법을 위반하여 300만원 벌금형의 선고를 받고 3년이 경과되지 아니한 자는 등록의 결격사유에 포함되나(법 제10조 제1항 제11호), 「형법」상 사기죄로 300만원의 벌금형을 선고받은 경우에는 결격사유에 해당하지 않는다. 따라서 틀린 설명이다.
㉥ 2027.5.15. 이후에 결격사유에서 벗어난다.

정답 ②

13 결격사유와 관련된 주의사항 20회 출제

(1) 결격사유에 해당될 경우의 불이익

「공인중개사법」 제10조에서 정한 등록의 결격사유에 해당될 경우 다음과 같은 불이익이 부과된다.

1) 중개사무소 개설등록이 불가능하다(법 제10조 제1항).
2) 소속공인중개사나 중개보조원이 될 수 없으며(법 제10조 제2항), 중개법인의 사원이나 임원으로 취임이 불가능하다.
3) 개업공인중개사의 경우 등록취소(절대취소) 사유가 될 수 있다. 다만 법인의 사원 또는 임원 중 결격사유에 해당되는 자가 있는 법인은 결격사유 발생일로부터 2개월 이내에 그 사유를 해소한 경우 등록취소가 되지 않는다(법 제38조 제1항 제3호).
4) 개업공인중개사란 이 법에 의하여 중개사무소의 개설등록을 한 자를 말하므로 등록결격자에 해당하는 자는 개업공인중개사가 될 수 없다(법 제2조 제4호 참조).

(2) 결격사유 중복의 경우 계산법

이상과 같은 결격사유에 중복되어 저촉될 경우에는, 중복된 결격사유가 모두 해소되는 시점까지 개업공인중개사등이 될 수 없다.

(3) 결격사유 해당자를 고용인으로 채용할 경우 불이익

1) 6월의 범위 안에서 업무정지

개업공인중개사가 결격사유에 해당하는 자를 소속공인중개사나 중개보조원으로 둔 경우 등록관청은 6월의 범위 안에서 기간을 정하여 업무의 정지를 명할 수 있다(법 제39조 제1항 제1호 참조).

2) 2월 이내 사유해소

개업공인중개사는 소속공인중개사나 중개보조원의 채용대상자가 결격사유에 해당하는지 여부를 사전에 확인하는 것이 바람직하며, 법 제15조의 규정에 의해 고용인의 신고를 한 후 등록관청에서 신고된 고용인이 결격사유에 해당한다는 것이 밝혀질 경우 2월 이내에 그 사유를 해소해야 할 것이다.

Professor Comment
현재의 소속공인중개사나 중개보조원이 업무를 수행하던 중에 결격사유에 해당할 경우에도, 그 사실을 알게 된 경우 2월 이내에 그 사유를 해소하여야 할 것이다.

단락핵심 결격사유

(1) 미성년자는 「공인중개사법」에 의하여 공인중개사 자격을 취득할 수 있다.
(2) 피한정후견인은 공인중개사가 될 수 있으나, 중개보조원이 되지는 못한다.
(3) 금고 이상의 형의 선고유예처분을 받은 자는 등록의 결격사유에 해당하지 않는다.
(4) 미성년자는 개업공인중개사가 될 수 없으며 중개보조원도 되지 못한다.
(5) 파산선고를 받은 자는 공인중개사가 될 수 있다.
(6) 미성년자 및 피한정후견인은 법정대리인 또는 한정후견인의 동의가 있어도 중개업을 영위할 수 없다.
(7) 금고 이상의 형의 집행유예를 받은 자는 유예기간이 만료되고 2년이 경과된 날부터 중개업을 영위할 수 있다.
(8) 폭행죄로 300만원 이상의 벌금형을 선고받은 경우에는 결격사유에 해당하지 않는다.
(9) 파산선고를 받은 경우 등록이 취소되었다 하더라도 복권되면 바로 결격사유에서 벗어난다.

단락문제 Q13 제23회 기출

공인중개사법령상 중개사무소 개설등록의 결격사유에 해당하지 않는 자는?

① 「집회 및 시위에 관한 법률」 위반으로 500만원의 벌금형을 선고받고 3년이 경과되지 않은 자
② 성년후견인의 동의를 얻은 피성년후견인
③ 파산선고를 받고 복권되지 않은 자가 법인의 임원으로 있는 경우의 그 법인
④ 금고형의 집행유예를 받고 그 유예기간이 만료되고 2년이 경과되지 않은 자
⑤ 징역형의 실형 선고를 받고 그 집행이 종료된 날부터 3년이 경과되지 않은 자

해설 중개사무소 개설등록의 결격사유
「공인중개사법」이 아닌 다른 법 위반으로 300만원 이상의 벌금형을 선고받은 경우에는 결격사유에 해당하지 않는다(법 제10조 제1항 제11호 참조).

정답 ①

제1편 공인중개사법령

단락문제 Q14 제24회 기출

공인중개사법령상 중개사무소 개설등록의 결격사유에 해당하는 자를 모두 고른 것은?

㉠ 미성년자가 임원으로 있는 법인
㉡ 개인회생을 신청한 후 법원의 인가 여부가 결정되지 않는 공인중개사
㉢ 공인중개사의 자격이 취소된 후 4년이 된 자
㉣ 음주교통사고로 징역형을 선고받고 그 형의 집행유예기간 중인 공인중개사

① ㉠   ② ㉠, ㉣   ③ ㉡, ㉢   ④ ㉠, ㉡, ㉣   ⑤ ㉡, ㉢, ㉣

해설 등록의 결격사유
㉠ 미성년자가 임원으로 있는 법인은 법인 자체가 결격사유에 해당한다.
㉣ 음주교통사고로 징역형을 선고받고 그 형의 집행유예기간 중인 공인중개사는 집행유예기간 동안 결격사유에 해당한다.

정답 ②

단원 오답 잡기

중개업

· 경록 교재에 모든 답이 있습니다.

01 중개업을 영위하고자 하는 법인은 주된 중개사무소 또는 분사무소를 관할하는 등록관청에 중개사무소의 개설등록을 하여야 한다.

01. X
법인의 경우에는 주된 중개사무소를 두고자 하는 지역을 관할하는 시장(구가 설치되지 아니한 시의 시장과 특별자치도의 행정시장을 말함)·군수·구청장에게 중개사무소의 개설등록을 하여야 한다.

02 「공인중개사법」에 의하여 휴업기간 중에 있는 개업공인중개사는 그 중개업을 폐업하고 다시 신규로 등록신청을 할 수 없다.

02. X
「공인중개사법」에 의하여 업무정지기간 중에 있는 개업공인중개사는 결격사유에 해당하므로 중개업을 폐업하고 다시 신규로 등록신청을 할 수 없으나, 휴업기간 중에 있는 개업공인중개사는 폐업 후 신규로 등록신청을 하는 데 아무런 제한이 없다.

03 부동산중개사무소의 개설등록기준으로서 법인인 경우에 대표자를 제외한 전체임원 7명 중 공인중개사인 임원이 2명 이상이 공인중개사이어야 한다.

03. X
중개법인의 전체임원 중의 대표자를 제외한 3분의 1 이상이 공인중개사이어야 하므로 3인 이상이 공인중개사이어야 한다.

04 공인중개사는 등록신청일 전 6개월 이내에 시·도지사가 시행하는 실무교육을 받고 등록신청을 하여야 한다.

04. X
중개사무소의 개설등록을 하고자 하는 자(법인의 경우에는 사원 또는 임원을 말함)는 신청일 전 1년 이내에 시·도지사가 실시하는 실무교육을 받아야 한다.

05 개업공인중개사가 사망한 경우 등록이 취소되지 않더라도 등록의 효력은 소멸된다.

05. ○

06 미성년자는 혼인을 하여 민법상 성년이 되더라도 중개업무를 할 수 없다.

06. ○

07 파산자는 복권 후 5년이 경과되지 않으면 개업공인중개사가 될 수 없다.

07. X
파산선고를 받고 복권되지 아니한 자는 개업공인중개사등이 될 수 없다.

08 금고 이상의 실형의 선고를 받고 그 집행이 종료(집행이 종료된 것으로 보는 경우를 포함한다)되거나 집행이 면제된 날부터 3년이 경과되지 아니한 자는 중개사무소의 개설등록을 할 수 없다.

08. ○

제1편 공인중개사법령

제2절 중개업무 10·15회 출제

Professor Comment
① 법인의 겸업제한 업무(제14조 제1항)와 관련하여 업무의 내용에 대해 묻는 문제들이 출제되므로, 법인의 업무범위에 대해 숙지해야 한다.
② 공경매 부동산의 권리분석, 알선, 대리행위 등의 허용(제14조 제2항)과 관련된 문제 출제 가능성에 대비하여야 한다.

01 업무범위 (업무지역 제한) 22·30회 출제

1 법인 및 공인중개사인 개업공인중개사의 업무지역 16회 출제

(1) 법인 및 공인중개사인 개업공인중개사

현행 「공인중개사법」에서는 법인 및 공인중개사인 개업공인중개사의 업무지역에 대한 아무런 제한이 없다.

Professor Comment
따라서 법인 및 공인중개사인 개업공인중개사의 업무지역은 전국으로 보아야 한다.

(2) 특수법인의 업무지역

다른 법률에 의해 중개업을 할 수 있는 특수법인의 경우에도 업무지역은 전국으로 보아야 할 것이다.

중개업무의 범위

① 법인인 개업공인중개사
  → 전국
② 공인중개사인 개업공인중개사
  → 전국
③ 부칙에 의한 개업공인중개사
  → 특·광·도의 관할구역 안

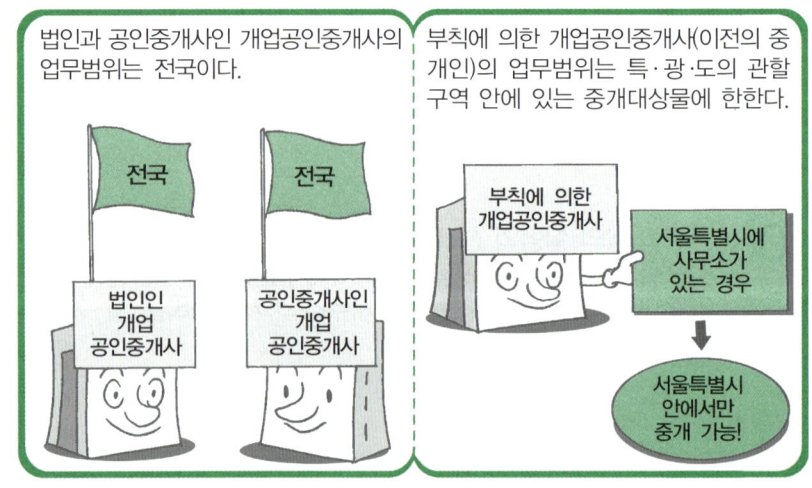

2 부칙에 의한 개업공인중개사의 업무지역

(1) 부칙에 의한 개업공인중개사의 업무지역의 범위

법 부칙 제6조 제2항에 규정된 개업공인중개사의 업무지역은 당해 중개사무소가 소재하는 특별시·광역시·도의 관할구역으로 하며, 그 관할구역 안에 있는 중개대상물에 한하여 중개행위를 할 수 있다(법 부칙 제6조 제6항 전단). → 업무정지

(2) 부동산거래정보망을 이용한 거래의 예외

부칙에 의한 개업공인중개사의 법 제24조의 규정에 의한 부동산거래정보망에 가입하고 이를 이용하여 중개하는 경우에는 당해 정보망에 공개된 관할구역외의 중개대상물에 대하여도 이를 중개할 수 있다(법 부칙 제6조 제6항).

1) 제24조의 규정에 의한 부동산거래정보망

"제24조의 규정에 의한 부동산거래정보망"이란 부동산거래정보망을 설치·운영할 자로 국토교통부장관이 지정한 자의 부동산거래정보망을 의미한다.

2) 부동산거래정보망을 이용하여 중개하는 경우

"이를 이용하여 중개하는 경우"란 부동산거래정보망을 이용하여 다른 개업공인중개사와 공동으로 중개활동을 하는 공동중개를 의미한다.

3) 위반 시

부칙에 의한 개업공인중개사가 업무지역 범위를 위반하여 중개행위를 한 경우 등록관청은 6월의 범위 안에서 기간을 정하여 업무의 정지를 명할 수 있다(법 부칙 제6조 제7항).

단락문제 Q15

제12회 기출 개작

다음 중 개업공인중개사의 업무범위에 대한 설명으로 가장 타당한 것은?

① 법인인 개업공인중개사는 전국을, 공인중개사인 개업공인중개사는 중개사무소가 소재하는 특별시·광역시·도의 관할구역을 각각 그 업무지역으로 한다.
② 등록관청은 부칙에 의한 개업공인중개사가 업무지역범위의 제한을 위반한 경우에는 6월 이하의 업무정지를 명할 수 있다.
③ 부칙에 의한 개업공인중개사가 공인중개사를 고용인으로 고용한 경우 그 업무범위는 전국이다.
④ 부칙에 의한 개업공인중개사가 부동산거래정보망에 가입하여 중개하는 경우에는 그 정보망에 공개되지 않은 관할구역 외의 중개대상물에 대하여도 중개할 수 있다.
⑤ 현행법령상 개업공인중개사의 종별에 따라 개업공인중개사가 취급할 수 있는 중개대상물의 범위를 구분하고 있다.

제1편 공인중개사법령

> **해설** 개업공인중개사의 업무범위 등
> ① 법인 및 공인중개사인 개업공인중개사의 업무지역은 제한이 없다.
> ③, ④ 다만, 부칙에 의한 개업공인중개사가 제24조의 규정에 의한 부동산거래정보망에 가입하고 이를 이용하여 중개하는 경우에는 당해 정보망에 공개된 관할구역 외의 중개대상물에 대하여도 이를 중개할 수 있다(법 부칙 제6조 제6항 후단).
> ⑤ 개업공인중개사가 취급할 수 있는 중개대상물의 범위 등은 정하고 있지 않다.
>
> **정답** ②

02 개인인 개업공인중개사의 겸업★ 22회 출제

(1) 「공인중개사법」에서는 개인인 개업공인중개사에 대한 업무종류의 범위를 규정하고 있지 않으므로, 개인인 개업공인중개사인 경우에도 다른 법률에서 규제하지 않는 범위 내에서 중개법인의 업무를 할 수 있다.

개업공인중개사의 업무

① 중개법인은 중개업과 법 제14조에서 정한 업무만을 할 수 있다.
② 법정 중개대상물의 범위는 모두 동일하다(중개법인과 공인중개사인 개업공인중개사 및 부칙에 의한 개업공인중개사의 중개대상물은 모두 동일함).
③ 다만, 지역농업협동조합의 중개대상물은 농지로 한정된다(지역농협의 보증설정비용은 2천만원 이상임).

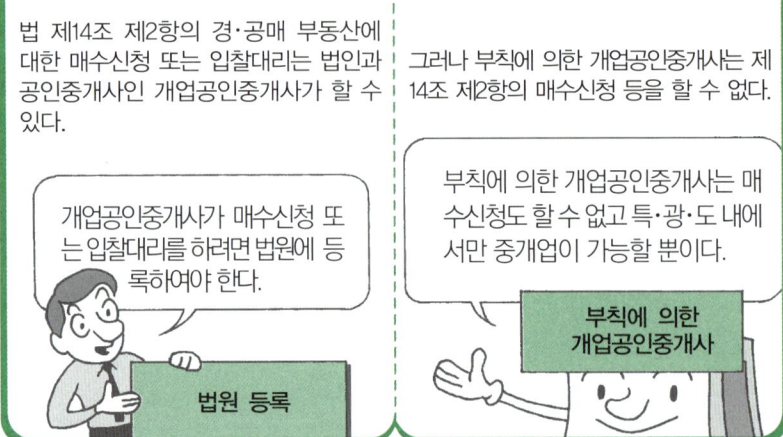

제3장 중개업

> **주의**
> 공·경매 대상부동산의 권리분석 및 알선업무와 대리업무는 「변호사법」에서 금지하고 있는 업무이나 법인인 개업공인중개사와 공인중개사인 개업공인중개사에게는 허용되었으므로, 부칙에 의한 개업공인중개사의 경우에만 금지되어 있는 것으로 판단해야 할 것이다.

(2) 「공인중개사법」에서는 중개사무소를 중개업에만 전용해야 한다는 규정이 없다. 따라서 개업공인중개사는 법령에서 제한되지 않는 범위 내에서 자신의 사무소를 다른 업무에 겸용할 수 있다(국토교통부 전자민원 1999.5.19 회신 제3004호 참조).

Professor Comment
중개법인의 경우에는 사무소를 겸용하더라도 중개법인 자체에서 「공인중개사법」 제14조에 규정된 업무 이외에 다른 업무를 할 수 없다고 해석된다.

03 법인의 겸업제한 ★★★   25·31·35회 출제

1 중개법인의 업무   11·14·16·19·24·26·28·29·30·34회 출제

법인인 개업공인중개사(중개법인)는 법 제14조에 규정된 업무만을 영위할 목적으로 설립된 법인이어야 하는 것으로(영 제13조 제2호 나목 참조), 다른 법률에 규정된 경우를 제외하고는 법 제14조에 열거된 업무 이외에 다른 업무를 함께 할 수 없다.
　　　　　　　　　　　　　▶상대등록취소

(1) 중개업

중개업이란 다른 사람의 의뢰에 의하여 일정한 보수를 받고 「공인중개사법」에 의한 중개대상물에 대하여 거래당사자 간의 매매·교환·임대차 그 밖의 권리의 득실변경에 관한 행위를 알선하는 행위를 업으로 하는 것을 말한다(법 제2조 제1호 및 제3호).

제1편 공인중개사법령

단락문제 Q16 제22회 기출

공인중개사법령상 개업공인중개사의 겸업에 관한 설명으로 옳은 것은?

① 모든 개업공인중개사는 개업공인중개사를 대상으로 한 중개업의 경영기법의 제공업무를 겸업할 수 있다.
② 법인이 아닌 모든 개업공인중개사는 법인인 개업공인중개사에게 허용된 겸업업무를 모두 영위할 수 있다.
③ 법인인 개업공인중개사는 부동산의 이용·개발 및 거래에 관한 상담업무를 겸업해야 한다.
④ 법인인 개업공인중개사는 중개의뢰인의 의뢰에 따른 도배·이사업을 겸업할 수 있다.
⑤ 공인중개사인 개업공인중개사는 20호 미만으로 건설되는 단독주택의 분양대행업을 겸업할 수 없다.

해설 개업공인중개사의 겸업
② 부칙에 의한 개업공인중개사는 경매·공매 부동산에 대한 권리분석·취득알선 및 매수신청대리 업무를 할 수 없다(법 부칙 제6조 제2항).
③ 법인인 개업공인중개사는 부동산의 이용·개발 및 거래에 관한 상담업무를 겸업할 수 있다(법 제14조 제1항).
④ 법인인 개업공인중개사는 중개의뢰인의 의뢰에 따른 도배·이사업을 겸업할 수 없고 도배·이사업체를 알선하는 업무를 할 수 있다(법 제14조 제1항 제5호, 영 제17조).
⑤ 공인중개사인 개업공인중개사는 규모와 관계없이 단독주택의 분양대행업을 겸업할 수 있다(법 제14조 제1항).

정답 ①

중개법인의 업무

① 중개업
  + 법 제14조에 규정된 업무
  + 시행령에서 정한(부수)업무
② 도배·이사업 소개는 가능
  (도배·이사업을 직접 할 수는 없음)

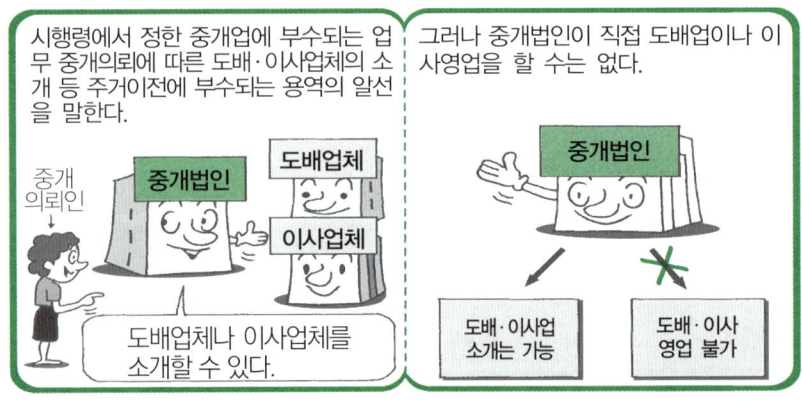

단락문제 Q17

제32회 기출

공인중개사 법령상 법인인 개업공인중개사의 업무범위에 해당하지 <u>않는</u> 것은? (단, 다른 법령의 규정은 고려하지 않음)

① 주택의 임대관리
② 부동산 개발에 관한 상담 및 주택의 분양대행
③ 개업공인중개사를 대상으로 한 공제업무의 대행
④ 「국세징수법」상 공매대상 부동산에 대한 취득의 알선
⑤ 중개의뢰인의 의뢰에 따른 이사업체의 소개

해설 법인의 겸업업무(법 제14조 제1항 및 제2항, 영 제17조 제2항)
㉠ 상업용 건축물 및 주택의 임대관리 등 부동산의 관리대행
㉡ 부동산의 이용·개발 및 거래에 관한 상담
㉢ 개업공인중개사를 대상으로 한 중개업의 경영기법 및 경영정보의 제공
㉣ 상업용 건축물 및 주택의 분양대행
㉤ 중개의뢰인의 의뢰에 따른 도배·이사업체의 소개 등 주거이전에 부수되는 용역의 알선
㉥ 「민사집행법」에 의한 경매 및 「국세징수법」 그 밖의 법령에 의한 공매대상 부동산에 대한 권리분석 및 취득의 알선과 매수신청 또는 입찰신청의 대리.

정답 ③

(2) 상업용 건축물 및 주택의 임대관리 등 부동산의 관리대행

중개법인의 관리대행업무는 상업용 건축물과 주택(주거용 건축물)에 대하여 임대관리 등을 대행하는 것으로, 다만 일정규모 이상의 공동주택인 경우 주택관리사 자격이 있어야 가능하다.

(3) 부동산의 이용·개발 및 거래에 관한 상담

1) 부동산의 이용·개발 및 거래에 관한 상담(相談)이란 소위 부동산컨설팅(consulting)업을 의미하는 것으로, 부동산컨설팅업에 대해서는 이를 규율하는 법률이 없으므로 중개법인은 별도의 등록 등의 절차 없이 부동산컨설팅업을 할 수 있다.
2) 반면에 부동산컨설팅업을 영위하고 있는 법인이 중개업을 영위하기 위해서는 반드시 「공인중개사법」에서 정한 요건을 갖추어 중개사무소 개설등록을 받아야 한다.
3) 중개법인은 부동산의 이용·개발 및 거래에 관한 상담업무를 할 수 있는 것으로, 부동산의 이용·개발이나 거래에 직접적으로 관련되지 않는 업무에 대해서는 상담업무를 할 수 없다고 보아야 할 것이다.

(4) 개업공인중개사를 대상으로 한 중개업의 경영기법 및 경영정보의 제공

개업공인중개사를 대상으로 한 중개업의 경영기법(經營技法) 및 경영정보(經營情報)의 제공업무란, 소위 부동산중개 프랜차이즈(Franchise)업을 의미하는 것이다. 즉, 중개법인은 중개업에 관련된 경영관련 노하우(Knowhow)를 다른 개업공인중개사에게 제공하는 서비스업을 할 수 있으며, 제공방식 등에 대해서는 별도의 규정이 없다.

제1편 공인중개사법령

(5) 상업용 건축물 및 주택의 분양대행(分讓代行)
→ 토지의 분양대행은 해당 안 됨

1) 상업용 건축물(상가, 오피스텔)과 주택에 대하여 규모에 관계없이 분양대행을 할 수 있다.
2) 분양이라 함은 2인 이상에게 판매하는 것으로서 개업공인중개사는 분양업은 하지 못한다.
3) 다만 타인이 건설한 상가나 아파트를 위탁매매하는 것만 가능하다.

(6) 중개의뢰인의 의뢰에 따른 도배·이사업체의 소개 등 주거이전에 부수되는 용역의 알선
← 이사·도배업은 해당 안 됨

중개법인에게 허용되는 것은 '용역(用役)의 알선'이므로, 중개법인이 직접 도배나 이사영업 등 중개와 관련된 용역업을 영위하는 것은 허용되지 않는 것으로 보인다.

(7) 「민사집행법」에 의한 경매 및 「국세징수법」 그 밖의 법령에 의한 권리분석 및 취득의 알선과 매수신청 또는 입찰신청의 대리(법 제14조 제2항) 12·14·20·22회 출제

1) 경·공매 부동산 관련 업무가 허용되는 자의 여부

경·공매 부동산 관련 업무가 허용되는 자는 개업공인중개사로서 공인중개사인 개업공인중개사와 법인인 개업공인중개사 모두 포함되나, 부칙에 의한 개업공인중개사는 포함되지 않는다(법 부칙 제6조 제2항 참조).

2) 경매대상 부동산의 매수신청 또는 입찰신청의 대리를 하고자 하는 경우 35회 출제

개업공인중개사가 제2항의 규정에 따라 「민사집행법」에 의한 경매대상 부동산의 매수신청 또는 입찰신청의 대리를 하고자 하는 때에는 대법원규칙이 정하는 요건을 갖추어 법원에 등록을 하고 그 감독을 받아야 한다(법 제14조 제3항).

Professor Comment

이때의 대법원규칙이란 「공인중개사의 매수신청대리인 등록 등에 관한 규칙」을 의미하며, 동 규칙의 하위 법령으로 「공인중개사의 매수신청대리인 등록 등에 관한 예규」가 있다.

단락핵심 개업공인중개사의 겸업

(1) 중개법인은 법원경매물건에 대한 권리분석 및 대리업무를 수행할 수 있다.
(2) 중개법인은 다른 개업공인중개사를 대상으로 부동산중개업에 대한 경영기법 및 경영정보를 제공할 수 있다.
(3) 중개법인은 부동산 이용·개발·거래에 관한 상담을 할 수 있다.
(4) 상업용 건축물 및 주택의 분양대행은 법인인 개업공인중개사의 업무범위에 속한다.
(5) 공매대상인 부동산의 취득을 알선하는 행위는 법인인 개업공인중개사의 업무범위에 속한다.
(6) 법인 및 공인중개사인 개업공인중개사의 업무지역은 전국을 대상으로 한다.
(7) 부칙에 의한 개업공인중개사가 그의 고용인으로서 공인중개사를 고용한 경우에도 업무지역이 전국으로 확대되는 것은 아니다.

제3장 중개업

단락문제 Q18
제18회 기출

법인인 개업공인중개사의 업무범위에 속하는 것은 모두 몇 개인가?

> ㉠ 「주택법」 제16조의 규정에 따른 사업계획승인대상이 아닌 주택의 분양대행
> ㉡ 「주택법」 제16조의 규정에 따른 사업계획승인대상인 주택으로서 입주자 모집결과 신청자의 수가 공급하는 주택의 수에 미달하는 경우 그 미달하는 분의 주택의 분양대행
> ㉢ 「건축물의 분양에 관한 법률」 제5조의 규정에 따른 분양신고 대상이 아닌 상가의 분양대행
> ㉣ 중개의뢰인의 의뢰에 따른 도배·이사업체의 소개 등 주거이전에 부수되는 용역의 알선

① 없음 ② 1개 ③ 2개 ④ 3개 ⑤ 4개

해설 법인인 개업공인중개사의 업무범위
㉠, ㉡, ㉢, ㉣ 모두 법인인 개업공인중개사의 업무범위에 속한다(영 제17조).

정답 ⑤

2 의무위반의 효과

(1) 명시된 업무만을 영위
중개법인이 중개사무소 개설등록을 하기 위해서는 법 제14조에서 명시된 업무만을 영위할 목적으로 설립되어야 하며(영 제13조 제1항 제2호 나목), 개설등록 이후에도 다른 업무를 영위할 수 없는 것으로 해석된다.

(2) 사무소 개설등록 취소와 6개월 이하의 업무정지
중개법인이 이를 위반할 경우에는 사무소 개설등록이 취소될 수 있다. 아울러, 6개월 이하의 업무정지에 처해질 수 있다(법 제38조 제2항 제4호 및 제39조 제1항 제11호).

단락문제 Q19
제10회 기출

다음 중 법인인 개업공인중개사가 겸업할 수 없는 것은?

① 「건축물의 분양에 관한 법률」에 따른 분양신고 대상이 아닌 상가의 분양대행
② 공인중개사를 대상으로 한 중개업의 경영기법 및 경영정보 제공
③ 경매대상 부동산에 대한 권리분석 및 취득의 알선
④ 중개의뢰인의 의뢰에 따른 도배, 이사업체의 소개 등 주거이전에 부수되는 용역의 알선
⑤ 공매대상 부동산에 대한 취득의 알선

해설 법인인 개업공인중개사의 업무범위
개업공인중개사를 대상으로 한 중개업의 경영기법·경영정보를 제공하는 업무를 할 수 있다.

정답 ②

CHAPTER 03 중개업

단원 오답 잡기
• 경록 교재에 모든 답이 있습니다.

01 부칙에 의한 개업공인중개사의 업무지역은 당해 중개사무소가 소재하는 특별시·광역시·도의 관할구역으로 한다. ____

01. ○

02 부칙에 의한 개업공인중개사는 부동산거래정보망에 가입하고 이를 이용하여 당해 정보망에 공개된 중개대상물을 중개하는 경우에는 업무지역 바깥의 중개대상물을 중개할 수 있다. ____

02. ○

03 부칙에 의한 개업공인중개사의 업무범위를 중개사무소가 소재하는 특별시·광역시·도의 관할구역으로 하며, 그 관할구역 안에 있는 중개대상물에 한하여 중개행위를 할 수 있다고 규정하고 있으나, 소속공인중개사를 고용한다고 해서 업무지역이 확대된다는 규정은 없다. ____

03. ○

04 상업용 건축물 및 주택의 임대관리 등 부동산의 관리대행은 법인이 할 수 있는 업무이다. ____

04. ○

05 부동산의 이용·개발 및 거래에 관한 상담 등 부동산컨설팅업과 기업의 경영컨설팅업은 법인이 할 수 있는 업무이다. ____

05. X
중개법인의 업무에는 부동산의 이용·개발 및 거래에 관한 상담 등 부동산컨설팅업은 포함되나, 기업의 경영컨설팅업은 포함되지 않는다(법 제14조 제1항 제3호 참조).

06 경매 또는 공매대상 부동산의 권리분석 및 취득의 알선업무는 법인이 할 수 있는 업무이다. ____

06. ○

07 법인 및 공인중개사인 개업공인중개사의 업무지역은 제한이 없다. ____

07. ○

08 개업공인중개사가 취급할 수 있는 중개대상물의 범위 등은 개업공인중개사의 종별에 따라 대통령령으로 정하고 있다. ____

08. X
현행 법률에서는 정하고 있지 않은 사항이다.

제3장 중개업

제3절 중개사무소 　　　　　12·15회 출제

01 중개사무소의 설치기준 ★★ 　　13·14·18·19·30·34회 출제

Professor Comment
중개사무소의 설치기준(제13조 제1항, 제2항)은 출제 가능성이 매우 높으므로 판례까지 함께 학습해야 한다.

1 중개사무소 설치원칙 　21회 출제

개업공인중개사는 그 등록관청의 관할구역 안에 중개사무소를 두되, 1개의 중개사무소만을 둘 수 있다(법 제13조 제1항).

상대등록취소, 1년 이하 징역 또는 1천만원 이하 벌금

중개사무소의 설치

1) 원 칙
　개업공인중개사 1명이 하나의 중개사무소를 개설할 수 있다.
2) 예 외
　중개법인은 분사무소 설치가 가능하다.
3) 이중소속 금지
　중개업 종사자는 이중소속이 금지된다. 개업공인중개사·소속공인중개사·중개보조원·법인의 사원 또는 임원이 다른 개업공인중개사의 소속공인중개사·중개보조원·법인의 사원 또는 임원이 될 수 없다.

개업공인중개사는 등록관청의 관할구역 안에 1개의 중개사무소만을 둘 수 있다.

관할 시·군·구 안에 하나의 중개사무소만을 개설등록할 수 있다.

중개사무소
관할 시·군·구

예외적으로 법인인 개업공인중개사는 분사무소를 둘 수 있다.

중개법인
분사무소

분사무소를 설치하는 경우 주된 사무소의 소재지가 속한 시·군·구를 제외한 시·군·구별 1개소를 설치할 수 있다.

주된 사무소
관할구역
분사무소
이외 지역

개업공인중개사는 천막 그 밖에 이동이 용이한 임시 중개시설물을 설치할 수 없다.

이동식 천막을 사용하여 중개행위를 하는 "떴다방" 역시 금지되죠!

제1편 공인중개사법령

(1) 1사무소 원칙 (사무소의 요건)
1) 개업공인중개사는 1개의 중개사무소만을 둘 수 있는 것으로(법 제13조 제1항 후단), 1개의 중개사무소를 개설등록한 개업공인중개사가 그 외에 다른 중개사무소를 설치하는 것은 금지된다고 할 것이다.

 ■ 1사무소 원칙

1 설치가 금지되는 다른 중개사무소

여기에서 설치가 금지되는 다른 중개사무소는 중개사무소 개설·등록의 기준을 갖춘 중개사무소에 국한되는 것이 아니며 그러한 기준을 갖추지 못한 중개사무소도 포함된다고 할 것이므로, 1개의 중개사무소를 개설·등록한 개업공인중개사가 다른 중개사무소를 두는 경우 그 중개사무소가 「건축법」상 사무실로 사용하기에 적합한 건물이 아니라고 하더라도 중개업을 영위하는 사무소에 해당하는 한 이중사무소 설치금지 위반죄가 성립한다(대판 2004.3.25. 2003도7508).

2 개업공인중개사로 하여금 2개 이상의 중개사무소를 둘 수 없도록 금지한 구 부동산중개업법(현 공인중개사법)상 '설치가 금지되는 다른 중개사무소'의 의미

'설치가 금지되는 다른 중개사무소'는 개업공인중개사로 하여금 2개 이상의 중개사무소를 둘 수 없도록 금지한 입법취지에 비추어 반드시 같은 법 제4조 제4항(현 공인중개사법 제9조 제3항), 같은법 시행령 제5조 제1호(현 시행령 제13조 제1호)에 규정된 중개사무소 개설등록의 기준을 갖춘 건축법상의 사무실로 사용하기에 적합한 건물임을 요하는 것은 아니며 그러한 기준을 갖추지 못한 중개사무소도 중개업을 영위하는 사무소에 해당하는 한 이에 포함된다고 할 것이나, 특별한 사정이 없는 한 적어도 중개사무소임을 인식할 수 있는 표시와 함께 외부와 차단되고 사무집기를 갖추는 등 중개업을 영위할 수 있는 독립된 공간 및 시설이 확보된 장소이어야 한다(대판 2005.1.14. 2004도7264).

2) 중개법인의 예외
① 중개법인의 경우에는 예외적으로 등록관청의 관할구역 외의 지역에 분사무소를 설치할 수 있다(법 제13조 제3항).
② 그러나 중개법인의 분사무소도 시·군·구별로 1개만 설치가 가능한 것으로 법인의 주사무소(본점 소재지 사무소)나 분사무소 역시 관할구역 안에서는 1사무소 원칙에서 예외일 수 없다(영 제15조 제1항 참조).

(2) 임시 중개시설물 설치금지
1) 의의

개업공인중개사는 천막 그 밖에 이동이 용이한 임시 중개시설물을 설치하여서는 아니된다(법 제13조 제2항). → 상대등록취소, 1년 이하 징역 또는 1천만원 이하 벌금

2) 이동 중개업소의 위법행위 단속

이 조항은 아파트 분양현장에서 흔히 보는 이동 중개업소(떴다방)는 부동산 전매나 가격조정 등 각종 위법행위를 부추기고 있으나 금지규정이 없어 이를 효율적으로 단속할 수 없는 문제를 해결하기 위해 신설한 것이다.

제3장 중개업

Professor Comment

'임시 중개시설물'이란 중개업무를 수행하기 위한 시설물을 의미하는 것으로, 반드시 건축물이어야 하는 것도 아니며 천막이나 자동차 등을 이용해 중개업무를 위한 시설물을 설치하는 것도 포함되어야 할 것이다.

(3) 법률위반의 벌칙

법 제13조 제1항의 규정을 위반하여 2 이상의 중개사무소를 두거나 임시 중개시설물을 설치한 경우 등록관청은 중개사무소의 개설등록을 취소할 수 있으며 1년 이하의 징역 또는 1천만원 이하의 벌금에 처한다.

단락문제 Q20 제32회 기출

공인중개사법령상 중개사무소의 설치에 관한 설명으로 틀린 것은?

① 법인이 아닌 개업공인중개사는 그 등록관청의 관할구역 안에 1개의 중개사무소만 둘 수 있다.
② 다른 법률의 규정에 따라 중개업을 할 수 있는 법인의 분사무소에는 공인중개사를 책임자로 두지 않아도 된다.
③ 개업공인중개사가 중개사무소를 공동으로 사용하려면 중개사무소의 개설등록 또는 이전신고를 할 때 그 중개 사무소를 사용할 권리가 있는 다른 개업공인중개사의 승낙서를 첨부해야 한다.
④ 법인인 개업공인중개사가 분사무소를 두려는 경우 소유·전세·임대차 또는 사용대차 등의 방법으로 사용권을 확보해야 한다.
⑤ 법인인 개업공인중개사가 그 등록관청의 관할구역 외의 지역에 둘 수 있는 분사무소는 시·도별로 1개소를 초과할 수 없다.

해설 중개사무소의 설치
법인인 개업공인중개사가 그 등록관청의 관할구역 외의 지역에 둘 수 있는 분사무소는 시·군·구 별로 1개소를 초과할 수 없다.

정답 ⑤

2 법인의 분사무소 17·23·24·25·26·31회 출제

법인인 개업공인중개사는 대통령령이 정하는 기준과 절차에 따라 등록관청에 신고하고 그 관할 구역 외의 지역에 분사무소를 둘 수 있다(법 제13조 제3항).

(1) 분사무소 설치기준 16·22·27회 출제

1) 법인의 분사무소 설치원칙

법인의 분사무소(分事務所)는 주된 사무소의 소재지가 속한 시·군·구를 제외한 시·군·구별로 설치하되, 시·군·구별로 1개소를 초과할 수 없다(영 제15조 제1항).

2) 분사무소 책임자 29회 출제

① **법인 분사무소의 경우**

법인의 분사무소에는 공인중개사를 책임자로 두어야 한다. 다만, 다른 법률의 규정에 따라 중개업을 할 수 있는 법인의 분사무소인 경우에는 그러하지 아니하다(영 제15조 제2항).

② **실무교육 여부**

분사무소 책임자가 되고자 하는 공인중개사는 설치신고일 전 1년 이내에 실무교육을 받아야 하나, 폐업신고 후 1년 이내에 분사무소 책임자가 되고자 하는 자는 그러하지 아니하다(법 제34조 제1항 참조).

Professor Comment
분사무소 소속공인중개사가 되고자 하는 자도 고용신고일 전 1년 이내에 실무교육을 받아야 한다.

(2) 분사무소 설치신고 28회 출제

1) 분사무소 설치신고서의 제출

분사무소의 설치신고를 하고자 하는 자는 국토교통부령이 정하는 분사무소 설치신고서(별지 제9호 서식)에 다음의 서류를 첨부하여 주된 사무소의 소재지를 관할하는 등록관청에 제출하여야 한다(영 제15조 제3항 및 칙 제7조 제1항).

① 분사무소 책임자의 법 제34조 제1항의 규정에 따른 실무교육의 수료확인증 사본
② 제25조의 규정에 따른 보증의 **설정을 증명할 수 있는 서류** → 설치신고요건임
③ 건축물대장(가설건축물대장 제외)에 기재된 건물(준공검사, 준공인가, 사용승인, 사용검사 등을 받은 건물로서 건축물대장에 기재되기 전의 건물을 포함)에 분사무소를 확보(소유·전세·임대차 또는 사용대차 등의 방법에 의하여 사용권을 확보하여야 함)하였음을 증명하는 서류. 다만, 건축물대장에 기재되지 아니한 건물에 분사무소를 확보하였을 경우 건축물대장 기재가 지연되는 사유를 적은 서류도 함께 내야 한다.

> **Wide | 등록관청의 확인**
>
> ① 등록관청은 행정정보의 공동이용을 통하여 건축물대장과 법인등기사항증명서를 확인하여야 한다(영 제15조 제3항).
> ② 등록관청은 자격증을 발급한 시·도지사에게 분사무소 책임자의 공인중개사 자격 확인을 요청하여야 한다(영 제15조 제3항).

2) 분사무소 설치신고확인서의 교부 및 재교부

① **신고확인서의 교부·통보**

분사무소 설치신고를 받은 등록관청은 그 신고내용이 적합한 경우에는 국토교통부령이 정하는 신고확인서를 교부하고 지체없이 그 분사무소 설치예정지역을 관할하는 시장·군수 또는 구청장에게 이를 통보하여야 한다(법 제13조 제4항).

② 분사무소 설치신고확인서의 재교부
  ㉠ **신고확인서의 재교부** : 법 제5조 제3항의 규정은 제4항의 규정에 의한 신고확인서의 재교부에 관하여 이를 준용한다(법 제13조 제5항).
  ㉡ **재교부 신청** : 분사무소 설치신고확인서를 교부받은 자는 신고확인서를 잃어버리거나 못쓰게 된 경우에는 국토교통부령이 정하는 바에 따라 등록관청에게 재교부를 신청할 수 있다(법 제5조 제3항 참조).

> **Wide** 분사무소 책임자의 권한
>
> ① **상법상 지배인 위치** : 분사무소의 책임자는 중개행위를 실질적으로 운영하는 자로, 분사무소의 관할구역 안에서 해당 법인의 대표이사와 유사한 권한을 갖는다.
> ② **상법상 지배인과 동일한 권한** : 「상법」에서는 본점 또는 지점의 영업주임 기타 유사한 명칭을 가진 고용인은 본점 또는 지점의 지배인과 동일한 권한이 있는 것으로 본다. 그러나 재판상의 행위에 관하여는 그러하지 아니하다고 규정하고 있으며, 지배인은 영업주에 갈음하여 그 영업에 관한 재판상 또는 재판 외의 모든 행위를 할 수 있다고 규정하고 있다(제14조 제1항, 제11조 제1항).

 Q21   제24회 기출

공인중개사법령상 각종 신고에 관한 설명으로 틀린 것은?

① 개업공인중개사는 소속공인중개사와 고용관계가 종료된 때에는 국토교통부령으로 정하는 바에 따라 등록관청에 신고해야 한다.
② 법인인 개업공인중개사는 대통령령이 정하는 바에 따라 등록관청에 신고하고 그 관할구역 외의 지역에 분사무소를 둘 수 있다.
③ 분사무소의 설치신고를 하는 자는 국토교통부령이 정하는 바에 따라 수수료를 납부해야 한다.
④ 분사무소의 이전신고를 받은 등록관청은 그 분사무소의 이전 전 및 이전 후의 소재지를 관할하는 시장·군수 또는 구청장에게 그 사실을 통보해야 한다.
⑤ 등록관청 관할 외 지역으로 중개사무소를 이전한 경우 이전 후 등록관청의 요청으로 종전 등록관청이 송부해야 하는 서류에는 중개사무소 개설등록 신청서류도 포함된다.

해설 분사무소의 설치신고
분사무소의 설치신고를 하는 자는 지방자치단체의 조례로 정하는 바에 따라 수수료를 납부해야 한다.   **정답** ③

제1편 공인중개사법령

3 중개사무소 공동사용★ 13·추가15회 출제

개업공인중개사는 그 업무의 효율적인 수행을 위하여 다른 개업공인중개사와 중개사무소를 공동으로 사용할 수 있다(법 제13조 제6항). 다만, 개업공인중개사가 이 법에 의한 업무정지기간 중에 있는 경우로서 대통령령이 정하는 때에는 그러하지 아니하다(법 제13조 제6항 단서).

Professor Comment
사무소를 공동으로 사용하더라도 「공인중개사법」상의 의무와 의뢰인에 대한 책임은 개별적으로 하여야 한다.

사무소의 공동사용

중개법인을 포함하여 2인 이상의 개업공인중개사이면 중개사무소의 공동사용에 아무런 제한이 없다.

- 개업공인중개사는 업무의 효율적인 수행을 위하여 다른 개업공인중개사와 중개사무소를 공동으로 사용할 수 있다.
- 중개사무소는 공동으로 사용해도 중개사무소 개설등록은 개업공인중개사가 각각 개별적으로 등록하여야 한다.
- 중개사무소를 공동으로 사용하고자 하는 개업공인중개사는 사무소의 사용권한 있는 자의 사용승낙서를 등록관청에 제출하여야 한다.
- 개업공인중개사가 중개사무소를 공동으로 사용한다 해도 각 개업공인중개사는 개별적으로 각종 의무를 각각 부담해야 한다.

(1) 개 요

1) 독자적 사무소 확보가 원칙

현행 「공인중개사법」에서는 중개사무소 개설등록요건으로 중개사무소에 대한 사용권을 확보하도록 의무화하고 있으므로 모든 개업공인중개사는 독자적인 중개사무소를 갖추어야 할 것이다.

2) 예외

이 규정은 이와 같은 독자적 사무소 확보원칙에 대한 예외적인 규정으로 개업공인중개사의 편익을 위한 제도이다. 즉 영세 개업공인중개사에 대한 경비절감도 하나의 목적이 된다.

Professor Comment

「공인중개사법」에서 개업공인중개사들이 사무소를 공동으로 사용할 수 있도록 규정하고 있으나, 공동 사용에 대한 특별한 규정을 두고 있지 않다.

(2) 사용승낙서의 첨부

법 제13조 제6항의 규정에 따라 중개사무소를 공동으로 사용하고자 하는 개업공인중개사는 법 제9조의 규정에 따른 중개사무소의 개설등록 또는 법 제20조의 규정에 따른 중개사무소의 이전신고를 하는 때에 그 중개사무소를 사용할 권리가 있는 다른 개업공인중개사의 승낙서를 첨부하여야 한다(영 제16조).

(3) 업무정지기간 중의 제한

개업공인중개사가 업무정지기간 중에 있는 경우 대통령령이 정하는 경우에 한하여 사무소 공동사용을 제한할 수 있다.

1) 업무정지개업공인중개사가 다른 개업공인중개사에게 중개사무소의 공동사용을 위하여 승낙서를 주는 방법. 다만, 업무정지개업공인중개사가 영업정지처분을 받기 전부터 중개사무소를 공동사용 중인 다른 개업공인중개사는 제외한다.
2) 업무정지개업공인중개사가 다른 개업공인중개사의 중개사무소를 공동으로 사용하기 위하여 중개사무소의 이전신고를 하는 방법

단락핵심 분사무소

(1) 법인이 아닌 개업공인중개사는 2개 이상의 중개사무소를 둘 수 없다.
(2) 주된 사무소를 제외한 등록관청에 1개씩 분사무소를 설치할 수 있다.
(3) 분사무소 설치신고는 주된 사무소 소재지 등록관청에 하여야 한다.
(4) 분사무소 설치신고를 하는 자는 지방자치단체의 조례(시·군·구 조례)가 정하는 바에 따라 수수료를 납부하여야 한다.
(5) 분사무소 책임자는 실무교육을 받아야 한다.
(6) 분사무소 설치는 주된 사무소 소재지 등록관청에 신고하여야 한다.
(7) 분사무소 책임자는 공인중개사이어야 한다.

제1편 공인중개사법령

단락문제 Q22
제15회추가 기출 개작

중개사무소의 공동이용에 관한 설명으로 옳은 것은?

① 공인중개사인 개업공인중개사와 부칙에 의한 개업공인중개사는 중개사무소를 공동으로 이용할 수 있다.
② 중개사무소를 공동으로 이용하는 개업공인중개사는 공동이용 사무소 이외에 다른 중개사무소를 별도로 설치할 수 있다.
③ 중개사무소를 공동으로 이용하고 있는 개업공인중개사는 개설등록·인장등록을 각각 하지 않아도 된다.
④ 중개사무소를 공동으로 이용하고 있는 개업공인중개사가 중개사무소를 이전할 때는 대표하는 개업공인중개사가 일괄 이전신고를 할 수 있다.
⑤ 중개사무소를 공동으로 이용하는 개업공인중개사는 공동 사무소 운영규약을 등록관청에 신고하여야 한다.

해설 중개사무소의 공동이용
② 개업공인중개사는 그 등록관청의 관할구역 안에 중개사무소를 두되, 1개의 중개사무소만을 둘 수 있으므로(법 제13조 제1항), 2개의 사무소를 갖는 위법행위에 해당한다.
③ 개업공인중개사는 그 업무의 효율적인 수행을 위하여 다른 개업공인중개사와 중개사무소를 공동으로 사용할 수 있는 것으로(법 제13조 제6항), 사무소를 공동으로 이용하는 개업공인중개사는 사무소만 공동으로 활용할 뿐, 기타 개업공인중개사로서의 의무는 각자가 수행해야 한다. 따라서 개설등록이나 인장등록 모두 각각 해야 한다.
④ 현행 법률에서 정하고 있지 않은 사항으로, 중개사무소를 함께 이전하더라도 각자가 이전신고를 해야 할 것이다.
⑤ 현행 법률에서는 중개사무소의 공동이용에 대해서 별도의 규제를 하고 있지 않으므로, 운영규약을 정해 등록관청에 신고하는 등의 의무는 없다.

정답 ①

02 명칭 및 성명 표기 ★★
18·22·28·29·30·31회 출제

1 명칭 사용의무

개업공인중개사는 그 사무소의 명칭에 "공인중개사사무소" 또는 "부동산중개"라는 문자를 사용하여야 한다(법 제18조 제1항).

(1) 개업공인중개사의 사무소 명칭

개업공인중개사의 사무소의 명칭에는 "공인중개사사무소"라는 문자나 "부동산중개"라는 문자가 반드시 포함되어야 한다. → 100만원 이하 과태료

Professor Comment

명칭(名稱)이란 중개사무소를 대외적으로 구별되어 인식되도록 하는 상호(商號)를 의미하는 것으로, "명칭에 문자를 사용하여야 한다"고 규정했으므로 명칭 사용의무는 중개사무소 개설등록신청서에 포함된 명칭은 물론 간판이나 명함, 인터넷 사이트 등에 포함되는 명칭에도 적용되어야 한다.

(2) 중개법인과 공인중개사인 개업공인중개사의 명칭

일반적으로는 중개법인의 경우에는 "부동산중개"라는 문자가 사용되는 것이 합리적이며, 개인인 개업공인중개사의 경우에는 "공인중개사사무소"라는 문자나 "부동산중개"라는 문자가 사용되는 것이 합리적이다.

Professor Comment

중개법인의 경우에는 "○○부동산중개(주)"나 "(주)○○부동산중개법인", "(주)부동산중개법인○○" 등의 형태가, 공인중개사인 경우에는 "○○○공인중개사사무소" 혹은 "공인중개사○○○사무소", "공인중개사사무소○○○" 등의 형태가 일반적으로 사용될 것이다.

명칭 사용의무

① 개업공인중개사는 그 사무소 명칭에 '공인중개사사무소' 또는 '부동산중개'라는 문자를 사용해야 한다.
② 다만, 부칙에 의한 개업공인중개사는 사무소 명칭에 '공인중개사사무소'라는 문자를 사용하여서는 안 된다.
⇨ 부칙에 의한 개업공인중개사는 사무소 명칭을 '부동산중개'라고 해야 한다.

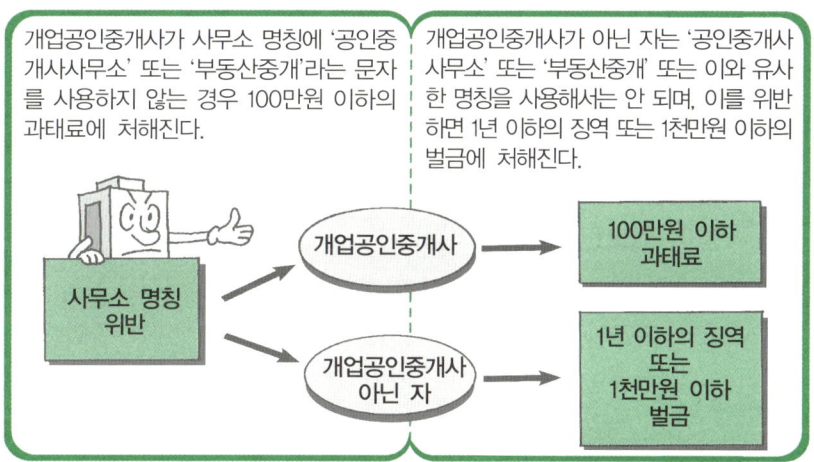

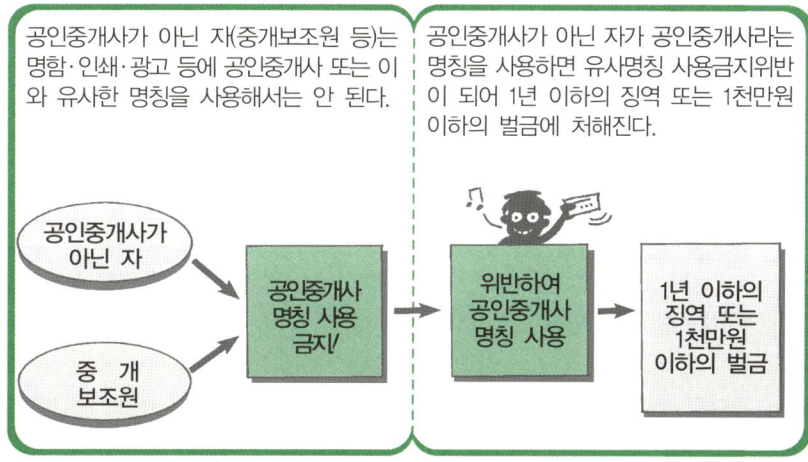

(3) 부칙에 의한 개업공인중개사의 명칭

부칙에 의한 개업공인중개사는 "공인중개사사무소"라는 명칭을 사용하여서는 아니 된다 ◀── 100만원 이하 과태료
(법 부칙 제6조 제3항). 그러므로 부칙에 의한 개업공인중개사는 "부동산중개"라는 문자만을 사용하여야 한다.

(4) 100만원 이하의 과태료

만약 개업공인중개사가 명칭사용의무를 위반할 경우와 부칙에 의한 개업공인중개사가 "공인중개사사무소"라는 명칭을 사용한 경우 100만원 이하의 과태료에 처한다(법 제51조 제3항 제2호). 또한 등록관청으로부터 철거명령을 받을 수 있고 이에 응하지 않은 경우 「행정대집행법」에 의한 대집행을 할 수 있다.

단락문제 Q23
제32회 기출

공인중개사법령상 중개사무소의 명칭 및 등록증 등의 게시에 관한 설명으로 틀린 것은?(다툼이 있으면 판례에 따름)

① 법인인 개업공인중개사의 분사무소에는 분사무소설치신고확인서 원본을 게시해야 한다.
② 소속공인중개사가 있는 경우 그 소속공인중개사의 공인중개사자격증 원본도 게시해야 한다.
③ 개업공인중개사가 아닌 자가 '부동산중개'라는 명칭을 사용한 경우, 3년 이하의 징역 또는 3천만원 이하의 벌금에 처한다.
④ 무자격자가 자신의 명함에 '부동산뉴스 대표'라는 명칭을 기재하여 사용하였다면 공인중개사와 유사한 명칭을 사용한 것에 해당한다.
⑤ 공인중개사인 개업공인중개사가 「옥외광고물 등의 관리와 옥외광고산업 진흥에 관한 법률」에 따른 옥외광고물을 설치하는 경우, 중개사무소등록증에 표기된 개업공인중개사의 성명을 표기해야 한다.

해설 사무소 명칭 및 등록증 게시
개업공인중개사가 아닌 자가 '부동산중개'라는 명칭을 사용한 경우 1년 이하의 징역 또는 1천만원 이하의 벌금에 처한다(법 제49조 제1항).

정답 ③

2 유사명칭의 사용금지 13회 출제

(1) 의의 개업공인중개사가 아닌 자는 "공인중개사사무소", "부동산중개" 또는 이와 유사한 명칭을 사용하여서는 아니 된다(법 제18조 제2항).

(2) 유사명칭 이때의 유사명칭에는 "공인중개사사무소"라는 명칭의 8글자가 연속해서 포함되는 경우는 물론이나 비연속적으로 사용되어 일반인이 판단할 때 "공인중개사사무소"라고 잘못 판단하게 하는 경우도 포함된다.

(3) 1년 이하의 징역이나 1천만원 이하의 벌금
만약 개업공인중개사가 아닌 자가 이를 위반할 경우에는 1년 이하의 징역이나 1천만원 이하의 벌금에 처해질 것이다(법 제49조 제1항). 또한 등록관청에서는 철거명령을 할 수 있으며 이에 응하지 않을 경우 강제철거조치를 할 수 있다(법 제18조 제5항).

단락문제 Q24
제18회 기출

중개사무소의 명칭에 관한 내용 중 틀린 것은?
① 개업공인중개사 A는 사무소의 명칭을 행복부동산중개라고 하였다.
② 시·도지사는 사무소의 명칭을 잘못 사용한 개업공인중개사 B의 사무소 간판에 대하여 철거를 명하였다.
③ 공인중개사인 개업공인중개사 C는 사무소의 명칭을 행운공인중개사사무소라고 하였다.
④ 분사무소 설치신고확인서를 받은 중개법인의 분사무소 책임자 D는 자기의 성명을 옥외광고물에 표시하였다.
⑤ 개업공인중개사가 아닌 E는 부동산중개와 유사한 사무소의 명칭을 사용하여 100만원의 벌금에 처해졌다.

해설 중개사무소의 명칭
①, ③ 개업공인중개사는 그 사무소의 명칭에 "공인중개사사무소" 또는 "부동산중개"라는 문자를 사용하여야 한다(법 제18조 제1항).
② 등록관청은 규정을 위반한 사무소의 간판 등에 대하여 철거를 명할 수 있다(법 제18조 제5항).
④ 개업공인중개사가 옥외광고물을 설치하는 경우 중개사무소등록증에 표기된 개업공인중개사(법인의 경우에는 대표자, 법인 분사무소의 경우에는 설치신고확인서에 기재된 책임자를 말함)의 성명을 표기하여야 한다(법 제18조 제3항).
⑤ 개업공인중개사가 아닌 자는 "공인중개사사무소", "부동산중개" 또는 이와 유사한 명칭을 사용하여서는 아니 되고, 이를 위반한 경우에는 1년 이하 징역 또는 1천만원 이하의 벌금에 처하게 된다(법 제51조 제2항 제2호). **정답** ②

제1편 공인중개사법령

단락문제 Q25
제23회 기출

다음의 설명 중 올바르지 않은 것은?

① 개업공인중개사는 그 사무소의 명칭에 "공인중개사사무소" 또는 "부동산중개"라는 문자를 사용하여야 한다.
② 공인중개사가 아닌 자는 "공인중개사사무소", "부동산중개" 또는 이와 유사한 명칭을 사용하여서는 아니 된다.
③ 등록관청은 법 제18조의 규정을 위반한 사무소의 간판 등에 대하여 철거를 명할 수 있다. 이 경우 그 명령을 받은 자가 철거를 이행하지 아니하는 경우에는 「행정대집행법」에 의하여 대집행을 할 수 있다.
④ 개업공인중개사는 다른 사람에게 자기의 성명 또는 상호를 사용하여 중개업무를 하게 하거나 자기의 중개사무소등록증을 양도 또는 대여하는 행위를 하여서는 아니 된다.
⑤ 누구든지 다른 사람의 성명 또는 상호를 사용하여 중개업무를 하거나 다른 사람의 중개사무소등록증을 양수 또는 대여받아 이를 사용하는 행위를 하여서는 아니 된다.

해설 유사명칭 사용금지
개업공인중개사가 아닌 자는 "공인중개사사무소", "부동산중개" 또는 이와 유사한 명칭을 사용하여서는 아니 된다(법 제18조 제2항). **정답** ②

3 개업공인중개사 성명 표기 24·27회 출제

(1) 옥외광고물을 설치하는 경우(법 제18조 제3항, 규칙 제10조의2)

개업공인중개사가 「옥외광고물 등의 관리와 옥외광고산업 진흥에 관한 법률」 제2조 제1호 규정에 따른 옥외광고물을 설치하는 경우 옥외광고물 중 벽면이용간판, 돌출간판 또는 옥상간판에 개업공인중개사(법인의 경우에는 대표자, 법인 분사무소의 경우에는 법 제13조 제4항에 따른 신고필증에 기재된 책임자를 말함)의 성명을 인식할 수 있는 정도의 크기로 표기하여야 한다.

(2) 100만원 이하의 과태료

옥외광고물에 성명을 표기하지 아니하거나 허위로 표기한 자는 100만원 이하의 과태료에 처한다(법 제51조 제3항 제2호).

4 위법 간판 등의 철거

(1) 위법 간판 등의 철거명령

등록관청은 사무소명칭표기 또는 개업공인중개사의 성명표기의무를 위반한 사무소의 간판 등에 대하여 철거를 명할 수 있다. 이 경우 그 명령을 받은 자가 철거를 이행하지 아니하는 경우에는 「행정대집행법」에 의하여 대집행을 할 수 있다(법 제18조 제5항).

(2) 유사명칭사용 시 취할 수 있는 조치단계

등록관청이 개업공인중개사가 그 사무소의 명칭에 "공인중개사사무소" 또는 "부동산중개"라는 문자를 사용하지 않거나, 개업공인중개사가 아닌 자가 "공인중개사사무소", "부동산중개" 또는 이와 유사한 명칭을 사용한 경우 취할 수 있는 조치의 단계는 다음과 같다.

1) 철거명령

이들 위법한 명칭사용은 반드시 간판에만 국한되는 것이 아니라 사무소의 벽면, 차량의 외부, 광고탑, 광고부착물 등 「옥외광고물 등의 관리와 옥외광고산업 진흥에 관한 법률」상의 옥외광고물이 모두 포함될 수 있다. 따라서 등록관청의 철거명령 대상물은 간판에만 국한되는 것이 아니라 위법한 명칭이 표시된 모든 시설물로 보아야 할 것이다.

2) 행정대집행

① 「행정대집행법」에 의한 대집행이란 법률(법률의 위임에 의한 명령, 지방자치단체의 조례를 포함. 이하 같음)에 의하여 직접 명령되었거나 또는 법률에 의거한 행정청의 명령에 의한 행위로서 타인이 대신하여 행할 수 있는 행위를 의무자가 이행하지 아니하는 경우 다른 수단으로써 그 이행을 확보하기 곤란하다.

② 또한 그 불이행을 방치함이 심히 공익을 해(害)할 것으로 인정될 때에는 당해 행정청은 스스로 의무자가 하여야 할 행위를 하거나 또는 제3자로 하여금 이를 하게 하여 그 비용을 의무자로부터 징수할 수 있다(행정대집행법 제2조).

> **Wide** 행정대집행법
>
> 「행정대집행법」(行政代執行法)이란 행정의무의 이행확보에 관한 절차와 비용징수 등의 사항을 규정한 법률로서, 행정의무의 이행확보와 관련하여서는 다른 법률에서 정한 사항을 제외하고는 「행정대집행법」이 정하는 바에 의한다.

(3) 철거명령을 이행하지 않을 경우

명칭 등의 사용의무 위반자가 철거명령을 이행하지 않을 경우 등록관청은 스스로 혹은 제3자로 하여금 간판 등을 강제로 철거하고, 그 철거비용은 「국세징수법」(國稅徵收法)에 의거 의무위반자로부터 징수할 수 있다(행정대집행법 제6조 제1항 참조).

5 중개대상물의 표시·광고 및 모니터링 31회 출제

(1) 중개대상물 광고시 명시사항

개업공인중개사가 의뢰받은 중개대상물에 대하여 표시·광고(「표시·광고의 공정화에 관한 법률」 제2조에 따른 표시·광고)를 하려면 중개사무소, 개업공인중개사에 관한 사항으로서 대통령령으로 정하는 사항을 명시하여야 하며, 중개보조원에 관한 사항은 명시해서는 아니 된다. 명시할 사항은 다음과 같다. 이를 위반한 경우 100만원 이하의 과태료에 처한다.

1) 중개사무소의 명칭, 소재지, 연락처 및 등록번호
2) 개업공인중개사의 성명(법인인 경우에는 대표자의 성명)

(2) 인터넷을 이용한 광고시 명시사항

1) 개업공인중개사가 인터넷을 이용하여 중개대상물에 대한 표시·광고를 하는 때에는 제1항에서 정하는 사항 외에 중개대상물의 종류별로 대통령령으로 정하는 소재지, 면적, 가격 등 다음의 사항을 명시하여야 한다(법 제18조의 2 제2항, 영제17조의 2 제2항). 이를 위반한 경우 100만원 이하의 과태료에 처한다.

   ① 소재지
   ② 면적
   ③ 가격
   ④ 중개대상물 종류
   ⑤ 거래형태
   ⑥ 건축물 및 그 밖의 토지의 정착물인 경우
      ㉠ 총 층수
      ㉡ 「건축법」 또는 「주택법」 등 관련 법률에 따른 사용승인·사용검사준공검사 등을 받은 날
      ㉢ 해당 건축물의 방향, 방의 개수, 욕실의 개수, 입주가능일, 주차대수 및 관리비

2) **표시·광고방법의 고시**: 중개대상물에 대한 구체적인 표시·광고방법에 대해서는 국토교통부장관이 정하여 고시한다(영 제17조의 2 제3항).

(3) 개업공인중개사가 아닌 자의 광고 금지

개업공인중개사가 아닌 자는 중개대상물에 대한 표시·광고를 하여서는 아니 된다(법 제18조의 2 제3항). 이를 위반하여 개업 공인중개사가 아닌 자가 중개업을 위하여 광고를 하는 경우 1년 이하 징역 또는 1천만원 이하의 벌금에 처한다.

(4) 부당한 표시광고 금지

1) 개업공인중개사는 중개대상물에 대하여 다음의 어느 하나에 해당하는 부당한 표시·광고를 하여서는 아니 된다(법 제18조의 2 제4항, 영 제17조의 2 제4항). 이를 위반한 경우 500만원 이하의 과태료에 처한다.
   ① 중개대상물이 존재하지 않아서 실제로 거래를 할 수 없는 중개대상물에 대한 표시·광고
   ② 중개대상물의 가격 등 내용을 사실과 다르게 거짓으로 표시·광고하거나 사실을 과장되게 하는 표시·광고
   ③ 그 밖에 표시·광고의 내용이 부동산거래질서를 해치거나 중개의뢰인에게 피해를 줄 우려가 있는 것으로서 대통령령으로 정하는 내용의 표시·광고
      ㉠ 중개대상물이 존재하지만 실제로 중개의 대상이 될 수 없는 중개대상물에 대한 표시·광고
      ㉡ 중개대상물이 존재하지만 실제로 중개할 의사가 없는 중개대상물에 대한 표시·광고
      ㉢ 중개대상물의 입지조건, 생활여건, 가격 및 거래조건 등 중개대상물 선택에 중요한 영향을 미칠 수 있는 사실을 빠뜨리거나 은폐·축소하는 등의 방법으로 소비자를 속이는 표시·광고

2) 부당한 표시·광고의 세부적인 유형 및 기준 등에 관한 사항은 국토교통부장관이 정하여 고시한다.

(5) 인터넷 표시·광고 모니터링

1) 모니터링
   ① 국토교통부장관은 인터넷을 이용한 중개대상물에 대한 표시·광고가 부당한 표시광고 금지 규정을 준수하는지 여부를 모니터링 할 수 있다.
   ② 국토교통부장관은 모니터링을 위하여 필요한 때에는 정보통신서비스 제공자(「정보통신망 이용촉진 및 정보보호 등에 관한 법률」에 따른 정보통신서비스 제공자를 말한다)에게 관련 자료의 제출을 요구할 수 있다. 이 경우 관련 자료의 제출을 요구받은 정보통신서비스 제공자는 정당한 사유가 없으면 이에 따라야 한다(법 제18조의 3 제2항). 이를 위반한 경우 500만원 이하의 과태료에 처한다.

> **Wide** 정보통신서비스 제공자(정보통신망 이용촉진 및 정보보호 등에 관한 법률 제2조 제3호)
>
> 「전기통신사업법」 제2조 제8호에 따른 전기통신사업자와 영리를 목적으로 전기통신사업자의 전기통신역무를 이용하여 정보를 제공하거나 정보의 제공을 매개하는 자를 말한다.

   ③ 국토교통부장관은 모니터링 결과에 따라 정보통신서비스 제공자에게 이 법 위반이 의심되는 표시·광고에 대한 확인 또는 추가정보의 게재 등 필요한 조치를 요구할 수 있다. 이 경우 필요한 조치를 요구받은 정보통신서비스 제공자는 정당한 사유가 없으면 이에 따라야 한다(법 제18조의 3 제3항). 이를 위반한 경우 500만원 이하의 과태료에 처한다.

2) 업무의 위탁

① 국토교통부장관은 모니터링 업무를 대통령령으로 정하는 기관에 위탁할 수 있다.
② 국토교통부장관은 업무위탁기관에 예산의 범위에서 위탁업무 수행에 필요한 예산을 지원할 수 있다.
③ **업무위탁 기관** : 국토교통부장관은 다음의 어느 하나에 해당하는 기관에 모니터링 업무를 위탁할 수 있다.
    ㉠ 「공공기관의 운영에 관한 법률」 제4조에 따른 공공기관
    ㉡ 「정부출연연구기관 등의 설립·운영 및 육성에 관한 법률」 제2조에 따른 정부출연연구기관
    ㉢ 「민법」 제32조에 따라 설립된 비영리법인으로서 인터넷 표시·광고 모니터링 또는 인터넷 광고 시장 감시와 관련된 업무를 수행하는 법인
    ㉣ 그 밖에 인터넷 표시·광고 모니터링 업무 수행에 필요한 전문인력과 전담조직을 갖췄다고 국토교통부장관이 인정하는 기관 또는 단체
④ **위탁내용 고시** : 국토교통부장관은 업무를 위탁하는 경우에는 위탁받는 기관 및 위탁업무의 내용을 고시해야 한다.

3) 인터넷 표시·광고 모니터링 업무의 내용 및 방법 등(규칙 제10조의3 신설)

① **업무수행** : 모니터링 업무는 다음의 구분에 따라 수행한다.
    ㉠ 기본 모니터링 업무 : 모니터링 기본계획서에 따라 분기별로 실시하는 모니터링
    ㉡ 수시 모니터링 업무 : 부당·표시 광고 금지 규정을 위반한 사실이 의심되는 경우 등 국토교통부장관이 필요하다고 판단하여 실시하는 모니터링
② **계획서의 제출** : 모니터링 업무 수탁기관(모니터링 기관)은 업무를 수행하려면 다음의 구분에 따라 계획서를 국토교통부장관에게 제출해야 한다.
    ㉠ 기본 모니터링 업무 : 모니터링 대상, 모니터링 체계 등을 포함한 다음 연도의 모니터링 기본계획서를 매년 12월 31일까지 제출할 것
    ㉡ 수시 모니터링 업무 : 모니터링의 기간, 내용 및 방법 등을 포함한 계획서를 제출할 것
③ **결과보고서의 제출** : 모니터링 기관은 업무를 수행한 경우 해당 업무에 따른 결과보고서를 다음의 구분에 따른 기한까지 국토교통부장관에게 제출해야 한다.
    ㉠ 기본 모니터링 업무 : 매 분기의 마지막 날부터 30일 이내
    ㉡ 수시 모니터링 업무 : 해당 모니터링 업무를 완료한 날부터 15일 이내
④ **조치요구 및 통보, 고시**
    ㉠ 국토교통부장관은 제출받은 결과보고서를 시·도지사 및 등록관청에 통보하고 필요한 조사 및 조치를 요구할 수 있다.
    ㉡ 시·도지사 및 등록관청은 요구를 받으면 신속하게 조사 및 조치를 완료하고, 완료한 날부터 10일 이내에 그 결과를 국토교통부장관에게 통보해야 한다.
    ㉢ 여기서 규정한 사항 외에 모니터링의 기준, 절차 및 방법 등에 관한 세부적인 사항은 국토교통부장관이 정하여 고시한다.

단락문제 Q26

제32회 기출

공인중개사법령상 중개대상물의 표시·광고 및 모니터링에 관한 설명으로 틀린 것은?

① 개업공인중개사는 의뢰받은 중개대상물에 대하여 표시·광고를 하려면 개업공인중개사, 소속공인중개사 및 중개보조원에 관한 사항을 명시해야 한다.
② 개업공인중개사는 중개대상물이 존재하지 않아서 실제로 거래를 할 수 없는 중개대상물에 대한 광고와 같은 부당한 표시·광고를 해서는 안 된다.
③ 개업공인중개사는 중개대상물의 가격 등 내용을 과장되게 하는 부당한 표시·광고를 해서는 안 된다.
④ 국토교통부장관은 인터넷을 이용한 중개대상물에 대한표시·광고의 규정준수 여부에 관하여 기본 모니터링과 수시 모니터링을 할 수 있다.
⑤ 국토교통부장관은 인터넷 표시·광고 모니터링 업무 수행에 필요한 전문인력과 전담조직을 갖췄다고 국토교통 부장관이 인정하는 단체에게 인터넷 표시·광고 모니터링 업무를 위탁할 수 있다.

해설 중개대상물의 표시·광고 및 모니터링

소속공인중개사 사항은 표기해도 되는 사항이며 의무는 아니다. 중개보조원에 관한 사항은 명시하면 아니되는 사항이다(법 제18조의 2 제1항)..

정답 ①

03 개업공인중개사의 고용인의 신고 등 ★★ 14·19·20·28·30·31·34·35회

Professor Comment

개업공인중개사의 고용인의 신고 등(제15조)은 고용한 개업공인중개사의 책임에 대한 깊은 이해가 요구된다.

1 고용인의 고용과 고용관계 종료

(1) 결격사유

「공인중개사법」에서 규정된 결격사유에 해당하는 자는 개업공인중개사는 물론 그 소속공인중개사·중개보조원 또는 개업공인중개사인 법인의 임원이 될 수 없다고 규정하고 있다(법 제10조 제2항 참조).

(2) 등록관청의 결격사유가 있는 고용인을 고용한 개업공인중개사에 대한 업무정지

법 제10조 제2항의 규정을 위반하여 개업공인중개사가 등록의 결격사유가 있는 자를 소속공인중개사 또는 중개보조원으로 둔 경우 등록관청은 개업공인중개사에 대해 6월의 범위 안에서 기간을 정하여 업무의 정지를 명할 수 있다. 다만, 그 사유가 발생한 날부터 2월 이내에 그 사유를 해소한 경우에는 그러하지 아니하다(법 제39조 제1항 제1호).

(3) 실무교육과 직무교육

소속공인중개사는 고용신고일 전 1년 이내에 실무교육을 받아야 하며, 중개보조원은 고용신고일 전 1년 이내에 직무교육을 받아야 한다.

2 고용인의 신고 26회 출제

(1) 등록관청에 신고

개업공인중개사는 소속공인중개사 또는 중개보조원을 고용하거나 고용관계가 종료된 때에는 국토교통부령이 정하는 바에 따라 등록관청에 신고하여야 한다(법 제15조 제1항).
→ 채용한 경우는 업무개시 전까지, 고용관계가 종료된 경우는 종료된 날부터 10일 이내

고용인

① 고용인이란 개업공인중개사의 업무를 보조하는 소속공인중개사와 중개보조원을 말한다. 고용인 중 소속공인중개사는 중개행위를 할 수 있다.
② 중개보조원은 단순업무를 보조할 뿐 중개행위는 할 수 없다.

개업공인중개사는 고용인을 고용하면 업무개시 전까지, 고용관계가 종료된 경우 10일 이내에 신고하여야 한다.

고용인의 고의·과실로 중개의뢰인에게 재산상 손해를 발생시킨 때에는 그 손해를 개업공인중개사가 배상할 책임을 진다.

이 경우 양자 모두 책임을 지는 부진정연대책임을 지며, 개업공인중개사는 고용인에게 구상권을 행사할 수 있다.

고용인이 불법행위로 징역형이나 벌금형을 선고받으면 양벌규정에 의하여 개업공인중개사도 벌금형에 처해진다.

(2) 제도 도입 목적

이 제도는 현장에서는 무자격자인 단순근로자를 중개보조원으로 고용하여 이동 중개업소(떴다방) 설치 등 부동산투기를 조장하거나, 실질적으로 무자격자에게 중개사무소등록증을 양도·대여하는 사례가 있으나, 중개보조원에 대한 고용신고제도가 없어 효율적인 관리가 어려워 도입된 제도이다.

(3) 등록관청 신고(규칙 제8조 제1항) 17·20·27회 출제

1) 개업공인중개사는 소속공인중개사 또는 중개보조원을 고용한 때에는 법 제15조 제1항의 규정에 따라 업무개시 전까지 등록관청에 신고하여야 한다.
2) 개업공인중개사는 소속공인중개사 또는 중개보조원의 고용관계가 종료된 때에는 종료된 날부터 10일 이내 신고하여야 한다.
3) 등록관청은 공인중개사 자격증을 발급한 시·도지사에게 소속공인중개사의 공인중개사 자격확인을 요청하여야 한다(규칙 제8조 제2항).
4) 고용인이 외국인인 경우 결격사유가 없음을 증명하는 서류를 제출하여야 한다.

단락문제 Q27 제32회 기출

공인중개사법령상 개업공인중개사의 고용인에 관한 설명으로 틀린 것은?

① 개업공인중개사는 중개보조원과 고용관계가 종료된 경우 그 종료일부터 10일 이내에 등록관청에 신고해야 한다.
② 소속공인중개사의 고용신고를 받은 등록관청은 공인중개사 자격증을 발급한 시·도지사에게 그 소속공인중개사의 공인중개사 자격 확인을 요청해야 한다.
③ 중개보조원뿐만 아니라 소속공인중개사의 업무상 행위는 그를 고용한 개업공인중개사의 행위로 본다.
④ 개업공인중개사는 중개보조원을 고용한 경우, 등록관청에 신고한 후 업무개시 전까지 등록관청이 실시하는 직무교육을 받도록 해야 한다.
⑤ 중개보조원의 고용신고를 받은 등록관청은 그 사실을 공인중개사협회에 통보해야 한다.

해설 고용인
개업공인중개사는 중개보조원을 고용하고자 할 경우, 신고일 전 1년 이내에 시·도지사 또는 등록관청이 실시하는 직무교육을 받도록 해야 한다(법 제34조 제3항).. **정답** ④

제1편 공인중개사법령

단락문제 Q28
제26회 기출

공인중개사법령상 개업공인중개사의 고용인과 관련된 설명으로 옳은 것은? (다툼이 있으면 판례에 따름)

① 소속공인중개사에 대한 고용신고를 받은 등록관청은 공인중개사 자격증을 발급한 시·도지사에게 그 자격 확인을 요청해야 한다.
② 개업공인중개사가 소속공인중개사를 고용한 경우 그 업무개시 후 10일 이내에 등록관청에 신고해야 한다.
③ 소속공인중개사는 고용신고일 전 1년 이내에 직무교육을 받아야 한다.
④ 중개보조원의 업무상 행위는 그를 고용한 개업공인중개사의 행위로 추정한다.
⑤ 중개보조원의 업무상 과실로 인한 불법행위로 의뢰인에게 손해를 입힌 경우 개업공인중개사가 손해배상책임을 지고 중개보조원은 그 책임을 지지 않는다.

해설 고용인
② 개업공인중개사가 소속공인중개사를 고용한 경우 그 업무개시 전까지 신고해야 한다(규칙 제8조 제1항).
③ 소속공인중개사는 고용신고일 전 1년 이내에 실무교육을 받아야 한다(법 제34조 제2항).
④ 중개보조원의 업무상 행위는 그를 고용한 개업공인중개사의 행위로 본다(법 제15조 제2항).
⑤ 중개보조원의 업무상 과실로 인한 불법행위로 의뢰인에게 손해를 입힌 경우 개업공인중개사와 중개보조원이 연대하여 손해배상책임을 진다.

정답 ①

3 중개보조원의 채용제한 및 설명의무

(1) 중개보조원 채용 제한

개업공인중개사가 고용할 수 있는 중개보조원의 수는 개업공인중개사와 소속공인중개사를 합한 수의 5배를 초과하여서는 아니 된다(법 제15조 제3항). 이를 위반한 경우 등록을 취소하여야 하며 1년이하 징역 또는 1천만원 이하의 벌금에 처한다.

(2) 중개보조원의 고지의무

중개보조원은 현장안내 등 중개업무를 보조하는 경우 중개의뢰인에게 본인이 중개보조원이라는 사실을 미리 알려야 한다(법 제18조의 4). 이를 위반한 경우 해당 중개보조원과 그를 채용한 개업공인중개사는 각각 500만원 이하의 과태료에 처한다. 다만, 개업공인중개사가 그 위반행위를 방지하기 위하여 해당 업무에 관하여 상당한 주의와 감독을 게을리하지 아니한 경우는 제외한다.

4 고용인에 대한 고용자 책임 20·31회 출제

소속공인중개사 또는 중개보조원의 업무상 행위는 그를 고용(雇傭)한 개업공인중개사의 행위로 본다(법 제15조 제2항).

(1) 업무상 행위

1) 고용인의 업무상 행위
이 규정은 개업공인중개사의 고용인에 대한 고용자책임을 묻기 위한 것으로 규정이 적용되기 위해서는 고용인의 행위가 '업무상 행위'이어야 한다.

2) 판례상 중개업무와 관련된 행위
① '중개업무와 관련된 행위'의 개념은 단순히 '권리의 득실·변경에 관한 행위를 알선하는 것'에 한정된다고 볼 수 있으나, 판례는 중개보조원이 중개의뢰인이 맡겼던 계약금을 횡령한 경우에도 중개업무와 관련된 행위로 본다(대판 1967.12.19. 67다2222).
② 중개보조원이나 소속공인중개사의 업무상 행위는 중개대상물의 거래에 관한 알선업무뿐만 아니라 위 업무와 밀접한 관련이 있고 외형상, 객관적으로 중개업무 또는 그와 관련된 것으로 보여지는 행위도 포함된다(서울지법 남부지원 1993.11.17. 92가합14350).
③ 고용자 책임과 관련한 최근 판례는 고용인의 "업무상의 행위"는 외형상 객관적으로 고용인의 사업활동 내지 사무집행행위 또는 그와 관련된 것이라고 보일 때에는, 행위자의 주관적 사정을 고려하지 않고 이를 사무집행에 관하여 한 행위로 본다(대판 1995.2.3 94다43115, 2000.3.10. 98다29735).

3) 사용자 책임
중개업무와 관련된 고용인의 불법행위에 대해서는 「공인중개사법」상의 책임뿐만 아니라 민사상의 책임도 개업공인중개사에게 귀속된다고 보아야 한다(민법 제756조 참조).

(2) 고용자 책임의 내용

1) 고용인의 불법행위로 인한 책임
소속공인중개사 또는 중개보조원의 업무상 행위는 그를 고용한 개업공인중개사의 행위로 본다(법 제15조 제2항)고 규정하고 있으므로, 고용인의 불법행위가 있을 경우 고용자로서의 개업공인중개사에게는 「공인중개사법」에서 규정된 책임과 민·형사상의 책임이 동시에 부과된다.

■ 구 부동산중개업법 제6조 제5항(현 공인중개사법 제15조 제2항)을 중개보조원의 손해배상책임에 관한 면책규정으로 볼 수 있는지 여부

구 부동산중개업법 제6조 제5항이 중개보조원이 고의 또는 과실로 거래당사자에게 손해를 입힌 경우에 그 중개보조원을 고용한 개업공인중개사만이 손해배상책임을 지도록 하고 중개보조원에게는 손해배상책임을 지우지 않는다는 취지를 규정한 것은 아니다(대판 2006.9.14. 2006다29945).

2) 민사책임(손해배상책임, 부진정연대책임)

고용인의 불법행위로 인한 민사상의 손해배상책임도 고용한 개업공인중개사에게 부과된다. 「민법」에서는 타인을 사용하여 어느 사무에 종사하게 한 자는 피용자(被用者)가 그 사무집행에 관하여 제3자에게 가한 손해를 배상할 책임이 있으며, 사용자가 피용자의 선임 및 그 사무감독에 상당한 주의를 한 때 또는 상당한 주의를 하여도 손해가 있을 경우에는 면책된다고 규정하고 있다(민법 제756조).

Professor Comment
공인중개사법은 민법상 고용자의 면책조항과 달리 고용자의 면책을 허용하지 않는다(무과실책임).

3) 행정상의 책임(행정처분)

고용인의 업무상 행위는 개업공인중개사의 행위로 보므로 고용인의 불법행위가 있을 경우 개업공인중개사에게 「공인중개사법」 위반에 의한 행정처분이 부과될 수 있다.

4) 형사책임(양벌규정)

고용인의 불법행위가 행정형벌의 사유에 해당될 경우 개업공인중개사에게는 동조에 규정된 벌금형을 부과한다. 다만, 개업공인중개사가 상당한 주의와 감독을 게을리 하지 않는 경우에는 양벌규정이 적용되지 않는다(법 제50조).

단락문제 Q29 　　　　　　　　　　　　　　　　　　　　　　　제23회 기출

공인중개사법령상 개업공인중개사의 고용인의 신고에 관한 설명으로 틀린 것은?

① 소속공인중개사 고용신고를 받은 등록관청은 공인중개사 자격증을 발급한 시·도지사에게 그 소속공인중개사의 공인중개사 자격확인을 요청하여야 한다.
② 개업공인중개사가 중개보조원을 고용한 경우에는 업무개시 전까지 등록관청에 신고해야 한다.
③ 소속공인중개사의 업무상 행위는 그를 고용한 개업공인중개사의 행위로 본다.
④ 개업공인중개사가 소속공인중개사를 고용한 경우 소속공인중개사의 자격증 사본을 중개사무소에 게시해야 한다.
⑤ 고용관계가 종료된 날로부터 10일 이내에 등록관청에 신고해야 한다.

해설 개업공인중개사의 고용인
소속공인중개사의 자격증 원본을 중개사무소에 게시하여야 한다(규칙 제10조). **정답** ④

(3) 고용자 책임의 성질

1) 부진정연대채무

「민법」상 사용자의 책임은 부진정연대채무로서 피해자는 고용자나 고용인 한쪽 또는 쌍방에 대하여 배상책임을 물을 수 있고, 어느 편으로부터 배상에 의하여 일부 또는 전부의 만족을 얻었을 때에는 그 범위 내에서 타방의 배상책임이 소멸하게 된다(대판 1975.12.23. 75다1193).

2) 피용자(고용인)에 대한 구상권

개업공인중개사가 고용인의 불법행위로 인해 피해자에게 대신 손해배상을 해준 경우에는, 「민법」 제756조 제3항의 규정을 유추적용하여 고용자(雇用者, 개업공인중개사)는 피용자(被傭者, 고용인)에 대하여 구상권(求償權)을 행사할 수 있을 것이다.

Professor Comment

구상권 행사의 범위는 고용자와 피용자 간의 법률관계에 따라서 구체적으로 해결하여야 한다는 것이 판례의 입장이다(대판 1975.12.23 75다1193).

(4) 고용자 책임의 적용범위

1) 피용자(고용인)의 고의에 의한 가해행위

「민법」에서의 고용자 책임은 피용자가 고의에 기하여 다른 사람에게 가해행위를 한 경우에도 적용되며, 고용자 책임의 경우에도 유추적용될 것이다.

■ **피용자의 고의에 의한 가해행위**

피용자가 고의에 기하여 다른 사람에게 가해행위를 한 경우 그 행위가 피용자의 사무집행 그 자체는 아니라 하더라도 고용자의 사업과 시간적, 장소적으로 근접하고, 피용자의 사무의 전부 또는 일부를 수행하는 과정에서 이루어지거나 가해행위의 동기가 업무처리와 관련된 것일 경우에는 외형적, 객관적으로 사용자의 사무집행행위와 관련된 것으로 보아 고용자책임이 성립한다(대판 2000.2.11. 99다47297).

2) 동업관계와 고용자 책임의 적용

① 고용자 책임은 소위 동업형태의 경우에도 적용된다. 즉, 공인중개사자격자와 중개사무소 개설에 소요되는 비용을 부담하는 투자자가 수익을 배분하는 동업관계의 약정을 양 당사자가 체결했더라도, 외형상으로 투자자는 중개보조원의 위치에 서게 되므로, 중개보조원인 투자자의 불법행위로 인한 손해는 외형상 고용자인 개업공인중개사가 부담해야 할 것으로 보인다.

② 이는 고용자 책임을 판정할 때 실제적으로 지휘·감독하는 관계가 아니더라도, 객관적으로 보아 고용자가 그 불법행위자를 지휘·감독할 지위에 있는 것으로 보인다면 고용자 책임이 인정되어야 하기 때문이다(대판 1996.5.10. 95다50462 참조).

3) 중개사무소 개설등록증이나 공인중개사자격증 대여의 경우

중개사무소 개설등록증이나 공인중개사자격증을 대여할 경우 「공인중개사법」에 의해 외형상으로는 고용자는 대여자인 개업공인중개사이며, 대여를 받은 자가 중개보조원의 위치에 서게 되므로, 중개보조원인 투자자의 불법행위로 인한 손해는 외형상 고용자인 개업공인중개사가 부담해야 할 것이다(부산고등법원 1991.3.19. 90나11752 판결 참조).

Professor Comment

고용자 책임은 등록증 대여나 자격증 대여의 경우에도 적용되는 것으로 해석된다.

단락핵심 고용인

(1) 소속공인중개사는 실무교육을 받아야 한다.
(2) 소속공인중개사는 부동산거래신고법에 의한 부동산거래신고업무를 대리할 수 있다.
(3) 소속공인중개사는 중개사무소 개설등록할 수 없다.
(4) 개업공인중개사의 고의 또는 과실이라면 소속공인중개사에게는 책임이 없다.

단락문제 Q30   제34회 기출

공인중개사법령상 개업공인중개사의 고용인에 관한 설명으로 옳은 것은?

① 중개보조원의 업무상 행위는 그를 고용한 개업공인중개사의 행위로 보지 아니한다.
② 소속공인중개사를 고용하려는 개업공인중개사는 고용 전에 미리 등록관청에 신고해야 한다.
③ 개업공인중개사는 중개보조원과의 고용관계가 종료된 때에는 고용관계가 종료된 날부터 10일 이내에 등록관청에 신고하여야 한다.
④ 개업공인중개사가 소속공인중개사의 고용 신고를 할 때에는 해당 소속공인중개사의 실무교육 수료확인증을 제출하여야 한다.
⑤ 개업공인중개사는 외국인을 중개보조원으로 고용할 수 없다.

해설 고용인
① 중개보조원의 업무상 행위는 그를 고용한 개업공인중개사의 행위로 본다
② 소속공인중개사를 고용하려는 개업공인중개사는 업무개시 전까지 등록관청에 신고해야 한다.
④ 시장·군수·구청장은 소속공인중개사 또는 중개보조원의 「공인중개사법」 제10조제2항에 따른 결격사유 해당 여부와 같은 법 제34조제2항 또는 제3항에 따른 교육 수료 여부를 확인하여야 합니다.(시행규칙 별지 11호 서식)
⑤ 개업공인중개사는 외국인을 중개보조원으로 고용할 수 있다.

정답 ③

제3장 중개업

04 인장의 등록 ★
12·14·추가15·17·19·21·24·28·30·31·34회 출제

Professor Comment
인장등록이나 사무소 이전, 휴·폐업신고 의무는 각 의무기간과 성격을 숙지한다.

1 등록인장사용의 목적

(1) 「공인중개사법」에서 인장등록제도를 채용한 것은 이와 같은 중요한 인감의 효력을 감안하여 거래계약서나 중개대상물 확인·설명서등에 개업공인중개사와 공인중개사의 인감을 날인함으로써, 개업공인중개사와 공인중개사의 중개사실을 증명하도록 한다.
(2) 개업공인중개사와 공인중개사의 중개행위에 대한 권리와 의무를 명확히 함으로써 책임의 근거를 명확히 한다.
(3) 개업공인중개사와 공인중개사가 아닌 자는 이들 중요 문서에 서명하지 못하도록 함으로써 자격대여나 등록대여 등의 문제점을 방지하려는 목적이 있는 것으로 보인다.

2 인장등록   29회 출제

(1) 등록시점
1) 개업공인중개사 및 소속공인중개사는 법 제16조 제1항의 규정에 따라 업무를 개시하기 전에 중개행위에 사용할 인장을 등록관청에 등록(전자문서에 의한 등록 포함)하여야 한다(규칙 제9조 제1항).
2) 개업공인중개사의 경우 중개사무소 개설등록신청 시, 소속공인중개사·중개보조원에 대한 고용신고 시 인장등록신고를 할 수 있다(규칙 제9조 제6항).

인장등록
① 개업공인중개사 또는 소속공인중개사는 업무개시 전 중개행위에 사용할 인장을 등록관청에 등록하여야 한다.
② 인장등록 위반 시 6월의 범위 안에서 '업무정지처분사유'에 해당한다.

제1편 공인중개사법령

(2) 등록인장(규칙 제9조 제3항) 16·27회 출제

1) 개인인 개업공인중개사 및 소속공인중개사
① 공인중개사인 개업공인중개사, 법 제7638호 부칙 제6조 제2항에 규정된 개업공인중개사(중개인) 및 소속공인중개사의 경우에는 가족관계등록부 또는 주민등록표에 기재된 성명의 인장이어야 한다.
② 인장의 크기는 가로·세로 각 7밀리미터 이상 30밀리미터 이내의 인장이어야 한다.

2) 법인인 개업공인중개사
법인인 개업공인중개사의 경우에는 「상업등기규칙」에 따라 신고한 법인의 인장이어야 한다.

3) 분사무소
다만, 분사무소에서 사용할 인장의 경우에는 「상업등기규칙」 제35조 제3항의 규정에 따라 법인의 대표자가 보증하는 인장을 등록할 수 있다.

Professor Comment
분사무소는 주된 사무소 소재지 등록관청에 인장을 등록하여야 한다.

단락문제 Q31 제24회 기출

공인중개사법령상 인장의 등록에 관한 설명으로 틀린 것은?

① 개업공인중개사의 인장이 등록관청에 등록되어 있으면 소속공인중개사의 인장은 소속공인중개사의 업무개시 후에 등록해도 된다.
② 개업공인중개사가 등록한 인장을 변경한 경우 변경일부터 7일 이내에 변경된 인장을 등록관청에 등록해야 한다.
③ 개업공인중개사의 인장등록은 등록신청시 할 수 있다.
④ 법인인 개업공인중개사가 주된 사무소에서 사용할 인장을 등록할 때에는 「상업등기규칙」에 따라 신고한 법인의 인장을 등록해야 한다.
⑤ 법인인 개업공인중개사의 인장등록은 「상업등기규칙」에 따른 인감증명서의 제출로 갈음한다.

해설 인장등록
소속공인중개사의 인장은 소속공인중개사의 업무개시 전에 등록해야 한다. **정답** ①

(3) 제출서면 23회 출제

인장의 등록은 인장등록신고서를 제출하며 법인의 경우 「상업등기규칙」에 의한 인감증명서의 제출로 갈음한다(규칙 제9조 제4항, 제5항).

구 분	등록인장	인장등록관청	등록방법(제출서면)
공인중개사인 개업공인중개사	가족관계등록부 또는 주민등록표에 기재된 성명의 인장	중개사무소 등록관청	인장등록신고서 제출
부칙에 의한 개업공인중개사			
소속공인중개사			
중개법인	「상업등기규칙」에 의하여 신고한 법인의 인장	주된 사무소 소재지 등록관청	「상업등기규칙」에 의한 인감증명서
중개법인 분사무소	「상업등기규칙」에 의하여 신고한 인장 또는 「상업등기규칙」에 따라 법인의 대표자가 보증하는 인장		

3 등록인장 사용의무

개업공인중개사 및 소속공인중개사는 중개행위를 함에 있어서는 제1항의 규정에 의하여 등록한 인장을 사용하여야 한다(법 제16조 제2항).
→ 개업공인중개사: 업무정지 / 소속공인중개사: 자격정지

(1) 개업공인중개사 및 소속공인중개사 사용원칙

개업공인중개사 및 소속공인중개사가 중개행위를 함에 있어서는 등록된 인장(印章)을 사용하여야 하는 것으로(법 제16조 제2항), 국토교통부에서는 중개대상물확인·설명서나 거래계약서등 주요한 중개행위를 할 때는 개업공인중개사나 소속공인중개사 본인이 등록인장을 가지고 있으면서 개업공인중개사가 직접 날인하는 것을 원칙으로 해석하고 있다.

Professor Comment
등록인장을 개업공인중개사의 중개보조원이 개업공인중개사가 없는 상태에서 대신 날인하는 것이나, 미리 작성된 서식에 개업공인중개사가 인감을 날인해주고 이를 사용해 개업공인중개사의 중개보조원이 중개행위를 하는 것은 「공인중개사법」 위반으로 해석된다.

(2) 중개행위 사용원칙

1) 등록인장의 사용원칙

개업공인중개사 및 소속공인중개사가 중개행위를 함에 있어서는 등록된 인장(印章)을 사용하여야 하는 것으로(법 제16조 제2항), 인장이 날인되는 모든 중개행위에는 개업공인중개사의 등록인장을 사용해야 하는 것이 원칙이라고 볼 수 있다.

2) 중개대상물 확인·설명서에의 서명 및 날인

「공인중개사법」에서 서명 및 날인의무를 명시하고 있는 경우는 중개대상물 확인·설명서에의 서명 및 날인(법 제25조 제4항)이 있으며, 거래계약서의 작성에서도 이 규정을 준용하고 있다.

제1편 공인중개사법령

단락문제 Q32
제21회 기출

공인중개사법령상 인장등록에 관한 설명으로 틀린 것은?

① 등록할 인장은 원칙적으로 가로·세로 각각 10mm 이상 40mm 이내인 인장이어야 한다.
② 개업공인중개사 및 소속공인중개사는 중개행위를 함에 있어 등록한 인장을 사용하여야 한다.
③ 분사무소에서 사용할 인장의 경우 「상업등기규칙」제35조 제3항에 따라 법인의 대표자가 보증하는 인장을 등록할 수 있다.
④ 소속공인중개사의 인장등록신고는 당해 소속공인중개사의 고용신고와 같이 할 수 있다.
⑤ 개업공인중개사가 등록한 인장을 변경한 경우 변경일부터 7일 이내에 그 변경된 인장을 등록관청에 등록해야 한다.

해설 인장등록
등록할 인장은 원칙적으로 가로·세로 각각 7mm 이상 30mm 이내인 인장이어야 한다(규칙 제9조 제3항). **정답** ①

4 인장변경등록

(1) 인장변경등록의 기한 등

등록한 인장을 변경한 경우에는 개업공인중개사 및 소속공인중개사는 변경일부터 7일 이내에 그 변경된 인장을 등록관청에 등록(전자문서에 의한 등록 포함)하여야 한다(규칙 제9조 제2항).

(2) 등록인장 변경의무

1) **사후신고** : 인장의 변경등록은 사후신고가 원칙이다.
2) **등록기한** : 변경 후 7일 이내에 등록해야 한다.
3) **등록관청** : 인장등록관청과 동일하다(규칙 제9조 제3항).
4) **변경등록방법** : 인장등록방법과 동일하다(규칙 제9조 제4항).

5 인장등록 관련 의무위반의 벌칙

(1) 업무정지처분 : 개업공인중개사가 인장을 등록하지 않거나 등록한 인장을 사용하지 않은 경우 6개월 이하의 업무정지처분에 처해질 수 있다(법 제39조 제1항 제2호).

(2) 자격정지처분 : 소속공인중개사가 인장을 등록하지 않거나 등록한 인장을 사용하지 않은 경우 6개월 이하의 자격정지처분에 처해질 수 있다(법 제36조 제1항 제2호).

제3장 중개업

단락핵심 인장등록

(1) 개업공인중개사 및 소속공인중개사는 업무를 개시하기 전에 중개행위에 사용할 인장을 등록관청에 등록하여야 한다.
(2) 등록한 인장을 변경한 경우에는 변경일로부터 7일 이내에 그 변경된 인장을 등록관청에 등록하여야 한다.
(3) 인장의 등록은 인장등록신고서의 제출과 「상업등기규칙」에 의한 인감증명서의 제출로 갈음한다.
(4) 분사무소에서 사용할 인장의 경우 「상업등기규칙」의 규정에 따라 법인의 대표자가 보증하는 인장을 등록할 수 있다.
(5) 개업공인중개사가 작성한 거래계약서에 등록된 인장을 사용하지 않으면 업무정지처분을 받을 수 있다.
(6) 개업공인중개사가 중개업무에 사용할 인장은 업무개시 전에 등록하여야 한다.
(7) 개업공인중개사가 작성한 거래계약서에 등록된 인장을 사용하지 않은 경우에도 그 거래계약서는 법적 효력이 있다.
(8) 사무소를 공동으로 사용할 경우 사용하여야 할 인장은 구성 개업공인중개사 개별적으로 등록을 한다.
(9) 분사무소에서 사용하여야 할 인장은 주된 사무소 소재지를 관할하는 시장·군수·구청장에게 등록하여야 한다.

단락문제 Q33

제23회 기출

공인중개사법령상 인장등록에 관한 내용으로 틀린 것은?

① 법인인 개업공인중개사의 경우 등록할 인장은 법인 대표자의 인장이어야 한다.
② 법인의 분사무소에서 사용할 인장은 「상업등기규칙」에 따라 법인의 대표자가 보증하는 인장을 등록할 수 있다.
③ 개업공인중개사가 등록하지 않은 인장을 중개행위에 사용한 것은 업무정지사유에 해당한다.
④ 인장의 등록은 중개사무소 개설등록신청과 같이 할 수 있다.
⑤ 법인인 개업공인중개사의 인장등록은 「상업등기규칙」에 따른 인감증명서의 제출로 갈음한다.

해설 인장의 등록
법인인 개업공인중개사의 경우 등록할 인장은 「상업등기규칙」에 의해 신고한 인장이어야 한다(규칙 제9조 제3항).

정답 ①

제1편 공인중개사법령

05 중개사무소등록증 등의 게시★　　19·20·23·31회 출제

개업공인중개사는 중개사무소등록증·중개보수 요율표 그 밖에 국토교통부령이 정하는 사항을 당해 중개사무소 안의 보기 쉬운 곳에 **게시하여야 한다**(법 제17조).
　　→ 위반 시 100만원 이하 과태료

1 의무내용　35회 출제

법 제17조의 규정에서 국토교통부령이 정하는 사항이라 함은 다음의 사항을 말한다(규칙 제10조).
(1) 중개사무소등록증 원본(분사무소의 경우에는 분사무소 설치신고확인서 원본을 말함)
(2) 개업공인중개사 및 소속공인중개사의 공인중개사자격증 원본(해당되는 자가 있는 경우에 한함)
(3) 중개보수·실비의 요율 및 한도액표
(4) 업무보증의 설정을 증명할 수 있는 서류
(5) 「부가가치세법」 시행령 제11조에 따른 사업자등록증

2 의무위반의 벌칙

등록증 등의 게시의무를 위반한 자는 100만원 이하의 과태료에 처한다(법 제51조 제3항 제1호).

단락문제 Q34　　제15회추가 기출

부동산중개사무소 안의 보기 쉬운 곳에 게시하여야 할 게시물이 아닌 것은?
① 등록증
② 손해배상책임을 보장하기 위한 보증설정 서류
③ 거래정보망 가입확인서
④ 공인중개사 자격증
⑤ 중개보수 및 실비의 요율 및 한도액표

해설 중개사무소 안의 게시물
중개사무소 안에 게시해야 할 것은 중개사무소 개설 등록증과 공인중개사 자격증, 중개보수 요율표, 업무보증서가 있으나(규칙 제10조), 부동산거래정보망 가입확인서는 게시할 서면에 포함되지 않는다.　　**정답** ③

06 중개사무소의 이전신고 ★★★

14·18·21·26·28·29·31·34회 출제

1 이전신고의무

→ 100만원 이하 과태료

개업공인중개사는 중개사무소를 이전한 때에는 이전한 날부터 10일 이내에 국토교통부령이 정하는 바에 따라 등록관청에 이전사실을 신고하여야 한다.

다만, 중개사무소를 등록관청의 관할지역 외의 지역으로 이전한 경우에는 이전 후의 중개사무소를 관할하는 시장·군수 또는 구청장(이하 "이전 후 등록관청"이라 함)에게 신고하여야 한다(법 제20조 제1항).

(1) 사후신고

중개사무소 이전신고는 사후신고이다. 개업공인중개사가 중개사무소를 이전한 때에는 이전한 날부터 10일 이내에만 신고하면 된다.

(2) 이전신고 의무자

이전신고 의무자는 사무소를 이전하는 모든 개업공인중개사이며, 법인의 분사무소를 이전한 경우에도 이전신고를 해야 한다. 분사무소의 이전도 주된 사무소의 소재지를 관할하는 등록관청에 신고해야 하도록 규정하고 있는 점을 유의해야 한다(규칙 제11조 참조).

중개사무소의 이전신고

① 이전 후 10일 이내에 신고한다.
② 이전신고를 받은 등록관청은 그 내용이 적합한 경우에는 중개사무소 등록증(또는 분사무소 설치신고필증)을 재교부하여야 한다.

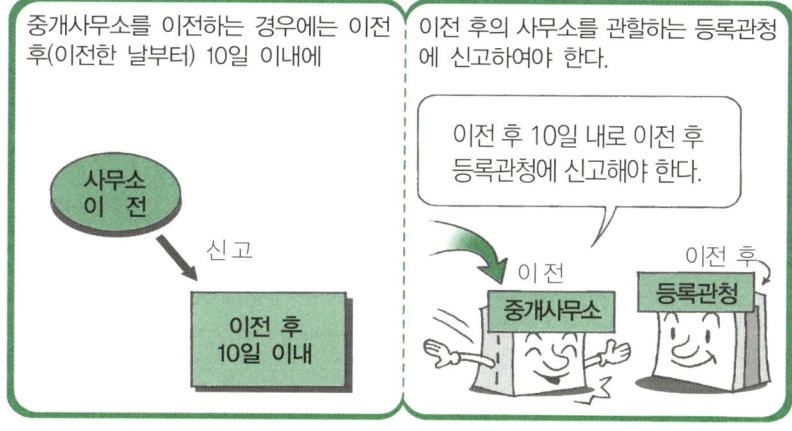

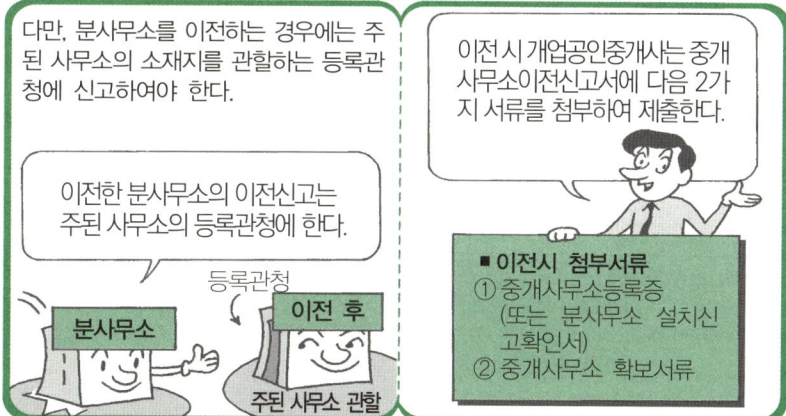

제1편 공인중개사법령

(3) 신고관청
이전신고 등록관청은 이전 후의 중개사무소를 관할하는 등록관청이다. 즉, 종전의 등록관청 관할구역에서 벗어나 새로운 시·군·구지역으로 이전할 경우에는 이전신고는 이전 후의 등록관청에 해야 한다.

(4) 부칙에 의한 개업공인중개사의 이전신고
모든 개업공인중개사는 다른 등록관청으로 이전해도 이전신고만 하면 되는 것이므로, 부칙에 의한 개업공인중개사도 전국 어느 곳이든 사무소를 이전할 수 있다(국토교통부 전자민원 2000.8.1 회신 제24636호 및 2000.8.30 회신 제28365호 참조).

단락문제 Q35 제32회 기출

공인중개사법령상 공인중개사인 개업공인중개사가 중개사무소를 등록관청의 관할 지역 내로 이전한 경우에 관한 설명으로 <u>틀린</u> 것을 모두 고른 것은?

> ㄱ. 중개사무소를 이전한 날부터 10일 이내에 신고해야 한다.
> ㄴ. 등록관청이 이전신고를 받은 경우, 중개사무소등록증에 변경사항만을 적어 교부할 수 없고 재교부해야 한다.
> ㄷ. 이전신고를 할 때 중개사무소등록증을 제출하지 않아도 된다.
> ㄹ. 건축물대장에 기재되지 않은 건물로 이전 신고를 하는 경우, 건축물대장 기재가 지연되는 사유를 적은 서류도 제출해야 한다.

① ㄱ, ㄴ
② ㄱ, ㄹ
③ ㄴ, ㄷ
④ ㄷ, ㄹ
⑤ ㄴ, ㄷ, ㄹ

해설 중개사무소 이전
ㄴ. 등록관청이 이전신고를 받은 경우, 중개사무소등록증에 변경사항만 적어 교부할수 있다.
ㄷ. 이전신고를 할 때 중개사무소등록증 원본을 제출하여야 한다..

정답 ③

---

2 등록관청의 변경

(1) 관할구역 이전 신고 23회 출제
다른 등록관청의 관할구역으로 이전하여 신고를 마친 경우 중개사무소의 등록관청은 이전한 등록관청으로 변경된다.

(2) 이전 후 등록관청에 관련 서류의 송부
1) 이전신고를 받은 이전 후 등록관청은 종전의 등록관청에 관련 서류를 송부하여 줄 것을 요청하여야 한다. 이 경우 종전의 등록관청은 지체없이 관련 서류를 이전 후 등록관청에 송부하여야 한다(법 제20조 제2항).

2) 이 경우 이전신고 전에 발생한 사유로 인한 개업공인중개사에 대한 행정처분은 이전 후 등록관청이 이를 행한다(법 제20조 제3항).

3 이전신고방법 및 절차 16회 출제

(1) 이전신고서 제출

중개사무소의 이전신고를 하고자 하는 자는 [별지 제12호 서식]의 중개사무소이전신고서에 다음의 서류를 첨부하여 등록관청(분사무소의 경우에는 주된 사무소의 소재지를 관할하는 등록관청을 말함)에 제출하여야 한다(규칙 제11조 제1항).

1) 중개사무소등록증(분사무소의 경우에는 분사무소 설치신고확인서를 말함)
2) 건축물대장(가설건축물대장 제외)에 기재된 건물(준공검사, 준공인가, 사용승인, 사용검사를 받은 건물로서 건축물대장에 기재되기 전의 건물을 포함)에 중개사무소를 확보(소유·전세·임대차 또는 사용승낙 등의 방법에 의하여 사용권을 확보하여야 함)하였음을 증명하는 서류. 다만, 건축물대장에 기재되지 아니한 건물에 사무소를 확보하였을 경우에는 건축물대장 기재가 지연되는 사유를 적은 서류도 함께 내야 한다.

단락문제 Q36

제16회 기출 개작

중개사무소의 이전 등에 관한 설명 중 틀린 것은?

① 개업공인중개사가 중개사무소를 이전한 때에는 이전 후의 중개사무소를 관할하는 등록관청에 신고하여야 한다.
② 이전신고는 이전한 날부터 10일 이내에 하여야 한다.
③ 등록관청은 분사무소의 이전신고를 받은 때에는 그 분사무소의 소재지를 관할하는 등록관청에 이를 통보하여야 한다.
④ 3인이 공동으로 사용하는 중개사무소를 함께 이전할 경우 3인이 각자 이전신고를 해야 한다.
⑤ 중개사무소의 이전신고를 하고자 하는 자는 신고서에 등록증과 등록된 인장을 첨부하여 제출하면 된다.

해설 중개사무소의 이전신고
중개사무소의 이전신고를 하고자 하는 자는 신고서에 등록증과 사무소 확보 증명서류를 첨부하여 제출하면 된다(규칙 제11조 제1항 참조).

정답 ⑤

제1편 공인중개사법령

(2) 등록증 등의 재교부

1) 중개사무소의 이전신고를 받은 등록관청은 그 내용이 적합한 경우에는 중개사무소등록증 또는 분사무소 설치신고확인서를 재교부하여야 한다.
2) 다만, 개업공인중개사가 등록관청의 관할지역 내로 이전한 경우에는 등록관청은 중개사무소등록증 또는 분사무소 설치신고확인서에 변경사항을 기재하여 이를 교부할 수 있다(규칙 제11조 제2항). → 재교부도 할 수 있음

Professor Comment
변경사항을 기재하여 교부하는 경우에는 지방자치단체가 정하는 수수료를 납부하지 않아도 된다.

(3) 분사무소 이전신고 통보

등록관청은 분사무소의 이전신고를 받은 때에는 지체없이 그 분사무소의 이전 전 및 이전 후의 소재지를 관할하는 시장·군수 또는 구청장에게 이를 통보하여야 한다(규칙 제11조 제3항).

(4) 이전 후 등록관청에 대한 송부서류

1) 송부서류

이전 후 등록관청으로부터 관련서류를 송부하여 줄 것을 요청받은 종전의 등록관청이 이전 후의 등록관청에 송부하여야 하는 서류는 다음과 같다(규칙 제11조 제4항).
① 이전신고를 한 중개사무소의 부동산중개사무소등록대장
② 부동산중개사무소 개설등록 신청서류
③ 최근 1년간의 행정처분 및 행정처분절차가 진행 중인 경우 그 관련서류

2) 개설등록신청서류

이때의 중개사무소 개설등록신청서류란 개업공인중개사가 중개사무소 개설등록시 제출한 신청서류를 말하는 것이다(국토교통부 전자민원 2000.10.9 회신 제32526호).

Professor Comment
중개사무소 이전신고와 분사무소 이전신고의 차이점은 신고하는 곳과 서류송부 여부에 있다. 중개사무소 이전신고는 이전 후 등록관청이며 분사무소 이전신고는 주된 사무소 등록관청이다.

4 이전신고의무 불이행의 벌칙

사무소 이전 후 10일 이내에 이전신고를 하지 않을 경우에는 100만원 이하의 과태료에 처해진다(법 제51조 제3항 제3호).

단락핵심 사무소이전

(1) 개업공인중개사가 중개사무소를 이전한 때에는 이전 후의 중개사무소를 관할하는 등록관청에 신고하여야 한다.
(2) 중개사무소 이전신고는 이전한 날부터 10일 이내에 하여야 한다.
(3) 등록관청은 분사무소의 이전신고를 받은 때에는 지체없이 이전 전 및 이전 후의 소재지를 관할하는 등록관청에 이를 통보하여야 한다.
(4) 동일 등록관청으로 사무소를 이전하는 경우 등록증에 변경사항을 기재하여 교부할 수 있다.
(5) 중개사무소의 이전신고를 하고자 하는 자는 신고서에 등록증과 사무소 확보 증명서류를 첨부하여 제출하면 된다.

단락문제 037

제26회 기출

공인중개사법령상 등록관청 관할지역 외의 지역으로 중개사무소를 이전한 경우에 관한 설명으로 틀린 것은?

① 개업공인중개사는 이전 후의 중개사무소를 관할하는 등록관청에 이전사실을 신고해야 한다.
② 법인인 개업공인중개사가 분사무소를 이전한 경우 이전 후의 분사무소를 관할하는 등록관청에 이전사실을 신고해야 한다.
③ 등록관청은 중개사무소의 이전신고를 받은 때에는 그 사실을 공인중개사협회에 통보해야 한다.
④ 이전신고 전에 발생한 사유로 인한 개업공인중개사에 대한 행정처분은 이전 후 등록관청이 이를 행한다.
⑤ 업무정지 중이 아닌 다른 개업공인중개사의 중개사무소를 공동으로 사용하는 방법으로 사무소의 이전을 할 수 있다.

해설 중개사무소 이전
법인인 개업공인중개사가 분사무소를 이전한 경우 주된 사무소의 소재지를 관할하는 등록관청에 이전사실을 신고해야 한다(규칙 제11조1항).

정답 ②

제1편 공인중개사법령

07 휴업 또는 폐업의 신고 ★★★　17·18·19·21·22·24·25·29·30·31·35회 출제

개업공인중개사는 3월을 초과하는 휴업(중개사무소의 개설등록 후 업무를 개시하지 아니하는 경우를 포함. 이하 같음), 폐업 또는 휴업한 중개업을 재개하고자 하는 때에는 등록관청에 그 사실을 신고하여야 한다. 휴업기간을 변경하고자 하는 때에도 또한 같다(법 제21조 제1항).

→ 사전신고

1 휴·폐업신고의무

(1) 휴업신고의 의미

개업공인중개사는 3월을 초과하여 휴업(休業)을 하고자 할 때에는 등록관청에 이를 신고하여야 한다(법 제21조 제1항 참조).

Professor Comment

휴업이란 폐업을 하지 않고 일정기간 중개업을 영위하지 않는 것을 의미하는 것으로, 현행 「공인중개사법」에서는 중개사무소의 개설등록 후 업무를 개시하지 아니하는 경우도 휴업과 동일하게 처리하고 있다.

(2) 휴업의 최장기간　16회 출제

1) **최장 6개월로 제한**

   휴업은 6월을 초과할 수 없다(법 제21조 제2항 전단). 즉 현행 「공인중개사법」에서는 휴업기간을 최장 6개월로 제한하고 있다.

2) **예외**　다만, 질병으로 인한 요양 등 다음과 같이 대통령령이 정하는 부득이한 사유가 있는 경우에는 그러하지 아니하다(법 제21조 제2항 후단 및 영 제18조 제3항).

   ① 질병으로 인한 요양　　② 징집으로 인한 입영
   ③ 취학　　　　　　　　④ 임신 또는 출산
   ⑤ 그 밖에 위 ① 내지 ④에 준하는 부득이한 사유로서 국토교통부장관이 정하여 고시하는 사유

(3) 기간변경신고

휴업기간의 변경을 하고자 할 때 기간변경신고를 하여야 한다. 기간변경신고는 휴업기간이 만료되기 전에 하여야 하며 부득이한 사유일 때에는 6월을 초과한 기간변경신고도 가능하다.

단락문제 Q38
제24회 기출

공인중개사법령상 휴업 등에 관한 설명으로 옳은 것은?

① 개업공인중개사가 중개사무소 개설등록 후 3월을 초과하여 업무를 개시하지 않을 경우 미리 휴업신고를 해야 한다.
② 법령상 부득이한 사유가 없는 한, 휴업은 3월을 초과할 수 없다.
③ 부동산중개업의 재개신고나 휴업기간의 변경신고는 전자문서에 의한 방법으로 할 수 없다.
④ 개업공인중개사가 휴업기간의 변경신고를 할 때에는 그 신고서에 중개사무소등록증을 첨부해야 한다.
⑤ 개업공인중개사가 3월을 초과하는 휴업을 하면서 휴업신고를 하지 않는 경우에는 500만원 이하의 과태료를 부과한다.

해설 휴업 등
② 법령상 부득이한 사유가 없는 한, 휴업은 6월을 초과할 수 없다.
③ 부동산중개업의 재개신고나 휴업기간의 변경신고는 전자문서에 의한 방법으로 할 수 있다.
④ 개업공인중개사가 휴업기간의 변경신고를 할 때에는 그 신고서에 중개사무소등록증을 첨부하지 않는다.
⑤ 개업공인중개사가 3월을 초과하는 휴업을 하면서 휴업신고를 하지 않은 경우에는 100만원 이하의 과태료를 부과한다.

정답 ①

단락문제 Q39
제32회 기출

공인중개사법령상 중개업의 휴업 및 재개 신고 등에 관한 설명으로 옳은 것은?

① 개업공인중개사가 3개월의 휴업을 하려는 경우 등록관청에 신고해야 한다.
② 개업공인중개사가 6개월을 초과하여 휴업을 할 수 있는 사유는 취학, 질병으로 인한 요양, 징집으로 인한 입영에 한한다.
③ 개업공인중개사가 휴업기간 변경신고를 하려면 중개사무소등록증을 휴업기간변경신고서에 첨부하여 제출해야 한다.
④ 재개 신고는 휴업기간 변경신고와 달리 전자문서에 의한 신고를 할 수 없다.
⑤ 재개신고를 받은 등록관청은 반납을 받은 중개사무소등록증을 즉시 반환해야 한다.

해설 휴업
① 개업공인중개사가 3개월을 초과하여 휴업을 하려는 경우 등록관청에 신고해야 한다.
② 개업공인중개사가 6개월을 초과하여 휴업을 할 수 있는 사유는 취학, 질병으로 인한 요양, 징집, 임신 또는 출산 이외 부득이한 사유로 국토교통부장관이 고시하는 사항이 있다.
③ 개업공인중개사가 휴업기간 변경신고를 할 때 중개사무소등록증을 첨부하지 않는다.
④ 재개 신고는 전자문서로 할 수 있다.

정답 ⑤

(4) 휴업기간 중의 중개사무소

1) **의의** 휴업기간 중 개업공인중개사는 사실상 영업을 하지 않으나, 개업공인중개사이므로 사무실은 있어야 한다.
2) **예외** 다만, 실질적으로 중개업을 영위하지 않으므로 중개업에 사용하지 않고 있는 사무소를 다른 영업에 활용하는 것은 불법이 아니다(국토교통부 전자민원 2000. 9. 18 회신 제29461호).

(5) 업무재개신고

개업공인중개사가 업무를 재개하고자할 때 업무재개신고를 하여야 한다. 업무재개신고를 받은 등록관청은 즉시 등록증을 반환하여야 한다.

2 휴·폐업의 신고절차   21·23·28회 출제

개업공인중개사는 법 제21조 제1항의 규정에 따라 3월을 초과하는 휴업(중개사무소의 개설등록 후 업무를 개시하지 아니하는 경우를 포함함. 이하 같음), 폐업, 휴업한 중개업의 재개 또는 휴업기간의 변경을 하고자 하는 때에는 국토교통부령이 정하는 신고서에 중개사무소등록증을 첨부(휴업 또는 폐업의 경우에 한함)하여 등록관청에 미리 신고(부동산중개업재개·휴업기간 변경신고의 경우에는 전자문서에 의한 신고를 포함함)하여야 한다. 법인인 개업공인중개사의 분사무소의 경우에도 또한 같다(영 제18조 제1항).

(1) 신고내용

상기 내용에서 신고대상으로 삼는 사무소는 중개사무소와 법인의 분사무소이며, 이들 사무소에 대해서 신고해야 할 사항은 다음과 같이 구분된다.

> ① 3월을 초과하는 휴업
> ② 중개사무소의 개설등록 후 3개월을 초과하여 업무를 개시하지 아니하는 경우
> ③ 폐 업   ④ 휴업한 중개업의 재개   ⑤ 휴업기간의 변경

휴업 또는 폐업의 신고

휴업·폐업신고 시에는 신고서와 등록증을 첨부하여 제출하여야 한다.

3월 이하의 휴업은 신고할 의무가 없으나 3월을 초과하는 휴업 또는 폐업을 하고자 할 때는 미리 등록관청에 신고하여야 한다.

휴업기간 중에도 사무소의 폐업·재개·이전 등이 가능하며, 업무정지기간 중에도 폐업이나 사무소이전은 가능하다.

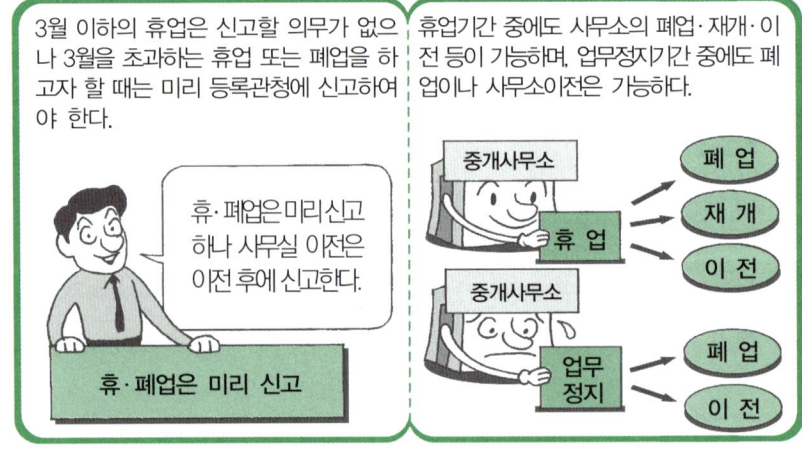

제3장 중개업

(2) 사전신고
상기와 같은 휴업 등의 신고는 그 행위를 시작하기 이전에 등록관청에 미리 신고해야 한다.

(3) 신고방법 20·22회 출제
1) 부동산중개휴업신고서

영 제18조 제1항 및 제2항에 따른 부동산중개업휴업(폐업·재개·휴업기간변경)신고서는 [별지 제13호 서식]에 따른다(규칙 제12조).

2) 전자문서로 신고

다만, 부동산중개업재개·휴업기간 변경신고의 경우에는 전자문서에 의한 신고를 포함한다(영 제18조 제1항 참조).

Professor Comment
이때의 '전자문서'란 인터넷을 통한 신고방식을 의미하는 것으로, 구체적인 신고방법은 관할 등록관청의 인터넷 신고 사이트에 따라 달라지게 될 것이다.

(4) 첨부서면
휴업 또는 폐업의 신고를 할 경우에는 중개사무소등록증을 첨부해야 하며, 중개사무소재개신고를 받은 등록관청은 반납을 받은 중개사무소등록증을 즉시 반환하여야 한다(영 제18조 제2항).

3 부가가치세법에 의한 휴업 또는 폐업신고

(1) **휴업 또는** 폐업신고를 하려는 자가 「부가가치세법」에 따른 휴업 또는 폐업신고를 같이 하려는 경우에는 중개사법에 따른 휴업·폐업신고서와 함께 「부가가치세법 시행규칙」의 휴업·폐업신고서를 함께 제출하여야 한다. 이 경우 등록관청은 함께 제출받은 휴업·폐업신고서를 지체없이 관할 세무서장에게 송부(정보통신망을 이용한 송부를 포함)하여야 한다(규칙 제18조 제4항).

(2) 관할 세무서장이 「부가가치세법 시행령」에 따라 중개사법에 의한 휴업 또는 폐업신고를 받아 이를 해당 등록관청에 송부한 경우에는 휴업·폐업신고서가 제출된 것으로 본다(규칙 제18조 제5항).

4 휴·폐업 관련 의무위반의 벌칙

(1) 100만원 이하의 과태료
휴업, 폐업, 휴업한 중개업의 재개 또는 휴업기간의 변경신고를 하지 아니한 자의 경우에는 100만원 이하의 과태료 처분을 받게 된다(법 제51조 제3항 제4호).

(2) 등록취소
휴업신고를 하지 않고 계속하여 6월 초과 휴업한 경우에는 등록취소(상대등록취소)처분을 받을 수 있다(법 제38조 제2항 제5호).

제1편 공인중개사법령

단락핵심 휴업 및 폐업

(1) 휴업과 폐업신고는 전자문서로 할 수 없고, 기간변경신고와 업무재개신고는 전자문서로 할 수 있다.
(2) 분사무소는 주된 사무소와 별도로 휴업 및 폐업신고를 할 수 있다.
(3) 휴업기간 중에도 중개사무소를 이전할 수 있다.
(4) 개업공인중개사가 휴업 또는 폐업신고를 하는 경우 부가가치세법에 의한 폐업신고와 함께 세무서에 할 수 있다.
(5) 개업공인중개사는 3월을 초과하여 휴업을 하고자 하는 경우에는 등록관청에 이를 신고하여야 한다.
(6) 부득이한 사유로 중개업의 휴업기간이 6월을 초과할 경우에는 그 기간이 경과되기 전에 등록관청에 기간변경 신고를 하여야 한다.
(7) 개업공인중개사가 휴업신고를 한 후 업무를 재개하고자 하는 경우에는 등록관청에 신고하여야 한다.
(8) 개업공인중개사가 신고를 하지 않고 3월을 초과하여 휴업을 한 경우 100만원 이하의 과태료에 처한다.
(9) 부득이한 사유로 기간변경을 하고자 하는 자는 휴업기간이 만료되기 전까지 등록관청에 신고하여야 한다.
(10) 휴업기간의 변경신고를 하지 아니한 자의 과태료는 100만원 이하이다.

단락문제 Q40
제23회 기출

공인중개사법령상 개업공인중개사의 휴업 또는 폐업신고에 관한 설명으로 틀린 것은?

① 징집으로 인한 입영으로 휴업하는 경우 그 휴업기간은 6월을 초과할 수 있다.
② 중개사무소재개신고를 받은 등록관청은 반납 받은 중개사무소등록증을 즉시 반환해야 한다.
③ 개업공인중개사의 폐업신고는 전자문서에 의하여 할 수 있다.
④ 휴업기간의 변경을 하고자 하는 때에는 등록관청에 미리 신고해야 한다.
⑤ 중개사무소의 개설등록 후 3월을 초과하여 업무를 개시하지 아니하고자 할 때에는 등록관청에 미리 신고해야 한다.

해설 개업공인중개사의 휴업 등
휴업신고와 폐업신고는 전자문서에 의하여 할 수 없고 기간변경신고와 업무재개 신고는 전자문서로 할 수 있다(영 제18조 제1항 참조).

정답 ③

08 간판의 철거   26·27회 출제

(1) 개업공인중개사는 다음의 어느 하나에 해당하는 경우 지체없이 사무소의 간판을 철거하여야 한다(법 제21조의2 제1항).

　1) 등록관청에 중개사무소의 이전사실을 신고한 경우
　2) 등록관청에 폐업사실을 신고한 경우
　3) 중개사무소 개설등록 취소처분을 받은 경우

(2) 등록관청은 간판의 철거를 개업공인중개사가 이행하지 않은 경우 「행정대집행법」에 따라 대집행할 수 있다(법 제21조의2 제2항).

단락문제 Q41　　　　　　　　　　　　　　　　　　　　제32회 기출

공인중개사법령상 개업공인중개사가 지체 없이 사무소의 간판을 철거해야 하는 사유를 모두 고른 것은?

> ㄱ. 등록관청에 중개사무소의 이전사실을 신고한 경우
> ㄴ. 등록관청에 폐업사실을 신고한 경우
> ㄷ. 중개사무소의 개설등록 취소처분을 받은 경우
> ㄹ. 등록관청에 6개월을 초과하는 휴업 신고를 한 경우

① ㄹ　　　　　　　② ㄱ, ㄷ　　　　　　　③ ㄴ, ㄷ
④ ㄱ, ㄴ, ㄷ　　　　⑤ ㄱ, ㄴ, ㄷ, ㄹ

해설 간판철거사유(법 제21조의 2 제1항)
㉠ 등록관청에 중개사무소의 이전사실을 신고한 경우
㉡ 등록관청에 폐업사실을 신고한 경우
㉢ 중개사무소의 개설등록 취소처분을 받은 경우.

정답 ④

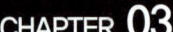

CHAPTER 03

01 개업공인중개사가 2개의 사무소를 갖는 경우 이중등록으로 처벌해야 한다.

01. X
이중으로 중개사무소의 개설등록을 한다는 것은 개설등록을 2번 이상 받은 것을 의미하며, 2개의 사무소를 갖는 것과 구분된다. 2개의 사무소를 두는 경우 상대등록취소(행정처분)와 1년 이하의 징역 또는 1천만원 이하의 벌금(행정형벌)에 처할 수 있다.

02 개업공인중개사는 등록관청의 승인을 얻어 1개의 분사무소를 둘 수 있다.

02. X
개업공인중개사는 그 등록관청의 관할구역 안에 사무소를 두되, 2개 이상의 사무소를 둘 수 없다.

03 분사무소의 책임자는 공인중개사이어야 하며, 분사무소의 책임자인 공인중개사가 되려면 실무교육을 받아야 한다.

03. O

04 개업공인중개사는 그 업무의 효율적인 수행을 위하여 다른 개업공인중개사와 중개사무소를 공동으로 사용할 수 있다.

04. O

05 중개법인의 분사무소는 모든 시·군·구별로 설치할 수 있으나, 시·군·구별로 1개소를 초과할 수 없다.

05. X
법인인 개업공인중개사는 주된 사무소의 소재지가 속한 시·군·구를 제외한 시·군·구별로 1개소씩 설치할 수 있다.

06 개업공인중개사의 고용인에는 운전기사나 전화업무 보조원, 경리 등 단순업무를 행하는 직원도 모두 포함된다.

06. O

07 중개법인은 공인중개사 1인만을 고용해 분사무소를 개설할 수 있다.

07. O

08 중개법인의 분사무소 설치를 위해서는 설치하고자 하는 지역을 관할하는 등록관청에 신고해야 한다.

08. X
분사무소의 설치신고를 하고자 하는 자는 국토교통부령이 정하는 분사무소 설치신고서에 서류를 첨부하여 주된 사무소의 소재지를 관할하는 등록관청에 제출하여야 한다(영 제15조 제3항 본문).

09 업무재개신고와 기간변경신고는 전자문서로 할 수 있다.

09. O

제4절 중개계약과 부동산거래정보망 **15·17·18회 출제**

Professor Comment
중개계약에 관한 일반적 이론은 「공인중개사법」 전반을 이해하기 위한 기초적인 정보로서 이해가 필요한 사항들이다.

01 일반중개계약 ★ **11·14·추가15·24·25·28·33·34회 출제**

Professor Comment
중개계약(제22조)은 일반중개계약의 서면화를 위한 조항으로 반드시 숙지한다.

중개의뢰인(仲介依賴人)은 중개의뢰내용을 명확하게 하기 위하여 필요한 경우 개업공인중개사에게 다음의 사항을 기재한 일반중개계약서(一般仲介契約書)의 작성을 요청할 수 있다(법 제22조). ← 의뢰인의 의무 아님

(1) 중개대상물의 위치 및 규모
(2) 거래예정가격
(3) 거래예정가격에 대하여 제32조의 규정에 의하여 정한 중개보수
(4) 그 밖에 개업공인중개사와 중개의뢰인이 준수하여야 할 사항

단락문제 042 제14회 기출

법률상 중개의뢰인이 중개의뢰내용을 명확하게 하기 위하여 필요한 경우 개업공인중개사에게 일반중개계약 작성 시 요청할 수 있는 사항 중 틀린 것은?

① 중개대상물의 위치 및 규모
② 공법상 이용제한 및 거래규제에 관한 사항
③ 거래예정가격
④ 거래예정가격에 대한 중개보수
⑤ 개업공인중개사와 중개의뢰인이 준수해야 할 사항

해설 일반중개계약서 작성 시 요청사항(법 제22조 참조)
1) 중개대상물의 위치 및 규모
2) 거래예정가격
3) 거래예정가격에 대한 중개보수
4) 그 밖의 개업공인중개사와 중개의뢰인이 준수하여야 할 사항
② '공법상 이용제한 및 거래규제에 관한 사항'은 중개대상물 확인·설명과 정보공개사항에만 포함된다. **정답** ②

제1편 공인중개사법령

1 일반중개계약서 작성요청권

(1) 의 의
중개의뢰인은 중개의뢰내용을 명확하게 하기 위하여 필요한 경우 개업공인중개사에게 일반중개계약서의 작성을 요청할 수 있다. → 요청받은 경우에도 개업공인중개사의 의무 아님

(2) 임의규정
중개의뢰인의 일반중개계약서 작성요청권은 임의규정으로 중개의뢰인이 개업공인중개사에게 중개계약서를 사용한 중개계약체결을 요구하였으나 개업공인중개사가 중개계약체결에 응하지 않더라도 「공인중개사법」에 저촉되는 것은 아니다(국토교통부 전자민원 2000. 8.19. 회신 제26735호).

2 일반중개계약서 서식 21·24·26회 출제

국토교통부장관은 법 제22조의 규정에 따른 일반중개계약의 표준이 되는 서식을 정하여 그 사용을 권장할 수 있다(영 제19조). 영 제19조의 규정에 따른 일반중개계약서는 [별지 제15호 서식]에 따른다(규칙 제14조). 작성의무 없음 ←

일반중개계약서
① 중개의뢰인과 개업공인중개사 사이에서 체결된다.
② 구두로 체결된 일반중개계약을 서면인 계약서로 바꾼 것을 말한다.
③ 임의적 사항이므로 개업공인중개사가 응할 의무는 없다.
④ 강제사항은 아니지만 계약서 작성 시 분쟁의 소지를 줄일 수 있다.

일반중개계약은 중개의뢰인과 개업공인중개사 사이에 체결된 계약이다.

일반중개계약서의 표준서식은 별지 제15호 서식(법정서식)에 의하며, 국토교통부장관은 표준서식의 사용을 권장할 수 있다.

일반중개계약서와 전속중개계약서는 법정서식이 있으나, 거래계약서는 법정서식이 없다.

일반중개계약서에 반드시 들어가야 하는 필수적 기재사항 4가지는 이와 같으며, 중요글자만 따서 '이(위)거! 수준'이라고 외운다.

■ **일반중개계약서의 필수적 기재사항**
① 중개대상물의 **위**치 및 규모
② **거**래예정가격
③ 거래예정가격에 대한 중개보**수**
④ 그 밖에 개업공인중개사와 중개의뢰인이 **준**수하여야 할 사항

3 일반중개계약서 작성으로 인한 중개계약관계

(1) 권리와 의무
법정서식인 일반중개계약서의 내용은 일반중개계약에 관한 사항을 기술한 것에 불과한 것으로, 일반중개계약서를 작성한다고 해서 별도의 권리나 의무가 발생된다고 볼 수 없다.

(2) 중개계약 관련 분쟁의 최소화
지금까지의 관행인 구두에 의한 비명시적 중개계약으로 인한 중개계약 관련 분쟁을 최소화할 수 있는 긍정적인 효과를 기대할 수 있을 것이며, 중개보수청구권 등의 행사에 유리한 증거로 활용할 수 있을 것이다.

단락핵심   일반중개계약
(1) 일반중개계약을 체결한 중개의뢰인이 다른 개업공인중개사에게 중복하여 중개의뢰하는 것을 금지하고 있지 않다.
(2) 일반중개계약서를 작성한 개업공인중개사는 업무처리상황을 2주일에 1회 이상 중개의뢰인에게 문서로서 통지하지 않아도 된다.
(3) 일반중개계약서를 작성한 개업공인중개사도 지정거래정보망에 중개대상물을 공개할 수는 있지만, 거래가 완성된 때에 그 사실을 거래정보사업자에게 통보하여야 한다.
(4) 일반중개계약은 중개의뢰인이 불특정 다수의 개업공인중개사에게 경쟁적으로 중개를 의뢰하는 방식을 말한다.

---

02 전속중개계약 ★★
14·15·19·20·22·24·33회 출제

Professor Comment
전속중개계약(제23조)은 중개업계의 발전을 위해 반드시 필요한 제도인 점을 감안하여 출제빈도가 높으므로, 전속중개계약서의 내용과 함께 학습해야 한다.

1 전속중개계약   21·27회 출제

중개의뢰인은 중개대상물의 중개를 의뢰함에 있어서 특정한 개업공인중개사를 정하여 그 개업공인중개사에 한하여 당해 중개대상물을 중개하도록 하는 계약(이하 "전속중개계약"이라 함)을 체결할 수 있다(법 제23조 제1항).

(1) 적용범위
「공인중개사법」에서 말하는 전속중개계약(專屬仲介契約)이란 중개의뢰인이 특정한 개업공인중개사를 정하여 그 개업공인중개사에 한하여 당해 중개대상물을 중개하도록 하는 계약을 의미한다(법 제23조 제1항 참조).

(2) 계약체결 대상자

1) **권리이전 중개의뢰인과 권리취득 중개의뢰인**

   전속중개계약은 권리를 이전하는 중개의뢰인뿐만 아니라 권리를 취득하고자 하는 중개의뢰인과도 체결될 수 있는 것으로 해석된다.

2) 이는 전속중개계약 법정서식도 권리이전 중개의뢰인과 권리취득 중개의뢰인 모두가 작성할 수 있도록 배려한 것에서 더욱 명확해진다.

(3) 임의규정

전속중개계약의 체결권한 역시 개업공인중개사가 아닌 중개의뢰인에게 주어지는 것으로, 「공인중개사법」에서는 중개의뢰인이 전속중개계약을 "체결할 수 있다"고 규정하고 있으며, 개업공인중개사가 이에 반드시 응해야 할 의무를 규정하고 있지 않다.

Professor Comment

개업공인중개사는 중개의뢰인의 전속중개계약 요구에 반드시 응해야 하는 것은 아닌 것으로 해석된다. 즉, 전속중개계약 체결 역시 임의규정에 불과한 것이다.

전속중개계약

① 특별약정이 없는 경우 유효기간은 3월이다.
② 당사자 약정으로 유효기간을 늘릴 수도 줄일 수도 있다.
③ 전속중개계약 시 개업공인중개사는 '정보공개의무'가 발생하며 동시에 '중개의 독점권'이 발생한다.

단락문제 Q43

제23회 기출

공인중개사법령상 중개계약에 관한 설명으로 옳은 것은?

① 국토교통부장관이 일반중개계약의 표준이 되는 서식을 정하고 있으므로, 개업공인중개사는 그 서식을 반드시 사용해야 한다.
② 전속중개계약을 체결할 경우 당사자 간에 다른 약정이 없으면 그 유효기간은 6월로 한다.
③ 개업공인중개사가 국토교통부령이 정하는 전속중개계약서에 의하지 않고 전속중개계약을 체결한 경우, 개설등록이 취소된다.
④ 전속중개계약서 서식에는 개업공인중개사가 중개대상물의 확인·설명의무를 이행하는 데 중개의뢰인이 협조해야 함을 명시하고 있다.
⑤ 전속중개계약을 체결한 중개의뢰인이 그 유효기간 내에 스스로 발견한 제3자와 직접 매매계약을 체결한 경우 그 매매계약은 무효가 된다.

해설 중개계약
① 국토교통부장관이 일반중개계약의 표준이 되는 서식을 정하고 있으나, 개업공인중개사가 그 서식을 사용할 의무는 없다(영 제19조 참조).
② 전속중개계약을 체결할 경우 당사자 간에 다른 약정이 없으면 그 유효기간은 3월로 한다(영 제20조 제1항).
③ 개업공인중개사가 국토교통부령이 정하는 전속중개계약서에 의하지 않고 전속중개계약을 체결한 경우 업무정지처분을 받을 수 있다(법 제39조 제1항).
⑤ 전속중개계약을 체결한 중개의뢰인이 그 유효기간 내에 스스로 발견한 제3자와 직접 매매계약을 체결한 경우 그 매매계약은 무효가 되는 것은 아니며 중개보수 50% 범위 내에서 개업공인중개사가 소요한 비용을 지불하여야 한다(별지 서식 제15호).

정답 ④

2 전속중개계약 체결 시 개업공인중개사의 의무 28회 출제

전속중개계약은 국토교통부령이 정하는 계약서에 의하여야 한다. 개업공인중개사는 전속중개계약을 체결한 때에는 당해 계약서를 국토교통부령이 정하는 기간 동안 보존하여야 한다(법 제23조 제2항).
→ 3년간 보존

Professor Comment
전속중개계약을 체결한 경우 개업공인중개사는 전속중개계약서를 사용하여야 하고 물건정보를 공개하여야 할 의무가 있다.

(1) 전속중개계약 체결

1) 전속중개계약서 사용의무
① 전속중개계약 체결은 임의규정이나, 전속중개계약을 체결할 때는 반드시 국토교통부령에서 정한 계약서를 사용해야 한다(법 제23조 제2항 전단).
② 법 제23조 제2항의 규정에 따른 전속중개계약서는 별지 제15호 서식에 따른다(규칙 제14조 제1항).

제1편 공인중개사법령

2) 전속중개계약서 보존의무 12·26회 출제
① 개업공인중개사는 작성한 전속중개계약서를 국토교통부령이 정하는 기간 동안 보존하여야 한다(법 제23조 제2항 후단).
② 법 제23조 제2항에서 "국토교통부령이 정하는 기간"이라 함은 3년을 말한다(규칙 제14조 제2항).

3) 전속중개계약의 유효기간 16·29·35회 출제
법 제23조 제1항의 규정에 따른 전속중개계약의 유효기간은 3월로 한다. 다만, 당사자간에 다른 약정이 있는 경우에는 그 약정에 따른다(영 제20조).

단락문제 Q44   제10회 기출

전속중개계약의 내용에 관한 설명 중 옳지 않은 것은?

① 개업공인중개사는 중개의뢰인에게 2주일에 1회 이상 문서로 업무처리상황을 통지하여야 한다.
② 개업공인중개사는 중개대상물에 관한 확인·설명의무를 성실하게 이행하여야 한다.
③ 중개의뢰인은 전속중개계약의 유효기간 내에 다른 개업공인중개사에게 중개를 의뢰하여 거래한 경우에는 법정중개보수에 해당하는 금액을 위약금으로 지불하여야 한다.
④ 중개의뢰인은 전속중개계약의 유효기간 내에 스스로 발견한 상대방과 거래한 경우에는 법정중개보수의 1/2에 해당하는 금액을 위약금으로 지불하여야 한다.
⑤ 중개의뢰가액과 거래가액이 다른 경우에는 거래가액을 기준으로 중개보수를 정한다.

해설 전속중개계약 시 중개보수 관계
중개의뢰인이 전속중개계약의 유효기간 내에 중개의뢰인이 스스로 발견한 상대방과 거래한 경우에는 중개보수의 50% 범위 내에서 개업공인중개사의 소요된 비용을 지불해야 한다. 이때의 비용은 사회통념에 비추어 상당하다고 인정되는 비용에 한정된다(전속중개계약서 제2조 제1항).   **정답** ④

---

4) 정보의 공개의무 10회 출제   →2곳 모두에 공개하여야 하는 것은 아님
① 개업공인중개사는 전속중개계약을 체결한 때에는 7일 이내에 제24조의 규정에 의한 **부동산거래정보망** 또는 **일간신문**에 당해 중개대상물에 관한 정보를 공개하여야 한다. 다만, 중개의뢰인이 비공개를 요청한 경우에는 이를 공개하여서는 아니 된다(법 제23조 제3항).
② 물건정보를 공개한 경우 공개사실을 지체없이 문서로 통지하여야 한다.

(2) 정보공개 내용 21·26·30회 출제

1) 중개대상물의 정보공개 내용
전속중개계약을 체결한 개업공인중개사가 법 제23조 제3항의 규정에 따라 공개하여야 할 중개대상물에 관한 정보의 내용은 다음과 같다(영 제20조 제2항).
① 중개대상물의 종류, 소재지, 지목 및 면적, 건축물의 용도·구조 및 건축연도 등 중개대상물을 특정하기 위하여 필요한 사항

② 벽면 및 도배의 상태
③ 수도·전기·가스·소방·열공급·승강기 설비, 오수·폐수·쓰레기 처리시설 등의 상태
④ 도로 및 대중교통수단과의 연계성, 시장·학교 등과의 근접성, 지형 등 입지조건, 일조(日照)·소음·진동 등 환경조건
⑤ 소유권·전세권·저당권·지상권 및 임차권 등 중개대상물의 권리관계에 관한 사항. 다만, 각 권리자의 주소·성명 등 인적 사항에 관한 정보는 공개하여서는 아니 된다.
⑥ 공법상의 이용제한 및 거래규제에 관한 사항
⑦ 중개대상물의 거래예정금액 및 공시지가(다만, 임대차의 경우에는 공시지가를 공개하지 아니할 수 있음)

2) 정보공개 시 유의사항 **21회 출제**

의뢰인 요청과 무관하게 공개금지

① 공개해야 할 정보 중 유의해야 할 것은 소유권·전세권·저당권·지상권·임차권 등 중개대상물의 권리관계에 관한 사항으로 각 **권리자의 주소·성명 등 인적사항에 관한 정보는 공개하여서는 아니 된다**는 것이다(영 제20조 제2항 제5호).
② 권리자의 주소·성명 등 인적사항의 공개를 금지하는 것은 권리자의 개인정보 보호를 위한 취지에서 삽입된 것이다.

3) 정보공개 여부 **29회 출제**

중개대상물의 거래예정금액 및 공시지가를 공개하되, 임대차의 경우에는 공시지가를 공개하지 아니할 수 있다는 점도 유의해야 한다(영 제20조 제2항 제7호).

4) 업무처리상황 통지의무

전속중개계약을 체결한 개업공인중개사는 2주일에 1회 이상 업무처리상황을 문서로 통지하여야 한다.

▼**전속중개계약 체결에 따른 업무절차**(법 제23조, 영 제20조, 전속중개계약서식 참조) **23회 출제**

제1편 공인중개사법령

단락문제 Q45
제24회 기출

공인중개사법령상 중개계약에 관한 설명으로 옳은 것(O)과 틀린 것(X)을 바르게 짝지은 것은?

> ㉠ 일반중개계약을 체결하는 경우 국토교통부장관이 관련 법령에 의하여 정한 표준서식의 중개계약서를 사용해야 한다.
> ㉡ 전속중개계약을 체결하는 경우 특별한 약정이 없는 한 중개계약의 유효기간은 3월이다.
> ㉢ 전속중개계약을 체결하는 경우 개업공인중개사는 당해 전속중개계약서를 3년간 보존해야 한다.

① ㉠(×), ㉡(O), ㉢(O)
② ㉠(×), ㉡(×), ㉢(O)
③ ㉠(×), ㉡(O), ㉢(×)
④ ㉠(O), ㉡(×), ㉢(O)
⑤ ㉠(O), ㉡(×), ㉢(×)

해설 중개계약
㉠ 일반중개계약을 체결하는 경우, 국토교통부장관이 관련 법령에 의하여 정한 표준서식은 있으나 이의 사용의무는 없다.

정답 ①

단락문제 Q46
제32회 기출

공인중개사법령상 '중개대상물의 확인·설명사항'과 '전속중개계약에 따라 부동산거래정보망에 공개해야 할 중개대상물에 관한 정보'에 공통으로 규정된 것을 모두 고른 것은?

> ㄱ. 공법상의 거래 규제에 관한 사항
> ㄴ. 벽면 및 도배의 상태
> ㄷ. 일조·소음의 환경조건
> ㄹ. 취득시 부담해야 할 조세의 종류와 세율

① ㄱ, ㄴ
② ㄷ, ㄹ
③ ㄱ, ㄴ, ㄷ
④ ㄴ, ㄷ, ㄹ
⑤ ㄱ, ㄴ, ㄷ, ㄹ

해설 확인·설명사항과 전속중개계약시 공개사항 중 공통사항이 아닌 것
㉠ 중개보수 및 실비 금액과 산출내역
㉡ 취득시 부담해야 할 조세의 종류와 세율

정답 ③

3 전속중개계약체결시 의뢰인의 의무

전속중개계약이 체결된 경우에는 반드시 전속중개계약서를 작성해야 하는 것으로, 전속중개계약서에 의한 전속중개계약이 체결될 경우 중개의뢰인은 다음과 같은 의무가 발생한다.

(1) 위약금 지불의무 11회 출제
→ 의뢰만 한 상태라면 위약금을 받을 수 없음

1) 다른 개업공인중개사에게 의뢰하여 거래한 경우
중개의뢰인은 전속중개계약의 유효기간 내에 전속중개계약을 체결한 개업공인중개사 이외의 개업공인중개사에게 중개를 의뢰하여 거래한 경우에는, 중개보수에 해당하는 금액을 전속중개계약을 체결한 개업공인중개사에게 위약금으로 지불하여야 한다(전속중개계약서 제2조 제1항 제1호).

2) 개업공인중개사가 소개한 의뢰인과 직접 거래한 경우

중개의뢰인은 전속중개계약의 유효기간 내에 전속중개계약을 체결한 개업공인중개사의 소개에 의하여 알게 된 상대방과 개업공인중개사를 배제하여 거래한 경우에는, 중개보수에 해당하는 금액을 전속중개계약을 체결한 개업공인중개사에게 위약금으로 지불하여야 한다(전속중개계약서 제2조 제1항 제2호).

Professor Comment

개업공인중개사에게 중개보수청구권이 보장되므로 개업공인중개사는 보다 많은 거래상대방에게 적극적으로 중개대상물을 홍보하여 중개를 완성시킬 수 있다.

단락문제 Q47

제15회 기출

전속중개계약에 관한 설명으로 가장 옳은 것은?

① 중개의뢰인은 전속중개계약의 유효기간 내에 전속중개계약을 체결한 개업공인중개사 이외의 개업공인중개사에게 의뢰하여 거래한 경우에는 중개보수에 해당하는 금액을 전속중개계약을 체결한 개업공인중개사에게 지불하여야 한다.
② 개업공인중개사는 전속중개계약을 체결하고자 할 경우 전속중개계약서를 사용하고 3월간 보존하여야 한다.
③ 전속중개계약을 체결한 개업공인중개사는 중개대상물에 관한 정보를 공개하여야 하며, 중개대상물에 대한 모든 정보공개 여부를 중개의뢰인에게 사전에 동의를 받을 필요가 없다.
④ 중개의뢰인은 중개대상물의 중개를 의뢰함에 있어서 특정한 개업공인중개사를 정하여 당해 중개대상물을 중개하도록 하는 전속중개계약을 체결하여야 한다.
⑤ 중개의뢰인이 전속중개계약의 유효기간 내에 중개의뢰인이 스스로 발견한 상대방과 거래한 경우에는 중개보수의 범위 내에서 개업공인중개사의 소요된 비용을 지불해야 한다.

해설 전속중개계약

② 개업공인중개사는 전속중개계약을 체결한 때에는 당해 계약서를 국토교통부령이 정하는 기간(3년) 동안 보존하여야 한다(규칙 제14조 제2항 참조).
③ 전속중개계약서 서식을 작성할 때 공개 또는 비공개 여부를 체크하여야 하므로 사전에 공개·비공개 여부에 대해 동의를 받아야 된다고 볼 수 있다.
④ 중개의뢰인은 중개대상물의 중개를 의뢰함에 있어서 특정한 개업공인중개사를 정하여 그 개업공인중개사에 한하여 당해 중개대상물을 중개하도록 하는 계약(전속중개계약)을 체결할 수 있다(법 제23조 제1항).
⑤ 전속중개계약의 유효기간 내에 甲이 스스로 발견한 상대방과 거래한 경우에는 중개보수의 50%에 해당하는 금액의 범위 안에서 乙이 중개행위를 함에 있어서 소요된 비용(사회통념에 비추어 상당하다고 인정되는 비용을 말함)을 지불한다(전속중개계약서 제2조 참조).

정답 ①

(2) 소요비용 지불의무

1) 유효기간 내에 스스로 발견한 상대방과 거래

전속중개계약은 중개의뢰인이 스스로 발견한 상대방과 거래할 수 있는 권한(자기거래권한)이 유보된 계약이므로, 중개의뢰인은 전속중개계약의 유효기간 내에도 스스로 발견한 상대방과 거래를 할 수 있다고 해석된다.

2) 중개보수 50% 범위 내에서 소요비용 지불

다만, 중개의뢰인이 전속중개계약의 유효기간 내에 甲이 스스로 발견한 상대방과 거래한 경우에는 중개보수의 50퍼센트 범위 내에서 乙의 소요된 비용을 지불해야 한다. 이때의 비용은 사회통념에 비추어 상당하다고 인정되는 비용을 의미한다(전속중개계약서 제2조 제1항 제3호).

Professor Comment

사회통념에 비추어 상당하다고 인정되는 비용이란 중개대상물의 광고비나 매각활동을 위한 교통비, 조사비 등 중개대상물의 거래를 위한 각종 중개활동에 직접적으로 소요되는 비용으로 해석되며, 이에 따른 간접비용(사무소 유지비나 인건비 등)과 접대비 등은 포함되지 않는 것으로 보인다.

4 의무위반의 벌칙

(1) 전속중개계약서의 작성의무, 보관의무, 정보공개의무

중개의뢰인이 원하더라도 개업공인중개사가 반드시 전속중개계약을 체결해야 하는 것은 아니나, 전속중개계약을 체결할 경우에는 법령에서 정한 전속중개계약서 작성의무와 보관의무, 정보공개의무를 이행해야 한다.

(2) 상대등록취소(재량취소)

1) 만약 개업공인중개사가 제23조 제3항의 규정을 위반하여 중개대상물에 관한 정보를 공개하지 아니하거나 중개의뢰인의 비공개요청에도 불구하고 정보를 공개한 경우에는 등록관청은 중개사무소의 개설등록을 취소할 수 있다(법 제38조 제2항 제6호).

2) 중개대상물에 관한 정보를 공개하지 아니한 경우에는 등록관청은 등록을 취소(임의취소)할 수 있다(법 제38조 제2항 제6호).

(3) 업무정지

전속중개계약서를 사용하지 아니하거나 이를 보존하지 아니한 경우에는 6개월 이하의 업무정지에 처할 수 있다(법 제39조 제1항 제3호).

단락핵심 전속중개계약

(1) 전속중개계약기간이 끝난 다음날 개업공인중개사가 중개를 완성시켜 거래계약을 체결한 경우 개업공인중개사는 중개의뢰인에 대하여 중개보수청구권을 갖는다.
(2) 전속중개계약체결시 전속중개계약서를 사용하지 아니한 경우 등록관청은 업무정지를 명할 수 있다.
(3) 전속중개계약의 유효기간은 3월이 원칙이나, 계약당사자 간의 다른 약정이 있으면 그 약정에 따른다.
(4) 개업공인중개사가 전속중개계약을 체결하고자 하는 때에는 국토교통부령이 정하는 전속중개계약서를 사용하여야 하며, 그 계약서를 3년간 보존하여야 한다.
(5) 개업공인중개사가 전속중개계약을 체결한 경우에는 7일 이내에 부동산거래정보망에 당해 중개대상물에 관한 정보를 공개하거나 일간신문에 광고하여 공개하여야 한다.
(6) 의뢰인과 개업공인중개사 모두 전속중개계약을 체결할 의무는 없다.

단락문제 Q48

제18회 기출

부동산 중개계약에 관한 내용 중 틀린 것은?

① 개업공인중개사 A는 매도의뢰인 B와 5개월간의 전속중개계약을 체결하였고, B의 요청에 의하여 중개대상물에 대한 정보를 비공개로 하기로 하였다.
② 개업공인중개사 C는 중개의뢰인 D와 일반중개계약서를 작성하였고, 그 계약서에 거래예정가격에 대한 중개보수를 기재하였다.
③ 등록관청은 국토교통부령에서 정하고 있는 전속중개계약서에 의하지 아니하고 전속중개계약을 체결하였다는 이유로 개업공인중개사 E에게 3월의 업무정지를 명하였다.
④ 개업공인중개사가 전속중개계약을 체결한 때에는 당해 계약서를 3년 동안 보존하여야 한다.
⑤ 개업공인중개사가 임대차를 위한 전속중개계약을 체결할 때 중개대상물의 거래예정금액 및 공시지가는 필수적 정보공개대상에 해당된다.

해설 임대차를 위한 전속중개계약 체결 시 정보공개대상 등

① 개업공인중개사는 전속중개계약을 체결한 때에는 부동산거래정보망 또는 일간신문에 당해 중개대상물에 관한 정보를 공개하여야 한다. 다만, 중개의뢰인이 비공개를 요청한 경우에는 이를 공개하여서는 아니 된다(법 제23조 제3항).
② 중개의뢰인은 중개의뢰내용을 명확하게 하기 위하여 필요한 경우에는 개업공인중개사에게 다음의 사항을 기재한 일반중개계약서의 작성을 요청할 수 있다(법 제22조).
  ㉠ 중개대상물의 위치 및 규모
  ㉡ 거래예정가격
  ㉢ 거래예정가격에 대한 중개보수
  ㉣ 그 밖에 개업공인중개사와 중개의뢰인이 준수하여야 할 사항
③ 이 경우 등록관청은 6월의 범위 안에서 기간을 정하여 업무의 정지를 명할 수 있다(법 제39조 제1항 제3호).
⑤ 임대차의 경우에는 공시지가를 공개하지 아니할 수 있다(영 제20조 제2항 제7호).

정답 ⑤

제1편 공인중개사법령

03 부동산거래정보망의 지정 ★★★ 10·14·추가15·17·18·19·24·27·30·35회 출제

Professor Comment
부동산거래정보망(제24조)은 정보화시대의 대두로 그 필요성이 점차 높게 인정되고 있는 부문으로 전속중개계약제도와 연관 지어 이해해야 한다.

1 부동산거래정보사업자 지정제도 22회 출제

국토교통부장관은 개업공인중개사 상호간에 부동산매매 등에 관한 정보의 공개와 유통을 촉진하고 공정한 부동산거래질서를 확립하기 위하여 부동산거래정보망(不動産去來情報網)을 설치·운영할 자를 지정할 수 있다(법 제24조 제1항).

(1) 부동산거래정보망   부동산거래정보망이란 개업공인중개사 상호간에 중개대상물의 중개에 관한 정보를 교환하는 체계를 말한다.

(2) 지정대상   법 제24조 제1항을 검토해보면 국토교통부장관이 지정하는 것은 '부동산거래정보망을 설치·운영할 자'로서, 부동산거래정보망 자체를 지정하는 것은 아님을 알 수 있다.

Professor Comment
국토교통부장관으로부터 부동산거래정보망을 설치·운영할 자로 지정받은 자는 법령의 규정에 따라 부동산거래정보망을 설치·운영해야 한다고 해석된다.

(3) 지정목적
1) 국토교통부장관이 부동산거래정보망을 설치·운영할 자를 지정하는 것은 개업공인중개사 상호 간에 부동산매매 등에 관한 정보의 공개와 유통을 촉진하고 공정한 부동산거래질서를 확립하기 위한 것이다(법 제24조 제1항).

부동산거래정보망

① 개업공인중개사 상호 간의 부동산 정보교환 체계이다.
② 부동산거래정보망의 설치·운영은 '거래정보사업자'가 한다.
③ 거래정보사업자는 국토교통부장관이 지정한다.

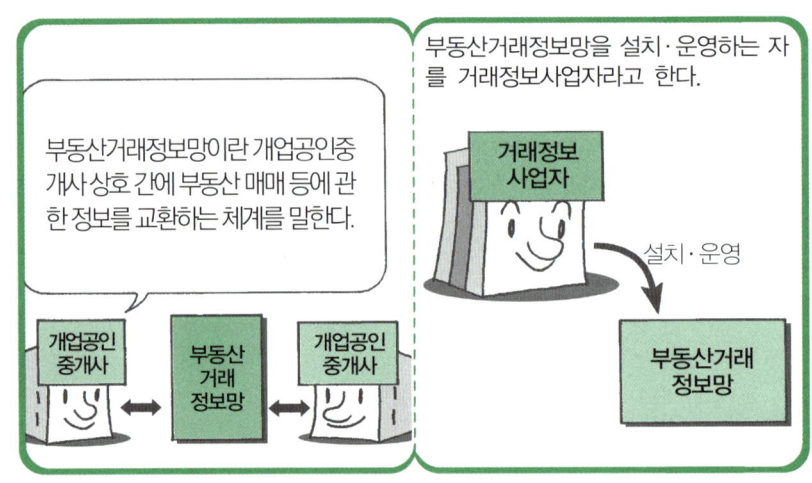

제3장 중개업

> 중개의뢰인이 아님

2) **개업공인중개사** 상호 간에 중개대상물의 중개에 관한 정보를 교환하는 체계인 부동산거래 정보망의 조기 활성화와 공익성을 도모하기 위하여, 국토교통부장관이 정하는 일정한 기준에 만족하는 자를 거래정보사업자로 지정함으로써, 개업공인중개사 상호 간에 부동산매매 등에 관한 정보의 공개와 유통을 촉진하고 공정한 부동산거래질서를 확립하는 목적을 달성하려는 것이다.

(4) 지정의 임의성

1) 부동산거래정보망을 지정받지 못한 자도 설치·운영

   ① 「공인중개사법」에서는 부동산거래정보망을 설치·운영할 자를 지정하는 제도는 마련하였으나, 지정을 받지 못한 자가 부동산거래정보망을 설치·운영하지 못하도록 하는 규정은 마련하고 있지 않다.

   ② 따라서 부동산거래정보망은 국토교통부장관의 지정을 받지 못한 자도 설치·운영을 할 수 있으며, 실제 수도권을 중심으로 지정을 받지 못한 부동산거래정보망사업자들이 부동산거래정보망을 설치·운영하고 있다.

2) 예외

   다만, 전속중개계약을 체결한 개업공인중개사가 정보를 공개할 부동산거래정보망과 부칙에 의한 개업공인중개사가 다른 시·도지역의 중개대상물을 중개할 경우 이용해야 하는 부동산거래정보망은 국토교통부장관의 지정을 받은 거래정보사업자가 설치·운영하는 부동산거래정보망을 의미한다는 점에 유의해야 한다(법 제23조 제3항 및 법 부칙 제6조 제6항 단서 참조).

단락문제 Q49   제14회 기출

거래정보사업자에 관한 설명 중 틀린 것은?

① 거래정보사업자는 「전기통신사업법」의 규정에 의하여 부가통신사업자 중에서 국토교통부령이 정하는 요건을 갖추어야 한다.
② 거래정보사업자는 개업공인중개사로부터 중개대상물의 등록을 받아 중개의뢰인에게 정보를 공개하여야 한다.
③ 거래정보사업자는 정보처리기사 1인 이상과 공인중개사 1인 이상을 확보하여야 한다.
④ 거래정보사업자는 개업공인중개사로부터 의뢰받은 정보에 한하여 이를 공개하여야 한다.
⑤ 거래정보사업자는 정당한 이유가 없는 한 지정받은 날로부터 1년 이내에 부동산거래정보망을 설치·운영하여야 한다.

해설 거래정보사업자(중개의뢰인에게 정보공개 여부)
국토교통부장관은 개업공인중개사 상호간에 부동산매매 등에 관한 정보의 공개와 유통을 촉진하고 공정한 부동산거래질서를 확립하기 위하여 부동산거래정보망을 설치·운영할 자를 지정할 수 있는 것으로(법 제24조 제1항), 중개의뢰인에게 정보를 공개할 수 없는 것으로 판단된다.

정답 ②

제1편 공인중개사법령

2 거래정보사업자 지정신청 21·31회 출제

거래정보사업자로 지정을 받을 수 있는 자는 「전기통신사업법」의 규정에 의한 부가통신사업자(附加通信事業者)로서 국토교통부령이 정하는 요건을 갖춘 자로 한다(법 제24조 제2항).

(1) 지정요건

1) 지정요건 내용

법 제24조 제1항의 규정에 의한 부동산거래정보망을 설치·운영할 자로 지정받으려는 자는 다음의 요건을 갖추어야 한다(규칙 제15조 제2항).

① 부동산거래정보망의 가입·이용신청을 한 개업공인중개사의 수가 500명 이상이고 2개 이상의 특별시·광역시·도 및 특별자치도(이하 "시·도"라 함)에서 각각 30인 이상의 개업공인중개사가 가입·이용신청을 하였을 것
② 정보처리기사 1명 이상을 확보할 것
③ 공인중개사 1명 이상을 확보할 것
④ 부동산거래정보망의 가입자가 이용하는 데 지장이 없는 정도로서 국토교통부장관이 정하는 용량 및 성능을 갖춘 컴퓨터설비를 확보할 것

Professor Comment
거래정보망 가입대상자는 개업공인중개사뿐이다. 소속공인중개사나 중개보조원은 가입하지 못한다.

2) 개인 또는 법인 14회 출제 → 법인인 개업공인중개사는 정보망을 운영할 수 없음

상기 지정요건을 감안할 때 국토교통부장관의 지정을 받을 수 있는 거래정보사업자는 **개업공인중개사가 아니다**. 또한 지정을 받기 위해서는 반드시 법인이어야 하는 것이 아니므로 개인도 상기 요건만 갖추면 지정을 받을 수 있다(국토교통부 전자민원 2000.9.9. 회신 제29624호 참조).

(2) 지정신청 서면제출

법 제24조 제1항의 규정에 따라 부동산거래정보망을 설치·운영할 자로 지정받으려는 자는 [별지 제16호 서식]의 거래정보사업자지정신청서에 다음의 서류를 첨부하여 국토교통부장관에게 제출하여야 한다(규칙 제15조 제1항).

1) 제2항 제1호의 규정에 따른 수 이상의 개업공인중개사로부터 받은 [별지 제17호 서식]의 부동산거래정보망가입·이용신청서 및 그 개업공인중개사의 중개사무소 등록증 사본
2) 정보처리기사 자격증 사본
3) 공인중개사 자격증 사본
4) 주된 컴퓨터의 용량 및 성능 등을 확인할 수 있는 서류
5) 「전기통신사업법」에 따라 부가통신사업신고서를 제출하였음을 확인할 수 있는 서류

> **Wide** 법인등기사항증명서 확인
>
> 담당공무원은 행정정보의 공동이용을 통하여 법인등기사항증명서(신청인이 법인인 경우)를 확인하여야 한다.

(3) 지정서 교부

1) 국토교통부장관은 지정신청을 받은 때에는 지정신청을 받은 날부터 30일 이내에 이를 검토하여 지정기준에 적합하다고 인정되는 경우에는 거래정보사업자로 지정하고, 다음의 사항을 [별지 제18호 서식]의 거래정보사업자지정대장에 기재한 후에 [별지 제19호 서식]의 거래정보사업자지정서를 교부하여야 한다(규칙 제15조 제3항).
   ① 지정 번호 및 지정 연월일
   ② 상호 또는 명칭 및 대표자의 성명
   ③ 사무소의 소재지
   ④ 주된 컴퓨터설비의 내역
   ⑤ 전문자격자의 보유에 관한 사항

2) 거래정보사업자 지정대장은 전자적 처리가 불가능한 특별한 사유가 없으면 전자적 처리가 가능한 방법으로 작성·관리하여야 한다.

▼ 거래정보사업자 지정절차

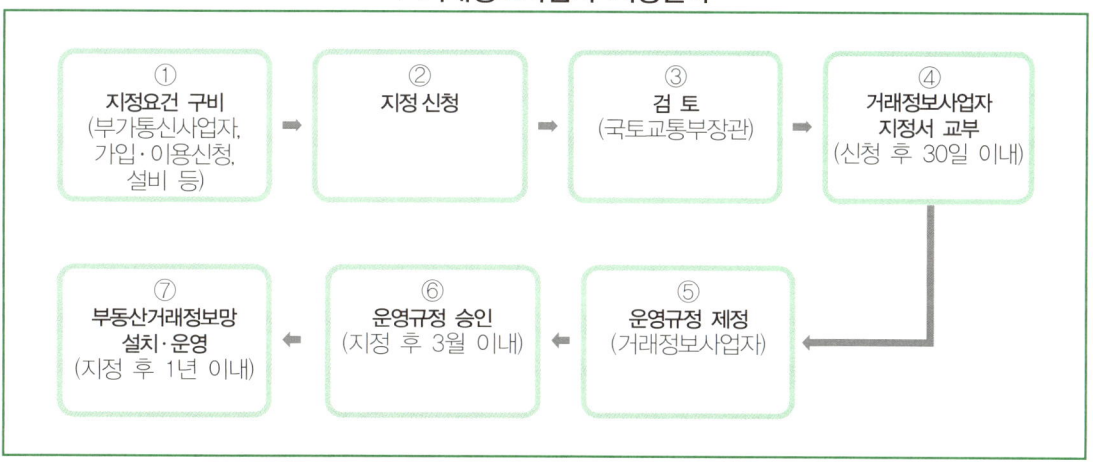

제1편 공인중개사법령

단락문제 Q50
제32회 기출

부동산거래정보사업에 관한 설명으로 옳은 것은?

① 거래정보사업자는 개업공인중개사 1인 이상과 정보처리기사 1인 이상을 확보하여야 한다.
② 거래정보사업자로 지정받은 자는 운영규정을 정하여 시·도지사의 승인을 얻어야 한다.
③ 거래정보사업자의 지정 및 취소권자는 국토교통부장관이며 취소처분 시에는 청문을 거쳐야 한다.
④ 거래정보사업자는 중개의뢰인으로부터 의뢰받은 중개대상물의 정보에 한하여 이를 공개하여야 하며, 어떠한 방법으로든지 개업공인중개사에 따라 정보가 차별적으로 공개되도록 하여서는 아니 된다.
⑤ 전속중개계약일 경우에만 부동산거래정보망에 올릴 수 있다.

해설 부동산거래정보사업
① 거래정보사업자 지정요건에는 '공인중개사 1인 이상을 확보하는 것(규칙 제15조 제2항 제3호)'이 포함되나, 개업공인중개사를 1인 이상 확보하는 것은 포함되지 않는다.
② 제1항의 규정에 의하여 지정을 받은 자는 지정받은 날부터 3월 이내에 부동산거래정보망의 이용 및 정보제공방법 등에 관한 운영규정을 정하여 국토교통부장관의 승인을 얻어야 한다. 이를 변경하고자 하는 때에도 또한 같다(법 제24조 제3항).
④ 거래정보사업자는 개업공인중개사로부터 공개를 의뢰받은 중개대상물의 정보에 한하여 이를 부동산거래정보망에 공개하여야 한다(동조 제4항 전단).
⑤ 부동산거래정보망이란 개업공인중개사 상호간에 정보를 교환하는 체계로서, 반드시 전속중개계약일 경우에만 부동산거래정보망에 등록해야 한다는 규정은 없다.

정답 ③

단락문제 Q51
제32회 기출

공인중개사법령상 거래정보사업자지정대장 서식에 기재되는 사항이 아닌 것은?

① 지정 번호 및 지정 연월일
② 상호 또는 명칭 및 대표자의 성명
③ 주된 컴퓨터설비의 내역
④ 전문자격자의 보유에 관한 사항
⑤ 「전기통신사업법」에 따른 부가통신사업자번호

해설 거래정보사업자지정대장 서식에 기재되는 사항(규칙 제15조 제3항)
㉠ 지정 번호 및 지정 연월일
㉡ 상호 또는 명칭 및 대표자의 성명
㉢ 사무소의 소재지
㉣ 주된 컴퓨터설비의 내역
㉤ 전문자격자의 보유에 관한 사항

정답 ⑤

제3장 중개업

3 운영규정 29회 출제

제1항의 규정에 의하여 지정을 받은 자(이하 "거래정보사업자"라 함)는 지정받은 날부터 3월 이내에 부동산거래정보망의 이용 및 정보제공방법 등에 관한 운영규정(이하 "운영규정"이라 함)을 정하여 국토교통부장관의 승인을 얻어야 한다. 이를 변경하고자 하는 때에도 또한 같다(법 제24조 제3항).

(1) 운영규정의 제정 및 승인

1) **지정 승인**   지정을 받은 거래정보사업자(去來情報事業者)는 지정을 받은 날부터 3월 이내에 운영규정을 정하여 국토교통부장관의 승인을 얻어야 한다(법 제24조 제3항 전단).

2) **변경 승인**   거래정보사업자가 운영규정을 변경하고자 할 때에도 국토교통부장관의 승인을 얻어야 한다(법 제24조 제3항 후단).

(2) 운영규정의 내용

1) **의의**   운영규정이란 부동산거래정보망의 이용 및 정보제공방법 등에 관한 사항을 정한 거래정보사업자의 이용약관을 의미한다(법 제24조 제3항 참조).

부동산거래정보망 운영규정의 제정 및 승인

| 거래정보사업자로 지정된 경우 지정받은 날부터 3월 이내에 운영규정을 정하여 국토교통부장관의 승인을 받아야 한다. | 운영규정에는 5가지 사항이 반드시 기재되어야 하며 그 사항에는 첫째, 부동산거래정보망에의 등록절차 | 둘째, 자료의 제공 및 이용방법에 관한 사항 |

| 셋째, 가입자에 대한 회비 및 그 징수에 관한 사항 | 넷째, 거래정보사업자 및 가입자의 권리·의무에 관한 사항 | 다섯째, 그 밖에 당해 부동산거래정보망의 이용에 관하여 필요한 사항이다. |

제1편 공인중개사법령

2) 운영규정의 사항(규칙 제15조 제4항)
운영규정에는 다음의 사항을 정하여야 한다.
① 부동산거래정보망에의 등록절차
② 자료의 제공 및 이용방법에 관한 사항
③ 가입자에 대한 회비 및 그 징수에 관한 사항
④ 거래정보사업자 및 가입자의 권리·의무에 관한 사항
⑤ 그 밖에 부동산거래정보망의 이용에 관하여 필요한 사항

단락문제 052
제23회 기출

공인중개사법령상 부동산거래정보망의 지정 및 이용에 관한 설명으로 틀린 것은?
① 국토교통부장관은 부동산거래정보망을 설치·운영할 자를 지정할 수 있다.
② 부동산거래정보망은 개업공인중개사 상호 간에 부동산 매매 등에 관한 정보의 공개와 유통을 촉진하고 공정한 부동산거래질서를 확립하기 위한 것이다.
③ 거래정보사업자는 지정받은 날부터 3월 이내에 부동산거래정보망의 운영규정을 정하여 지정권자의 승인을 얻어야 한다.
④ 거래정보사업자가 정당한 사유 없이 지정받은 날부터 1년 이내에 부동산거래정보망을 설치·운영하지 않은 경우 지정권자는 그 지정을 취소할 수 있다.
⑤ 부동산거래정보망에 중개대상물에 관한 거래의 중요한 정보를 거짓으로 공개한 개업공인중개사는 500만원 이하의 과태료에 처한다.

해설 부동산거래정보망
부동산거래정보망에 중개대상물에 관한 거래의 중요한 정보를 거짓으로 공개한 개업공인중개사는 업무정지를 명할 수 있다(법 제39조 제1항 제4호).   **정답** ⑤

4 거래정보사업자의 의무

거래정보사업자는 지정받은 날부터 1년 이내에 정보망을 운영하여야 한다. 또한 거래정보사업자는 개업공인중개사로부터 공개를 의뢰받은 중개대상물의 정보에 한하여 이를 부동산거래정보망에 공개하여야 하며, 의뢰받은 내용과 다르게 정보를 공개하거나 어떠한 방법으로든지 개업공인중개사에 따라 정보가 차별적으로 공개되도록 하여서는 아니 된다(법 제24조 제4항).
→ 지정취소

(1) 운영의무
거래정보사업자는 거래정보사업자 지정을 받은 날부터 1년 이내에 정보망을 운영하여야 한다. 이를 위반한 경우 지정이 취소될 수 있다.

(2) 개업공인중개사로부터 의뢰받은 정보공개

1) 거래정보사업자는 부동산거래정보망을 통하여 개업공인중개사로부터 의뢰받은 중개대상물의 정보만을 공개(公開)하여야 한다(법 제24조 제4항 전단).

2) 이 규정에 의거 거래정보사업자는 부동산거래정보망에 개업공인중개사로부터 의뢰받지 않은 중개대상물의 정보를 공개할 수 없다.

Professor Comment
거래정보사업자가 직접 개인으로부터 매각을 의뢰받은 중개대상물정보를 부동산거래정보망을 통해 공개하는 것은 불법이며, 개업공인중개사가 아닌 자가 부동산거래정보망을 통해 거래대상물의 정보를 등록하는 것도 허용되지 않을 것으로 보인다.

(3) 의뢰받은 내용과 다르게 공개금지

1) 거래정보사업자는 개업공인중개사로부터 의뢰받은 중개대상물의 정보를 의뢰받은 내용과 다르게 공개(公開)하여서는 아니 된다(법 제24조 제4항 후단).

2) 거래정보사업자는 반드시 개업공인중개사로부터 의뢰받은 중개대상물의 정보를 의뢰받은 그대로 등록해야 하는 것으로, 의뢰받은 정보를 변경하여 공개할 수 없다.

Professor Comment
개업공인중개사가 등록한 정보 중 자신과 가까운 개업공인중개사에게 유리하도록 정보를 변경한다든지, 자신과 적대적인 개업공인중개사의 정보를 훼손한다든지 하는 행위는 위법한 것으로 보인다.

(4) 개업공인중개사별로 차별공개금지

1) **의의**   거래정보사업자는 어떠한 방법으로든지 개업공인중개사에 따라 정보가 차별적으로 공개되도록 하여서는 아니 된다(법 제24조 제4항).

2) **정보가 차별적으로 공개된다는 의미**
'정보가 차별적으로 공개'된다는 것은 거래정보사업자가 특정한 개업공인중개사의 거래정보망 이용을 배제하거나, 특정 개업공인중개사가 다른 개업공인중개사보다 적은 정보만을 획득하게 하는 경우 혹은 특정 개업공인중개사의 정보는 다른 개업공인중개사들에게 공개되지 않도록 하는 경우 등을 의미한다.

제1편 공인중개사법령

5 개업공인중개사의 의무 23회 출제

개업공인중개사는 부동산거래정보망에 중개대상물에 관한 정보를 거짓으로 공개하여서는 아니 되며, 당해 중개대상물의 거래가 완성된 때에는 지체 없이 이를 당해 거래정보사업자에게 통보하여야 한다(법 제24조 제7항).
→ 업무정지

Professor Comment
이 규정은 부동산거래정보망에 수록된 중개대상물정보의 정확성을 유지하기 위한 제도적인 장치로서, 정보망에 거래될 수 없는 허위정보나 이미 계약되어 효용이 상실된 정보들이 방치될 경우 부동산거래정보망의 실효성이 크게 저하되기 때문이다.

(1) 거짓 정보 공개금지

부동산거래정보망을 이용하는 개업공인중개사는 부동산거래정보망에 중개대상물에 관한 정보를 거짓으로 공개하여서는 아니 된다(법 제24조 제7항 전단).

(2) 거래완성사실 통보의무

1) 부동산거래정보망을 이용하는 개업공인중개사는 자신이 거래정보망에 공개한 중개대상물의 거래가 완성된 때에는 이를 지체 없이 당해 거래정보사업자에게 통보하여야 한다(법 제24조 제7항).

2) 중개대상물이 거래가 이루어져 정보로서의 효용가치가 상실될 경우 당연히 부동산거래정보망에서 삭제되어야 하는 것으로, 중개대상물의 거래가 완성되었다는 사실은 해당 정보를 공개한 개업공인중개사만 알 수 있으므로, 거래된 중개대상물 정보를 거래정보사업자에게 통보하도록 규정하고 있다.

제3장 중개업

단락핵심 부동산거래정보망

(1) 부동산거래정보망을 설치·운영할 자로 지정받으려는 자는 신청서류를 국토교통부장관에게 제출하여야 한다.
(2) 부동산거래정보망은 개업공인중개사 상호 간 부동산매매 등에 관한 정보의 공개와 유통을 촉진시키려는 제도이다.
(3) 전속중개계약을 체결한 개업공인중개사와 일반중개계약을 체결한 개업공인중개사는 부동산거래정보망에 가입하면 차별 없이 이용할 수 있다.
(4) 개업공인중개사는 중개대상물의 거래가 완성된 때에는 지체없이 이를 당해 거래정보사업자에게 통보하여야 한다.
(5) 거래정보사업자는 개업공인중개사로부터 공개를 의뢰받은 중개대상물의 정보에 한하여 이를 부동산거래정보망에 공개하여야 하며, 의뢰받은 내용과 다르게 정보를 공개하거나 어떠한 방법으로든지 개업공인중개사에 따라 정보가 차별적으로 공개되도록 하여서는 아니 된다.
(6) 국토교통부장관은 부동산거래정보망을 설치·운영할 자를 지정할 수 있다.
(7) 거래정보사업자로 지정받기 위해서는 공인중개사 1인 이상, 정보처리기사 1인 이상을 확보하여야 한다.
(8) 개업공인중개사가 부동산거래정보망에 중개대상물에 관한 정보를 허위로 공개한 경우에는 6월 범위 안에서 업무정지처분을 받을 수 있다.
(9) 부동산거래정보망을 설치·운영할 자로서 지정을 받을 수 있는 자는 「전기통신사업법」에 의하여 부가통신사업자로서 신고한 자이어야 한다.
(10) 거래정보사업자지정신청서에 부가통신사업자의 주된 컴퓨터 설비의 내역을 기재해야 한다.
(11) 거래정보사업자 지정의 절차와 운영규정에 정할 내용은 국토교통부령으로 정한다.
(12) 거래정보사업자는 개업공인중개사로부터 의뢰받은 중개대상물의 정보를 공개하여야 한다.
(13) 개업공인중개사가 중개의뢰인과 일반중개계약을 체결한 경우는 부동산거래정보망에 중개대상물에 관한 정보를 공개할 의무에 대한 명문규정은 없다.
(14) 거래정보사업자가 승인받아야 하는 부동산거래정보망의 이용 및 정보제공방법 등에 관한 운영규정에는 가입자에 대한 회비 및 그 징수에 관한 사항을 정하여야 한다.

04 부동산거래정보망을 통한 공동중개 ★   추가15회 출제

1 부동산거래정보망의 기능

(1) 부동산시장 형성기능

거래정보망을 통해 공개된 각종 중개대상물의 중개에 관한 정보(이하 "매물정보"라고 함)가 축적되고, 매수중개의뢰를 받은 개업공인중개사는 이들 매물정보를 열람하여 중개활동에 이용하는 등 거래정보망은 각종 부동산매물과 구입 개업공인중개사가 모인 시장역할을 하게 된다. 이런 시장의 기능은 이용하는 개업공인중개사와 매물량에 따라 그 기능이 더욱 커지게 된다.

(2) 부동산가격 조정기능

1) 거래정보망에는 각종 부동산매물들에 대한 정보가 축적되므로 이들 정보와 유사한 조건을 가진 매물정보들은 서로 비교가 가능하게 되어, 매수의뢰를 받은 개업공인중개사 대부분은 가장 낮은 가격의 매물을 우선 알선하게 된다.
2) 따라서 남들보다 빨리 부동산을 매각하려는 사람은 다른 부동산 가격보다 낮은 가격으로 매도를 원하게 되는 등 가격경쟁이 이루어지게 되어 적정한 부동산가격이 형성되는 효과가 발생된다.

(3) 부동산정보 공급기능

1) 부동산거래정보망은 컴퓨터통신망으로 구성되어 대용량의 정보를 빠른 시간 내에 수집하고 제공할 수 있다. 수십만 건에 달하는 매물정보와 같은 대용량의 정보는 정보통신망을 통해 제공할 수밖에 없는 것이다.
2) 이와 같이 거래정보망은 개업공인중개사들에게 빠르고 다양한 정보를 접할 수 있는 기회를 부여하게 된다. 또한, 수록된 매물정보를 가공하여 거래동향이나 시세, 부동산경기의 현황과 전망 등 고급정보를 개업공인중개사들에게 독점적으로 공급할 수 있다.

(4) 개업공동체 형성

1) 부동산거래정보망은 개업공인중개사만을 위해 만들어진 제도로서 점차 개업공인중개사들의 사용빈도가 늘어남에 따라 매물정보 이외의 각종 정보와 의견들도 교환되고, 이런 일련의 과정을 통해서 자연스럽게 개업공인중개사들만의 공동체가 형성될 수 있다.
2) 또한, 거래정보망을 통해서 수집할 수 있는 다양한 매물정보나 경기동향, 기타 정보는 개업공인중개사 이외에는 접할 수 없는 독점공급 체제가 이루어진다. 이에 따라 개업공인중개사의 전문성이 크게 높아질 것이다.

2 부동산거래정보망을 통한 중개업무절차 15회 출제

(1) 중개의뢰
토지나 건물 등 부동산의 권리이전중개의뢰인이 개업공인중개사에게 중개를 의뢰한다(전속중개계약 혹은 일반중개계약 체결).

(2) 중개대상물의 정보입력
권리이전중개의뢰를 받은 매도인측 개업공인중개사는 거래정보망 주전산기에 PC를 이용해 중개대상물에 관한 각종 정보를 입력한다.

(3) 매수중개계약체결
권리취득중개의뢰인과 개업공인중개사가 매수중개계약을 체결한다(전속 혹은 일반중개계약).

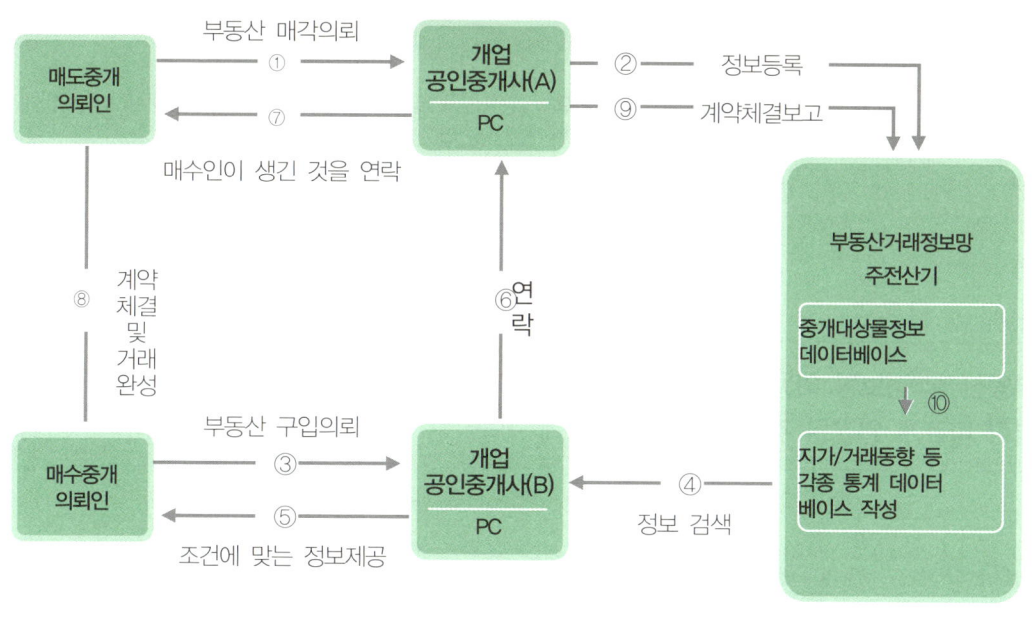

▼ 부동산거래정보망과 중개업무 흐름도

(4) 매수조건과 일치하는 정보검색
매수인측 개업공인중개사는 PC를 이용해 거래정보망 주전산기에 등록된 각종 중개대상물 정보 중 매수조건과 일치하는 정보를 검색한다.

(5) 중개대상물의 정보제공과 매수의사 확인
매수인측 개업공인중개사는 권리취득중개의뢰인에게 해당 중개대상물에 대한 정보를 제공하고, 매수의사를 확인한다.

(6) 매도인측 개업공인중개사에게 매수인이 생긴 것을 연락
매수인측 개업공인중개사는 매도인측 개업공인중개사에게 매수인이 생긴 것을 연락한다.

(7) 매도인에게 매수인이 생긴 것을 연락
연락을 받은 매도인측 개업공인중개사는 매도인에게 매수인이 생긴 것을 연락한다.

(8) 거래계약서 작성
매도인 및 매수인과 양측의 개업공인중개사가 만나 거래계약서를 작성하고 거래가 완성된다.

(9) 거래정보사업자에게 거래완성사실 통보
매도인측 개업공인중개사는 거래정보사업자에게 거래된 중개대상물에 대한 거래완성사실을 통보한다.

제1편 공인중개사법령

(10) 중개대상물정보의 삭제와 각종 통계자료작성

거래정보망에서는 계약체결 보고된 중개대상물정보를 삭제하고 기타 각종 통계자료를 작성한다.

Professor Comment
매매계약이 체결되어 중개가 완성되면 중개보수는 별도의 약정이 없는 한 매도인측 개업공인중개사는 매도인에게 청구하게 되며, 매수인측 개업공인중개사는 매수인에게 청구한다.

단락문제 Q 53

제15회 기출 개작

부동산거래정보망 이용체계도를 나타낸 것이다. ( ) 안에 번호 순서대로 들어갈 내용이 가장 바르게 연결된 것은?

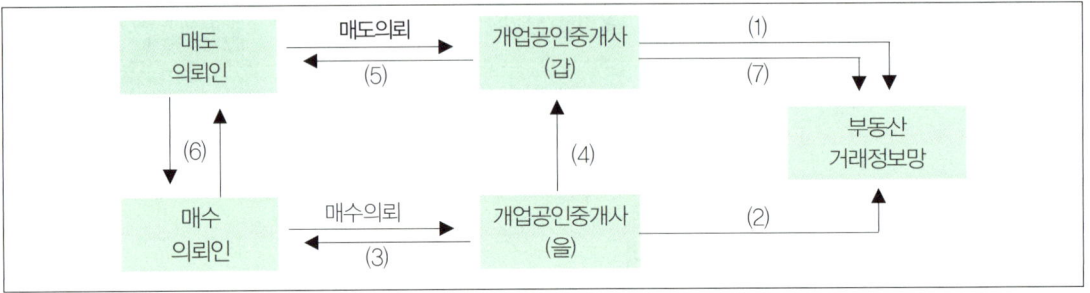

① 정보공개 → 매수조건에 맞추어 검색 → 매수인 발생통보 → 매수인 발생통보 → 물건소개 → 거래완성 → 거래사실통보
② 정보공개 → 매수조건에 맞추어 검색 → 물건소개 → 매수인 발생통보 → 거래완성 → 매수인 발생통보 → 거래사실통보
③ 정보공개 → 매수조건에 맞추어 검색 → 물건소개 → 매수인 발생통보 → 매수인 발생통보 → 거래완성 → 거래사실통보
④ 매수조건에 맞추어 검색 → 정보공개 → 물건소개 → 매수인 발생통보 → 매수인 발생통보 → 거래완성 → 거래사실 통보
⑤ 정보공개 → 매수조건에 맞추어 검색 → 물건소개 → 매수인 발생통보 → 매수인 발생통보 → 거래사실통보 → 거래완성

해설 부동산거래정보망의 이용순서
물건의 매도의뢰 → 정보공개 → 물건의 매수의뢰 → 매수조건에 맞추어 검색 → 적합한 물건소개 → 매수인 발생통보(매수인측 개업공인중개사 → 매도인측 개업공인중개사) → 매수인 발생통보(매도인측 개업공인중개사 → 매도의뢰인) → 거래성립 → 거래사실통보 순(順)으로 이루어진다.

정답 ③

05 「독점규제 및 공정거래에 관한 법률」에 의한 부당경쟁 제한

1 사업자단체의 금지행위

(1) 사업자단체는 다음에 해당하는 행위를 하여서는 아니 된다(법 제26조).
1) 제19조(부당한 공동행위의 금지) 제1항 각호의 행위에 의하여 부당하게 경쟁을 제한하는 행위
2) 일정한 거래분야에 있어서 현재 또는 장래의 사업자수를 제한하는 행위
3) 구성사업자(사업자단체의 구성원인 사업자를 말한다. 이하 같다)의 사업내용 또는 활동을 부당하게 제한하는 행위
4) 사업자에게 제23조(불공정거래행위의 금지) 제1항 각호의 1의 규정에 의한 불공정거래행위 또는 제29조(재판매가격유지행위의 제한)의 규정에 의한 재판매가격유지행위를 하게 하거나 이를 방조하는 행위

(2) 지침의 제정 고시
1) 공정거래위원회는 부당경쟁금지 규정에 위반하는 행위를 예방하기 위하여 필요한 경우 사업자 단체가 준수하여야 할 지침을 제정·고시할 수 있다.
2) 공정거래위원회는 지침을 제정하고자 할 경우에는 관계행정기관의 장의 의견을 들어야 한다.

2 시정조치

공정거래위원회는 제26조(사업자단체의 금지행위)의 규정에 위반하는 행위가 있을 때에는 당해 사업자단체(필요한 경우 관련 구성사업자를 포함)에 대하여 당해 행위의 중지, 시정명령을 받은 사실의 공표 기타 시정을 위한 필요한 조치를 명할 수 있다.

3 과징금

(1) 공정거래위원회는 제26조(사업자단체의 금지행위) 제1항 제1호를 위반하는 행위에 참가한 사업자에 대하여는 대통령령이 정하는 매출액에 100분의 10을 곱한 금액을 초과하지 아니하는 범위 안에서 과징금을 부과할 수 있다. 다만, 매출액이 없는 경우 등에는 40억원을 초과하지 아니하는 범위 안에서 과징금을 부과할 수 있다.
(2) 공정거래위원회는 제26조 제1항 제2호부터 제4호까지의 규정을 위반하는 행위에 참가한 사업자에 대하여는 대통령령으로 정하는 매출액에 100분의 4를 곱한 금액을 초과하지 아니하는 범위에서 과징금을 부과할 수 있다. 다만, 매출액이 없는 경우 등에는 10억원을 초과하지 아니하는 범위에서 과징금을 부과할 수 있다.

중개업

CHAPTER 03

· 경록 교재에 모든 답이 있습니다.

01 중개계약은 권리를 이전하고자 하는 자와 권리를 취득하고자 하는 자 사이에 체결되는 계약이다.

01. X
중개계약이라 함은 개업공인중개사와 중개의뢰인 간에 체결되는 계약으로, 중개의뢰인의 의뢰에 의하여 일정한 중개보수를 받고 중개대상물의 매매나 교환, 임대차등 권리의 득실·변경에 관한 행위를 알선해주는 것을 내용으로 하는 계약을 의미한다.

02 공동중개계약은 독점중개계약을 보완한 것으로서 개업공인중개사의 단체 또는 2인 이상의 개업공인중개사들의 공동활용에 의해 중개업무가 이루어지는 방식을 말하며, 우리나라에서 가장 많이 사용되고 있다.

02. X
공동중개계약은 독점중개계약을 보완한 측면도 있으나, 반드시 독점중개계약이 이루어지지 않아도 공동중개계약이 이루어질 수 있으며, 우리나라에서 가장 많이 사용되고 있는 중개계약방식은 일반중개계약이다.

03 일반중개계약서 작성 시 법정 서식을 사용하지 않을 경우 개업공인중개사는 6개월 이하의 업무정지처분을 받을 수 있다.

03. X
일반중개계약서 작성 청구권은 중개의뢰인에게 있으나, 개업공인중개사가 반드시 일반중개계약서를 작성해야 하는 것은 아니다. 그리고 일반중개계약서 작성 시에는 일반중개계약서를 사용해야 할 의무는 없다.

04 개업공인중개사가 전속중개계약서를 보존하여야 할 기간은 5년으로 한다.

04. X
개업공인중개사가 전속중개계약서를 보존하여야 할 기간은 3년으로 한다.

05 전속중개계약의 유효기간은 3개월로 하며, 당사자 간 약정에 의하여 그 기간을 연장할 수 있다.

05. O

06 개업공인중개사는 전속중개계약을 체결한 때에는 제24조의 규정에 의한 부동산거래정보망 또는 일간신문에 당해 중개대상물에 관한 정보를 공개하여야 한다.

06. O

07 거래사업자로 지정을 받을 수 있는 자는 「전기통신사업법」에 의한 부가통신사업자로 국토교통부령이 정하는 요건을 갖추어야 한다.

07. O

08 거래정보사업자는 지정을 받은 날부터 1년 이내에 부동산거래정보망의 운영규정을 정하여 국토교통부장관의 승인을 얻어야 한다. 이를 변경하고자 하는 경우에도 또한 같다.

08. X
거래정보사업자는 지정을 받은 날부터 3월 이내에 부동산거래정보망의 이용 및 정보제공 방법 등에 관한 운영규정을 정하여 국토교통부장관의 승인을 얻어야 한다. 이를 변경하고자 하는 경우에도 또한 같다(법 제24조 제3항).

09 거래정보사업자는 의뢰받은 내용과 다르게 정보를 공개하거나 어떠한 방법으로든지 개업공인중개사에 따라 정보가 차별적으로 공개되도록 하여서는 아니 된다.

09. O

제3장 중개업

12·14·15·16·17·18·25회 출제

제5절 중개대상물 확인·설명의무 및 거래계약서 작성의무

Professor Comment

① 중개대상물의 확인·설명의무는 개업공인중개사의 신의성실의무 등을 구체적이고 적극적으로 표현한 의무로서 총 8개의 의무로 세분될 수 있으므로, 각각의 상세의무에 대한 이해가 필요하다.
② 중개대상물의 확인·설명사항은 총 8가지로 각각의 확인·설명사항을 암기함은 물론 그 뜻을 명확히 이해해야 한다.
③ 중개대상물 확인·설명의무는 중개실무 중 중요한 부분을 차지하는 것으로, 중개실무부문과 연계하여 많은 문제가 출제됨을 유의해야 한다.

01 중개대상물 확인·설명의무   30회 출제

1 중개대상물 확인·설명의무의 내용   16·22회 출제

(1) 중개가 완성되기 전의 확인사항   → 계약체결 전

개업공인중개사는 중개를 의뢰받은 경우에는 중개가 완성되기 전에 다음의 사항을 확인하여 이를 당해 중개대상물에 관한 권리를 취득하고자 하는 중개의뢰인에게 성실·정확하게 설명하고, 토지대장등본·등기사항증명서 등 설명의 근거자료를 제시하여야 한다(법 제25조 제1항).

1) 당해 중개대상물의 상태·입지 및 권리관계
2) 법령의 규정에 의한 거래 또는 이용제한사항
3) 그 밖에 대통령령이 정하는 사항

(2) 개업공인중개사의 적극적 의무

개업공인중개사의 중개대상물에 대한 확인·설명의무는 개업공인중개사의 신의·성실·공정중개의무와 중개대상물의 거래상의 중요사항에 관하여 거짓된 언행 기타의 방법으로 중개의뢰인의 판단을 그르치게 하는 행위를 해서는 안 될 의무를 적극적이고 명시적으로 표현한 것이라고 볼 수 있다.

제1편 공인중개사법령

2 확인·설명 내용★★★ 16회 출제

(1) 확인·설명의 방법 19·26회 출제

개업공인중개사는 확인사항을 중개대상물에 관한 권리를 취득하고자 하는 중개의뢰인에게 성실·정확하게 설명하고, 토지대장등본·등기사항증명서 등 설명의 근거자료를 제시하여야 한다(법 제25조 제1항 후단). 이를 위반한 경우 500만원 이하의 과태료에 처한다.

1) 성실·정확한 설명의무

개업공인중개사는 확인사항을 중개대상물에 관한 권리를 취득하고자 하는 중개의뢰인에게 성실·정확하게 설명하여야 한다(법 제25조 제1항 후단). 개업공인중개사의 성실·정확한 설명이란, 중개대상물에 대한 객관적인 자료수집 등을 통하여 수집된 정확한 확인·설명사항을 거짓이나 숨김없이 설명해야 하는 것으로 해석된다.

중개대상물의 확인·설명

① 중개의뢰시부터 중개완성 전까지 확인·설명한다.
② 거래계약서 작성 시 확인·설명서를 작성하고 교부한다.

■ 확인·설명의 내용

1 중개대상 물건에 근저당이 설정된 경우

개업공인중개사(구 부동산중개업자)는 중개대상 물건에 근저당이 설정된 경우에는 그 채권최고액을 조사·확인하여 의뢰인에게 설명하면 족하고, 실제의 피담보채무액까지 조사·확인하여 설명할 의무까지 있다고 할 수는 없으나, 개업공인중개사가 이에 그치지 않고 실제의 피담보채무액에 관한 그릇된 정보를 제대로 확인하지도 않은 채 마치 그것이 진실인 것처럼 의뢰인에게 그대로 전달하여 의뢰인이 그 정보를 믿고 상대방과 계약에 이르게 되었다면, 개업공인중개사의 그러한 행위는 선량한 관리자의 주의로 신의를 지켜 성실하게 중개행위를 하여야 할 개업공인중개사의 의무에 위반된다(대판 1999.5.14. 98다30667).

2 개업공인중개사의 과실

개업공인중개사가 주택에 대한 임대권한이 없는 권리이전 중개의뢰인의 말만 믿고, 임차인에게 등기부상 소유자와 실제 소유자가 다르며 실제 소유자는 권리이전 중개의뢰인이라고 소개한 것에 대하여 개업공인중개사의 과실을 인정하여 임차인이 입은 손해를 배상해야 한다(서울지방법원 남부지원 1997.11.21. 97가합1434).

2) 근거자료

확인·설명서는 해당 안 됨 ◀

근거자료란 개업공인중개사가 확인한 사항을 권리취득 중개의뢰인에게 설명하기 위한 근거자료를 의미하는 것으로, 토지대장(임야대장)이나 건축물대장, 등기사항증명서(토지분, 건물분, 기타), 토지이용계획확인서 등이 포함되어야 할 것이다.

 Q54

제16회 기출

중개대상물의 확인·설명에 관한 내용 중 틀린 것은?

① 개업공인중개사가 중개의뢰를 받은 경우에는 거래당사자 쌍방에게 법령이 정하는 사항을 확인하여 서면으로 제시하고 성실·정확하게 설명하여야 한다.
② 개업공인중개사는 중개대상물의 확인 또는 설명을 위하여 필요한 경우에는 중개대상물의 매도의뢰인, 임대의뢰인 등에게 당해 중개대상물의 상태에 관한 자료를 요구할 수 있다.
③ 중개가 완성되어 거래계약서를 작성한 때에는 소정의 확인·설명사항을 서면으로 작성하여 거래당사자 쌍방에게 이를 교부하여야 한다.
④ 개업공인중개사는 거래당사자 쌍방에게 교부하는 중개대상물의 확인·설명서에 서명 및 날인하여야 한다.
⑤ 개업공인중개사가 확인·설명하여야 할 사항에는 당해 중개대상물에 관한 권리를 취득함에 따라 부담하여야 할 조세의 종류 및 세율도 포함된다.

해설 중개대상물의 확인·설명

개업공인중개사는 중개를 의뢰받은 경우에는 중개가 완성되기 전에 확인·설명사항을 확인하여 이를 당해 중개대상물에 관한 권리를 취득하고자 하는 중개의뢰인에게 성실·정확하게 설명하고, 토지대장등본·등기사항증명서 등 설명의 근거자료를 제시하여야 한다(법 제25조 제1항 참조).

정답 ①

(2) 개업공인중개사의 자료요구권

개업공인중개사는 확인 또는 설명을 위하여 필요한 경우에는 중개대상물의 매도의뢰인(賣渡依賴人)·임대의뢰인(賃貸依賴人) 등에게 당해 중개대상물의 상태에 관한 자료를 요구할 수 있다(법 제25조 제2항).

1) 자료요구 대상자

① **권리이전 중개의뢰인**
개업공인중개사가 자료를 요구할 수 있는 상대방은 매도의뢰인이나 임대의뢰인과 같은 권리를 이전하는 중개의뢰인으로 해석된다.

② 중개대상물의 상태에 관한 자료는 중개대상물의 소유자가 보유하고 있는 경우가 대부분으로, 개업공인중개사의 입장에서는 중개대상물의 소유자와 매도의뢰인이 다를 경우 소유자에게 자료를 요구해야 할 것이나, 이때 소유자는 매도중개계약의 당사자가 아니므로 자료요구의 상대방으로 중개계약의 당사자인 매도의뢰인이나 임대의뢰인과 같은 권리를 이전하는 중개의뢰인으로 해석된다.

2) 자료요구 불응사실 기재의무 [29회 출제]

① **중개대상물의 상태에 관한 자료요구에 불응한 경우**
개업공인중개사는 매도의뢰인·임대의뢰인 등이 법 제25조 제2항의 규정에 따른 중개대상물의 상태에 관한 자료요구에 불응한 경우에는 그 사실을 매수의뢰인·임차의뢰인 등에게 설명하고, 제3항의 규정에 따른 중개대상물확인·설명서에 기재하여야 한다(영 제21조 제2항).

② **대상물건의 상태에 관한 자료요구사항**
시행규칙 서식으로 정해져 있는 주거용 중개대상물확인·설명서(I)의 표지항목에서는 '대상물건의 상태에 관한 자료요구사항' 기입란을 제시하고 있으며, 같은 서식의 기재요령에서는 개업공인중개사가 중개대상물 확인·설명에 필요하여 매도(임대)의뢰인에게 ④~⑥번(비선호시설 제외) 항목에 관한 자료를 요구한 경우 이 난에 자료요구 내용 및 불응한 사실을 기재한다고 안내하고 있다.

Professor Comment
불응사실을 기재했다고 하여 개업공인중개사의 손해배상책임이 면제되는 것은 아니다.

(3) 주민등록증등의 제시요구권

개업공인중개사는 중개업무의 수행을 위하여 필요한 경우에는 중개의뢰인에게 주민등록증(모바일 주민등록증을 포함한다) 등 신분을 확인할 수 있는 증표를 제시할 것을 요구할 수 있다(법 제25조의2).

(4) 확인·설명할 사항　11·17·18·22·27회 출제

법 제25조 제1항에 따라 개업공인중개사가 확인·설명해야 하는 사항은 다음과 같다(영 제21조 제1항).

1) 중개대상물의 종류·소재지·지번·지목·면적·용도·구조 및 건축연도 등 중개대상물에 관한 기본적인 사항
2) 소유권·전세권·저당권·지상권 및 임차권 등 중개대상물의 권리관계에 관한 사항
3) 거래예정금액·중개보수 및 실비의 금액과 그 산출내역
4) 토지이용계획, 공법상의 거래규제 및 이용제한에 관한 사항
5) 수도·전기·가스·소방·열공급·승강기 및 배수 등 시설물의 상태
6) 벽면·바닥면 및 도배의 상태
7) 일조·소음·진동 등 환경조건
8) 도로 및 대중교통수단과의 연계성, 시장·학교와의 근접성 등 입지조건
9) 중개대상물에 대한 권리를 취득함에 따라 부담하여야 할 조세의 종류 및 세율
10) **주택임대차 중개시 설명사항**
    ① 임대인의 정보제시의무 및 보증금 중 일정액의 보호에 관한 사항
    ② 전입세대확인서의 열람 또는 교부에 관한 사항
    ③ 임대보증금에 관한 보증에 관한 사항(민간임대주택특별법에 의한 민간임대주택에 한함)
    ④ 관리비 금액과 산출내역

Wide　전속중개계약시 공개사항과 확인·설명사항

전속중개계약서 공개사항	확인·설명사항
① 중개대상물의 종류, 소재지, 지목 및 면적, 건축물의 용도·구조 및 건축년도 등 중개대상물을 특정하기 위하여 필요한 사항	① 중개대상물의 종류, 소재지, 지번, 지목, 면적, 용도, 구조 및 건축연도 등 당해 중개대상물에 관한 기본적인 사항
② 벽면 및 도배의 상태	② 소유권·전세권·저당권·지상권 및 임차권 등 중개대상물의 권리관계에 관한 사항
③ 수도·전기·가스·소방·열공급·승강기 설비, 오수·폐수·쓰레기처리시설 등의 상태	③ 거래예정금액, 중개보수 및 실비의 금액과 그 산출내역
④ 도로 및 대중교통수단과의 연계성, 시장·학교 등과의 근접성, 지형 등 입지조건, 일조·소음·진동 등 환경조건	④ 토지이용계획, 공법상 거래규제 및 이용제한에 관한 사항
⑤ 소유권·전세권·저당권·지상권 및 임차권 등 당해 중개대상물의 권리관계에 관한 사항. 다만, 각 권리자의 주소·성명 등 인적사항에 관한 정보는 공개하여서는 아니된다.	⑤ 수도·전기·가스·소방·열공급·승강기 및 배수 등 시설물의 상태
⑥ 공법상 이용제한 및 거래규제에 관한 사항	⑥ 벽면, 바닥면 및 도배의 상태
⑦ 거래예정금액 및 공시지가. 다만, 임대차의 중개대상물의 경우에는 공시지가를 공개하지 아니할 수 있다.	⑦ 일조·소음·진동 등 환경조건
	⑧ 도로 및 대중교통수단과의 연계성, 시장·학교와의 근접성 등 입지조건
	⑨ 중개대상물에 대한 권리를 취득함에 따라 부담하여야 할 조세의 종류 및 세율

제1편 공인중개사법령

■ 중개대상물에 대한 조사·확인

1 제반 사정에 비추어 부동산 중개인에게 거래계약서 재작성 시점에서의 중개대상물에 대한 확인·설명의무가 존재한다고 한 사례

부동산중개인이 중개의뢰인의 요구에 따라 잔금 지급일에 거래계약서를 재작성함에 있어 중개의뢰인의 확인 요청에 따라 그 시점에서의 제한물권 상황을 다시 기재하게 되었으면 중개대상물의 권리관계를 다시 확인하여 보거나 적어도 중개의뢰인에게 이를 확인하여 본 후 잔금을 지급하라고 주의를 환기시킬 의무가 있다(대판 2002.8.27. 2000다44904).

2 완공 전의 아파트에 대한 교환계약을 중개함에 있어 개업공인중개사의 조사확인 의무

개업공인중개사가 아파트의 교환계약을 중개함에 있어서 당시 위 아파트가 완공되기 전이어서 소유자가 누구인지에 대한 분쟁이 발생할 가능성이 크므로 공사계약서나 도급계약서의 제시를 요구하거나 재건축추진위원회에 문의하여 양도의뢰인이 과연 위 아파트의 분양예정자인지, 다른 분양예정자가 있는지 여부를 조사·확인할 의무가 있고, 그 결과 만일 위 아파트의 분양예정자가 양도의뢰인이 아닌 사실을 알게 되었다면 양수의뢰인에게 이를 고지함으로써 교환계약을 체결할 것인지 여부를 심사숙고할 기회를 주어야 한다(대판 2003.2.26. 2001다68990).

■ 기존 선순위 임차인의 계약기간 및 보증금등의 확인·설명 여부

개업공인중개사는 다가구주택의 일부에 대한 임대차계약을 중개함에 있어서 임대의뢰인에게, 그 다가구주택 내에 이미 거주해서 살고 있는 다른 임차인의 임대차계약내역 중 개인정보에 관한 부분을 제외하고 임대차보증금, 임대차의 시기와 종기 등에 관한 부분의 자료를 요구하여 이를 확인한 다음 임차의뢰인에게 설명하고 그 자료를 제시하여야 하며, 공인중개사법 시행규칙이 정한 위 서식에 따른 중개대상물 확인·설명서의 중개목적물에 대한 '실제 권리관계 또는 공시되지 아니한 물건의 권리사항'란에 그 내용을 기재하여 교부하여야 할 의무가 있다(대판 2012.1.26. 2011다63857).

단락핵심 확인·설명

(1) 개업공인중개사는 확인·설명을 위하여 필요한 경우 중개대상물의 매도의뢰인 등에서 당해 중개대상물의 상태에 관한 자료를 요구할 수 있다.
(2) 개업공인중개사가 확인·설명의무를 위반한 경우 500만원 이하의 과태료에 처하며, 확인·설명서 보존의무를 위반한 개업공인중개사는 업무정지처분의 대상이 된다.
(3) 거래예정금액은 개업공인중개사가 확인·설명할 사항이며, 중개대상물확인·설명서에 기재할 사항이다.
(4) 건물의 소재지는 건축물대장등본에 의거 확인하여 기재한다.

3 확인·설명서의 작성 및 보관 12·13·14·28회 출제

개업공인중개사는 중개가 완성되어 거래계약서를 작성하는 때에는 제1항의 규정에 의한 확인·설명사항을 대통령령이 정하는 바에 따라 서면으로 작성하여 거래당사자에게 교부하고 대통령령이 정하는 기간 동안 보존하여야 한다(법 제25조 제3항).

(1) 확인·설명서 서식 및 작성

1) 확인·설명사항의 서면 작성

개업공인중개사는 중개가 완성되어 **거래계약서를 작성하는** 때에는 제1항의 규정에 의한 확인·설명사항을 서면으로 작성해야 한다(법 제25조 제3항 전단). 이때의 '서면'이란 시행규칙 별지 제20호 서식으로 규정되어 있는 중개대상물확인·설명서를 의미한다(규칙 제16조).

→ 계약체결된 때

2) 확인·설명서 작성시기

개업공인중개사는 중개가 완성되어 거래계약서를 작성하는 때에는 확인·설명서를 작성해야 한다(법 제25조 제3항 전단 참조).

Professor Comment

중개대상물확인·설명서는 개업공인중개사가 작성하도록 규정하고 있으나, 소속공인중개사 역시 중개업무를 수행하는 자로서 중개대상물확인·설명서를 작성할 수 있는 것으로 해석된다(법 제25조 및 법 제36조 제1항 제3호 참조).

(2) 확인·설명서의 서명 및 날인 및 교부·보관   15·20·23회 출제

1) 서명 및 날인

확인·설명서에는 개업공인중개사(법인인 경우에는 대표자를 말하며, 법인에 분사무소가 설치되어 있는 경우에는 분사무소의 책임자를 말함)가 서명 및 날인하되, 당해 중개행위를 한 소속공인중개사가 있는 경우에는 소속공인중개사가 함께 서명 및 날인하여야 한다(법 제25조 제4항).

2) 확인·설명서의 교부

개업공인중개사는 중개가 완성되어 거래계약서를 작성하는 때에는 확인·설명사항을 서면으로 작성하여 거래당사자(去來當事者)에게 교부해야 한다(법 제25조 제3항 전단).

> **Wide** 확인·설명서의 교부
>
> 거래당사자 쌍방의 서명 또는 날인은 확인·설명서를 수령하였다는 의미의 서명 또는 날인인 것으로, 거래당사자 쌍방의 서명 또는 날인을 받음으로써 거래당사자 쌍방에게 중개대상물 확인·설명하고 교부했다는 것을 객관적으로 증빙할 수 있을 것이다(국토교통부 전자민원 2000.9.2 회신 제28752호 참조).

3) 확인·설명서의 보관

① 개업공인중개사는 국토교통부령이 정하는 중개대상물확인·설명서에 확인·설명사항을 기재하여 거래당사자에게 교부하고 3년간 보존하여야 한다(영 제21조 제3항).
② 보존방법은 원본, 사본 또는 전자문서로 보존하여야 한다. 다만, 공인전자문서센터에 보관된 경우에는 그러하지 아니하다.

제1편 공인중개사법령

 ■ 확인·설명의 범위에 포함되는 사례

1. 개업공인중개사는 확인·설명의 범위에 권리를 이전하는 중개의뢰인이 적법한 권리이전의 권한이 있는지 여부를 부동산등기부와 주민등록증 등에 의하여 조사확인할 의무가 있다고 할 것이다(대판 1992.2.11. 91다36239).

2. 건물의 임차인으로부터 전대차의 중개의뢰를 받은 개업공인중개사에 대하여, 전대차는 원임대인의 승낙이나 동의가 없는 한 원임대인에 대해서는 효력이 없는 것이므로 개업공인중개사는 전대차에 대하여 원임대인이 승낙이나 동의를 하였는지 여부와 전대차기간은 얼마나 보장될 수 있는지 등 중개의뢰인이 건물을 전차하여 이를 사용함에 있어서 아무런 권리상의 하자가 없는지 여부를 선량한 관리자의 주의로써 확인하고 **그 내용을 정확하게 설명하여야 한다**는 판례도 있다(서울지방법원 1995.10.13. 94가합107632호 판결).

3. 개업공인중개사는 매도의뢰인이 알지 못하는 사람인 경우 필요할 때에는 등기권리증의 소지 여부나 그 내용을 확인 조사하여 보아야 할 주의의무가 있다고 할 것이다(대판 1993.5.11. 92다55350).

4. 조합주택의 분양을 알선하는 개업공인중개사는 조합주택을 모집하는 자가 조합가입희망자를 모집하여 차질없이 조합주택을 건설 분양할 만한 능력과 신용이 있는지 여부를 조사·확인하여야 할 주의의무가 있다는 판결 사례도 있다(부산지법 1991.9.3. 91가합3164 제10민사부판결).

5. 아파트 입주가 되었으나 잔금을 납부하지 않아 건설회사 명의로 등기된 아파트의 임대를 중개한 개업공인중개사에 대하여, 임대차계약 당시 건설회사 명의로 소유권보존등기가 되어있었을 뿐이므로, 개업공인중개사로서는 임대중개의뢰인이 분양을 받은 자가 맞는지 여부와, 소유권을 이전받을 수 있는 상황인지 여부, 대상 아파트를 적법하게 임대할 수 있는 지위에 있는지 여부, 소유권이전등기청구에 대하여 제한이 없는지 여부, 아파트 분양대금 납입현황 및 납입대금 내역 등에 관하여 확인한 후 이를 임차중개의뢰인에게 설명하여 **임차중개의뢰인이 대상 아파트의 임차여부를 결정할 수 있도록 해야 한다**는 판례도 있다(서울지법남부지원 1999.7.2. 98가합23745 판결 참조).

 ■ 확인·설명의 범위에 포함되지 않는 사례

1. 개업공인중개사는 중개대상 물건에 근저당이 설정된 경우에는 그 채권최고액을 조사·확인하여 의뢰인에게 설명하면 족하고, 실제의 피담보채무액까지 조사·확인하여 설명할 의무까지 있다고 할 수는 없다(대판 1999.5.14. 98다30667).

2. 개업공인중개사가 중개대상물의 현황을 측량까지 하여 중개의뢰인에게 확인·설명할 의무가 있다고 할 수는 없다(서울고등법원 1996.4.12. 95나46199호 판결 참조).

3. 구획정리사업지구 내 환지예정지를 중개할 경우, 개업공인중개사가 환지예정지 지정내역을 구체적으로 확인하여 일일이 제시, 설명하지 아니하였다 하더라도 이로써 권리취득 중개의뢰인에 대하여 매매를 중개함에 있어서 요구되는 의무를 불이행하였다거나 과실이 있었다고 볼 수는 없다(서울고등법원 1990.7.10. 90나1283호 제11민사부판결 참조).

4. 개업공인중개사가 주유소용지로서 중개대상물인 농지의 매매를 중개하였고, 매매계약 당시 위 농지면적 중 농지전용이 가능한 면적에 관하여 취득중개의뢰인에게 고지하지 않은 것은 사실이나, 개업공인중개사가 취득중개의뢰인에게 설명하여야 할 중개대상물의 공법상 이용제한사항(공인중개사법 제25조, 영 제21조 제1항 제3호)이란, 중개대상물이 행정법규상의 제한으로 특정용도로 사용될 수 없다거나 또는 특정용도로만 사용되어야 한다는 등의 일반적인 이용제한을 의미한다고 할 것인데, 중개대상물인 농지는 농지전용과 석유판매업의 허가를 받을 수 있는 지역에 있지만, 다만 그 면적이 1천㎡ 미만으로 제한되는 것에 불과하여서, 개업공인중개사에게 이러한 사항까지 **조사하여 취득중개의뢰인에게 설명할 의무는 없다**고 판시하였다(서울고등법원 1995.7.6. 95나2298호 판결 참조).

제3장 중개업

단락핵심 확인·설명서

(1) 개업공인중개사는 중개대상물 확인·설명서를 3년간 보존하여야 한다.
(2) 개업공인중개사는 거래계약서를 작성하는 때에는 중개대상물 확인·설명서를 작성하여 거래당사자에게 교부하여야 한다.
(3) 중개대상물 확인·설명서에 중개보수 및 실비의 금액과 그 산출내역을 기재하여야 한다.
(4) 개업공인중개사는 거래계약서를 작성하는 때 중개대상물확인·설명서를 작성하여 거래당사자에게 교부하여야 한다.
(5) 중개대상물건의 상태에 관한 자료를 요구하였으나 불응한 경우 그 사실을 매수·임차 등 권리취득의뢰인에게 설명하고, 중개대상물확인·설명서에 기재하여야 한다.
(6) 공부상의 지목과 실제의 지목이 상이한 경우에는 실제지목과 공부상의 지목을 병기하는 것이 바람직하다.

단락문제 Q55
제23회 기출

공인중개사법령상 중개대상물의 확인·설명에 관한 설명으로 틀린 것은? (다툼이 있으면 판례에 의함)

① 개업공인중개사가 중개를 의뢰받은 경우 중개대상물에 대한 확인·설명은 중개가 완성되기 전에 해야 한다.
② 개업공인중개사의 중개대상물에 대한 확인·설명은 당해 중개대상물에 대한 권리를 취득하고자 하는 중개의뢰인에게 해야 한다.
③ 개업공인중개사는 중개가 완성되어 거래계약서를 작성하는 때에는 중개대상물 확인·설명서를 작성하여 거래당사자에게 교부해야 한다.
④ 중개의뢰인이 개업공인중개사에게 소정의 중개보수를 지급하지 아니하였다고 해서 개업공인중개사의 확인·설명의무 위반에 따른 손해배상책임이 당연히 소멸되는 것은 아니다.
⑤ 주거용 건축물의 경우 소음·진동은 개업공인중개사가 확인하기 곤란하므로 확인·설명할 사항에 해당하지 않는다.

해설 중개대상물의 확인·설명 사항
1) 중개대상물의 종류·소재지·지번·지목·면적·용도·구조 및 건축연도 등 당해 중개대상물에 관한 기본적인 사항
2) 소유권·전세권·저당권·지상권 및 임차권 등 당해 중개대상물의 권리관계에 관한 사항
3) 거래예정금액, 중개보수 및 실비의 금액과 그 산출내역
4) 토지이용계획, 공법상 거래규제 및 이용제한에 관한 사항
5) 수도·전기·가스·소방·열공급·승강기 설비 및 배수 등 시설물의 상태
6) 벽면, 바닥면 및 도배의 상태
7) 일조·소음·진동 등 환경조건
8) 도로 및 대중교통수단과의 연계성, 시장·학교와의 근접성 등 입지조건
9) 당해 중개대상물에 대한 권리를 취득함에 따라 부담하여야 할 조세의 종류 및 세율
10) 주택임대차 중개시 설명사항
  ① 임대인의 정보제시의무 및 보증금 중 일정액의 보호에 관한 사항
  ② 전입세대확인서의 열람 또는 교부에 관한 사항
  ③ 임대보증금에 관한 보증에 관한 사항(민간임대주택특별법에 의한 민간임대주택에 한함)
  ④ 관리비 금액과 산출내역

정답 ⑤

제1편 공인중개사법령

4 의무위반에 대한 처분 등 ★ 26회 출제

(1) 행정처분

1) 개업공인중개사에 대한 행정처분

① 개업공인중개사가 다음과 같이 중개대상물 확인·설명의무를 위반한 경우에는 6개월 이하의 업무정지처분에 처해질 수 있다(법 제39조 제1항).
  ㉠ 법 제25조 제3항의 규정을 위반하여 중개대상물확인·설명서를 교부하지 아니하거나 보존하지 아니한 경우(제6호)
  ㉡ 법 제25조 제4항의 규정을 위반하여 중개대상물확인·설명서에 서명 및 날인을 하지 아니한 경우(제7호)

② 또한 중개대상물확인·설명서에 포함된 사항 중 기재해야 할 사항을 임의로 누락시키고 작성하지 않은 경우에도 6개월 이하의 업무정지처분에 처해진다는 것이 국토교통부의 입장이다(국토교통부 전자민원 2000.10.19 회신 제34241호).

2) 소속공인중개사에 대한 행정처분

소속공인중개사가 다음과 같이 중개대상물 확인·설명의무를 위반한 경우에는 6개월 이하의 자격정지처분에 처해질 수 있다(법 제36조).

① 법 제25조 제1항의 규정을 위반하여 성실·정확하게 중개대상물의 확인·설명을 하지 아니하거나 설명의 근거자료를 제시하지 아니한 경우(제3호)
② 법 제25조 제4항의 규정을 위반하여 중개대상물확인·설명서에 서명 및 날인을 하지 아니한 경우(제4호)

Professor Comment
소속공인중개사가 위반한 경우 개업공인중개사도 500만원 이하 과태료 또는 업무정지처분을 받을 수 있다.

3) 500만원 이하 과태료

법 제25조 제1항의 규정을 위반하여 성실·정확하게 중개대상물의 확인·설명을 하지 아니하거나 설명의 근거자료를 제시하지 아니한 경우(법 제51조 제2항 제1호의2)

(2) 민사상의 책임 24회 출제

1) 신의·성실의무 위반

중개대상물확인·설명서를 성실하게 작성하여 교부하고 보관하는 사본은, 개업공인중개사가 「공인중개사법」에서 정한 신의·성실의무(법 제29조 제1항)를 이행한 것의 객관적인 증빙이 되나, 확인·설명서를 성실하게 작성하지 않은 경우에는 개업공인중개사가 신의·성실의무를 이행했다는 다른 객관적 증거가 없는 한 개업공인중개사는 신의·성실의무를 위반한 것으로 추정될 수 있다.

2) 손해배상책임

① 개업공인중개사가 신의·성실의무를 이행하지 않은 것은 「공인중개사법」을 위반한 불법행위에 해당되므로, 이로 인하여 권리취득 중개의뢰인에게 손실이 발생하였을 때는 개업공인중개사는 그 손해에 대하여 배상할 책임이 주어질 수 있다(민법 제750조 참조).

② 판례에서도 개업공인중개사의 중개대상물 확인·설명의무를 게을리 한 과실로 인하여 중개의뢰인에게 재산상의 손해를 발생하게 한 때에는 그 손해도 배상할 책임이 있다고 인정하고 있다(대구지법 1987.10.30. 86가합1663 제8민사부판결 및 서울지법 1996.4.2. 95가합113894 판결 참조).

Professor Comment

중개대상물확인·설명서를 작성하여 교부하지 않았더라도 중개대상물에 대하여 구두로 정확하게 확인·설명을 한 경우에는 개업공인중개사에게 민사상의 손해배상책임이 없다고 보아야 한다는 판례도 있다.

02 거래계약서의 작성의무 ★★★

10·12·14·추가15·18·19·22·25·28·29·31회 출제

Professor Comment

거래계약서 작성 등의 의무(제26조)는 중개행위 중 중요한 부분으로 세부적인 의무와 계약서 기재내용까지 숙지해야 한다.

개업공인중개사는 중개대상물에 관하여 중개가 완성된 때에는 대통령령이 정하는 바에 따라 거래계약서를 작성하여 거래당사자에게 교부하고 **대통령령이 정하는 기간 동안 보존**하여야 한다(법 제26조 제1항).

→ 5년간 보존

거래계약서의 작성(Ⅰ)

중개완성 시 개업공인중개사는 '거래계약서'와 '확인·설명서'를 작성하여야 한다.

제1편 공인중개사법령

1 거래계약서 작성 및 필요사항 기재의무   10·18·20·23·24·26·35회 출제

개업공인중개사는 중개대상물에 관하여 중개가 완성된 때에는 대통령령이 정하는 바에 따라 거래계약서를 작성해야 한다(법 제26조 제1항 전단). 법 제26조 제1항의 규정에 따라 개업공인중개사가 작성하는 거래계약서에는 다음의 사항을 기재하여야 한다(영 제22조 제1항).

① 거래당사자의 인적 사항
② 물건의 표시
③ 계약일
④ 거래금액·계약금액 및 그 지급일자 등 지급에 관한 사항
⑤ 물건의 인도일시
⑥ 권리이전의 내용
⑦ 계약의 조건이나 기한이 있는 경우에는 그 조건 또는 기한
⑧ 중개대상물확인·설명서 교부일자
⑨ 그 밖의 약정내용

2 거래계약서 교부 및 보관의무

(1) 개업공인중개사는 거래계약서를 작성하여 거래당사자에게 교부하고 대통령령이 정하는 기간 동안 거래계약서를 보존하여야 한다(법 제26조 제1항 후단). 여기에서 "대통령령이 정하는 기간"이라 함은 5년을 말한다(영 제22조 제2항).
(2) 보존방법은 원본, 사본 또는 전자문서로 보존하여야 한다. 다만, 공인전자문서센터에 보관된 경우에는 그러하지 아니하다.

단락문제 Q56 제22회 기출

공인중개사법령상 거래계약서의 작성에 관한 설명으로 틀린 것은 모두 몇 개인가?

㉠ 개업공인중개사는 거래계약서를 3년 동안 보존해야 한다.
㉡ 거래당사자가 원할 때에는 매수인의 성명을 공란으로 둘 수 있다.
㉢ 개업공인중개사는 반드시 정해진 서식을 사용해야 한다.
㉣ 개업공인중개사가 거래금액을 거짓으로 기재하면 중개사무소 등록이 취소될 수 있다.

① 0개 ② 1개 ③ 2개 ④ 3개 ⑤ 4개

해설 거래계약서의 작성
㉠ 개업공인중개사는 거래계약서를 5년 동안 보존해야 한다(법 제26조 1항, 영 제22조 제2항).
㉡ 「공인중개사법」으로 규정되어 있지 않으나 거래당사자 쌍방의 성명은 반드시 기재하여야 한다.
㉢ 거래계약서는 법정서식이 정해지지 않고 있다.

정답 ④

단락문제 Q57

제32회 기출

「전자문서 및 전자거래 기본법」에 따른 공인전자문서 센터에 보관된 경우, 공인중개사법령상 개업공인중개사가 원본, 사본 또는 전자문서를 보존기간 동안 보존해야 할 의무가 면제된다고 명시적으로 규정된 것을 모두 고른 것은?

ㄱ. 중개대상물 확인·설명서
ㄴ. 손해배상책임보장에 관한 증서
ㄷ. 소속공인중개사 고용신고서
ㄹ. 거래계약서

① ㄱ
② ㄱ, ㄹ
③ ㄴ, ㄷ
④ ㄴ, ㄷ, ㄹ
⑤ ㄱ, ㄴ, ㄷ, ㄹ

해설 공인전자문서센터에 보관된 경우 서면 보관 의무가 없는 것
㉠ 확인·설명서 ㉡ 거래계약서

정답 ②

거래계약서의 작성(Ⅱ)

1) **거래계약서의 서명·날인**
   계약서를 작성한 개업공인중개사(법인의 경우 대표자 또는 분사무소 책임자)와 당해 업무를 수행한 공인중개사도 함께 서명 및 날인하여야 한다.

2) **확인·설명서의 서명 및 날인**
   거래계약서와 동일(개업공인중개사와 소속공인중개사가 함께 서명 및 날인)

개업공인중개사는 중개가 완성된 때 거래당사자 쌍방에게 거래계약서를 교부하여야 한다.

개업공인중개사는 중개가 완성된 때 거래계약서와 확인·설명서 및 업무보증 관계증서 사본을 쌍방에게 교부하여야 한다.

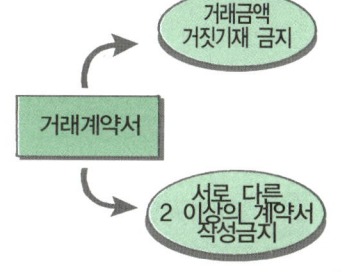

거래계약서는 거래금액 등의 허위기재가 금지되며 서로 다른 2 이상의 계약서 작성도 금지된다.

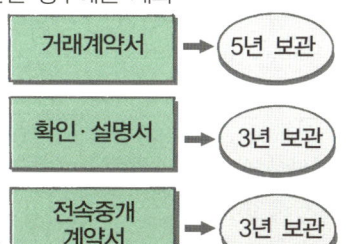

개업공인중개사는 거래계약서를 원본이나 사본 또는 전자문서로 5년간 보관하여야 한다. 다만 공인전자문서센터에 보관된 경우에는 제외

거래계약서는 중개완성시 작성하나, 일반중개계약서 및 전속중개계약서는 중개계약체결시 작성하여 교부한다.

제1편 공인중개사법령

3 계약서의 서명 및 날인 20·27회 출제

(1) 개업공인중개사와 소속공인중개사의 서명 및 날인

법 제25조 제4항의 규정은 제1항의 규정에 의한 거래계약서의 작성에 관하여 이를 준용한다(법 제26조 제2항). 따라서 거래계약서에는 개업공인중개사(법인인 경우에는 대표자를 말하며, 법인에 분사무소가 설치되어 있는 경우에는 분사무소의 책임자를 말함)가 서명 및 날인하되, 당해 중개행위를 한 소속공인중개사가 있는 경우에는 소속공인중개사와 함께 서명 및 날인하여야 한다(법 제25조 제4항 참조).

(2) 개업공인중개사와 소속공인중개사의 서명 및 날인 방법

거래계약서는 개업공인중개사와 소속공인중개사가 반드시 함께 작성하고 함께 서명 및 날인을 해야 한다. 국토교통부에서는 거래계약내용이 작성되지 않은 계약서에 개업공인중개사가 날인하고 소속공인중개사 혼자 업무를 수행토록 하거나, 개업공인중개사가 소속공인중개사에게 위임해주어 소속공인중개사만의 날인으로 계약서를 작성토록 할 수 없다고 유권해석을 하고 있다(국토교통부 전자민원 2000.8.24 회신 제26906호).

> **판례** ■ 서명·날인을 하지 아니한 경우
>
> 「공인중개사법」(구 공인중개사의 업무 및 부동산거래 신고에 관한 법률) 제26조 제2항, 제25조 제4항에서 정하는 "서명·날인"은 서명과 날인을 모두 하여야 한다는 서명 및 날인의 의미로 해석하여야 하고, 또한 같은 법 제39조 제1항 제9호는 같은 법 제26조 제2항, 제25조 제4항에 정한 거래계약서에의 서명·날인의무를 위반한 경우를 업무정지사유로 규정하고 있는 것이므로, 위 제39조 제1항 제9호 소정의 "서명·날인을 하지 아니한 경우"라 함은 서명과 날인 모두를 하지 아니한 경우뿐만 아니라 서명과 날인 중 어느 1가지를 하지 않은 것은 「공인중개사법」 제39조 제1항 제9호의 업무정지사유로 규정된 "거래계약서에 서명·날인을 하지 아니한 경우"에 해당한다(대판 2009.2.12. 2008두16698 업무정지처분취소).

4 개업공인중개사의 금지의무

개업공인중개사가 거래계약서를 작성하는 때에는 거래금액 등 거래내용을 거짓으로 기재하거나 서로 다른 2 이상의 거래계약서를 **작성하여서는 아니 된다**(법 제26조 제3항).
→ 상대등록취소

(1) 거짓 내용 기재금지

개업공인중개사는 거래계약서를 작성할 때에는 거래금액 등 거래내용을 거짓으로 기재하여서는 아니 된다(법 제26조 제3항 후단).

(2) 이중계약서 작성금지

개업공인중개사는 거래계약서를 작성하는 때에는 서로 다른 2 이상의 거래계약서를 작성하여서는 아니 된다(법 제26조 제3항 후단).

5 거래계약서 서식

국토교통부장관은 개업공인중개사가 작성하는 거래계약서의 표준이 되는 서식을 정하여 그 사용을 권장할 수 있다(영 제22조 제3항).

Professor Comment
국토교통부장관은 거래계약서 서식의 사용을 권장만 할 수 있는 것으로, 개업공인중개사가 사용하지 않는다고 해서 처벌이 되는 것은 아닌 것으로 해석된다.

6 의무위반의 행정처분

(1) 개업공인중개사의 위반

1) 중개사무소의 개설등록
등록관청은 개업공인중개사가 제26조 제3항의 규정을 위반하여 거래계약서에 거래금액 등 거래내용을 거짓으로 기재하거나 서로 다른 2 이상의 거래계약서를 작성한 경우에는 중개사무소의 개설등록을 취소할 수 있다(법 제38조 제2항 제7호).

2) 업무정지
등록관청은 개업공인중개사가 다음의 어느 하나에 해당하는 경우에는 6월의 범위 안에서 기간을 정하여 업무의 정지를 명할 수 있다(법 제39조 제1항).
① 제26조 제1항의 규정을 위반하여 적정하게 거래계약서를 작성·교부하지 아니하거나 보존하지 아니한 경우(제8호)
② 제26조 제2항의 규정을 위반하여 거래계약서에 서명 및 날인을 하지 아니한 경우(제8호)

(2) 소속공인중개사의 위반
시·도지사는 공인중개사가 소속공인중개사로서 업무를 수행하는 기간 중에 다음의 어느 하나에 해당하는 경우에는 6월의 범위 안에서 기간을 정하여 그 자격을 정지할 수 있다(법 제36조 제1항).

1) 제26조 제2항의 규정을 위반하여 거래계약서에 서명 및 날인을 하지 아니한 경우(제5호)
2) 제26조 제3항의 규정을 위반하여 거래계약서에 거래금액 등 거래내용을 거짓으로 기재하거나 서로 다른 2 이상의 거래계약서를 작성한 경우(제6호)

Professor Comment
소속공인중개사가 위반한 경우 고용 개업공인중개사는 업무정지처분을 받을 수 있다.

제1편 공인중개사법령

단락핵심 거래계약서

(1) 부동산 매매에 관한 거래계약서에는 권리이전의 내용을 반드시 기재하여야 한다.
(2) 법인인 개업공인중개사의 분사무소에서 거래계약서를 작성하는 경우에는 분사무소의 등록인장을 날인하여야 한다.
(3) 개업공인중개사는 서로 다른 2 이상의 거래계약서를 작성하여서는 아니 된다.
(4) 중개법인에서 소속공인중개사가 거래계약서를 작성한 경우에는 개업공인중개사와 당해 중개행위를 한 공인중개사가 함께 서명 및 날인하여야 한다.
(5) 개업공인중개사는 중개가 완성된 때에는 거래계약서를 작성하고 이에 서명 및 날인하여야 하며, 5년 동안 보관하여야 한다.
(6) 개업공인중개사가 거래계약서를 작성할 때는 등록관청에 등록한 인장을 사용하여야 한다.
(7) 개업공인중개사가 거래계약서에 거래금액을 거짓으로 기재하여 이중계약서를 작성한 때에는 등록이 취소될 수 있다.
(8) 소속공인중개사가 중개행위를 한 경우 거래계약서에는 개업공인중개사와 그 중개업무를 수행한 소속공인중개사가 함께 서명 및 날인하여야 한다.

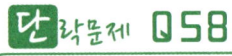

단락문제 Q58
제23회 기출

공인중개사법령상 거래계약서의 작성에 관한 설명으로 틀린 것은?

① 개업공인중개사는 중개대상물에 관하여 중개가 완성된 때에는 거래계약서를 작성하여 거래당사자에게 교부한다.
② 개업공인중개사는 거래계약서에 서명 및 날인해야 한다.
③ 국토교통부장관은 개업공인중개사가 작성하는 거래계약서의 표준이 되는 서식을 정하여 그 사용을 권장할 수 있으나 공인중개사법령에는 별지서식이 정해져 있지 않다.
④ 물건의 인도일시는 거래계약서에 기재할 사항이다.
⑤ 중개대상물 확인·설명서 교부일자는 거래계약서에 기재할 사항이 아니다.

해설 **거래계약서의 필요적 기재사항**(영 제22조)
1) 거래당사자의 인적 사항   2) 물건의 표시
3) 계약일   4) 거래금액·계약금액 및 그 지급일자 등 지급에 관한 사항
5) 물건의 인도일시   6) 권리이전의 내용
7) 계약의 조건이나 기한이 있는 경우에는 그 조건 또는 기한
8) 중개대상물확인·설명서 교부일자   9) 그 밖의 약정내용

정답 ⑤

단락문제 Q59

제24회 기출

공인중개사법령상 개업공인중개사가 중개대상물의 거래계약서에 기재해야 할 사항이 아닌 것은?

① 거래금의 지급일자
② 개업공인중개사의 계약서 사본 보존기간
③ 계약의 조건이 있는 경우 그 조건
④ 중개대상물확인·설명서 교부일자
⑤ 당사자의 담보책임을 면제하기로 한 경우 그 약정

해설 거래계약서의 필요적 기재사항(영 제22조)
위 단락문제 46번 해설 참조

정답 ②

단원 오답 잡기

중개업 / CHAPTER 03

• 경록 교재에 모든 답이 있습니다.

01 개업공인중개사가 중개의뢰를 받은 경우에는 중개대상물에 대한 법정 사항을 확인하여 이를 당해 중개대상물에 관한 권리를 취득하고자 하는 중개의뢰인에게 서면으로 제시하고 성실·정확하게 설명하여야 한다.

01. O

02 개업공인중개사는 확인·설명을 위해 필요한 경우 매도의뢰인, 임대의뢰인 등에게 당해 중개대상물의 상태에 관한 자료를 요구할 수 있다.

02. O

03 개업공인중개사는 중개대상물의 확인 또는 설명을 위하여 필요한 경우에는 매수·임차 등 권리 취득의뢰인에게 당해 중개대상물의 상태에 관한 자료를 요구할 수 있다.

03. X
개업공인중개사는 제1항의 규정에 의한 확인 또는 설명을 위하여 필요한 경우에는 중개대상물의 매도의뢰인, 임대의뢰인 등에게 당해 중개대상물의 상태에 관한 자료를 요구할 수 있다(법 제25조 제2항).

04 개업공인중개사는 중개가 완성되어 거래계약서를 작성하는 때에는 확인·설명사항을 서면으로 작성하여 거래당사자 쌍방에게 이를 교부하여야 한다.

04. O

05 개업공인중개사는 거래당사자 쌍방에게 교부하는 중개대상물의 확인·설명서에 서명 및 날인하여야 한다.

04. O

06 개업공인중개사가 거래계약서를 작성·교부한 때에는 당해 개업공인중개사가 부동산거래계약 신고를 대행할 수 있다.

06. X
개업공인중개사가 거래계약서를 작성·교부한 때에는 당해 개업공인중개사가 신고를 하여야 한다.

07 거래계약서에는 개업공인중개사가 서명 및 날인하되, 당해 중개행위를 한 소속공인중개사가 있는 경우에는 소속공인중개사가 함께 서명 및 날인하여야 한다.

07. O

08 개업공인중개사는 중개대상물에 관하여 중개가 완성된 때 작성한 거래계약서를 3년간 보관하여야 한다.

08. X
개업공인중개사는 중개대상물에 관하여 중개가 완성된 때에는 대통령령이 정하는 바에 따라 거래계약서를 작성하여 거래당사자에게 교부하고 5년간 보존하여야 한다.

09 개업공인중개사가 작성하는 거래계약서에는 법률 시행령에서 정한 사항을 빠짐없이 기재하여야 한다.

09. O

제3장 중개업

제6절 개업공인중개사의 일반의무 `추가15회 출제`

01 개업공인중개사등의 기본윤리 `14·19회 출제`

Professor Comment

개업공인중개사등의 기본윤리(제29조)는 개업공인중개사의 일반적 의무로서 「공인중개사법」 해석의 기본이 되는 사항임을 인식하고 학습을 해야 한다.

1 일반적 의무 ★

개업공인중개사 및 소속공인중개사(所屬公認仲介士)는 전문직업인으로서의 품위를 유지하고 신의와 성실로써 공정하게 중개 관련 업무를 수행하여야 한다(법 제29조 제1항).

→ 중개보조원은 해당 없음

(1) 품위유지의무

1) 품위유지의 개념

품위유지의무란 개업공인중개사와 소속공인중개사는 전문직업인으로서의 품위를 유지해야 한다는 의무로서, 국가에서 자격을 부여한 전문직업인인 개업공인중개사와 소속공인중개사에 대한 윤리적이고 일반론적인 의무를 규정한 것이다.

2) 품위유지의 범위

이 의무는 대단히 포괄적인 것으로 구체적인 의무의 범위를 정하기 어렵고, 품위유지의 의무 자체의 위반에 대해서 처벌대상의 기준을 정하기도 어렵다.

Professor Comment

부동산중개사무소에서의 도박행위로 인해 형법에 의한 과태료처분을 받은 경우에도, 품위유지의무에 위반되는지 여부는 그 사건에 대한 상황 등을 참작하여 등록관청에서 판단해야 할 사항으로 해석이 되고 있다.

(2) 신의성실의무

1) 신의성실의무의 목적

개업공인중개사와 소속공인중개사에게 신의칙(信義則)의 의무를 부과시키는 것은 중개의뢰인이 법률이나 부동산문제에 대하여 개업공인중개사보다 전문적이지 못하다는 기본전제를 바탕으로 하는 것으로, 전문지식이 필요한 부동산거래에 있어 중개보수를 받는 대가로 개업공인중개사와 소속공인중개사에게 중개의뢰인을 보호할 책임을 지우는 것이다.

2) 신의성실의무의 범위

개업공인중개사와 중개의뢰인 간의 중개의뢰계약이 체결되면 중개 관련 업무를 수행하는 개업공인중개사나 소속공인중개사는 중개의뢰인에게 신의를 공여(供與)한 것으로 볼 수 있다.

 ■ **신의성실원칙의 의무범위**

매수인의 권리를 보호하기 위하여 매도인을 속여서 소유권이전등기에 필요한 인감증명서를 교부받은 개업공인중개사의 행위에 대해 대법원은 개업공인중개사에게 부여된 신의성실원칙의 의무를 넘어선 것으로 판단하고 있는 판례도 있다(대판 1992.11.24. 92도391).

(3) 공정중개의무

개업공인중개사나 소속공인중개사는 공정하게 중개행위를 하여야 한다(법 제29조 제1항 후단). '공정중개의무(公正仲介義務)'란 거래상의 이해가 대치되는 양 당사자 간의 부동산거래를 알선해주는 지위에 있는 개업공인중개사와 소속공인중개사에게 일방(一方) 당사자의 이익에만 치우치는 중개행위를 금지하는 것을 의미하는 것으로 해석된다.

(4) 선량한 관리자의 주의의무(선관주의의무) → 판례에 의한 의무 **16회 출제**

「공인중개사법」에 명시되어 있지는 않으나 대법원에서는 중개업무를 수행하는 개업공인중개사와 중개의뢰인과의 법률관계는 「민법」상의 위임관계와 같으므로 「민법」 제681조에 의하여 개업공인중개사는 중개의뢰의 본지에 따라 선량한 관리자의 주의로써 의뢰받은 중개업무를 처리하여야 할 의무가 있다고 일관되게 판시하고 있다(대판 1999.5.14. 98다30667).

> **Wide** | 「민법」상 선량한 관리자의 주의
>
> 「민법」 제681조에서는 수임인(受任人)은 위임(委任)의 본지에 따라 선량한 관리자의 주의로써 위임사무를 처리하여야 한다고 규정하고 있다. 이때 선량한 관리자의 주의라 함은 보통의 주의력을 가진 행위자가 구체적인 상황에서 통상 가져야 할 주의의 정도를 말하는 것이다(대판 1985.3.26. 84다카1923).

 ■ **선관주의의무**

1. 특별한 상황의 발생이 되거나 개업공인중개사의 통상적인 능력으로 알 수 없는 원인으로 인해 중개의뢰인에게 피해가 발생했을 경우에는 개업공인중개사에게 **선량한 관리자의 주의의무를 위반한 책임**을 물을 수 없다고 판시(대판 1985.3.26. 84다카1923).
2. 개업공인중개사가 선관주의의무를 위반한 경우에 중개의뢰인에게 **배상해야 하는 손해액**은 개업공인중개사가 선관주의의무를 이행했다면 중개의뢰인에게 발생하지 않았을 손해에 상당하는 금액이라고 보아야 할 것이다(대판 1987.10.13. 87다카1345).

(5) 의무위반의 효과

개업공인중개사에 대해서는 법 제39조 제1항 제14호에서 정한 '그 밖에 이 법 또는 이 법에 의한 명령이나 처분을 위반한 경우'로 봐서 6개월 이하의 업무정지처분을 부과할 수 있을 것이다. 그러나 소속공인중개사의 경우에는 이와 같은 포괄적 처벌규정을 적용할 근거가 없다.

 제16회 기출

개업공인중개사의 업무처리에 관한 설명 중 옳은 것은?

① 개업공인중개사는 중개의뢰인의 요청이 있는 때에만 부동산거래신고를 할 수 있다.
② 중개법인에서 소속공인중개사가 거래계약서를 작성한 경우에는 당해 업무를 수행한 공인중개사만 서명 및 날인하면 된다.
③ 개업공인중개사는 중개가 완성된 때에는 거래계약서를 작성하고 이에 서명 및 날인하여야 하며, 3년 동안 그 사본을 보관하여야 한다.
④ 개업공인중개사가 거래계약서를 작성할 때에는 국토교통부장관이 정하는 표준서식에 따라야 한다.
⑤ 개업공인중개사는 중개의뢰의 본지에 따라 선량한 관리자의 주의로써 의뢰받은 중개업무를 처리하여야 할 의무를 부담한다.

해설 개업공인중개사의 업무처리

① 현행 법률에서는 부동산의 매매계약을 체결한 개업공인중개사는 부동산거래신고를 하도록 의무화하고 있다(법 제27조 제2항 참조).
② 거래계약서에는 개업공인중개사(법인인 경우에는 대표자를 말하며, 법인에 분사무소가 설치되어 있는 경우에는 분사무소의 책임자를 말함)가 서명 및 날인하되, 당해 중개행위를 한 소속공인중개사가 있는 경우에는 소속공인중개사가 함께 서명 및 날인하여야 한다(법 제26조 제2항).
③ 5년 동안 그 사본을 보관하여야 한다(영 제22조 제2항 참조).
④ 국토교통부장관은 개업공인중개사가 작성하는 거래계약서의 표준이 되는 서식을 정하여 그 사용을 권장할 수 있으나(영 제22조 제3항), 개업공인중개사가 반드시 표준서식을 사용해야 하는 것은 아니다.   **정답** ⑤

2 비밀준수의무 ★★

개업공인중개사등은 이 법 및 다른 법률에 특별한 규정이 있는 경우를 제외하고는 그 업무상 알게 된 비밀(秘密)을 누설(漏泄)하여서는 아니 된다. 개업공인중개사등이 그 업무를 떠난 후에도 또한 같다(법 제29조 제2항).

(1) 비밀준수의무의 목적

일반적인 의미에서의 비밀이란 다른 사람이 알고 있지 않은 사실로서, 타인에게 알려져 있지 않아 그 사실을 알고 있는 자에게 상당한 이익이 발생하는 사실이나, 그 사실이 타인에게 알려짐으로써 본인에게 상당한 물질적 또는 정신·사회적 손실이 발생될 수 있는 사실을 의미한다.

(2) 누설하지 않아야 할 비밀

개업공인중개사등(→ 개업공인중개사, 고용인 등)이 누설하지 않아야 할 비밀은 중개업무과정에서 알게 된 사실에 한정된다(법 제29조 제2항). 다만, 그 비밀은 중개의뢰인의 비밀에 한정되지 않으며 중개업무과정에서 알게 된 사실은 비밀의 보호이익이 누구에게 귀속되는지 여부를 불문하고 모두 포함된다고 해석된다.

Professor Comment

당사자가 비밀로 하여 둘 것을 희망했는지의 여부를 따지지 않는다. 즉, 당사자가 비밀로 해줄 것을 요구하지 않더라도 이 사실이 타인에게 알려짐으로 인해 당사자에게 이익을 해치는 결과가 예상되는 사실은 개업공인중개사가 누설하지 않아야 하는 비밀에 속한다고 볼 수 있다.

비밀준수의무

① 비밀준수의무 위반시 1년 이하의 징역 또는 1천만원 이하의 벌금에 처해진다.
② 비밀준수의무 위반의 경우 '반의사 불벌죄'가 되어 피해자가 처벌을 원치 않는 의사를 밝히면 처벌할 수 없다.
③ 비밀준수의무 위반으로 개업공인중개사등이 중개의뢰인에게 재산상 손해를 끼친 경우에는 그 손해에 대한 배상책임이 있다.

(3) 비밀준수의무의 예외

1) 개업공인중개사등은 이 법이나 다른 법률에 특별한 규정이 있는 경우에는 비밀을 준수하지 않아도 된다(법 제29조 제2항 전단).

2) 이와 같은 사례는 법정에서의 증언이나 수사기관의 심문 등이 포함될 것이다. 그러나 법원이나 수사기관에 소속된 자가 관계법령의 근거 없이 거래계약서 등의 열람을 요구할 경우 법 제29조 제2항의 규정에 근거해 이들의 요구에 응해서는 안 될 것이라는 유권해석도 있음을 유의해야 한다(국토교통부 질의응답 1998.5.18 회신 토관 58370-391 참조).

(4) 비밀준수의무의 내용

기타 「공인중개사법」 제29조 제2항에서 정한 개업공인중개사등이 지켜야 할 비밀준수의무는 다음과 같이 나누어 볼 수 있다.

1) **의무자** : 개업공인중개사등(개업공인중개사, 소속공인중개사, 중개보조원, 개업공인중개사인 법인의 사원·임원) **17회 출제**
2) **준수대상** : 중개업무 처리과정에서 알게 된 타인의 비밀
3) **의무내용** : 비밀준수(중개업무와 관련해 확인·설명해야 하는 사항은 제외됨)
4) **적용기간** : 중개자 등의 지위에서 벗어난 후에도 계속 비밀을 준수해야 함
5) **예 외** : 법정증언 등 이 법이나 다른 법률에 특별한 규정이 있는 경우

(5) 의무위반의 벌칙

1) **1년 이하의 징역이나 1천만원 이하의 벌금**

    개업공인중개사등이 비밀준수의무를 위반하여 업무상 비밀을 누설한 경우에는 1년 이하의 징역이나 1천만원 이하의 벌금에 처해질 수 있다(법 제49조 제1항 제9호).

2) **예외**

    다만, 비밀준수의무는 반의사불벌죄(反意思不罰罪)로서 피해자의 명시한 의사에 반하여 벌하지 아니한다(법 제49조 제2항). 즉, 개업공인중개사등의 비밀누설로 피해를 본 자가 개업공인중개사를 처벌하지 않을 것을 원하는 경우에는 개업공인중개사를 처벌할 수 없는 것이다.

3) **민사상의 손해배상책임**

    ① 개업공인중개사등이 비밀준수의무를 위반한 행위는 민사상 불법행위를 구성하는 것으로 비밀준수의무를 위반하여 타인에게 손해가 발생한 경우에는 개업공인중개사에게는 민사상의 손해배상책임이 발생한다.
    ② 그 손해가 재산상의 손해인 경우에는 손실된 재산을 보상해야 하나, 재산상의 손해 이외에 자유 또는 명예를 해하거나 기타 정신상 손해를 입힌 경우에도 배상할 책임이 발생한다(민법 제751조 제1항 참조).

제1편 공인중개사법령

단락핵심 기본윤리

(1) 개업공인중개사는 중개의뢰의 본지에 따라 선량한 관리자의 주의로써 의뢰받은 중개업무를 처리하여야 할 의무를 부담한다.
(2) 비밀누설금지의무는 개업공인중개사등의 의무로서 개업공인중개사는 물론 소속공인중개사, 중개보조원 및 개업공인중개사인 법인의 사원 또는 임원에게까지 적용된다.

단락문제 Q61 제14회 기출

개업공인중개사의 업무처리와 관련한 설명으로 틀린 것은?

① 개업공인중개사와 중개의뢰인과의 법률관계는 「민법」상의 위임관계와 같으므로 개업공인중개사는 선량한 관리자의 주의로서 의뢰받은 중개업무를 처리하여야 할 의무가 있다.
② 중개가 완성되면 중개대상물에 관한 필요한 사항을 확인하여 거래계약서를 작성하고 서명 및 날인하여 거래당사자에게 교부하고 그 사본을 5년간 보관하여야 한다.
③ 개업공인중개사는 자기가 중개한 토지 또는 건축물, 부동산을 취득할 수 있는 권리의 매매계약이 체결된 때 중개의뢰인의 요청이 없더라도 부동산거래신고를 하여야 한다.
④ 개업공인중개사는 법률상 별도의 규정이 없는 한 직무상 알게 된 비밀을 지킬 의무가 있으며 이를 위반한 때에는 행정벌을 받게 되나 개업공인중개사가 그 직을 떠난 후에는 그러하지 아니하다.
⑤ 거래계약서를 작성하는 때에는 거래금액 등 거래내용을 거짓으로 기재하여서는 아니 된다.

해설 개업공인중개사의 업무처리시 의무사항 등
개업공인중개사등은 이 법 및 다른 법률에 특별한 규정이 있는 경우를 제외하고는 그 업무상 알게 된 비밀을 누설하여서는 아니 된다. 개업공인중개사등이 그 업무를 떠난 후에도 또한 같다(법 제29조 제2항). **정답** ④

02 손해배상책임의 보장 14·15·추가15·25·29·31·34회 출제

Professor Comment
손해배상책임의 보장(제30조) 규정은 개업공인중개사의 중개행위에 대한 손해의 배상범위를 정하는 것으로, 그 상세한 해석을 묻는 문제가 출제될 가능성이 높다.

1 손해배상책임★★ 10·추가15·16·19·27회 출제

개업공인중개사는 중개행위를 함에 있어서 고의(故意) 또는 과실(過失)로 인하여 거래당사자에게 재산상의 손해를 발생하게 한 때에는 그 손해를 배상할 책임이 있다(법 제30조 제1항).

(1) 손해배상책임의 요건 21회 출제

1) 손해배상책임의 발생요건

「공인중개사법」제30조 제1항에서 규정하는 개업공인중개사의 손해배상책임이 발생하기 위해서는 다음의 7가지 요건을 모두 만족해야 한다.

① 개업공인중개사의 행위로 인한 손해이어야 한다.
② 중개행위로 인한 손해이어야 한다.
③ 고의 또는 과실로 인한 손해이어야 한다.
④ 거래당사자에 대한 손해이어야 한다.
⑤ 재산상의 손해이어야 한다.
⑥ 확정된 손해이어야 한다.
⑦ 개업공인중개사의 행위와 중개의뢰인의 손해 사이에는 인과관계가 성립되어야 한다.

2) 민·형사상의 배상책임

기타 상기 7가지 요건 중 1가지라도 포함되지 않은 개업공인중개사의 손해배상책임에 대해서는 「공인중개사법」제30조가 아닌 다른 법률에 민·형사상의 배상책임에 따라 판단해야 할 것이다.

■ **개업공인중개사의 손해배상책임** 20회 출제

1 구 부동산중개업법 제19조 제1항 소정의 "중개행위"의 의미

구 부동산중개업법 제19조 제1항(현 공인중개사법 제30조 제1항)의 중개행위에 해당하는지 여부는 개업공인중개사의 주관적 의사에 의하여 결정할 것이 아니라 개업공인중개사의 행위를 객관적으로 보아 사회통념상 거래의 알선, 중개를 위한 행위라고 인정되는지 여부에 의하여 결정할 것이고, 한편 중개행위란 개업공인중개사가 거래의 쌍방 당사자로부터 중개의뢰를 받은 경우뿐만 아니라 거래의 일방 당사자의 의뢰에 의하여 중개대상물의 매매·교환·임대차 기타 권리의 득실변경에 관한 행위를 알선, 중개하는 경우도 포함하는 것이다(대판 1995. 9. 29. 94다47261).

2 부동산중개계약에 따른 개업공인중개사의 확인·설명의무와 이에 위반한 경우의 손해배상의무는 중개의뢰인이 개업공인중개사에게 소정의 중개보수를 지급하지 아니하였다고 해서 당연히 소멸되는 것이 아니다(대판 2002. 2. 5. 2001다71484).

3 부동산 매매계약 체결을 권유하고 계약체결 후 계약금 및 중도금 지급에도 관여한 개업공인중개사가 잔금의 지급과정에서 매수인으로부터 잔금의 일부를 지급받았음에도 이를 매도인에게 지급하여 주지 않고 도피하여 이를 횡령한 경우 '개업공인중개사가 중개행위를 함에 있어서 거래당사자에게 재산상의 손해를 발생하게 한 경우'에 해당(공인중개사법 제19조 제1항)한다(대판 2005. 10. 7. 2005다32197).

4 계약체결 후 계약상 이행을 개업공인중개사가 약속한 경우

임대차계약을 알선한 개업공인중개사가 계약체결 후에도 보증금의 지급, 목적물의 인도, 확정일자의 취득 등과 같은 거래당사자의 계약상 의무의 실현에 관여함으로써 계약상 의무가 원만하게 이행되도록 주선할 것이 예정되어 있는 때에는 그러한 개업공인중개사의 행위는 객관적으로 보아 사회통념상 거래의 알선중개를 위한 행위로서 **중개행위의 범주에 포함된다**(대판 2007. 2. 8. 2005다55008).

제1편 공인중개사법령

> **Wide** 「민법」 규정에 의한 소멸시효 준용
>
> 「민법」에서는 불법행위로 인한 손해배상의 청구권은 피해자나 그 법정대리인이 그 손해 및 가해자를 안 날로부터 3년간 이를 행사하지 아니하면 시효로 인하여 소멸하는 것으로 규정하고 있으며, 불법행위를 한 날로부터 10년을 경과한 때에도 시효로 인하여 소멸하는 것으로 규정하고 있으므로(제766조), 개업공인중개사의 손해배상책임 역시 이 규정을 준용해야 할 것이다.

(2) 중개행위 장소 제공자의 손해배상책임

개업공인중개사는 자기의 중개사무소를 다른 사람의 중개행위의 장소로 제공함으로써 거래당사자에게 재산상의 손해를 발생하게 한 때에는 그 손해를 배상할 책임이 있다(법 제30조 제2항).

1) 책임의 의의

이 규정은 무등록업자가 개업공인중개사의 중개사무소를 이용하여 중개행위를 하는 것을 방지할 목적으로 규정된 것으로, 개업공인중개사가 자기의 중개사무소를 다른 사람의 중개행위의 장소로 제공하는 것 자체를 개업공인중개사의 고의 또는 과실로 인정하고 있는 것으로 보인다.

2) 다른 사람의 범위

"다른 사람"이란 중개사무소를 총괄하는 개업공인중개사가 아닌 자를 의미하는 것으로, 무등록업자는 물론 다른 중개사무소의 개업공인중개사, 중개보조원 등도 포함될 것이다.

3) 중개행위 목적의 대여

개업공인중개사가 아닌 자가 개업공인중개사의 중개사무소에서 중개행위를 하도록 개업공인중개사가 중개사무소를 제공하였으나, 중개사무소를 대여받은 자의 중개행위로 인해 거래당사자에게 손해가 발생한 경우에는 중개사무소를 총괄하는 개업공인중개사가 손해를 배상할 책임이 있는 것으로 해석된다.

Professor Comment
중개사무소 제공의 목적은 내심의 의사에 불과한 경우도 많으므로, 어떤 경우에 중개행위에 제공했는지 여부는 단순한 당사자의 의사에 의해서만 결정될 수 없으며 구체적인 사안에 따라 판단해야 할 것이다.

 ■ 중개사무소 제공자의 손해배상책임

개업공인중개사인 甲이 자신의 사무소를 乙의 중개행위의 장소로 제공하여 乙이 그 사무소에서 임대차계약을 중개하면서 거래당사자로부터 종전 임차인에게 임대차보증금의 반환금을 전달하여 달라는 부탁을 받고 **금원을 수령한 후 이를 횡령한 경우**, 甲은 구 「부동산중개업법」 제19조 제2항에 따라 **거래당사자가 입은 손해를 배상할 책임이 있다**(대판 2000.12.22. 2000다48098).

 제26회 기출

공인중개사법령상 손해배상책임의 보장에 관한 설명으로 옳은 것을 모두 고른 것은?

㉠ 지역농업협동조합이 부동산중개업을 하는 때에는 중개업무를 개시하기 전에 보장금액 2천만원 이상의 보증을 보증기관에 설정하고 그 증명서류를 갖추어 등록관청에 신고해야 한다.
㉡ 개업공인중개사는 자기의 중개사무소를 다른 사람의 중개행위의 장소로 제공함으로써 거래당사자에게 재산상의 손해를 발생하게 한 때에는 그 손해를 배상할 책임이 없다.
㉢ 개업공인중개사는 보증보험금으로 손해배상을 한 때에는 10일 이내에 보증보험에 다시 가입하여야 한다.

① ㉠   ② ㉡   ③ ㉠, ㉢   ④ ㉡, ㉢   ⑤ ㉠, ㉡, ㉢

해설 손해배상책임
ㄴ. 개업공인중개사는 자기의 중개사무소를 다른 사람의 중개행위의 장소로 제공함으로써 거래당사자에게 재산상의 손해를 발생하게 한 때에는 그 손해를 배상할 책임이 있다(법 제30조 제2항).
ㄷ. 개업공인중개사는 보증보험금으로 손해배상을 한 때에는 15일 이내에 보증보험에 다시 가입하여야 한다(영 제26조 제2항).

정답 ①

 제32회 기출

공인중개사법령상 중개행위 등에 관한 설명으로 옳은 것은?(다툼이 있으면 판례에 따름)

① 중개행위에 해당하는지 여부는 개업공인중개사의 행위를 객관적으로 보아 판단할 것이 아니라 개업공인중개사의 주관적 의사를 기준으로 판단해야 한다.
② 임대차계약을 알선한 개업공인중개사가 계약 체결 후에도 목적물의 인도 등 거래당사자의 계약상 의무의 실현에 관여함으로써 계약상 의무가 원만하게 이행되도록 주선할 것이 예정되어 있는 경우, 그러한 개업공인중개사의 행위는 사회통념상 중개행위의 범주에 포함된다.
③ 소속공인중개사는 자신의 중개사무소 개설등록을 신청할 수 있다.
④ 개업공인중개사는 거래계약서를 작성하는 경우 거래계약서에 서명하거나 날인하면 된다.
⑤ 개업공인중개사가 국토교통부장관이 정한 거래계약서 표준서식을 사용하지 않는 경우 과태료부과처분을 받게 된다.

해설 중개행위 등
① 중개행위에 해당하는지 여부는 개업공인중개사의 행위를 객관적으로 보아 판단하여야 한다.
③ 소속공인중개사는 중개사무소 개설등록을 신청할 수 없다.
④ 개업공인중개사는 거래계약서를 작성하는 경우 거래계약서에 서명 및 날인하면 된다.
⑤ 국토교통부장관이 정한 거래계약서 표준서식은 없다..

정답 ②

제1편 공인중개사법령

2 손해배상책임의 보장★★★ 10·11·21·24회 출제

개업공인중개사는 업무를 개시하기 전에 제1항 및 제2항의 규정에 의한 손해배상책임을 보장하기 위하여 대통령령이 정하는 바에 따라 보증보험 또는 제42조의 규정에 의한 공제(共濟)에 가입하거나 공탁(供託)을 하여야 한다(법 제30조 제3항).
→ 업무개시 전

(1) 손해배상책임의 보장방법

개업공인중개사는 손해배상책임의 보장을 위하여 보증보험 또는 제42조의 규정에 의한 공제에 가입하거나 공탁을 하여야 한다(법 제30조 제3항).
→ 상대등록취소

1) 보증보험

보증보험(保證保險)이란 개업공인중개사의 손해배상의 보장을 목적으로 보증보험회사와 개업공인중개사가 체결한 보험계약으로, 개업공인중개사가 중개행위를 함에 있어서 고의 또는 과실로 인하여 중개의뢰인에게 재산상의 손해를 입힌 경우 그 손해를 보상하기 위하여 체결된 이른바 타인을 위한 손해보험계약이다(대판 1999.3.9. 98다61913).

업무보증

개업공인중개사의 손해배상책임을 보장하기 위하여 보증을 설정하는 것을 말한다.

2) 공제

「공인중개사법」 제30조 제3항, 제42조에 근거하여 전국부동산중개업협회가 운영하는 공제제도는 개업공인중개사가 그의 불법행위 또는 채무불이행으로 인하여 거래당사자에게 부담하게 되는 손해배상책임을 보증하는 보증보험적 성격을 가진 제도라고 보아야 할 것이므로, 그 공제약관에 공제 가입자인 개업공인중개사의 고의로 인한 사고의 경우까지 공제금을 지급하도록 규정되었다고 하여 이것이 공제제도의 본질에 어긋난다거나 고의, 중과실로 인한 보험사고의 경우 보험자의 면책을 규정한 「상법」 제659조의 취지에 어긋난다고 볼 수 없다(대판 1995.9.29. 94다47261).

3) 공탁

① **공탁(供託)의 개념**

법령의 규정에 의하여 금전·유가증권 또는 그 밖의 물품을 공탁소 또는 일정한 자에게 보관하도록 하는 것을 의미하는 것으로, 우리나라의 공탁소는 법원에 설치되어 있다.

② **공탁의 종류**

공탁의 종류는 변제공탁과 보증공탁, 보관공탁, 집행공탁, 몰취공탁 등으로 분류할 수 있다. 「공인중개사법」에 의한 업무보증을 위한 공탁은 개업공인중개사의 손해배상책임을 보장하기 위한 보증공탁의 범주에 포함되는 것으로 보인다.

③ **공탁의 방법**

개업공인중개사의 업무보증을 위한 공탁의 경우의 공탁은 현금 또는 국공채를 법원에 공탁하여야 할 것이다(국토교통부 전자민원 2000.8.19. 회신 제26735호).

(2) 보장조치 시기 14·18·23회 출제

개업공인중개사가 손해배상책임을 보장하기 위한 조치(보험, 공제, 공탁)는 업무를 개시(開始)하기 전에 하여야 한다. 따라서 등록관청은 중개사무소의 개설등록을 한 자가 보증을 설정하였는지 여부를 확인한 후 중개사무소등록증을 지체없이 교부하여야 한다(규칙 제5조 제1항 참조).

(3) 보증설정금액

1) 개업공인중개사별 보증설정금액

① **보증설정금액의 구분**

개업공인중개사는 법 제30조 제3항의 규정에 따라 다음에 해당하는 금액을 보장하는 보증보험 또는 공제에 가입하거나 공탁을 하여야 한다(영 제24조 제1항).

㉠ 법인인 개업공인중개사 : 4억원 이상. 다만, 분사무소를 두는 경우에는 분사무소마다 2억원 이상을 추가로 설정하여야 한다.

㉡ 법인이 아닌 개업공인중개사 : 2억원 이상

제1편 공인중개사법령

② **법인의 범위**

법인인 개업공인중개사란 「공인중개사법」에 의해 설립된 중개법인은 물론 다른 법률에 의해 중개업을 할 수 있는 특수법인을 포함한다. 다른 법률에 의해 중개업을 할 수 있는 법인은 2천만원 이상 설정해야 한다.

③ **법인의 설정금액**

법인의 경우 분사무소마다 2억원 이상을 추가로 설정하여야 한다는 것은 중개법인 본사의 보증금액에 분사무소 설치시마다 2억원 이상을 추가로 증액하여 보증하여야 한다는 뜻이다(국토교통부 전자민원 2000.8.19 회신 제26735호).

예 중개법인이 3개의 분사무소를 둔 경우 해당 중개법인은 최소한 10억원의 업무보증을 설정해야 할 것이다.

④ **법인이 아닌 개업공인중개사**

법인이 아닌 개업공인중개사란 공인중개사인 개업공인중개사와 부칙에 의한 개업공인중개사를 의미한다. 따라서 부칙에 의한 개업공인중개사도 2억원 이상의 보증을 설정해야 한다.

2) **특수법인의 예외** 16·26회 출제

다른 법률에 의해 중개업을 할 수 있는 법인이 부동산중개업을 하는 때에는 중개업무를 개시하기 전에 보장금액 2천만원 이상의 보증을 보증기관에 설정하고 그 증명서류를 갖추어 등록관청에 **신고하여야 한다**(영 제24조 제3항).
→ 반드시 신고하여야 한다(x)

Professor Comment

다른 법률에 의해 중개업을 할 수 있는 법인은 업무보증 금액이 2천만원 이상이며, 분사무소를 갖출 경우에도 보증금액의 하한선은 2천만원이 된다.

단락문제 Q64 제16회 기출 개작

법인인 개업공인중개사 甲이 서울에 본사를 두고, 다른 지역에 분사무소 A 및 B를 둔 경우 손해배상책임을 보장하기 위하여 설정하여야 하는 최저 보증금액은?

① 2억원   ② 4억원   ③ 6억원   ④ 8억원   ⑤ 10억원

해설 분사무소를 둔 법인인 개업공인중개사의 손해배상 책임보장

법인인 개업공인중개사는 4억원 이상을 보장하는 보증보험 또는 공제에 가입하거나 공탁을 하여야 하고, 분사무소를 두는 경우에는 분사무소마다 2억원 이상을 추가로 설정하여야 한다(영 제24조 제1항). 따라서 甲중개법인은 최소한 8억원(주된 사무소 4억원, A, B 분사무소 각각 2억원씩)을 설정하여야 한다. **정답** ④

(4) 보증설정신고

1) **업무시작 전 신고**
    ① **신고방법**
        ㉠ 개업공인중개사는 중개사무소 개설등록을 한 때에는 업무를 시작하기 전에 제1항의 규정에 따른 손해배상책임을 보장하기 위한 조치(이하 "보증"이라 함)를 한 후 그 증명서류를 갖추어 등록관청에 신고하여야 한다.
        ㉡ 다만, 보증보험회사·공제사업자 또는 공탁기관(이하 "보증기관"이라 함)이 보증사실을 등록관청에 직접 통보한 경우에는 신고를 생략할 수 있다(영 제24조 제2항).

    ② **보증설정 증명서**   보증의 설정신고는 「공인중개사법 시행규칙」[별지 제25호 서식]에 따르며, 보증에 대한 "증명서류"라 함은 다음의 어느 하나에 해당하는 서류를 말한다(규칙 제18조 참조).
        ㉠ 보증보험증서 사본
        ㉡ 공제증서 사본
        ㉢ 공탁증서 사본

2) **보증의 변경과 신고**
    ① 보증을 설정한 개업공인중개사는 그 보증을 다른 보증으로 변경하고자 하는 경우에는 이미 설정한 보증의 효력이 있는 기간 중에 다른 보증을 설정하고 그 증명서류를 갖추어 등록관청에 신고하여야 한다(영 제25조 제1항).

Professor Comment
보증보험에 가입한 개업공인중개사가 공제로 보증을 변경하고자 할 때는 이미 가입한 보증보험의 효력이 만료되기 직전까지 공제로 보증을 변경할 수 있는 것이다.

    ② **업무보증변경설정신고서**   보증의 변경신고는 「공인중개사법 시행규칙」[별지 제25호 서식]에 의한다(규칙 제19조).
    ③ **보증기관이 등록사실을 등록관청에 직접 통보한 경우**   제24조 제2항 단서의 규정은 제1항 또는 제2항의 규정에 의한 신고의 경우에 이를 준용한다고 규정하고 있으므로(영 제25조 제3항), 보증을 한 보증기관이 보증사실을 등록관청에 직접 통보한 경우에는 보증변경신고를 생략할 수 있다(영 제24조 제2항 단서).
    ④ **업무보증변경 관련규정**   업무보증변경 관련규정은 다음과 같이 구분하여 해석할 수 있다.
        ㉠ 개업공인중개사는 보증을 임의대로 변경할 수 있다.
        ㉡ 보증의 변경은 종전의 보증의 효력이 있는 기간 중에만 가능하다.
        ㉢ 보증을 변경했을 때는 반드시 등록관청에 신고해야 한다.
        ㉣ 다만, 보증기관이 보증사실을 등록관청에 직접 통보한 경우에는 보증변경신고를 생략할 수 있다.

단락문제 Q65 제13회 기출

개업공인중개사의 손해배상책임에 관한 다음 설명 중 맞는 것은?

① 개업공인중개사의 고용인의 업무상 행위로 중개의뢰인에게 재산상 손해를 발생하게 한 경우 개업공인중개사에게 과실이 없었음을 입증하면 개업공인중개사는 손해배상책임이 없다.
② 개업공인중개사가 자기의 중개사무소를 다른 사람의 중개행위의 장소로 제공함으로서 거래당사자에게 손해를 발생하게 한 때에는 손해배상책임이 없다.
③ 개업공인중개사가 고의 또는 중과실로 인하여 거래당사자에게 재산상의 손해를 발생하게 한 때에는 손해배상책임이 있으나 개업공인중개사의 경과실은 손해배상책임을 면한다.
④ 개업공인중개사는 손해배상책임을 보장하기 위하여 반드시 보증보험에 가입하고 이를 등록관청에 신고하여야 한다.
⑤ 보증을 설정한 개업공인중개사가 그 보증을 다른 보증으로 변경하고자 하는 경우에는 이미 설정한 보증의 효력이 있는 기간 중에 다른 보증을 설정하여야 한다.

해설 손해배상책임
① 개업공인중개사가 고용한 공인중개사 및 중개보조원의 업무상 행위는 그를 고용한 개업공인중개사의 행위로 본다(법 제15조 제2항). 따라서 개업공인중개사에게 과실이 없더라도 개업공인중개사는 손해배상책임을 져야 한다.
② 개업공인중개사는 자기의 중개사무소를 다른 사람의 중개행위의 장소로 제공함으로써 거래당사자에게 재산상의 손해를 발생하게 한 때에는 그 손해를 배상할 책임이 있다(법 제30조 제2항).
③ 불법행위로 인한 손해배상책임에 있어서의 과실이라 함은 통상적인 사람을 기준으로 하여 마땅히 하여야 할 의무를 태만히 하였거나 또는 하지 아니하면 아니 될 의무를 이행하지 아니한 경우를 가리켜 뜻하는 것으로(대판 79.12.26. 79다1843), 이 경우의 과실은 경과실도 포함된다는 것이 학설과 판례의 입장이다.
④ 개업공인중개사는 제1항 및 제2항의 규정에 의한 손해배상책임을 보장하기 위하여 대통령령이 정하는 바에 의하여 보증보험 또는 제42조의 규정에 의한 공제에 가입하거나 공탁을 하여야 한다(법 제30조 제3항).
⑤ (영 제25조 제1항)

정답 ⑤

3) 보증의 갱신과 신고

① **등록관청에 신고**
보증보험 또는 공제에 가입한 개업공인중개사로서 보증기간이 만료되어 다시 보증을 설정하고자 하는 자는 그 보증기간 만료일까지 다시 보증을 설정하고 그 증명서류를 갖추어 등록관청에 신고하여야 한다(영 제25조 제2항).

② **보증유효기간 유지**
㉠ 개업공인중개사는 업무를 개시하기 전에 손해배상책임을 보장하기 위하여 업무보증을 설정해야 하는 것으로(법 제30조 제3항), 중개업을 시작하는 시점부터 중개업을 종료하는 시점까지의 전체 기간 동안 그 보증이 유효하도록 유지해야 할 것이다(국토교통부 전자민원 2000.6.27 회신 제19844호).

ⓒ 이는 현행 연(年)단위로 설정되는 보증보험이나 공제에 가입한 개업공인중개사는 보증기간이 종료되기 이전에 새로운 보증을 설정함으로써, 보증이 유효하도록 유지하도록 규정하고 있는 것이다.

Professor Comment
① 갱신된 새로운 보증은 종전과 동일한 보증이어야 한다는 규정은 없으며, 개업공인중개사는 보증을 변경할 수 있으므로, 기간이 만료되는 보증이 아닌 다른 종류의 보증을 설정해도 된다고 볼 수 있다.
② 다만, 보증의 효력은 지속되어야 하는 것이므로, 보증의 만료일이 공휴일인 경우에는 보증계약을 미리 체결하여 보증기간이 연속되어야 할 것이다(국토교통부 전자민원 2000.6.27 회신 제19844호).

③ **휴업기간 중 보증기간이 만료된 경우 보증갱신 시점**
㉠ 손해배상책임보증은 중개업 영업 중 발생되는 손실에 대한 업무보증이므로, 휴업기간 중에 보증기간이 만료되더라도 휴업기간 중에는 보증을 갱신하지 않을 수 있으며, 다시 업무를 시작하기 이전까지만 보증을 갱신하면 된다(국토교통부 전자민원 2000.6.26 회신 제19659호 및 2000.8.24 회신 제27405호 참조). 물론, 이때의 휴업기간이란 법률에서 정한 휴업신고를 한 경우의 신고 된 휴업기간을 의미한다.
ⓒ 보증기간 만료일까지 다시 보증을 설정하고 그 증명서류를 갖추어 등록관청에 신고하여야 하는 것으로(영 제25조 제2항), 당해 보증기간 만료일까지 보증을 갱신해야 할 것이다.

Professor Comment
대부분의 개업공인중개사는 1년 단위의 보증을 설정하는 것이 일반적이다.

④ **보증기관이 보증사실을 등록관청에 직접 통보하는 경우**
영 제25조의 규정에 의한 보증의 변경신고는 별지 제25호 서식에 의하며(규칙 제19조), 제24조 제2항 단서의 규정은 제2항의 규정에 의한 신고의 경우에 이를 준용한다고 규정하고 있으므로(영 제25조 제3항), 보증을 한 보증기관이 보증사실을 등록관청에 직접 통보한 경우에는 보증변경신고를 생략할 수 있다(영 제24조 제2항 단서).

(5) 보증설정의무 위반의 행정처분

1) 상대등록취소

개업공인중개사가 제30조 제3항의 규정에 의한 손해배상책임을 보장하기 위한 조치를 이행하지 아니하고 업무를 개시한 경우에는 등록관청은 등록을 취소할 수 있다(법 제38조 제2항 제8호). 이때의 등록취소는 상대취소(재량취소)이다. 따라서 반드시 등록을 취소해야 하는 것은 아니다.

2) 6월의 범위 안에서 업무정지

또한, 상대등록취소사유에 해당하는 경우에는 6월의 범위 안에서 기간을 정하여 업무의 정지를 명할 수 있다(법 제39조 제1항 제11호).

(6) 공탁금의 회수제한

1) 3년 이내 회수 제한
중개의뢰인을 위한 규정

① 공탁한 공탁금은 개업공인중개사가 폐업 또는 사망한 날부터 3년 이내에는 이를 회수할 수 없다(법 제30조 제4항).
② 통상 중개행위로부터 일정기간이 지난 이후에 손해가 현실화되는 사례가 많으며, 민사상의 불법행위의 청구권의 시효는 3년이므로, 중개의뢰인의 손해배상청구가 가능하도록 개업공인중개사가 폐업하거나 사망을 한 경우 3년 이내에는 공탁금을 회수할 수 없도록 규정하고 있는 것이다.

2) 담보공탁
개업공인중개사의 업무보증을 위한 담보공탁은 현금 또는 국공채를 법원에 보관하고, 「공인중개사법」 제30조에 의한 개업공인중개사의 손해배상책임이 발생하였을 경우 피해자인 중개의뢰인이 공탁된 현금 등을 찾을 수 있도록 한 제도를 의미한다.

단락문제 Q66 제23회 기출 개작

개업공인중개사 甲의 중개보조원 乙의 과실로 중개의뢰인 丙이 손해를 입었다. 이와 관련한 설명으로 옳은 것은?(다툼이 있으면 판례에 의함)

① 甲은 중개사무소 개설등록 이전에 손해배상책임을 보장하기 위해 보증보험 또는 공제에 가입하거나 공탁을 해야 한다.
② 乙의 업무상 행위는 그를 고용한 甲의 행위로 본다.
③ 甲은 乙의 모든 행위에 대하여 丙에게 손해배상책임을 진다.
④ 甲의 丙에 대한 책임이 인정되는 경우 乙은 직접 丙에게 손해배상책임을 지지 않는다.
⑤ 甲의 책임이 인정되어 丙에게 손해배상책임을 이행한 공제사업자는 甲에게 구상권을 행사할 수 없다.

해설 중개보조원의 과실로 인한 손해
① 甲은 중개사무소를 개설등록한 경우 업무개시 전까지 손해배상책임을 보장하기 위해 보증보험 또는 공제에 가입하거나 공탁을 해야 한다(법 제30조 제3항 참조).
③ 甲은 乙의 업무상 행위에 대하여 丙에게 손해배상책임을 진다(법 제15조 제2항, 법 제30조 제1항 참조).
④ 甲의 丙에 대한 책임이 인정되는 경우에도 乙은 직접 丙에게 손해배상책임을 지는 연대책임에 해당한다.
⑤ 甲의 책임이 인정되어 丙에게 손해배상책임을 이행한 공제사업자는 甲에게 구상권을 행사할 수 있다. **정답** ②

(7) 손해배상책임의 고지의무 13·23회 출제

개업공인중개사는 중개가 완성된 때에는 거래당사자에게 손해배상책임의 보장에 관한 다음의 사항을 설명하고 관계증서의 사본(寫本)을 교부하거나 관계증서에 관한 전자문서를 **제공하여야 한다**(법 제30조 제5항).

위반 시 100만원 이하 과태료 ←

① 보장금액
② 보증보험회사, 공제사업을 행하는 자, 공탁기관 및 그 소재지
③ 보장기간

이 규정은 중개의뢰인에게 발생될 수 있는 손해배상청구권의 실효성을 보장하기 위한 조치로서, 관계증서 교부의무와 보증설정 설명의무로 구분될 수 있다.

1) 관계증서 교부의무

관계증서 교부의무란 중개완성 시 거래당사자에 대한 관계증서 사본이나 관계증서에 관한 전자문서를 제공해야 할 의무로서(법 제30조 제5항), 이때의 '관계증서'란 보증보험증서나 공제증서, 공탁증서를 의미한다(규칙 제18조 제2항).

2) 보증설정 설명의무

보증설정 설명의무란 개업공인중개사가 중개완성 당시 자신이 설정한 업무보증에 대하여 보증금액과 보증기관, 보증기간의 3가지 내용을 중개의뢰인에게 설명해야 하는 의무를 의미한다.

3) 의무위반의 벌칙

관계증서 교부의무와 보증설정 설명의무는 모두 중개가 완성된 때 거래당사자 쌍방을 상대로 반드시 이행해야 하는 것으로, 1가지의 의무라도 이행하지 않는 개업공인중개사는 100만원 이하의 과태료에 처해진다(법 제51조 제3항 제5호).

▼ 중개완성 시 개업공인중개사가 중개의뢰인에게 지급해야 하는 서면

지급 서면	지급 대상자	보관기간	서명 및 날인의무자	위반시
거래계약서	거래당사자 쌍방	5년	① 개인 개업공인중개사 : 개업공인중개사와 당해 업무수행 공인중개사 ② 중개법인 : 대표자(분사무소책임자)와 중개행위를 한 공인중개사	업무정지
확인설명서	거래당사자 쌍방	3년	① 개인 개업공인중개사 : 개업공인중개사와 중개행위를 한 공인중개사 ② 중개법인 : 대표자(분사무소책임자)와 중개행위를 한 공인중개사	업무정지
업무보증 관계증서 사본	거래당사자 쌍방	없음	서명 및 날인의무 없음	100만원 이하 과태료

제1편 공인중개사법령

단락문제 Q67
제21회 기출

공인중개사법령상 개업공인중개사의 손해배상책임 등에 관한 설명으로 옳은 것은? (다툼이 있으면 판례에 의함)

① 중개의뢰인에 대한 손해배상책임을 보장하기 위한 공탁은 중개업무 개시와 동시에 하여야 한다.
② 법인 아닌 개업공인중개사가 손해배상책임으로 보증해야 할 금액은 1억원 이상이어야 한다.
③ 공탁금으로 손해배상을 한 개업공인중개사는 30일 이내에 그 부족하게 된 금액을 보전해야 한다.
④ 지역농업협동조합이 부동산중개업을 하는 때에는 1천만원 이상의 보증을 설정해야 한다.
⑤ 중개행위에 따른 확인·설명의무와 그 위반을 이유로 하는 손해배상의무는 중개의뢰인이 개업공인중개사에게 소정의 중개보수를 지급하지 아니하였다고 해서 당연히 소멸되는 것은 아니다.

해설 개업공인중개사의 손해배상책임
① 중개의뢰인에 대한 손해배상책임을 보장하기 위한 업무보증 설정은 업무개시 전에 하여야 한다(법 제30조 제3항).
② 법인 아닌 개업공인중개사가 손해배상책임으로 보증해야 할 금액은 2억원 이상이어야 한다(영 제24조 제1항).
③ 공탁금으로 손해배상을 한 개업공인중개사는 15일 이내에 그 부족하게 된 금액을 보전해야 한다(영 제26조 제2항).
④ 특수법인이 부동산중개업을 하는 때에는 2천만원 이상의 보증을 설정해야 한다(영 제24조 제3항).

정답 ⑤

단락문제 Q68
제32회 기출

공인중개사법령상 개업공인중개사의 보증설정 등에 관한 설명으로 옳은 것은?

① 개업공인중개사가 보증설정 신고를 할 때 등록관청에 제출해야 할 증명서류는 전자문서로 제출할 수 없다.
② 보증기관이 보증사실을 등록관청에 직접 통보한 경우라도 개업공인중개사는 등록관청에 보증설정 신고를 해야한다.
③ 보증을 다른 보증으로 변경하려면 이미 설정된 보증 등의 효력이 있는 기간이 지난 후에 다른 보증을 설정해야 한다.
④ 보증 변경신고를 할 때 손해배상책임보증 변경신고서 서식의 "보증"란에 '변경 후 보증내용'을 기재한다.
⑤ 개업공인중개사가 보증보험금으로 손해배상을 한 때에는 그 보증보험의 금액을 보전해야 하며 다른 공제에 가입할 수 없다.

해설 업무보증설정 등
① 보증설정 신고를 할 때 등록관청에 제출해야 할 증명서류는 전자문서로 제출할 수 있다.
② 보증기관이 보증사실을 등록관청에 직접 통보한 경우 보증설정 신고를 생략할 수 있다.
③ 보증을 다른 보증으로 변경하려면 이미 설정된 보증 등의 효력이 있는 기간 중에 다른 보증을 설정해야 한다.
⑤ 개업공인중개사가 보증보험금으로 손해배상을 한 때에는 15일 이내에 다시 가입하여야 한다.

정답 ④

3 보증보험금의 지급 등★

(1) 보증보험금 등의 지급청구

1) 보증보험금 등을 지급받고자 하는 경우

중개의뢰인이 손해배상금으로 보증보험금·공제금 또는 공탁금을 지급받고자 하는 경우에는 그 중개의뢰인과 개업공인중개사 간의 손해배상합의서·화해조서 또는 확정된 법원의 판결문 사본 그 밖에 이에 준하는 효력이 있는 서류를 첨부하여 보증기관에 손해배상금의 지급을 청구하여야 한다(영 제26조 제1항). → 보증설정서류사본은 해당 안 됨

2) 기타 이에 준하는 서류

기타 이에 준하는 효력이 있는 서류에는 중재판정서(중재법 제32조 제3항), 조정조서(민사조정법 제29조), 인낙조서(認諾調書, 민사소송법 제220조) 등이 있다.

3) 손해배상금 지급 청구

손해배상을 청구하고자 하는 의뢰인은 손해배상합의서나 판결문 등을 첨부하여 직접 보증기관에 가서 청구하여야 한다. 등록관청에 청구하는게 아니며 등록관청을 거쳐 보증기관에 청구하는 것이 아니다.

보증보험금의 지급

보증기관이 개업공인중개사를 대신하여 피해자에게 손해배상금을 지불한 경우 보증기관은 개업공인중개사에게 구상권을 행사할 수 있다.

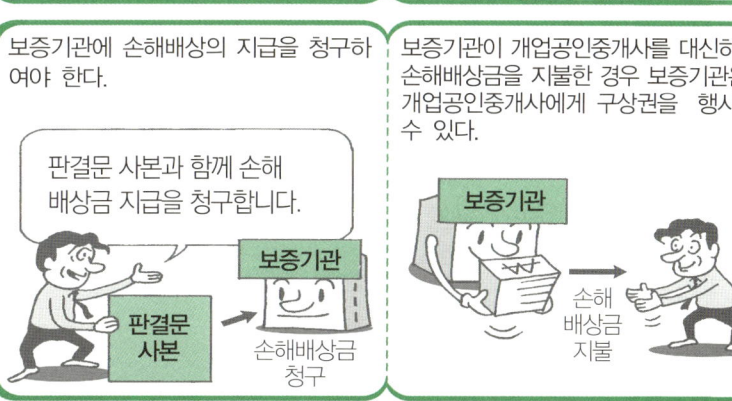

4) 중개의뢰인이 손해배상금을 청구하는 보증기관

중개의뢰인이 손해배상금을 청구하는 보증기관은 손해액이 확정된 때의 보증기관이 아니라, 손해의 발생원인인 중개행위를 할 당시에 개업공인중개사가 가입한 보증기관으로 해석해야 할 것이다.

Professor Comment
이는 보증보험이나 공제는 통상 연 단위의 기간을 정하여, 해당 계약기간 중 일어나는 개업공인중개사의 손해배상책임을 보장하기 위하여 설정되기 때문이다.

5) 손해배상금액의 확정방법

손해배상금액의 확정을 위해서는 손해가 발생한 중개의뢰인과 개업공인중개사가 상호 손해배상액을 합의한 경우에는 손해배상합의서를 작성해야 할 것이며, 손해액이 합의되지 않을 경우에는 소송 등을 통해 상기와 같은 법원의 판결문 등이 필요할 것이다.

(2) 보증보험 등의 성질과 구상권

1) 타인을 위한 손해보험

① 업무보증을 위해 설정한 보증보험

업무보증을 위해 설정한 보증보험은 개업공인중개사가 중개행위를 함에 있어서 고의 또는 과실로 인하여 중개의뢰인에게 재산상의 손해를 입힌 경우 그 손해를 보상하기 위하여 체결된 것으로(법 제30조 제3항), 「공인중개사법」에 의한 보증보험은 이른바 타인을 위한 손해보험계약에 해당된다.

② 보증보험회사에 보험금청구

개업공인중개사에 대한 손해배상청구권이 있는 중개의뢰인은 당연히 그 보증보험계약의 이익을 받아 보증보험회사에게 보험금을 청구할 수 있다고 해석된다(대판 1999.3.9. 98다61913).

2) 손해배상책임을 보증하는 보증보험

① 보증보험

개업공인중개사가 중개행위를 함에 있어서 고의 또는 과실로 인하여 중개의뢰인에게 재산상의 손해를 입힌 경우 그 손해를 보상하기 위하여 체결된 이른바 타인을 위한 손해보험계약이다(대판 1999.3.9. 98다61913).

② 소멸시효기간

보험금액청구권의 소멸시효기간은 2년이고, 특별한 사정이 없는 한 그 소멸시효는 보험사고가 발생한 때부터 진행하게 된다(대판 1998.2.13. 96다19666).

3) 구상권 발생

보증보험이나 공제는 해당 개업공인중개사가 손해배상책임을 이행하지 못할 경우를 대비해 손해배상에 대한 보증을 설정한 것이므로(법 제30조 제3항), 보증기관이 개업공인중개사를 대신해 손해배상금을 지급한 경우, 보증기관은 개업공인중개사를 대신하여 피해자에게 지급한 손해배상금을 개업공인중개사에게 청구할 수 있는 구상권이 발생된다(민법 제482조).

(3) 보증보험금 등의 지급대상 중개행위

1) 손해배상책임의 범위

보증기관이 손해에 대하여 보증하는 손해배상책임은 「공인중개사법」 제30조 제1항 및 제2항에서 정한 개업공인중개사의 손해배상책임의 범위에 포함되는 모든 손해배상책임을 의미하는 것으로 보아야 할 것이며(법 제30조 제3항 참조), 기타의 손해는 포함되지 않아야 할 것이다.

2) 손해배상책임의 보증 여부

「상법」의 보험편에서는 보험사고가 보험계약자 또는 피보험자나 보험수익자의 고의 또는 중대한 과실로 인하여 생긴 때에는 보험자는 보험금액을 지급할 책임이 없다고 규정하고 있으나(상법 제659조), 개업공인중개사가 중개행위를 함에 있어서 고의나 중과실로 인하여 거래당사자에게 재산상의 손해를 발생하게 한 때의 손해를 배상할 책임 역시 보증기관이 보장해야 할 것이다(법 제30조 제1항 참조).

3) 「상법」상 보험회사의 면책규정 적용배제

공인중개사법 제30조 제3항, 제42조에 근거하여 전국부동산중개업협회가 운영하는 공제제도는 개업공인중개사가 그의 불법행위 또는 채무불이행으로 인하여 거래당사자에게 부담하게 되는 손해배상책임을 보증하는 보증보험적 성격을 가진 제도라고 보아야 할 것이므로, 그 공제약관에 공제 가입자인 개업공인중개사의 고의로 인한 사고의 경우까지 공제금을 지급하도록 규정되었다고 하여 이것이 공제제도의 본질에 어긋난다거나 고의, 중과실로 인한 보험사고의 경우 보험자의 면책을 규정한 상법 제659조의 취지에 어긋난다고 볼 수 없다(대판 1995.9.29. 94다47261).

(4) 보증보험금 등의 지급범위 22회 출제

1) 보증보험금의 액수

보증기관에서 지급하는 보증보험금의 액수는 개업공인중개사와 보증기관 사이에서 체결된 보증금액을 상한선으로 한다고 해석된다.

2) 상한선 초과금액

개업공인중개사가 2억원의 업무보증을 설정한 경우, 3억원의 손해배상청구권이 있는 중개의뢰인이라도 보험회사를 상대로 자신의 손해액 3억원 중 2억원까지만 지급을 청구할 수 있으며, 이를 초과한 금액에 대해서는 개업공인중개사를 상대로 청구할 수밖에 없다.

제1편 공인중개사법령

Professor Comment
중개법인의 불법행위로 인한 손해배상보장금액은 해당 중개법인의 업무보증금액 전액을 상한선으로 해야 할 것이다.

3) 중개법인의 상한액

중개법인의 경우에는 4억원 이상의 업무보증을 설정해야 하며, 분사무소를 두는 경우에는 분사무소마다 2억원 이상을 추가로 설정하여야 한다(영 제24조 제1항 제1호). 따라서, 중개법인이 3개의 분사무소를 둔 경우 해당 중개법인은 최소한 10억원의 업무보증을 설정해야 한다.

4) 분사무소 상한액

중개법인의 주된 사무소는 물론 분사무소에서의 중개사고로 인한 손해배상청구권도 중개법인에 귀속되는 것으로(국토교통부 전자민원 2000.8.19 회신 제26735호), 손해배상청구권이 있는 중개의뢰인은 보증기관을 상대로 중개법인 전체의 보증설정한도 내에서 손해배상을 지급청구할 수 있을 것이다(국토교통부 전자민원 2000.8.19 회신 제26735호).

(5) 업무보증금액의 보전의무 28·29회 출제

1) 금액보전

개업공인중개사는 보증보험금·공제금 또는 공탁금으로 손해배상을 한 때에는 15일 이내에 보증보험 또는 공제에 다시 가입하거나 공탁금 중 부족하게 된 금액을 보전하여야 한다(영 제26조 제2항).

2) 보증의무 규정의 취지

① 개업공인중개사가 보증보험이나 공제에 가입한 보증기관이 손해배상을 대신할 경우 해당 보증보험이나 공제의 가입계약이 취소될 수 있으며, 가입계약이 취소되면 「공인중개사법」 제30조 제3항에서 정한 업무보증의무를 위반한 것이 된다.
② 또한, 공탁금이 손해배상액으로 변제가 될 경우에도 지급되고 남은 공탁금액만으로는 유효한 업무보증을 할 수 없게 된다.
③ 이와 같은 경우 개업공인중개사는 법 제30조 제3항의 규정에 의거 보증계약 취소나 공탁금 부족이 발생한 즉시 자신의 손해배상책임을 위한 보증을 설정하거나 공탁금중 부족액을 보전해야 하나, 상기 규정에서는 개업공인중개사에게 15일의 유예기간을 두고 있는 것이다.

단락문제 Q69 제15회 기출

개업공인중개사의 손해배상책임과 업무보증의 설정에 관한 설명으로 틀린 것은?

① 개업공인중개사가 중개행위를 함에 있어서 고의 또는 과실로 인하여 거래당사자에게 재산상의 손해를 발생하게 한 때에는 그 손해를 배상할 책임이 있다.
② 개업공인중개사는 자기의 중개사무소를 다른 사람의 중개행위의 장소로 제공함으로써 거래당사자에게 재산상의 손해를 발생하게 한 때에는 그 손해를 배상할 책임이 있다.
③ 개업공인중개사는 손해배상책임을 보장하기 위하여 보증보험 또는 공제에 가입하거나 공탁을 하여야 한다.
④ 중개법인이 3개의 분사무소를 두는 경우에는 해당 중개법인은 최소 5억원의 업무보증을 설정해야 한다.
⑤ 중개의뢰인의 손해가 보증기관의 보증금 지급한도를 초과하는 손해에 대해서도 개업공인중개사를 상대로 손해배상청구권을 행사할 수 있다.

해설
중개법인이 3개의 분사무소를 두는 경우에는 해당 중개법인은 최소 10억원의 업무보증을 설정해야 한다. 법인의 경우 분사무소마다 2억원 이상을 추가로 설정하여야 한다는 것은 중개법인 본사의 보증금액에 분사무소 설치시마다 2억원을 추가로 증액하여 보증하여야 한다는 뜻이기 때문이다(국토교통부 전자민원 2000.8.19. 회신 제26735호 참조). **정답** ④

단락문제 Q70 제32회 기출

공인중개사법령상 손해배상 책임의 보장에 관한 설명으로 틀린 것은?

① 개업공인중개사는 중개가 완성된 때에는 거래당사자에게 손해배상책임의 보장기간을 설명해야 한다.
② 개업공인중개사는 고의로 거래당사자에게 손해를 입힌 경우에는 재산상의 손해뿐만 아니라 비재산적 손해에 대해서도 공인중개사법령상 손해배상책임보장규정에 의해 배상할 책임이 있다.
③ 개업공인중개사가 자기의 중개사무소를 다른 사람의 중개행위의 장소로 제공하여 거래당사자에게 재산상의 손해를 발생하게 한 때에는 그 손해를 배상할 책임이 있다.
④ 법인인 개업공인중개사가 분사무소를 두는 경우 분사무소마다 추가로 2억원 이상의 손해배상책임의 보증설정을 해야 하나 보장금액의 상한은 없다.
⑤ 지역 농업협동조합이 「농업협동조합법」에 의해 부동산 중개업을 하는 경우 보증기관에 설정하는 손해배상책임 보증의 최저보장금액은 개업공인중개사의 최저보장금액과 다르다.

해설 손해배상 책임의 보장
비재산적 손해(정신적 손해)에 대해서는 공인중개사법령상 손해배상책임보장규정에 의해 배상할 책임이 없다. **정답** ②

제1편 공인중개사법령

▼ 개업공인중개사의 종류별 비교표

구 분		중개법인	공인중개사	부칙에 의한 개업공인중개사
업무지역		전 국	전 국	시·도 (거래정보망 이용시 예외)
사무소 이전		전 국	전 국	전 국
신규등록		가 능	가 능	불가능
분사무소		가 능	불가능	불가능
업무범위	중개업무	가 능	가 능	가 능
	경매업무	가 능	가 능	불가능
	기타업무	법 제14조 업무만 가능	자유원칙 (법령상 금지된 것 불능)	자유원칙 (법률상 금지된 것 불능)
사무소 공유		가 능	가 능	가 능
인장등록		상업등기규칙에 의해 신고한 인장	가족관계등록부 또는 주민등록표에 기재된 성명의 인장	
계약서서명 및 날인의무		대표자(분사무소 책임자) 및 중개행위를 한 소속공인중개사 공동	개업공인중개사 및 중개행위를 한 소속공인중개사 공동	개업공인중개사 및 중개행위를 한 소속공인중개사 공동
중개대상물 확인설명서 서명 및 날인		대표자(분사무소 책임자) 및 중개행위를 한 소속공인중개사 공동	개업공인중개사 및 중개행위를 한 소속공인중개사 공동	개업공인중개사 및 중개행위를 한 소속공인중개사 공동
업무보증금액		4억원(분사무소 2억원)	2억원	2억원

*등록요건 생략

단락핵심 손해배상책임보장

(1) 고용인의 업무상 행위에 대하여도 개업공인중개사는 손해배상책임을 진다.
(2) 다른 법률에 의해 중개업을 할 수 있는 법인이 부동산중개업을 하는 경우의 손해배상 보증설정금액은 2천만원 이상이다.
(3) 개업공인중개사등에게 고의·과실이 있어야 한다.
(4) 개업공인중개사가 그의 손해배상책임을 보장하기 위한 보증을 설정하지 아니하고 업무를 개시한 때에는 등록을 취소할 수 있다.
(5) 법인인 개업공인중개사가 주된 사무소와 분사무소를 설치하는 경우에 분사무소에도 각각 보증을 설정하여야 한다.
(6) 개업공인중개사의 고용인의 업무상 행위로 중개의뢰인에게 재산상 손해를 발생하게 한 경우 개업공인중개사는 무과실 책임으로서 손해배상책임이 있다.
(7) 개업공인중개사가 고의 또는 과실로 인하여 거래당사자에게 재산상의 손해를 발생하게 한 때에는 손해배상책임이 있다. 이에는 경과실까지 포함된다.
(8) 개업공인중개사는 손해배상책임을 보장하기 위하여 보증을 설정하여야 하나 반드시 보증보험에 가입하여야 할 의무는 없으며 공제, 공탁을 선택하여도 된다.
(9) 확인·설명의무를 위반하여 개업공인중개사가 중개의뢰인에게 손해를 끼친 경우 중개의뢰인이 개업공인중개사에게 소정의 중개보수를 지급하지 않았다고 개업공인중개사가 그에 따른 책임이 당연히 소멸되는 것은 아니다.
(10) 공제제도는 개업공인중개사가 그의 불법행위 또는 채무불이행으로 인하여 거래당사자에게 부담하게 되는 손해배상책임을 보증하는 보증보험적 성격을 가진 제도이다.
(11) 공탁으로 업무보증을 하는 경우 개업공인중개사가 폐업 또는 사망한 날부터 3년 이내에는 공탁금을 회수하지 못한다.

03 계약금 등의 반환채무이행의 보장 ★ 11·13·추가15·16·17·18·19·30회 출제

Professor Comment
계약금 등의 반환채무이행의 보장(법 제31조)은 중개업무 선진화를 위해 마련된 규정으로 출제위원들의 문제 선호도가 높은 조항이다.

1 계약금 등의 반환채무이행의 보장제도의 의의

(1) 계약금 등의 반환채무이행의 보장제도
계약금 등의 반환채무이행의 보장제도는 상기 법 제30조의 업무보증제도와는 전혀 다른 성격의 제도이다. 법 제30조에서는 개업공인중개사의 손해배상책임의 보장을 위한 제도를 규정하고 있으나, 법 제31조의 계약금 등의 반환채무이행의 보장제도란 권리이전 중개의뢰인의 계약금 등의 반환채무이행을 보장하는 제도이다.

(2) 제도 도입의 의의
1) 이 규정은 권리취득 중개의뢰인이 지급한 거래대금에 대하여 계약이행기간 동안의 안전을 보장하기 위한 제도이다.
2) 일반적으로 부동산거래는 계약부터 잔금지급까지는 1개월 이상이 소요되며, 이 기간 동안 권리이전 중개의뢰인의 고의나 과실로 인해 대상부동산의 권리가 이전되지 않는 문제가 발생될 수 있고, 이러한 문제발생 시 권리취득 중개의뢰인이 기지급한 거래대금을 아무런 문제 없이 회수할 수 있어야 할 것이다.

Wide | 에스크로제도

① **의의**
부동산 에스크로(escrow)제도란 계약이행보증제도(契約履行保證制度)를 의미하는 것으로, 중립적인 제3자(에스크로업자)가 거래당사자 쌍방대리인 자격으로 부동산매매에 관련된 거래대금과 서류일체를 계약조건이 종료(소유권 이전)될 때까지 보관하고, 관련 사무를 처리함으로써 거래당사자를 보호하는 제도를 말한다.

② **미국의 경우 부동산에스크로업자의 수행업무**
 ㉠ 부동산거래계약서의 작성　　　　㉡ 거래서류와 거래대금의 수령 및 보관
 ㉢ 거래절차의 이행　　　　　　　　㉣ 거래대금의 정산 등 부동산거래의 이행업무
 ㉤ 부동산거래와 관련된 용역(보험, 권리분석, 이사 등)의 알선업무

③ **수수료**
미국의 에스크로업자는 업무에 대한 대가로서 0.4%~0.7%(자율결정)의 범위 내에서 수수료를 받고 있으며, 한국의 경우 에스크로업무가 극히 부분적으로 수행되고 있으며 권원보험까지 포함하여 0.12% 내외의 수수료를 받고 있다.

제1편 공인중개사법령

2 계약금 등의 반환채무이행의 보장권고

개업공인중개사는 거래의 안전을 보장하기 위하여 필요하다고 인정하는 경우에는 거래계약의 이행이 완료될 때까지 계약금·중도금 또는 잔금(이하 "계약금 등"이라 함)을 개업공인중개사 또는 대통령령이 정하는 자의 명의로 금융기관, 제42조의 규정에 의하여 공제사업을 하는 자 또는 「자본시장과 금융투자업에 관한 법률」에 의한 신탁업자 등에 예치하도록 거래당사자에게 권고(勸告)할 수 있다(법 제31조 제1항). ← 개업공인중개사의 의무 아님

상기와 같은 계약금 등의 반환채무이행의 보장에 관한 규정(법 제31조 제1항)은 다음과 같은 해석이 가능하다.

(1) 개업공인중개사의 업무

개업공인중개사는 거래의 안전을 보장하기 위하여 필요하다고 인정하는 경우에는 계약금 등을 개업공인중개사나 대통령령이 정하는 자의 명의로 예치할 것을 거래당사자에게 권고할 수 있는 것으로 규정하고 있다.

Professor Comment
중개의뢰인은 개업공인중개사의 예치권고에 대하여 반드시 응할 의무는 없으며, 개업공인중개사 역시 중개의뢰인에게 반드시 예치권고를 해야 할 의무는 없는 것으로 보인다.

(2) 예치명의자 24·35회 출제

1) 의 의
「공인중개사법」에서는 개업공인중개사 또는 대통령령이 정하는 자의 명의로 예치할 수 있도록 규정하고 있다.

2) 예치명의자
현행 「공인중개사법 시행령」 제27조를 감안하면 예치명의자는 해당 업무를 수행한 개업공인중개사 또는 다음과 같은 자가 될 수 있다(영 제27조 제1항).
① 「은행법」에 따른 은행
② 「보험업법」에 따른 보험회사
③ 「자본시장과 금융투자업에 관한 법률」에 따른 신탁업자
④ 「우체국예금·보험에 관한 법률」에 따른 체신관서
⑤ 법 제42조의 규정에 따라 공제사업을 하는 자
⑥ 부동산거래계약의 이행을 보장하기 위하여 계약금·중도금 또는 잔금 및 계약 관련서류를 관리하는 업무를 수행하는 전문회사 → 에스크로 업체

 제173회 기출

계약금 등의 반환채무이행의 보장에 대한 설명 중 옳은 것은?

① 개업공인중개사는 거래의 안전을 보장하기 위하여 필요하다고 인정하는 경우 거래계약서의 작성이 완료될 때까지 계약금·중도금 또는 잔금을 예치하도록 권고해야 한다.
② 계약금 등의 반환채무이행을 보장하기 위해 이를 금융기관에 예치하는 경우 개업공인중개사의 명의로는 할 수 없다.
③ 개업공인중개사가 계약금 등의 반환채무이행의 보장에 반하는 행위를 한 경우 중개사무소 개설등록을 취소할 수 있다.
④ 「우체국예금·보험에 관한 법률」에 따른 체신관서도 예치기관이 될 수 있다.
⑤ 계약금 등의 예치를 매도인이 개업공인중개사에게 요구한 경우 이를 거절할 수 없다.

해설 계약금 등의 반환채무이행의 보장
① 개업공인중개사는 거래의 안전을 보장하기 위하여 필요하다고 인정하는 경우 거래계약의 이행이 완료될 때까지 계약금·중도금 또는 잔금을 예치하도록 권고할 수 있다.
② 계약금 등의 반환채무이행을 보장하기 위해 이를 금융기관에 예치하는 경우 개업공인중개사 명의로 예치할 수 있다.
③ 개업공인중개사가 계약금 등의 반환채무이행의 보장에 반하는 행위를 한 경우 업무정지처분을 받을 수 있다(개업공인중개사 명의로 예치하는 경우의 의무불이행의 경우).
⑤ 계약금 등의 예치를 매도인이 개업공인중개사에게 요구하였다 하더라도 개업공인중개사는 이를 거절할 수 있다.   **정답** ④

(3) **보장방법**   계약금 등을 거래계약의 이행이 완료될 때까지 거래당사자가 아닌 개업공인중개사나 예치명의자 명의로 금융기관 등 법정예치기관에 예치시킴으로써, 권리이전 중개의뢰인의 고의나 과실로 인한 권리취득 중개의뢰인의 손실가능성을 방지하고 있다.

(4) **예치대상금액**

「공인중개사법」에서는 예치대상계약금 등에는 계약금과 중도금, 잔금으로 규정하고 있으므로, 이들 3가지 금액 중 일부나 전부를 예치대상금액으로 할 수 있을 것이다.

(5) **예치기간**

1) **의의**

법에서는 예치기간을 "거래계약의 이행이 완료될 때까지"의 종료시점만 정하고 있으며, 예치기간의 시작시점은 정하고 있지 않다.

2) **예치기간 시작시점**

예치대상금액이 계약금과 중도금 및 잔금으로 특정된 점을 감안할 때 예치기간의 시작시점은 계약체결일이 될 수 있으며, 중도금 지급일이나 기타 계약체결일부터 예치기간의 종료시점 이전의 기간 중의 특정시점을 예치기간의 시작시점으로 정할 수 있을 것이다.

(6) 예치기관

1) 의의
「공인중개사법」에서는 예치기관으로 금융기관, 제42조의 규정에 의한 공제사업을 하는 자, 「자본시장과 금융투자업에 관한 법률」에 의한 신탁업자 등으로 규정하고 있다. 이는 예치명의자가 개인적으로 계약금 등을 보관할 경우 발생될 수 있는 불상사를 방지하기 위한 것이다.

2) 금융기관의 범위
「공인중개사법」에서는 금융기관의 범위에 대해서는 별도로 정하고 있지 않으나, 「금융실명거래 및 비밀보장에 관한 법률」 및 기타 관련 법률에서는 금융기관의 범위를 별도로 정하고 있으며(동법 제2조 제1호, 동법시행령 제2조 참조), 이들 법률에서 정한 금융기관 중 예치업무를 수행하는 금융기관을 예치기관으로 보아야 할 것이다.

3 개업공인중개사 명의로 예치관리할 때의 의무

→ 위반 시 업무정지

현행 「공인중개사법 시행령」 제27조 제2항 내지 제4항에서는 **개업공인중개사의 명의로 계약금 등을 예치할 경우, 예치되는 계약금 등의 안전을 보장하기 위한 규정**(계약금 등의 반환채무이행의 보장 약정, 계약금 등의 예치·관리방법, 계약금 등의 지급보장증서 제공)을 두고 있다.

Professor Comment
이들 규정은 중개의뢰인을 보호하기 위한 강행규정으로 개업공인중개사가 계약금 등의 예차관리를 할 때는 반드시 준수해야 할 것이나, 개업공인중개사가 아닌 제3자의 명의로 계약금 등을 예치할 경우에는 이 규정이 적용되지 않을 것이다.

(1) 계약금 등의 반환채무이행의 보장 약정
개업공인중개사는 거래당사자가 법 제31조 제1항의 규정에 따라 계약금등을 개업공인중개사의 명의로 금융기관 등에 예치할 것을 의뢰하는 경우에는 계약이행의 완료 또는 계약해제 등의 사유로 인한 계약금 등의 인출에 대한 거래당사자의 동의방법, 법 제32조 제3항의 규정에 따른 반환채무이행보장에 소요되는 실비 그 밖에 거래안전을 위하여 필요한 사항을 약정하여야 한다(영 제27조 제2항).

(2) 계약금 등의 예치·관리방법
개업공인중개사는 제2항의 규정에 따라 거래계약과 관련된 계약금 등을 자기명의로 금융기관 등에 예치하는 경우에는 자기 소유의 예치금과 분리하여 관리될 수 있도록 하여야 하며, 예치된 계약금 등은 거래당사자의 동의 없이 인출하여서는 아니 된다(영 제27조 제3항).

(3) 계약금 등의 지급보장증서 제공

개업공인중개사는 제2항의 규정에 따라 계약금을 자기명의로 금융기관 등에 예치하는 경우에는 그 계약금 등을 거래당사자에게 지급할 것을 보장하기 위하여 예치대상이 되는 계약금 등에 해당하는 금액을 보장하는 보증보험 또는 법 제42조의 규정에 따른 공제에 가입하거나 공탁을 하여야 하며, 거래당사자에게 관계증서의 사본을 교부하거나 관계증서에 관한 전자문서를 제공하여야 한다(영 제27조 제4항).

(4) 의무위반의 효과 23회 출제

1) 6월의 범위 안에서 업무정지

현행 「공인중개사법 시행령」 제27조 제2항 내지 제4항에서의 예치되는 계약금 등의 안전을 보장하기 위한 규정은 중개의뢰인을 보호하기 위한 강행규정으로, 이를 위반할 경우에는 "그 밖에 이 법 또는 이 법에 의한 명령이나 처분을 위반한 경우"에 해당되어 6월의 범위 안에서 기간을 정하여 업무의 정지를 명할 수 있을 것이다(법 제39조 제1항 제14호).

2) 민사상의 손해배상

개업공인중개사가 이 규정을 위반한 것은 강행규정 위반으로 불법행위를 구성하게 되며, 불법행위로 인한 민사상의 손해를 배상해야 할 것이다.

4 계약금 등의 우선수령

계약금 등을 예치한 경우 매도인·임대인 등 계약금 등을 수령(受領)할 수 있는 권리가 있는 자는 당해 계약을 해제한 때에 계약금 등의 반환을 보장하는 내용의 금융기관 또는 보증보험회사가 발행하는 보증서(保證書)를 계약금 등의 예치명의자에게 교부하고 계약금 등을 미리 수령할 수 있다(법 제31조 제2항).

(1) 계약금 등의 우선수령제도

계약금 등의 반환채무이행의 보장제도는 지금까지의 일반적인 거래관행과는 거리가 있는 것이며, 특히 매도인이나 임대인 등 계약금 등을 수령할 수 있는 권리가 있는 자에게는 예치기간 동안 계약금 등을 사용할 수 없는 불이익이 발생될 수 있다.

Professor Comment
이러한 문제점을 보완하기 위하여 제도 도입 당시부터 계약금 등을 우선 수령할 수 있는 근거를 마련하였다.

(2) 계약금 등의 우선수령방법

계약금 등을 청구할 수 있는 자는 매도인·임대인 등 계약금 등을 수령할 수 있는 권리가 있는 자이며, 거래계약의 이행이 완료되기 이전에 계약금 등을 수령하기 위해서는 당해 계약을 해제한 때 계약금 등의 반환을 보장하는 내용의 금융기관 또는 보증보험회사가 발행하는 보증서를 계약금 등의 예치명의자에게 교부해야 한다.

(3) 보증서

1) 의의
금융기관 또는 보증보험회사가 발행하는 보증서는 당해 계약을 해지한 때 계약금 등의 반환을 보장하는 내용이 포함되어야 하며, 보장하는 계약금 등의 액수가 특정되어야 하고, 보증대상자 및 기한 등이 확정되어야 할 것이다.

2) 보증서 효력
계약금 등의 예치명의자는 계약금 등을 수령할 수 있는 권리가 있는 자가 상기보증서를 제시하고 계약금 등의 지급을 요구할 경우에는 계약금 등을 지급해야 하나, 청구금액이 보증서에서 정한 금액을 초과한 경우 보증서에서 정한 금액까지만 지급한다.

3) 보증서 발행기관
보증서를 발행할 수 있는 기관은 금융기관 또는 보증보험회사로 규정하고 있으므로, 제1항에서 정한 예치기관 중 제42조의 규정에 의한 공제사업을 하는 자와 「자본시장과 금융투자업에 관한 법률」에 의한 신탁업자는 포함되지 않는 것으로 보아야 할 것이다.

Professor Comment
보증서를 발행할 수 있는 기관이 예치명의자가 계약금 등을 예치한 기관일 필요도 없는 것으로 해석된다.

단락핵심 계약금 등의 반환채무이행의 보장

(1) 이 제도는 계약이행기간 동안의 거래안전을 보장하기 위한 것이다.
(2) 「은행법」에 의한 은행은 거래대금의 예치명의자가 될 수 있다.
(3) 개업공인중개사는 거래대금을 자기명의로 금융기관 등에 예치하는 경우에는 자기 소유의 예치금과 분리하여 관리하여야 한다.
(4) 계약금·중도금 또는 잔금 및 계약관련서류 관리업무를 수행하는 전문회사는 거래대금의 예치명의자가 될 수 있다.
(5) 개업공인중개사는 계약금 등을 자기명의로 금융기관 등에 예치하는 경우 당해 계약금 등을 거래당사자에게 지급할 것을 보장하기 위하여 예치대상이 되는 계약금 등에 해당하는 금액을 보장하는 보증보험 또는 공제에 가입하거나 공탁을 하여야 하며, 거래당사자에게 관계증서의 사본을 교부하거나 관계증서에 관한 전자문서를 제공하여야 한다.
(6) 개업공인중개사가 거래계약의 이행이 완료될 때까지 개업공인중개사 명의로 중도금을 공제사업자에게 예치할 것을 거래당사자에게 권고할 수는 있다.
(7) 계약금 등을 예치할 것을 권고한 경우 거래당사자가 이를 거부하더라도 중개계약의 효력은 변함이 없다.
(8) 예치대상계약금 등에는 계약금, 중도금 또는 잔금이 있다.
(9) 계약금 등을 개업공인중개사 명의로 금융기관 등에 예치하는 경우 개업공인중개사는 거래당사자의 동의 없이 이를 인출할 수 없다.
(10) 거래당사자는 반환채무이행의 보장을 위해 계약금 등을 반드시 금융기관 등에 예치해야 하는 것은 아니다.
(11) 개업공인중개사의 명의로 계약금 등을 예치시 예치되는 계약금 등의 안전을 보장하기 위한 규정을 위반한 경우 업무정지를 명할 수 있다.

제3장 중개업

단락문제 Q72
제24회 기출

공인중개사법령상 개업공인중개사는 계약금 등을 대통령령이 정하는 자의 명의로 금융기관등에 예치하도록 거래당사자에게 권고할 수 있는데, 그 명의자에 속하지 <u>않는</u> 것은?

① 「보험업법」에 따른 보험회사
② 공제사업을 하는 공인중개사협회
③ 공탁금을 예치받는 법원
④ 「우체국예금·보험에 관한 법률」에 따른 체신관서
⑤ 「자본시장과 금융투자업에 관한 법률」에 따른 신탁업자

해설 계약금 등의 예치명의자(법 제31조 제1항, 영 제27조 제1항)
1) 개업공인중개사는 거래의 안전을 보장하기 위하여 필요하다고 인정하는 경우에는 거래계약의 이행이 완료될 때까지 계약금·중도금 또는 잔금(이하 이 조에서 "계약금 등"이라 한다)을 개업공인중개사 또는 대통령령이 정하는 자의 명의로 금융기관, 제42조의 규정에 의하여 공제사업을 하는 자 또는 「자본시장과 금융투자업에 관한 법률」에 따른 신탁업자 등에 예치하도록 거래당사자에게 권고할 수 있다.
2) 법 제31조 제1항에서 "대통령령이 정하는 자"라 함은 다음의 자를 말한다.
① 「은행법」에 따른 은행
② 「보험업법」에 따른 보험회사
③ 「자본시장과 금융투자업에 관한 법률」에 따른 신탁업자
④ 「우체국예금·보험에 관한 법률」에 따른 체신관서
⑤ 법 제42조의 규정에 따라 공제사업을 하는 자
⑥ 부동산거래계약의 이행을 보장하기 위하여 계약금·중도금 또는 잔금(이하 이 조에서 "계약금 등"이라 한다) 및 계약관련서류를 관리하는 업무를 수행하는 전문회사

정답 ③

---

04 개업공인중개사등의 교육 ★★
11·12·14·19·24·25·28·29·34·35회 출제

Professor Comment
실무교육(제34조)은 중개사무소 등록과 관련하여 학습한다.

1 실무교육 20·21·23·27·31회 출제

(1) 교육대상자

법 제34조 제1항의 규정에 의해 시·도지사가 실시하는 실무교육을 받아야 하는 자는 다음과 같이 구분된다(법 제34조 제1항). → 국토교통부장관이 아님

1) 중개사무소의 개설등록을 신청하고자 하는 공인중개사
2) 중개사무소의 개설등록을 신청하고자 하는 법인의 사원·임원
3) 법 제13조 제3항의 규정에 의하여 분사무소의 설치신고를 하려는 경우에는 분사무소의 책임자
4) 고용신고를 하고자 하는 소속공인중개사

제1편 공인중개사법령

Professor Comment
① 현재 개업공인중개사가 폐업 후 다른 법인의 임원이나 사원으로 취임하거나 분사무소 책임자로 취업할 경우에도 폐업신고 후 또는 고용관계가 종료된 후 1년 이내라면 실무교육이 면제되는 것으로 보아야 할 것이다.
② 국토교통부장관은 시·도지사가 실시하는 실무교육의 전국적인 균형유지를 위하여 필요하다고 인정하면 실무교육지침을 마련하여 시행할 수 있다(법 제34조 제2항).

(2) 예외(법 제34조 제1항, 제2항 단서)
1) 폐업신고 후 1년 이내에 중개사무소의 개설등록을 다시 신청하려는 자
2) 소속공인중개사로서 고용관계 종료 신고 후 1년 이내에 중개사무소의 개설등록을 신청하려는 자
3) 개업공인중개사로서 폐업신고를 한 후 1년 이내에 소속공인중개사로 고용신고를 하려는 자
4) 고용관계 종료신고 후 1년 이내에 고용신고를 다시 하려는 자

(3) 실무교육의 효력기간
등록신청일 또는 분사무소 설치신고, 고용신고일 전 1년 이내에 시·도지사가 실시하는 실무교육을 받아야 하는 것으로, 실무교육의 효력은 1년으로 보아야 할 것이다.

Professor Comment
중개사무소 등록신청일, 분사무소 설치신고일 또는 고용신고일 1년 이전에 실무교육을 받은 자는 다시 실무교육을 받아야 할 것이다.

(4) 실무교육의 내용
법 제34조 제1항의 규정에 따른 실무교육은 개업공인중개사 및 소속공인중개사의 직무수행에 필요한 법률지식, 부동산 중개 및 경영실무, 직업윤리 등으로 구성하고, 교육시간은 28시간 이상 32시간 이하로 한다(영 제28조 제1항).

(5) 실무교육지침마련
1) **국토교통부장관**은 실무교육의 전국적인 균형유지를 위하여 실무교육의 지침을 마련하여 시행할 수 있다(법 제34조 제2항). → 시·도지사가 아님
2) 국토교통부장관이 실무교육의 지침을 수립할 때는 실무교육의 전국적인 균형유지에 필요한 교육대상, 교육내용, 교육방법 등에 관한 기준과 절차를 포함하여야 한다(영 제28조 제2항).

단락문제 Q73
제23회 기출

공인중개사법령상 중개사무소 개설등록에 필요한 실무교육에 관한 설명으로 틀린 것은?

① 실무교육의 실시는 시·도지사가 한다.
② 실무교육시간은 28시간 이상 32시간 이하로 한다.
③ 폐업신고 후 2년이 지난 자는 다시 실무교육을 받아야 중개사무소 개설등록을 신청할 수 있다.
④ 개업공인중개사가 중개사무소를 이전한 경우, 실무교육을 다시 받지 않아도 된다.
⑤ 법인이 중개사무소를 개설하는 경우에 그 임원 전원이 실무교육을 받아야 하지만, 사원(합명회사 또는 합자회사의 무한책임사원을 말함)은 실무교육을 받을 필요가 없다.

해설 **실무교육**
법인이 중개사무소를 개설하는 경우에 대표자, 임원 또는 사원 전원 및 분사무소 책임자는 실무교육을 받아야 한다(영 제13조 제1항 제2호 라목).

정답 ⑤

2 직무교육 26회 출제

(1) 중개보조원은 고용신고일 전 1년 이내에 시·도지사 또는 등록관청이 실시하는 직무교육을 받아야 한다(법 제34조 제3항).
(2) 중개보조원이 고용관계 종료 신고 후 1년 이내 고용신고를 다시 하려는 자는 직무교육을 받지 아니한다(법 제34조 제3항 단서).
(3) 직무교육은 중개보조원의 직무수행에 필요한 직업윤리 등을 그 내용으로 하며 교육시간은 3시간 이상 4시간 이하로 한다(영 제28조 제2항).
(4) 중개보조원은 직무교육만 받으면 되고 연수교육은 받지 않아도 된다.

3 연수교육

실무교육을 받은 개업공인중개사 및 소속공인중개사는 실무교육을 받은 후 2년마다 시·도지사가 실시하는 연수교육을 받아야 한다(법 제34조 제4항).

(1) 연수교육 실시기관
연수교육을 실시할 수 있는 자는 시·도지사뿐이다. 실무교육과 마찬가지로 국토교통부장관과 등록관청은 권한이 없다.

(2) 연수교육 대상자
연수교육의 대상자는 개업공인중개사는 물론이며 소속공인중개사, 법인의 임원이나 사원 중 공인중개사인 사원 또는 임원이 대상이 된다. 그러나 중개보조원은 연수교육대상이 아니다.

(3) 연수교육 시기

실무교육을 받은 후 2년마다 연수교육을 받아야 하므로 등록한 후 2년마다 받는 것이 아니다.

(4) 교육내용 및 시간

연수교육은 부동산중개관련 법 제도의 변경사항, 부동산중개 및 경영실무, 직업윤리 등으로 하며 교육시간은 12시간 이상 16시간 이내로 한다(영 제28조 제3항).

(5) 교육의 통지

시·도지사는 연수교육을 실시하려는 경우 실무교육 또는 연수교육을 받은 후 2년이 되기 2개월 전까지 연수교육의 일시·장소·내용 등을 대상자에게 통지하여야 한다(영 제28조 제4항).

4 교육의 지침 마련

(1) 지침마련

국토교통부장관은 시·도지사가 실시하는 실무교육, 직무교육 및 연수교육의 전국적인 균형유지를 위하여 필요하다고 인정하면 해당 교육의 지침을 마련하여 시행할 수 있다. 교육 및 교육지침에 관하여 필요한 사항은 대통령령으로 정한다(법 제34조 제5항, 제6항).

(2) 교육지침에 포함될 사항(영 제28조 제5항)

1) 교육의 목적
2) 교육대상
3) 교육과목 및 교육시간
4) 강사의 자격
5) 수강료
6) 수강신청, 출결(出缺) 확인, 교육평가, 교육수료증 발급 등 학사운영 및 관리
7) 그 밖에 균형 있는 교육의 실시에 필요한 기준과 절차

5 부동산거래사고 예방 등의 교육

(1) 부동산거래사고 예방 등의 교육과 교육비 지원

1) 국토교통부장관, 시·도지사 및 등록관청은 개업공인중개사등이 부동산거래사고 예방 등을 위하여 교육을 받는 경우에는 대통령령으로 정하는 바에 따라 필요한 비용을 지원할 수 있다(법 제34조의2 제1항).

2) 국토교통부장관, 시·도지사 및 등록관청은 필요하다고 인정하면 대통령령으로 정하는 바에 따라 개업공인중개사등의 부동산거래사고 예방을 위한 교육을 실시할 수 있다(법 제34조의2 제2항).

(2) 지원할 수 있는 교육비 범위

1) 개업공인중개사등에 대한 부동산거래사고 예방 등의 교육을 위하여 지원할 수 있는 비용은 다음과 같다(영 제28조의2 제1항).
   ① 교육시설 및 장비의 설치에 필요한 비용
   ② 교육자료의 개발 및 보급에 필요한 비용
   ③ 교육 관련 조사 및 연구에 필요한 비용
   ④ 교육실시에 따른 강사비

2) 국토교통부장관, 시·도지사 및 등록관청은 부동산거래질서를 확립하고, 부동산거래사고로 인한 피해를 방지하기 위하여 부동산거래사고 예방을 위한 교육을 실시하려는 경우에는 교육일 10일 전까지 교육일시·교육장소 및 교육내용, 그 밖에 교육에 필요한 사항을 공고하거나 교육대상자에게 통지하여야 한다(영 제28조의2 제2항).

단락핵심 개업공인중개사등의 교육

(1) 개업공인중개사 및 소속공인중개사는 실무교육을 받은 후 2년마다 시·도지사가 실시하는 연수교육을 받아야 한다.
(2) 중개사무소 개설등록을 하고자 하는 자는 신청일 전 1년 이내에 시·도지사가 실시하는 실무교육을 받아야 한다.
(3) 실무교육은 전문직업인으로서의 직업윤리의식 및 부동산 관련 전문지식을 기르기 위한 교육이다.
(4) 실무교육시간은 28시간에서 32시간 이하로 한다.
(5) 개업공인중개사 및 소속공인중개사를 대상으로 연수교육을 실시할 수 있는 기관은 시·도지사이다.

제1편 공인중개사법령

단락문제 Q74
제34회 기출

공인중개사법령상 개업공인중개사등의 교육 등에 관한 설명으로 옳은 것은?

① 폐업신고 후 400일이 지난 날 중개사무소의 개설등록을 다시 신청하려는 자는 실무교육을 받지 않아도 된다.
② 중개보조원의 직무수행에 필요한 직업윤리에 대한 교육 시간은 5시간이다.
③ 시·도지사는 연수교육을 실시하려는 경우 실무교육 또는 연수교육을 받은 후 2년이 되기 2개월 전까지 연수교육의 일시·장소·내용 등을 대상자에게 통지하여야 한다.
④ 부동산 중개 및 경영 실무에 대한 교육시간은 36시간이다.
⑤ 시·도지사가 부동산거래사고 예방을 위한 교육을 실시하려는 경우에는 교육일 7일 전까지 교육일시·교육장소 및 교육내용을 교육대상자에게 통지하여야 한다.

해설 개업공인중개사등의 교육
① 폐업신고 후 1년이 넘었으므로 실무교육을 받아야 한다.
② 중개보조원의 직무수행에 필요한 직업윤리에 대한 교육 시간은 3~4시간이다.
④ 실무교육을 28시간에서 32시간이며 연수교육은 12시간에서 16시간이다.
⑤ 시·도지사가 부동산거래사고 예방을 위한 교육을 실시하려는 경우에는 교육일 10일 전까지 교육일시·교육장소 및 교육내용을 교육대상자에게 통지하여야 한다.

정답 ③

제3장 중개업

05 금지행위 ★★★   15·16·17·18·19·20·24·25·27·29·34회 출제

1 개업공인중개사등의 금지행위

Professor Comment

금지행위(제33조)는 「공인중개사법」의 제정목적과 부합하는 제도 중 하나로서 각 호의 내용을 깊이 이해하여 응용문제 풀이 능력을 길러야 한다.

「공인중개사법」에서는 개업공인중개사등(개업공인중개사, 법인의 임원, 중개보조원, 소속공인중개사)의 일반적 금지행위로서, 개업공인중개사등은 다음의 행위를 하여서는 아니 된다고 규정하고 있다(법 제33조 제1항).

(1) 중개대상물의 매매를 업으로 하는 행위 28회 출제

개업공인중개사등은 법 제3조의 규정에 의한 중개대상물(仲介對象物)의 매매를 업(業)으로 하는 행위를 하여서는 아니 된다(법 제33조 제1호).   ← 계속적·반복적

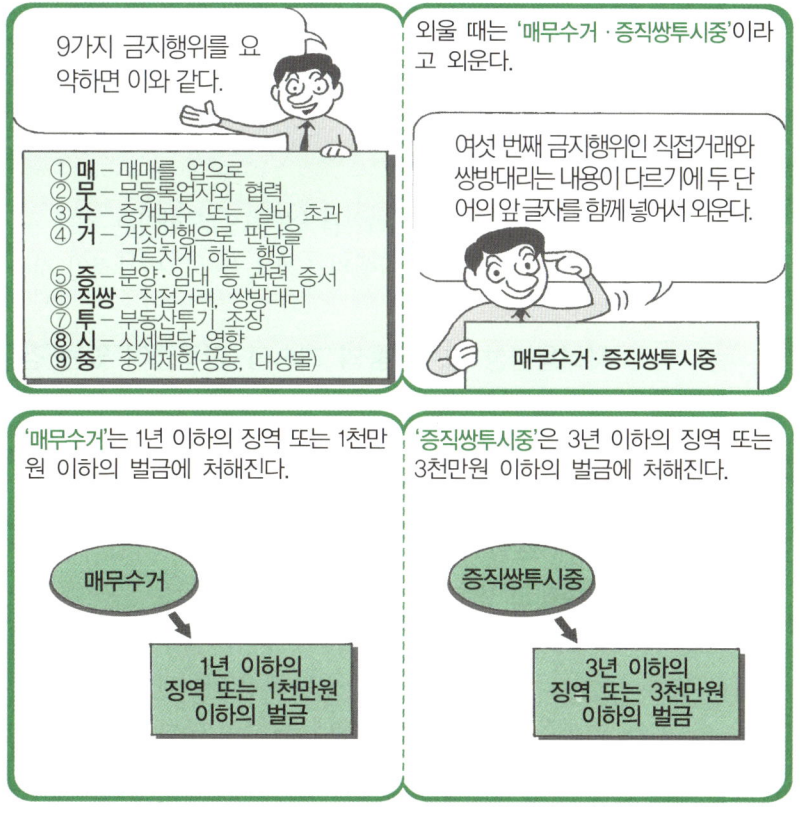

개업공인중개사등의 금지행위(암기방법)

① 매·무·수·거
    1년 이하의 징역 또는 1천만원 이하의 벌금
② 증·직·쌍·투·시·공
    3년 이하의 징역 또는 3천만원 이하의 벌금

제1편 공인중개사법령

> **Key Point** 개업공인중개사등의 금지행위
>
> 1) 제3조의 규정에 의한 중개대상물의 매매를 업으로 하는 행위
> 2) 제9조의 규정에 의한 중개사무소의 개설등록을 하지 아니하고 중개업을 영위하는 자인 사실을 알면서 그를 통하여 중개를 의뢰받거나 그에게 자기의 명의를 이용하게 하는 행위
> 3) 사례·증여 그 밖의 어떠한 명목으로도 제32조에 따른 보수 또는 실비를 초과하여 금품을 받는 행위
> 4) 당해 중개대상물의 거래상의 중요사항에 관하여 거짓된 언행 그 밖의 방법으로 중개의뢰인의 판단을 그르치게 하는 행위
> 5) 관계 법령에서 양도·알선 등이 금지된 부동산의 분양임대 등과 관련 있는 증서 등의 매매·교환 등을 중개하거나 그 매매를 업으로 하는 행위
> 6) 중개의뢰인과 직접 거래를 하거나 거래당사자 쌍방을 대리하는 행위
> 7) 탈세 등 관계 법령을 위반할 목적으로 소유권보존등기 또는 이전등기를 하지 아니한 부동산이나 관계 법령의 규정에 의하여 전매 등 권리의 변동이 제한된 부동산의 매매를 중개하는 등 부동산투기를 조장하는 행위
> 8) 부당한 이익을 얻거나 제3자에게 부당한 이익을 얻게 할 목적으로 거짓으로 거래가 완료된 것처럼 꾸미는 등 중개대상물의 시세에 부당한 영향을 주거나 줄 우려가 있는 행위
> 9) 단체를 구성하여 특정 중개대상물에 대하여 중개를 제한하거나 단체구성원 이외의 자와 공동중개를 제한하는 행위

Professor Comment
개업공인중개사가 중개의뢰인이 의뢰한 중개대상물을 사고팔고를 반복하여 부당한 이득을 발생시키는 것을 방지하기 위하여 금지한 것이다.

1) 중개대상물

중개대상물이란 토지와 건축물 그 밖의 토지의 정착물, 「입목에 관한 법률」에 의한 입목, 「공장 및 광업재단 저당법」에 대한 공장재단 및 광업재단을 의미한다.

2) 매매를 업으로 하는 행위

① **판례상의 개념**

중개대상물의 매매(賣買)를 업(業)으로 한다는 것은 중개대상물의 매매를 영업으로 행하는 것으로, 그 매매행위가 계속적이고 반복적인 것을 의미한다(대판 1988.8.9. 88도998).

② **사회통념상 사회활동의 계속성·반복성이 있는 경우**

대법원에서는 부동산의 거래 태양(態樣)이나 규모, 횟수, 보유기간 등에 비추어 보면 사회통념상 사업활동으로 볼 수 있을 정도의 계속성, 반복성이 있을 경우 부동산매매업에 해당한다고 판시하고 있다(대판 1995.11.7. 94누14025).

3) 매매업에 포함되지 않는 경우

① **계속성과 반복성이 없는 매매행위**

법 제33조 제1호의 규정은 개업공인중개사등이 매매를 영업으로 하지 않는 정도의 부동산의 매매를 금지하고 있는 것은 아니다. 즉, 자신의 거주를 위한 주택의 매매행위나 중개업을 위한 상가의 매매 등은 이 규정에 저촉되지 않는다고 보아야 한다.

② 매매업이 아닌 거래행위

매매란 당사자 일방이 재산권을 상대방에게 이전할 것을 약정하고 상대방이 그 대금을 지급할 것을 약정함으로써 그 효력이 생기는 것으로(민법 제563조), 부동산의 임대 등과 구분된다. 따라서 개업공인중개사가 중개대상물의 임대업을 영위하거나 중개대상물의 분양대행업 등을 영위하는 것은 이 규정에 저촉되지 않는 것으로 해석된다.

Professor Comment
중개대상물의 매매는 금지행위가 아니다.

(2) 무등록업자에게 의뢰받거나 명의를 이용하게 하는 행위

개업공인중개사등은 중개사무소의 개설등록(開設登錄)을 하지 아니하고 중개업을 영위하는 자인 사실을 알면서 그를 통하여 중개를 의뢰받거나 그에게 자기의 명의(名義)를 이용하게 하는 행위를 하여서는 아니 된다(법 제33조 제2호).

→ 모른 경우는 위반 아님

1) 무등록업자의 범위 12회 출제

① **무등록업자**

소위 '무등록업자'라 함은 "등록하지 않고 부동산중개업을 영위하는 자"를 의미한다. 무등록업자에는 다음의 경우가 모두 포함되는 것으로 보인다. 물론 공인중개사자격이 있다고 해도 같다.

㉠ 중개사무소 개설등록 신청을 하지 않고 중개업을 영위한 자
㉡ 중개사무소 개설등록을 신청하였으나 중개사무소 개설등록이 반려되거나 등록절차가 진행 중인 상태에서 중개업을 영위한 자
㉢ 중개사무소 개설등록이 취소되었으나 계속 중개업을 영위한 자
㉣ 중개사무소를 폐업한 후 계속 중개업을 영위한 자
㉤ 개업공인중개사가 사망한 후 그 가족이 중개업을 영위한 자

② **등록이 취소되지 않는 경우**

반면에 유효한 중개사무소 등록이 있는 개업공인중개사는 중개사무소 개설등록이 취소되는 사유(법 제38조 제1항 및 제2항)에 해당되더라도, 이 사실이 밝혀져 등록이 취소되지 않는 한 무등록업자는 아닌 것으로 해석된다.

2) 금지되는 행위

① 이 규정에 의해 금지되는 행위는 무등록업자로부터 중개를 의뢰받는 행위뿐만 아니라 무등록업자가 자기의 명의를 이용하게 하는 행위도 함께 포함된다.
② 금지행위에 해당되기 위해서는 개업공인중개사등은 상대방이 등록을 하지 않고 중개업을 영위하는 자인 사실을 알아야 한다.

제1편 공인중개사법령

Professor Comment
상대방이 무등록업자라는 사실을 모른 상태에서 중개를 의뢰받는 경우에는 금지행위에 포함되지 않는 것으로 해석된다.

(3) 중개보수 또는 실비의 과다수수 행위

개업공인중개사등은 사례(謝禮)·증여(贈與) 그 밖의 어떠한 명목으로도 중개보수 또는 실비를 초과하여 금품을 받는 행위를 하여서는 아니 된다(법 제33조 제3호). → 절대적 금지

1) 중개보수 등의 초과 수수 26·29회 출제

① **소정의 중개보수를 초과하는 금원을 받는 경우**

중개보수 이외에 부동산의 거래를 중개한 후 사례비나 수고비 등의 명목으로 금원을 받은 경우에도 그 금액이 소정의 중개보수를 초과하는 때에는 위 규정을 위반한 행위에 해당한다(대판 1999.2.9. 98도3116, 1990.11.13. 90도1054). 결국 개업공인중개사등은 어떤 명목으로도 중개보수와 실비를 초과해서 받을 수 없다고 보아야 한다.

② **고가의 미술품이나 차량 등을 받는 행위**

법률에서는 "금품(金品)"으로 규정하고 있으므로, 중개행위의 대가로 중개보수와 실비 이외에 고가의 미술품이나 차량 등을 받는 행위도 이에 포함되는 것으로 보인다.

③ **한도를 초과하는 당좌수표를 교부받았다가 부도처리되거나 반환된 경우**

개업공인중개사가 중개의뢰인으로부터 중개보수 등의 명목으로 소정의 한도를 초과하는 액면금액의 당좌수표를 교부받았다가 그것이 사후에 부도처리되거나 중개의뢰인에게 그대로 반환된 경우에도 금지의무 위반으로 처리된 사례도 있다(대판 2004.11.12. 2004도4136). 즉 의뢰인이 실질적인 손해를 보지 않아도 금지행위에 해당한다.

④ **부가가치세를 함께 받아 법정중개보수 범위를 초과한 경우**

중개보수에 부가가치세를 함께 받아 법정중개보수 범위를 초과하더라도 이는 금지행위에 위반되지 않는다(2006.9.25. 법제처 유권해석).

⑤ **상한액 이하로 중개보수를 받는 경우**

주의할 것은 공인중개사법령에서는 중개보수 등의 상한선만을 정하고 있으며(법 제32조 제3항) 법 제33조 제3호에서는 중개보수 등의 초과수수만 금지하고 있으므로, 개업공인중개사등이 규정된 중개보수 상한액 이하로 중개보수 등을 받거나 중개보수 등을 전혀 받지 않아도 「공인중개사법」에 의해 처벌되지 않는 것으로 해석된다.

⑥ **순가중개계약의 경우**

또한, 소위 순가중개계약의 경우 순가중개계약에 의해 개업공인중개사가 받은 중개보수 등이 공인중개사법령에서 정한 금액 이내이면 「공인중개사법」 위반이 될 수 없으며, 중개보수 등이 공인중개사법령에서 정한 금액을 초과하여야 「공인중개사법」 위반이 될 것이다.

2) 중개보수 등의 범위

① 중개행위가 아닌 기타 업무의 경우

「공인중개사법」 제32조 제3항은 중개보수 및 실비의 한도를 규정하는 것으로, 개업공인중개사의 업무 중 당사자 간의 부동산거래를 중개하는 행위가 아닌 기타의 업무에 대해서는 적용되지 않는다고 보아야 한다.

Professor Comment
중개법인이 경·공매부동산의 권리분석 및 취득알선을 해준 대가로 받는 중개보수나 상가분양대행으로 인한 보수는 제20조 제3항의 중개보수 등의 범위에 포함되지 않는다.

② 상가분양대행

대법원 판례도 상가분양대행은 상가를 분양하면서 어느 정도의 위험부담과 함께 이득을 취할 수 있는 영업행위로서, 이러한 분양대행은 중개와는 구별되는 것이어서 피고인이 분양대행과 관련하여 교부받은 금원이 「공인중개사법」 제33조 제3호에 의하여 초과 수수가 금지되는 금원이 아니라고 판시하고 있다(대판 1999.7.23. 98도1914).

③ 상가권리금의 거래를 중개한 경우

상가권리금의 거래를 중개한 경우에도 상가의 권리금은 부동산 그 자체의 거래금액이 아니므로 「공인중개사법」상 중개보수를 적용할 사항이 아니다(국토교통부 전자민원 2000. 8.31 회신 제28574호).

 제32회 기출

공인중개사법령상 개업공인중개사의 금지행위에 해당하는 것은? (다툼이 있으면 판례에 의함)

① 공인중개사인 개업공인중개사가 중개업과 별도로 문구점의 운영을 업으로 하는 행위
② 법인인 개업공인중개사가 상가분양대행과 관련하여 법령상의 한도액을 초과한 금원을 받는 행위
③ 개업공인중개사가 중개의뢰인으로부터 매도의뢰 받은 주택을 직접 자기명의로 매수하는 행위
④ 개업공인중개사가 자신의 자(子)가 거주할 주택을 다른 개업공인중개사의 중개로 임차하는 행위
⑤ 개업공인중개사가 거래당사자 일방을 대리하는 행위

제1편 공인중개사법령

> **해설** 개업공인중개사의 금지행위
> 1) 1년 이하 징역 또는 1천만원 이하의 벌금
>   ㉠ 중개대상물의 매매를 업으로 하는 행위
>   ㉡ 중개사무소의 개설등록을 하지 아니하고 중개업을 영위하는 자인 사실을 알면서 그를 통하여 중개를 의뢰받거나 그에게 자기의 명의를 이용하게 하는 행위
>   ㉢ 사례·증여 그 밖의 어떠한 명목으로도 규정에 의한 중개보수 또는 실비를 초과하여 금품을 받는 행위
>   ㉣ 당해 중개대상물의 거래상의 중요사항에 관하여 거짓된 언행 그 밖의 방법으로 중개의뢰인의 판단을 그르치게 하는 행위
> 2) 3년 이하 징역 또는 3천만원 이하의 벌금
>   ㉠ 관계법령에서 양도·알선 등이 금지된 부동산의 분양·임대 등과 관련 있는 증서 등의 매매·교환 등을 중개하거나 그 매매를 업으로 하는 행위
>   ㉡ 중개의뢰인과 직접 거래를 하거나 거래당사자 쌍방을 대리하는 행위
>   ㉢ 탈세 등 관계법령을 위반할 목적으로 소유권보존등기 또는 이전등기를 하지 아니한 부동산이나 관계법령의 규정에 의하여 전매 등 권리의 변동이 제한된 부동산의 매매를 중개하는 등 부동산투기를 조장하는 행위
>   ㉣ 부당한 이익을 얻거나 제3자에게 부당한 이익을 얻게 할 목적으로 거짓으로 거래가 완료된 것처럼 꾸미는 등 중개대상물의 시세에 부당한 영향을 주거나 줄 우려가 있는 행위
>   ㉤ 단체를 구성하여 특정 중개대상물에 대하여 중개를 제한하거나 단체 구성원 이외의 자와 공동중개를 제한하는 행위
>
> **정답** ③

(4) 초과중개보수의 문제

부동산중개의 중개보수 약정 중 소정의 한도액을 초과하는 부분에 대한 사법상의 효력을 제한함으로써 국민생활의 편의를 증진하고자 함에 그 목적이 있는 것이므로 이른바, 강행법규에 속하는 것으로서 그 한도액을 초과하는 부분은 무효라고 보아야 한다(대판 2002.9.4. 2000다54406). 따라서 이러한 무효인 약정에 기하여 개업공인중개사가 받는 위 이득은 중개의뢰인의 손실에 기한 법률상 원인 없는 부당이득이라 할 것이고, 따라서 개업공인중개사는 중개의뢰인에게 위 부당이득을 반환할 의무가 있다.

■ **초과중개보수의 반환청구의 성격은 부당이득의 반환청구권이다.**

부동산 중개보수 약정과 같이 당사자 사이에 자유로이 처분할 수 있는 법익인 재산권에 관한 계약이 체결되어 일방 당사자가 상대방에게 계약상의 의무의 이행으로서 일정한 급부를 행하고 상대방이 이를 수령한 경우, 상대방의 위와 같은 급부의 수령행위는 타방 당사자의 자유로운 의사에 기한 급부에 의한 것으로서 그 당사자의 동의를 받은 행위라 할 것이어서 **특별한 사정이 없는 한 이를 위법한 행위라고 볼 수는 없으므로 계약상의 급부를 이행한 당사자가 위와 같은 급부에 의하여 재산상 손해가 발생하였다고 하여 상대방에 대하여 불법행위를 이유로 손해배상을 구할 수는 없을 것**이고, 다만 그 계약이 상대방의 기망이나 협박 등의 위법한 행위에 의해 체결된 경우에 한하여 이를 원인으로 하여 그 급부 상당의 손해배상을 구할 수 있을 뿐이다. 이러한 법리는 그 계약이, 일정한 내용의 법률행위를 금지하면서 이에 위반한 법률행위에 대해서는 사법상의 효력을 제한하는 이른바 강행법규에 위반하여 무효가 되는 경우에도 마찬가지라고 할 것이고, 이와 달리 **당사자 사이의 자유로운 의사에 기하여 체결된 계약이 강행법규에 위반하였다는 사정만으로 위 계약에 기한 급부의 수령행위가 계약 상대방에 대한 위법행위로 그 성질이 바뀌는 것은 아니라고 할 것이다**(대판 2009. 10. 15. 2008다77108).

(5) 거짓언행 등으로 중개의뢰인의 판단을 그르치게 하는 행위

개업공인중개사등은 당해 중개대상물의 거래상의 중요사항에 관하여 거짓된 언행 그 밖의 방법으로 중개의뢰인의 판단을 그르치게 하는 행위를 하여서는 아니 된다(법 제33조 제4호).

→ 그 사실을 알았다면 거래를 하지 않을 정도

> **Key Point** 중개의뢰인의 판단을 그르치게 하는 행위의 요건
>
> 중개의뢰인의 판단을 그르치게 하는 행위로서 「공인중개사법」에서 금지하고 있는 개업공인중개사등의 행위는 다음의 3가지 요건 모두를 만족해야 하는 것으로 해석해야 할 것이다.
> 1) 당해 중개대상물의 거래상의 중요사항에 대한 것이어야 한다.
> 2) 거짓된 언행이나 기타의 방법에 의한 것이어야 한다(작위 또는 부작위 행위 포함).
> 3) 중개의뢰인의 판단을 그르치게 하는 행위이어야 한다.

1) 거래상의 중요사항

당해 중개대상물의 거래상의 중요사항이란 거래당사자가 그 사실을 알고 있으면 거래를 하지 않을 정도로 중요한 사항을 의미하는 것으로, 거래금액이나 권리관계, 기타 중개대상물의 중대한 법률·경제·물리적 하자 등을 포함될 것이다.

■ 구 부동산중개업법 제15조 제1호에서 소정의 금지행위의 대상인 '당해 중개대상물의 거래상의 중요사항'의 범위

구 부동산중개업법(2005.7.29. 법률 제7638호 공인중개사의 업무 및 부동산거래신고에 관한 법률로 전문개정되기 전의 것) 제15조 제1호에서 개업공인중개사등은 당해 중개대상물의 거래상의 중요사항에 관하여 거짓된 언행 기타의 방법으로 중개의뢰인의 판단을 그르치게 하는 행위를 하여서는 아니 된다고 규정하고 있는 바, 위 '당해 중개대상물의 거래상의 중요사항'에는 당해 중개대상물 자체에 관한 사항뿐만 아니라 그 중개대상물의 가격 등에 관한 사항들도 그것이 당해 거래상의 중요사항으로 볼 수 있는 이상 포함된다고 보아야 할 것이다(대판 2008.2.1. 2007도9149).

2) 거짓된 언행으로 중개의뢰인의 판단을 그르치게 하는 행위

① 의의

거짓된 언행으로 중개의뢰인의 판단을 그르치게 하는 행위란, 개업공인중개사등이 허위(虛僞)의 사실(= 진실이 아닌 사실)을 적극적으로 중개의뢰인에게 전달하여, 이러한 작위(作爲)의 행위 결과 중개의뢰인이 진실과 다른 판단을 하게 하는 것을 의미한다.

② 대법원은 매도의뢰가액에 비하여 무척 높은 가액으로 매수중개의뢰인에게 부동산을 매도하고 그 차액을 취득한 행위나, 매도의뢰를 받지 않은 부동산을 매수하라고 기망(欺罔)하여 소유자에게 매매대금을 전달한다는 명목으로 거래금액을 편취한 개업공인중개사의 행위에 대하여 거래상의 중요사항에 관하여 거짓된 언행 기타의 방법으로 중개의뢰인의 판단을 그르치게 하는 행위로 보고 있다(대판 1991.12.24. 91다25963, 1995.9.29. 94다47261).

③ 그 밖에 매수중개의뢰인에 대한 중개대상물 확인·설명에 있어서, 시세보다 과다하게 높다고 설명을 하거나 적정 이용용도보다 과다하게 유용성이 높은 것으로 설명함으로써 매수중개의뢰인의 판단을 그르치게 하는 행위 등도 이에 포함될 수 있는 것으로 보인다.
④ 반면에 매도중개의뢰인에게 시세보다 과다하게 낮다고 설명을 하거나, 적정이용용도보다 과소하게 유용성이 낮은 것으로 설명함으로써 매도중개의뢰인의 판단을 그르치게 하는 행위 등도 이에 포함될 수 있을 것이다.

3) 그 밖의 방법으로 중개의뢰인의 판단을 그르치게 하는 행위

① 의의 → 침묵행위도 포함

기타의 방법으로 중개의뢰인의 판단을 그르치게 하는 행위란, 거래상의 중요사항을 중개의뢰인에게 알리지 않음으로써, 개업공인중개사등의 이와 같은 부작위(不作爲)의 행위결과 중개의뢰인이 거래상의 중요사항에 대해서 잘못된 판단을 하게 하는 행위를 의미한다.

② 이는 개업공인중개사는 신의와 성실로써 공정하게 중개행위를 하여야 할 의무를 부담하고 있으며 중개대상물에 대한 중요사항을 확인·설명하도록 규정한 「공인중개사법」의 취지와 부합한다.

③ 매도인이 도로에 접하지 않은 토지를 도로에 접한 토지로 과장 설명하는 경우, 이러한 과장된 설명으로 매수인이 정상적인 가격보다 높은 가격을 지불할 수 있다는 점을 알면서도, 개업공인중개사가 매수인에게 도로에 접하지 않은 것을 확인·설명하지 않을 경우 "그 밖의 방법"으로 중개의뢰인의 판단을 그르치는 행위에 포함될 수 있을 것이다.

(6) 분양·임대 등과 관련 있는 증서 등의 중개나 매매업행위
→ 주택청약저축증서, 주택상환사채 등

개업공인중개사등은 관계법령에서 양도(讓渡)·알선(斡旋) 등이 금지된 부동산의 분양·임대 등과 관련 있는 증서 등의 매매·교환 등을 중개하거나 그 매매를 업(業)으로 하는 행위를 하여서는 아니 된다(법 제33조 제5호).

1) 부동산의 분양·임대 등과 관련 있는 증서 등 20회 출제

현행 「주택법」에서는 누구든지 건설·공급되는 주택을 공급받거나 공급받게 하기 위하여 다음의 어느 하나에 해당하는 증서 또는 지위를 양도·양수(매매·증여 그 밖에 권리변동을 수반하는 일체의 행위를 포함하되, 상속·저당의 경우를 제외) 또는 알선하거나 양도·양수 또는 이를 알선할 목적으로 하는 광고(각종 간행물·유인물·전화·인터넷, 그 밖의 매체를 통한 행위를 포함)를 하여서는 아니 되며, 누구든지 거짓이나 그 밖의 부정한 방법으로 이 법에 의하여 건설·공급되는 증서나 지위 또는 주택을 공급받거나 공급받게 하여서는 아니 된다고 규정하고 있다(법 제65조, 영 제74조).

① 법 제11조에 따라 주택을 공급받을 수 있는 지위
② 법 제56조에 따른 입주자저축증서(주택청약종합저축)
③ 법 제80조에 따른 의한 주택상환사채
④ 시장·군수 또는 구청장이 발행한 무허가건물확인서, 건물철거예정 증명서 또는 건물철거 확인서
⑤ 공공사업의 시행으로 인한 이주대책에 따라 주택을 공급받을 수 있는 지위 또는 이주대책대상자 확인서

2) 부동산의 분양·임대 등과 관련 있는 증서 등의 판단

① 분양권

㉠ 아파트 당첨권에 대한 매매를 알선하는 행위는 같은 법조 소정의 "부동산의 분양과 관련 있는 증서 등의 매매를 알선, 중개하는 행위"에 해당한다고 볼 수 없다(대판 1990.4.27. 89도1886).

㉡ 「공인중개사법」제3조 제2호에서 중개대상물로 규정한 "건물"에는 기존의 건축물뿐만 아니라 장래에 건축될 건물도 포함되어 있는 것이므로, 아파트의 특정 동, 호수에 대한 피분양자로 선정되거나 분양계약이 체결된 후에 특정아파트에 대한 매매를 중개하는 행위 등은 중개대상물인 건물을 중개한 것으로 볼 것이지 이를 같은 공인중개사법 제33조 제5호에 의하여 부동산 개업공인중개사가 해서는 아니 될 부동산의 분양과 관련 있는 증서 등의 매매를 중개한 것으로 보아서는 안 된다(대판 1990.2.13. 89도1885).

② 상가분양계약서

기타, 상가분양을 받은 자가 분양 권리를 매각한 경우 그 분양계약서는 상가의 매매계약서일 뿐 분양·임대 등과 관련 있는 증서 등의 범위에 포함되지 않는다는 것이 판례의 입장이다(대판 1993.5.25. 93도773).

③ 유의사항

㉠ 그러나 분양권이 부동산의 분양임대 등과 관련 있는 증서 등에 포함되지 않고 장래에 건축될 건물로 인정되더라도, 다른 법률에서 그 분양권 등의 매매·전매 등이 허용되지 않는 경우에는 법 제33조 제6호의 "법령의 규정에 의하여 전매 등 권리의 변동이 제한된 부동산의 매매를 중개하는 등 부동산투기를 조장하는 행위"의 금지에 저촉될 수 있음을 유의해야 한다(국토교통부 전자민원 1999.8.26 회신 제9176호 참조).

㉡ 대법원 판례도 특정한 아파트에 입주할 수 있는 권리가 아니라 아파트에 대한 추첨기일에 신청을 하여 당첨이 되면 아파트의 분양예정자로 선정될 수 있는 지위를 가리키는 데에 불과한 권리는 장래의 건물도 인정하지 않고 있다(대판 1991.4.23. 90도1287).

3) 매매·전매 등이 허용된 증서의 경우

개업공인중개사등은 관계법령에서 양도(讓渡)·알선(斡旋) 등이 금지된 부동산의 분양·임대 등과 관련 있는 증서 등에 대한 중개행위나 매매업행위를 금지하고 있으므로, 관련 부동산 증서를 직접 관장하는 다른 법률에 의거 양도나 알선이 허용된 증서는 금지의무의 대상에 포함되지 않을 것이다.

4) 중개와 매매를 업으로 하는 행위금지

개업공인중개사등은 부동산의 분양·임대 등과 관련 있는 증서 등의 중개는 물론 매매를 업(業)으로 하는 행위도 금지되어 있는 것으로, 결국 개업공인중개사는 중개대상물의 매매업은 물론 부동산의 분양·임대 등과 관련 있는 증서 등에 대한 매매업에도 종사할 수 없다.

Professor Comment

중개와 매매를 업으로 하는 행위를 금지하고 있으므로, 부동산의 분양·임대 등과 관련 있는 증서 등에 대하여 매매업의 범위에 포함되지 않을 정도로 직접 거래를 하는 행위는 중개의뢰인과 직접 거래를 하지 않는 한 해당 법령의 위반으로 처벌을 받을지라도 「공인중개사법」 위반이 아닌 것으로 해석된다.

(7) 중개의뢰인과의 직접 거래 또는 쌍방대리행위 11·23회 출제

Professor Comment

직접거래, 쌍방대리는 매매뿐만 아니라 교환이나 임대차에도 적용된다.

개업공인중개사등은 중개의뢰인과 직접 거래를 하거나 거래당사자 쌍방을 대리하는 행위를 하여서는 아니 된다(법 제33조 제6호).

개업공인중개사등이 중개의뢰인과 직접 거래를 하거나 거래당사자 쌍방을 대리하는 행위를 하지 못하도록 금지하는 것은, 개업공인중개사등이 거래상 알게 된 정보 등을 자신의 이익을 꾀하는 데 이용하여 중개의뢰인의 이익을 해치는 것이나 투기행위를 함으로써 부당한 이득을 취하는 것을 금지하기 위한 것이다(국토교통부 전자민원 2000.9.27 회신 제31454호).

1) 중개의뢰인과의 직접 거래 12회 출제

① 직접 거래에 포함되는 경우 → 부인명의로 거래하는 것은 해당 안 됨

㉠ 중개의뢰인과의 직접 거래한다는 의미

「공인중개사법」 제33조 제6호는 개업공인중개사가 중개의뢰인과 직접 거래를 하는 행위를 금지하고 있는 바, 개업공인중개사에 대하여 이 규정을 적용하기 위해서는 먼저 개업공인중개사가 중개의뢰인으로부터 중개의뢰를 받았다는 점이 전제되어야만 하고, 위 규정에서 금지하고 있는 '직접 거래'란 개업공인중개사가 중개의뢰인으로부터 의뢰받은 매매·교환·임대차 등과 같은 권리의 득실·변경에 관한 행위의 직접 상대방이 되는 경우를 의미한다(대판 2005.10.14. 2005도4494).

ⓒ 직접 거래 상대방으로서의 중개의뢰인

직접 거래 상대방으로서의 중개의뢰인이란 중개대상물의 소유자뿐만 아니라 중개대상물의 소유자의 거래를 대리하는 자나 거래에 관한 사무의 처리를 위탁(委託)받은 수임인(受任人) 등도 포함된다(대판 1990.11.9. 90도1872).

ⓒ 의뢰받아 남편에게 거래하도록 중개한 경우(부부사이의 중개)

부부는 경제공동체로서 부인인 개업공인중개사가 대상물을 의뢰받아 남편에게 중개하여 남편이 거래를 한 경우 직접거래에 해당된다(대판 2021. 9. 3).

단락문제 Q76 제12회 기출

다음 중 부동산중개업 등과 관련하여 판례가 취하는 해석 중 가장 타당하지 아니한 것은?

① 중개를 업으로 한다함은 반복·계속하여 영업으로 알선·중개를 하는 것을 의미한다.
② 중개대상물의 권리에는 저당권이 포함된다.
③ 중개대상물로 규정된 건물에는 기존의 건축물뿐만 아니라 장래에 건축될 건물도 포함된다.
④ 개업공인중개사는 매도 등 처분을 하려는 자가 진정한 권리자와 동일인인지의 여부를 부동산등기부와 주민등록증 등에 의하여 조사확인할 의무가 있다.
⑤ 개업공인중개사의 직거래금지행위에서 중개의뢰인의 범위에 중개대상물의 소유자의 거래를 대리하는 자는 포함되지 아니한다.

해설 부동산중개업 관련판례

직접 거래 상대방으로서의 중개의뢰인이란 중개대상물의 소유자뿐만 아니라 중개대상물의 소유자의 거래를 대리하는 자나 거래에 관한 사무의 처리를 위탁받은 수임인 등도 포함된다(대판 1990.11.9. 90도1872). **정답** ⑤

② 예외

ⓐ 다른 개업공인중개사를 통해 매매거래를 한 경우

그러나 개업공인중개사가 부동산을 구입하거나 매각할 때 다른 개업공인중개사의 중개를 통하여 거래한 경우에는 직접 거래의 범위에 포함되지 않는다(대판 1991.3.27. 90도2858).

ⓑ 택지로 조성하여 분할 매매한 경우

ⓐ 개업공인중개사가 토지소유자와의 사이에 개업공인중개사 자신의 비용으로 토지를 택지로 조성하여 분할한 다음 토지 중 일부를 개업공인중개사가 임의로 정한 매매대금으로 타에 매도하되, 토지의 소유자에게는 그 매매대금의 수액에 관계없이 확정적인 금원을 지급하고 그로 인한 손익은 개업공인중개사에게 귀속시키기로 하는 약정을 한 경우

ⓑ 이는 단순한 중개의뢰 약정이 아니라 위임 및 도급의 복합적인 성격을 가지는 약정으로서, 개업공인중개사가 토지소유자로부터 토지에 관한 중개의뢰를 받았다고 할 수 없다.

ⓒ 또한 이는 토지에 대한 권리의 득실·변경에 관한 행위의 직접 상대방이 되었다고 보기도 어렵다고 한 사례도 있다(대판 2005.10.14. 2005도4494).

Professor Comment
개업공인중개사가 자신에게 중개를 의뢰한 중개의뢰인 이외의 자와 거래하는 것은 금지하고 있지 않은 것으로 보인다.

2) 거래당사자 쌍방을 대리하는 행위

① **쌍방을 대리하는 행위의 개념**

거래당사자 쌍방을 대리하는 행위란 개업공인중개사등이 매도중개의뢰인과 매수중개의뢰인 쌍방으로부터 거래에 관한 사무를 위임받아 거래하는 행위를 의미하는 것으로, 이때의 중개의뢰인 역시 중개대상물의 소유자의 거래를 대리하는 자나 거래에 관한 사무의 처리를 위탁받은 수임인 등도 포함된다고 보는 것이 타당하다(대판 1990.11.9. 90도1872).

② **예외** 일방을 대리하는 행위

이 규정은 거래당사자 쌍방을 대리하는 것을 금지하는 것으로, 개업공인중개사가 거래당사자 중 일방을 대리하는 행위는 불법이 아닌 것으로 판단된다(국토교통부 전자민원 2000.10.19 회신 제34241호).

③ **「민법」에서의 쌍방대리**

㉠ 「민법」에서는 대리인은 본인의 허락이 없으면 본인을 위하여 자기와 법률행위를 하거나 동일한 법률행위에 관하여 당사자쌍방을 대리하지 못한다고 규정하고 있다(민법 제124조).

㉡ 이 규정은 소위 자기계약(自己契約)과 쌍방대리(雙方代理)에 관한 것으로, 쌍방을 대리하여 거래를 하더라도 당사자 쌍방 모두에게 허락을 받지 않는 한 그 거래는 무효가 된다.

Professor Comment
개업공인중개사등이 당사자 쌍방으로부터 허락을 받고 거래를 할 경우 비록 「공인중개사법」에는 위반이 되지만, 그 계약 자체가 사회질서를 해치거나 불공정한 법률행위에 해당되지 않는 한 계약은 유효하다고 보아야 할 것이다.

(8) 미등기전매의 중개 등 부동산투기 조장행위 18회 출제

개업공인중개사등은 탈세 등 관계법령을 위반할 목적으로 소유권보존등기 또는 이전등기를 하지 아니한 부동산이나 관계법령의 규정에 의하여 전매(轉賣) 등 권리의 변동이 제한된 부동산의 매매를 중개하는 등 부동산투기를 조장하는 행위를 하여서는 아니 된다(법 제33조 제7호).

→ 전매차익이 없어도 금지

1) 관계법령 위반목적의 미등기전매

① **소유권보존등기 신청의무**

「부동산등기 특별조치법」에서는 부동산투기를 방지하기 위하여 소유권보존등기를 하지 않은 부동산을 매각한 경우 반드시 자신의 명의로 소유권보존등기를 신청하도록 규정하고 있으며, 소위 중간생략등기 행위도 금지하고 있다(부동산등기 특별조치법 제2조).

② **중간생략등기 또는 미등기전매행위**

중간생략등기 또는 미등기전매행위란 부동산의 소유권이전을 내용으로 하는 계약을 체결한 자가 자신의 명의로 소유권이전등기를 신청하지 않고, 그 부동산에 대하여 다시 제3자와 소유권이전을 내용으로 하는 계약이나 제3자에게 계약당사자의 지위를 이전하는 계약을 체결하여, 매도자로부터 제3자에게 직접 소유권이전등기를 하는 것을 의미한다.

③ **미등기전매행위 중개금지의 목적**

개업공인중개사는 대상부동산에 대한 권리관계 등 중요사항을 확인하여 설명해야 하는 의무가 있으므로, 개업공인중개사가 탈세를 목적으로 한 미등기전매행위를 중개하지 못하도록 함으로써 부동산투기를 방지하기 위하여 이 규정이 포함된 것으로 보인다.

④ **미등기전매행위 계약체결의 효력**

개업공인중개사가 탈세를 목적으로 한 미등기전매행위의 중개를 한 것은 「공인중개사법」 위반이 되지만, 미등기전매를 목적으로 한 거래계약 자체는 불법이 아니므로 계약체결의 효력은 인정되는 것으로 해석된다.

■ **미등기건물을 등기할 경우**

미등기건물을 등기할 때에는 소유권을 원시취득한 자 앞으로 소유권보존등기를 한 다음 이를 양수한 자 앞으로 이전등기를 함이 원칙이나, 원시취득자와 양수자가 합의하여 양수자 앞으로 직접 소유권보존등기를 경료하게 되었다면, 그 소유권보존등기는 실체적 권리관계에 부합되어 적법한 등기로서의 효력을 가진다(대판 1995. 12. 26. 94다44675).

2) 법령의 규정에 의하여 전매 등 권리의 변동이 제한된 부동산

① **전매 등 권리의 변동이 제한된 부동산의 의미**

법령의 규정에 의하여 전매(轉賣) 등 권리의 변동이 제한된 부동산이란 권리의 변동이 금지된 것을 의미하는 것으로, 정당한 절차를 거쳐 권리의 변동이 가능한 경우에는 금지의무에 포함되지 않을 것이다.

② **전매가 금지된 부동산의 사례**

㉠ **주택법**

전매가 금지된 부동산의 사례로 대표적인 것은 「주택법」에 의해 규제되고 있는 주택분양권과 주택으로, 현행 「주택법」에서는 투기과열지구에서 건설·공급되는 주택의 입주자로 선정된 지위, 조정대상지역에서 건설·공급되는 주택의 입주자로 선정된 지위, 분양가상한제가 적용주택 및 그 주택의 입주자로 선정된 지위, 공공택지 외의 택지에서 건설·공급되는 주택 또는 그 주택의 입주자로 선정된 지위를 전매하거나 알선할 수 없도록 규정하고 있다(동법 제64조 제1항).

제1편 공인중개사법령

ⓒ 건축물의 분양에 관한 법률

「주택법」에 따라 지정된 투기과열지구 또는 조정대상지역에서 대통령령으로 정하는 용도 및 규모의 건축물[서울특별시·인천광역시·대도시(구가 설치된 시) 내의 100실 이상의 오피스텔]을 분양받은 자 또는 소유자는 분양계약을 체결한 날부터 사용승인 후 1년의 범위에서 대통령령으로 정하는 기간에는 분양받은 자의 지위 또는 건축물을 전매하거나 이의 전매를 알선할 수 없다. 이 경우 전매제한기간은 행정구역, 「주택법」에 따라 지정되는 조정대상지역 등을 고려하여 대통령령으로 다르게 정할 수 있다(법 제6조의3).

➡ 사용승인일부터 소유권이전등기일까지

3) 부동산투기를 조장하는 행위

① 목적

㉠ 본 규정은 개업공인중개사가 부동산투기를 조장하는 행위에 참여하는 것을 방지하기 위해 규정한 것으로 당사자의 거래행위가 탈세 등 관계법령을 위반할 목적으로 한 소위 중간생략등기 행위인 것이나 권리변동이 제한된 부동산인 것을 알면서 중개하는 것을 금지하는 것이다.

㉡ 개업공인중개사가 거래전문가로서 통상의 주의를 기울였음에도 불구하고 이를 알지 못할 경우에는 처벌할 수 없을 것으로 보인다.

Professor Comment

「건축법」상 사용승인이 나지 않아 소유권보존등기가 완료되지 않은 부동산의 중개를 의뢰하여 거래계약을 체결했으나, 거래계약체결 이후 당사자 간에 합의하여 매수자 명의로 직접 소유권보존등기를 한 경우 개업공인중개사가 이 사실을 알지 못하였으면 본 규정에 저촉될 수 없다.

② **대법원 판례** 반면에 대법원 판례는 중간생략등기의 방법으로 위 부동산을 단기전매하여 각종 세금을 포탈하려는 것을 알고도 이에 동조하여 그 전매를 중개한 경우, 결과적으로 전매차익을 올리지 못했더라도 투기를 조장하는 행위에 포함되는 것으로 인정하고 있다(대판 1990.11.23. 90누4464).

단락문제 Q77

제10회 기출

개업공인중개사는 다음의 행위를 하여서는 안 된다. 금지행위가 아닌 것은?

① 중개대상물의 중요사항에 관하여 중개의뢰인의 판단을 그르치게 하는 행위
② 중개의뢰인을 대리하여 중도금 및 잔금을 받는 행위
③ 중개대상물의 매매를 업으로 하는 행위
④ 부동산의 분양임대 등과 관련 있는 증서 등의 매매를 중개하는 행위
⑤ 중개의뢰인과 직접 거래하는 행위

해설 금지행위
①, ③, ④, ⑤는 각각 법 제33조 제4호, 제1호, 제5호, 제6호에서 금지하고 있다.

정답 ②

(9) 부당한 이익을 얻거나 제3자에게 부당한 이익을 얻게 할 목적으로 거짓으로 거래가 완료된 것처럼 꾸미는 등 중개대상물의 시세에 부당한 영향을 주거나 줄 우려가 있는 행위
(10) 단체를 구성하여 특정 중개대상물에 대하여 중개를 제한하거나 단체 구성원 이외의 자와 공동중개를 제한하는 행위

2 개업공인중개사에 대한 업무방해 금지행위(거래질서 교란행위) 35회 출제

누구든지 시세에 부당한 영향을 줄 목적으로 다음 각 호의 어느 하나의 방법으로 개업공인중개사등의 업무를 방해해서는 아니 된다.

(1) 안내문, 온라인 커뮤니티 등을 이용하여 특정 개업공인중개사등에 대한 중개의뢰를 제한하거나 제한을 유도하는 행위
(2) 안내문, 온라인 커뮤니티 등을 이용하여 중개대상물에 대하여 시세보다 현저하게 높게 표시·광고 또는 중개하는 특정 개업공인중개사등에게만 중개의뢰를 하도록 유도함으로써 다른 개업공인중개사등을 부당하게 차별하는 행위
(3) 안내문, 온라인 커뮤니티 등을 이용하여 특정 가격 이하로 중개를 의뢰하지 아니하도록 유도하는 행위
(4) 정당한 사유 없이 개업공인중개사등의 중개대상물에 대한 정당한 표시·광고행위를 방해하는 행위
(5) 개업공인중개사등에게 중개대상물을 시세보다 현저하게 높게 표시·광고하도록 강요하거나 대가를 약속하고 시세보다 현저하게 높게 표시·광고하도록 유도하는 행위

3 금지의무위반의 벌칙 등 29회 출제

(1) 행정처분

1) 공인중개사의 자격정지
시·도지사는 공인중개사가 소속공인중개사로서 업무를 수행하는 기간 중에 법 제33조 각 호의 규정에 의한 금지의무를 위반한 경우에는 6월의 범위 안에서 기간을 정하여 그 자격을 정지할 수 있다(법 제36조 제1항 제7호).

2) 개업공인중개사의 등록취소 등
개업공인중개사가 법 제33조의 규정에 의한 금지의무를 위반한 경우에는 개업공인중개사가, 개업공인중개사가 아닌 개업공인중개사등(소속공인중개사, 중개보조원, 법인의 임원이나 사원)이 위반행위를 한 경우에는 그를 고용한 개업공인중개사가 등록취소(상대취소) 또는 6개월 이하의 업무정지에 처해질 수 있다(법 제38조 제2항 제9호 및 제39조 제1항 제11호).

(2) 개업공인중개사등의 금지행위 행정형벌

1) 1년 이하의 징역 또는 1천만원 이하의 벌금
① 중개대상물의 매매를 업으로 하는 행위
② 중개사무소의 개설등록을 하지 아니하고 중개업을 영위하는 자인 사실을 알면서 그를 통하여 중개를 의뢰받거나 그에게 자기의 명의를 이용하게 하는 행위
③ 사례·증여 그 밖의 어떠한 명목으로도 규정에 의한 중개보수 또는 실비를 초과하여 금품을 받는 행위
④ 당해 중개대상물의 거래상의 중요사항에 관하여 거짓된 언행 그 밖의 방법으로 중개의뢰인의 판단을 그르치게 하는 행위

2) 3년 이하의 징역 또는 3천만원 이하의 벌금
① 관계법령에서 양도·알선 등이 금지된 부동산의 분양임대 등과 관련 있는 증서 등의 매매·교환 등을 중개하거나 그 매매를 업으로 하는 행위
② 중개의뢰인과 직접 거래를 하거나 거래당사자 쌍방을 대리하는 행위
③ 탈세 등 관계법령을 위반할 목적으로 소유권보존등기 또는 이전등기를 하지 아니한 부동산이나 관계법령의 규정에 의하여 전매 등 권리의 변동이 제한된 부동산의 매매를 중개하는 등 부동산투기를 조장하는 행위
④ 부당한 이익을 얻거나 제3자에게 부당한 이익을 얻게 할 목적으로 거짓으로 거래가 완료된 것처럼 꾸미는 등 중개대상물의 시세에 부당한 영향을 주거나 줄 우려가 있는 행위
⑤ 단체를 구성하여 특정 중개대상물에 대하여 중개를 제한하거나 단체 구성원 이외의 자와 공동중개를 제한하는 행위

(3) 업무방해 금지행위(거래질서 교란행위) - 3년 이하 징역 또는 3천만원 이하의 벌금
① 안내문, 온라인 커뮤니티 등을 이용하여 특정 개업공인중개사등에 대한 중개의뢰를 제한하거나 제한을 유도하는 행위
② 안내문, 온라인 커뮤니티 등을 이용하여 중개대상물에 대하여 시세보다 현저하게 높게 표시·광고 또는 중개하는 특정 개업공인중개사등에게만 중개의뢰를 하도록 유도함으로써 다른 개업공인중개사등을 부당하게 차별하는 행위
③ 안내문, 온라인 커뮤니티 등을 이용하여 특정 가격 이하로 중개를 의뢰하지 아니하도록 유도하는 행위
④ 정당한 사유 없이 개업공인중개사등의 중개대상물에 대한 정당한 표시·광고행위를 방해하는 행위
⑤ 개업공인중개사등에게 중개대상물을 시세보다 현저하게 높게 표시·광고하도록 강요하거나 대가를 약속하고 시세보다 현저하게 높게 표시·광고하도록 유도하는 행위

(4) 민사책임

개업공인중개사등이 법 제33조의 금지의무를 위반하는 불법행위로 인하여 재산상의 손해를 본 중개의뢰인은 개업공인중개사를 상대로 손해배상을 청구할 수 있을 것이다(법 제30조 제1항).

▼ 개업공인중개사등의 금지행위

주 목적	구 분	행정형벌	행정처분
중개업무 규율	① 중개대상물의 매매를 업으로 하는 행위 ② 무등록업자와의 거래행위 ③ 중개보수 또는 실비의 과다수수행위 ④ 거짓언행으로 판단을 그르치게 하는 행위	1년 이하의 징역 또는 1천만원 이하의 벌금	등록취소 가능 6개월 이하 업무정지 (개업공인중개사) 6개월 이하 자격정지 (소속공인중개사)
투기 방지	① 분양·임대 등 관련 증서 등 중개·매매행위 ② 직접 거래 또는 쌍방대리행위 ③ 미등기전매의 중개 등 부동산투기 조장행위 ④ 시세부당영향(거짓거래) ⑤ 중개제한(단체구성)	3년 이하의 징역 또는 3천만원 이하의 벌금	

단락핵심 금지행위

(1) 개업공인중개사가 중개대상물의 매매를 업으로 하는 행위는 금지행위에 해당된다.
(2) 금지행위에 해당되는 위반행위를 한 경우에는 중개사무소 개설등록을 취소하거나 6월 이내의 업무정지를 명할 수 있다.
(3) 소속공인중개사나 중개보조원이 금지행위에 해당되는 위반행위를 하여 처벌을 받는 경우 개업공인중개사에게는 관련 벌칙규정에 의한 벌금형을 과한다.
(4) 중개보수 초과수수 금지의무는 강행규정으로 초과 수수된 중개보수는 무효이다.
(5) 개업공인중개사등이 서로 매도의뢰가격을 숨긴 채 매우 높은 가액으로 중개의뢰인에게 부동산을 매도하고 그 차액을 취득한 경우에는 중개의뢰인의 판단을 그르치게 한 행위로서 금지행위에 해당된다는 것이 판례의 입장이다.
(6) 중개의뢰인이 매도가격을 미리 정하지 않고 그 이상 금액을 보수로 인정하는 순가중개계약의 경우 이에 대한 보수는 법정중개보수를 초과할 수 없다.
(7) 「공인중개사법」상 중개대상물의 매매를 업으로 하는 행위는 금지되므로 일회적인 매매에 관여하는 것은 허용된다고 볼 수 있다. 이때 매매를 업으로 하였는지에 대한 판단은 그 매매가 수익을 목적으로 하고 있는지, 계속성과 반복성이 있는지 등의 사정을 고려하여 사회통념에 비추어 결정해야 한다는 것이 판례의 입장이다.
(8) 상가 전체를 매도할 때 사용하려고 매각조건 등을 기재하여 인쇄해 놓은 양식에 매매대금과 지급기일 등을 기재한 분양계약서는 상가의 분양계약서일 뿐 「공인중개사법」 제33조 제5호 소정의 부동산 임대, 분양 등과 관련이 있는 증서라고 볼 수 없다는 것이 판례의 입장이다.
(9) 개업공인중개사는 법령상의 중개대상물의 매매를 업으로 하는 행위를 하여서는 아니 된다.
(10) 개업공인중개사가 미등기전매를 알선하였으나 중개의뢰인이 이로 인하여 전매차익을 얻지 못한 경우라도 법 제33조(금지행위) 제7호의 '부동산투기를 조장하는 행위'에 해당한다.
(11) 개업공인중개사는 직접적인 위탁관계가 없더라도 그의 개입을 신뢰하여 거래하게 된 거래상대방에 대하여 목적물의 하자, 권리자의 진위 등에 대한 일반적인 주의의무를 부담한다.
(12) 개업공인중개사는 업무상 알게 된 비밀을 누설하여서는 아니 되나, 중개대상물의 중대한 하자는 중개의뢰인과의 관계에서는 비밀에 해당하지 않는다.

제1편 공인중개사법령

4 부동산거래질서교란행위 신고센터

(1) 신고센터의 설치·운영(법 제47조의2 제1항)

1) 국토교통부장관은 부동산 시장의 건전한 거래질서를 조성하기 위하여 부동산거래질서교란행위 신고센터를 설치·운영할 수 있다.
2) 신고센터의 업무
   ① 부동산거래질서교란행위 신고의 접수 및 상담
   ② 신고사항에 대한 확인 또는 시·도지사 및 등록관청 등에 신고사항에 대한 조사 및 조치 요구
   ③ 신고인에 대한 신고사항 처리 결과 통보
3) 국토교통부장관은 신고센터의 업무를 대통령령으로 정하는 기관에 위탁할 수 있다. 국토교통부장관은 신고센터의 업무를 한국부동산원에 위탁한다.
4) 신고센터의 운영 및 신고방법 등에 관한 사항은 대통령령으로 정한다.

(2) 신고센터의 신고사항(법 제47조의2 제2항) **35회 출제**

1) 누구든지 부동산중개업 및 부동산 시장의 건전한 거래질서를 해치는 행위(부동산거래질서교란행위)를 발견하는 경우 그 사실을 신고센터에 신고할 수 있다.
2) 신고할 수 있는 사항
   ① 제7조부터 제9조까지(자격증 양도대여 금지, 공인중개사 아닌 자의 유사명칭 금지, 중개사무소 개설등록), 제18조의4(중개보조원 고지의무) 또는 제33조제2항(업무방해 금지)을 위반하는 행위
   ② 제48조제2호(거짓부정 등록)에 해당하는 행위
   ③ 개업공인중개사가 제12조제1항(이중등록), 제13조제1항(이중사무소)·제2항(임시중개시설물), 제14조제1항(법인의 겸업), 제15조제3항(중개보조원 채용제한), 제17조(등록증 등 게시의무), 제18조(명칭), 제19조(등록증 양도·대여), 제25조제1항(확인·설명 의무), 제25조의3(주택임대차 중개시 설명의무) 또는 제26조제3항(거래계약서 거짓기재·이중계약서)을 위반하는 행위
   ④ 개업공인중개사등이 제12조제2항(이중소속), 제29조제2항(비밀준수위반) 또는 제33조제1항(개업공인중개사 등의 금지행위)을 위반하는 행위
   ⑤ 「부동산 거래신고 등에 관한 법률」 제3조(부동산거래신고), 제3조의2(해제신고) 또는 제4조(금지행위)를 위반하는 행위

Professor Comment
부동산거래질서교란행위 신고센터에 신고할 사항이 아닌 것
㉠ 개업공인중개사가 아닌 자가 중개대상물 표시·광고
㉡ 중개대상물 광고시 성명 등 표기의무, 부당표시광고 금지
㉢ 확인설명서 및 거래계약서 관련의무, 연수교육 의무
㉣ 정보통신서비스제공자, 거래정보사업자, 협회 관련 위반

(3) 부동산거래질서교란행위 신고센터의 위탁 등(영 제37조의4조)
1) 국토교통부장관은 부동산거래질서교란행위 신고센터를 한국부동산원에 위탁한다.
2) 한국부동산원은 신고센터의 업무 처리 방법, 절차 등에 관한 운영규정을 정하여 국토교통부장관의 승인을 받아야 한다. 이를 변경하려는 경우에도 또한 같다.

(4) 신고센터(한국부동산원)의 신고접수 등(영 제37조의5조)
1) 부동산질서교란행위를 인지한 자는 신고센터에 그 사실을 신고하거나 상담할 수 있다.
2) 신고센터에 신고하려는 자는 다음의 사항을 포함한 신고서(전자문서를 포함)를 제출하여야 한다.
   ① 신고자, 피신고자의 인적사항
   ② 부동산거래질서교란행위의 발생일시·장소 및 그 내용
   ③ 신고내용을 증명할 수 있는 증거자료 또는 참고인의 인적 사항
   ④ 그 밖에 신고처리에 필요한 사항
3) 신고센터는 신고사항에 대한 보완이 필요한 경우 기간을 정하여 신고자로 하여금 보완하게 할 수 있다.

(5) 신고사항의 확인 등(영 제37조의6조)
1) 신고센터는 제출받은 신고사항에 대한 사실관계를 확인하여야 한다.
2) 신고센터는 신고사항을 확인한 결과 다음의 어느 하나에 해당하는 경우 접수된 신고사항의 처리를 종결할 수 있다.
   ① 신고내용이 명백히 거짓인 경우
   ② 신고자가 보완요구를 받고도 보완에 응하지 아니한 경우
   ③ 신고사항의 처리결과를 통보받은 사항에 대하여 정당한 사유 없이 다시 신고한 경우로서 새로운 사실이나 증거자료가 없는 경우
   ④ 신고내용이 이미 수사기관에서 수사 중이거나 재판에 계류 중이거나 법원의 판결에 의해 확정된 경우
3) 신고센터는 신고사항의 사실관계를 확인한 결과 부동산거래질서교란행위에 해당하는 경우에는 시·도지사, 등록관청 등에 그 결과를 통보하고 이에 대한 조사 및 조치를 요구하여야 한다.
4) 조사 및 조치 요구를 받은 시·도지사, 등록관청 등은 신속하게 해당 요구에 따른 조사 및 조치를 완료하고, 완료한 날부터 10일 이내에 그 결과를 신고센터에게 통보하여야 한다.
5) 신고센터는 시·도지사, 등록관청 등으로부터 처리 결과를 통보받은 경우 그 내용을 확인한 후 신고자에게 통보하여야 한다.
6) 신고센터는 매월 10일까지 직전 달의 신고사항 접수 및 처리 결과 등을 국토교통부장관에게 제출하여야 한다.

중개업

CHAPTER 03

• 경록 교재에 모든 답이 있습니다.

01 개업공인중개사가 중개행위를 함에 있어서 고의 또는 과실로 인하여 거래당사자에게 재산상의 손해를 발생하게 한 때에는 그 손해를 배상할 책임이 있다.

01. ○

02 법인인 개업공인중개사는 4억원 이상의 보증을 설정해야 한다. 다만, 분사무소를 두는 경우에는 분사무소마다 2억원의 보증을 추가로 설정하여야 한다.

02. ○

03 공탁한 공탁금은 개업공인중개사가 폐업 또는 사망한 날부터 5년 이내에는 이를 회수할 수 없다.

03. X
공탁한 공탁금은 개업공인중개사가 폐업 또는 사망한 날부터 3년 이내에는 이를 회수할 수 없다.

04 개업공인중개사는 거래당사자가 거래계약과 관련한 계약금 등을 제3자의 명의로 금융기관 등에 예치하는 경우 제3자 소유의 예치금과 분리하여 관리될 수 있도록 하여야 한다.

04. X
개업공인중개사는 계약금 등을 그의 명의로 금융기관 등에 예치하는 경우 자기소유의 예치금과 분리하여 관리될 수 있도록 하여야 한다(영 제27조).

05 개업공인중개사는 거래당사자가 거래계약과 관련한 계약금 등을 그의 명의로 은행 등에 예치하는 경우 예치된 계약금 등은 거래당사자의 동의 없이 인출하여서는 아니 된다.

05. ○

06 중개의뢰인 A가 택지에 대한 매도를 개업공인중개사 甲에게 중개의뢰한 경우 개업공인중개사 乙은 甲의 중개로 A소유의 택지를 매수한 것은 금지행위에 해당한다.

06. X
개업공인중개사 乙은 중개의뢰인과 직접 거래를 한 것이 아니라 다른 개업공인중개사 甲의 거래를 통해 거래당사자로서 택지를 매수한 것이므로 정당한 거래행위이다.

07 개업공인중개사 甲은 A의 대리인 B로부터 택지를 매도하여 달라는 의뢰를 받고 개업공인중개사 乙과 공동으로 그 택지를 매수한 것은 금지행위에 해당한다.

07. ○

08 전매차익을 노려 계약금만 걸어 놓고 중간생략등기의 방법으로 토지를 단기 전매하려고 하는 중개의뢰인 A로부터 중개의뢰를 받은 개업공인중개사 甲이 전매를 중개하였으나 A가 전매차익을 얻지 못한 것은 금지행위에 해당한다.

08. ○

09 중개사무소의 개설등록을 하고자 하는 법인의 임원 중 실질적으로 중개업무를 담당할 임원만 실무교육을 미리 받아야 한다.

09. X
법인의 대표자 및 임원사원 전부는 실무교육을 미리 받아야 한다(영 제13조 제2항 라목).

10 중개법인의 분사무소 책임자는 미리 실무교육을 받아야 한다.

10. ○

제7절 중개보수 등
11·12·추가15·18·21·35회 출제

Professor Comment

① 중개보수 부문에서는 중개보수청구권의 성립 및 소멸 등에 관한 사항을 묻는 문제들이 출제되고 있으며, 중개보수 초과수수 금지의무와 함께 출제되는 경우도 있다.
② 중개보수 규정은 각 시·도 조례가 각각 다르므로 시행규칙의 내용과 판례 내용을 숙지한다.
③ 중개보수 계산문제는 교환이나 월세의 계산방법과 같이 계산방법을 알아야 하는 문제들이 출제되는 경향이 높다.

01 중개보수청구권 ★★
13·14·19·31회 출제

개업공인중개사는 중개업무에 관하여 중개의뢰인으로부터 소정의 중개보수를 받는다. 다만, 개업공인중개사의 고의 또는 과실로 인하여 중개의뢰인간의 거래행위가 무효·취소 또는 해제된 경우에는 그러하지 아니하다(법 제32조 제1항).

1 중개보수의 정의

(1) 중개보수와 중개업

중개보수는 개업공인중개사의 노력으로 성립된 중개완성의 대가로 받는 개업공인중개사의 보수로서, 「공인중개사법」에서는 "다른 사람의 의뢰에 의하여 일정한 보수를 받고 중개를 업으로 행하는 것을 말한다"고 정의하여 중개업이 성립되기 위한 기본적 요건으로 인정하고 있다(법 제2조 제3호).

→ 특별한 약정이 없어도 인정

(2) 중개보수청구권의 당연성

개업공인중개사는 상인의 자격을 갖는 것으로 개업공인중개사의 중개보수는 상인의 자격으로 당연히 존재하는 상인의 보수로 인정되므로, 중개계약에서 유상임을 명시하지 않았더라도 중개보수청구권은 인정된다(상법 제61조, 대판 1968.7.24. 68다955, 1995.4.21. 94다36643).

제1편 공인중개사법령

단락문제 Q78
제26회 기출

공인중개사법령상 중개보수에 관한 설명으로 틀린 것은?(다툼이 있으면 판례에 따름)

① 공인중개사 자격이 없는 자가 중개사무소 개설등록을 하지 아니한 채 부동산중개업을 하면서 거래당사자와 체결한 중개보수 지급약정은 무효이다.
② 개업공인중개사와 중개의뢰인 간에 중개보수의 지급시기약정이 없을 때는 중개대상물의 거래대금 지급이 완료된 날로 한다.
③ 주택(부속토지 포함) 외의 중개대상물의 중개에 대한 보수는 국토교통부령으로 정한다.
④ 주택(부속토지 포함)의 중개에 대한 보수는 중개의뢰인 쌍방으로부터 각각 받되, 그 일방으로부터 받을 수 있는 한도는 매매의 경우에는 거래대금의 1천분의 9 이내로 한다.
⑤ 중개대상물의 소재지와 중개사무소의 소재지가 다른 경우 개업공인중개사는 중개대상물의 소재지를 관할하는 시·도의 조례에 따라 중개보수를 받아야 한다.

해설 중개보수
중개대상물의 소재지와 중개사무소의 소재지가 다른 경우 개업공인중개사는 사무소의 소재지를 관할하는 시·도의 조례에 따라 중개보수를 받아야 한다(규칙 제20조 제3항).   **정답** ⑤

🧑 중개보수청구권

① 중개보수는 중개완성에 대한 대가를 말한다.
② 무등록업자의 중개행위에 대해서는 중개보수청구권이 발생하지 않는다.

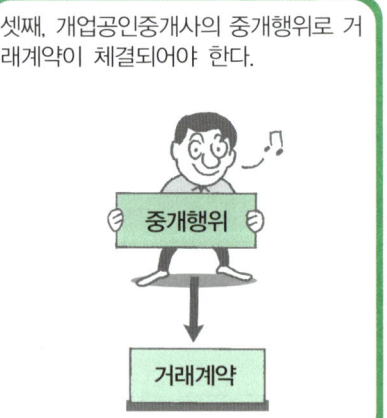

2 중개보수청구권의 발생요건

개업공인중개사는 중개업무에 관하여 중개의뢰인으로부터 소정의 중개보수를 받을 수 있는 것으로, 이때의 중개보수청구권은 다음과 같은 요건을 만족해야 할 것이다.

(1) 중개계약이 존재해야 한다.

중개계약(仲介契約)이란 개업공인중개사와 중개의뢰인 간에 체결되는 계약으로, 중개의뢰인의 의뢰에 의하여 일정한 중개보수를 받고 중개대상물의 매매나 교환, 임대차 등 권리의 득실·변경에 관한 행위를 알선해주는 것을 내용으로 하는 계약을 의미한다(법 제2조 제1호 및 제3호 참조).

(2) 중개가 완성되어야 한다.

중개업이라 함은 타인의 의뢰에 의하여 일정한 중개보수를 받고 중개를 업으로 하는 것으로, 중개의 완성이 없이는 중개보수를 청구할 수 없다는 것에 대해서는 판례나 학설이 일치하고 있으며 다른 의견이 없는 것으로 보인다(대판 1991.4.9. 90다18968).

1) 중개완성시점 등

「공인중개사법」에서 의미하는 중개의 완성이란 권리이전 중개의뢰인과 권리취득 중개의뢰인 쌍방이 거래계약체결을 약속한 시점을 의미하며, 중개완성의 모습은 거래계약체결로 나타난다고 보아야 할 것이다.

Professor Comment

국토교통부에서도 개업공인중개사는 거래계약이 체결되면 중개에 대한 의무는 완성된다고 유권해석을 하고 있다(국토교통부 전자민원 1998.12.21 회신 제148호 참조).

2) 대상부동산거래계약과 중개보수

① 개업공인중개사는 아무리 많은 시간과 비용을 소요하여 중개행위를 했더라도 대상부동산의 거래계약이 체결되지 않는 한 중개보수를 청구할 수 없다고 보아야 한다.
② 다만, 개업공인중개사의 아무런 귀책사유 없이 매매계약서 작성에 있어 배제되게 된 경우에도 개업공인중개사는 중개행위에 상당한 중개보수를 받을 수 있다는 판례도 있다(서울지법 동부지원 1987.2.20. 86가단2801).

3) 중개활동이 일시 중단된 상태 등과 중개보수 10회 출제

① 개업공인중개사의 중개활동이 쌍방의 제시가격 차이로 일시 중단된 상태에서 중개의뢰자들이 직접 만나 절충 끝에 매매계약을 체결하였더라도 개업공인중개사는 「민법」제686조·제673조의 취지 및 거래상의 신의칙에 비추어 그 중개활동에 상응한 보수를 청구할 수 있다.
② 나아가 그 보수액은 당초 약정액(그 정함이 없는 경우에는 조례상의 중개료 한도액)과 개업공인중개사가 중개에 소요한 기간 및 그 노력의 정도, 계약의 성립으로 중개의뢰자가 얻게 된 이익 등의 제반 사정을 참작하여 정할 것이다(부산지법 1987.9.24. 87나516).

제1편 공인중개사법령

(3) 중개와 거래계약에는 인과관계가 있어야 한다.

1) 의의
개업공인중개사의 중개활동과 거래당사자의 거래계약체결 사이에는 인과관계(因果關係)가 있어야 한다.

2) 개업공인중개사 알선으로 부동산소유자가 직접 거래계약을 체결한 경우
예를 들어, 개업공인중개사의 알선으로 만난 상대방과 부동산소유자가 직접 거래계약을 체결한 경우, 해당 거래계약은 개업공인중개사의 알선이 원인이 된 것으로 개업공인중개사에게 중개보수청구권이 인정될 것이다(부산지법 1987.9.24. 87나516).

3) 부동산소유자가 개업공인중개사가 알선한 상대가 아닌 제3의 인물과 거래를 한 경우
반면에, 개업공인중개사가 특정 부동산의 거래를 위해 대상부동산의 소유자를 위하여 거래상대방을 소개하는 등 노력을 했으나 부동산의 소유자가 개업공인중개사가 알선한 상대가 아닌 제3의 인물과 거래를 한 경우, 개업공인중개사의 중개행위와 부동산소유자와 제3의 인물과의 거래계약과는 인과관계가 인정되지 않으므로 개업공인중개사에게 중개보수청구권이 인정되지 않을 것이다(대판 1977.11.22. 77다1889).

3 중개보수청구권의 발생시기 16회 출제

(1) 의의
「공인중개사법」에서는 개업공인중개사는 중개업무에 관하여 중개의뢰인으로부터 소정의 중개보수를 받는다고 규정하고 있으나, 중개보수의 **청구권의 발생시기**에 대하여 명백하게 정하고 있지 않다.

→ 일반적으로 중개계약 시 발생

(2) 중개계약설(다수설)
현재 학설은 중개보수청구권은 중개가 완성된 시점에서 발생하며 발생과 동시에 행사할 수 있다는 주장(중개완성설)과 중개계약 시에 중개완성을 정지조건으로 하는 중개보수청구권이 발생하며, 중개가 완성되어야 중개보수청구권을 실행할 수 있다는 주장(중개계약설)이 대립되고 있으며, 중개계약설이 다수설로 인정되고 있다.

단락문제 Q79

제16회 기출 개작

중개보수에 관련된 설명 중 틀린 것은?

① 중개보수는 잔금을 지불할 때 청구하여야 한다.
② 개업공인중개사가 중개보수 요율표를 중개사무소에 게시하지 않은 경우 100만원 이하의 과태료에 처한다.
③ 개업공인중개사의 중개보수는 중개계약에서 유상임을 명시하지 않더라도 중개보수청구권은 인정된다.
④ 거래계약이 거래당사자의 사정으로 합의해제되거나 채무불이행 등의 이유로 파기된 경우에도 개업공인중개사에게는 여전히 중개보수청구권이 존재한다.
⑤ 중개대상물인 주택의 소재지와 사무소의 소재지가 다른 경우에는 그 사무소의 소재지를 관할하는 시·도의 조례로 정한 기준에 따른다.

해설 중개보수

개업공인중개사는 중개업무에 관하여 중개의뢰인으로부터 소정의 중개보수를 받는 것으로(법 제32조 제1항 전단), 중개완성이 있는 경우에 중개업무가 완료되므로, 중개완료 시기(거래계약 체결시기 : 법 제26조 제1항 참조)인 거래계약체결 시기에 중개보수청구권을 행사(중개보수를 청구)할 수 있을 것이다.

정답 ①

Wide | 중개보수청구권 양도 20회 출제

중개보수의 청구권 발생시기에 대한 논의는 중개완성 이전에 중개보수청구권을 양도할 수 있는가 하는데 구분의 실익이 있다. 중개계약설에 의하면 중개보수청구권을 중개완성을 정지조건으로 하여 양도할 수 있을 것이며, 중개완성설에 의하면 존재하지 않는 권리를 양도할 수 없을 것이다.

4 중개보수청구권의 상대방

(1) 중개보수의 청구대상

개업공인중개사는 중개업무에 관하여 중개의뢰인으로부터 소정의 중개보수를 받는다고 규정하고 있으며(법 제30조 제1항 전단), 시행령에서 중개보수는 중개의뢰인 쌍방으로부터 각각 받는다고 규정하고 있으므로(규칙 제20조 제1항), 계약당사자 간에 중개보수 부담에 관한 별도의 정함이 없는 한 개업공인중개사는 중개의뢰인 쌍방에게 각각 규정된 한도 이내의 중개보수를 청구할 수 있다.

(2) 거래당사자 중개보수 부담의 자유

다만, 중개보수를 거래당사자 쌍방 중 일방이 부담한다고 해서 「공인중개사법」 위반이 되지는 않을 것이다. 국토교통부에서도 중개보수를 누가 지불하여야 하는지는 계약당사자 간의 의사에 따른다고 유권해석을 하고 있다(국토교통부 전자민원 2000. 9.9 회신 제29504호 참조).

5 중개보수 지불시기

(1) 원 칙
개업공인중개사와 중개의뢰인 간의 약정에 따른다(영 제27조의2).

(2) 예 외
개업공인중개사와 중개의뢰인 사이의 약정이 없는 경우 중개대상물의 거래대금 지급이 완료된 날로 한다(영 제27조의2 후단).

6 거래계약의 해지와 중개보수청구권의 존속범위 12회 출제

(1) 개업공인중개사의 고의·과실로 인한 계약해지의 경우 중개보수

1) 개업공인중개사의 고의 또는 과실로 인하여 중개의뢰인 간의 거래행위가 무효·취소 또는 해제된 경우에는 중개보수를 받을 수 없다(법 제30조 제1항 후단).
2) 개업공인중개사의 중개물건의 확인·설명의무를 게을리 한 과실로 인하여 성립되었다가 그 후 해제된 경우 수령한 중개보수를 반환할 의무가 있다 할 것이다(대구지법 1987.10.30. 86가합1663).

(2) 개업공인중개사의 고의·과실 없는 계약해지의 경우 중개보수 14회 출제

거래계약이 유효하게 성립된 후 개업공인중개사의 고의·과실 없이 중개의뢰인의 사정으로 계약이 해지된 경우 개업공인중개사는 중개의뢰인 쌍방으로부터 법정중개보수를 받을 수 있다고 보아야 한다(국토교통부 전자민원 2000.9.6 회신 제28891호 참조).

■ **중개보수청구**

부동산중개행위는 개업공인중개사가 중개대상물에 대하여 거래당사자 간의 매매·교환·임대차 기타 권리의 득실·변경에 관한 행위를 알선하는 것으로서 원칙적으로 개업공인중개사는 중개대상물에 대한 계약서의 작성업무 등 계약체결까지 완료되어야 비로소 중개의뢰인에게 중개보수를 청구할 수 있는 것이나, 다만 개업공인중개사가 계약의 성립에 결정적인 역할을 하였음에도 **중개행위가 그의 책임없는 사유로 중단되어 최종적인 계약서 작성 등에 관여하지 못하였다는 등의 특별한 사정이 있는 경우**에는 민법 제686조 제3항, 상법 제61조의 규정 취지나 신의성실의 원칙 등에 비추어 볼 때 그 개업공인중개사는 중개의뢰인에 대하여 이미 이루어진 **중개행위의 정도에 상응하는 중개보수를 청구할 권한이 있다**(부산지법 2007.1.25. 2005나10743).

단락문제 Q80
제12회 기출 개작

다음 중 개업공인중개사의 중개보수청구에 관한 설명으로 옳지 않은 것은?

① 중개보수청구권이 인정되려면 개업공인중개사의 중개활동과 계약체결 사이에 인과관계가 있어야 한다.
② 중개보수의 지급시기는 대통령령으로 정한다.
③ 주택의 중개보수는 중개의뢰인 쌍방으로부터 각각 받되, 그 일방으로부터 받을 수 있는 한도는 국토교통부령이 정하는 범위 내에서 시·도 조례로 정한다.
④ 판례에 의하면 개업공인중개사가 계약조건의 절충 등 실질적 중개행위를 하였으나 거래당사자가 개업공인중개사를 배제하고 직접 계약한 경우에도 중개보수청구권은 인정될 수 있다.
⑤ 거래당사자 중 일방의 이행지체로 거래계약이 해제된 경우에는 중개보수청구권은 소멸된다.

해설 중개보수청구

개업공인중개사는 중개업무에 관하여 중개의뢰인으로부터 소정의 중개보수를 받는다. 다만, 개업공인중개사의 고의 또는 과실로 인하여 중개의뢰인 간의 거래행위가 무효·취소 또는 해제된 경우에는 그러하지 아니하다(법 제32조 제1항).

정답 ⑤

7 중개보수청구권의 소멸

(1) 중개사무소 개설등록 취소의 경우

1) 등록이 취소된 자의 중개행위 무등록업자는 중개보수청구권이 없음은 앞에서 설명한 것과 같다. 따라서 중개사무소 개설등록이 취소된 자가 취소 이후에 행하는 중개행위는 무등록업자의 중개행위로 보아, 그 중개행위가 완성되었더라도 중개보수청구권이 인정되지 않을 것이다.

2) 이미 성립된 당사자 간의 계약 중개완성으로 부동산거래계약이 체결된 이후에 중개사무소 개설등록이 취소된 경우에는 이미 성립된 당사자 간의 계약에 의한 중도금 등 잔금지급의무는 개업공인중개사의 등록취소와는 관계없이 계약당사자 간을 기속하는 것으로 보아야 할 것이다(국토교통부 전자민원 1999.12.3 회신 제15994호).

(2) 거래계약체결 이전에 계약교섭이 결렬된 경우

1) 중개보수의 청구불가

중개계약의 경우 거래계약체결 이전에 교섭이 결렬된 경우, 특별한 사정이 없는 한 그 동안의 알선을 위한 노력의 대가로서 중개보수를 청구할 수 없다고 보아야 한다.

2) 유상위임계약의 해지

건물임대중개의 완료를 조건으로 중개료 상당의 보수를 지급받기로 하는 내용의 계약과 같은 유상위임계약에 있어서는 시기여하에 불문하고 중개완료 이전에 계약이 해지되면 당연히 그에 대한 보수청구권을 상실하는 것으로 계약 당시에 예정되어 있어 특별한 사정이 없는 한 해지에 있어서의 불리한 시기란 있을 수 없다 할 것이다(대판 1991.4.9. 90다18968).

3) 배상의 범위

대법원에서는 중개계약과 같은 위임계약에서는 상대방이 불리한 시기에 위임계약을 해지한 때에는 그 해지가 부득이한 사유에 의한 것이 아닌 한 그로 인한 손해를 배상하여야 하나 그 배상의 범위는 위임이 해지되었다는 사실로부터 생기는 손해가 아니라 적당한 시기에 해지되었더라면 입지 아니하였을 손해에 한한다고 판시하고 있다(대판 2000.6.9. 98다64202).

8 중개보수 관련 규정의 적용범위

(1) 중개업무에 한정

중개보수는 개업공인중개사의 중개업무에 관하여 중개의뢰인으로부터 받을 수 있는 것으로, 「공인중개사법」의 중개보수 규정은 개업공인중개사의 업무 중 중개업무에 한정되어 적용된다고 보아야 한다.

■ 개업공인중개사의 행위가 중개행위에 해당하지 않는 경우 초과중개보수금지규정 적용 여부

이 사건 개업공인중개사의 행위는 개업공인중개사가 약정에 따라 이 사건 토지를 분할하고 택지로 조성하여 그 중 일부를 타에 매도하면서 어느 정도의 위험부담과 함께 이득을 취하는 일련의 행위로서 구 부동산중개업법(현 공인중개사법) 소정의 중개행위에 해당하지 않는다 할 것이고, 따라서 위 각 행위와 관련하여 개업공인중개사가 취득한 금원 또한 구 부동산중개업법 제15조 제2호(현 공인중개사법 제33조 제3호)에 의하여 초과수수가 금지되는 개업공인중개사의 중개보수 등 금품에는 해당되지 않는다(대판 2004.11.12. 2004도5271).

(2) 겸업 업무의 중개보수

1) 중개법인의 경우에는 「공인중개사법」 제14조의 규정에 의해 중개업 이외에 경·공매 물건에 대한 권리분석 및 취득알선업무와 대리행위를 할 수 있다(제2항).
2) 이 업무는 중개보수를 적용하는 업무가 아니고 중개법인의 겸업가능 범위이기 때문에 중개보수 규정을 적용할 수 없고 당사자 간의 합의나 타법에서 정한 경우에는 이를 따라야 한다(국토교통부 전자민원 2000.6.26 회신 제19620호 참조).

Professor Comment
국토교통부에서는 중개법인의 상가분양대행 업무에 대해서도 부동산중개가 아니므로 부동산중개 중개보수 규정이 적용되지 않는다고 유권해석을 하고 있다.

(3) 상가권리금

1) 상가권리금의 의의

상가권리금은 상가의 영업시설·비품 등 유형물이나 거래처, 신용, 영업상의 노하우(know-how) 또는 점포 위치에 따른 영업상의 이점 등 무형의 재산적 가치의 양도 또는 일정기간 동안의 이용대가를 의미하는 것으로, 영업용 건물의 임대차에 수반되어 행하여지는 권리금의 지급은 임대차계약의 내용을 이루는 것은 아니다(대판 2000.9.22. 2000다26326).

2) 중개보수의 예외

국토교통부에서는 상가나 점포의 권리금은 부동산 그 자체의 거래금액이 아니므로 「공인중개사법」상 중개보수를 적용할 사항이 아니라고 유권해석을 하고 있다(국토교통부 전자민원 2000.8.31 회신 제28574호).

Q81 제23회 기출

공인중개사법령상 중개보수에 관련된 설명으로 틀린 것을 모두 고른 것은?

㉠ 중개대상물인 주택의 소재지와 중개사무소의 소재지가 다른 경우, 개업공인중개사는 중개사무소소재지를 관할하는 시·도의 조례에서 정한 기준에 따라 중개보수를 받아야 한다.
㉡ 교환계약의 경우 교환대상 중개대상물 중 거래금액이 큰 중개대상물의 가액을 거래금액으로 하여 중개보수를 산정한다.
㉢ 사례·증여 기타 어떤 명목으로든 법에서 정한 중개보수를 초과하여 금품을 받는 행위는 반드시 개설등록을 취소하여야 하는 사유에 해당한다.
㉣ 동일한 중개대상물에 대하여 동일한 당사자 간에 매매와 임대차가 동일 기회에 이루어지는 경우, 매매계약과 임대차계약의 거래금액을 합산한 금액을 기준으로 중개보수를 산정한다.

① ㉠, ㉡   ② ㉠, ㉣   ③ ㉡, ㉢   ④ ㉡, ㉣   ⑤ ㉢, ㉣

해설 중개보수
㉢ 사례·증여 기타 어떤 명목으로든 법에서 정한 중개보수를 초과하여 금품을 받는 행위는 금지행위로서 개설등록을 취소할 수 있는 사유에 해당한다(법 제38조 제2항).
㉣ 동일한 중개대상물에 대하여 동일한 당사자 간에 매매와 임대차가 동일 기회에 이루어지는 경우에는 매매거래금액만을 기준으로 중개보수를 산정한다(규칙 제20조 제5항 제3호).

정답 ⑤

02 중개보수 한도액 ★★★   13·14·17·18·21·22·23·24·25·27·28·31회 출제

주택(부속토지를 포함)의 중개에 대한 중개보수와 실비의 한도 등에 관하여 필요한 사항은 국토교통부령이 정하는 범위 안에서 특별시·광역시·도 또는 특별자치도의 조례(條例)로 정하고, 주택 외의 중개대상물의 중개에 대한 중개보수는 국토교통부령으로 정하며(법 제32조 제4항). 이를 초과하는 부동산중개보수 약정은 그 한도를 넘는 범위 내에서 무효이다.

1 주택 중개보수

(1) 중개보수 청구범위

1) 주택의 중개에 대한 중개보수의 상한

주택의 중개에 대한 보수는 중개의뢰인 쌍방으로부터 각각 받되, 그 일방으로부터 받을 수 있는 한도는 별표 1과 같으며, 그 금액은 법 제32조 제4항에 따라 시·도의 조례로 정하는 요율한도 이내에서 중개의뢰인과 개업공인중개사가 서로 협의하여 결정한다.(규칙 제20조 제1항).

2) 별표 1의 중개보수 요율 23회 출제
- 공인중개사법 시행규칙 [별표 1] 〈신설 2021. 10. 19.〉

▼ 주택 중개보수 상한요율(제20조 제1항 관련)1

거래내용	거래금액	상한요율	한도액
매매·교환	5천만원 미만	1천분의 6	25만원
	5천만원 이상 2억원 미만	1천분의 5	80만원
	2억원 이상 9억원 미만	1천분의 4	
	9억원 이상 12억원 미만	1천분의 5	
	12억원 이상 15억원 미만	1천분의 6	
	15억원 이상	1천분의 7	
임대차 등	5천만원 미만	1천분의 5	20만원
	5천만원 이상 1억원 미만	1천분의 4	30만원
	1억원 이상 6억원 미만	1천분의 3	
	6억원 이상 12억원 미만	1천분의 4	
	12억원 이상 15억원 미만	1천분의 5	
	15억원 이상	1천분의 6	

Professor Comment
중개에 대한 중개보수는 중개의뢰인 쌍방으로부터 각각 받는 것이므로, 상기 중개보수 상한은 중개의뢰인 일방을 기준으로 정해야 할 것이다.

(2) 복합건물에 대한 판단
중개대상물인 건축물 중 주택의 면적이 2분의 1 이상인 경우에는 주택에 대한 규정을 적용하고, 주택의 면적이 2분의 1 미만인 경우에는 주택 외의 중개대상물에 대한 규정을 적용한다(규칙 제20조 제6항).

(3) 조례 적용기준 26·29회 출제

1) 중개사무소 소재지를 관할하는 시·도의 조례
중개대상물의 소재지와 중개사무소의 소재지가 다른 경우에는 개업공인중개사는 중개사무소의 소재지를 관할하는 시·도의 조례에서 정한 기준에 따라 중개보수 및 실비를 받아야 한다(규칙 제20조 제3항).

2) 분사무소 소재지의 조례 적용
따라서 법인의 주된 사무소와 분사무소가 각각 다른 시·도에 속한 경우라면 중개보수 조례는 분사무소 소재지의 조례가 적용되는 것이 타당할 것이다.

중개보수

1) **산출금액**
   거래금액에 중개보수율을 곱하여 산출한 금액
   = 거래금액 × 중개보수율

2) **한도액**
   중개보수로 받을 수 있는 최대한의 금액

3) **중개보수의 결정**
   산출금액과 한도액을 비교하여 낮은 금액이 중개보수가 된다.
   ① 산출금액 > 한도액
   ⇨ 한도액
   ② 산출금액 < 한도액
   ⇨ 산출금액

제1편 공인중개사법령

2 주택 외의 중개대상물 중개보수

(1) 주택 외 중개대상물의 중개보수 한도액

1) 거래금액의 1천분의 9 이내에서 협의 결정

법 제32조 제4항에 따라 주택 외의 중개대상물에 대한 중개보수는 중개의뢰인 쌍방으로부터 각각 받되, 거래금액의 1천분의 9 이내에서 중개의뢰인과 개업공인중개사가 서로 협의하여 결정한다(규칙 제20조 제4항).

2) 중개보수 상한은 중개의뢰인 일방이 기준

중개에 대한 중개보수는 중개의뢰인 쌍방으로부터 각각 받는 것이므로, 상기 중개보수 상한(1천분의 9)은 중개의뢰인 일방을 기준으로 정해야 할 것이다.

3) 협의 결정

중개보수는 중개의뢰인과 개업공인중개사가 서로 협의하여 결정하는 것이므로 중개보수 상한의 범위에서 권리이전 중개의뢰인과 권리취득 중개의뢰인 모두와 각각 협의해야 할 것이다.

Professor Comment

개업공인중개사의 합의에 따라 권리이전 중개의뢰인이 부담하는 중개보수와 권리취득 중개의뢰인이 부담하는 중개보수가 각각 달라질 수 있을 것이다.

4) 주택과 아래 (2) 외의 중개대상물에 대한 중개보수

또한 주택 외의 중개대상물에 대한 중개보수는 매매나 임대차로 구분되지 않는 점에 유의해야 할 것이다.

(2) 주거용도 오피스텔에 대한 중개보수 한도(규칙 제20조 제4항 제1호) **29회 출제**

1) 「건축법 시행령」 [별표 1]에 따른 오피스텔로 일정한 요건을 갖춘 경우

① 다음의 요건을 갖출 것
 ㉠ 전용면적이 85제곱미터 이하일 것
 ㉡ 상·하수도 시설이 갖추어진 전용입식 부엌, 전용수세식 화장실 및 목욕시설(전용수세식 화장실에 목욕시설을 갖춘 경우를 포함)을 갖출 것

② 중개보수의 한도
중개의뢰인 쌍방으로부터 각각 받되, 다음의 요율 범위에서 중개보수를 결정한다.

구 분	상한요율
매매, 교환	1천분의 5
임대차 등	1천분의 4

2) 위 1) 이외의 오피스텔

중개의뢰인 쌍방으로부터 각각 받되, 거래금액의 1천분의 9 이내에서 중개의뢰인과 개업공인중개사가 서로 협의하여 결정한다(규칙 제20조 제4항 제2호).

(3) 주택과 위 주거용도 오피스텔을 제외한 중개대상물에 대한 한도액의 표시의무

개업공인중개사는 주택과 위 주거용도 오피스텔을 제외한 중개대상물에 대하여 중개보수 요율의 범위 안에서 실제 자기가 받고자 하는 중개보수의 상한요율을 「공인중개사법 시행규칙」에서 정한 중개보수·실비의 요율 및 한도액표에 명시하여야 하며, 이를 초과하여 중개보수를 받아서는 아니 된다(규칙 제20조 제7항).　→ 상대등록취소

3 거래금액의 계산　22·28회 출제

중개보수는 거래가액에 중개보수율을 적용하는 방식으로 계산된다. 이때의 거래가액이란 거래계약서에 명기된 중개대상물의 거래가격을 의미하는 것으로 해석해야 할 것이다(국토교통부 전자민원 2000.5.23 회신 제15462호 참조).

(1) 보증금 외에 차임 있는 경우의 거래금액　17·20회 출제

임대차 중 보증금 외에 차임이 있는 경우에는 월 단위의 차임액에 100을 곱한 금액을 보증금에 합산한 금액을 거래금액으로 한다(규칙 제20조 제5항 제1호). 다만, 합산한 금액이 5,000만원 미만인 경우 월 단위 차임액에 70을 곱한 금액을 보증금에 합산하여 거래금액으로 한다.　→ 5천만원은 해당 안 됨

거래금액의 계산

1) **거래금액이 5천만원 미만인 임대차**
   이때의 거래금액은 「(월세 ×70)+보증금액」으로 한다.

2) **상가임대차에서의 권리금**
   ① 권리금은 거래금액에 포함되지 않는다.
   ② 권리금에 대한 중개보수는 개업공인중개사와 의뢰인이 결정할 수 있다(권리금에 대한 법정 중개보수 규정 없음).

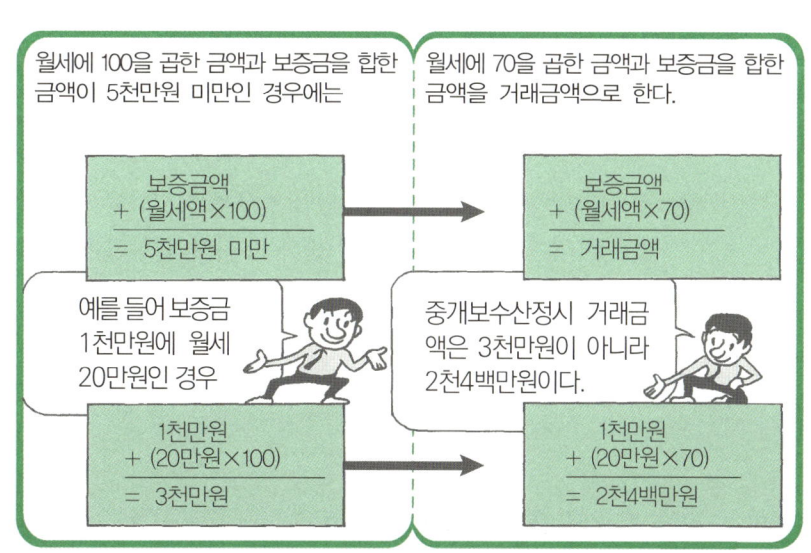

제1편 공인중개사법령

단락문제 Q82
제17회 기출

다음 주택임대차 사례에서 개업공인중개사가 중개의뢰인들로부터 받을 수 있는 중개보수 최고한도액의 총액은?

- 임차보증금 : 1천6백만원
- 월세 : 20만원
- 요율 : 0.5%
- 계 약 기 간 : 1년(12개월)
- 한도액 : 20만원

① 180,000원 ② 184,000원 ③ 300,000원 ④ 360,000원 ⑤ 400,000원

해설 중개보수 최고한도총액
1) 1,600만원+(20만원×100) = 3,600만원이 되지만 5천만원 미만이므로 다시 1,600만원+(20만원×70)으로 하여 계산하면 3,000만원이 거래금액이 된다.
2) 3,000만원×0.5% = 150,000원이 되며 이는 거래당사자 일방으로부터 받을 수 있는 금액이다.
3) 중개보수 총액을 묻는 문제이므로 쌍방으로부터 총 300,000원을 받을 수 있다.

정답 ③

(2) 교환계약의 경우 거래금액
교환계약의 경우에는 교환대상 중개대상물 중 거래금액이 큰 중개대상물의 가액을 거래금액으로 한다(규칙 제20조 제5항 제2호).

(3) 동일 중개대상물에 대한 동일 당사자 간의 거래금액   19·23회 출제
동일한 중개대상물에 대하여 동일 당사자 간에 매매를 포함한 둘 이상의 거래가 동일 기회에 이루어지는 경우에는 매매계약에 관한 거래금액만을 적용한다(규칙 제20조 제5항 제3호).

(4) 아파트 분양권의 거래금액
1) 아파트 분양권의 매매를 중개한 경우에 있어서 '거래가액'이라 함은 당사자가 거래 당시 수수하게 되는 총 대금(즉, 통상적으로 계약금, 기납부한 중도금, 프리미엄을 합한 금액일 것임)을 거래가액이라고 보아야 할 것이다.

Professor Comment
이렇게 해석하는 것이 일반적인 거래관행과 상식에도 부합한다.

2) 이와 달리 장차 건물이 완성되었을 경우를 상정하여 총 분양대금과 프리미엄을 합산한 금액으로 거래가액을 산정하여야 한다는 취지의 상고이유의 주장도 받아들일 수 없다(대판 2005.5.27. 2004도62).

(5) 주택과 주택 외의 중개대상물의 교환거래에서의 중개보수율

1) 부동산 종류에 따른 중개보수율체계 적용

중개보수에 관한 시·도 조례에서는 부동산의 종류에 따라 다른 중개보수율체계를 정하고 있으나, 부동산시장에서 빈번하게 형성되는 주택과 주택이 아닌 중개대상물의 교환거래를 할 경우 어떤 중개보수율 체계를 적용하는지에 대해서는 아무런 규정이 없다.

2) 중개보수율이 높은 것을 적용

이에 대해 국토교통부에서는 교환대상부동산이 각각 달라 적용하는 중개보수율체계가 서로 다를 경우에는 중개보수율이 높은 것을 적용해야 할 것이라는 유권해석을 하고 있다(국토교통부 전자민원 2000.11.15 회신 제36968호 참조).

> **유의** — 중개보수
>
> (1) 주택의 중개에 대한 중개보수는 국토교통부령이 정하는 범위 안에서 특별시·광역시·도 또는 특별자치도의 조례로 정한다.
> (2) 주택의 중개에 대한 중개보수는 중개의뢰인 쌍방으로부터 각각 받되, 그 일방으로부터 받을 수 있는 한도는 국토교통부령이 정하는 범위내에서 시·도조례로 정한다.
> (3) 건축물 중 주택의 면적이 2분의 1 이상인 경우에는 주택의 중개에 대한 중개보수의 요율을 적용한다.
> (4) 개업공인중개사는 권리관계 확인에 소요되는 실비를 권리를 이전하고자 하는 중개의뢰인에게 청구할 수 있다.
> (5) 교환계약의 경우 교환대상 중개대상물 중 거래금액이 큰 중개대상물의 가액을 중개보수 산정기준이 되는 거래금액으로 한다.
> (6) 중개보수의 청구권은 중개계약시 발생된다.
> (7) 개업공인중개사가 중개보수 요율표를 중개사무소에 게시하지 않은 경우 100만원 이하의 과태료에 처한다.
> (8) 개업공인중개사의 중개보수는 중개계약에서 유상임을 명시하지 않더라도 중개보수청구권은 인정된다.
> (9) 거래계약이 거래당사자의 사정으로 합의 해제되거나 채무불이행 등의 이유로 파기된 경우에도 개업공인중개사에게는 여전히 중개보수청구권이 존재한다.
> (10) 중개대상물의 소재지와 사무소의 소재지가 다른 경우에는 그 사무소의 소재지를 관할하는 시·도의 조례로 정한 기준에 따른다.
> (11) 법령상 상한을 초과하는 부동산중개보수 약정은 그 한도를 넘는 범위 내에서 무효이다.
> (12) 법령상 한도를 초과하는 중개보수를 유효한 당좌수표로 받았으나 부도처리되어 개업공인중개사가 그 수표를 반환한 경우에도 이는 위법하다.
> (13) 권리금은 법령상의 중개대상물이 아니므로 중개보수에 관한 규정이 적용되지 않는다.
> (14) 중개사무소를 개설등록하지 아니하고 부동산거래를 중개하면서 그에 대한 중개보수를 약속·요구하는 데 그친 행위는 처벌할 수 없다.
> (15) 개업공인중개사가 중개보수 산정에 관한 지방자치단체의 조례를 잘못 해석하여 법령이 허용하는 금액을 초과한 중개보수를 받은 경우 처벌대상이 된다.
> (16) 동일한 중개대상물에 대하여 동일 당사자 간에 매매를 포함한 둘 이상의 거래가 동일 기회에 이루어지는 경우에는 매매계약에 관한 거래금액만을 적용한다.

제1편 공인중개사법령

단락문제 Q83
제15회 추가 기출 개작

개업공인중개사의 중개보수에 관한 설명으로 틀린 것은?

① 개업공인중개사 甲이 중개행위를 통해 만난 乙과 丙이 직접 거래를 체결한 경우에도 甲에게 중개보수청구권은 인정된다.
② 중개가 완성된 후에 중개의뢰인 사정으로 계약이 해지되었다면 중개보수청구권은 소멸하지 않는다.
③ 상가를 중개하였을 경우 계약금과 권리금을 합한 금액을 기준으로 중개보수를 산정하여야 한다.
④ 중개법인이 행한 공매 물건에 대한 취득알선의 중개보수는 당사자 간의 합의로 정할 수 있다.
⑤ 현행 법률에서는 중개보수나 실비 영수증 교부에 대한 규정이 없다.

해설 중개보수 산정기준 등
상가권리금은 상가의 영업시설·비품 등 유형물이나 거래처, 신용, 영업상의 노하우(know-how) 또는 점포 위치에 따른 영업상의 이점 등 무형의 재산적 가치의 양도 또는 일정기간 동안의 이용대가를 의미하는 것으로, 영업용 건물의 임대차에 수반되어 행하여지는 권리금의 지급은 임대차계약의 내용을 이루는 것은 아니다(대판 2000.9.22. 2000다26326). 따라서 상가권리금의 거래를 중개한 경우에도 상가의 권리금은 부동산 그 자체의 거래금액이 아니므로 「공인중개사법」상 중개보수를 적용할 사항이 아니다(국토교통부 사이버민원 2000. 8.31. 회신 제28574호).

정답 ③

03 실비청구권 ★

개업공인중개사는 중개의뢰인으로부터 제25조 제1항의 규정에 의한 **중개대상물의 권리관계 등의 확인** 또는 제31조의 규정에 의한 **계약금 등의 반환채무이행 보장에 소요되는 실비**(實費)를 받을 수 있다(법 제32조 제2항).

→ 권리이전 의뢰인
→ 권리취득 의뢰인

1 중개대상물의 권리관계 등의 확인에 소요되는 실비

중개대상물의 권리관계 등의 확인에 소요되는 실비는 중개대상물의 권리관계 등의 확인에 드는 비용으로 하되, 개업공인중개사가 영수증 등을 첨부하여 매도·임대 그 밖의 권리를 이전하고자 하는 중개의뢰인에게 청구할 수 있다(규칙 제20조 제2항 참조).

(1) 실비의 의미

중개대상물의 권리관계 등의 확인에 소요되는 실비란, 법 제25조 제1항 및 시행령 제21조 제1항에서 규정된 중개대상물 확인·설명사항에 대한 확인설명행위과정에서 실제 소요된 비용을 의미하는 것이다.

(2) 실비의 범위

예를 들어 권리관계 확인을 위한 등기사항증명서 등 제 증명의 발급비용이나 열람수수료, 제 증명 신청 및 공부열람 대행비, 현장조사를 위한 여비로서 교통비와 숙박비 등은 실비로 포함될 수 있을 것이나, 개업공인중개사가 중개대상물의 판매촉진을 위한 광고비나 접대비 등은 실비의 범위에 포함되지 않을 것이다.

2 계약금 등의 반환채무이행 보장에 소요되는 실비

(1) 실비의 의의

계약금 등의 반환채무이행 보장에 소요되는 실비는 개업공인중개사가 영수증을 첨부하여 매수·임차 그 밖의 권리를 취득하고자 하는 의뢰인에게 청구할 수 있으며, 법 제31조에서 정한 계약금 등의 반환채무이행 보장에 드는 비용으로 한다(규칙 제20조 제2항 전단).

(2) 실비의 범위

예를 들어 개업공인중개사가 계약금 등의 반환채무이행 보장을 위해 계약금 등의 예치명의자가 될 경우 발급받아야 하는 보증보험(공제) 비용이나 계약금 등의 지급을 위해 소요되는 수표 발행비, 소유권이전이 완료되었는지 확인하기 위한 공부발급비 등은 실비의 범위에 포함될 것이다.

04 의무위반의 벌칙

1 중개보수 과다징수에 대한 벌칙

(1) 규정 중개보수 또는 실비를 초과하여 금품을 받는 행위

개업공인중개사등은 사례·증여 그 밖의 어떠한 명목으로도 제32조에 따른 보수 또는 실비를 초과하여 금품을 받는 행위를 하여서는 아니 된다(법 제33조 제3호).

(2) 위반 시 부과 벌칙

이를 위반할 경우에는 다음과 같은 벌칙이 부과된다.

제1편 공인중개사법령

1) 중개사무소 개설등록을 **취소할 수 있다**(법 제38조 제2항). → 상대취소
2) 6월의 범위 안에서 기간을 정하여 업무의 정지를 명할 수 있다(법 제39조 제1항 제11호).
3) 1년 이하의 징역 또는 1천만원 이하의 벌금에 처한다(법 제49조 제1항 제10호).
4) 소속공인중개사의 경우 6월의 범위 안에서 자격이 정지될 수 있다(법 제36조 제1항 제7호).

2 공인중개사법 위반이 아닌 경우

(1) 중개보수의 할인 또는 면제한 경우
중개보수를 할인하거나 면제하는 것은 자기의 권리를 포기한 것으로 금지사항이 아니며 「공인중개사법」상 위법이라 볼 수 없다(국토교통부 질의회신 1998.6.30 회신 토관 58370-531호).

(2) 일방으로부터 받은 중개보수가 법정금액의 합계액을 초과하는 경우
중개의뢰인 당사자 간의 합의에 의하여 일방 당사자가 중개보수 전액을 지불하는 것은 사법상 계약에 속하는 사항으로 「공인중개사법」에는 별도의 규정이 없다. 그러나 일방으로부터 받은 중개보수가 중개의뢰인 각각으로부터 받아야 하는 법정금액의 합계액을 초과하지 않았다면 「공인중개사법」상 위법이 아니다(국토교통부 질의회신 1999. 1.15 회신 토관 58370-36호).

05 중개보수 계산사례 `15·16·19·34회 출제`

1 주택 매매거래의 경우 계산사례

(1) 거래사례
1) **중개대상**: 단독주택 매매거래
2) **거래가액**: 1억8천만원
3) **중개보수율**: 5천만원 이상 2억원 미만의 경우 1천분의 5 이내(지역별 조례에 따라 다름)
4) **중개보수한도액**: 5천만원 이상 2억원 미만의 경우 800,000원

(2) 계산방법
1) **계산기준가액** = 1억8천만원
2) **중개보수계산액** = 1억8천만원 × 1천분의 5 이내 = 900,000원
3) **청구중개보수액** = 800,000원

(3) 중개보수 계산액
  1) 일방이 부담하는 중개보수 = 800,000원
  2) 쌍방이 부담하는 중개보수 = 1,600,000원(= 800,000원 × 2인)

(4) 계산시 주의점
  1) 사례에서 제시된 중개보수율은 지역별 조례에 따라 다를 수 있음을 유의해야 한다.
  2) 거래가액에 중개보수율을 적용한 중개보수계산액은 900,000원으로 중개보수한도액 800,000원을 초과하였으므로, 청구할 수 있는 중개보수는 800,000원이다.
  3) 중개보수 800,000원은 중개의뢰인 일방이 부담하는 것으로, 중개의뢰인 쌍방으로부터는 1,600,000원을 받을 수 있다.

2 주택 교환거래의 경우 계산사례

(1) 거래사례
  1) **중개대상** : 단독주택 및 아파트 교환거래
  2) **단독주택가격** : 1억원(별도로 보충금 5천만원 지급)
  3) **아파트가격** : 1억5천만원
  4) **중개보수율** : 5천만원 이상 2억원 미만의 경우 1천분의 5 이내
  5) **중개보수한도액** : 5천만원 이상 2억원 미만의 경우 800,000원

(2) 계산방법
  1) **계산기준가액** = 1억5천만원
  2) **중개보수계산액** = 1억5천만원 × 1천분의 5 이내 = 750,000원
  3) **청구중개보수액** = 750,000원(중개보수 한도액 이내)

(3) 중개보수계산액
  1) 일방이 부담하는 중개보수 = 750,000원
  2) 쌍방이 부담하는 중개보수 = 1,500,000원(= 750,000원 × 2인)

(4) 계산시 주의점
  1) 사례에서 제시된 중개보수율은 지역별 조례에 따라 다를 수 있음을 유의해야 한다.
  2) 교환계약의 경우 2개의 부동산 중 거래가액이 높은 부동산의 가액(1억5천만원)을 기준으로 중개보수를 계산한다.
  3) 중개보수계산액 750,000원은 중개보수한도액 800,000원보다 적으므로 중개보수청구액은 750,000원이다.

3 주택 전세거래의 경우 계산사례

(1) 거래사례
1) **중개대상** : 아파트 전세거래
2) **거래가액** : 9천만원(전세보증금)
3) **중개보수율** : 5천만원 이상 2억원 미만의 경우 1천분의 4 이내
4) **중개보수한도액** : 5천만원 이상 2억원 미만의 경우 300,000원

(2) 계산방법
1) **계산기준가액** = 9천만원
2) **중개보수계산액** = 9천만원 × 1천분의 4 이내 = 360,000원
3) **청구중개보수액** = 300,000원

(3) 중개보수계산액
1) **일방이 부담하는 중개보수** = 300,000원
2) **쌍방의 부담하는 중개보수** = 600,000원(300,000원 × 2)

(4) 계산시 주의점
1) 사례에서 제시된 중개보수율은 지역별 조례에 따라 다를 수 있음을 유의해야 한다.
2) 전세거래의 경우에는 전세보증금을 기준으로 중개보수율을 계산한다.
3) 전세가액에 중개보수율을 적용한 중개보수계산액은 360,000원으로 중개보수한도액 300,000원을 초과하였으므로, 청구할 수 있는 중개보수는 300,000원이다.

4 월세가 있는 임대차의 경우 계산사례

(1) 거래사례
1) **중개대상** : 연립주택 월세거래
2) **거래가액** : 월세보증금 3,000만원, 월임대료 10만원, 계약기간 2년
3) **중개보수율** : 5천만원 미만의 경우 1천분의 5
4) **중개보수한도액** : 5천만원 이상 2억원 미만의 경우 200,000원

(2) 계산방법
1) **계산기준가액** = 4,000만원[= 3,000만원 + (10만원 × 100)]
2) 5,000만원 미만이므로 3,000만원 + (10 × 70)
3) **중개보수계산액** = 3,700만원 × 1천분의 5 이내 = 185,000
4) **청구중개보수액** = 185,000원

(3) 중개보수계산액(생략)

(4) 계산시 주의점
1) 월세 중개보수 계산시 계산기준가액 = 보증금 + (월세액 × 100)
2) 5,000만원 미만이면 [보증금 + (월세액 × 70)]
3) 기준가액에 중개보수율을 적용한 중개보수 계산액은 185,000원으로 중개보수한도액 200,000원을 초과하지 않았으므로, 청구할 수 있는 중개보수는 185,000원이다.

5 주택 외의 중개대상물 매매의 경우 계산사례

(1) 거래사례
1) 중개대상 : 토지매매거래
2) 거래가액 : 5억원
3) 중개보수율 : 0.9% 이내(당사자 약정 : 0.9%)
4) 중개보수한도액 : 없음

(2) 계산방법
1) 계산기준가액 = 5억원
2) 청구중개보수액 = 4,500,000원(중개보수한도액 없음)
3) 중개보수계산액 = 5억원 × 0.9% = 4,500,000원

(3) 중개보수계산액
1) 일방이 부담하는 중개보수 = 4,500,000원
2) 쌍방이 부담하는 중개보수 = 9,000,000원(4,500,000원 × 2)

(4) 계산 시 주의점
주택 이외의 중개대상물은 중개보수한도액이 없다.

제1편 공인중개사법령

단락문제 Q84
제26회 기출

甲은 개업공인중개사 丙에게 중개를 의뢰하여 乙소유의 전용면적 70제곱미터 오피스텔을 보증금 2천만원, 월차임 25만원에 임대차계약을 체결하였다. 이 경우 丙이 甲으로부터 받을 수 있는 중개보수의 최고한도액은?(임차한 오피스텔은 건축법령상 업무시설로 상·하수도 시설이 갖추어진 전용입식 부엌, 전용수세식 화장실 및 목욕시설을 갖춤)

① 150,000원   ② 180,000원   ③ 187,500원
④ 225,000원   ⑤ 337,500원

해설 중개보수
1) 오피스텔이고 4가지 조건(85제곱미터 이하, 입식부엌, 화장실, 욕실)이 갖추어져 있으므로 요율은 0.4%가 적용된다.
2) 월차임에 100을 곱하여 보증금과 합산하면 5천만원 미만이 되므로 70을 곱한다.
3) 2,000 + (25만 × 70) = 2,000 + 1,750 = 3,750만원 × 0.4% = 150,000원
4) 甲으로부터 받을 수 있는 보수이므로 일방의 보수 150,000원이다.

정답 ①

단락문제 Q85
제24회 기출

개업공인중개사가 Y시 소재 X주택에 대하여 동일 당사자 사이의 매매와 임대차를 동일 기회에 중개하는 경우 일방당사자로부터 받을 수 있는 중개보수의 최고한도액은?

1. 甲(매도인, 임차인), 乙(매수인, 임대인)
2. 매매대금 : 1억8천만원
3. 임대보증금 : 2천만원, 월차임 : 20만원
4. 임대기간 : 1년
5. Y시 주택매매 및 임대차 중개보수의 기준
   1) 매도금액 5천만원 이상 2억원 미만 : 상한요율 0.5%(한도액 80만원)
   2) 보증금액 5천만원 미만 : 상한요율 0.5%(한도액 20만원)

① 80만원   ② 90만원   ③ 97만원   ④ 100만원   ⑤ 107만원

해설 중개보수
동일한 중개대상물에 대하여 동일 당사자 간에 매매를 포함한 둘 이상의 거래가 동일 기회에 이루어지는 경우에는 매매계약에 관한 거래금액만을 적용한다(규칙 제20조 제5항 제3호). 그러므로 매매중개보수만 적용하면 된다. 이를 계산하면 일방으로부터 받을 수 있는 중개보수가 90만원으로 계산되나 한도액이 80만원이므로 개업공인중개사가 일방당사자로부터 받을 수 있는 중개보수는 80만원이다.

정답 ①

중개업

단원 오답 잡기

• 경록 교재에 모든 답이 있습니다.

CHAPTER 03

01 중개보수는 거래가 성립되었을 경우에 요율 및 한도액범위 내에서 균분하여 의뢰인 쌍방으로부터 받는다.

01. X
중개보수는 중개의뢰인 쌍방으로부터 각각 받는다.

02 중개보수의 청구시기는 중개계약으로 약정할 수 있다.

02. O

03 개업공인중개사의 고의나 과실은 없었으나 중개의뢰인 간의 거래행위가 해제된 경우 중개보수를 반환하여야 한다.

03. X
개업공인중개사는 중개업무에 관하여 중개의뢰인으로부터 소정의 중개보수를 받는다. 다만, 개업공인중개사의 고의 또는 과실로 인하여 중개의뢰인 간의 거래행위가 무효·취소 또는 해제된 경우에는 그러하지 아니하다.

04 개업공인중개사는 중개대상물의 권리관계 등의 확인 또는 계약금 등의 반환채무이행 보장에 소요되는 실비를 받을 수 있다.

04. O

05 중개대상물의 권리관계 등의 확인에 소요되는 비용은 개업공인중개사가 영수증 등을 첨부하여 매수·임차 기타 권리를 취득하려고 하는 중개의뢰인에게 청구할 수 있다.

05. X
실비의 한도는 중개대상물의 권리관계 등의 확인에 소요되는 비용으로 하되, 개업공인중개사가 영수증 등을 첨부하여 매도·임대 기타 권리를 이전하고자 하는 중개의뢰인에게 청구할 수 있다.

06 개업공인중개사는 중개업무에 관하여 중개의뢰인으로부터 소정의 중개보수를 받는다. 개업공인중개사의 고의 또는 과실로 인하여 중개의뢰인 간의 거래행위가 무효·취소 또는 해제된 경우에는 그러하지 아니하다.

06. O

07 주택의 중개에 대한 중개보수와 실비의 한도 등에 관하여 필요한 사항은 국토교통부령이 정하는 범위 안에서 특별시·광역시·도 또는 특별자치도의 조례로 정한다.

07. O

08 주택의 소재지와 중개사무소의 소재지가 다른 경우에는 주택의 소재지를 관할하는 시·도의 조례를 적용한다.

08. X
주택의 소재지와 중개사무소의 소재지가 다른 경우에는 개업공인중개사는 중개사무소의 소재지를 관할하는 시·도의 조례에서 정한 기준에 따라 중개보수 및 실비를 받아야 한다.

PART 01 공인중개사법령

CHAPTER 04

지도·감독

학습포인트

- 감독상의 명령 등(제37조의2) 관련 문제는 감독권한자에 대한 내용을 숙지한다.
- 등록의 취소(제38조)는 기속등록취소와 재량등록취소별 등록취소의 성격을 이해해야 하며, 각 등록취소 요건은 해당 규정의 해석과 함께 출제될 가능성이 높다. 이는 업무정지처분(제39조)도 유사하다.
- 행정제재처분효과의 승계 등(제40조)은 정확한 법률의 의미를 판단하고 활용할 수 있어야 한다.
- 포상금(제46조)은 지급대상 위법행위에 대해 숙지해야 할 것이다.

CHAPTER 학습 & 출제되는 키워드

- ☑ 지도·감독
- ☑ 의무위반에 대한 벌칙
- ☑ 지정취소
- ☑ 자격취소의 효력
- ☑ 업무위탁
- ☑ 고유식별정보의 처리
- ☑ 상대등록취소
- ☑ 업무의 정지처분
- ☑ 감독상의 명령 등의 내용·요건
- ☑ 행정처분
- ☑ 지정취소에 대한 청문
- ☑ 자격취소의 절차와 청문
- ☑ 포상금
- ☑ 자격정지
- ☑ 행정처분과 과태료처분
- ☑ 업무정지처분의 시효
- ☑ 중개사무소출입·검사
- ☑ 기속행위와 재량행위
- ☑ 자격취소
- ☑ 자격증 반납
- ☑ 행정수수료
- ☑ 절대등록취소
- ☑ 등록취소 관련 행정절차
- ☑ 행정제재처분효과의 승계

CHAPTER 학습 & 출제되는 질문

- ☑ 지도·감독에 대한 설명으로 옳지 않은 것은?
- ☑ 자격취소사유가 아닌 것은?
- ☑ 등록취소 사유가 아닌 것은?
- ☑ 행정처분 승계에 대한 설명으로 옳지 않은 것은?
- ☑ 포상금 제도에 대한 설명으로 옳지 않은 것은?

제4장 지도·감독

제1절 감독상의 명령 등

국토교통부장관, 시·도지사 및 등록관청(법인인 개업공인중개사의 분사무소 소재지의 시장·군수 또는 구청장을 포함함)은 다음 규정된 요건 중의 어느 하나의 경우에는 개업공인중개사 또는 거래정보사업자에 대하여 그 업무에 관한 사항을 보고하게 하거나 자료의 제출 그 밖에 필요한 명령을 할 수 있으며, 소속 공무원으로 하여금 중개사무소(제9조의 규정에 의한 중개사무소의 개설등록을 하지 아니하고 중개업을 하는 자의 사무소를 포함)에 출입하여 장부·서류 등을 조사 또는 검사하게 할 수 있다(법 제37조 제1항).

01 감독상의 명령 등의 내용 및 요건 ★★

1 감독상 명령 등의 내용

(1) 감독상 명령 등의 권리자

감독상의 명령 등의 권리자를 다음과 같이 규정하고 있다.
1) 국토교통부장관
2) 시·도지사
3) 등록관청(법인의 경우 분사무소 소재지의 시장·군수 또는 구청장 포함)

(2) 분사무소의 경우 ← 행정처분은 할 수 없음

중개사무소에 대해서 시·도지사 등도 감독상의 명령 등을 할 수 있으며, 법인의 **분사무소 소재지의 시장·군수 또는 구청장**도 분사무소에 대한 감독상의 명령 등을 할 수 있을 것이다(국토교통부 전자민원 2000.3.21. 회신 제8121호 참조).

(3) 감독상의 명령 등의 대상자

1) 개업공인중개사
2) 거래정보사업자
3) 중개사무소의 개설등록을 하지 아니하고 중개업을 하는 자

Professor Comment

공인중개사협회에 대한 지도·감독에 대해서는 별도의 규정이 있다(법 제44조).

(4) 감독상의 명령 등의 범위

1) 업무에 관한 사항을 보고하게 하거나 자료의 제출 기타 필요한 명령을 할 수 있다.
2) 중개사무소에 출입하여 장부·서류 등을 조사 또는 검사하게 할 수 있다.

2 감독상의 명령 등의 요건

감독관청이 「공인중개사법」에 의한 감독을 하기 위해서는 다음과 같은 목적이 있어야만 한다.

(1) 부동산투기 등 거래동향의 파악을 위하여 필요한 경우
(2) 이 법 위반행위의 확인, 공인중개사의 자격취소·정지 및 개업공인중개사에 대한 등록취소·업무정지 등 행정처분을 위하여 필요한 경우

3 중개사무소출입·검사 공무원의 의무

(1) 상대방에게 증표 제시

1) 출입·검사 등을 하는 공무원은 국토교통부령이 정하는 증표를 지니고 상대방에게 이를 내보여야 한다(법 제37조 제2항).
2) 국토교통부령이 정하는 증표란 공무원증 및 중개사무소 조사·검사 증명서를 말한다.

(2) 소속공무원

이와 같은 의무를 지닌 자는 감독상의 명령 등의 권한이 있는 기관의 소속공무원으로서 중개사무소에 출입·검사 등을 하는 공무원을 의미한다.

4 관계기관의 협조요청

국토교통부장관, 시·도지사 및 등록관청은 불법중개행위 등에 대한 단속을 함에 있어서 필요한 때 공인중개사협회 및 관계기관에 협조를 요청할 수 있다. 이 경우 협회는 특별한 사정이 없는 한 이에 따라야 한다(법 제37조 제3항).

제4장 지도·감독

02 의무위반에 대한 벌칙★

1 개업공인중개사의 의무위반에 대한 벌칙

등록관청은 개업공인중개사가 제37조 제1항의 규정에 의한 보고, 자료의 제출, 조사 또는 검사를 거부·방해 또는 기피하거나 그 밖의 명령을 이행하지 아니하거나 거짓으로 보고 또는 자료제출을 한 경우 6월의 범위 안에서 기간을 정하여 업무의 정지를 명할 수 있다(법 제39조 제1항 제10호).

2 거래정보사업자의 의무위반에 대한 벌칙

제37조 제1항의 규정에 의한 보고, 자료의 제출, 조사 또는 검사를 거부·방해 또는 기피하거나 그 밖의 명령을 이행하지 아니하거나 거짓으로 보고 또는 자료제출을 한 거래정보사업자는 500만원 이하의 과태료에 처한다(법 제51조 제2항 제6호).

단락문제 Q01　　　　　　　　　　　　　　　　　　　　　　　　　제11회 기출 개작

다음은 개업공인중개사등에 대한 감독권에 대한 설명이다. 타당한 것은?

① 개업공인중개사에 대한 감독관청은 국토교통부장관, 시·도지사, 등록관청이다.
② 분사무소 소재지 등록관청은 법인의 분사무소에 대한 감독권이 없다.
③ 중개사무소 개설등록을 한 후부터 개업공인중개사에 대한 지도·감독권을 행사할 수 있다.
④ 등록관청은 행정처분을 하기 전에 반드시 중개사무소에 출입하여 조사하여야 한다.
⑤ 중개사무소 출입공무원은 그 권한을 나타내는 증표를 내보이고 출입근거 서면을 당해 개업공인중개사에게 교부하여야 한다.

해설 개업공인중개사등에 대한 감독
② 감독관청은 국토교통부장관, 시·도지사 및 등록관청(분사무소 소재지의 시장·군수 또는 구청장을 포함)이다(법 제37조 제1항 전단).
③ 중개사무소의 등록기준에 대하여 적합 여부를 확인하기 위하여 필요한 경우 감독상의 명령 등을 할 수 있다(법 제37조 제1호).
④ 중개사무소에 출입하여 장부·서류 등을 조사 또는 검사하게 할 수 있다(법 제37조 제1항 후단).
⑤ 출입·검사 등을 하는 공무원은 그 권한을 나타내는 증표를 지니고 이를 상대방에게 내보여야 한다(법 제37조 제2항).

정답 ①

제1편 공인중개사법령

제2절 행정처분 15·17·18회 출제

01 행정처분의 개요 ★★ 11·18회 출제

1 기속처분과 재량처분

(1) 기속행위와 재량행위의 의의 → 절대적, 필수적   → 상대적, 임의적

행정처분은 기속행위(羈束行爲)로서 "취소해야 하는" 경우와 재량행위(裁量行爲)로서 "취소할 수 있는 경우와 정지처분을 할 수 있는" 경우로 나누어 규정하고 있다.

1) **기속행위** 법규가 행정기관에게 재량의 여지를 주지 아니하고 행정기관은 다만 법규의 내용을 그대로 집행하는 세금부과행위와 같은 것을 말한다.

2) **재량행위** 법규와 공익목적의 구체적 실현을 기하기 위하여 행정기관에게 어느 정도까지 자유재량(自由裁量)을 허용하는 행위를 말한다.

(2) 기속행위와 재량행위의 구별

어느 행정행위가 기속행위인지 재량행위인지 나아가 재량행위라고 할지라도 기속재량행위인지 또는 자유재량에 속하는 것인지 여부는 이를 일률적으로 규정지을 수는 없는 것이고, 당해 처분의 근거가 된 규정의 형식이나 체재 또는 문언에 따라 개별적으로 판단하여야 한다(대판 1998.9.8. 98두8759).

(3) 공인중개사법상 행정처분의 구분

행정처분은 개업공인중개사에 대한 등록취소와 업무정지, 공인중개사에 대한 자격취소와 자격정지, 거래정보사업자에 대한 지정취소가 있다. 이들 각 처분에 대한 기속 또는 재량행위 여부는 다음과 같다.

행정처분

① 행정소송의 대상이 된다.
② 행정목적에 위반하는(행정)처분은 부당처분으로서 소원의 대상이 된다.

> 행정처분은 행정기관이 법규에 따라서 특정사건에 대하여 권리를 설정하거나 의무를 명하는 행위를 말한다.
> 행정기관 → 행정처분

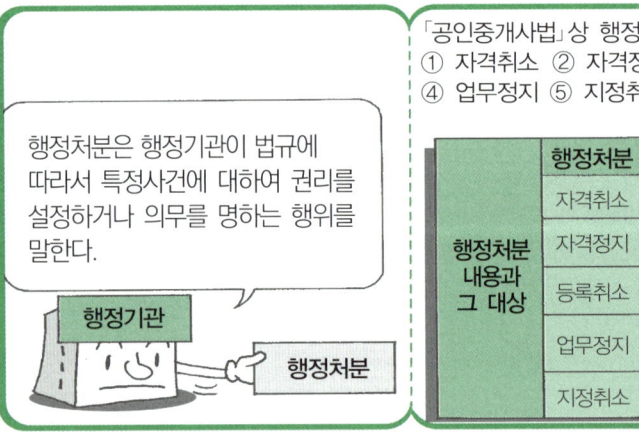

「공인중개사법」상 행정처분(5가지)
① 자격취소 ② 자격정지 ③ 등록취소
④ 업무정지 ⑤ 지정취소 등

행정처분	대상
자격취소	공인중개사
자격정지	소속공인중개사
등록취소	개업공인중개사
업무정지	개업공인중개사
지정취소	거래정보사업자

(행정처분 내용과 그 대상)

제4장 지도·감독

대상자	행정처분	속성	관련규정
공인중개사	자격취소처분	기속행위	시·도지사는 공인중개사가 다음의 어느 하나에 해당하는 경우에는 그 자격을 취소하여야 한다(법 제35조 제1항 본문).
	자격정지처분	재량행위	시·도지사는 공인중개사가 소속공인중개사로서 업무를 수행하는 기간 중에 다음의 어느 하나에 해당하는 경우에는 6월의 범위 안에서 기간을 정하여 그 자격을 정지할 수 있다(법 제36조 제1항 본문).
개업공인중개사	등록취소처분	기속행위	등록관청은 개업공인중개사가 다음의 어느 하나에 해당하는 경우에는 중개사무소의 개설등록을 취소하여야 한다(법 제38조 제1항).
		재량행위	등록관청은 개업공인중개사가 다음의 어느 하나에 해당되는 경우에는 등록을 취소할 수 있다(법 제38조 제2항).
	업무정지처분	재량행위	등록관청은 개업공인중개사가 다음의 어느 하나에 해당하는 경우에는 6월의 범위 안에서 기간을 정하여 업무의 정지를 명할 수 있다(법 제39조 제1항).
거래정보사업자	지정취소처분	재량행위	국토교통부장관은 거래정보사업자가 다음의 어느 하나에 해당하는 때에는 그 지정을 취소할 수 있다(법 제24조 제5항 본문).

Professor Comment
기타 개업공인중개사에 대한 행정형벌과 행정질서벌은 각각의 요건에 해당되는 경우 행정형벌을 부과하거나 행정질서벌을 부과해야 하는 기속성이 인정된다.

2 개업공인중개사의 불법행위에 대한 처분

「공인중개사법」에서는 개략적으로 불법행위 등에 대하여 다음과 같은 구조의 불법행위에 대한 처벌규정을 두고 있다.

대상자	처벌 등의 구분		처벌 등의 내용	관련 규정
공인중개사	행정처분	자격취소	기속자격취소	법 제35조 제1항
		자격정지	6개월 이하의 업무정지	법 제36조 제1항
	행정벌	행정형벌	1년 이하의 징역 또는 1천만원 이하의 벌금	법 제49조 제1항
		행정질서벌	100만원 이하의 과태료	법 제51조 제2항 제6호
개업공인중개사	행정처분	등록취소	기속등록취소	법 제38조 제1항
			재량등록취소	법 제38조 제2항
		업무정지	6개월 이하의 업무정지	법 제39조 제1항
	행정벌	행정형벌	3년 이하의 징역 또는 3천만원 이하의 벌금	법 제48조
			1년 이하의 징역 또는 1천만원 이하의 벌금	법 제49조 제1항
		행정질서벌	500만원 이하의 과태료	법 제51조 제2항
거래정보사업자	행정처분	지정취소	지정취소	법 제24조 제5항
	행정벌	행정형벌	1년 이하의 징역 또는 1천만원 이하의 벌금	법 제49조 제1항 제8호

제1편 공인중개사법령

단락핵심 　행정처분

행정처분에는 업무정지등록취소·자격취소 등이 있다.

02 지정취소 ★★　　　　　　　　　11·31회 출제

국토교통부장관은 거래정보사업자가 다음의 하나에 해당하는 때에는 그 지정을 취소(取消)할 수 있다(법 제24조 제5항 본문).　　　　　　　상대적 취소 ←

1 거짓 그 밖의 부정한 방법으로 지정을 받은 경우

(1) 지정취소

국토교통부장관은 거래정보사업자가 거짓 그 밖의 부정한 방법으로 지정을 받은 때에는 그 지정을 취소할 수 있다(법 제24조 제5항 제1호).

지정취소

① 지정취소처분 사유에는 상대적(= 임의적) 취소처분사유만 있다.
② 거래정보사업자가 지정취소처분사유에 해당할 때 국토교통부장관이 그 지정을 취소할 수 있다.

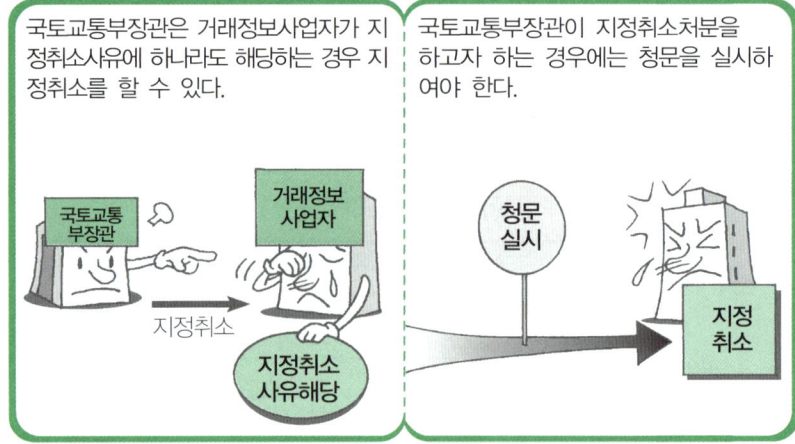

■ 지정취소처분 사유
① 거짓 그 밖의 부정한 방법으로 지정을 받은 경우
② 운영규정 관련 의무를 위반한 경우
③ 정보공개원칙을 위반한 경우
④ 지정 후 1년 이내에 부동산거래정보망을 설치·운영하지 않은 경우
⑤ 사망·해산 등으로 부동산거래정보망의 계속적 운영이 불가능한 경우

제4장 지도·감독

(2) 거짓 그 밖의 부정한 방법

거짓 그 밖의 부정한 방법이란 시행규칙 제15조 제2항에서 정한 거래정보사업자의 지정요건에 해당하지 않는 개인이나 법인이 허위의 서면 등을 제출하여 거래정보사업자로 지정을 받은 경우를 의미하는 것으로 보인다.

2 운영규정 관련 의무위반의 경우 16회 출제

(1) 지정취소 → 500만원 이하의 과태료

국토교통부장관은 거래정보사업자가 제3항의 규정을 위반하여 운영규정의 승인 또는 변경승인을 얻지 아니하거나, 운영규정을 위반하여 부동산거래정보망을 운영한 때에는 그 지정을 취소할 수 있다(법 제24조 제5항 제2호).

(2) 지정취소 요건

운영규정 관련 의무위반에 따른 지정취소요건은 다음 중 1가지 이상인 경우에 해당되는 것으로 해석된다.
1) 거래정보사업자로 지정을 받은 날부터 3월 이내에 운영규정의 승인을 받지 않은 경우
2) 운영규정 제정 후 운영규정을 변경하고도 승인을 받지 않은 경우
3) 승인을 받은 운영규정의 내용에 위반하여 부동산거래정보망을 운영한 경우

3 정보공개원칙 위반의 경우

(1) 지정취소

국토교통부장관은 거래정보사업자가 제4항의 규정에 위반하여 정보를 공개한 때에는 그 지정을 취소할 수 있다(법 제24조 제5항 제3호).

(2) 정보공개

제4항의 규정을 위반한 정보공개란 다음의 3가지 경우를 의미한다(법 제24조 제4항).
1) 개업공인중개사로부터 의뢰받은 중개대상물의 정보만을 공개하지 않은 경우
2) 개업공인중개사로부터 의뢰받은 중개대상물의 정보를 의뢰받은 내용과 다르게 정보를 공개한 경우
3) 개업공인중개사에 따라 정보가 차별적으로 공개되도록 한 경우

4 지정 후 1년 이내에 부동산거래정보망을 설치·운영하지 않은 경우 26회 출제

(1) 지정취소

국토교통부장관은 거래정보사업자가 정당한 사유 없이 지정받은 날부터 1년 이내에 부동산거래정보망을 설치·운영하지 아니한 때에는 그 지정을 취소할 수 있다(법 제24조 제5항 제4호).

제1편 공인중개사법령

(2) 부동산거래정보망을 설치·운영하지 아니한 경우

부동산거래정보망을 설치·운영하지 아니한 경우란 부동산거래정보망을 설치하여 개업공인중개사 상호 간에 중개대상물에 관한 정보를 원활하게 교류할 수 있는 서비스를 정상적으로 시행하지 못하는 것을 의미하는 것으로 보인다.

5 사망·해산 → 청문대상이 아님

국토교통부장관은 개인인 거래정보사업자의 사망 또는 법인인 거래정보사업자의 해산 그 밖의 사유로 부동산거래정보망의 계속적인 운영이 불가능한 경우에는 그 지정을 취소할 수 있다(법 제24조 제5항 제5호).

6 지정취소에 대한 청문 23회 출제

(1) 청문 실시

국토교통부장관은 거래정보사업자의 지정취소 처분을 하고자 하는 경우에는 청문을 실시하여야 한다(법 제24조 제6항). 다만, 사망 또는 해산으로 인한 지정취소는 청문을 실시하지 않는다.

(2) 청문절차

「공인중개사법」에서는 청문절차를 규정하고 있지 않으므로, 청문절차에 대해서는 「행정절차법」의 규정에 따라야 한다. 행정심판 사례에 따르면, 청문에 관한 법정절차를 위반한 위법한 처분의 경우 처분을 취소하도록 규정하고 있다(행정심판 1998. 9.25 의결 제19984084호 참조).

Professor Comment

거래정보사업자 지정취소의 경우에도 청문절차를 거치지 않고 한 취소처분은 「행정절차법」에 의해서 무효인 것이 될 수 있다.

단락문제 Q02 제23회 기출

> **공인중개사법령상 등록관청이 중개사무소 개설등록 취소처분을 하고자 하는 경우 청문을 실시하지 <u>않아도</u> 되는 것은?**
> ① 개업공인중개사가 이중으로 중개사무소 개설등록을 한 경우
> ② 개업공인중개사인 법인이 해산한 경우
> ③ 개업공인중개사가 중개의뢰인과 직접 거래를 한 경우
> ④ 개업공인중개사가 다른 사람에게 자기의 중개사무소등록증을 대여한 경우
> ⑤ 개업공인중개사가 서로 다른 2 이상의 거래계약서를 작성한 경우

제4장 지도·감독

> **해설** 중개사무소 개설등록의 취소
> 개업공인중개사의 사망 또는 법인의 해산으로 인하여 등록이 취소되는 경우에는 청문을 실시하지 않는다(법 제38조 제3항).
>
> **정답** ②

03 자격취소 ★★★   10·19·21·24·25·27·30·31·34회 출제

1 자격취소 요건

(1) 부정한 방법으로 공인중개사 자격취득

1) 시·도지사는 공인중개사가 부정한 방법으로 공인중개사의 자격을 취득한 경우에는 그 자격을 취소하여야 한다(법 제35조 제1항 제1호). → 절대적 취소

2) 공인중개사가 되려는 자는 시·도지사가 시행하는 공인중개사자격시험에 합격하여야 하는 것으로(법 제4조 제1항), 공인중개사자격시험에서 정당하지 못한 방법(대리시험, 커닝 등)으로 자격을 취득한 경우 부정한 방법으로 취득한 것으로 보아야 한다.

3) 자격취소자의 자격취득

공인중개사의 결격사유제도에서는 공인중개사의 자격이 취소된 후 3년이 경과되지 아니한 자는 공인중개사가 될 수 없는 것으로 규정하고 있으므로(법 제6조), 결격사유에 해당하는 자가 공인중개사자격을 취득한 경우에도 부정한 방법으로 취득한 것으로 보아야 한다.

(2) 성명을 사용행위 또는 공인중개사자격증 양도·대여

시·도지사는 공인중개사가 다른 사람에게 자기의 성명을 사용하여 중개업무를 하게 하거나 공인중개사자격증을 양도 또는 대여한 경우에는 그 자격을 취소하여야 한다(법 제35조 제1항 제2호).

단락문제 Q03   제19회 기출

공인중개사의 자격취소사유가 아닌 것은?

① 자격정지처분을 받고 그 자격정지기간 중에 다른 개업공인중개사의 소속공인중개사로 중개업무를 행한 경우
② 부정한 방법으로 공인중개사 자격을 취득한 경우
③ 공인중개사자격증을 양도 또는 대여한 경우
④ 거래계약서에 거래금액 등 거래내용을 거짓으로 기재한 경우
⑤ 공인중개사가 타인에게 자기의 성명을 사용하여 중개업무를 하게 한 경우

제1편 공인중개사법령

> **해설** 공인중개사의 자격취소
>
> ④는 법 제36조 제1항 제6호, 규칙 제22조 [별표 1]에 따른 자격정지의 사유에 해당한다.
> 시·도지사는 공인중개사가 다음에 해당하는 경우에는 그 자격을 취소하여야 한다(법 제35조 제1항).
> 1) 부정한 방법으로 공인중개사의 자격을 취득한 경우
> 2) 다른 사람에게 자기의 성명을 사용하여 중개업무를 하게 하거나 공인중개사자격증을 양도 또는 대여한 경우
> 3) 자격정지처분을 받고 그 자격정지기간 중에 중개업무를 행한 경우(다른 개업공인중개사의 소속공인중개사·중개보조원 또는 법인인 개업공인중개사의 사원·임원이 되는 경우를 포함)
> 4) 이 법 또는 공인중개사의 직무와 관련하여 「형법」 범죄단체조직(제114조), 사문서의 위조·변조(제231조), 위조문서등의 행사(제234조), 사기(제347조), 횡령·배임(제355조), 업무상 횡령과 배임(제356조)을 위반하여 금고 이상의 형(집행유예를 포함한다)을 선고받은 경우
>
> **정답** ④

공인중개사 자격취소

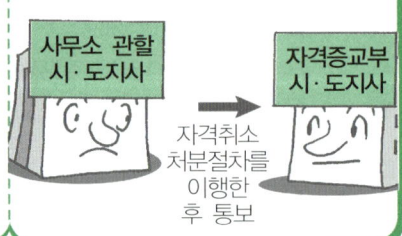

(3) 자격정지기간 중의 중개업무 및 이중소속

시·도지사는 공인중개사가 「공인중개사법」에 의해 자격정지처분을 받고 그 자격정지기간 중에 중개업무를 행한 경우(다른 개업공인중개사의 소속공인중개사·중개보조원 또는 법인인 개업공인중개사의 사원·임원이 되는 경우를 포함)에는 그 자격을 취소하여야 한다(법 제35조 제1항 제3호).

(4) 이 법 또는 공인중개사의 직무와 관련하여 「형법」 제114조, 제231조, 제234조, 제347조, 제355조 또는 제356조를 위반하여 금고 이상의 형(집행유예를 포함한다)을 선고받은 경우(법 제35조 제1항 제4호).

→ 벌금형은 취소사유 아님

1) 재판의 확정

형의 선고를 이유로 자격을 취소하기 위해서는 반드시 해당 형을 선고하는 재판이 확정되어야 한다.

> 예 1심에서 징역형의 선고를 받았으나 선고에 대한 항소(抗訴)를 한 경우에는 아직 형을 선고하는 재판이 확정되지 않은 것이므로, 이를 근거로 공인중개사 자격이 취소될 수 없다(행정심판 1999.4.16 의결 19991538호 참조).

2) 공인중개사법 상 징역형의 선고

"징역형의 선고"이므로 징역형의 선고를 받고 형이 집행되어 수감된 경우뿐만 아니라, 「공인중개사법」 위반으로 징역형의 선고를 하면서 집행유예선고를 받은 경우에는 형의 선고가 있으므로 공인중개사자격을 취소하여야 한다.

3) 형법상 위반으로 인한 금고 이상 형의 선고

① 「형법」상 범죄단체조직(제114조), 사문서의 위조·변조(제231조), 위조문서 등의 행사(제234조), 사기(제347조), 횡령·배임(제355조) 또는 업무상 횡령·배임(제356조)를 위반하여 금고이상의 형을 선고받은 경우(집행유예선고를 받은 경우도 포함) 자격을 취소하여야 한다.

> **Wide** 집행유예선고
>
> ① 3년 이하의 징역이나 금고 또는 500만원 이하의 벌금의 형을 선고할 경우에 제51조의 사항을 참작하여 그 정상에 참작할 만한 사유가 있는 때에는 1년 이상 5년 이하의 기간 형의 집행을 유예할 수 있다(형법 제62조).
> ② 형의 집행유예 판결 전 구금의 산입일수, 노역장의 유치기간은 형의 선고와 동시에 판결로써 선고하여야 한다(형사소송법 제321조 제2항).

② 그러나 「공인중개사법」 위반으로 징역형에 해당하는 죄를 범하였으나, 선고유예를 받은 경우에는 이에 해당하지 않을 것이다. 선고유예의 판결은 판결로써 형을 선고하지 않기 때문이다.

제1편 공인중개사법령

> **Wide 선고유예**
> ① 1년 이하의 징역이나 금고, 자격정지 또는 벌금의 형을 선고할 경우에 제51조의 사항을 참작하여 개전의 정상이 현저한 때에는 그 선고를 유예할 수 있다(형법 제59조).
> ② 피고사건에 대하여 범죄의 증명이 있는 때에는 형의 면제 또는 선고유예의 경우 외에는 판결로써 형을 선고하여야 한다(형사소송법 제321조 제1항).

단락문제 Q04
제21회 기출

공인중개사법령상 공인중개사의 취소사유에 관한 설명으로 옳은 것은?
① 시·도지사는 공인중개사 자격증을 대여한 자의 자격을 취소할 수 있다.
② 공인중개사자격이 취소된 자는 취소된 후 5년이 경과하지 않으면 공인중개사가 될 수 없다.
③ 공인중개사가 자격정지처분을 받은 기간 중에 다른 법인인 개업공인중개사의 사원이 되는 경우 자격취소사유에 해당한다.
④ 공인중개사자격증 교부 시·도지사와 중개사무소 소재지 관할 시·도지사가 다른 경우 자격증 반납은 소재지 관할 시·도지사에게 반납한다.
⑤ 공인중개사자격이 취소된 자는 그 취소처분을 받은 날부터 10일 이내에 자격증을 반납해야 한다.

해설 자격취소사유
① 시·도지사는 공인중개사 자격증을 대여한 자의 자격을 취소하여야 한다(법 제35조 제1항).
② 공인중개사자격이 취소된 자는 취소된 후 3년이 경과하지 않으면 공인중개사가 될 수 없다(법 제6조).
④ 공인중개사자격증 교부 시·도지사와 중개사무소 소재지 관할 시·도지사가 다른 경우 자격증 반납은 교부한 시·도지사에게 반납한다(법 제35조 제3항).
⑤ 공인중개사자격이 취소된 자는 그 취소처분을 받은 날부터 7일 이내에 자격증을 반납해야 한다(규칙 제21조). **정답** ③

2 자격취소의 효력

(1) 공인중개사 결격사유에 해당
이 법에 의해 공인중개사자격이 취소된 자는 3년간은 공인중개사의 결격사유에 해당되어 공인중개사자격을 취득할 수 없다(법 제6조).

(2) 개설등록 결격사유에 해당
1) 이 법에 의해 공인중개사자격이 취소된 자는 3년간은 개설등록의 결격사유에 해당되어 중개법인의 사원이나 임원으로 취임할 수 없으며(법 제10조 제1항 제12호), 다른 개업공인중개사의 중개보조원도 될 수 없다(동조 제2항).
2) 결격사유에 해당하는 개업공인중개사는 등록이 취소된다(법 제38조 제1항 제3호).

3 자격취소 절차 26·29회 출제

(1) 자격취소권자

1) **시·도지사**
   시·도지사는 공인중개사가 자격취소요건에 해당하는 경우에는 그 자격을 취소하여야 한다(법 제35조 제1항).
2) 공인중개사의 자격취소처분 및 자격정지처분은 그 공인중개사자격증(이하 "자격증"이라 함)을 교부한 시·도지사가 행한다(영 제29조 제1항). 다만, 자격증을 교부한 시·도지사와 공인중개사 사무소의 소재지를 관할하는 시·도지사가 서로 다른 경우에는 공인중개사 사무소의 소재지를 관할하는 시·도지사가 자격취소처분 또는 자격정지처분에 필요한 절차를 모두 이행한 후 자격증을 교부한 시·도지사에게 통보하여야 한다(동조 제2항).

(2) 자격취소 청문

시·도지사는 이 법의 규정에 의하여 공인중개사의 자격을 취소하고자 하는 경우에는 청문을 실시하여야 한다(법 제35조 제2항).

Professor Comment
공인중개사자격 취소의 경우에 청문절차를 거치지 않고 한 취소처분은 행정절차법에 의해서 무효인 것이 될 수 있다고 해석할 수 있다(행정심판 1998.9.25 의결 제19984084호 참조).

 Q05   제16회 기출

법령상 청문에 관한 설명 중 틀린 것은?

① 시·도지사도 청문을 실시할 수 있다.
② 중개사무소 개설등록의 취소처분을 하고자 하는 경우에는 청문을 실시하여야 한다.
③ 거래정보사업자의 지정취소처분을 하고자 하는 경우에는 청문을 실시하여야 한다.
④ 개업공인중개사에 대한 업무정지처분을 하고자 하는 경우에는 청문을 실시하지 아니하여도 된다.
⑤ 공인중개사의 자격취소를 하고자 하는 경우에는 국토교통부장관이 청문을 실시하여야 한다.

해설 청문의 실시
시·도지사는 공인중개사의 자격을 취소하고자 하는 경우에는 청문을 실시하여야 한다(법 제35조 제2항). **정답** ⑤

제1편 공인중개사법령

(3) 자격증 반납

1) 자격증 반납의무 [19회 출제]
이 법에 의해 공인중개사의 자격이 취소된 자는 자격취소처분을 받은 날부터 7일 이내에 공인중개사자격증을 교부한 시·도지사에게 **반납하여야 한다**(법 제35조 제3항).

2) 분실사유서 제출 ← 위반 시 100만원 이하 과태료
공인중개사의 자격이 취소된 자가 분실 등의 사유로 인하여 공인중개사자격증을 반납할 수 없는 경우에는 자격증 반납을 대신하여 그 이유를 기재한 사유서를 시·도지사에게 제출하여야 한다(법 제35조 제4항 참조).

Professor Comment
자격취소, 자격정지는 자격증을 교부한 시·도지사만이 취소권자이다.

단락핵심 자격취소

(1) 자격취소 사유
  1) 부정한 방법으로 공인중개사자격을 취득한 경우
  2) 공인중개사가 타인에게 자기의 성명을 사용하여 중개업무를 하게 하거나 공인중개사자격증을 양도 또는 대여한 경우
  3) 자격정지처분을 받고 그 자격정지기간 중에 다른 개업공인중개사의 소속공인중개사·중개보조원 또는 법인인 개업공인중개사의 사원·임원으로 중개업무를 행한 경우
  4) 이 법 또는 공인중개사의 직무와 관련하여 「형법」 범죄단체조직(제114조), 사문서의 위조·변조(제231조), 위조문서 등의 행사(제234조), 사기(제347조), 횡령·배임(제355조), 업무상 횡령과 배임(제356조)을 위반하여 금고 이상의 형(집행유예를 포함한다)을 선고받은 경우

(2) 자격취소
  1) 공인중개사 자격취소처분을 한 관청은 5일 이내 이를 국토교통부장관에게 보고하여야 한다.
  2) 공인중개사 자격취소처분을 받은 자의 자격증 반납기한은 처분을 받은 날부터 7일 이내이다.

단락문제 Q06   제5회 기출

다음 중 공인중개사의 자격취소처분사유에 해당되지 않는 것은?

① 자격증을 양도한 경우
② 자격증을 대여한 경우
③ 자격정지기간 중에 중개업무를 행한 경우
④ 법률을 위반하여 징역 6월의 형이 선고된 경우
⑤ 신고를 하지 아니하고 사무소를 이전한 경우

[해설] 자격취소처분사유
사무소이전신고를 하지 않는 것은 100만원 이하의 과태료 처분사유이다(법 제51조 제2항 제3호).   **정답 ⑤**

제4장 지도·감독

단락문제 Q07
제32회 기출

공인중개사법령상 공인중개사 자격의 취소사유에 해당하는 것을 모두 고른 것은?

ㄱ. 부정한 방법으로 공인중개사의 자격을 취득한 경우
ㄴ. 다른 사람에게 자기의 공인중개사자격증을 대여한 경우
ㄷ. 「공인중개사법」에 따라 공인중개사 자격정지처분을 받고 그 자격정지기간 중에 중개업무를 행한 경우

① ㄱ   ② ㄷ   ③ ㄱ, ㄴ
④ ㄴ, ㄷ   ⑤ ㄱ, ㄴ, ㄷ

해설 공인중개사 자격취소 사유(법 제35조 제1항)
㉠ 부정한 방법으로 공인중개사의 자격을 취득한 경우
㉡ 제7조 제1항의 규정을 위반하여 다른 사람에게 자기의 성명을 사용하여 중개업무를 하게 하거나 공인중개사자격증을 양도 또는 대여한 경우
㉢ 제36조에 따른 자격정지처분을 받고 그 자격정지기간 중에 중개업무를 행한 경우(다른 개업공인중개사의 소속공인중개사·중개보조원 또는 법인인 개업공인중개사의 사원·임원이 되는 경우를 포함한다)
㉣ 이 법 또는 공인중개사의 직무와 관련하여 「형법」 범죄단체조직(제114조), 사문서의 위조·변조(제231조), 위조문서등의 행사(제234조), 사기(제347조), 횡령·배임(제355조), 업무상 횡령과 배임(제356조)을 위반하여 금고 이상의 형(집행유예를 포함한다)을 선고받은 경우

정답 ⑤

04 자격정지 ★★
22·23·25·27회 출제

시·도지사는 공인중개사가 소속공인중개사로서 업무를 수행하는 기간 중에 규정된 자격정지 사유 중 어느 하나에 해당하는 경우에는 6월의 범위 안에서 기간을 정하여 그 자격을 정지(停止)할 수 있다(법 제36조 제1항 참조). 따라서 자격정지처분은 자격취소처분과는 달리 재량처분으로 보아야 한다.
→ 상대적 정지

1 자격정지 대상자 및 사유   26·28·29·30회 출제

(1) 대상자

공인중개사가 소속공인중개사로서 업무를 수행하는 기간 중에 법 제36조 제1항에 규정된 자격정지사유에 해당할 경우 자격정지처분을 받는 것으로, 자격정지처분 대상 공인중개사란 소속공인중개사로 한정된다.

(2) 자격정지 사유

1) 법 제12조 제2항의 규정을 위반하여 2 이상의 중개사무소에 소속된 경우
2) 법 제16조의 규정을 위반하여 인장등록을 하지 아니하거나 등록하지 아니한 인장을 사용한 경우
3) 법 제25조 제1항의 규정을 위반하여 성실·정확하게 중개대상물의 확인·설명을 하지 아니하거나 설명의 근거자료를 제시하지 아니한 경우
4) 법 제25조 제4항의 규정을 위반하여 중개대상물확인·설명서에 서명 및 날인을 하지 아니한 경우
5) 법 제26조 제2항의 규정을 위반하여 거래계약서에 서명 및 날인을 하지 아니한 경우
6) 법 제26조 제3항의 규정을 위반하여 거래계약서에 거래금액 등 거래내용을 거짓으로 기재하거나 서로 다른 2 이상의 거래계약서를 작성한 경우
7) 법 제33조 제1항 각호에 규정된 금지행위를 한 경우

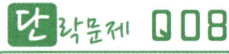 **단락문제 Q08** 제32회 기출

공인중개사법령상 소속공인중개사로서 업무를 수행하는 기간 동안 발생한 사유 중 자격정지사유로 규정되어 있지 <u>않은</u> 것은?

① 둘 이상의 중개사무소에 소속된 경우
② 성실·정확하게 중개대상물의 확인·설명을 하지 않은 경우
③ 등록관청에 등록하지 않은 인장을 사용하여 중개행위를 한 경우
④ 「공인중개사법」을 위반하여 징역형의 선고를 받은 경우
⑤ 중개대상물의 매매를 업으로 하는 행위를 한 경우

해설 자격정지 사유(법 제36조 제1항)
㉠ 제12조 제2항의 규정을 위반하여 둘 이상의 중개사무소에 소속된 경우
㉡ 제16조의 규정을 위반하여 인장등록을 하지 아니하거나 등록하지 아니한 인장을 사용한 경우
㉢ 제25조 제1항의 규정을 위반하여 성실·정확하게 중개대상물의 확인·설명을 하지 아니하거나 설명의 근거자료를 제시하지 아니한 경우
㉣ 제25조 제4항의 규정을 위반하여 중개대상물확인·설명서에 서명 및 날인을 하지 아니한 경우
㉤ 제26조 제2항의 규정을 위반하여 거래계약서에 서명 및 날인을 하지 아니한 경우
㉥ 제26조 제3항의 규정을 위반하여 거래계약서에 거래금액 등 거래내용을 거짓으로 기재하거나 서로 다른 둘 이상의 거래계약서를 작성한 경우
㉦ 제33조 제1항 각 호에 규정된 금지행위를 한 경우.

정답 ④

2 자격정지처분 26·28회 출제

(1) 자격정지처분권자
자격정지처분은 자격증을 교부한 시·도지사가 한다. 다만 사무소 소재지 시·도지사와 교부한 시·도지사가 다른 경우는 사무소 소재지 시·도지사가 자격정지처분 절차를 이행한 후에 교부한 시·도지사에 통보하여야 한다.

(2) 자격정지처분의 법적 성질
시·도지사는 공인중개사가 소속공인중개사로서 업무를 수행하는 기간 중에 자격정지처분 요건에 해당하는 경우에는 6월의 범위 안에서 기간을 정하여 그 자격을 정지할 수 있다(법 제36조 제1항).

Professor Comment
시·도지사의 자격정지처분은 재량행위로서의 성질을 가진다.

(3) 자격정지처분의 효력
1) 이 법에 의해 자격정지처분을 받고 자격이 정지된 공인중개사는 자격정지기간 중에 중개업무를 행하지 못하며, 다른 개업공인중개사의 소속공인중개사·중개보조원 또는 법인인 개업공인중개사의 사원·임원이 되지 못한다(법 제10조 제1항 제7호·제12호, 제2항 참조).
2) 다른 개업공인중개사의 소속공인중개사·중개보조원 또는 법인인 개업공인중개사의 사원·임원인 공인중개사가 자격정지처분을 받은 경우에는 모든 직위에서 벗어나야 한다.

Professor Comment
자격정지기간 중인 공인중개사는 개설등록의 결격사유에 해당되어 중개사무소 개설등록을 받을 수 없다.

(4) 자격정지 사유 통보
등록관청은 공인중개사가 자격정지사유 중 어느 하나에 해당하는 사실을 알게 된 때에는 지체없이 그 사실을 시·도지사에게 통보하여야 한다(법 제36조 제2항).

(5) 자격정지 기준 21·24·34회 출제

공인중개사의 자격정지의 기준은 국토교통부령으로 정하는 것으로(법 제36조 제3항), 자격정지의 기준은 다음과 같다(규칙 제22조 제1항).

▼ 공인중개사 자격정지의 기준(규칙 제22조 관련)

위 반 행 위	해당 법조문	자격정지 기준
1) 법 제12조 제2항의 규정을 위반하여 2 이상의 중개사무소에 소속된 경우	법 제36조 제1항 제1호	자격정지 6월
2) 법 제16조의 규정을 위반하여 인장등록을 하지 아니하거나 등록하지 아니한 인장을 사용한 경우	법 제36조 제1항 제2호	자격정지 3월
3) 법 제25조 제1항의 규정을 위반하여 성실·정확하게 중개대상물의 확인·설명을 하지 아니하거나 설명의 근거자료를 제시하지 아니한 경우	법 제36조 제1항 제3호	자격정지 3월
4) 법 제25조 제4항의 규정을 위반하여 중개대상물확인·설명서에 서명·날인을 하지 아니한 경우	법 제36조 제1항 제4호	자격정지 3월
5) 법 제26조 제2항의 규정을 위반하여 거래계약서에 서명·날인을 하지 아니한 경우	법 제36조 제1항 제5호	자격정지 3월
6) 법 제26조 제3항의 규정을 위반하여 거래계약서에 거래금액 등 거래내용을 거짓으로 기재하거나 서로 다른 2 이상의 거래계약서를 작성한 경우	법 제36조 제1항 제6호	자격정지 6월
7) 법 제33조 각 호에 규정된 금지행위를 한 경우	법 제36조 제1항 제7호	자격정지 6월

(6) 자격정지기간의 조정

1) **자격정지기간의 2분의 1의 범위 안에서 가중 또는 감경**

   시·도지사는 위반행위의 동기·결과 및 횟수 등을 참작하여 공인중개사 자격정지의 기준에 따른 자격정지기간의 2분의 1의 범위 안에서 가중(加重) 또는 감경(減輕)할 수 있다.

2) **자격정지기간은 6월 초과 못함**

   이 경우 가중하여 처분하는 때에도 자격정지기간은 6월을 초과할 수 없다(규칙 제22조 제2항).

단락문제 009 제23회 기출

공인중개사법령상 중개업무를 수행하는 소속공인중개사의 자격정지에 관한 설명으로 틀린 것은?

① 시장·군수 또는 구청장은 공인중개사의 자격을 정지할 수 있다.
② 2 이상의 중개사무소에 소속된 경우 6월의 자격정지를 받을 수 있다.
③ 거래계약서에 거래금액을 거짓으로 기재한 경우 6월의 자격정지를 받을 수 있다.
④ 등록하지 않은 인장을 중개행위에 사용한 경우 3월의 자격정지를 받을 수 있다.
⑤ 자격정지기간은 2분의 1의 범위 안에서 가중 또는 감경할 수 있지만 가중하더라도 6월을 초과할 수 없다.

제4장 지도·감독

> **해설** 소속공인중개사의 자격정지
> 시·도지사는 공인중개사의 자격을 정지할 수 있다(법 제36조).
>
> 정답 ①

05 절대등록취소 ★★★
13·14·추가15·16·19·21·22·24·25·29·30·35회 출제

개업공인중개사가 제38조 제1항의 제1호 내지 제8호에 규정 중 1가지라도 해당되면, 개업공인중개사의 등록관청은 중개사무소 개설등록을 반드시 취소하여야 한다. 이러한 의미에서 법 제38조 제1항의 등록취소를 절대등록취소라고 한다. 기타 기속등록취소, 필수등록취소 등의 명칭도 사용되고 있다.

개설등록취소

1) **절대등록취소**
   등록관청이 반드시 등록취소처분을 해야 하므로 '필수적 등록취소'라고도 한다.

2) **상대등록취소**
   등록취소할 수도 있고 안 할 수도 있다. '임의적 등록취소'라고도 한다.

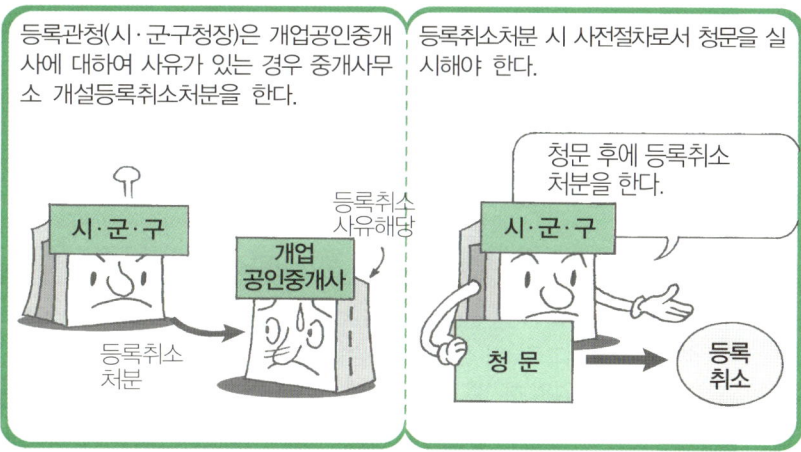

■ 절대등록 취소사유
① 사망 또는 법인의 해산
② 거짓·부정한 개설등록
③ 등록의 결격사유에 해당
④ 이중개설등록
⑤ 이중소속
⑥ 등록증의 양도·대여
⑦ 업무정지기간 중의 업무수행 또는 자격정지 중 소속공인중개사에게 업무를 하게 한 경우
⑧ 최근 1년 이내에 이 법에 의하여 2회 이상 업무정지처분을 받고 다시 업무정지처분에 해당하는 행위를 한 경우

제1편 공인중개사법령

1 개업공인중개사의 사망이나 해산 → 청문대상이 아님, 결격사유 3년 적용 안 함

(1) 중개사무소의 개설등록 취소사유

개인인 개업공인중개사가 사망(死亡)하거나 법인인 경우에 당해 법인이 해산(解散)한 경우에는 등록관청은 중개사무소의 개설등록을 취소하여야 한다(법 제38조 제1항 제1호).

(2) 규정취지(절대등록 취소사유)

개업공인중개사의 사망이나 법인이 해산한 경우는 중개사무소 개설등록을 한 주체가 소멸된 것으로 대상 개설등록의 효력은 당연하게 소멸될 것이나, 법인의 해산 등의 경우 발생할 수 있는 개설등록의 불법사용 등을 방지하기 위하여 절대등록취소사유로 정한 것으로 보인다.

2 거짓 그 밖의 부정한 방법의 중개사무소의 개설등록

(1) 중개사무소의 개설등록 취소사유

개업공인중개사가 거짓 그 밖의 부정(不正)한 방법으로 중개사무소의 개설등록(開設登錄)을 한 경우에는 등록관청은 중개사무소의 개설등록을 취소하여야 한다(법 제38조 제1항 제2호).

(2) 부정한 방법

거짓 그 밖의 부정한 방법이란 개설등록에 첨부되는 서면을 위·변조하여 제출하거나, 개설등록자격이 없는 자가 기타 부정한 방법을 동원하여 개설등록을 신청한 것 등을 의미하는 것으로 보인다.

 ■ 거짓 그 밖의 부정한 방법의 중개사무소 개설등록

부동산중개업 허가갱신 신청과정에서 사무소의 위치를 허위로 기재한 신청서를 제출하고 관계공무원에게 부정한 청탁을 하여 피고로부터 갱신허가를 받은 것은 「공인중개사법」 제38조 제1항 제2호 소정의 거짓 그 밖의 부정한 방법으로 중개업의 허가를 받은 경우에 해당하고, 그 후 위와 같은 사무소이전신고를 하였다고 하더라도 이로 인하여 중개업허가갱신절차의 위법이 치유될 수도 없다. 또한, 등록취소처분이 중개업허가갱신일로부터 2년이 경과한 후에 이루어졌다고 하더라도 위에 본 바와 같이 귀책사유가 있는 이상 이를 위법이라고 할 수도 없다(대판 1992.11.10. 92누2806).

Professor Comment

거짓 그 밖의 부정한 방법으로 중개사무소의 개설등록을 한 자에 대해서는 공인중개사법에서 가장 중한 행정형벌인 3년 이하의 징역 또는 3천만원 이하의 벌금에 처하도록 엄하게 규정하고 있다(법 제48조 제1항 제2호).

제4장 지도·감독

3 결격사유에 해당하게 된 경우 → 결격사유 3년 적용 안 함

(1) 중개사무소의 개설등록 취소사유

개업공인중개사가 결격사유에 해당하게 된 경우에는 등록관청은 중개사무소의 개설등록을 취소하여야 한다. 다만, 법인의 사원 또는 임원이 결격사유에 해당하는 경우로서 그 사유가 발생한 날부터 2월 이내에 그 사유를 해소한 경우에는 그러하지 아니하다(법 제38조 제1항 제3호).

(2) 결격사유

개업공인중개사가 다음의 결격사유에 해당된 경우 등록관청은 등록취소를 해야 한다. 다만 아래의 사유로 등록이 취소되면 등록취소로 인한 3년의 결격사유가 적용되지 않는다.

1) 피성년후견인 또는 피한정후견인
2) 파산선고를 받고 복권되지 아니한 자(법 제10조 제1항 제3호)
3) 금고 이상의 실형의 선고를 받고 그 집행이 종료(집행이 종료된 것으로 보는 경우를 포함)되거나 집행이 면제된 날부터 3년이 경과되지 아니한 자(법 제10조 제1항 제4호)
4) 금고 이상의 형의 집행유예를 받고 그 유예기간 중에 있는 자(법 제10조 제1항 제5호)
5) 제35조 제1항의 규정에 의하여 공인중개사의 자격이 취소된 후 3년이 경과되지 아니한 자 (법 제10조 제1항 제6호)
6) 이 법을 위반하여 300만원 이상의 벌금형의 선고를 받고 3년이 경과되지 아니한 자(법 제10조 제1항 제11호)
7) 사원 또는 임원 중에 1명이 등록의 결격사유에 해당하는 자가 있는 경우(법 제10조 제1항 제12호)

4 중개사무소 이중등록

(1) 중개사무소의 개설등록 취소사유

개업공인중개사가 법 제12조 제1항의 규정을 위반하여 이중(二重)으로 중개사무소의 개설등록을 한 경우에는 등록관청은 중개사무소의 개설등록을 취소하여야 한다(법 제38조 제1항 제4호).

(2) 규정취지(이중등록금지규정의 실효성 확보)

「공인중개사법」에서는 개업공인중개사는 이중으로 중개사무소의 개설등록을 하여 중개업을 할 수 없다고 규정하고 있으므로(법 제12조 제1항), 이중으로 중개사무소 개설등록을 한 경우에는 개설등록을 취소함으로써 이와 같은 법률규정의 실효성을 보장하려는 것이다.

(3) 개설등록 취소대상

이중으로 중개사무소의 개설등록을 한 경우 이중사무소 중 하나를 특정하여 개설등록을 취소한다고 규정하고 있지 않으므로, 개설등록 취소대상은 이중으로 개설등록한 모든 사무소의 개설등록을 취소해야 하는 것으로 보인다.

Professor Comment

이중으로 중개사무소의 개설등록을 받은 개업공인중개사는 1년 이하의 징역 또는 1천만원 이하의 벌금에 처한다(법 제49조 제1항 제3호).

5 이중소속

(1) 중개사무소의 개설등록 취소사유

개업공인중개사가 법 제12조 제2항의 규정을 위반하여 다른 개업공인중개사의 소속공인중개사·중개보조원 또는 개업공인중개사인 법인의 사원·임원이 된 경우에는 등록관청은 중개사무소의 개설등록을 취소하여야 한다(법 제38조 제1항 제4호).

(2) 이중소속

개업공인중개사·소속공인중개사·중개보조원 및 개업공인중개사인 법인의 사원·임원(이하 "개업공인중개사등"이라 함)은 다른 개업공인중개사의 소속공인중개사·중개보조원 또는 개업공인중개사인 법인의 사원·임원이 될 수 없다(법 제12조 제2항).

Professor Comment

이중소속된 개업공인중개사도 중개사무소를 이중으로 개설등록을 받은 개업공인중개사와 같이 1년 이하의 징역 또는 1천만원 이하의 벌금에 처한다(법 제49조 제1항 제3호).

6 등록증 양도 또는 대여 등 26회 출제

(1) 중개사무소의 개설등록 취소사유

개업공인중개사가 법 제19조 제1항의 규정을 위반하여 다른 사람에게 자기의 성명 또는 상호를 사용하여 중개업무를 하게 하거나 중개사무소등록증을 양도 또는 대여한 경우에는 등록관청은 중개사무소의 개설등록을 취소하여야 한다(법 제38조 제1항 제6호).

(2) 규정취지

중개업무는 공인중개사라는 일정한 자격을 가진 자만이 중개업무를 하도록 하는 중개제도의 기본 취지를 달성하기 위해서는 중개사무소 개설등록증을 다른 사람에게 양도하거나 대여하는 것을 금지하는 것은 당연한 것이다.

제4장 지도·감독

Professor Comment
중개사무소 등록증을 양도하거나 대여한 개업공인중개사에 대해서는 상기와 같은 등록취소처분 이외에, 1년 이하의 징역 또는 1천만원 이하의 벌금에 처한다(법 제49조 제1항 제7호).

7 업무정지기간 중에 중개업무를 하거나 자격정지기간 중에 있는 자에게 중개업무를 하게 한 경우 19회 출제

(1) 중개사무소의 개설등록 취소사유
개업공인중개사가 업무정지기간 중에 중개업무를 하거나 자격정지처분을 받은 소속공인중개사로 하여금 자격정지기간 중에 중개업무를 하게 한 경우에는 등록관청은 중개사무소의 개설등록을 취소하여야 한다(법 제38조 제1항 제7호).

(2) 규정취지
이 규정은 위법한 행위를 한 개업공인중개사나 소속공인중개사에 대하여 일정한 기간 동안 업무를 하지 못하도록 한 업무정지처분과 자격정지처분의 실효성을 확보하기 위한 것으로, 이때의 중개업무란 중개와 관련된 모든 행위를 의미하는 것으로 봐야 할 것이다.

8 업무정지처분 중복

(1) 중개사무소의 개설등록 취소사유
개업공인중개사가 최근 1년 이내에 이 법에 의하여 2회 이상 업무정지처분을 받고 다시 업무정지처분에 해당하는 행위를 한 경우에는 등록관청은 중개사무소의 개설등록을 취소하여야 한다(법 제38조 제1항 제8호).

(2) 위법행위에 대한 행정처분의 누적 산정
이 규정은 「공인중개사법」 위반행위를 하더라도 경미한 처분만 이루어질 것을 알고, 반복적으로 「공인중개사법」을 위반하는 문제점을 미연에 방지하기 위한 것으로, 1년 이내의 기간 안에 일어난 위법행위에 대한 행정처분을 누적하여 산정하고 있다.

(3) 1년의 기간의 계산
이때 1년의 기간의 계산은 최초의 업무정지처분을 받은 날부터 시작하여 1년 이내의 기간을 의미한다(국토교통부 전자민원 1998.10.21. 회신 토관 58370-854호 참조).

제1편 공인중개사법령

▼ 기속등록취소(당연등록취소, 필수등록취소) **처분의 구분**

구 분	처 분 요 건	법 률
개업공인중개사 자격 관련 요건	개업공인중개사 사망 또는 법인 해산	제1호
	거짓 부정한 개설등록	제2호
	개업공인중개사등의 결격사유	제3호
사무실 개설 관련 요건	이중등록	제4호
	이중소속	제5호
	등록증 양도·대여 등	제6호
감독 효력 확보 관련 요건	업무정지처분기간 중의 업무수행	제7호
	자격정지기간 중에 있는 공인중개사에게 업무를 하게 한 경우	제7호
	「공인중개사법」 위반 누적	제8호

9 중개보조원 채용제한 위반

개업공인중개사가 고용할 수 있는 중개보조원의 수는 개업공인중개사와 소속공인중개사를 합한 수의 5배를 초과하여서는 아니 된다.

단락문제 Q10 제32회 기출

「공인중개사법」의 내용으로 ( )에 들어갈 숫자를 바르게 나열한 것은?

- 등록관청은 개업공인중개사가 최근 (ㄱ)년 이내에 이 법에 의하여 (ㄴ)회 이상 업무정지처분을 받고 다시 업무정지처분에 해당하는 행위를 한 경우에는 중개사무소의 개설등록을 취소하여야 한다.
- 금고 이상의 실형의 선고를 받고 그 집행이 종료(집행이 종료된 것으로 보는 경우를 포함한다)되거나 집행이 면제된 날부터 (ㄷ)년이 지나지 아니한 자는 중개사무소의 개설등록을 할 수 없다.
- 중개행위와 관련된 손해배상책임을 보장하기 위하여 이 법에 따라 공탁한 공탁금은 개인공인중개사가 폐업한 날부터 (ㄹ)년 이내에는 회수할 수 없다.

① ㄱ:1, ㄴ:2, ㄷ:1, ㄹ:3
② ㄱ:1, ㄴ:2, ㄷ:3, ㄹ:3
③ ㄱ:1, ㄴ:3, ㄷ:3, ㄹ:1
④ ㄱ:2, ㄴ:3, ㄷ:1, ㄹ:1
⑤ ㄱ:2, ㄴ:3, ㄷ:3, ㄹ:3

제4장 지도·감독

> **해설** 행정처분 등(복합)
>
> 등록관청은 개업공인중개사가 최근 (1)년 이내에 이 법에 의하여 (2)회 이상 업무정지처분을 받고 다시 업무정지처분에 해당하는 행위를 한 경우에는 중개사무소의 개설등록을 취소하여야 한다.
> 금고 이상의 실형의 선고를 받고 그 집행이 종료(집행이 종료된 것으로 보는 경우를 포함한다)되거나 집행이 면제된 날부터 (3)년이 지나지 아니한 자는 중개사무소의 개설등록을 할 수 없다.
> 중개행위와 관련된 손해배상책임을 보장하기 위하여 이 법에 따라 공탁한 공탁금은 개인공인중개사가 폐업한 날부터 (3)년 이내에는 회수할 수 없다..
>
> **정답** ②

단락문제 Q11   제32회 기출

공인중개사법령상 중개사무소 개설 등록을 취소하여야 하는 사유에 해당하는 것을 모두 고른 것은?

> ㄱ. 개업공인중개사인 법인이 해산한 경우
> ㄴ. 개업공인중개사가 거짓으로 중개사무소 개설등록을 한 경우
> ㄷ. 개업공인중개사가 이중으로 중개사무소 개설등록을 한 경우
> ㄹ. 개업공인중개사가 개설등록 후 금고 이상의 형의 집행유예를 받고 그 유예기간 중에 있게 된 경우

① ㄱ, ㄴ, ㄷ
② ㄱ, ㄴ, ㄹ
③ ㄱ, ㄷ, ㄹ
④ ㄴ, ㄷ, ㄹ
⑤ ㄱ, ㄴ, ㄷ, ㄹ

> **해설** 절대등록취소 사유(법 제38조 제1항)
> ㉠ 개인인 개업공인중개사가 사망하거나 개업공인중개사인 법인이 해산한 경우
> ㉡ 거짓이나 그 밖의 부정한 방법으로 중개사무소의 개설등록을 한 경우
> ㉢ 제10조 제1항 제2호부터 제6호까지 또는 같은 항 제11호·제12호에 따른 결격사유에 해당하게 된 경우. 다만, 같은 항 제12호에 따른 결격사유에 해당하는 경우로서 그 사유가 발생한 날부터 2개월 이내에 그 사유를 해소한 경우에는 그러하지 아니하다.
> ㉣ 제12조 제1항의 규정을 위반하여 이중으로 중개사무소의 개설등록을 한 경우
> ㉤ 제12조 제2항의 규정을 위반하여 다른 개업공인중개사의 소속공인중개사·중개보조원 또는 개업공인중개사인 법인의 사원·임원이 된 경우
> ㉥ 제19조 제1항의 규정을 위반하여 다른 사람에게 자기의 성명 또는 상호를 사용하여 중개업무를 하게 하거나 중개사무소등록증을 양도 또는 대여한 경우
> ㉦ 업무정지기간 중에 중개업무를 하거나 자격정지처분을 받은 소속공인중개사로 하여금 자격정지기간 중에 중개업무를 하게 한 경우
> ㉧ 최근 1년 이내에 이 법에 의하여 2회 이상 업무정지처분을 받고 다시 업무정지처분에 해당하는 행위를 한 경우. **정답** ⑤

제1편 공인중개사법령

단락핵심 기속등록취소(절대적 등록취소)

(1) 서울특별시 노원구에 사무소를 둔 개업공인중개사가 거짓으로 중개사무소 개설등록한 것을 이유로 하여 노원구청장이 등록을 취소하였다.
(2) 전라북도 군산시에 사무소를 둔 개업공인중개사가 다른 사람에게 자기의 성명을 사용하여 중개업무를 하게 하여 군산시장이 그 개설등록을 취소하였다.
(3) 중개사무소 개설등록증을 다른 사람에게 양도 또는 대여한 경우에는 등록을 취소하여야 한다.

단락문제 Q12

제15회 기출

중개사무소의 개설등록을 반드시 취소하여야 하는 것은 모두 몇 개인가?

㉠ 이중으로 중개사무소의 개설등록을 한 경우
㉡ 정당한 사유 없이 관계공무원의 검사 또는 질문에 불응한 경우
㉢ 법인이 아닌 개업공인중개사가 2 이상의 중개사무소를 둔 경우
㉣ 휴업신고를 하지 아니하고 6월 초과하여 휴업한 경우
㉤ 업무정지처분기간 중에 중개업무를 행한 경우
㉥ 손해배상책임을 보장하기 위한 조치를 이행하지 아니하고 업무를 개시한 경우

① 2개 ② 3개 ③ 4개 ④ 5개 ⑤ 6개

해설 개설등록 절대취소사유
㉡ 정당한 사유 없이 관계공무원의 검사 또는 질문에 불응한 경우에는 업무정지처분 사유가 된다(법 제39조 제1항 제10호).
㉢ 법인이 아닌 개업공인중개사가 2 이상의 중개사무소를 둔 경우(법 제39조 제1항 제2호), ㉣ 신고 없이 특별한 사유 없이 계속하여 6월 초과하여 휴업한 경우(법 제39조 제1항 제5호), ㉥ 손해배상책임을 보장하기 위한 조치를 이행하지 아니하고 업무를 개시한 경우(법 제39조 제1항 제8호)에는 등록을 취소할 수 있는 사유가 되나, 개설등록을 반드시 취소해야 하는 것은 아니다.

정답 ①

06 상대등록취소 ★★

26·27회 출제

개업공인중개사가 법 제38조 제2항 제1호 내지 제10호에 규정 중 1가지라도 해당되면, 개업공인중개사의 등록관청은 중개사무소 개설등록을 **취소할 수 있다**. 즉, 등록관청은 상기 요건에 해당되는 개업공인중개사가 발견된 경우 위법의 정도나 정황 등을 판단하여 중개사무소 개설등록의 취소 여부를 결정할 수 있는 것이다. 이러한 의미에서 법 제38조 제2항의 등록취소를 재량 등록취소하고 있으며, 기타 임의등록취소나 재량등록취소 등의 명칭으로도 불린다.

(→임의적 등록취소)

1 등록기준 미달 → 결격사유 3년 적용 안함

(1) 중개사무소의 개설등록 취소사유   개업공인중개사가 법 제9조 제3항의 규정에 의한 등록기준에 미달하게 된 경우에는 등록관청은 등록을 취소할 수 있다(법 제38조 제2항 제1호).

(2) 개업공인중개사의 등록기준   「공인중개사법」 제9조 제3항에서는 중개사무소의 개설등록을 할 수 있는 자의 기준 등에 관하여 필요한 사항은 대통령령으로 정하도록 규정하여, 개업공인중개사의 등록기준은 시행령 제5조에서 정하고 있다.

(3) 임원의 실무교육   이 규정으로 인하여 중개법인의 임원이 변경될 경우에는 새로이 취임할 임원은 취임 이전에 법 제35조 제1항의 규정에 의한 실무교육을 받아야 할 것이다(국토교통부 전자민원 2000.8.30. 회신 제28320호 참조).

(4) 개업공인중개사가 사무소를 이전할 경우   개업공인중개사가 사무소를 이전할 경우에는 상기 등록기준에 적합한 사무실로 이전해야 하며, 중개법인의 정관개정이나 임원(사원)의 개임(改任)도 상기 등록기준에 적합한 범위 내에서 이루어져야 할 것이다.

상대등록취소

① 절대등록취소와는 달리 등록기관의 재량에 따라 취소할 수도 있고 하지 않을 수도 있는 사유를 상대등록 취소사유라고 한다.
② 상대등록취소를 임의등록취소 또는 재량등록취소라고도 한다.

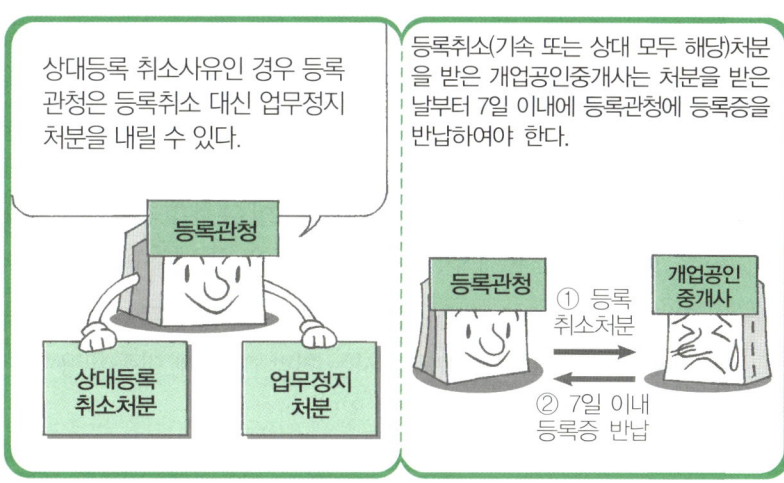

2 2 이상의 중개사무소

(1) 중개사무소의 개설등록 취소사유
1) 개업공인중개사가 법 제13조 제1항의 규정을 위반하여 2 이상의 중개사무소를 둔 경우에는 등록관청은 중개사무소의 개설등록을 취소할 수 있다(법 제38조 제2항 제2호).
2) 「공인중개사법」 제13조 제1항에서는 개업공인중개사는 그 등록관청의 관할구역 안에 중개사무소를 두되, 2개 이상의 중개사무소를 둘 수 없다고 규정하고 있다.

(2) 2개 이상의 중개사무소를 둔다는 의미
예를 들어, 2개 이상의 중개사무소를 둔다는 것은 개업공인중개사가 개설등록을 받은 사무소를 그대로 유지하고 있는 상태에서 중개업무를 실질적으로 수행할 다른 사무소를 설치하는 경우 등이 포함될 것이다.

Professor Comment

개업공인중개사가 2개의 사무소를 둔 경우에는 중개사무소 개설등록취소 이외에도 1년 이하의 징역 또는 1천만원 이하의 벌금에 처한다(법 제49조 제1항 제4호).

3 임시 중개시설물 설치

(1) 중개사무소의 개설등록 취소사유
개업공인중개사가 법 제13조 제2항의 규정을 위반하여 임시 중개시설물을 설치한 경우에는 등록관청은 중개사무소의 개설등록을 취소할 수 있다(법 제38조 제2항 제3호).

(2) 현행 「공인중개사법」 제13조 제2항에서는 부동산투기방지 등 거래질서확립과 무등록업자 방지를 위해 개업공인중개사는 천막 그 밖에 이동이 용이한 임시 중개시설물을 설치하여서는 아니 된다고 규정하고 있다.

Professor Comment

개업공인중개사가 임시 중개시설물을 설치한 경우에는 중개사무소 개설등록 취소 이외에도 1년 이하의 징역 또는 1천만원 이하의 벌금에 처한다(법 제49조 제1항 제5호).

4 겸업금지 위반

(1) 중개사무소의 개설등록 취소사유
개업공인중개사가 법 제14조 제1항의 규정을 위반하여 겸업을 한 경우에는 등록관청은 등록을 취소할 수 있다(법 제38조 제2항 제4호).

(2) 규정취지

「공인중개사법」 제14조 제1항에서는 법인인 개업공인중개사는 다른 법률에 규정된 경우를 제외하고는 중개업 및 제1항 각 호에 규정된 업무(관리대행, 컨설팅 등)와 제2항에 규정된 업무(경·공매 부동산 알선 및 대리 등) 외에 다른 업무를 함께 할 수 없도록 규정하고 있다.

5 6개월 초과 무단 휴업 13회 출제

(1) 중개사무소의 개설등록 취소사유

1) 개업공인중개사가 법 제21조 제2항의 규정을 위반하여 계속하여 6월을 초과하여 휴업한 경우에는 등록관청은 등록을 취소할 수 있다(법 제38조 제2항 제5호).
2) 개업공인중개사가 신고 없이 6개월을 초과하여 휴업한 경우나 신고된 휴업기간을 어기고 6개월을 초과하여 휴업한 경우에는 등록이 취소될 수 있을 것이다.

(2) 휴업신고 없이 중개보조원이 중개행위를 할 경우

국토교통부에서는 대표자가 병환으로 6개월을 초과하여 병원에 입원하게 되었을 때 휴업신고를 하지 아니하고 보조원이 사무실에 나와 있는 경우에 대하여, 휴업신고를 위반한 것으로 보는 동시에 이 기간 중에 중개보조원이 사무실에서 중개행위를 할 경우 이는 등록증 대여로 볼 수 있다고 유권해석을 하였다(국토교통부 전자민원 1999.10.20. 회신 제12583호).

> **Wide** 휴업신고 없이 3개월 초과 휴업한 경우
>
> 휴업신고를 하지 않고 3개월을 초과하여 휴업을 한 경우에는 100만원 이하의 과태료에 처한다(법 제51조 제3항 제4호).

6 전속중개계약 시 정보공개 의무 위반

(1) 개업공인중개사가 법 제23조 제3항의 규정을 위반하여 중개대상물에 관한 정보를 공개하지 아니하거나 중개의뢰인의 비공개요청에도 불구하고 정보를 공개한 경우에는 등록관청은 등록을 취소할 수 있다(법 제38조 제2항 제6호).

(2) 개업공인중개사가 정보를 공개하지 않은 것은 물론이고 규정된 방법 이외의 방법으로 (지정되지 않는 정보망에 공개하거나 생활 정보지에 공개하는 경우) 정보를 공개하거나 중개의뢰인의 비공개 요청을 무시하고 정보를 공개한 것 모두 등록취소사유가 된다고 봐야 할 것이다.

제1편 공인중개사법령

7 거래계약서 허위기재 등

개업공인중개사가 법 제26조 제3항의 규정을 위반하여 거래계약서에 거래금액 등 거래내용을 거짓으로 기재하거나 서로 다른 2 이상의 거래계약서를 작성한 경우에는 등록관청은 개설등록을 취소할 수 있다(법 제38조 제2항 제7호).

8 업무보증의무 불이행

개업공인중개사가 법 제30조 제3항의 규정에 의한 손해배상책임을 보장하기 위한 조치를 이행하지 아니하고 업무를 개시한 경우에는 등록관청은 개설등록을 취소할 수 있다(법 제38조 제2항 제8호).

9 금지행위를 한 경우 14회 출제

개업공인중개사가 다음에 규정된 금지행위를 한 경우에는 등록관청은 개설등록을 취소할 수 있다(법 제38조 제2항 제9호).「공인중개사법」제33조에서는 개업공인중개사등은 다음의 행위를 하여서는 아니되는 것으로 규정하고 있다.

(1) 제3조의 규정에 의한 중개대상물의 매매를 업으로 하는 행위
(2) 제9조의 규정에 의한 중개사무소의 개설등록을 하지 아니하고 중개업을 영위하는 자인 사실을 알면서 그를 통하여 중개를 의뢰받거나 그에게 자기의 명의를 이용하게 하는 행위
(3) 사례·증여 그 밖의 어떠한 명목으로도 제32조에 따른 보수 또는 실비를 초과하여 금품을 받는 행위
(4) 당해 중개대상물의 거래상의 중요사항에 관하여 거짓된 언행 그 밖의 방법으로 중개의뢰인의 판단을 그르치게 하는 행위
(5) 관계법령에서 양도·알선 등이 금지된 부동산의 분양·임대 등과 관련 있는 증서 등의 매매·교환 등을 중개하거나 그 매매를 업으로 하는 행위
(6) 중개의뢰인과 직접 거래를 하거나 거래당사자 쌍방을 대리하는 행위
(7) 탈세 등 관계법령을 위반할 목적으로 소유권보존등기 또는 이전등기를 하지 아니한 부동산이나 관계법령의 규정에 의하여 전매 등 권리의 변동이 제한된 부동산의 매매를 중개하는 등 부동산투기를 조장하는 행위
(8) 부당한 이익을 얻거나 제3자에게 부당한 이익을 얻게 할 목적으로 거짓으로 거래가 완료된 것처럼 꾸미는 등 중개대상물의 시세에 부당한 영향을 주거나 줄 우려가 있는 행위
(9) 단체를 구성하여 특정 중개대상물에 대하여 중개를 제한하거나 단체구성원 이외의 자와 공동중개를 제한하는 행위

Professor Comment

상기 (5) 내지 (9)의 규정에 위반한 자는 3년 이하의 징역 또는 3천만원 이하의 벌금에 처하며(법 제48조 제1항 제3호), (1) 내지 (4)의 규정에 위반한 자는 1년 이하의 징역 또는 1천만원 이하의 벌금에 처한다(법 제49조 제1항 제10호).

10 3회 이상 행정처분과 과태료 처분의 중복

(1) 개설등록 취소사유

개업공인중개사가 최근 1년 이내에 이 법에 의하여 3회 이상 업무정지의 처분을 받고 다시 업무정지에 해당하는 행위를 한 경우(제38조 제1항 제8호에 해당하는 경우를 제외)에는 등록관청은 중개사무소의 개설등록을 취소할 수 있다(법 제38조 제1항 제10호).

(2) 행정처분과 과태료처분

이 규정은 「공인중개사법」 위반행위를 하더라도 경미한 처분만 이루어질 것을 알고, 반복적으로 「공인중개사법」을 위반하는 문제점을 미연에 방지하기 위한 것으로, 1년 이내의 기간 안에 일어난 위법행위에 대한 행정처분과 과태료처분을 누적하여 산정하고 있다.

Professor Comment

1년의 기간의 계산은 최초의 업무정지처분이나 과태료 처분을 받은 날부터 시작하여 1년 이내의 기간을 의미한다(국토교통부 전자민원 1998.10.21. 회신 토관 58370-854호).

11 독점규제법 위반

개업공인중개사가 조직한 사업자단체(「독점규제 및 공정거래에 관한 법률」 제2조 제4호의 사업자단체를 말한다. 이하 같다) 또는 그 구성원인 개업공인중개사가 「독점규제 및 공정거래에 관한 법률」 제26조를 위반하여 같은 법 제27조(시정조치) 또는 제28조(과징금)에 따른 처분을 최근 2년 이내에 2회 이상 받은 경우

단락핵심 상대등록취소

(1) 중개사무소개설등록을 하지 아니하고 중개업을 영위하는 자에게 자기의 명의를 이용하게 한 경우에는 등록을 취소할 수 있다.
(2) 중개사무소 개설등록 취소사유에 해당된다고 하여 반드시 취소된다고 볼 수 없다.

제1편 공인중개사법령

단락문제 Q13
제27회 기출

공인중개사법령상 개업공인중개사 중개사무소의 개설등록을 취소하여야 하는 경우를 모두 고른 것은?

㉠ 최근 1년 이내에 「공인중개사법」에 의하여 2회 업무정지처분을 받고 다시 업무정지처분에 해당하는 행위를 한 경우
㉡ 최근 1년 이내에 「공인중개사법」에 의하여 1회 업무정지처분, 2회 과태료처분을 받고 다시 업무정지처분에 해당하는 행위를 한 경우
㉢ 최근 1년 이내에 「공인중개사법」에 의하여 2회 업무정지처분, 1회 과태료처분을 받고 다시 업무정지처분에 해당하는 행위를 한 경우
㉣ 최근 1년 이내에 「공인중개사법」에 의하여 3회 과태료처분을 받고 다시 업무정지처분에 해당하는 행위를 한 경우

① ㉠ ② ㉠, ㉢ ③ ㉡, ㉣ ④ ㉢, ㉣ ⑤ ㉠, ㉡, ㉢

해설 등록취소(법 제38조)
㉡ 최근 1년 이내에 「공인중개사법」에 의하여 1회 업무정지처분, 2회 과태료 처분을 받고 다시 업무정지처분에 해당하는 행위를 한 경우 – 상대등록취소
㉣ 최근 1년 이내에 「공인중개사법」에 의하여 3회 과태료 처분을 받고 다시 업무정지처분에 해당하는 행위를 한 경우 – 상대등록취소

정답 ②

07 등록취소 관련 행정절차 ★★★

1 사전 청문 16회 출제

(1) 등록관청은 법 제38조 제1항 제2호 내지 제8호 및 제2항 각 호의 사유로 중개사무소의 개설등록을 취소하고자 하는 경우에는 청문을 실시하여야 한다(법 제38조 제3항).
(2) 즉, 개업공인중개사의 사망이나 법인의 해산으로 인해 당연히 등록효력이 상실되는 경우를 제외하고는 사전에 청문절차를 통해 개업공인중개사에게 사실 해명의 기회를 부여하는 것이다.

2 등록증 반납

(1) 반납의무
중개사무소의 개설등록이 취소된 자는 국토교통부령이 정하는 바에 따라 중개사무소등록증을 등록관청에 반납하여야 한다(법 제38조 제4항).

(2) 반납기간

1) 법 제38조 제4항의 규정에 따라 중개사무소등록증을 반납하고자 하는 자는 등록취소처분을 받은 날부터 7일 이내에 등록관청에 그 중개사무소등록증을 반납하여야 한다(규칙 제24조 제1항). → 위반 시 100만원 이하 과태료
2) 법 제38조 제1항 제1호의 규정에 따라 중개사무소의 개설등록이 취소된 경우로서 법인인 개업공인중개사가 해산한 경우에는 그 법인의 대표자이었던 자가 등록취소처분을 받은 날부터 7일 이내에 등록관청에 중개사무소등록증을 반납하여야 한다(규칙 제24조 제2항).

(3) 100만원 이하의 과태료

중개사무소등록증을 반납하지 아니한 자는 100만원 이하의 과태료에 처한다(법 제51조 제3항 제7호).

단락문제 Q14 제21회 기출

공인중개사법령상 개업공인중개사의 다음 행위 중 중개사무소 개설등록을 반드시 취소해야 하는 것은?

① 중개의뢰인과 직접 거래를 한 경우
② 업무정지기간 중에 중개업무를 한 경우
③ 동일 건에 대하여 서로 다른 2 이상의 거래계약서를 작성하는 경우
④ 중개대상물의 매매를 업으로 하는 행위를 한 경우
⑤ 이동이 용이한 임시 중개시설물을 설치한 경우

해설 절대등록취소(법 제38조 제1항)
1) 개인인 개업공인중개사가 사망하거나 개업공인중개사인 법인이 해산한 경우
2) 거짓 그 밖의 부정한 방법으로 중개사무소의 개설등록을 한 경우
3) 제10조 제1항 제2호 내지 제6호·제11호·제12호의 규정에 의한 결격사유에 해당하게 된 경우. 다만, 동항 제12호의 규정에 의한 결격사유에 해당하는 경우로서 그 사유가 발생한 날부터 2월 이내에 그 사유를 해소한 경우에는 그러하지 아니하다.
4) 제12조 제1항의 규정을 위반하여 이중으로 중개사무소의 개설등록을 한 경우
5) 제12조 제2항의 규정을 위반하여 다른 개업공인중개사의 소속공인중개사·중개보조원 또는 개업공인중개사인 법인의 사원·임원이 된 경우
6) 제19조 제1항의 규정을 위반하여 다른 사람에게 자기의 성명 또는 상호를 사용하여 중개업무를 하게 하거나 중개사무소등록증을 양도 또는 대여한 경우
7) 업무정지기간 중에 중개업무를 하거나 자격정지처분을 받은 소속공인중개사로 하여금 자격정지기간 중에 중개업무를 하게 한 경우
8) 최근 1년 이내에 이 법에 의하여 2회 이상 업무정지처분을 받고 다시 업무정지처분에 해당하는 행위를 한 경우 ①, ③, ④, ⑤는 상대등록취소사유이다.

정답 ②

제1편 공인중개사법령

08 업무의 정지처분 ★★
22·24·25·29회 출제

1 업무정지처분 사유

등록관청은 개업공인중개사가 다음의 어느 하나에 해당하는 경우에는 6월의 범위 안에서 기간을 정하여 업무의 정지를 명할 수 있다. 이 경우 법인인 개업공인중개사에 대하여는 법인 또는 분사무소별로 업무의 정지를 명할 수 있다(법 제39조 제1항). → 상대적 정지

(1) 제10조 제2항의 규정을 위반하여 동조 제1항 제1호 내지 제11호의 어느 하나에 해당하는 자를 소속공인중개사 또는 중개보조원으로 둔 경우. 다만, 그 사유가 발생한 날부터 2월 이내에 그 사유를 해소한 경우에는 그러하지 아니하다.
(2) 제16조의 규정을 위반하여 인장등록을 하지 아니하거나 등록하지 아니한 인장을 사용한 경우
(3) 제23조 제2항의 규정을 위반하여 국토교통부령이 정하는 전속중개계약서에 의하지 아니하고 전속중개계약을 체결하거나 계약서를 보존하지 아니한 경우

업무정지처분

① 업무정지처분 사유에는 재량정지처분 사유만 있다.
② 업무정지처분의 대상이 중개법인인 경우 법인 또는 분사무소별로 각각 업무정지를 명할 수 있다.

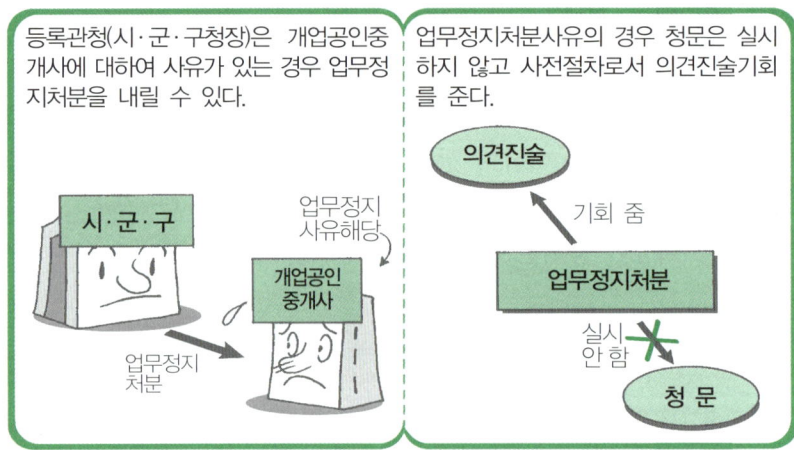

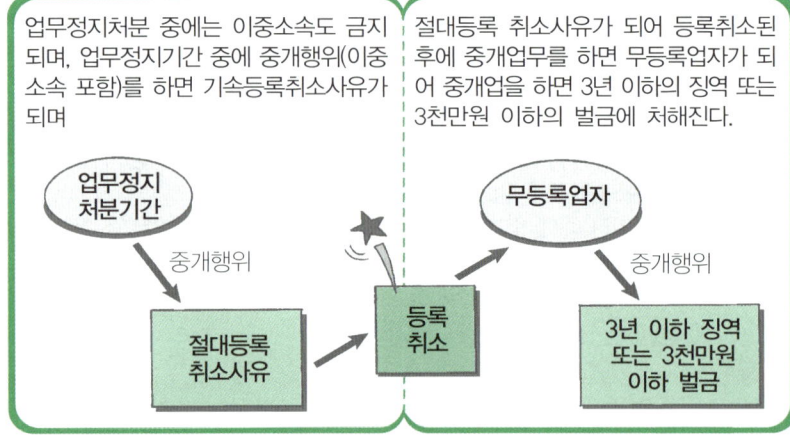

제4장 지도·감독

(4) 제24조 제7항의 규정을 위반하여 중개대상물에 관한 정보를 거짓으로 공개하거나 거래정보사업자에게 공개를 의뢰한 중개대상물의 거래가 완성된 사실을 당해 거래정보사업자에게 통보하지 아니한 경우
(5) 제25조 제3항의 규정을 위반하여 중개대상물확인·설명서를 교부하지 아니하거나 보존하지 아니한 경우
(6) 제25조 제4항의 규정을 위반하여 중개대상물확인·설명서에 서명 및 날인을 하지 아니한 경우
(7) 제26조 제1항의 규정을 위반하여 적정하게 거래계약서를 작성·교부하지 아니하거나 보존하지 아니한 경우
(8) 제26조 제2항의 규정을 위반하여 거래계약서에 서명 및 날인을 하지 아니한 경우
(9) 제37조 제1항의 규정에 의한 보고, 자료의 제출, 조사 또는 검사를 거부·방해 또는 기피하거나 그 밖의 명령을 이행하지 아니하거나 거짓으로 보고 또는 자료제출을 한 경우
(10) 제38조 제2항 각 호의 어느 하나(재량등록취소사유)에 해당하는 경우
(11) 최근 1년 이내에 이 법에 의하여 2회 이상 업무정지 또는 과태료의 처분을 받고 다시 과태료의 처분에 해당하는 행위를 한 경우
(12) 개업공인중개사가 조직한 사업자단체 또는 그 구성원인 개업공인중개사가 「독점규제 및 공정거래에 관한 법률」제26조를 위반하여 같은 법 제27조(시정조치) 또는 제28조(과징금)에 따른 처분을 받은 경우
(13) 그 밖에 이 법 또는 이 법에 의한 명령이나 처분을 위반한 경우
→ 기재사항변경으로 인한 등록재교부, 고용인 신고, 신의성실의무 등

단락문제 Q15 제32회 기출

공인중개사법령상 개업공인중개사에 대한 업무정지처분을 할 수 있는 사유에 해당하는 것을 모두 고른 것은?

ㄱ. 부동산거래정보망에 중개대상물에 관한 정보를 거짓으로 공개한 경우
ㄴ. 거래당사자에게 교부해야 하는 중개대상물확인·설명서를 교부하지 않은 경우
ㄷ. 거래당사자에게 교부해야 하는 거래계약서를 적정하게 작성·교부하지 않은 경우
ㄹ. 해당 중개대상물의 거래상의 중요사항에 관하여 거짓된 언행으로 중개의뢰인의 판단을 그르치게 하는 행위를 한 경우

① ㄱ, ㄷ ② ㄴ, ㄹ ③ ㄱ, ㄴ, ㄷ
④ ㄴ, ㄷ, ㄹ ⑤ ㄱ, ㄴ, ㄷ, ㄹ

해설 업무정지처분 사유(법 제39조 제1항)

㉠ 제10조 제2항의 규정을 위반하여 같은 조 제1항 제1호부터 제11호까지의 어느 하나에 해당하는 자를 소속공인중개사 또는 중개보조원으로 둔 경우. 다만, 그 사유가 발생한 날부터 2개월 이내에 그 사유를 해소한 경우에는 그러하지 아니하다.
㉡ 제16조의 규정을 위반하여 인장등록을 하지 아니하거나 등록하지 아니한 인장을 사용한 경우
㉢ 제23조 제2항의 규정을 위반하여 국토교통부령으로 정하는 전속중개계약서에 의하지 아니하고 전속중개계약을 체결하거나 계약서를 보존하지 아니한 경우
㉣ 제24조 제7항의 규정을 위반하여 중개대상물에 관한 정보를 거짓으로 공개하거나 거래정보사업자에게 공개를 의뢰한 중개대상물의 거래가 완성된 사실을 해당 거래정보사업자에게 통보하지 아니한 경우
㉤ 제25조 제3항의 규정을 위반하여 중개대상물확인·설명서를 교부하지 아니하거나 보존하지 아니한 경우
㉥ 제25조 제4항의 규정을 위반하여 중개대상물확인·설명서에 서명 및 날인을 하지 아니한 경우
㉦ 제26조 제1항의 규정을 위반하여 적정하게 거래계약서를 작성·교부하지 아니하거나 보존하지 아니한 경우
㉧ 제26조 제2항의 규정을 위반하여 거래계약서에 서명 및 날인을 하지 아니한 경우
㉨ 제37조 제1항에 따른 보고, 자료의 제출, 조사 또는 검사를 거부·방해 또는 기피하거나 그 밖의 명령을 이행하지 아니하거나 거짓으로 보고 또는 자료제출을 한 경우
㉩ 제38조 제2항 각 호(상대등록취소)의 어느 하나에 해당하는 경우
㉪ 최근 1년 이내에 이 법에 의하여 2회 이상 업무정지 또는 과태료의 처분을 받고 다시 과태료의 처분에 해당하는 행위를 한 경우
㉫ 개업공인중개사가 조직한 사업자단체 또는 그 구성원인 개업공인중개사가 「독점규제 및 공정거래에 관한 법률」 제26조를 위반하여 같은 법 제27조 또는 제28조에 따른 처분을 받은 경우
㉬ 그 밖에 이 법 또는 이 법에 의한 명령이나 처분을 위반한 경우.

정답 ⑤

단락문제 Q16

제24회 기출

공인중개사법령상 개업공인중개사에 대한 업무정지처분에 관한 설명으로 옳은 것은?

① 광역시장은 업무정지기간의 2분의 1 범위 안에서 가중할 수 있다.
② 업무정지기간을 가중 처분하는 경우, 그 기간은 9월을 한도로 한다.
③ 최근 1년 이내에 이 법에 의하여 2회 이상 업무정지처분을 받은 개업공인중개사가 다시 업무정지처분에 해당하는 행위를 한 경우, 6월의 업무정지처분을 받을 수 있다.
④ 업무정지처분은 해당사유가 발생한 날부터 2년이 된 때에는 이를 할 수 없다.
⑤ 개업공인중개사가 중개대상물에 관한 정보를 거짓으로 공개한 경우, 등록관청은 위반행위의 동기 등을 참작하여 4월의 업무정지처분을 할 수 있다.

해설 개업공인중개사의 업무정지
① 등록관청은 업무정지기간의 2분의 1 범위 안에서 가중할 수 있다.
② 업무정지기간을 가중 처분하는 경우, 그 기간은 6월을 한도로 한다.
③ 최근 1년 이내에 이 법에 의하여 2회 이상 업무정지처분을 받은 개업공인중개사가 다시 업무정지처분에 해당하는 행위를 한 경우에는 등록을 취소하여야 한다.
④ 업무정지처분은 해당사유가 발생한 날부터 3년이 된 때에는 이를 할 수 없다.

정답 ⑤

제4장 지도·감독

2 자료제공 요청

국토교통부장관, 시·도지사 및 등록관청은 제38조 제2항 제11호 또는 제39조 제1항 제13호에 따라 처분하고자 하는 경우에는 미리 공정거래위원회에 처분과 관련된 자료의 제공을 요청할 수 있으며 공정거래위원회는 특별한 사유가 없으면 이에 따라야 한다(법 제39조의2).

3 업무정지처분 기준

(1) 업무정지의 기준

법 제39조 제1항의 규정에 의한 업무의 정지에 관한 기준은 국토교통부령으로 정한다(법 제39조 제2항). 법 제39조 제2항(업무정지기준) 및 법 제7638호 부칙 제6조 제7항(중개인의 업무정지)의 규정에 따른 업무정지의 기준은 [별표 2]와 같다(규칙 제25조 제1항).

(2) 2분의 1의 범위 안에서 가중 또는 감경 29회 출제

등록관청은 위반행위의 동기·결과 및 횟수 등을 참작하여 제1항의 규정에 따른 업무정지기간의 2분의 1의 범위 안에서 가중 또는 감경할 수 있다. 이 경우 가중하여 처분하는 경우에도 업무정지기간은 6월을 초과할 수 없다(규칙 제25조 제2항).

제1편 공인중개사법령

▼ 개업공인중개사 업무정지의 기준(제25조 관련) 35회 출제

1. 일반기준

가. 제2호 카목 및 타목에서 기간의 계산은 위반행위에 대하여 업무정지처분 또는 과태료 부과처분을 받은 날과 그 처분 후 다시 같은 위반행위를 하여 적발된 날을 기준으로 한다.

나. 위반행위가 둘 이상인 경우에는 각 업무정지기간을 합산한 기간을 넘지 않는 범위에서 가장 무거운 처분기준의 2분의 1의 범위에서 가중한다. 다만, 가중하는 경우에도 총 업무정지기간은 6개월을 넘을 수 없다.

다. 등록관청은 다음의 어느 하나에 해당하는 경우에는 제2호의 개별기준에 따른 업무정지기간의 2분의 1 범위에서 줄일 수 있다.
  1) 위반행위가 사소한 부주의나 오류 등 과실로 인한 것으로 인정되는 경우
  2) 위반행위자가 법 위반행위를 시정하거나 해소하기 위하여 노력한 사실이 인정되는 경우
  3) 그 밖에 위반행위의 동기와 결과, 위반정도 등을 고려하여 업무정지기간을 줄일 필요가 있다고 인정되는 경우

라. 등록관청은 다음의 어느 하나에 해당하는 경우에는 제2호의 개별기준에 따라 업무정지기간의 2분의 1 범위에서 그 기간을 늘릴 수 있다. 다만, 법 제39조 제1항에 따라 6개월을 넘을 수 없다.
  1) 위반행위의 내용·정도가 중대하여 소비자 등에게 미치는 피해가 크다고 인정되는 경우
  2) 그 밖에 위반행위의 동기와 결과, 위반정도 등을 고려하여 업무정지기간을 늘릴 필요가 있다고 인정되는 경우

마. 나목부터 라목까지에 따라 업무정지기간을 늘리거나 줄이는 경우 업무정지기간 1개월은 30일로 본다.

2. 개별기준

위 반 행 위	해당 법조문	업무정지 기준
가. 법 제10조 제2항을 위반하여 같은 조 제1항 제1호부터 제11호까지의 어느 하나에 해당하는 자를 소속공인중개사 또는 중개보조원으로 둔 경우. 다만, 그 사유가 발생한 날부터 2개월 이내에 그 사유를 해소한 경우는 제외한다.	법 제39조 제1항 제1호	업무정지 6개월
나. 법 제16조를 위반하여 인장등록을 하지 않거나 등록하지 않은 인장을 사용한 경우	법 제39조 제1항 제2호	업무정지 3개월
다. 법 제23조 제2항을 위반하여 별지 제15호 서식의 전속중개계약서에 따르지 않고 전속중개계약을 체결하거나 계약서를 보존하지 않은 경우	법 제39조 제1항 제3호	업무정지 3개월
라. 법 제24조 제7항을 위반하여 중개대상물에 관한 정보를 거짓으로 공개한 경우	법 제39조 제1항 제4호	업무정지 6개월
마. 법 제24조 제7항을 위반하여 거래정보사업자에게 공개를 의뢰한 중개대상물의 거래가 완성된 사실을 그 거래정보사업자에게 통보하지 않은 경우	법 제39조 제1항 제4호	업무정지 3개월
바. 법 제25조 제3항을 위반하여 중개대상물확인·설명서를 교부하지 않거나 보존하지 않은 경우	법 제39조 제1항 제6호	업무정지 3개월
사. 법 제25조 제4항을 위반하여 중개대상물확인·설명서에 서명·날인을 하지 않은 경우	법 제39조 제1항 제7호	업무정지 3개월
아. 법 제26조 제1항을 위반하여 적정하게 거래계약서를 작성·교부하지 않거나 보존하지 않은 경우	법 제39조 제1항 제8호	업무정지 3개월
자. 법 제26조 제2항을 위반하여 거래계약서에 서명·날인을 하지 않은 경우	법 제39조 제1항 제9호	업무정지 3개월

위 반 행 위	해당 법조문	업무정지 기준
차. 법 제37조 제1항에 따른 보고, 자료의 제출, 조사 또는 검사를 거부·방해 또는 기피하거나 그 밖의 명령을 이행하지 않거나 거짓으로 보고 또는 자료제출을 한 경우	법 제39조 제1항 제10호	업무정지 3개월
카. 법 제38조 제2항 각 호의 어느 하나를 최근 1년 이내에 1회 위반한 경우	법 제39조 제1항 제11호	업무정지 6개월
타. 최근 1년 이내에 이 법에 따라 2회 이상 업무정지 또는 과태료의 처분을 받고 다시 과태료의 처분에 해당하는 행위를 한 경우	법 제39조 제1항 제12호	업무정지 6개월
파. 개업공인중개사가 조직한 사업자단체 또는 그 구성원인 개업공인중개사가 「독점규제 및 공정거래에 관한 법률」 제26조를 위반하여 같은 법 제27조 또는 제28조에 따른 처분을 받은 경우 1) 「독점규제 및 공정거래에 관한 법률」 제26조 제1항 제1호를 위반하여 같은 법 제27조에 따른 처분을 받은 경우 2) 「독점규제 및 공정거래에 관한 법률」 제26조 제1항 제1호를 위반하여 같은 법 제28조에 따른 처분을 받은 경우 또는 같은 법 제27조와 제28조에 따른 처분을 동시에 받은 경우 3) 「독점규제 및 공정거래에 관한 법률」 제26조 제1항 제2호 또는 제4호를 위반하여 같은 법 제27조에 따른 처분을 받은 경우 4) 「독점규제 및 공정거래에 관한 법률」 제26조 제1항 제2호 또는 제4호를 위반하여 같은 법 제28조에 따른 처분을 받은 경우 또는 같은 법 제27조와 제28조에 따른 처분을 동시에 받은 경우 5) 「독점규제 및 공정거래에 관한 법률」 제26조 제1항 제3호를 위반하여 같은 법 제27조에 따른 처분을 받은 경우 6) 「독점규제 및 공정거래에 관한 법률」 제26조 제1항 제3호를 위반하여 같은 법 제28조에 따른 처분을 받은 경우 또는 같은 법 제27조와 제28조에 따른 처분을 동시에 받은 경우	법 제39조 제1항제13호	업무정지 3개월 업무정지 6개월 업무정지 1개월 업무정지 2개월 업무정지 2개월 업무정지 4개월
하. 법률 제7638호 부동산중개업법 전부개정법률 부칙 제6조 제6항에 규정된 업무지역의 범위를 위반하여 중개행위를 한 경우	법률 제7638호 부동산중개업법 전부개정법률 부칙 제6조 제7항	업무정지 3개월

제1편 공인중개사법령

4 업무정지처분의 소멸시효 20회 출제

(1) 소멸시효기간

업무정지처분은 그 사유가 발생한 날부터 3년이 경과한 때에는 이를 할 수 없다(법 제39조 제3항).

(2) 기간의 계산

개업공인중개사가 2020년 1월 1일에 등록된 인장을 사용하지 않아 업무정지처분 사유에 해당하였으나, 그 날부터 3년이 경과된 2023년 12월 31일까지 업무정지처분이 없었을 경우라면, 2024년 1월 1일 이후에는 그 개업공인중개사에게 업무정지처분을 하지 못하는 것으로 해석된다.

단락문제 Q17   제20회 기출

공인중개사법령상 개업공인중개사에 대한 업무정지처분에 관한 설명으로 옳은 것은?

① 업무정지기간을 가중처분하는 경우에는 6월을 초과할 수 있다.
② 등록관청은 법인인 개업공인중개사에게 업무정지를 명하는 경우 분사무소별로 업무의 정지를 명해야 한다.
③ 부정한 방법으로 중개사무소의 개설등록을 한 경우 3월의 업무정지를 명할 수 있다.
④ 업무정지처분은 그 사유가 발생한 날부터 3년이 경과한 때에는 이를 할 수 없다.
⑤ 등록관청이 업무정지처분을 하고자 하는 경우 청문을 실시해야 한다.

해설 업무정지처분

① 등록관청은 위반행위의 동기·결과 및 횟수 등을 참작하여 제1항의 규정에 따른 업무정지기간의 2분의 1의 범위 안에서 가중 또는 감경할 수 있다. 이 경우 가중하여 처분하는 경우에도 업무정지기간은 6월을 초과할 수 없다(규칙 제25조 제2항).
② 법인인 개업공인중개사에 대하여는 법인 또는 분사무소별로 업무의 정지를 명할 수 있다(법 제39조 제1항).
③ 부정한 방법으로 중개사무소의 개설등록을 한 경우 등록을 취소하여야 한다(법 제38조 제1항).
⑤ 업무정지처분은 청문대상이 아니다.

정답 ④

09 행정제재처분효과의 승계 등 ★★★　　17·34회 출제

1 개업공인중개사의 지위 승계

개업공인중개사가 법 제21조의 규정에 의한 폐업신고 후 법 제9조의 규정에 의하여 다시 중개사무소의 개설등록을 한 때에는 폐업신고 전의 개업공인중개사의 지위를 승계한다(법 제40조 제1항).

Professor Comment

폐업신고 전의 개업공인중개사의 지위를 승계한다는 것은 폐업신고 전에 개업공인중개사가 행한 각종 중개행위에 대한 효과가 지속된다는 것으로 해석된다.

2 재등록 개업공인중개사에 대한 행정처분　23·26·29회 출제

(1) 폐업 전 행위에 대한 행정처분

재등록 개업공인중개사에 대하여 폐업신고 전의 등록취소, 업무정지의 위반행위에 대한 행정처분을 할 수 있다. 다만, 다음의 어느 하나에 해당하는 경우를 제외한다(법 제40조 제3항).

1) 폐업신고를 한 날부터 다시 중개사무소의 개설등록을 한 날까지의 기간(이하 "폐업기간"이라 함)이 3년을 초과한 경우
2) 폐업신고 전의 위반행위에 대한 행정처분이 업무정지에 해당하는 경우로서 폐업기간이 1년을 초과한 경우

(2) 규정취지

이 규정은 행정처분에 해당하는 위법행위를 하고도 행정처분을 피하기 위해 고의로 폐업을 하고, 다시 중개사무소 개설등록을 하는 것을 방지하기 위한 것으로 판단된다.

(3) 예외사항

위 (1)에 의하여 행정처분을 함에 있어서는 폐업기간과 폐업의 사유 등을 고려하여야 한다(법 제40조 제4항). 이 규정에 따라 폐업을 한 것이 행정처분을 회피하기 위한 것이 아니라 부득이한 사유인 것이 판명되고 폐업기간이 1년에 가까울 경우에는 업무정지처분기간을 경감할 수 있을 것이다.

제1편 공인중개사법령

3 재등록 개업공인중개사에 대한 행정처분효과의 승계 25회 출제

(1) 행정처분 효과의 승계

폐업신고 전의 개업공인중개사에 대하여 법 제39조(업무정지) 제1항 각 호, 법 제51조(과태료) 제1항 각 호, 동조 제2항 각 호 및 동조 제3항 각 호의 위반행위를 사유로 행한 행정처분의 효과는 그 처분일부터 1년간 다시 중개사무소의 개설등록을 한 자(이하 "재등록 개업공인중개사"라 함)에게 승계된다(법 제40조 제2항).

(2) 규정취지

1) 이는 중복되는 위법행위를 방지하기 위한 조치이나, 이런 조치에도 불구하고 악의의 개업공인중개사라면 폐업을 하여 이미 받은 위법행위의 중복효과를 소멸시킬 가능성도 있다.
2) 이 규정은 악의의 개업공인중개사가 위법행위로 인한 중복처벌 효과를 소멸시키기 위해서 의도적으로 폐업을 하고, 또다시 위법행위를 하는 것을 방지하기 위한 조치이다.

(3) 재등록 개업공인중개사의 의의

이 규정에서 "재등록 개업공인중개사"란 폐업신고 후 다시 중개사무소의 개설등록을 한 개업공인중개사를 의미하는 것으로, "재등록 개업공인중개사"가 재등록을 한 후 위법행위를 한 경우 폐업신고 전에 행한 위법행위까지 포함하여 행정처분 중복으로 인한 등록취소 여부(법 제38조 제1항 제8호 및 동조 제2항 제10호)를 판단하게 된다.

Professor Comment

이 규정에 따라 1월과 3월, 5월에 각각 100만원의 과태료 처분을 받은 개업공인중개사가 6월에 폐업신고를 하고 8월에 다시 개설등록을 한 후 9월에 다시 과태료 처분에 해당하는 위법행위를 한 경우에는 법 제38조 제2항 제10호의 규정에 의거 등록취소처분이 가능할 것이다.

4 법인의 대표자

개업공인중개사인 법인의 대표자에 관하여 행정처분 승계 규정을 준용한다. 이 경우 개업공인중개사는 법인의 대표자로 본다(법 제40조 제5항).

단락핵심 행정제재처분효과의 승계

(1) 개업공인중개사가 폐업신고 후 등록관청을 달리하여 다시 중개사무소 개설등록을 한 때에는 폐업신고 전의 개업공인중개사의 지위를 승계한다.
(2) 폐업신고 전의 개업공인중개사에 대한 과태료 처분의 효과는 그 처분일로부터 1년간 재등록 개업공인중개사에게 승계된다.
(3) 폐업기간이 3년을 초과한 재등록 개업공인중개사에 대하여는 폐업신고 전의 위반행위를 사유로 하는 등록취소처분을 할 수 없다.
(4) 폐업기간이 1년을 초과한 재등록 개업공인중개사에 대하여는 폐업신고 전의 위반행위를 사유로 하는 업무정지처분을 할 수 없다.

단락문제 Q18
제23회 기출

공인중개사법령상 행정제재처분효과의 승계 등에 관한 설명으로 틀린 것은?

① 폐업기간이 1년을 초과한 경우에는 폐업신고 전의 위반행위에 대한 행정처분이 업무정지에 해당하더라도 재등록 개업공인중개사에게 다시 업무정지처분을 할 수 없다.
② 중개대상물 확인·설명서를 교부하지 않은 사유로 폐업신고 전에 개업공인중개사에게 한 업무정지처분의 효과는 그 처분일부터 1년간 재등록 개업공인중개사에게 승계된다.
③ 폐업기간이 3년을 초과한 경우에도 재등록 개업공인중개사에 대해 폐업신고 전의 중개사무소 개설등록 취소사유에 해당하는 위반행위를 이유로 행정처분을 할 수 있다.
④ 폐업신고 전에 개업공인중개사에게 한 과태료부과처분의 효과는 그 처분일부터 1년간 재등록 개업공인중개사에게 승계된다.
⑤ 재등록 개업공인중개사에 대하여 폐업신고 전의 개설등록취소 및 업무정지에 해당하는 위반행위에 대한 행정처분을 함에 있어서는 폐업기간과 폐업의 사유 등을 고려해야 한다.

해설 행정제재처분효과의 승계 등
폐업기간이 3년을 초과한 경우 재등록 개업공인중개사에 대해 폐업신고 전의 중개사무소 개설등록 취소사유에 해당하는 위반행위를 이유로 행정처분을 할 수 없다(법 제40조 제3항 제1호). **정답** ③

단락문제 Q19
제32회 기출

개업공인중개사 甲, 乙, 丙에 대한 「공인중개사법」 제40조(행정제재처분효과의 승계 등)의 적용에 관한 설명으로 옳은 것을 모두 고른 것은?

ㄱ. 甲이 2020. 11. 16. 「공인중개사법」에 따른 과태료부과처분을 받았으나 2020. 12. 16. 폐업 신고를 하였다가 2021. 10. 15. 다시 중개사무소의 개설 등록을 하였다면, 위 과태료 부과처분의 효과는 승계된다.
ㄴ. 乙이 2020. 8. 1. 국토교통부령으로 정하는 전속중개계약서에 의하지 않고 전속중개계약을 체결한 후, 2020. 9. 1. 폐업 신고를 하였다가 2021. 10. 1. 다시 중개사무소의 개설등록을 하였다면, 등록관청은 업무정지처분을 할 수 있다.
ㄷ. 丙이 2018. 8. 5. 다른 사람에게 자기의 상호를 사용하여 중개업무를 하게 한 후, 2018. 9. 5. 폐업신고를 하였다가 2021. 10. 5. 다시 중개사무소의 개설등록을 하였다면, 등록관청은 개설 등록을 취소해야 한다.

① ㄱ　　　　　② ㄱ, ㄴ　　　　　③ ㄱ, ㄷ
④ ㄴ, ㄷ　　　　⑤ ㄱ, ㄴ, ㄷ

해설 행정처분 승계
ㄴ. 폐업기간이 1년을 초과하였으므로 폐업전의 행위에 대해 업무정지 처분을 할 수 없다(법 제40조 제3항).
ㄷ. 폐업기간이 3년을 초과하였으므로 폐업전의 행위에 대해 등록취소 처분을 할 수 없다(법 제40조 제3항). **정답** ①

제1편 공인중개사법령

제3절 보 칙

01 업무위탁 ★   13회 출제

국토교통부장관, 시·도지사 또는 등록관청은 대통령령이 정하는 바에 따라 그 업무의 일부를 협회 또는 대통령령이 정하는 기관에 **위탁할 수 있다**(법 제45조).
→ 임의적 사항

1 교육의 위탁

시·도지사는 법 제45조에 따라 법 제34조 제1항부터 제4항까지의 규정에 따른 실무교육, 직무교육 및 연수교육에 관한 업무를 위탁하는 때에는 다음의 기관 또는 단체 중 국토교통부령으로 정하는 인력 및 시설을 갖춘 기관 또는 단체를 지정하여 위탁하여야 한다(영 제36조 제1항).

(1) 부동산 관련 학과가 개설된 「고등교육법」에 따른 학교
(2) 협 회
(3) 「공공기관의 운영에 관한 법률」에 따른 공기업 또는 준정부기관

2 실무교육기관의 인력 및 시설기준

영 제36조 제1항에 따라 실무교육에 관한 업무를 위탁받으려는 기관 또는 단체가 갖추어야 할 기준은 다음과 같다(규칙 제27조의2).

(1) 강사확보

교육과목별로 다음의 어느 하나에 해당하는 자를 강사로 확보할 것
1) 교육과목과 관련된 분야의 박사학위 소지자
2) 「고등교육법」에 따른 학교에서 전임강사 이상으로 교육과목과 관련된 과목을 2년 이상 강의한 경력이 있는 사람
3) 교육과목과 관련된 분야의 석사학위 취득 후 연구 또는 실무경력이 3년 이상인 사람
4) 변호사 자격이 있는 사람으로서 실무경력이 2년 이상인 사람
5) 7급 이상의 공무원으로 6개월 이상 부동산중개업 관련 업무를 담당한 경력이 있는 사람
6) 그 밖에 공인중개사·감정평가사·주택관리사·건축사·공인회계사·법무사 또는 세무사 등으로서 부동산 관련분야에 근무경력이 3년 이상인 사람

(2) 강의실 확보

면적이 50제곱미터 이상인 강의실을 1개소 이상 확보할 것

단락문제 Q20
제18회 기출

다음은 업무위탁에 관한 설명이다. 가장 옳지 않은 것은?

① 시·도지사는 개업공인중개사의 교육에 관한 업무를 위탁한 경우에는 위탁받은 교육기관의 명칭·대표자 및 소재지와 위탁업무내용 등을 관보에 고시해야 한다.
② 시·도지사 또는 등록관청도 업무를 위탁할 수 있으나 위탁업무에 대한 상세한 규정은 없다.
③ 국토교통부장관, 시·도지사 또는 등록관청은 제34조 제1항의 규정에 의한 개업공인중개사등의 교육에 관한 업무를 위탁할 수 있다.
④ 「공공기관의 운영에 관한 법률」에 따른 공기업 또는 준정부기관도 위탁기관이 될 수 있다.
⑤ 국토교통부장관, 시·도지사 또는 등록관청이 업무를 위탁할 수 있는 대상은 협회 또는 대통령령이 정하는 기관이다.

해설 국토교통부장관 등의 업무위탁

교육은 시·도지사가 실시하는 교육으로(법 제34조 제1항), 국토교통부장관 또는 등록관청이 교육에 관한 업무를 위탁할 권한은 없는 것으로 해석된다.

정답 ③

3 공인중개사시험의 위탁

→ 국토교통부장관 또는 시·도지사

시험시행기관장은 법 제45조에 따라 법 제4조에 따른 시험의 시행에 관한 업무를 「공공기관의 운영에 관한 법률」에 따른 공기업, 준정부기관 또는 협회에 위탁할 수 있다(영 제36조 제2항).

4 위탁내용의 고시

→ 사후고시

시·도지사 또는 시험시행기관장은 업무를 **위탁한** 때에는 위탁받은 기관의 명칭·대표자 및 소재지와 위탁업무의 내용 등을 관보에 고시하여야 한다(영 제36조 제3항).

02 포상금 ★★★

17·18·19·20·24·25·27·28·30회 출제

1 포상금 지급

(1) 포상금 지급대상행위

등록관청은 다음의 어느 하나에 해당하는 자를 등록관청이나 수사기관, 부동산거래질서 교란행위 신고센터에 신고 또는 고발한 자에 대하여 대통령령이 정하는 바에 따라 포상금을 지급할 수 있다(법 제46조 제1항).

1) 법 제9조의 규정에 의한 중개사무소의 개설등록을 하지 아니하고 중개업을 한 자
2) 거짓 그 밖의 부정한 방법으로 중개사무소의 개설등록을 한 자
3) 중개사무소등록증 또는 공인중개사자격증을 다른 사람에게 양도·대여하거나 다른 사람으로부터 양수·대여받은 자
4) 개업공인중개사가 아닌 자가 중개대상물 표시광고를 한 자
5) 부동산거래질서 교란행위를 한 자

(2) 포상금 지급금액 22회 출제

법 제46조 제1항의 규정에 따른 포상금은 1건당 50만원으로 한다(영 제37조 제1항).

(3) 포상금 지급기준

포상금은 법 제46조 제1항 각 호의 어느 하나에 해당하는 자가 행정기관에 의하여 발각되기 전에 등록관청이나 수사기관, 신고센터에 신고 또는 고발한 자에게 그 신고 또는 고발사건에 대하여 검사가 공소제기 또는 기소유예의 결정을 한 경우에 한하여 지급한다(영 제37조 제2항).

단락문제 Q21

제26회 기출

공인중개사법령상 포상금에 관한 설명으로 틀린 것은?

① 등록관청은 거짓으로 중개사무소의 개설등록을 한 자를 수사기관에 신고한 자에게 포상금을 지급할 수 있다.
② 포상금의 지급에 소요되는 비용은 그 전부 또는 일부를 국고에서 보조할 수 있다.
③ 포상금은 1건당 50만원으로 한다.
④ 포상금지급신청서를 제출받은 등록관청은 포상금의 지급을 결정한 날부터 1월 이내에 포상금을 지급해야 한다.
⑤ 하나의 사건에 대하여 포상금 지급요건을 갖춘 2건의 신고가 접수된 경우, 등록관청은 최초로 신고한 자에게 포상금을 지급한다.

해설 포상금

포상금의 지급에 소요되는 비용은 그 일부를 국고에서 보조할 수 있다(법 제46조 제2항).

정답 ②

제4장 지도·감독

단락문제 Q22
제32회 기출

공인중개사법령상 포상금을 지급받을 수 있는 신고 또는 고발의 대상이 <u>아닌</u> 것은?

① 중개사무소의 개설등록을 하지 않고 중개업을 한 자
② 부정한 방법으로 중개사무소의 개설등록을 한 자
③ 공인중개사자격증을 다른 사람으로부터 양수받은 자
④ 개업공인중개사로서 부당한 이익을 얻을 목적으로 거짓으로 거래가 완료된 것처럼 꾸미는 등 중개대상물의 시세에 부당한 영향을 줄 우려가 있는 행위를 한 자
⑤ 개업공인중개사로서 중개의뢰인과 직접 거래를 한 자

해설 포상금 지급 사유(법 제46조 제1항)
㉠ 제9조에 따른 중개사무소의 개설등록을 하지 아니하고 중개업을 한 자
㉡ 거짓이나 그 밖의 부정한 방법으로 중개사무소의 개설등록을 한 자
㉢ 중개사무소등록증 또는 공인중개사자격증을 다른 사람에게 양도·대여하거나 다른 사람으로부터 양수·대여받은 자
㉣ 개업공인중개사가 아닌 자가 중개대상물 표시·광고를 한 자
㉤ 제33조 제1항(개업공인중개사 등의 금지행위) 제8호 또는 제9호에 따른 행위를 한 자
㉥ 제33조 제2항(업무방해 금지행위)을 위반하여 개업공인중개사등의 업무를 방해한 자.

정답 ⑤

포상금 지급

① 포상금을 지급받고자 하는 자는 포상금지급신청서를 등록관청에 제출하여야 한다.
② 등록관청은 포상금 지급결정일부터 1월 이내에 포상금을 지급하여야 한다.

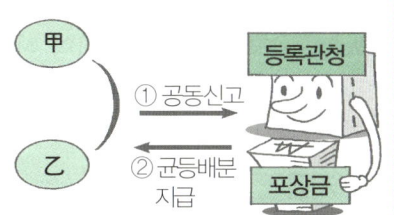

등록관청은 하나의 사건에 대하여 2인 이상이 공동으로 신고(또는 고발)한 경우에는 포상금을 균등하게 배분하여 지급한다.

다만, 지급받을 자가 배분방법에 관하여 미리 합의하여 포상금지급을 신청한 경우에는 그 합의된 방법에 따라 지급한다.

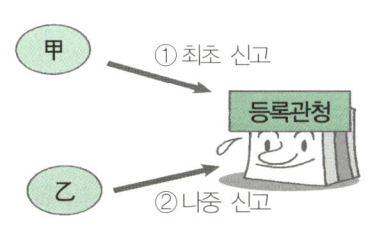

등록관청은 하나의 사건에 대하여 2건 이상의 신고(또는 고발)가 접수된 경우에는

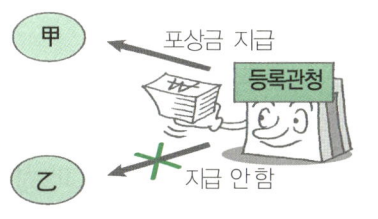

최초로 신고(또는 고발)한 자에게 포상금을 지급한다.

2 포상금 비용 국고보조 21·26회 출제

(1) 법 제46조 제1항의 규정에 의한 포상금의 지급에 소요되는 비용은 대통령령이 정하는 바에 따라 그 일부를 국고에서 보조할 수 있다(법 제46조 제2항).

(2) 법 제46조 제2항의 규정에 따라 포상금의 지급에 소요되는 비용 중 국고에서 보조할 수 있는 비율은 100분의 50 이내로 한다(영 제37조 제3항).

3 포상금 지급절차

그 밖에 포상금의 지급방법 및 절차 등에 관하여 필요한 사항은 국토교통부령으로 정한다(영 제37조 제4항).

(1) 포상금 지급신청서 제출
영 제37조의 규정에 따른 포상금을 지급받고자 하는 자는 별지 제28호 서식의 **포상금지급신청서를 등록관청에 제출하여야** 한다(규칙 제28조 제1항). → 제출하여야 포상금 지급

(2) 포상금 지급기한
포상금지급신청서를 제출받은 등록관청은 그 사건에 관한 수사기관의 처분내용을 조회한 후 포상금의 지급을 결정하고, 그 **결정일부터 1월 이내**에 포상금을 지급하여야 한다(규칙 제28조 제2항). → 신청일이 아님

Professor Comment
지급신청일이 아닌 지급결정일로부터 1월 이내라는 것을 주의하여야 한다.

(3) 공동신고에 대한 포상금 배분 23회 출제
등록관청은 하나의 사건에 대하여 2인 이상이 공동으로 신고 또는 고발한 경우에는 영 제37조 제1항의 규정에 따른 포상금을 균등하게 배분하여 지급한다. 다만, 포상금을 지급받을 자가 배분방법에 관하여 미리 합의하여 포상금의 지급을 신청한 경우에는 그 합의된 방법에 따라 지급한다(규칙 제28조 제3항).

(4) 동일 사건에 대한 포상금 지급
등록관청은 하나의 사건에 대하여 2건 이상의 신고 또는 고발이 접수된 경우에는 최초로 신고 또는 고발한 자에게 포상금을 지급한다(규칙 제28조 제4항).

단락핵심 포상금

(1) 등록관청은 하나의 사건에 대하여 2건 이상의 신고 또는 고발이 접수된 경우에는 최초로 신고 또는 고발한 자에게 포상금을 지급한다.
(2) 포상금의 지급에 소요되는 비용 중 국고에서 보조할 수 있는 비율은 100분의 50 이내로 한다.
(3) 등록관청이 포상금의 지급을 결정하고 그 결정일부터 1월 이내에 포상금을 지급하여야 한다.
(4) 포상금은 1건당 50만원으로 한다.
(5) 포상금은 신고 또는 고발사건에 대하여 검사가 공소제기 또는 기소유예의 결정을 한 경우에 한하여 지급한다.

제4장 지도·감독

03 행정수수료 ★

19·20·27·30회 출제

1 행정수수료 납부의무

다음의 어느 하나에 해당하는 자는 당해 지방자치단체의 조례가 정하는 바에 따라 수수료를 납부하여야 한다. 다만, 공인중개사자격시험을 제4조 제2항의 규정에 따라 국토교통부장관이 시행하는 경우에 다음의 어느 하나에 해당하는 자는 국토교통부장관이 결정·공고하는 수수료를 납부하여야 한다(법 제47조 제1항).

(1) 제4조의 규정에 의한 공인중개사자격시험에 응시하는 자
(2) 제5조 제3항의 규정에 의하여 공인중개사자격증의 재교부를 신청하는 자
(3) 제9조 제1항의 규정에 의하여 중개사무소의 개설등록을 신청하는 자
(4) 제11조 제2항의 규정에 의하여 중개사무소등록증의 재교부를 신청하는 자
(5) 제13조 제3항의 규정에 의하여 분사무소 설치의 신고를 하는 자
(6) 제13조 제5항의 규정에 의하여 분사무소 설치신고필증의 재교부를 신청하는 자

단락문제 Q23

제23회 기출

다음은 지방자치단체의 조례가 정하는 바에 따라 수수료를 납부할 의무가 있는 자를 열거한 것이다. 해당하지 않는 자는?

① 공인중개사자격시험에 응시하는 자
② 공인중개사자격증의 재교부를 신청하는 자
③ 중개사무소의 개설등록을 신청하는 자와 중개사무소등록증의 재교부를 신청하는 자
④ 분사무소 설치의 신고를 하는 자와 분사무소 설치신고필증의 재교부를 신청하는 자
⑤ 중개사무소의 휴업·폐업 신고를 하는 자

해설 수수료 납부의무가 있는 자

다음의 어느 하나에 해당하는 자는 당해 지방자치단체의 조례가 정하는 바에 따라 수수료를 납부하여야 한다(법 제47조 제1항).
1) 제4조의 규정에 의한 공인중개사자격시험에 응시하는 자
2) 제5조 제3항의 규정에 의하여 공인중개사자격증의 재교부를 신청하는 자
3) 제9조 제1항의 규정에 의하여 중개사무소의 개설등록을 신청하는 자
4) 제11조 제2항의 규정에 의하여 중개사무소등록증의 재교부를 신청하는 자
5) 제13조 제3항의 규정에 의하여 분사무소 설치의 신고를 하는 자
6) 제13조 제5항의 규정에 의하여 분사무소 설치신고필증의 재교부를 신청하는 자

정답 ⑤

2 공인중개사자격시험 등의 수수료

법 제4조의 규정에 의한 공인중개사자격시험 또는 제5조 제3항의 규정에 의한 공인중개사자격증 재교부업무를 제45조의 규정에 따라 위탁한 경우에는 당해 업무를 위탁받은 자가 위탁한 자의 승인을 얻어 결정·공고하는 수수료를 각각 납부하여야 한다(법 제47조 제2항).

04 고유식별정보의 처리

국토교통부장관, 시·도지사 또는 등록관청(국토교통부장관, 시·도지사 또는 등록관청의 업무를 위탁받은 자를 포함)은 다음의 사무를 수행하기 위하여 불가피한 경우 「개인정보 보호법 시행령」에 따른 주민등록번호 또는 외국인등록번호가 포함된 자료를 처리할 수 있다.

(1) 법 제4조 및 이 영 제8조에 따른 공인중개사 응시원서 접수에 관한 사무
(2) 법 제5조에 따른 자격증의 교부에 관한 사무
(3) 법 제9조에 따른 중개사무소의 개설등록에 관한 사무
(4) 법 제10조에 따른 등록의 결격사유에 관한 사무
(5) 법 제11조에 따른 등록증의 교부에 관한 사무
(6) 법 제13조에 따른 분사무소의 설치신고에 관한 사무
(7) 법 제15조에 따른 개업공인중개사의 고용인의 신고에 관한 사무
(8) 법 제16조에 따른 인장의 등록에 관한 사무
(9) 법 제24조에 따른 부동산거래정보망의 설치·운영자 지정 및 부동산거래정보망의 이용 등에 관한 운영규정의 승인에 관한 사무
(10) 다음의 사항과 관련된 법 제37조에 따른 감독상의 명령 등에 관한 사무
　1) 법 제22조에 따른 일반중개계약
　2) 법 제23조에 따른 전속중개계약
　3) 법 제25조에 따른 중개대상물 확인·설명
　4) 법 제26조에 따른 거래계약서의 작성
　5) 법 제30조에 따른 손해배상책임의 보장
(11) 법 제46조에 따른 포상금에 관한 사무
(12) 부동산거래질서 교란행위 신고센터의 설치·운영에 관한 사무

단원 오답 잡기

• 경록 교재에 모든 답이 있습니다.

01 개업공인중개사에 대한 감독관청은 국토교통부장관, 시·도지사, 등록관청이다.

01. O

02 개업공인중개사등에 대한 행정처분을 하기 전에 반드시 청문절차를 거쳐야 한다.

02. X
거래정보사업자의 지정취소, 사무소개설등록취소나 공인중개사자격취소의 경우에만 반드시 청문절차를 거치도록 규정하고 있다.

03 개업공인중개사에 대한 등록취소는 기속행위와 재량행위가 있으나, 업무정지는 재량행위이다.

03. O

04 실무교육을 위탁받은 공인중개사협회는 회원만을 상대로 실무교육을 실시할 수 있으나 대학은 그렇지 않다.

04. X
실무교육은 등록신청하고자 하는 자를 대상으로 실시하는 것으로 협회와 대학 모두 교육대상자의 제한이 없다.

05 개업공인중개사가 감독상의 명령에 위반한 경우에는 업무의 정지처분을 받을 수 있다.

05. O

06 개업공인중개사나 공인중개사의 위법행위의 확인 및 행정처분을 위하여 필요한 경우에만 감독상의 명령이나 사무소 출입을 할 수 있다.

06. X
이 법 위반행위의 확인·공인중개사의 자격취소·정지 및 개업공인중개사에 대한 등록취소·업무정지 등 행정처분을 위하여 필요한 경우 감독상의 명령이나 사무소 출입을 할 수 있다(법 제37조 제1항).

07 부동산투기 등 거래동향의 파악을 위하여 필요한 경우 감독상의 명령이나 중개사무소를 출입할 수 있다.

07. O

08 출입·검사 등을 하는 공무원은 그 권한을 나타내는 증표를 지니고 이를 관계인에게 내보여야 한다.

08. O

CHAPTER 05 공인중개사협회

학습포인트
- 공인중개사협회에 관한 규정은 법률개정으로 대폭 축소되었으나 최근에는 1문제 내외 정도가 출제되고 있다.
- 공인중개사협회에 대해서는 협회의 설립과 특징, 업무, 공제사업 등에 대하여 숙지해야 할 것이다.

CHAPTER 학습 & 출제되는 키워드

- ☑ 협회의 정의
- ☑ 법인
- ☑ 설립임의주의
- ☑ 발기인총회
- ☑ 협회의 조직
- ☑ 협회의 인가 취소
- ☑ 운용실적공시
- ☑ 조사 또는 검사

- ☑ 협회의 회원
- ☑ 사법인
- ☑ 가입임의주의
- ☑ 창립총회
- ☑ 지부와 지회
- ☑ 공제사업
- ☑ 공제사업 감독
- ☑ 공제사업 운영의 개선명령

- ☑ 협회의 특징
- ☑ 사단법인
- ☑ 협회의 설립
- ☑ 설립인가
- ☑ 협회의 업무
- ☑ 공제규정
- ☑ 운영위원회
- ☑ 재무건전성

CHAPTER 학습 & 출제되는 질문

- ☑ 협회에 대한 설명으로 옳지 않은 것은?
- ☑ 공제제도에 대한 설명으로 옳지 않은 것은?

제1절 협회의 개념 및 설립

01 공인중개사협회의 개념 ★   추가15·25회 출제

개업공인중개사인 공인중개사(부칙에 의한 개업공인중개사를 포함)는 그 자질향상 및 품위유지와 중개업에 관한 제도의 개선 및 운용에 관한 업무를 효율적으로 수행하기 위하여 공인중개사협회(이하 "협회"라 함)를 설립할 수 있다(법 제41조 제1항).
→ 임의설립주의

1 협회의 정의

공인중개사협회(公認仲介士協會)란 개업공인중개사인 공인중개사가 자신들의 자질향상 및 품위유지와 중개업에 관한 제도의 개선 및 운용에 관한 업무를 효율적으로 수행할 목적으로 공인중개사법에 의한 절차를 거쳐 자율적으로 결성한 개업공인중개사인 공인중개사의 단체를 의미하는 것으로 볼 수 있다(법 제41조 제1항 참조).

2 협회의 회원

회원(會員)이란 협회의 구성원을 의미하는 것으로, 공인중개사협회의 회원은 개업공인중개사인 공인중개사이다.

Professor Comment
법 제7638호 부칙 제6조 제2항의 규정에 따라 이 법에 의한 중개사무소의 개설등록을 한 것으로 보는 자도 포함한다.

3 협회의 특징

(1) 법인   → 비영리 사단법인
1) 협회는 **법인으로 한다**(법 제41조 제2항). 법인(法人)이란 사람이나 재산의 결합체에 대하여 법률로서 권리능력(權利能力)을 부여한 것을 의미한다.
2) 법인은 법률의 규정에 의함이 아니면 성립하지 못하는 것으로(민법 제31조), 「공인중개사법」 제41조 제1항 및 제2항의 규정에 의해 공인중개사협회가 법인으로 성립될 수 있는 것이다.

(2) 사법인
공인중개사협회는 개업공인중개사인 공인중개사가 모인 단체이며, 협회의 가입이나 회비 등은 구성원의 자율에 맡기고 있으며, 어떠한 국가나 공공단체의 공권력이 작용하지 않는 것으로, 공법인(公法人)과 사법인(私法人)의 구별 중 사법인의 범위에 포함된다고 보아야 할 것이다.

(3) 사단법인 23회 출제

1) 공인중개사협회는 개업공인중개사인 공인중개사가 모인 단체이므로, 일정한 목적을 위하여 결합한 사람의 결합체에 법인격을 부여한 사단법인(社團法人)에 속한다.
2) 「공인중개사법」에서는 협회에 관하여 이 법에 규정된 것 외에는 민법 중 사단법인에 관한 규정을 적용한다고 규정하여 협회의 사단법인적 성격을 명확히 하고 있다(법 제43조).

(4) 비영리법인

공인중개사협회는 개업공인중개사인 공인중개사의 자질향상 및 품위유지와 중개업에 관한 제도의 개선 및 운용에 관한 업무를 효율적으로 수행할 목적으로 설립되어야 하는 것으로, 영리를 목적으로 설립되는 상법상의 법인이 아닌 비영리법인(非營利法人)에 속한다.

공인중개사협회

협회에 관하여 공인중개사법에 규정된 것 외에는 「민법」 중 '사단법인에 관한 규정'을 준용한다.

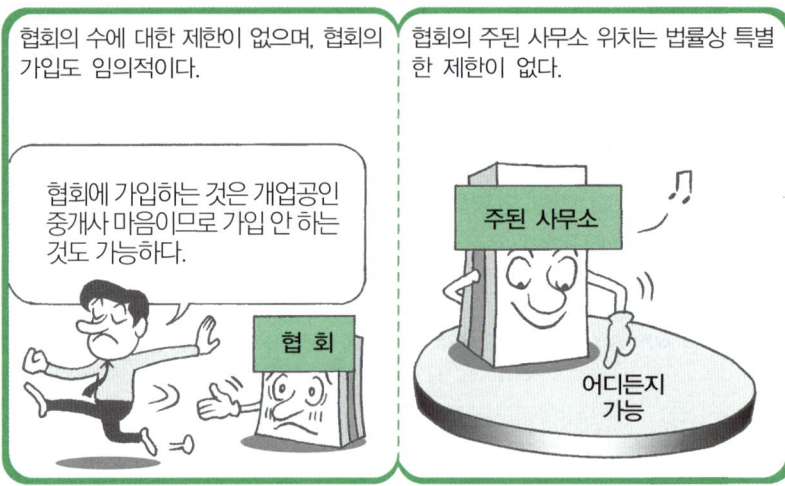

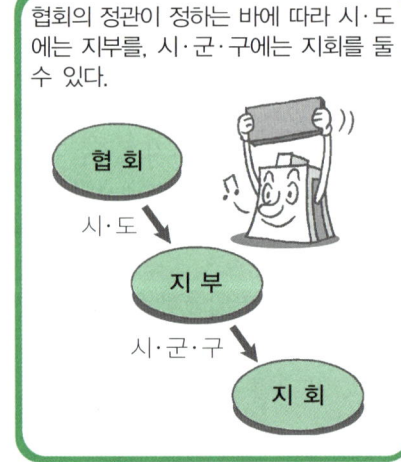

제5장 공인중개사협회

(5) 인가주의
1) 설립등기
공인중개사협회는 국토교통부장관의 **인가를 받아** 그 주된 사무소의 소재지에서 설립등기를 함으로써 성립한다(법 제41조 제3항 후단). → 기속주의

Professor Comment
주무부장관 기타의 관할행정관청의 인가를 얻음으로써 법인으로 성립할 수 있는 인가주의에 속하는 것으로 보아야 한다.

2) 구속허가주의
인가주의는 허가주의와는 달리 법률이 정하는 요건을 구비하면 반드시 인가권자는 인가를 하여야 한다. 이를 구속허가주의(拘束許可主義)라고도 하며, 주무부장관이 인가를 하지 않을 때는 소송으로 법원(法院)의 실질적 판단을 받을 수 있다.

(6) 설립등기주의
공인중개사협회는 국토교통부장관의 인가를 받아 그 주된 사무소의 소재지에서 설립등기를 함으로써 성립하는 것이므로(법 제41조 제3항 후단), 협회의 설립에 대해서는 설립등기주의(設立登記主義)를 택하고 있다고 보아야 한다.

(7) 설립임의주의
개업공인중개사인 공인중개사는 그 자질향상 및 품위유지와 중개업에 관한 제도의 개선 및 운용에 관한 업무를 효율적으로 수행하기 위하여 공인중개사협회를 설립할 수 있다고 규정하고 있으므로(법 제41조 제1항), 개업공인중개사인 공인중개사가 반드시 협회를 설립하지 않아도 된다. 이와 같은 법인설립에 강제성이 없는 입법형태를 설립임의주의(設立任意主義) 혹은 임의주의라고도 한다.

(8) 가입임의주의
「공인중개사법」 제41조 제1항의 규정에 의해 공인중개사협회의 구성원은 개업공인중개사인 공인중개사임이 명백하다. 그러나 공인중개사협회는 사단법인에 속하며, 공인중개사법령에서는 개업공인중개사인 공인중개사가 협회에 반드시 가입하도록 규정하고 있는 것은 아니다.

Professor Comment
「공인중개사법」에서는 공인중개사협회의 구성원에 대하여 가입임의주의(加入任意主義)를 선택하고 있는 것으로 보아야 할 것이다.

제1편 공인중개사법령

02 협회의 설립 ★★

17회 출제

협회는 회원 300인(人) 이상이 발기인(發起人)이 되어 정관(定款)을 작성하여 창립총회의 의결을 거친 후 국토교통부장관의 인가(認可)를 받아 그 주된 사무소의 소재지에서 설립등기를 함으로써 성립한다(법 제41조 제3항). 협회의 설립 및 설립인가의 신청등기에 관하여 필요한 사항은 대통령령으로 정한다(법 제41조 제5항).

Professor Comment
협회 설립에 필요한 발기인, 창립총회 참여자는 반드시 개업공인중개사이어야 한다. 공인중개사는 그 대상이 아니다.

1 발기인 총회

→ 개업공인중개사

공인중개사협회를 설립하고자 하는 때에는 회원 300인 이상이 발기인이 되어 정관을 작성하여 서명·날인해야 한다(영 제30조 제1항 전단 참조).

2 창립총회

(1) 출석과 동의 회원수 17·30회 출제

개업공인중개사 ←

공인중개사협회를 설립하고자 하는 때에는 발기인이 작성하여 서명·날인된 정관을 회원 600인 이상이 출석한 창립총회(創立總會)에서 출석한 회원 과반수의 동의를 얻어야 한다(영 제30조 제1항 후단).

(2) 참여 회원수

창립총회에는 서울특별시에서 100인 이상, 광역시 및 도에서 각 20인 이상의 회원이 참여하여야 한다(영 제30조 제2항).

제5장 공인중개사협회

단락문제 Q01 제17회 기출

공인중개사협회에 대한 설명 중 빈칸에 들어갈 내용이 바르게 짝지어진 것은?

> 공인중개사협회를 설립하고자 하는 때에는 발기인이 작성하여 서명·날인한 정관에 대하여 회원 (A)인 이상이 출석한 창립총회에서 출석한 회원 과반수의 동의를 얻어 국토교통부장관의 설립인가를 받아야 하며, 창립총회에는 서울특별시에서는 (B)인 이상, 광역시 및 도에서는 각각 (C)인 이상의 회원이 참여하여야 한다.

	A	B	C		A	B	C
①	300	100	20	②	300	100	50
③	300	200	50	④	600	100	20
⑤	600	200	20				

해설 공인중개사협회의 설립

공인중개사협회를 설립하고자 하는 때는 발기인이 작성하여 서명·날인한 정관에 대하여 회원 (600)인 이상이 출석한 창립총회에서 출석한 회원 과반수의 동의를 얻어 국토교통부장관의 설립인가를 받아야 하며, 창립총회에서는 서울특별시에서 (100)인 이상, 광역시 및 도에서는 각 (20)인 이상의 회원이 참여하여야 한다. **정답** ④

3 설립인가

(1) 설립인가권자

공인중개사협회를 설립하고자 하는 때에는 국토교통부장관의 설립인가를 받아야 한다(영 제30조 제1항 후단).

(2) 협회의 설립인가 신청에 필요한 서류

협회의 설립인가 신청에 필요한 서류는 국토교통부령으로 정하도록 하고 있으며(영 제30조 제3항), 국토교통부령에 따르면 공인중개사협회의 설립인가를 신청할 때에 제출하여야 하는 서류는「국토교통부장관 소관 비영리법인의 설립 및 감독에 관한 규칙」제3조의 규정에 따른 서류로 한다. 이 경우 "설립허가신청서"는 이를 "설립인가신청서"로 본다(규칙 제26조).

4 설립등기

등기를 하여야 성립

협회는 국토교통부장관의 인가를 받아 그 주된 사무소의 소재지에서 **설립등기**(設立登記)를 함으로써 성립하는 것으로(법 제41조 제3항 후단), 법인설립의 인가가 있는 때에는 3주간 내에 주된 사무소 소재지에서 설립등기를 하여야 한다(민법 제49조 제1항).

제1편 공인중개사법령

03 조직 ★
20·22회 출제

1 협회의 조직

협회는 정관(定款)이 정하는 바에 따라 시·도에 지부(支部)를, 시(구가 설치되지 아니한 시와 특별자치도의 행정시)·군·구에 지회(支會)를 둘 수 있다(법 제41조 제4항).
→ 임의적 사항

2 지부와 지회

따라서 협회는 시·도 지부나 시·군·구 지회를 반드시 두어야 하는 것은 아니다.

단락핵심 공인중개사협회

(1) 협회는 공제의 책임준비금을 다른 용도로 사용하고자 하는 경우 국토교통부장관의 승인을 얻어야 한다.
(2) 공인중개사협회에 가입 여부는 자유이다.
(3) 협회가 지부 및 지회를 설치한 때는, 지부는 시·도지사에게, 지회는 등록관청에 신고하여야 한다.
(4) 실무교육업무는 공인중개사협회 및 부동산관련학과가 설치된 전문대학 또는 대학에 위탁할 수 있다.

단락문제 Q02
제22회 기출

공인중개사법령상 공인중개사협회에 관한 설명으로 틀린 것은?

① 협회는 회원 300인 이상이 발기인이 되어 정관을 작성하여 창립총회의 의결을 거친 후 국토교통부장관의 인가를 받아 그 주된 사무소의 소재지에서 설립등기를 함으로써 성립한다.
② 창립총회에는 서울특별시에서는 100인 이상, 광역시·도 및 특별자치도에서는 각각 20인 이상의 회원이 참여해야 한다.
③ 이 법에서는 협회에 시·도 지부를 둘 의무를 부과하고 있다.
④ 협회는 부동산 정보제공에 관한 업무를 수행할 수 있다.
⑤ 협회는 총회의 의결내용을 지체없이 국토교통부장관에게 보고해야 한다.

해설 공인중개사협회
협회는 정관이 정하는 바에 따라 시·도에 지부를, 시(구가 설치되지 아니한 시와 특별자치도의 행정시를 말한다)·군·구에 지회를 둘 수 있다(법 제41조 제4항).

정답 ③

제2절 협회의 업무 및 지도·감독

30회 출제

01 협회의 업무 ★

35회 출제

1 협회의 수행업무

개업공인중개사인 공인중개사는 그 자질향상 및 품위유지와 중개업에 관한 제도의 개선 및 운용에 관한 업무를 효율적으로 수행하기 위하여 공인중개사협회를 설립할 수 있는 것으로(법 제41조 제1항), 협회는 법 제41조 제1항의 규정에 의한 목적을 달성하기 위하여 다음의 업무를 수행할 수 있다(영 제31조).

→ 임의적 사항

(1) 회원의 품위유지를 위한 업무
(2) 부동산중개제도의 연구·개선에 관한 업무
(3) 회원의 자질향상을 위한 지도 및 교육·연수에 관한 업무
(4) 회원의 윤리헌장 제정 및 그 실천에 관한 업무
(5) 부동산 정보제공에 관한 업무
(6) 법 제42조의 규정에 따른 공제사업. 이 경우 공제사업은 비영리사업으로서 회원 간의 상호부조를 목적으로 한다.
(7) 그 밖에 협회의 설립목적 달성을 위하여 필요한 업무

2 인가 취소

법인이 목적 이외의 사업을 하거나 설립인가의 조건에 위반하거나 기타 공익을 해하는 행위를 한 때에는 주무관청은 그 인가를 취소할 수 있다(민법 제38조 참조).

단락문제 003

제23회 기출

공인중개사법령상 공인중개사협회에 관한 설명으로 틀린 것은?
① 협회는 시·도에 지부를, 시·군·구에 지회를 둘 수 있다.
② 협회는 총회의 의결 내용을 지체없이 국토교통부장관에게 보고해야 한다.
③ 협회는 부동산중개제도의 연구·개선에 관한 업무를 수행할 수 있다.
④ 협회가 지부를 설치한 때에는 그 지부는 시·도지사에게 신고해야 한다.
⑤ 협회에 관하여 공인중개사법령에 규정된 것 외에는 「민법」 중 재단법인에 관한 규정을 적용한다.

제1편 공인중개사법령

> **해설** 공인중개사협회
> 협회에 관하여 공인중개사법령에 규정된 것 외에는 「민법」중 사단법인에 관한 규정을 적용한다(법 제43조). **정답** ⑤

단락문제 Q04
제32회 기출

공인중개사법령상 공인중개사협회(이하 '협회'라 함)에 관한 설명으로 틀린 것은?

① 협회는 시·도지사로부터 위탁을 받아 실무교육에 관한업무를 할 수 있다.
② 협회는 공제사업을 하는 경우 책임준비금을 다른 용도로 사용하려면 국토교통부장관의 승인을 얻어야 한다.
③ 협회는 「공인중개사법」에 따른 협회의 설립목적을 달성하기 위한 경우에도 부동산 정보제공에 관한 업무를 수 행할 수 없다.
④ 협회에 관하여 「공인중개사법」에 규정된 것 외에는 「민법」 중 사단법인에 관한 규정을 적용한다.
⑤ 협회는 공제사업을 다른 회계와 구분하여 별도의 회계로 관리해야 한다.

> **해설** 공인중개사협회
> ③ 협회는 「공인중개사법」에 따른 협회의 설립목적을 달성하기 위해 부동산 정보제공에 관한 업무를 수행할 수 있다. **정답** ③

02 공제사업 ★★
21·24·34회 출제

1 공제사업

(1) 공제사업의 의의

협회는 제30조의 규정에 의한 개업공인중개사의 손해배상책임을 보장하기 위하여 공제사업(共濟事業)을 할 수 있다(법 제42조 제1항). → 고유업무, 임의적 사항

(2) 공제사업의 범위

법 제42조 제1항의 규정에 따라 협회가 할 수 있는 공제사업의 범위는 다음과 같다(영 제33조).
1) 법 제30조의 규정에 따른 손해배상책임을 보장하기 위한 공제기금의 조성 및 공제금의 지급에 관한 사업
2) 공제사업의 부대업무로서 공제규정으로 정하는 사업

제5장 공인중개사협회

2 공제규정 22회 출제

(1) 공제규정 제정의무

협회는 공제사업을 하고자 하는 때에는 공제규정을 제정하여 국토교통부장관의 승인을 얻어야 한다. 공제규정을 변경하고자 하는 때에도 또한 같다(법 제42조 제2항).
→ 위반 시 과태료 대상 아님

단락문제 Q05
제16회 기출

법령의 내용 중 옳은 것은?

① 개업공인중개사로 등록한 자는 등록한 날로부터 공인중개사협회의 회원이 된다.
② 공인중개사협회는 개업공인중개사의 손해배상책임을 보장하기 위하여 공제사업을 하여야 한다.
③ 국토교통부장관은 소속공무원으로 하여금 분기별로 중개사무소에 출입하여 부동산투기 등 거래동향의 파악을 위하여 장부·서류 등을 조사하게 하여야 한다.
④ 공인중개사협회는 공제규정을 변경할 때에도 국토교통부장관의 승인을 얻어야 한다.
⑤ 개업공인중개사가 폐업 후 다시 중개업등록을 하는 경우에는 폐업기간과 관계없이 실무교육이 면제된다.

해설 공인중개사법의 주요내용
① 현행 법률에서는 개업공인중개사인 공인중개사가 반드시 공인중개사협회에 가입하도록 강제하는 규정은 없다.
② 협회는 제30조의 규정에 의한 개업공인중개사의 손해배상책임을 보장하기 위하여 공제사업을 할 수 있다(법 제42조 제1항). 따라서 반드시 공제사업을 해야 하는 것은 아니다.
③ 국토교통부장관은 협회와 그 지부 및 지회에 대하여 감독상 필요한 때에는 그 업무에 관한 사항을 보고하게 하거나 자료의 제출 그 밖에 필요한 명령을 할 수 있으며, 소속 공무원으로 하여금 그 사무소에 출입하여 장부·서류 등을 조사 또는 검사하게 할 수 있으나(법 제44조 제1항), 반드시 분기별로 해야 하는 것은 아니다.
⑤ 폐업신고 후 1년 이내에 중개사무소의 개설등록을 다시 신청하고자 하는 자는 실무교육을 받지 않아도 된다(법 제34조 제1항 참조).

정답 ④

(2) 공제규정의 내용

공제규정에는 대통령령이 정하는 바에 따라 공제사업의 범위, 공제계약의 내용, 공제금, 공제료, 회계기준 및 책임준비금의 적립비율 등 공제사업의 운용에 관하여 필요한 사항을 정하여야 한다(법 제42조 제3항). 법 제42조 제3항의 규정에 따라 공제규정에는 다음의 사항을 정하여야 한다(영 제34조).

1) 공제계약의 내용

협회의 공제책임, 공제금, 공제료, 공제기간, 공제금의 청구와 지급절차, 구상 및 대위권, 공제계약의 실효 그 밖에 공제계약에 필요한 사항을 정한다. 이 경우 공제료는 공제사고 발생률, 보증보험료 등을 종합적으로 고려하여 결정한 금액으로 한다.

제1편 공인중개사법령

2) 회계기준
공제사업을 손해배상기금과 복지기금으로 구분하여 각 기금별 목적 및 회계원칙에 부합되는 세부기준을 정한다.

3) 책임준비금의 적립비율
① 공제사고 발생률 및 공제금 지급액 등을 종합적으로 고려하여 정하되, 공제료 수입액의 100분의 10 이상으로 정한다.
② 협회는 공제사업을 다른 회계와 구분하여 별도의 회계로 관리하여야 하며, 책임준비금을 다른 용도로 사용하고자 하는 경우에는 국토교통부장관의 승인을 얻어야 한다(법 제42조 제4항). ← 위반 시 과태료 대상 아님

3 운용실적공시 30회 출제

(1) 공제사업 운용실적 공시
1) 협회는 대통령령이 정하는 바에 따라 매년도의 공제사업 운용실적을 일간신문·협회보 등을 통하여 공제계약자에게 공시하여야 한다(법 제42조 제5항).
2) 협회는 공제사업 운용실적을 다음의 규정에 따라 매 회계연도 종료 후 3개월 이내에 일간신문 또는 협회보에 공시하고 협회의 인터넷 홈페이지에 게시하여야 한다(영 제35조).
   ① 결산서인 요약 대차대조표, 손익계산서 및 감사보고서
   ② 공제료 수입액, 공제금 지급액, 책임준비금 적립액
   ③ 그 밖에 공제사업의 운용과 관련된 참고사항

(2) 공시 위반 시
운용실적공시를 위반하여 회계연도 종료 후 3월 이내 운용실적공시를 하지 않은 경우 500만원 이하의 과태료에 처한다(법 제51조 제1항 제7호).

4 공제사업 감독 25회 출제

(1) 운영위원회
1) 운영위원회의 설치
   ① 제42조 제1항에 따른 공제사업에 관한 사항을 심의하고 그 업무집행을 감독하기 위하여 협회에 운영위원회를 둔다.
   ② 운영위원회의 위원은 협회의 임원, 중개업·법률·회계·금융·보험·부동산 분야 전문가, 관계 공무원 및 그 밖에 중개업 관련 이해관계자로 구성하되, 그 수는 19명 이내로 한다.

2) 운영위원회의 사무
운영위원회는 공제사업에 관하여 다음의 사항을 심의하며 그 업무집행을 감독한다.
① 사업계획·운영 및 관리에 관한 기본 방침
② 예산 및 결산에 관한 사항
③ 차입금에 관한 사항
④ 주요 예산집행에 관한 사항
⑤ 공제약관·공제규정의 변경과 공제와 관련된 내부규정의 제정·개정 및 폐지에 관한 사항
⑥ 공제금, 공제가입금, 공제료 및 그 요율에 관한 사항
⑦ 정관으로 정하는 사항
⑧ 그 밖에 위원장이 필요하다고 인정하여 회의에 부치는 사항

3) 운영위원회의 구성 및 운영
① 운영위원회는 성별을 고려하여 다음의 사람으로 구성한다. 이 경우 ⓒ 및 ⓔ에 해당하는 위원의 수는 전체 위원 수의 3분의 1 미만으로 한다.
  ㉠ 국토교통부장관이 소속 공무원 중에서 지명하는 사람 1명
  ㉡ 협회의 회장
  ㉢ 협회 이사회가 협회의 임원 중에서 선임하는 사람
  ㉣ 다음의 어느 하나에 해당하는 사람으로서 협회의 회장이 추천하여 국토교통부장관의 승인을 받아 위촉하는 사람
    ⓐ 대학 또는 정부출연연구기관에서 부교수 또는 책임연구원 이상으로 재직하고 있거나 재직하였던 사람으로서 부동산 분야 또는 법률·회계·금융·보험 분야를 전공한 사람
    ⓑ 변호사·공인회계사 또는 공인중개사의 자격이 있는 사람
    ⓒ 금융감독원 또는 금융기관에서 임원 이상의 직에 있거나 있었던 사람
    ⓓ 공제조합 관련 업무에 관한 학식과 경험이 풍부한 사람으로서 해당 업무에 5년 이상 종사한 사람
    ⓔ 「소비자기본법」 제29조에 따라 등록한 소비자단체 및 같은 법 제33조에 따른 한국소비자원의 임원으로 재직 중인 사람
② 위 ⓒ 및 ㉣에 따른 위원의 임기는 2년으로 하되 1회에 한하여 연임할 수 있으며, 보궐위원의 임기는 전임자 임기의 남은 기간으로 한다.
③ 운영위원회에는 위원장과 부위원장 각각 1명을 두되, 위원장 및 부위원장은 위원 중에서 각각 호선(互選)한다.
④ 운영위원회의 위원장은 운영위원회의 회의를 소집하며 그 의장이 된다.
⑤ 운영위원회의 부위원장은 위원장을 보좌하며, 위원장이 부득이한 사유로 그 직무를 수행할 수 없을 때에는 그 직무를 대행한다.
⑥ 운영위원회의 회의는 재적위원 과반수의 출석으로 개의(開議)하고, 출석위원 과반수의 찬성으로 심의사항을 의결한다.

⑦ 운영위원회의 사무를 처리하기 위하여 간사 및 서기를 두되, 간사 및 서기는 공제업무를 담당하는 협회의 직원 중에서 위원장이 임명한다.
⑧ 간사는 회의 때마다 회의록을 작성하여 다음 회의에 보고하고 이를 보관하여야 한다.
⑨ 위의 사항 외에 운영위원회의 운영에 필요한 사항은 운영위원회의 심의를 거쳐 위원장이 정한다.

(2) 조사 또는 검사
「금융위원회의 설치 등에 관한 법률」에 따른 금융감독원의 원장은 국토교통부장관의 요청이 있는 경우에는 공제사업에 관하여 조사 또는 검사를 할 수 있다.

(3) 공제사업 운영의 개선명령 29·35회 출제
국토교통부장관은 협회의 공제사업 운영이 적정하지 아니하거나 자산상황이 불량하여 중개사고 피해자 및 공제 가입자 등의 권익을 해칠 우려가 있다고 인정하면 다음의 조치를 명할 수 있다.
1) 업무집행방법의 변경
2) 자산예탁기관의 변경
3) 자산의 장부가격의 변경
4) 불건전한 자산에 대한 적립금의 보유
5) 가치가 없다고 인정되는 자산의 손실 처리
6) 그 밖에 이 법 및 공제규정을 준수하지 아니하여 공제사업의 건전성을 해할 우려가 있는 경우 이에 대한 개선명령

(4) 임원에 대한 제재 등
국토교통부장관은 협회의 임원이 다음의 어느 하나에 해당하여 공제사업을 건전하게 운영하지 못할 우려가 있는 경우 그 임원에 대한 징계·해임을 요구하거나 해당 위반행위를 시정하도록 명할 수 있다.
1) 제42조 제2항에 따른 공제규정을 위반하여 업무를 처리한 경우
2) 제42조의4에 따른 개선명령을 이행하지 아니한 경우
3) 제42조의6에 따른 재무건전성 기준을 지키지 아니한 경우

(5) 재무건전성
1) 재무건전성의 기준
협회는 공제금 지급능력과 경영의 건전성을 확보하기 위하여 다음의 사항에 관하여 대통령령으로 정하는 재무건전성 기준을 지켜야 한다.
① 자본의 적정성에 관한 사항
② 자산의 건전성에 관한 사항
③ 유동성의 확보에 관한 사항

2) 재무건전성의 유지의무

① 협회는 다음 각 호의 재무건전성기준을 모두 준수하여야 한다.
　㉠ 지급여력비율은 100분의 100 이상을 유지할 것
　㉡ 구상채권 등 보유자산의 건전성을 정기적으로 분류하고 대손충당금을 적립할 것
② 위의 지급여력비율은 지급여력금액을 지급여력기준금액으로 나눈 비율로 한다.
　㉠ **지급여력금액** : 자본금, 대손충당금, 이익잉여금, 그 밖에 이에 준하는 것으로서 국토교통부장관이 정하는 금액을 합산한 금액에서 영업권, 선급비용 등 국토교통부장관이 정하는 금액을 뺀 금액
　㉡ **지급여력기준금액** : 공제사업을 운영함에 따라 발생하게 되는 위험을 국토교통부장관이 정하는 방법에 따라 금액으로 환산한 것
③ 국토교통부장관은 위의 재무건전성 기준에 관하여 필요한 세부기준을 정할 수 있다.

 Q06 제34회 기출

공인중개사법령상 공인중개사협회(이하 '협회'라 함) **및 공제사업에 관한 설명으로 틀린 것은?**

① 협회는 총회와 의결내용을 10일 이내에 시·도지사에게 보고하여야 한다.
② 협회는 매 회계연도 종료 후 3개월 이내에 공제사업 운용실적을 일간신문에 공시하거나 협회의 인터넷 홈페이지에 게시해야 한다.
③ 협회의 창립총회를 개최할 경우 특별자치도에서는 10인 이상의 회원이 참여하여야 한다.
④ 공제규정에는 책임준비금의 적립비율은 공제료 수입액의 100분의 5 이상으로 정한다.
⑤ 협회는 공제사업을 다른 회계와 구분하며 별도의 회계로 관리하여야 한다.

해설 공제사업
① 협회는 총회와 의결내용을 지체없이 국토교통부장관에게 보고하여야 한다.
② 협회는 매 회계연도 종료 후 3개월 이내에 공제사업 운용실적을 협회보 또는 일간신문에 공시하고 협회의 인터넷 홈페이지에 게시해야 한다.
③ 협회의 창립총회를 개최할 경우 서울특별시에서는 100명 이상 광역시와 도에서는 20인 이상의 회원이 참여하여야 한다.
④ 공제규정에는 책임준비금의 적립비율은 공제료 수입액의 100분의 10 이상으로 정한다.

정답 ⑤

03 지도·감독 등 ★

1 지도·감독 방법

(1) 지도·감독권

국토교통부장관은 협회와 그 지부 및 지회에 대하여 감독상 필요한 때에는 그 업무에 관한 사항을 보고하게 하거나 자료의 제출 그 밖에 필요한 명령을 할 수 있으며, 소속 공무원으로 하여금 그 사무소에 출입하여 장부·서류 등을 조사 또는 검사하게 할 수 있다(법 제44조 제1항).

> ➤ 불제출명령위반 시 500만원 이하 과태료

(2) 출입·검사 증표 제시

1) 증표 제시

출입·검사 등을 하는 공무원은 국토교통부령이 정하는 증표를 지니고 상대방에게 이를 내보여야 한다(법 제44조 제2항).

2) 국토교통부령이 정하는 증표

법 제44조 제2항에서 "국토교통부령이 정하는 증표"라 함은 공무원증 및 별지 제27호 서식의 공인중개사협회조사·검사증명서를 말한다(규칙 제27조).

2 협회의 보고의무 19·27·30회 출제

(1) 협회의 보고

협회는 총회의 의결내용을 지체없이 국토교통부장관에게 보고하여야 한다(영 제32조 제1항).

(2) 지부와 지회의 신고

협회가 그 지부 또는 지회를 설치한 때에는 그 지부는 시·도지사에게, 지회는 등록관청에 신고하여야 한다(영 제32조 제2항).

단원 오답 잡기

• 경록 교재에 모든 답이 있습니다.

01 개업공인중개사인 공인중개사는 그 자질향상 및 품위유지와 중개업에 관한 제도의 개선 및 운용에 관한 업무를 효율적으로 수행하기 위하여 공인중개사협회를 설립해야 한다.

01. X
개업공인중개사는 그 자질향상 및 품위유지와 중개업에 관한 제도의 개선 및 운용에 관한 업무를 효율적으로 수행하기 위하여 공인중개사협회를 설립할 수 있다.

02 협회는 총회의 의결내용을 지체 없이 국토교통부장관에게 보고하여야 한다.

02. O

03 협회는 회원 300인 이상이 발기인이 되어 정관을 작성하여 창립총회의 의결을 거친 후 국토교통부장관의 인가를 받아 그 주된 사무소의 소재지에서 설립등기를 함으로써 성립한다.

03. O

04 공인중개사협회를 설립하고자 하는 때에는 개업공인중개사 300인 이상이 발기인이 되어 정관을 작성하여 서명·날인해야 한다.

04. O

05 협회를 설립하고자 하는 때에는 발기인이 작성하여 서명·날인된 정관을 개업공인중개사 600인 이상이 출석한 창립총회에서 출석한 개업공인중개사 과반수의 동의를 얻어야 한다.

05. O

06 협회는 국토교통부장관의 설립인가를 받아야 한다.

06. O

07 창립총회에는 서울특별시에서 200인 이상, 광역시 및 도에서 각 20인 이상의 개업공인중개사가 참여하여야 한다.

07. X
창립총회에는 서울특별시에서 100인 이상, 광역시·도에서 각 20인 이상의 개업공인중개사가 참여하여야 한다(영 제30조 제2항).

CHAPTER 06

벌 칙

학습포인트

- 행정형벌(제48조, 제49조)은 각 행정형벌에 처하는 사유의 내용을 이해해야 하며, 행정형벌 대상 규정의 해석과 함께 출제될 가능성이 높은 점을 감안해야 한다.
- 행정질서벌(제51조) 역시 과태료 대상 규정의 해석과 함께 출제될 가능성이 높은 점을 감안해야 한다.
- 양벌규정(제50조)은 중개업자의 고용인 규정과 연관되어 이해해야 한다.

CHAPTER 학습 & 출제되는 키워드

- ☑ 행정벌
- ☑ 벌금
- ☑ 3년 이하의 징역 등
- ☑ 양도·알선 등이 금지된 부동산
- ☑ 1년 이하의 징역 등
- ☑ 이중등록자와 이중소속자
- ☑ 양벌규정
- ☑ 100만원 이하의 과태료

- ☑ 행정형벌
- ☑ 행정질서벌
- ☑ 무등록업자
- ☑ 중개의뢰인과 직접 거래 등
- ☑ 자격증 대여
- ☑ 2 이상의 중개사무소 설치
- ☑ 벌금형의 분리선고
- ☑ 과태료 부과징수

- ☑ 징역
- ☑ 이중처벌금지
- ☑ 부정한 개설등록
- ☑ 부동산투기 조장
- ☑ 공인중개사 명칭 등 사용
- ☑ 중개사무소 유사명칭 사용자
- ☑ 500만원 이하의 과태료
- ☑ 2분의 1 범위 안에서 가중·감경

CHAPTER 학습 & 출제되는 질문

- ☑ 3년 이하 징역 또는 3천만원 이하 벌금에 해당하지 않는 것은?
- ☑ 형벌에 대한 설명이다. 옳지 않은 것은?
- ☑ 과태료에 대한 설명이다. 옳지 않은 것은?

제6장 벌 칙

행정법상의 의무위반에 대한 제재인 행정벌에는 행정형벌, 행정질서벌, 조례에 의한 과태료 등이 있다. 「공인중개사법」에서는 「공인중개사법」 제정의 행정적 목적을 달성하기 위하여 **행정형벌과 행정질서벌(과태료) 규정을 두고 있다.**

→ 행정형벌과 행정질서벌을 병과하지 못함

제1절 행정벌

01 행정형벌

1 의 의

행정형벌(行政刑罰)이란 그 위반이 직접적으로 행정목적과 사회공익을 침해하는 경우 그 반사회성에 대한 제재로서 일반적으로 법원이 형사소송절차에 의하여 형법에 형명(刑名)이 규정되어 있는 형벌을 과하는 것을 의미한다.

2 형법총칙의 규정 적용

행정형벌을 과할 때에는 특별한 규정이 있는 경우를 제외하고는 원칙적으로 형법총칙의 규정이 적용된다(형법 제8조).

Professor Comment
절차 또한 통고처분, 즉결심판 등에 의하는 경우를 제외하고는 형사소송절차에 의하는 것이 원칙이다.

제1편 공인중개사법령

02 행정질서벌

1 행정질서벌의 의미

(1) 행정질서벌은 그 위반이 행정상의 질서에 장애를 주는 경우 의무이행의 확보를 위하여 일반적으로 행정기관이 행정적 절차에 의하여 부과·징수하는 금전벌을 의미한다.

(2) 행정질서벌(行政秩序罰)은 형법에 규정되어 있지 않은 벌, 즉 주로 과태료를 의미하는 것으로, 과태료에 대해서는 형법총칙이 적용되지 않으며, 형벌의 일종이 아니기 때문에, 과태료에 대해서는 일사부재리(一事不再理)의 원칙이 적용되지 않는다(대판 1989.6.13. 88도1983).

2 이중처벌금지

다만, 행정질서벌로서의 과태료는 행정상 의무의 위반에 대하여 국가가 일반통치권에 기하여 과하는 제재로서 형벌(특히 행정형벌)과 목적·기능이 중복되는 면이 없지 않으므로, 동일한 행위를 대상으로 하여 형벌을 부과하면서 아울러 행정질서벌로서의 과태료까지 부과한다면 그것은 이중처벌금지의 기본정신에 배치되어 국가 입법권의 남용으로 인정될 여지가 있음을 부정할 수 없다(헌재 1994.6.30. 92헌바38).

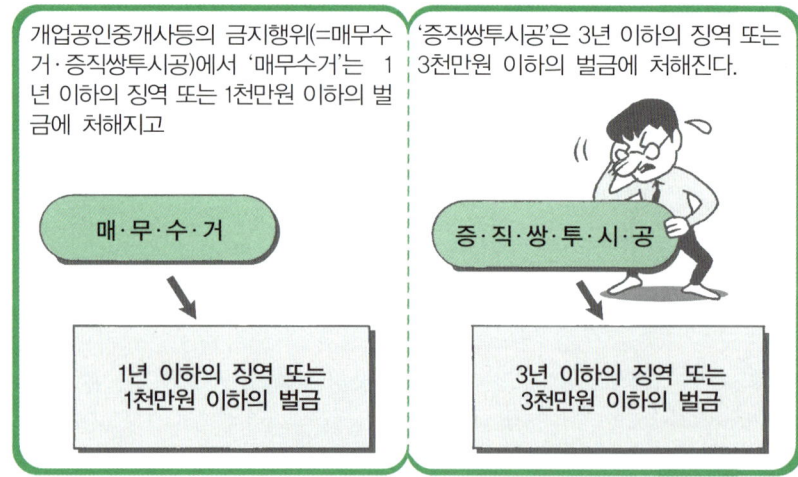

행정벌

행정벌에는 행정형벌(징역형과 벌금형)과 행정질서벌(과태료부과)이 있다.

― 행정형벌 ― 징역형
　　　　　　└ 벌금형
└ 행정질서벌 ― 과태료

제6장 벌 칙

제2절 행정형벌 ★★★ 14·15·17·19·22·25·26·27·31회 출제

01 3년 이하의 징역 또는 3천만원 이하의 벌금형 (법 제48조) 35회 출제

1 무등록업자

법 제9조의 규정에 의한 중개사무소의 개설등록을 하지 아니하고 중개업을 한 자는 3년 이하의 징역 또는 3천만원 이하의 벌금에 처한다.

2 부정한 방법으로 개설등록을 한 자 → 절대등록취소

거짓 그 밖의 부정한 방법으로 중개사무소의 개설등록을 한 자

3 양도·알선 등이 금지된 부동산의 매매·교환 등을 중개하거나 그 매매를 업으로 하는 자 → 상대등록취소

관계 법령에서 양도·알선 등이 금지된 부동산의 분양·임대 등과 관련 있는 증서 등의 매매·교환 등을 중개하거나 그 매매를 업으로 하는 행위

4 중개의뢰인과 직접 거래 또는 거래당사자 쌍방을 대리하는 자 → 상대등록취소

중개의뢰인과 직접 거래를 하거나 거래당사자 쌍방을 대리하는 행위

5 부동산투기를 조장하는 자 → 상대등록취소

탈세 등 관계 법령을 위반할 목적으로 소유권보존등기 또는 이전등기를 하지 아니한 부동산이나 관계 법령의 규정에 의하여 전매 등 권리의 변동이 제한된 부동산의 매매를 중개하는 등 부동산투기를 조장하는 행위(제48조 제3호, 제33조 제7호)

6 시세부당영향

부당한 이익을 얻거나 제3자에게 부당한 이익을 얻게 할 목적으로 거짓으로 거래가 완료된 것처럼 꾸미는 등 중개대상물의 시세에 부당한 영향을 주거나 줄 우려가 있는 행위

7 단체구성 공동중개제한

단체를 구성하여 특정 중개대상물에 대하여 중개를 제한하거나 단체 구성원 이외의 자와 공동중개를 제한하는 행위

8 특정 개업공인중개사 제한

안내문, 온라인 커뮤니티 등을 이용하여 특정 개업공인중개사등에 대한 중개의뢰를 제한하거나 제한을 유도하는 행위

9 특정 개업중개사에 의뢰유도

안내문, 온라인 커뮤니티 등을 이용하여 중개대상물에 대하여 시세보다 현저하게 높게 표시·광고 또는 중개하는 특정 개업공인중개사등에게만 중개의뢰를 하도록 유도함으로써 다른 개업공인중개사등을 부당하게 차별하는 행위

행정형벌

10 특정 가격 이하 의뢰금지유도

안내문, 온라인 커뮤니티 등을 이용하여 특정 가격 이하로 중개를 의뢰하지 아니하도록 유도하는 행위

11 광고방해행위

정당한 사유 없이 개업공인중개사등의 중개대상물에 대한 정당한 표시·광고행위를 방해하는 행위

12 시세보다 높게 광고 유도

개업공인중개사등에게 중개대상물을 시세보다 현저하게 높게 표시·광고하도록 강요하거나 대가를 약속하고 시세보다 현저하게 높게 표시·광고하도록 유도하는 행위

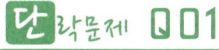 **Q 01** 제4회 기출

다음 중 3년 이하의 징역 또는 3천만원 이하의 벌금에 처할 수 있는 경우에 해당하지 <u>않는</u> 것은?

① 중개사무소의 개설등록을 하지 아니하고 중개업을 한 자
② 거짓 그 밖의 부정한 방법으로 중개사무소의 개설등록을 한 자
③ 부동산의 분양·임대 등과 관련 있는 증서 등의 매매·교환 등을 중개하거나 그 매매를 업으로 하는 행위를 한 자
④ 중개보수 또는 실비를 초과하여 금품을 받거나 그 외에 사례·증여 기타 어떠한 명목으로라도 금품을 받는 행위를 한 자
⑤ 탈세 등 관계 법령을 위반할 목적으로 소유권보존등기 또는 이전등기를 하지 아니한 부동산이나 관계 법령의 규정에 의하여 전매 등 권리의 변동이 제한된 부동산의 매매를 중개하는 등 부동산투기를 조장하는 행위를 한 자

해설 벌 칙
중개보수 또는 실비를 초과하여 금품을 받거나 그 외에 사례·증여 기타 어떠한 명목으로라도 금품을 받는 행위를 한 자는 1년 이하의 징역 또는 1천만원 이하의 벌금에 처한다(법 제49조 제1항 제10호).   **정답** ④

제1편 공인중개사법령

10·13·14·추가15·18·24·28·29회 출제

02 1년 이하의 징역 또는 1천만원 이하의 벌금형 (법 제49조)

1 공인중개사자격증 대여 등의 행위자 → 자격취소

다른 사람에게 자기의 성명을 사용하여 중개업무를 하게 하거나 공인중개사자격증을 양도(讓渡)·대여(貸與)한 자 또는 다른 사람의 공인중개사자격증을 양수(讓受)·대여받거나 알선한 자

2 공인중개사 명칭 등 사용자

공인중개사가 아닌 자로서 공인중개사 또는 이와 유사한 명칭을 사용한 자

3 이중등록자와 이중소속자 → 절대등록취소

이중으로 중개사무소의 개설등록을 하거나 2 이상의 중개사무소에 소속된 자

4 2 이상의 중개사무소 설치자와 임시 중개시설물 설치자 → 상대등록취소

2 이상의 중개사무소를 둔 자 또는 임시 중개시설물을 설치한 자

5 중개사무소 유사명칭 사용자

개업공인중개사가 아닌 자로서 "공인중개사사무소", "부동산중개" 또는 이와 유사한 명칭을 사용한 자

6 중개대상물 표시·광고 위반자

개업공인중개사가 아닌 자로서 중개업을 하기 위하여 중개대상물에 대한 표시·광고를 한 자

7 중개사무소등록증 대여 등의 행위자 → 절대등록취소

다른 사람에게 자기의 성명 또는 상호를 사용하여 중개업무를 하게 하거나 중개사무소등록증을 다른 사람에게 양도·대여한 자 또는 다른 사람의 성명·상호를 사용하여 중개업무를 하거나 중개사무소등록증을 양수·대여받거나 알선한 자

→ 지정취소

8 정보공개의무 위반 거래정보사업자 20회 출제

거래정보사업자가 개업공인중개사로부터 공개를 의뢰받은 중개대상물의 정보에 한하여 이를 부동산거래정보망에 공개하여야 하며, 의뢰받은 내용과 다르게 정보를 공개하거나 어떠한 방법으로든지 개업공인중개사에 따라 정보가 차별적으로 공개되도록 하여서는 아니되는 의무를 위반한 자

9 비밀준수의무 위반자 12·16·23회 출제

업무상 비밀을 누설한 자. 다만 피해자의 명시한 의사에 반하여 벌하지 않는다.

단락문제 Q02
제12회 기출

다음은 현행 법률상의 각종 위반행위에 대한 벌칙 등을 상호 연결한 것이다. 가장 타당한 것은?

① 중개사무소의 개설등록을 하지 아니하고 중개업을 영위한 자 — 1년 이하의 징역 또는 1천만원 이하의 벌금
② 공인중개사가 아니면서 공인중개사 또는 이와 유사한 명칭을 사용한 자 — 3년 이하의 징역 또는 3천만원 이하의 벌금
③ 중개사무소의 이전신고를 하지 아니한 자 — 500만원 이하의 과태료
④ 운영규정의 내용에 위반하여 부동산거래정보망을 운영한 자 — 100만원 이하의 과태료
⑤ 직무상 알게 된 비밀을 누설한 자 — 1년 이하의 징역 또는 1천만원 이하의 벌금

해설 위반행위에 대한 벌칙
① 중개사무소의 개설등록을 하지 아니하고 중개업을 한 자 : 3년 이하의 징역 또는 3천만원 이하의 벌금(법 제48조 제1호)
② 제8조의 규정(공인중개사가 아닌 자는 공인중개사 또는 이와 유사한 명칭을 사용하지 못함)에 위반한 자 : 1년 이하의 징역 또는 1천만원 이하의 벌금(법 제49조 제1항 제2호)
③ 중개사무소 이전신고를 하지 아니한 자 : 100만원 이하 과태료(법 제51조 제3항 제3호)
④ 운영규정의 내용에 위반하여 부동산거래정보망을 운영한 자 : 500만원 이하 과태료(법 제51조 제2항 제1호)
⑤ (법 제49조 제1항 제9호)

정답 ⑤

단락문제 Q03
제32회 기출

공인중개사법령상 벌칙 부과대상 행위 중 피해자의 명시한 의사에 반하여 벌하지 <u>않는</u> 경우는?

① 거래정보사업자가 개업공인중개사로부터 의뢰받은 내용과 다르게 중개대상물의 정보를 부동산거래정보망에 공개한 경우
② 개업공인중개사가 그 업무상 알게 된 비밀을 누설한 경우
③ 개업공인중개사가 중개의뢰인으로부터 법령으로 정한 보수를 초과하여 금품을 받은 경우
④ 시세에 부당한 영향을 줄 목적으로 개업공인중개사에게 중개대상물을 시세보다 현저하게 높게 표시·광고하도록 강요하는 방법으로 개업공인중개사의 업무를 방해한 경우
⑤ 개업공인중개사가 단체를 구성하여 단체 구성원 이외의 자와 공동중개를 제한한 경우

제1편 공인중개사법령

> **해설** 반의사불벌죄
> 비밀준수의무를 위반한 경우 피해자의 명시한 의사에 반하여 벌하지 않는다..
>
> **정답** ②

10 중개대상물의 매매를 업으로 하는 자 ➡ 상대등록취소
법 제3조의 규정에 의한 중개대상물의 매매를 업으로 하는 행위

11 무등록업자와 협력한 자 ➡ 상대등록취소
법 제9조의 규정에 의한 중개사무소의 개설등록을 하지 아니하고 중개업을 영위하는 자인 사실을 알면서 그를 통하여 중개를 의뢰받거나 그에게 자기의 명의를 이용하게 하는 행위

12 규정에 의한 중개보수 또는 실비를 초과하여 금품을 받는 자 ➡ 상대등록취소
사례·증여 그 밖의 어떠한 명목으로도 법 제32조 제3항의 규정에 의한 중개보수 또는 실비를 초과하여 금품을 받는 행위

13 거짓된 언행 그 밖의 방법으로 중개의뢰인의 판단을 그르치게 하는 자 ➡ 상대등록취소
당해 중개대상물의 거래상의 중요사항에 관하여 거짓된 언행 그 밖의 방법으로 중개의뢰인의 판단을 그르치게 하는 행위

Professor Comment
위 (10)~(13)은 법 제33조 제1호~제4호에 규정된 금지행위 위반의 경우이다.

14 중개보조원 채용제한 위반
개업공인중개사가 고용할 수 있는 중개보조원의 수는 개업공인중개사와 소속공인중개사를 합한 수의 5배를 초과하여서는 아니 된다.

단락문제 Q04 제14회 기출

개업공인중개사의 벌칙 및 과태료에 대한 설명 중 1년 이하의 징역 또는 1천만원 이하의 벌금형의 사유에 대하여 옳은 것은 모두 몇 개인가?

㉠ 중개의뢰인과 직접거래를 하거나 거래당사자 쌍방을 대리하는 행위를 한 자
㉡ 공인중개사가 아니면서 공인중개사 또는 이와 유사한 명칭을 사용한 자
㉢ 중개사무소의 이전신고의무를 위반한 자
㉣ 거래정보사업자 운영규정의 내용을 위반하여 부동산거래정보망을 운영한 자
㉤ 중개대상물의 매매를 업으로 하는 자

① 1개   ② 2개   ③ 3개   ④ 4개   ⑤ 5개

해설 개업공인중개사의 벌칙 및 과태료
㉠ 3년 이하의 징역 또는 3천만원 이하의 벌금
㉡ 1년 이하의 징역 또는 1천만원 이하의 벌금
㉢ 100만원 이하의 과태료
㉣ 500만원 이하의 과태료
㉤ 1년 이하의 징역 또는 1천만원 이하의 벌금

정답 ②

03 양벌규정 ★

21회 출제

(1) 소속공인중개사·중개보조원 또는 개업공인중개사인 법인의 사원·임원이 중개업무에 관하여 제48조 또는 제49조의 규정에 해당하는 위반행위를 한 때에는 그 행위자를 벌하는 외에 그 개업공인중개사에 대하여도 해당 조에 규정된 벌금형을 과한다(법 제50조).

(2) 다만, 개업공인중개사가 고용인에 대하여 상당한 주의와 감독을 게을리 하지 않은 경우 양벌규정을 적용하지 아니한다(법 제50조 단서).

판례 ■「공인중개사법」제50조의 양벌규정에 의하여 벌금형을 선고받은 개업공인중개사에 대한 부동산중개업등록취소처분이 적법한지 여부

「공인중개사법」[구 부동산중개업법(부동산중개업법이 2005.7.29. 법률 제7638호로 전문 개정된 것, 이하 '법'이라 함)] 제10조 제1항 제11호의 중개사무소 등록결격사유에 해당하게 되면

㉠ 당해 개업공인중개사는 새로이 중개사무소의 개설등록을 할 수 없음은 물론, 기존의 중개사무소 개설등록도 취소되며(법 제38조 제1항 제3호), 다른 개업공인중개사에 소속된 공인중개사도 될 수도 없어(법 제10조 제2항), 공인중개사로서의 업무를 전혀 할 수 없게 됨으로써 사실상 공인중개사 자격 자체가 일정기간 정지되는 것과 같은 효력이 생겨 당해 개업공인중개사에게 미치는 불이익이 매우 크다고 할 것인 점,

㉡ 법 제50조의 양벌규정의 취지는 당해 법인이나 개인에게 형사처벌을 부과함으로써 중개보조원 등에 대한 지도의무를 강화하는 것에 그친다고 보아야 할 것이지, 나아가 이를 개업공인중개사 개인에 대한 행정처분의 근거로 삼겠다는 취지로까지 해석하기는 어려운 점,

㉢ 법 제10조 제1항 제1호 내지 제10호, 제12호의 각 사유는 모두 개업공인중개사 본인과 직접 관련된 것이므로 제11호의 '이 법을 위반하여 벌금형의 선고를 받고 3년이 경과되지 아니한 자'의 의미도 나머지 등록결격사유와 균형을 맞추어 해석하는 것이 필요한 점,

㉣ 문언상으로도 '이 법을 위반하여'라는 의미를 개업공인중개사가 법을 위반하는 행위를 직접적으로 범하는 것으로 해석하는 것이 자연스러운 점,

㉤ 양벌규정은 형사법상 자기책임주의의 원칙에 대한 예외로서 그러한 양벌규정을 행정처분의 근거로 규정한 법규를 해석함에 있어서는 그 문언에 맞게 엄격하게 해석할 것이 요구되는 점 등에 비추어, 법 제10조 제1항 제11호에 규정된 '이 법을 위반하여 벌금형의 선고를 받고 3년이 경과되지 아니한 자'에는 중개보조인 등이 중개업무에 관하여 법 제8조에 위반하여 그 사용주인 개업공인중개사가 법 제50조의 양벌규정으로 처벌받는 경우는 포함되지 않는다고 보아야 한다(대판 2008.5.29. 2007두26568).

04 벌금형의 분리선고

이 법에서 규정된 형벌과 관련된 죄와 다른 죄의 경합범에 대하여 벌금형을 선고하는 경우 이를 분리 선고하여야 한다(법 제10조의2).

제3절 행정질서벌 ★★★   10·14·15·21회 출제

행정질서벌이란 행정법상 의무위반에 대한 제재로서의 형법에 규정되어 있지 않은 벌, 즉 주로 과태료를 의미하는 말이다. 법학에서는 과태료에 대해서는 형법총칙이 적용되지 않으며, 형벌의 일종이 아니기 때문에 일사부재리(一事不再理)의 원칙이 적용되지 않는다고 설명한다.

01 과태료 처분대상자   28회 출제

1 500만원 이하의 과태료

다음의 어느 하나에 해당하는 자는 500만원 이하의 과태료에 처한다(법 제51조 제2항).
(1) 부당한 표시·광고를 한 개업공인중개사
(2) 모니터링을 위한 자료제출 요구를 위반한 정보통신서비스 제공자
(3) 모니터링 결과 필요한 조치 요구를 위반한 정보통신서비스 제공자
(4) 운영규정의 승인 또는 변경승인을 얻지 아니하거나 운영규정의 내용을 위반하여 부동산거래정보망을 운영한 자
(5) 성실·정확하게 중개대상물의 확인·설명을 하지 아니하거나 설명의 근거자료를 제시하지 아니한 자
(6) 연수교육을 정당한 사유 없이 받지 아니한 자
(7) 보고, 자료의 제출, 조사 또는 검사를 거부·방해 또는 기피하거나 그 밖의 명령을 이행하지 아니하거나 거짓으로 보고 또는 자료제출을 한 거래정보사업자
(8) 공제사업 운용실적을 공시하지 아니한 자
(9) 공제업무의 개선명령을 이행하지 아니한 자
(10) 임원에 대한 징계·해임의 요구를 이행하지 아니하거나 시정명령을 이행하지 아니한 자

제6장 벌 칙

(11) 보고, 자료의 제출, 조사 또는 검사를 거부·방해 또는 기피하거나 그 밖의 명령을 이행하지 아니하거나 거짓으로 보고 또는 자료제출을 한 협회
(12) 중개보조원 사실을 고지하지 않은 중개보조원, 개업공인중개사(다만, 개업공인중개사가 그 위반행위를 방지하기 위하여 해당 업무에 관하여 상당한 주의와 감독을 게을리하지 아니한 경우는 제외한다.)

단락문제 Q05 제23회 기출

다음 중 500만원 이하의 과태료에 처하는 사유에 포함되지 않는 자는?

① 거래정보망 운영규정의 승인 또는 변경승인을 얻지 아니하거나 운영규정의 내용에 위반하여 부동산거래정보망을 운영한 자
② 중개사무소 이전신고 위반자
③ 거래정보사업자에 대한 국토교통부장관의 지도·감독행위를 거부·방해 또는 기피하거나 그 밖의 명령을 이행하지 아니하거나 거짓으로 보고 또는 자료제출을 한 거래정보사업자
④ 공제사업 운용실적을 공시하지 아니한 자
⑤ 협회에 대한 국토교통부장관의 지도·감독행위를 거부·방해 또는 기피하거나 그 밖의 명령을 이행하지 아니하거나 거짓으로 보고 또는 자료제출을 한 자

해설 과태료에 처하는 사유
중개사무소 이전신고 의무위반자는 100만원 이하의 과태료에 처한다. **정답 ②**

단락문제 Q06 제32회 기출

공인중개사법령상 개업공인중개사의 행위 중 과태료 부과대상이 아닌 것은?

① 중개대상물의 거래상의 중요사항에 관해 거짓된 언행으로 중개의뢰인의 판단을 그르치게 한 경우
② 휴업신고에 따라 휴업한 중개업을 재개하면서 등록관청에 그 사실을 신고하지 않은 경우
③ 중개대상물에 관한 권리를 취득하려는 중개의뢰인에게 해당 중개대상물의 권리관계를 성실·정확하게 확인·설명하지 않은 경우
④ 인터넷을 이용하여 중개대상물에 대한 표시·광고를 하면서 중개대상물의 종류별로 가격 및 거래형태를 명시하지 않은 경우
⑤ 연수교육을 정당한 사유 없이 받지 않은 경우

해설 과태료
중개대상물의 거래상의 중요사항에 관해 거짓된 언행으로 중개의뢰인의 판단을 그르치게 한 경우에는 1년이하 징역 또는 1천만원 이하의 벌금에 처한다(법 제49조 제1항).. **정답 ①**

제1편 공인중개사법령

2 100만원 이하의 과태료 22·26회 출제

(1) 100만원 이하의 과태료에 해당하는 자

다음의 어느 하나에 해당하는 자는 100만원 이하의 과태료에 처한다(법 제51조 제3항).

1) 중개사무소등록증 등을 게시하지 아니한 자
2) 사무소의 명칭에 "공인중개사사무소", "부동산중개"라는 문자를 사용하지 아니한 자 또는 옥외 광고물에 성명을 표기하지 아니하거나 거짓으로 표기한 자
3) 중개대상물의 중개에 관한 표시·광고를 위반한 자
4) 법 제20조(중개사무소의 이전신고) 제1항의 규정을 위반하여 중개사무소의 이전신고를 하지 아니한 자
5) 법 제21조(휴업 또는 폐업의 신고) 제1항의 규정을 위반하여 휴업, 폐업, 휴업한 중개업의 재개 또는 휴업기간의 변경신고를 하지 아니한 자
6) 법 제30조(손해배상책임의 보장) 제5항의 규정을 위반하여 손해배상책임에 관한 사항을 설명하지 아니하거나 관계 증서의 사본 또는 관계 증서에 관한 전자문서를 교부하지 아니한 자
7) 법 제35조(자격의 취소) 제3항 또는 제4항의 규정을 위반하여 공인중개사자격증을 반납하지 아니하거나 공인중개사자격증을 반납할 수 없는 사유서를 제출하지 아니한 자 또는 거짓으로 공인중개사자격증을 반납할 수 없는 사유서를 제출한 자 16회 출제
8) 법 제38조(등록의 취소) 제4항의 규정을 위반하여 중개사무소등록증을 반납하지 아니한 자

(2) 중개사무소의 개설등록을 한 것으로 보는 자의 경우

1) 다만, 법 제7638호 부칙 제6조 제2항의 규정에 따라 이 법에 의한 중개사무소의 개설등록을 한 것으로 보는 자(부칙에 의한 개업공인중개사)의 경우 그 사무소의 명칭에 "공인중개사사무소"라는 문자를 사용하여서는 아니 되는 것으로(법 부칙 제6조 제3항), 이 규정을 위반하여 사무소의 명칭에 "공인중개사사무소"의 문자를 사용한 자에 대하여는 100만원 이하의 과태료에 처하되, 등록관청이 대통령령이 정하는 바에 따라 부과·징수한다.
2) 이 경우 법 제51조 제5항 내지 제7항의 규정은 그 부과 및 불복절차에 관하여 이를 준용한다(법 부칙 제6조 제5항).

단락문제 007
제9회 기출

다음 중 과태료 처분대상이 되는 행위는?

① 공인중개사인 개업공인중개사가 자신의 사무소 소재지에 인접한 구의 관할구역 내의 중개대상물을 중개하는 행위
② 중개의뢰인의 판단을 그르치게 한 중개보조원의 행위
③ 법인인 개업공인중개사가 부동산관리대행업을 겸한 행위
④ 업무정지기간 중에 업무를 중지하지 않은 행위
⑤ 폐업신고를 하지 않고 폐업을 한 개업공인중개사의 행위

> **해설** 과태료 처분대상
> ①, ③ 법률에 의한 처벌 또는 행정처분대상이 아니다.
> ② 1년 이하의 징역 또는 1천만원 이하의 벌금형에 처한다(법 제49조 제1항 제10호).
> ④ 업무정지기간 중에 중개업무를 하거나 자격정지처분을 받은 소속공인중개사로 하여금 자격정지기간 중에 중개업무를 하게 한 경우에는 등록을 취소해야 한다(법 제38조 제1항 제7호).
> ⑤ 법 제51조 제2항 제4호에 의해 100만원 이하의 과태료 처분대상이다.
> **정답** ⑤

02 과태료 부과·징수 ★★

31회 출제

1 과태료 부과·징수권자

정보통신서비스제공자, 거래정보사업자 및 협회에 대한 과태료는 국토교통부장관이, 자격증 미반납자에 대한 과태료는 시·도지사가, 개업공인중개사에 대한 과태료는 등록관청이, 대통령령으로 정하는 바에 따라 각각 부과·징수한다.

(1) 징수권자 상기 규정은 다음과 같은 〈표〉로 재구성하여 설명할 수 있다(법 제51조 제5항). **23·27·29회 출제**

징수권자	대상자	징수대상 과태료
국토교통부장관	① 정보통신서비스제공자 ② 거래정보사업자 ③ 공인중개사협회	제2항 제1호 및 제6호부터 제8호, 제8호의2 및 제9호에 따른 과태료
시·도지사	① 공인중개사 ② 연수교육 미교육자	제2항 제5호의2, 제3항 제6호(공인중개사자격증반납관련 사유)의 규정에 의한 과태료
등록관청	개업공인중개사	개업공인중개사 관련 과태료

(2) 법인인 개업공인중개사의 과태료 부과관청 중개법인의 경우 개업공인중개사의 등록관청이란 주된 사무소의 등록관청을 의미하는 것으로 해석할 수 있다.

2 과태료 부과기준 **24회 출제**

법 제51조 제1항·제3항 및 법 제7638호 부칙 제6조 제5항의 규정에 따른 과태료의 부과기준은 [별표 2]와 같다(영 제38조 제1항).

(1) 과태료 부과기준금액의 2분의 1의 범위 안에서 가중 또는 감경 국토교통부장관, 시·도지사, 등록관청은 위반행위의 동기·결과 및 횟수 등을 고려하여 과태료 부과기준금액의 2분의 1의 범위 안에서 가중 또는 감경할 수 있다.

제1편 공인중개사법령

(2) 과태료 부과금액
이 경우 가중하여 부과하는 때에도 과태료 부과금액은 500만원, 100만원을 초과할 수 없다(별표 2).

Professor Comment
과태료 부과절차는 질서위반행위 규제법을 적용한다.

단락핵심 과태료

(1) 공인중개사 丁이 자격취소처분을 받은 후 7일 이내에 자격증을 교부한 특별시장·광역시장·도지사에게 반납하지 않은 경우 100만원 이하의 과태료에 처해진다.
(2) 국토교통부장관, 시·도지사, 등록관청은 과태료의 금액을 정함에 있어서는 당해 위반행위의 결과 및 그 동기를 참작할 수 있다.

단락문제 Q08 제21회 기출

공인중개사법령상 벌칙에 관한 설명으로 틀린 것은?(다툼이 있으면 판례에 의함)
① 양벌규정은 소속공인중개사가 과태료 부과대상인 행위를 한 경우에도 적용된다.
② 등록관청의 관할구역 안에 2 이상의 중개사무소를 둔 공인중개사인 개업공인중개사는 1년 이하의 징역 또는 1천만원 이하의 벌금에 처한다.
③ 벌금과 과태료는 병과할 수 없다.
④ 거래당사자 쌍방을 대리하는 행위를 한 개업공인중개사는 3년 이하의 징역 또는 3천만원 이하의 벌금에 처한다.
⑤ 개업공인중개사가 중개보조원의 위반행위로 양벌규정에 의하여 벌금형을 받은 경우는 이 법상 '벌금형의 선고를 받고 3년이 경과되지 아니한 자'에 해당하지 않는다.

해설 벌칙
소속공인중개사·중개보조원 또는 개업공인중개사인 법인의 사원·임원이 중개업무에 관하여 제48조 또는 제49조의 규정에 해당하는 위반행위를 한 때에는 그 행위자를 벌하는 외에 그 개업공인중개사에 대하여도 해당 조에 규정된 벌금형을 과한다. 다만, 그 개업공인중개사가 그 위반행위를 방지하기 위하여 해당 업무에 관하여 상당한 주의와 감독을 게을리 하지 아니한 경우에는 그러하지 아니하다(법 제50조).

정답 ①

▼ 과태료 부과기준(영 제38조 관련 별표 2)

■ 공인중개사법 시행령 [별표 2] 〈개정 2023. 10. 18.〉

과태료 부과기준(제38조제1항 관련)

1. 일반기준

  가. 부과권자는 다음의 어느 하나에 해당하는 경우에는 제2호의 개별기준에 따른 과태료 금액의 2분의 1 범위에서 그 금액을 줄일 수 있다. 다만, 과태료를 체납하고 있는 위반행위자의 경우에는 그렇지 않다.
   1) 위반행위가 사소한 부주의나 오류 등 과실로 인한 것으로 인정되는 경우
   2) 위반행위자가 법 위반행위를 시정하거나 해소하기 위하여 노력한 사실이 인정되는 경우
   3) 그 밖에 위반행위의 정도, 동기와 그 결과 등을 고려하여 과태료 금액을 줄일 필요가 있다고 인정되는 경우
  나. 부과권자는 다음의 어느 하나에 해당하는 경우에는 제2호의 개별기준에 따른 과태료의 2분의 1 범위에서 그 금액을 늘릴 수 있다. 다만, 법 제51조제2항·제3항 및 법률 제7638호 부동산중개업법 전부개정법률 부칙 제6조제5항에 따른 과태료 금액의 상한을 넘을 수 없다.
   1) 위반행위의 내용·정도가 중대하여 소비자 등에게 미치는 피해가 크다고 인정되는 경우
   2) 그 밖에 위반행위의 동기와 결과, 위반정도 등을 고려하여 과태료 금액을 늘릴 필요가 있다고 인정되는 경우

2. 개별기준

위반행위	근거 법조문	과태료 금액
가. 법 제18조의2제4항 각 호를 위반하여 부당한 표시·광고를 한 경우	법 제51조제2항제1호	
1) 중개대상물이 존재하지 않아서 실제로 거래를 할 수 없는 중개대상물에 대한 표시·광고를 한 경우		500만원
2) 중개대상물의 가격 등 내용을 사실과 다르게 거짓으로 표시·광고하거나 사실을 과장되게 하는 표시·광고를 한 경우		300만원
3) 중개대상물이 존재하지만 실제로 중개의 대상이 될 수 없는 중개대상물에 대한 표시·광고를 한 경우		400만원
4) 중개대상물이 존재하지만 실제로 중개할 의사가 없는 중개대상물에 대한 표시·광고를 한 경우		250만원
5) 중개대상물의 입지조건, 생활여건, 가격 및 거래조건 등 중개대상물 선택에 중요한 영향을 미칠 수 있는 사실을 빠트리거나 은폐·축소하는 등의 방법으로 소비자를 속이는 표시·광고를 한 경우		300만원
나. 정당한 사유 없이 법 제18조의3제2항의 요구에 따르지 않아 관련 자료를 제출하지 않은 경우	법 제51조제2항제1호의2	500만원
다. 정당한 사유 없이 법 제18조의3제3항의 요구에 따르지 않아 필요한 조치를 하지 않은 경우	법 제51조제2항제1호의3	500만원
라. 법 제18조의4를 위반하여 중개의뢰인에게 본인이 중개보조원이라는 사실을 미리 알리지 않은 사람 및 그가 소속된 개업공인중개사. 다만, 개업공인중개사가 그 위반행위를 방지하기 위해 해당 업무에 관하여 상당한 주의와 감독을 게을리하지 않은 경우는 제외한다.	법 제51조제2항제1호의4	500만원
마. 법 제24조제3항을 위반하여 운영규정의 승인 또는 변경승인을 얻지 않거나 운영규정의 내용을 위반하여 부동산거래정보망을 운영한 경우	법 제51조제2항제1호의5	400만원
바. 법 제25조제1항을 위반하여 성실·정확하게 중개대상물의 확인·설명을 하지 않거나 설명의 근거자료를 제시하지 않은 경우	법 제51조제2항제1호의6	

1) 성실·정확하게 중개대상물의 확인·설명은 했으나 설명의 근거자료를 제시하지 않은 경우		250만원
2) 중개대상물 설명의 근거자료는 제시했으나 성실·정확하게 중개대상물의 확인·설명을 하지 않은 경우		250만원
3) 성실·정확하게 중개대상물의 확인·설명을 하지 않고, 설명의 근거자료를 제시하지 않은 경우		500만원
사. 법 제34조제4항에 따른 연수교육을 정당한 사유 없이 받지 않은 경우	법 제51조제2항제5호의2	
1) 법 위반상태의 기간이 1개월 이내인 경우		20만원
2) 법 위반상태의 기간이 1개월 초과 3개월 이내인 경우		30만원
3) 법 위반상태의 기간이 3개월 초과 6개월 이내인 경우		50만원
4) 법 위반상태의 기간이 6개월 초과인 경우		100만원
아. 거래정보사업자가 법 제37조제1항에 따른 보고, 자료의 제출, 조사 또는 검사를 거부·방해 또는 기피하거나 그 밖의 명령을 이행하지 않거나 거짓으로 보고 또는 자료제출을 한 경우	법 제51조제2항제6호	200만원
자. 법 제42조제5항을 위반하여 공제사업 운용실적을 공시하지 않은 경우	법 제51조제2항제7호	300만원
차. 법 제42조의4에 따른 공제업무의 개선명령을 이행하지 않은 경우	법 제51조제2항제8호	400만원
카. 법 제42조의5에 따른 임원에 대한 징계·해임의 요구를 이행하지 않거나 시정명령을 이행하지 않은 경우	법 제51조제2항제8호의2	400만원
타. 법 제42조의3 또는 제44조제1항에 따른 보고, 자료의 제출, 조사 또는 검사를 거부·방해 또는 기피하거나 그 밖의 명령을 이행하지 않거나 거짓으로 보고 또는 자료제출을 한 경우	법 제51조제2항제9호	200만원
파. 법 제17조를 위반하여 중개사무소등록증 등을 게시하지 않은 경우	법 제51조제3항제1호	30만원
하. 법 제18조제1항 또는 제3항을 위반하여 사무소의 명칭에 "공인중개사사무소", "부동산중개"라는 문자를 사용하지 않은 경우 또는 옥외 광고물에 성명을 표기하지 않거나 거짓으로 표기한 경우	법 제51조제3항제2호	50만원
거. 법 제18조의2제1항 또는 제2항을 위반하여 중개대상물의 중개에 관한 표시·광고를 한 경우	법 제51조제3항제2호의2	50만원
너. 법 제20조제1항을 위반하여 중개사무소의 이전신고를 하지 않은 경우	법 제51조제3항제3호	30만원
더. 법 제21조제1항을 위반하여 휴업, 폐업, 휴업한 중개업의 재개 또는 휴업기간의 변경 신고를 하지 않은 경우	법 제51조제3항제4호	20만원
러. 법 제30조제5항을 위반하여 손해배상책임에 관한 사항을 설명하지 않거나 관계 증서의 사본 또는 관계 증서에 관한 전자문서를 교부하지 않은 경우	법 제51조제3항제5호	30만원
머. 법 제35조제3항 또는 제4항을 위반하여 공인중개사자격증을 반납하지 않거나 공인중개사자격증을 반납할 수 없는 사유서를 제출하지 않은 경우 또는 거짓으로 공인중개사자격증을 반납할 수 없는 사유서를 제출한 경우	법 제51조제3항제6호	30만원
버. 법 제38조제4항을 위반하여 중개사무소등록증을 반납하지 않은 경우	법 제51조제3항제7호	50만원
서. 법률 제7638호 부동산중개업법 전부개정법률 부칙 제6조제3항을 위반하여 사무소의 명칭에 "공인중개사사무소"의 문자를 사용한 경우	법률 제7638호 부동산중개업법 전부개정법률 부칙 제6조제5항	50만원

단원 오답 잡기

• 경록 교재에 모든 답이 있습니다.

CHAPTER 06 벌칙

01 중개사무소의 개설등록을 하지 아니하고 중개업을 영위한 자는 1년 이하의 징역 또는 1천만원 이하의 벌금에 처한다.

01. X
중개사무소의 개설등록을 하지 아니하고 중개업을 한 자 : 3년 이하의 징역 또는 3천만원 이하의 벌금

02 중개사무소의 이전신고를 하지 아니한 자는 500만원 이하의 과태료에 처한다.

02. X
중개사무소 이전신고를 하지 아니한 자 : 100만원 이하 과태료

03 성실·정확하게 확인·설명하지 않거나 근거자료를 제시하지 않은 경우 500만원 이하의 과태료에 처한다.

03. O

04 제29조 제2항의 규정에 의한 개업공인중개사등이 직무상 알게 된 비밀누설금지규정을 위반한 자는 피해자의 명시한 의사에 반하여 벌하지 아니한다.

04. O

05 개업공인중개사인 법인의 임원이나 사원이 중개업무에 관하여 제48조 또는 제49조의 규정에 해당하는 위반행위를 한 때에는 그 행위자를 벌하는 외에 그 개업공인중개사에 대하여도 동조에 규정된 벌금형을 과한다.

05. O

06 개업공인중개사가 고용한 공인중개사 및 중개보조원이 중개업무에 관하여 제48조 또는 제49조의 규정에 해당하는 위반행위를 한 때에는 그 행위자를 벌하는 외에 그 개업공인중개사에 대하여도 동조에 규정된 벌금형을 과한다.

06. O

07 개업공인중개사인 법인의 사원 또는 임원이 중개업무에 관하여 제48조 또는 제49조의 규정에 해당하는 위반행위를 한 때에는 그 행위자만 벌해야 한다.

07. X
양벌규정(법 제50조)이 적용된다.

08 개업공인중개사는 자신이 고용한 공인중개사의 중개업무에 관한 불법행위로 인하여 고용자로서 벌금형을 받았더라도 그 벌금액을 불법행위를 한 공인중개사에게 청구할 수 없다.

08. O

PART 02 부동산거래신고 등에 관한 법률

출제비율 **15%**

구 분		26회	27회	28회	29회	30회	31회	32회	33회	34회	35회	계	비율(%)
부동산 거래신고 등에 관한 법률	제1장 총칙	0	0	0	0	0	0	0	1	0	0	1	0.3
	제2장 부동산거래신고	2	2	1	2	3	2	2	1	3	4	22	5.5
	제3장 외국인등의 부동산취득의 특례	1	1	1	1	1	1	1	1	1	1	10	2.5
	제4장 토지거래허가	0	0	1	1	2	2	3	4	3	2	18	4.5
	제5장 부동산 정보 관리 및 보칙	0	0	0	0	1	0	1	1	1	0	4	1.0
	제6장 벌칙	0	0	1	0	0	0	1	1	1	0	4	1.0
	소 계	3	3	4	4	7	5	8	9	9	7	59	14.8

CHAPTER 01 총 칙

학습포인트
- 「부동산거래신고 등에 관한 법률」의 제정 목적을 기억해야 한다.
- 부동산거래신고 대상 및 용어의 정의를 기억해야 한다.

CHAPTER 학습 & 출제되는 키워드

- ☑ 부동산
- ☑ 목적
- ☑ 거래당사자
- ☑ 부동산등
- ☑ 외국인등

CHAPTER 학습 & 출제되는 질문

- ☑ 부동산과 부동산등에 대한 설명으로 옳지 않은 것은?
- ☑ 거래당사자에 대한 설명으로 옳은 것은?
- ☑ 외국인등에 해당하지 않는 것은?

01 부동산거래신고에 관한 법률의 도입배경

(1) 부동산을 거래함에 있어 일반적으로 가격을 낮추어 검인을 받음으로써 조세를 포탈하는 경우들이 많다. 이는 부동산 투기를 조장하는 결과가 되고 조세를 확보하지 못하는 등의 문제점이 발생되고 있다.

(2) 이에 거래당사자 또는 개업공인중개사는 매매에 관한 거래가 성립되어 거래계약서를 작성한 때에는 실제거래가격 등 거래계약의 내용을 부동산 소재지 시장·군수 또는 구청장에게 신고하도록 함으로써 부동산투기 및 탈세를 방지하고 부동산의 실거래가격을 확보할 수 있도록 한 것이 거래신고 제도이다.

(3) 부동산거래신고 도입 초기에는 이 제도를 공인중개사의 업무 및 부동산거래신고에 관한 법률에 의해 규정되어 도입하게 되었으나 2014년 공인중개사법으로 법이 개정되면서 별도의 법인 부동산거래신고에 관한 법률로 탄생되게 되었다.

(4) 이후 2016년 외국인토지법과 국토의 계획 및 이용에 관한 법률 중 토지거래허가제도가 통합, 확대개정되어 2017년부터 현행법이 시행되고 있다.

02 제정목적과 용어의 정의

1 목 적

이 법은 부동산거래 등의 신고 및 허가에 관한 사항을 정하여 건전하고 투명한 부동산거래질서를 확립하고 국민경제에 이바지함을 목적으로 한다(법 제1조).

2 정 의

이 법에서 사용하는 용어의 뜻은 다음과 같다(법 제2조).
(1) "부동산"이란 토지 또는 건축물을 말한다.
(2) "부동산등"이란 부동산 또는 부동산을 취득할 수 있는 권리를 말한다.
(3) "거래당사자"란 부동산등의 매수인과 매도인을 말하며, 외국인등을 포함한다.
(4) "임대차계약당사자"란 부동산등의 임대인과 임차인을 말하며, 외국인등을 포함한다.
(5) "외국인등"이란 다음의 어느 하나에 해당하는 개인·법인 또는 단체를 말한다.
　1) 대한민국의 국적을 보유하고 있지 아니한 개인
　2) 외국의 법령에 따라 설립된 법인 또는 단체
　3) 사원 또는 구성원의 2분의 1 이상이 1)에 해당하는 자인 법인 또는 단체
　4) 업무를 집행하는 사원이나 이사 등 임원의 2분의 1 이상이 1)에 해당하는 자인 법인 또는 단체
　5) 외국인이나 외국법인 또는 단체가 자본금의 2분의 1 이상이나 의결권의 2분의 1 이상을 가지고 있는 법인 또는 단체
　6) 외국 정부
　7) 국제연합과 그 산하기구·전문기구
　8) 정부간 기구
　9) 준정부간 기구
　10) 비정부간 국제기구

CHAPTER 02 부동산거래신고

학습포인트
- 부동산거래신고 절차를 학습하여야 한다.
- 정정신청 및 변경신고 사항 등을 학습하여야 한다.

CHAPTER 학습 & 출제되는 키워드

- ☑ 부동산거래의 신고
- ☑ 등록관청에 신고
- ☑ 부동산거래가격 검증체계
- ☑ 거래계약의 해제 등
- ☑ 부동산거래신고에 관한 금지행위
- ☑ 개업공인중개사의 신고
- ☑ 신고의 대행
- ☑ 신고대상 거래
- ☑ 신고사항·신고절차
- ☑ 부동산거래가격 검증
- ☑ 정정신청
- ☑ 검인의제
- ☑ 거래당사자 의무면제
- ☑ 신고의무자
- ☑ 신고내역 조사
- ☑ 시·도지사에게 보고
- ☑ 변경신고
- ☑ 신고의무 부적용
- ☑ 신고필증의 교부

CHAPTER 학습 & 출제되는 질문

- ☑ 부동산거래계약에 관하여 신고하여야 하는 사항으로 보기 어려운 것은?
- ☑ 부동산거래신고 등에 관한 법률상 부동산거래의 신고절차 등에 관한 설명 중 옳은 것은?
- ☑ 부동산거래신고 등에 관한 법률상 부동산거래신고에 관한 설명으로 옳은 것은?

제2편 부동산거래신고 등에 관한 법률

01 부동산거래신고 대상 및 시기 30·31·34회 출제

1 부동산거래신고 대상 18·28·35회 출제

(1) 부동산의 매매계약(법 제3조 제1항)

(2) 다음의 법률에 따른 부동산에 대한 공급계약(법 제3조 제1항, 영 제3조 제3항) 29회 출제
   1) 「주택법」
   2) 「도시 및 주거환경정비법」
   3) 「건축물의 분양에 관한 법률」
   4) 「택지개발촉진법」
   5) 「도시개발법」
   6) 「공공주택 특별법」
   7) 「산업입지 및 개발에 관한 법률」
   8) 「빈집 및 소규모 주택정비에 관한 특례법」

(3) 다음의 어느 하나에 해당하는 지위의 매매계약(법 제3조 제1항, 영 제3조 제3항)
   1) 다음 법률에 따른 부동산에 대한 공급계약을 통하여 부동산을 공급받는 자로 선정된 지위
      ① 「주택법」　　　　　　　　　　　　② 「도시 및 주거환경정비법」
      ③ 「건축물의 분양에 관한 법률」　　　④ 「택지개발촉진법」
      ⑤ 「도시개발법」　　　　　　　　　　⑥ 「공공주택 특별법」
      ⑦ 「산업입지 및 개발에 관한 법률」　⑧ 「빈집 및 소규모 주택정비에 관한 특례법」
   2) 「도시 및 주거환경정비법」에 다른 관리처분계획인가 및 「빈집 및 소규모 주택정비에 관한 특례법」에 따른 사업시행계획인가로 취득한 입주자로 선정된 지위

> **주의**
> 부동산거래신고는 매매계약에 한해 적용되며 교환이나 임대차 등 각종 권리설정(저당권, 전세권, 지상권, 지역권)은 거래신고 대상이 아님을 유의하여야 한다. 또한 입목, 광업재단, 공장재단의 거래 또한 거래신고 대상이 아니다. 35회 출제

2 거래신고시기 및 장소 20회 출제

계약체결일로부터 30일 이내에 부동산 소재지를 관할하는 시장·군수·구청장(신고관청)에게 신고하여야 한다(법 제3조 제1항).

제2장 부동산거래신고

02 부동산거래신고의무 및 금지행위

1 거래당사자의 거래신고의무

(1) 개 요
거래당사자의 거래신고는 개업공인중개사에 의하지 않고 당사자가 직접 계약을 체결한 경우에 거래당사자에게 의무를 부여한 것으로 일반인인 거래당사자에게도 직접 의무를 부여하고 있다.

(2) 거래당사자가 국가 등인 경우

① 「공공기관의 운영에 관한 법률」에 따라 지정·고시된 공공기관
② 「지방공기업법」에 따른 지방직영기업, 지방공사 및 지방공단

1) 거래당사자 중 일방이 국가, 지방자치단체, 대통령령으로 정하는 자의 경우(국가등)에는 국가등이 신고를 하여야 한다(법 제3조 제1항 단서, 영 제3조 제2항).
2) 이때 단독으로 부동산거래계약을 신고하려는 국가 등은 부동산거래계약 신고서에 단독으로 서명 또는 날인하여 신고관청에 제출하여야 한다(규칙 제2조 제2항).

(3) 거래당사자의 거래신고 절차 18회 출제

1) 신고시기 및 공동신고
거래당사자(매수인 및 매도인)는 토지 또는 건축물, 부동산을 취득할 수 있는 권리의 매매에 관한 거래계약서를 작성한 때에는 부동산의 실제거래가격 등 대통령령으로 정하는 사항을 거래계약의 체결일부터 30일 이내에 당해 부동산(권리에 관한 매매계약인 경우에는 그 권리의 대상인 부동산) 소재지의 관할 시장·군수 또는 구청장에게 공동으로 신고하여야 한다(법 제3조 제1항).

2) 공동 서명 또는 날인 후 그 중 일방이 제출
부동산거래의 신고를 하고자 하는 거래당사자는 부동산거래계약신고서에 공동으로 서명 또는 날인(전자인증의 방법을 포함)을 하여 거래당사자 중 일방이 시장·군수 또는 구청장(신고관청)에게 제출(전자문서에 의한 제출 포함)하여야 한다(규칙 제2조 제1항).

3) 신고를 거부하는 경우(법 제3조 제2항, 규칙 제2조 제3항).
① 단독신고
거래당사자 중 일방이 신고를 거부하는 경우에는 국토교통부령이 정하는 바에 따라 상대방이 단독으로 신고할 수 있다.
② 사유서와 계약서 사본 제출
단독으로 부동산거래계약을 신고하려는 자는 부동산거래계약 신고서에 단독으로 서명 또는 날인을 한 후 상대방이 신고를 거부하는 사유서와 거래계약서 사본을 첨부하여 신고관청에 제출하여야 한다. 이 경우 담당공무원은 단독신고 사유에 해당하는지 여부를 확인하여야 한다.
③ 단독 신고시에는 사유서와 계약서 사본을 첨부하여야 하므로 전자문서로 할 수 없다.
④ 신고를 거부한 자는 500만원 이하의 과태료에 처한다.

4) 신분증명서 제시

부동산거래의 신고를 하고자 하는 거래당사자는 주민등록증 등 신고인의 신분을 확인할 수 있는 신분증명서를 시장·군수 또는 구청장에게 내보여야 한다. 다만, 전자문서로 신고를 하고자 하는 자에 대하여는 전자인증의 방법에 의한다.

5) 부동산거래계약신고서의 제출대행(규칙 제3조 제1항)

① 거래당사자 및 법인 또는 매수인(법인신고서 또는 자금조달·입주계획서의 제출)의 위임을 받은 사람은 부동산거래계약 신고서의 제출을 대행할 수 있다.
② 이 경우 부동산거래계약신고서의 제출을 대행하는 자는 주민등록증 등 신분을 확인할 수 있는 신분증명서를 신고관청에 내보여야 한다.
③ 부동산거래계약신고서의 제출을 위임한 거래당사자의 신분증명서 사본이 첨부된 위임장을 제출하여야 한다. 이 경우 위임장에는 자필서명(법인의 경우 인감날인)을 하여야 한다.
④ 단독신고를 하는 경우에도 신고를 대행할 수 있다.

6) 전자문서에 의한 신고(규칙 제22조)

① 거래당사자는 전자문서로 부동산거래계약신고를 할 수 있다. 전자문서로 신고하는 경우 신분확인은 전자인증방법에 의한다.
② 단독신고나 신고대행은 관련서류를 직접 첨부하여야 하므로 전자문서로 하지 못하고 방문신고만을 하여야 한다.

2 개업공인중개사의 거래신고의무

(1) 개 요

개업공인중개사가 토지나 건축물, 부동산을 취득할 수 있는 권리의 매매를 중개하여 거래가 성립된 경우 거래당사자의 거래신고 의무는 소멸하고 개업공인중개사에게 그 의무가 부여된다(법 제3조 제3항).

(2) 개업공인중개사의 거래신고 절차

1) 거래신고의무

개업공인중개사가 매매 거래계약서를 작성·교부한 때에는 해당 개업공인중개사가 부동산의 실제거래가격 등 대통령령으로 정하는 사항을 거래계약의 체결일부터 30일 이내에 당해 부동산(권리에 관한 매매계약인 경우에는 그 권리의 대상인 부동산) 소재지의 관할 시장·군수 또는 구청장에게 부동산거래신고를 하여야 한다(법 제3조 제1항).

2) 공동 중개인 경우

개업공인중개사가 공동으로 중개를 한 경우 부동산거래계약신고를 공동으로 하여야 한다(법 제3조 제3항). 공동으로 거래신고를 하지 않은 자는 500만원 이하의 과태료에 처한다.

3) 신고를 거부하는 경우

공동 중개시 개업공인중개사 일방이 신고를 거부하는 경우에는 국토교통부령이 정하는 바에 따라 상대방 개업공인중개사가 단독으로 신고할 수 있다. 공동으로 거래신고를 하지 않은 자는 500만원 이하의 과태료에 처한다(법 제3조 제4항).

4) 신고서에 서명 또는 날인

부동산거래계약을 신고하려는 개업공인중개사는 부동산거래계약신고서에 서명 또는 날인(전자인증의 방법을 포함)을 하여 시장·군수 또는 구청장에게 제출(전자문서에 의한 제출 포함)하여야 한다(규칙 제2조 제4항).

5) 신분증명서 제시(규칙 제2조 제8항)

① 부동산거래의 신고를 하고자 하는 개업공인중개사는 주민등록증 등 신고인의 신분을 확인할 수 있는 신분증명서를 신고관청에 내보여야 한다.
② 다만, 전자문서로 신고를 하고자 하는 자에 대하여는 전자인증의 방법에 의한다.

6) 소속공인중개사의 대행(규칙 제3조 제2항)

① 부동산거래의 신고서의 제출(전자문서에 의한 신고는 제외)은 개업공인중개사의 위임을 받은 소속공인중개사가 대행할 수 있다.
② 소속공인중개사는 주민등록증 등 신분을 확인할 수 있는 신분증명서를 신고관청에 내보여야 한다. 개업공인중개사의 위임장은 첨부할 필요가 없다.
③ 소속공인중개사의 신고대행은 전자문서로 하지 못하고 방문신고만을 하여야 한다. 이는 소속공인중개사의 경우 신고된 소속공인중개사인지를 확인하기 위함이다.

단락문제 Q01

제22회 기출

토지를 매수하면서 부동산거래계약신고를 하는 경우 다음 설명 중 옳은 것은?

① 이 신고는 탈세 및 투기를 방지하기 위한 것이므로, 관할 세무서에 신고를 해야 한다.
② 개업공인중개사가 거래계약서를 작성·교부한 경우 거래계약당사자가 이 신고를 하면 개업공인중개사는 신고의무가 없다.
③ 외국인은 신고서 작성 시 대한민국 국민과 달리 부동산 등의 매수용도를 표시해야 한다.
④ 신고서의 신고사항에는 실제거래가격 및 기준시가가 포함되어야 한다.
⑤ 2 이상의 부동산을 함께 거래하는 경우 신고서의 물건별 거래금액란에는 합산액을 기재한다.

해설 부동산거래계약신고
① 부동산거래의 신고를 하려는 거래당사자는 부동산거래계약 신고서에 공동으로 서명 또는 날인하여 시장·군수 또는 구청장(등록관청)에게 제출하여야 한다(규칙 제2조 제1항).
② 개업공인중개사가 거래계약서를 작성·교부한 때에는 당해 개업공인중개사가 신고를 하여야 한다(법 제3조 제3항).
④ 실제거래가격은 신고사항이나 기준시가는 신고사항이 아니다(영 제3조 제1항).
⑤ 2 이상의 부동산을 함께 거래하는 경우 신고서의 물건별 거래금액란에는 각각의 부동산별 거래금액을 적는다(별지 제1호 서식).

정답 ③

3 법인신고서 등의 제출

(1) 법인 주택거래계약신고서의 제출

1) 법인이 주택을 거래하는 경우 법인의 현황(영 별표 1 제2호 가목)에 따른 사항 등을 포함한 법인 주택 거래계약 신고서(법인 신고서)를 신고관청에 부동산거래신고서와 함께 제출해야 한다(규칙 제2조 제5항).

2) 법인의 현황에 관한 다음의 사항[거래당사자 중 국가등이 포함되어 있거나 거래계약이 부동산의 공급계약(법 제3조 제1항 제2호) 또는 분양권(같은 항 제3호 가목)에 해당하는 경우는 제외한다]
   ① 법인의 등기현황
   ② 법인과 거래상대방 간의 관계가 다음의 어느 하나에 해당하는지 여부
      ㉠ 거래상대방이 개인인 경우 : 그 개인이 해당 법인의 임원이거나 법인의 임원과 친족관계가 있는 경우
      ㉡ 거래상대방이 법인인 경우 : 거래당사자인 매도법인과 매수법인의 임원 중 같은 사람이 있거나 거래당사자인 매도법인과 매수법인의 임원 간 친족관계가 있는 경우

(2) 자금조달·입주계획서의 제출

1) 법인이 주택을 매수하는 경우(매수인이 제출)(규칙 제2조 제5항) : 주택 취득 목적 및 취득자금 등에 관한 다음의 사항(법인이 주택의 매수자인 경우만 해당한다)은 다음과 같다.
   ① 거래대상인 주택의 취득목적
   ② 거래대상 주택의 취득에 필요한 자금의 조달계획 및 지급방식. 이 경우 투기과열지구에 소재하는 주택의 거래계약을 체결한 경우에는 자금의 조달계획을 증명하는 서류로서 국토교통부령으로 정하는 서류를 첨부해야 한다.
   ③ 임대 등 거래대상 주택의 이용계획

2) 법인 외의 자가 실제 거래가격이 6억원 이상인 주택을 매수하거나 투기과열지구 또는 조정대상지역에 소재하는 주택을 매수하는 경우(매수인 중 국가등이 포함되어 있는 경우는 제외한다)
   ① 거래대상 주택의 취득에 필요한 자금의 조달계획 및 지급방식. 이 경우 투기과열지구에 소재하는 주택의 거래계약을 체결한 경우 매수자는 자금의 조달계획을 증명하는 서류로서 국토교통부령으로 정하는 서류를 첨부해야 한다.
   ② 거래대상 주택에 매수자 본인이 입주할지 여부, 입주 예정 시기 등 거래대상 주택의 이용계획

(3) 자금조달·토지이용계획서의 제출

1) 실제 거래가격이 다음의 구분에 따른 금액 이상인 토지를 매수하는 경우
   ① 수도권등에 소재하는 토지의 경우: 1억원
   ② 수도권등 외의 지역에 소재하는 토지의 경우: 6억원
2) 다음의 토지를 지분으로 매수하는 경우
   ① 수도권등에 소재하는 토지
   ② 수도권등 외의 지역에 소재하는 토지로서 실제 거래가격이 6억원 이상인 토지
3) 1회의 토지거래계약으로 매수하는 토지가 둘 이상인 경우에는 매수한 각각의 토지 가격을 모두 합산할 것
4) 신고 대상 토지거래계약 체결일부터 역산하여 1년 이내에 매수한 다른 토지(신고 대상 토지거래계약에 따라 매수한 토지와 서로 맞닿은 토지로 한정하며, 신고 대상 토지거래계약에 따라 토지를 지분으로 매수한 경우에는 해당 토지의 나머지 지분과 그 토지와 서로 맞닿은 토지나 토지의 지분으로 한다. 이하 이 목에서 같다)가 있는 경우에는 그 토지 가격을 거래가격에 합산할 것. 다만, 토지거래계약 체결일부터 역산하여 1년 이내에 매수한 다른 토지에 대한 거래신고를 한 때 위 자금조달·토지이용계획서를 제출한 경우에는 합산하지 않는다.
5) 「건축법」 제22조 제2항에 따른 사용승인을 받은 건축물이 소재하는 필지(筆地) 가격은 거래가격에서 제외할 것

(4) 별도제출 가능

법인 또는 매수인이 법인 신고서 등을 부동산거래계약 신고서와 분리하여 제출하기를 희망하는 경우 법인신고서 등을 별도로 제출할 수 있다(규칙 제2조 제6항).

(5) 법인 또는 매수인 외의 자가 제출하는 경우

법인 또는 매수인 외의 자가 법인 신고서 등을 제출하는 경우 법인 또는 매수인은 부동산거래계약을 신고하려는 자에게 계약체결일로부터 25일 이내에 법인 신고서 등을 제공하여야 하며, 이 기간 내에 제공하지 아니한 경우에는 법인 또는 매수인이 별도로 법인신고서 등을 제출하여야 한다(규칙 제2조 제8항).

4 신고의 간주

부동산거래계약 관련 정보시스템(이하 "부동산거래계약시스템"이라 한다)을 통하여 부동산거래계약을 체결한 경우에는 부동산거래계약이 체결된 때에 부동산거래계약 신고서를 제출한 것으로 본다(규칙 제2조 제10항).

5 부동산거래의 해제 등 신고

(1) 계약해제등 신고
1) 거래당사자는 부동산거래신고를 한 후 해당 거래계약이 해제, 무효 또는 취소된 경우 해제등이 확정된 날부터 30일 이내에 해당 신고관청에 공동으로 신고하여야 한다. 다만, 거래당사자 중 일방이 신고를 거부하는 경우에는 국토교통부령으로 정하는 바에 따라 단독으로 신고할 수 있다.
2) 개업공인중개사가 부동산거래신고를 한 경우에는 개업공인중개사가 해당 거래계약이 해제, 무효 또는 취소된 경우 해제등이 확정된 날부터 30일 이내에 신고(공동으로 중개를 한 경우에는 해당 개업공인중개사가 공동으로 신고하는 것을 말한다)를 할 수 있다. 다만, 개업공인중개사 중 일방이 신고를 거부한 경우에는 국토교통부령으로 정하는 바에 따라 단독으로 신고할 수 있다. **35회 출제**
3) 해제등 신고의 절차와 그 밖에 필요한 사항은 국토교통부령으로 정한다.

(2) 단독신고
거래신고를 단독으로 신고한 후 단독으로 해제신고하려는 자는 해제신고서에 단독으로 서명 또는 날인한 후 다음의 서류를 첨부하여 신고관청에 제출하여야 한다. 이 경우 신고관청은 단독신고 사유에 해당하는지 여부를 확인하여야 한다.

1) 판결문 등 해제등이 확정된 사실을 입증할 수 있는 서류
2) 단독신고 사유서

(3) 부동산거래계약해제등 확인서 발급
해제신고를 받은 신고관청은 그 내용을 확인한 후 부동산거래계약해제등 확인서를 신고인에게 지체없이 발급하여야 한다(규칙 제5조 제4항).

(4) 신고의 간주
부동산거래계약시스템을 통하여 체결한 거래계약에 대하여 거래계약시스템을 통하여 해제 합의서 작성이 완료된 때 해제신고를 한 것으로 본다(규칙 제5조 제5항).

(5) 신고의 대행(규칙 제5조의 2)
1) 거래당사자의 위임을 받은 사람은 해제신고서의 제출을 대행할 수 있다. 이 경우 해제신고서의 제출을 대행하는 사람은 신분증명서를 신고관청에 보여주고, 다음의 서류를 함께 제출하여야 한다.
   ① 신고서의 제출을 위임한 거래당사자의 자필서명(법인의 경우에는 법인인감을 말한다. 이하 같다)이 있는 위임장
   ② 신고서의 제출을 위임한 거래당사자의 신분증명서 사본
2) 개업공인중개사의 위임을 받은 소속공인중개사는 해제신고서의 제출을 대행할 수 있다. 이 경우 소속공인중개사는 신분증명서를 신고관청에 보여주어야 한다.

6 금지행위

누구든지 부동산거래계약신고에 관하여 다음의 어느 하나에 해당하는 행위를 하여서는 아니 된다(법 제4조).

(1) 개업공인중개사에게 부동산거래계약신고를 하지 아니하게 하거나 거짓으로 신고하도록 요구하는 행위
(2) 부동산거래계약신고 의무자가 아닌 자가 거짓으로 부동산거래신고를 하는 행위
(3) 거짓으로 부동산거래계약신고에 따른 신고를 하는 행위를 조장하거나 방조하는 행위
(4) 계약을 체결하지 아니하였음에도 불구하고 거짓으로 부동산거래신고를 하는 행위
(5) 부동산거래신고 후 해당 계약이 해제등이 되지 아니하였음에도 불구하고 거짓으로 해제등 신고를 하는 행위

03 부동산거래신고 절차

1 거래신고 내용 및 신고필증 발급

(1) 거래신고 할 내용(영 제3조 제1항)

① 거래당사자의 인적사항
② 계약체결일, 중도금 지급일 및 잔금 지급일
③ 거래대상 부동산등(부동산등을 취득할 수 있는 권리에 관한 계약의 경우에는 그 권리의 대상인 부동산)의 소재지·지번·지목 및 면적
④ 거래대상 부동산 등의 종류(부동산등을 취득할 수 있는 권리에 관한 계약의 경우에는 그 권리의 종류)
⑤ 실제거래가격
⑥ 계약의 조건이나 기한이 있는 경우에는 그 조건 또는 기한
⑦ 개업공인중개사가 거래계약서를 작성·교부한 경우에는 다음의 사항
  ㉠ 개업공인중개사의 인적사항
  ㉡ 개업공인중개사가 「공인중개사법」 제9조에 따라 개설등록한 중개사무소의 상호·전화번호 및 소재지
⑧ 매수인이 국내에 주소 또는 거소(잔금 지급일부터 60일을 초과하여 거주하는 장소를 말한다)를 두지 않을 경우(매수인이 외국인인 경우로서 「출입국관리법」 제31조에 따른 외국인등록을 하거나 「재외동포의 출입국과 법적 지위에 관한 법률」 제6조에 따른 국내거소신고를 한 경우에는 그 체류기간 만료일이 잔금 지급일부터 60일 이내인 경우를 포함한다)에는 위탁관리인의 인적사항

⑨ 법인주택거래계약신고서
⑩ 자금조달·입주계획서
⑪ 자금조달·토지이용계획서

> **Wide** 용어의 정의
>
> ㉠ "개업공인중개사"란 「공인중개사법」 제2조 제4호의 개업공인중개사를 말한다.
> ㉡ "법인"이란 「부동산등기법」 제49조 제1항 제2호의 부동산등기용 등록번호를 부여 받은 법인으로 「상법」에 따른 법인을 말한다.
> ㉢ "주택"이란 「건축법 시행령」 [별표 1] 제1호 또는 제2호의 단독주택 또는 공동주택(공관 및 기숙사는 제외한다)을 말하며, 단독주택 또는 공동주택을 취득할 수 있는 권리에 관한 계약의 경우에는 그 권리를 포함한다.
> ㉣ "국가등"이란 법 제3조 제1항 단서의 국가등을 말한다.
> ㉤ "친족관계"란 「국세기본법」 제2조 제20호 가목의 친족관계를 말한다.
> ㉥ "투기과열지구"란 「주택법」 제63조에 따라 지정된 투기과열지구를 말한다.
> ㉦ "조정대상지역"이란 「주택법」 제63조의2에 따라 지정된 조정대상지역을 말한다.
> ㉧ "위탁관리인"이란 법 제6조에 따른 신고내용의 조사와 관련하여 국토교통부장관 또는 신고관청이 발송하는 서류의 수령을 매수인으로부터 위탁받은 사람을 말한다.

(2) 신고필증 발급

1) 부동산거래신고를 받은 신고관청은 그 신고내용을 확인한 후 신고인에게 신고필증을 지체 없이 발급하여야 한다(법 제3조 제4항).
2) 부동산거래신고필증을 교부받은 때는 매수인은 「부동산등기 특별조치법」에 따른 검인을 받은 것으로 본다(법 제3조 제5항).
3) 신고관청은 부동산거래계약 신고서(법인신고서 또는 자금조달·입주계획서를 제출하여야 하는 경우에는 자금조달·입주계획서를 포함)가 제출된 때 신고필증을 발급한다(규칙 제2조 제9항).

단락문제 Q02 제32회 기출

> 甲이 「건축법 시행령」에 따른 단독주택을 매수하는 계약을 체결하였을 때, 부동산 거래신고 등에 관한 법령에 따라 甲 본인이 그 주택에 입주할지 여부를 신고해야 하는 경우를 모두 고른 것은?(甲, 乙, 丙은 자연인이고, 丁은 「지방공기업법」상 지방공단임)
>
> ㄱ. 甲이 「주택법」상 투기과열지구에 소재하는 乙 소유의 주택을 실제 거래가격 3억원으로 매수하는 경우
> ㄴ. 甲이 「주택법」상 '투기과열지구 또는 조정대상지역' 외의 장소에 소재하는 丙 소유의 주택을 실제 거래가격 5억원으로 매수하는 경우
> ㄷ. 甲이 「주택법」상 투기과열지구에 소재하는 丁 소유의 주택을 실제 거래가격 10억원으로 매수하는 경우
>
> ① ㄱ   ② ㄴ   ③ ㄱ, ㄴ   ④ ㄱ, ㄷ   ⑤ ㄴ, ㄷ

해설 자금·조달입주계획서의 제출
ㄴ. 실제 거래가격 5억원으로 매수하는 경우 제출의무가 없다.
ㄷ. 丁이 국가 등이므로 제출의무가 없다.

정답 ①

2 가격의 검증

(1) 검증체계 구축·운영
1) 국토교통부장관은 신고받은 내용, 「부동산 가격공시에 관한 법률」에 따라 공시된 토지 및 주택의 가액 그 밖의 부동산가격정보를 활용하여 부동산거래가격 검증체계를 구축·운영하여야 한다(법 제5조 제1항).
2) 자료제출 요구
국토교통부장관은 부동산거래가격 검증체계의 구축·운영을 위하여 시장·군수 또는 구청장에게 신고가격의 적정성 검증결과, 신고내용의 조사결과, 그 밖에 검증체계의 구축·운영을 위하여 필요한 사항 등에 관한 자료의 제출을 요구할 수 있다(영 제4조).

(2) 가격검증 및 검증결과의 통보 및 보고
1) 가격검증
시장·군수 또는 구청장은 부동산거래신고를 받은 때에는 부동산거래가격 검증체계에 의하여 그 적정성을 검증하여야 한다(법 제5조 제2항).
2) 세무서 통보
시장·군수 또는 구청장은 검증결과를 해당 부동산 소재지 관할 세무관서의 장에게 통보하여야 하며, 통보받은 세무관서의 장은 해당 신고내용을 국세 또는 지방세 부과를 위한 과세자료로 활용할 수 있다(법 제5조 제3항).

3 부동산거래 신고내용의 조사　22·27회 출제

(1) 보완 또는 자료제출 요구
신고관청은 부동산거래신고, 계약해제등신고, 외국인등의 취득보유신고에 따라 신고받은 내용이 누락되어 있거나 정확하지 아니하다고 판단되는 경우 신고인에게 신고내용을 보완하게 하거나, 신고한 사항의 사실여부를 확인하기 위하여 소속공무원으로 하여금 거래당사자 또는 개업공인중개사에게 거래계약서, 거래대금 지급을 증명할 수 있는 서면 등 관련 자료의 제출을 요구하는 등 필요한 조치를 취할 수 있다(법 제6조 제1항).

(2) 거래대금지급 증명자료(규칙 제6조 제1항)
1) 거래계약서 사본
2) 거래대금의 지급을 확인할 수 있는 입금표 또는 통장사본
3) 매수인이 거래대금의 지급을 위하여 다음의 행위를 하였음을 증명할 수 있는 자료
① 대 출
② 정기예금 등의 만기수령 또는 해약
③ 주식·채권 등의 처분

제2편 부동산거래신고 등에 관한 법률

4) 매도인이 매수인으로부터 받은 거래대금을 예금 외의 다른 용도로 지출한 경우 이를 증명할 수 있는 자료
5) 그 밖에 신고 내용의 사실 여부를 확인하기 위하여 필요한 자료

(3) 서면제출
자료제출 요구는 요구사유, 자료의 범위와 내용, 제출기한 등을 명시한 서면으로 하여야 한다(규칙 제6조 제2항).

(4) 조사결과의 보고

1) 신고내용을 조사한 경우
신고관청은 조사 결과를 시·도지사에게 보고하여야 하며, 시·도지사는 이를 국토교통부령으로 정하는 바에 따라 국토교통부장관에게 보고하여야 한다(법 제6조 제1항).

2) 국토교통부장관에게 보고
특별시장, 광역시장, 특별자치시장, 도지사 또는 특별자치도지사는 신고관청이 보고한 내용을 취합하여 매월 1회 국토교통부장관에게 보고(전자문서 또는 부동산정보체계에 입력하는 것을 포함)하여야 한다(규칙 제6조 제4항).

(5) 국토교통부장관의 직접조사

1) 국토교통부장관은 신고 받은 내용의 확인을 위하여 필요한 때에는 신고내용조사를 직접 또는 신고관청과 공동으로 실시할 수 있다.
2) 국토교통부장관 및 신고관청은 신고내용조사를 위하여 국세·지방세에 관한 자료, 소득재산에 관한 자료 등 대통령령으로 정하는 자료를 관계 행정기관의 장에게 요청할 수 있다. 이 경우 요청을 받은 관계 행정기관의 장은 정당한 사유가 없으면 그 요청에 따라야 한다.

Wide | 대통령령이 정하는 자료(영 별표 2)

① 「부동산등기법」에 따른 부동산등기정보 자료
② 「공간정보의 구축 및 관리 등에 관한 법률」에 따른 지적공부 자료
③ 「주택임대차보호법」에 따른 확정일자 부여에 관한 자료
④ 「건축법」에 따른 건축물대장 정보
⑤ 「공인중개사법」에 따른 개업공인중개사 또는 소속공인중개사의 자격취소, 자격정지, 등록취소, 업무정지에 관한 자료
⑥ 「국세기본법」, 「국세징수법」, 「소득세법」, 「법인세법」, 「상속세 및 증여세법」, 「부가가치세법」, 「지방세기본법」, 「지방세징수법」, 「지방세법」에 따른 종합소득자료 및 과세·환급자료 등
⑦ 「주민등록법」에 따른 주민등록자료
⑧ 「가족관계의 등록 등에 관한 법률」에 따른 가족관계등록 전산정보자료와 가족관계기록사항에 관한 자료
⑨ 「국적법」에 따른 국적이탈 신고자료 및 국적상실에 관한 자료
⑩ 「출입국관리법」에 따른 외국인등록자료
⑪ 「재외동포의 출입국과 법적 지위에 관한 법률」에 따른 재외국민 및 외국국적동포의 국내거소 신고자료
⑫ 「재외국민등록법」 제외국민 등록정보자료
⑬ 구(舊) 「호적법」(법률 제8435호로 폐지되기 전의 것을 말한다) 제적부에 관한 자료

제2장 부동산거래신고

(6) 고발조치 또는 통보
국토교통부장관 및 신고관청은 신고내용조사 결과 그 내용이 이 법 또는 「주택법」, 「공인중개사법」, 「상속세 및 증여세법」 등 다른 법률을 위반하였다고 판단되는 때에는 이를 수사기관에 고발하거나 관계 행정기관에 통보하는 등 필요한 조치를 할 수 있다.

(7) 그 밖에 신고내용조사에 필요한 세부사항은 국토교통부장관이 정한다(규칙 제6조 제3항).

(8) 위반시 (법 제28조)
1) 거래대금지급 증명자료를 제출하지 아니하거나 거짓으로 제출한 자, 그 밖의 필요한 조치를 이행하지 아니한 자는 3천만원 이하의 과태료에 처한다.
2) 거래대금지급을 증명할 수 있는 자료 이외의 자료를 제출하지 아니하거나 거짓으로 제출한 자는 500만원 이하의 과태료에 처한다.

4 외국인 등의 특례

(1) 신고관청은 외국인등이 부동산등의 취득을 신고한 내용을 매 분기 종료일부터 1개월 이내에 특별시장·광역시장·도지사 또는 특별자치도지사에게 제출(전자문서에 의한 제출을 포함한다)하여야 한다. 다만, 특별자치시장은 직접 국토교통부장관에게 제출하여야 한다(영 제3조 제4항).

(2) 신고내용을 제출받은 특별시장·광역시장·도지사 또는 특별자치도지사는 제출받은 날부터 1개월 이내에 그 내용을 국토교통부장관에게 제출하여야 한다(영 제3조 제5항).

단락문제 Q03
제23회 기출

부동산거래신고에 관한 법령상 부동산거래신고에 관한 설명으로 옳은 것은?

① 부동산거래신고는 부동산의 증여계약을 체결한 경우에도 해야 한다.
② 개업공인중개사가 중개를 완성하여 거래계약서를 작성·교부한 때에는 거래당사자와 개업공인중개사가 공동으로 신고해야 한다.
③ 농지의 매매계약을 체결한 경우 농지법상의 농지취득자격증명을 받으면 부동산거래신고를 한 것으로 본다.
④ 시장·군수 또는 구청장은 부동산거래가격 검증체계를 구축·운영해야 한다.
⑤ 부동산거래계약 신고필증을 발급받은 때에는 매수인은 「부동산등기 특별조치법」에 따른 검인을 받은 것으로 본다.

해설 부동산거래신고
① 부동산의 증여계약은 부동산거래신고대상이 아니며 매매에 한한다(법 제3조 제1항 참조).
② 개업공인중개사가 중개를 완성하여 거래계약서를 작성·교부한 때에는 개업공인중개사가 신고해야 한다(법 제3조 제3항).
③ 농지의 매매계약을 체결한 경우 농지법상의 농지취득자격증명을 받았다 하더라도 부동산거래신고를 하여야 한다.
④ 국토교통부장관은 부동산거래가격 검증체계를 구축·운영해야 한다(법 제5조 제1항).

정답 ⑤

제2편 부동산거래신고 등에 관한 법률

04 정정신청, 변경신고

1 정정신청 22·30회 출제

(1) 잘못 기재된 경우
1) 거래당사자 또는 개업공인중개사는 부동산거래계약에 관하여 다음의 어느 하나에 해당하는 내용이 잘못 기재된 경우 거래당사자 또는 개업공인중개사는 신고관청에 정정신청을 할 수 있다(규칙 제3조 제1항 전단).
   ① 거래당사자의 주소·전화번호 또는 휴대전화번호
   ② 거래지분 비율
   ③ 개업공인중개사의 전화번호·상호 또는 사무소 소재지
   ④ 거래대상 건축물의 종류
   ⑤ 거래대상 부동산등(부동산을 취득할 수 있는 권리에 관한 계약의 경우에는 그 권리의 대상인 부동산)의 지목, 면적, 거래지분 및 대지권비율
2) 이 경우 정정신청을 하려는 거래당사자 또는 개업공인중개사는 발급받은 신고필증에 정정사항을 표시하고 해당 정정 부분에 서명 또는 날인을 하여 신고관청에 제출하여야 전자문서로 할 수 있다(규칙 제3조 제2항).
3) 거래당사자의 주소·전화번호 또는 휴대전화번호에 해당하는 경우에는 해당 거래당사자 일방이 단독으로 서명 또는 날인하여 정정신청 할 수 있다(규칙 제3조 제2항 단서). 이 경우 전자문서로 할 수 없다.

(2) 신고필증의 재교부
정정신청을 받은 신고관청은 정정사항을 확인한 후 지체없이 해당 내용을 정정 또는 변경하고 정정사항 또는 변경사항을 반영한 신고필증을 재발급하여야 한다(규칙 제3조 제5항).

2 변경신고 35회 출제

(1) 부동산거래계약의 신고를 한 후 다음의 어느 하나에 해당하는 내용이 변경된 경우 「부동산등기법」에 따른 부동산에 관한 등기 신청 전에 부동산거래계약 변경신고서(전자문서로 된 신고서를 포함)에 거래당사자 또는 개업공인중개사가 서명 또는 날인(전자인증의 방법을 포함)하여 신고관청에 제출할 수 있다(규칙 제3조 제3항).
1) 거래지분 비율
2) 거래지분
3) 거래대상 부동산등의 면적
4) 계약의 조건 또는 기한
5) 거래가격
6) 중도금·잔금 및 지급일

7) 공동매수의 경우 일부 매수인의 변경(매수인 중 일부가 제외되는 경우만 해당한다)
8) 거래대상 부동산등이 다수인 경우 일부 부동산등의 변경(거래대상 부동산등 중 일부가 제외되는 경우만 해당한다)
9) 위탁관리인의 성명, 주민등록번호, 주소 및 전화번호(휴대전화번호를 포함한다)

(2) 부동산등의 면적 변경이 없는 상태에서 거래가격이 변경된 경우에는 이를 증명할 수 있는 거래계약서 사본 등을 첨부하여야 한다(규칙 제3조 제4항 단서).

(3) 분양권 및 입주권 해당하는 계약인 경우 거래가격 중 분양가격 및 선택품목은 거래당사자 일방이 단독으로 변경신고를 할 수 있다. 이 경우 거래계약서 사본 등 그 사실을 증명할 수 있는 서류를 첨부해야 한다(규칙 제3조 제5항).

(4) 변경신고를 받은 신고관청은 변경사항을 확인한 후 지체없이 해당 내용을 변경하고 변경한 내용에 따른 신고필증을 재발급하여야 한다(규칙 제3조 제6항).

3 신고의 대행(규칙 제5조)

(1) 거래당사자의 위임을 받은 사람은 정정신청 또는 변경신고서의 제출을 대행할 수 있다. 이 경우 정정신청 또는 변경신고서의 제출을 대행하는 사람은 신분증명서를 신고관청에 보여주고, 다음의 서류를 함께 제출하여야 한다.
  1) 신고서의 제출을 위임한 거래당사자의 자필서명(법인의 경우에는 법인인감을 말한다. 이하 같다)이 있는 위임장
  2) 신고서의 제출을 위임한 거래당사자의 신분증명서 사본

(2) 개업공인중개사의 위임을 받은 소속공인중개사는 정정신청 또는 변경신고서의 제출을 대행할 수 있다. 이 경우 소속공인중개사는 신분증명서를 신고관청에 보여주어야 한다.

제2편 부동산거래신고 등에 관한 법률

05 주택임대차 계약신고 34·35회 출제

1 주택임대차 계약의 신고(법 제6조의2)

(1) 임대차계약당사자는 주택(주택임대차보호법의 적용을 받는 주택을 말하며 주택을 취득할 수 있는 권리를 포함)에 대하여 대통령령으로 정하는 금액을 초과하는 임대차계약을 체결한 경우 그 보증금 또는 차임 등 국토교통부령으로 정하는 사항을 임대차계약의 체결일부터 30일 이내에 주택 소재지를 관할하는 신고관청에 공동으로 신고하여야 한다. 다만, 임대차계약 당사자 중 일방이 국가등인 경우에는 국가등이 신고하여야 한다(법제6조의 2 제1항).
    ① 대상 : 보증금이 6천만원을 초과 또는 월 차임이 30만원을 초과하는 임대차계약
    ② 보증금 및 차임의 증감 없이 임대차기간만 연장하는 계약갱신은 제외

(2) 주택 임대차계약의 신고는 임차가구 현황 등을 고려하여 대통령령으로 정하는 지역에 적용한다(법제6조의 2 제2항).
    ① 신고지역 : 특별자치시·특별자치도·시·군(광역시 및 경기도의 관할구역에 있는 군으로 한정)·자치구
    ② 그 외 지역은 신고대상이 아니다.

(3) 임대차계약당사자 중 일방이 신고를 거부하는 경우에는 국토교통부령으로 정하는 바에 따라 단독으로 신고할 수 있다(법제6조의 2 제3항).
    ① 신고서에 단독으로 서명 또는 날인 한 후 다음 서류를 첨부해 신고관청에 제출한 경우 공동으로 임대차 신고서를 제출한 것으로 봄
    ② 제출서류
        ㉠ 계약서 작성한 경우 : 주택임대차계약서
        ㉡ 계약서 작성하지 않은 경우 : 입금증, 통장사본 등 주택 임대차계약 체결 사실을 입증할 수 있는 서류 등
        ㉢ 계약갱신요구권을 행사한 경우 이의 확인 서류 등

(4) 신고를 받은 신고관청은 그 신고 내용을 확인한 후 신고인에게 신고필증을 지체 없이 발급하여야 한다.

(5) 신고관청은 주택임대차 계약의 신고 사무에 대한 해당 권한의 일부를 그 지방자치단체의 조례로 정하는 바에 따라 읍·면·동장 또는 출장소장에게 위임할 수 있다(법 제6조의2 제5항).

(6) 신고 및 신고필증 발급의 절차와 그 밖에 필요한 사항은 국토교통부령으로 정한다 (법 제6조의 2 제5항).
  ① 국가등이 주택 임대차 계약을 신고하려는 경우 : 신고서에 단독으로 서명 또는 날인해 신고관청에 제출
  ② 신고필증 발급 : 신고 사항 누락 여부 등을 확인한 후 지체 없이 임대차 신고필증 발급
  ③ 거래계약시스템을 통해 임대차 계약을 체결한 경우 : 공동으로 임대차 신고서를 제출한 것으로 봄
  ④ 신고 대행 : 위임을 받은 사람이 신고사항이 모두 적혀 있고 계약당사자 서명이나 날인이 되어 있는 계약서를 신고관청에 제출하면 공동으로 임대차 신고서를 제출한 것으로 봄

2 주택임대차 계약의 변경 및 해제신고(법 제6조의3)

(1) 임대차계약당사자는 주택임대차 계약신고를 한 후 해당 주택 임대차 계약의 보증금, 차임 등 임대차 가격이 변경되거나 임대차 계약이 해제된 때에는 변경 또는 해제가 확정된 날부터 30일 이내에 해당 신고관청에 공동으로 신고하여야 한다. 다만, 임대차계약당사자 중 일방이 국가등인 경우에는 국가등이 신고하여야 한다(법 제6조의 3 제1항).

(2) 임대차계약당사자 중 일방이 신고를 거부하는 경우에는 국토교통부령으로 정하는 바에 따라 단독으로 신고할 수 있다(법 제6조의 3 제2항).

(3) 변경 및 해제 신고를 받은 신고관청은 그 신고 내용을 확인한 후 신고인에게 신고필증을 지체 없이 발급하여야 한다(법 제6조의 3 제3항).

(4) 신고관청은 변경 및 해제사무에 대한 해당 권한의 일부를 그 지방자치단체의 조례로 정하는 바에 따라 읍·면·동장 또는 출장소장에게 위임할 수 있다(법 제6조의 3 제4항).

(5) 변경 및 해제신고에 따른 따른 신고 및 신고필증 발급의 절차와 그 밖의 필요한 사항은 국토교통부령으로 정한다(법 제6조의 3 제5항).
  ① 신고서 제출 : 계약당사자는 변경 신고서 또는 해제 신고서에 공동으로 서명 또는 날인해 신고관청에 제출
  ② 신고거부시 단독신고 : 신고서에 단독으로 서명 또는 날인한 후 다음의 서류를 첨부해 신고관청에 제출(신고관청은 단독신고 사유에 해당하는지 확인)
    ㉠ 변경신고 : 사유서와 변경계약서 또는 가격변경 사실을 입증할 수 있는 서류
    ㉡ 해제신고 : 사유서와 해제합의서 또는 해제된 사실을 입증할 수 있는 서류 등

3 주택임대차 계약의 정정 및 신고대행

(1) 주택임대차 계약신고의 정정
1) 잘못 적힌 경우 : 계약당사자는 신고관청에 신고 내용의 정정을 신청할 수 있음
2) 신고필증에 정정 : 신고필증에 정정 사항 표시하고 정정 부분에 공동으로 서명 또는 날인한 후 임대차 계약서 또는 임대차 변경 계약서를 첨부해 신고관청에 제출

(2) 임대차계약당사자의 위임을 받은 사람의 신고 대행
1) 임대차 신고서, 임대차 변경 신고서 및 임대차 해제 신고서의 작성·제출 및 정정신청을 대행할 수 있음
2) 대행하는 자는 신분증명서를 신고관청에 보여줘야 함
3) 임대차신고서등의 작성·제출 및 정정신청을 위임한 계약당사자의 자필서명이 있는 위임장과 신분증명서 사본을 함께 제출

4 주택임대차계약 신고에 대한 준용규정(법 제6조의4)

주택임대차계약 신고의 금지행위, 주택임대차계약 신고 내용의 검증, 주택임대차 계약 신고 내용의 조사 등에 관하여는 부동산거래신고 내용을 준용한다.

5 다른 법률에 따른 신고 등의 의제(법 제6조의4)

(1) 임차인이 「주민등록법」에 따라 전입신고를 하는 경우 이 법에 따른 주택임대차계약의 신고를 한 것으로 본다(법제6조의 4 제1항). 이 경우 다음 서류를 제출하여야 함
  ① 주택임대차계약서
  ② 임대차계약서를 작성하지 않은 경우 : 임대차 신고서
(2) 「공공주택 특별법」에 따른 공공주택사업자 및 「민간임대주택에 관한 특별법」에 따른 임대사업자는 관련 법령에 따른 주택 임대차 계약의 신고 또는 변경신고를 하는 경우 이 법에 따른 주택 임대차 계약의 신고 또는 변경신고를 한 것으로 본다(법제6조의 4 제1항).
(3) 주택임대차 계약 신고의 접수를 완료한 때에는 「주택임대차보호법」에 따른 확정일자를 부여한 것으로 본다(임대차계약서가 제출된 경우로 한정). 이 경우 신고관청은 「주택임대차보호법」에 따라 확정일자부를 작성하거나 「주택임대차보호법」의 확정일자부여기관에 신고 사실을 통보하여야 한다(법 제6조의 4 제1항).

단락문제 Q04

제27회 기출

부동산거래신고에 관한 법령상 부동산거래계약신고서의 작성방법으로 옳은 것을 모두 고른 것은?

㉠ 공급계약 또는 전매계약인 경우 물건별 거래가격 및 총 실제거래가격에 부가가치세를 제외한 가격을 적는다.
㉡ 물건별 거래금액란에는 둘 이상의 부동산을 함께 거래하는 경우 각각의 부동산별 거래금액을 적는다.
㉢ 종전 부동산란은 입주권 매매의 경우에만 작성한다.
㉣ 계약의 조건 또는 기한은 부동산거래계약 내용에 계약조건이나 기한을 붙인 경우에만 적는다.

① ㉠, ㉢ ② ㉡, ㉣ ③ ㉠, ㉡, ㉣
④ ㉡, ㉢, ㉣ ⑤ ㉠, ㉡, ㉢, ㉣

해설 ㉠ 공급계약 또는 전매계약인 경우 물건별 거래가격 및 총 실제거래가격에 부가가치세를 포함한 가격을 적는다(규칙 별지서식 제1호).

정답 ④

단락문제 Q05

제32회 기출

개업공인중개사 甲이 A도 B시 소재의 X주택에 관한 乙과 丙 간의 임대차계약 체결을 중개하면서 「부동산 거래신고 등에 관한 법률」에 따른 주택임대차계약의 신고에 관하여 설명한 내용의 일부이다. (   )에 들어 갈 숫자를 바르게 나열한 것은?(X주택은 「주택임대차보호법」의 적용 대상이며, 乙과 丙은 자연인임)

보증금이 (㉠)천만원을 초과하거나 월 차임이 (㉡)만원을 초과하는 주택임대차계약을 신규로 체결한 계약당사자는 그 보증금 또는 차임 등을 임대차계약의 체결일부터 (㉢)일 이내에 주택 소재지를 관할하는 신고관청에 공동으로 신고해야 한다.

① ㉠:3, ㉡:30, ㉢:60 ② ㉠:3, ㉡:50, ㉢:30 ③ ㉠:6, ㉡:30, ㉢:30
④ ㉠:6, ㉡:30, ㉢:60 ⑤ ㉠:6, ㉡:50, ㉢:60

해설  주택임대차계약신고
보증금이 (6)천만원을 초과하거나 월 차임이 (30)만원을 초과하는 주택임대차계약을 신규로 체결한 계약당사자는 그 보증금 또는 차임 등을 임대차계약의 체결일부터 (30)일 이내에 주택 소재지를 관할하는 신고관청에 공동으로 신고해야 한다..

정답 ③

제2편 부동산거래신고 등에 관한 법률

06 부동산거래신고서의 작성

23·27·29·31회 출제

■ 부동산 거래신고 등에 관한 법률 시행규칙 [별지 제1호서식] 〈개정 2022. 2. 28.〉 부동산거래관리시스템(rtms.molit.go.kr)에서도 신청할 수 있습니다.

부동산거래계약 신고서

※ 뒤쪽의 유의사항·작성방법을 읽고 작성하시기 바라며, [ ]에는 해당하는 곳에 √표를 합니다. (앞쪽)

접수번호		접수일시		처리기간	지체없이

① 매도인	성명(법인명)		주민등록번호(법인·외국인등록번호)		국적	
	주소(법인소재지)				거래지분 비율 (분의)	
	전화번호		휴대전화번호			

② 매수인	성명(법인명)		주민등록번호(법인·외국인등록번호)		국적	
	주소(법인소재지)				거래지분 비율 (분의)	
	전화번호		휴대전화번호			
	③ 법인신고서등	[ ]제출 [ ]별도 제출 [ ]해당 없음				
	외국인의 부동산등 매수용도	[ ]주거용(아파트) [ ]주거용(단독주택) [ ]주거용(그 밖의 주택) [ ]레저용 [ ]상업용 [ ]공업용 [ ]그 밖의 용도				
	위탁관리인 (**국내에 주소 또는 거소가 없는 경우**)	성명		주민등록번호		
		주소				
		전화번호		휴대전화번호		

개업 공인중개사	성명(법인명)		주민등록번호(법인·외국인등록번호)	
	전화번호		휴대전화번호	
	상호		등록번호	
	사무소 소재지			

거래대상	종류	④ [ ]토지 [ ]건축물 ( ) [ ]토지 및 건축물 ( )			
		⑤ [ ]공급계약 [ ]전매 [ ]분양권 [ ]입주권	[ ]준공 전 [ ]준공 후 [ ]임대주택 분양전환		
	⑥ 소재지/지목/면적	소재지			
		지목	토지면적 ㎡	토지 거래지분 (분의)	
		대지권비율 (분의)	건축물면적 ㎡	건축물 거래지분 (분의)	
	⑦ 계약대상 면적	토지 ㎡	건축물 ㎡		
	⑧ 물건별 거래가격	공급계약 또는 전매 원	분양가격 원	발코니 확장 등 선택비용 원	추가 지급액 등 원

⑨ 총 실제 거래가격 (전체)	합계 원	계약금	원	계약 체결일	
		중도금	원	중도금 지급일	
		잔금	원	잔금 지급일	

⑩ 종전 부동산	소재지/지목 /면적	소재지			
		지목	토지면적 ㎡	토지 거래지분 (분의)	
		대지권비율 (분의)	건축물면적 ㎡	건축물 거래지분 (분의)	
	계약대상 면적	토지 ㎡	건축물 ㎡	건축물 유형( )	
	거래금액	합계 원	추가 지급액 등 원	권리가격 원	
		계약금 원	중도금 원	잔금 원	

⑪ 계약의 조건 및 참고사항	

「부동산 거래신고 등에 관한 법률」 제3조제1항부터 제4항까지 및 같은 법 시행규칙 제2조제1항부터 제4항까지의 규정에 따라 위와 같이 부동산거래계약 내용을 신고합니다.

년 월 일

신고인 매도인: (서명 또는 인)
매수인: (서명 또는 인)
개업공인중개사: (서명 또는 인)
(개업공인중개사 중개 시)

시장·군수·구청장 귀하

210mm×297mm[백상지(80g/㎡) 또는 중질지(80g/㎡)]

제2장 부동산거래신고

(뒤쪽)

첨부서류	1. 부동산 거래계약서 사본(「부동산 거래신고 등에 관한 법률」제3조제2항 또는 제4항에 따라 단독으로 부동산거래의 신고를 하는 경우에만 해당합니다) 2. 단독신고사유서(「부동산 거래신고 등에 관한 법률」제3조제2항 또는 제4항에 따라 단독으로 부동산거래의 신고를 하는 경우에만 해당합니다)

유의사항

1. 「부동산 거래신고 등에 관한 법률」 제3조 및 같은 법 시행령 제3조의 실제 거래가격은 매수인이 매수한 부동산을 양도하는 경우 「소득세법」 제97조제1항·제7항 및 같은 법 시행령 제163조제11항제2호에 따라 취득 당시의 실제 거래가격으로 보아 양도차익이 계산될 수 있음을 유의하시기 바랍니다.
2. 거래당사자 간 직접거래의 경우에는 공동으로 신고서에 서명 또는 날인을 하여 거래당사자 중 일방이 신고서를 제출하고, 중개거래의 경우에는 개업공인중개사가 신고서를 제출해야 하며, 거래당사자 중 일방이 국가 및 지자체, 공공기관인 경우(국가등)에는 국가등이 신고해야 합니다.
3. 부동산거래계약 내용을 기간 내에 신고하지 않거나, 거짓으로 신고하는 경우 「부동산 거래신고 등에 관한 법률」 제28조제1항 부터 제3항까지의 규정에 따라 과태료가 부과되며, 신고한 계약이 해제, 무효 또는 취소가 된 경우 거래당사자는 해제 등이 확정된 날로부터 30일 이내에 같은 법 제3조의2에 따라 신고를 해야 합니다.
4. 담당 공무원은 「부동산 거래신고 등에 관한 법률」 제6조에 따라 거래당사자 또는 개업공인중개사에게 거래계약서, 거래대금지급 증명 자료 등 관련 자료의 제출을 요구할 수 있으며, 이 경우 자료를 제출하지 않거나, 거짓으로 자료를 제출하거나, 그 밖의 필요한 조치를 이행하지 않으면 같은 법 제28조제1항 또는 제2항에 따라 과태료가 부과됩니다.
5. 거래대상의 종류가 공급계약(분양) 또는 전매계약(분양권, 입주권)인 경우 ⑧ 물건별 거래가격 및 ⑨ 총 실제거래가격에 부가가치세를 포함한 금액을 적고, 그 외의 거래대상의 경우 부가가치세를 제외한 금액을 적습니다.
6. "거래계약의 체결일"이란 거래당사자가 구체적으로 특정되고, 거래목적물 및 거래대금 등 거래계약의 중요 부분에 대하여 거래당사자가 합의한 날을 말합니다. 이 경우 합의와 더불어 계약금의 전부 또는 일부를 지급한 경우에는 그 지급일을 거래계약의 체결일로 보되, 합의한 날이 계약금의 전부 또는 일부를 지급한 날보다 앞서는 것이 서면 등을 통해 인정되는 경우에는 합의한 날을 거래계약의 체결일로 봅니다.

작성방법

1. ①·② 거래당사자가 다수인 경우 매도인 또는 매수인의 주소란에 ⑥의 거래대상별 거래지분을 기준으로 각자의 거래 지분 비율(매도인과 매수인의 거래지분 비율은 일치해야 합니다)을 표시하고, 거래당사자가 외국인인 경우 거래당사자의 국적을 반드시 적어야 하며, 외국인이 부동산등을 매수하는 경우 매수용도란의 주거용(아파트), 주거용(단독주택), 주거용(그 밖의 주택), 레저용, 상업용, 공장용, 그 밖의 용도 중 하나에 √표시를 합니다.
2. ③ "법인신고서등"란은 별지 제1호의2서식의 법인 주택 거래계약 신고서, 별지 제1호의3서식의 주택취득자금 조달 및 입주계획서, 제2조제7항 각 호의 구분에 따른 서류, 같은 항 후단에 따른 사유서 및 별지 제1호의4서식의 토지취득자금 조달 및 토지이용계획서를 이 신고서와 함께 제출하는지 또는 별도로 제출하는지를 √표시하고, 그 밖의 경우에는 해당 없음에 √표시를 합니다.
3. ④ 부동산 매매의 경우 "종류"란에는 토지, 건축물 또는 토지 및 건축물(복합부동산의 경우)에 √표시를 하고, 해당 부동산이 "건축물" 또는 "토지 및 건축물"인 경우에는 ( )에 건축물의 종류를 "아파트, 연립, 다세대, 단독, 다가구, 오피스텔, 근린생활시설, 사무소, 공장" 등 「건축법 시행령」 별표 1에 따른 용도별 건축물의 종류를 적습니다.
4. ⑤ 공급계약은 시행사 또는 건축주 등이 최초로 부동산을 공급(분양)하는 계약을 말하며, 준공 전과 준공 후 계약 여부에 따라 √표시하고, "임대주택 분양전환"은 임대주택사업자 (법인으로 한정)가 임대기한이 완료되어 분양전환하는 주택인 경우에 √표시합니다. 전매는 부동산을 취득할 수 있는 권리의 매매로서, "분양권" 또는 "입주권"에 √표시를 합니다.
5. ⑥ 소재지는 지번(아파트 등 집합건축물의 경우에는 동·호수)까지, 지목/면적은 토지대장상의 지목·면적, 건축물대장상의 건축물 면적(집합건축물의 경우 호수별 전용면적, 그 밖의 건축물의 경우 연면적), 등기사항증명서상의 대지권 비율, 각 거래대상의 토지와 건축물에 대한 거래 지분을 정확하게 적습니다.
6. ⑦ "계약대상 면적"란에는 실제 거래면적을 계산하여 적되, 건축물 면적은 집합건축물의 경우 전용면적을 적고, 그 밖의 건축물의 경우 연면적을 적습니다.
7. ⑧ "물건별 거래가격"란에는 각각의 부동산별 거래가격을 적습니다. 최초 공급계약(분양) 또는 전매계약(분양권, 입주권)의 경우 분양가격, 발코니 확장 등 선택비용 및 추가 지급액 등(프리미엄 등 분양가격을 초과 또는 미달하는 금액)을 각각 적습니다. 이 경우 각각의 비용에 부가가치세가 있는 경우 부가가치세를 포함한 금액으로 적습니다.
8. ⑨ "총 실제 거래가격"란에는 전체 거래가격(둘 이상의 부동산을 함께 거래하는 경우 각각의 부동산별 거래가격의 합계 금액)을 적고, 계약금/중도금/잔금 및 그 지급일을 적습니다.
9. ⑩ "종전 부동산"란은 입주권 매매의 경우에만 작성하고, 거래금액란에는 추가 지급액 등(프리미엄 등 분양가격을 초과 또는 미달하는 금액) 및 권리가격, 합계 금액, 계약금, 중도금, 잔금을 적습니다.
10. ⑪ "계약의 조건 및 참고사항"란은 부동산 거래계약 내용에 계약조건이나 기한을 붙인 경우, 거래와 관련한 참고내용이 있을 경우에 적습니다.
11. 다수의 부동산, 관련 필지, 매도·매수인, 개업공인중개사 등 기재사항이 복잡한 경우에는 다른 용지에 작성하여 간인 처리한 후 첨부합니다.
12. 소유권이전등기 신청은 「부동산등기 특별조치법」 제2조제1항 각 호의 구분에 따른 날부터 60일 이내에 신청해야 하며, 이를 이행하지 않는 경우에는 같은 법 제11조에 따라 과태료가 부과될 수 있으니 유의하시기 바랍니다.

처리절차

신고서 작성 (인터넷, 방문신고) → 접수 → 신고처리 → 신고필증 발급

신고인   처리기관: 시·군·구(담당부서)

부동산 거래신고

CHAPTER 02

단원 오답 잡기

• 경록 교재에 모든 답이 있습니다.

01 개업공인중개사는 자기가 중개한 토지 또는 건축물의 매매계약이 체결된 경우에는 부동산거래의 신고를 해야 한다.

01. ○

02 거래당사자 중 일방이 부동산거래신고를 거부하는 경우에는 상대방이 단독으로 신고할 수 있다.

02. ○

03 거래당사자 중 일방이 거래신고를 거부하여 단독으로 부동산거래신고를 하려는 자는 상대방이 신고를 거부하는 사유서와 거래대금지급증명서를 등록관청에 제출하여야 한다.

03. X
단독으로 부동산거래신고를 하려는 자는 사유서와 거래계약서 사본을 신고관청에 제출하여야 한다(규칙 제2조 제2항).

04 부동산거래신고를 하려는 자는 주민등록증 등 신고인의 신분을 확인할 수 있는 신분증명서 사본을 신고관청에 제출하여야 한다.

04. X
부동산거래의 신고를 하려는 자는 신고인의 신분을 확인할 수 있는 증명서를 신고관청에 보여주어야 한다(규칙 제2조 제4항).

05 개업공인중개사가 부동산거래계약 신고서를 제출하는 경우 소속공인중개사 또는 중개보조원이 신고를 대행할 수 있다.

05. X
부동산거래신고를 하여야 하는 개업공인중개사의 위임을 받은 소속공인중개사는 부동산거래계약 신고서의 제출을 대행할 수 있다(규칙 제3조 제2항).

06 토지 또는 건축물을 중개한 경우 개업공인중개사는 계약체결일로부터 30일 이내에 부동산거래신고를 하여야 한다.

06. ○

CHAPTER 03 외국인등의 부동산취득의 특례

학습포인트

- 외국인 등의 부동산 등의 취득에 대한 내용을 알아야 한다.
- 외국인 등의 토지취득 허가에 대해 숙지해야 한다.

CHAPTER 학습 & 출제되는 키워드

- ☑ 외국인등의 부동산등의
- ☑ 취득 신고
- ☑ 외국인등의 토지취득허가
- ☑ 신고 및 허가 절차

CHAPTER 학습 & 출제되는 질문

- ☑ 외국인 등의 부동산 등의 취득 신고에 대한 설명으로 옳지 않은 것은?
- ☑ 외국인등의 토지취득 허가에 대한 설명으로 옳지 않은 것은?
- ☑ 외국인 등이 허가를 받지 않고 토지를 취득한 경우 형벌은?

제2편 부동산거래신고 등에 관한 법률

01 상호주의

27·35회 출제

국토교통부장관은 대한민국 국민, 대한민국 법령에 의하여 설립된 법인 또는 단체나 대한민국 정부에 대하여 자국안의 토지의 취득 또는 양도를 금지하거나 제한하는 국가의 개인·법인·단체·정부에 대하여 대한민국 안의 토지의 취득 또는 양도를 금지하거나 제한할 수 있다. 다만, 헌법과 법률에 따라 체결된 조약의 이행에 필요한 경우에는 그러하지 아니하다(법 제7조).

단락문제 Q01

제32회 기출

부동산 거래신고 등에 관한 법령상 외국인등의 부동산 취득에 관한 설명으로 옳은 것을 모두 고른 것은?(단, 법 제7조에 따른 상호주의는 고려하지 않음)

ㄱ. 대한민국의 국적을 보유하고 있지 않은 개인이 이사 등 임원의 2분의 1 이상인 법인은 외국인 등에 해당한다.
ㄴ. 외국인 등이 건축물의 개축을 원인으로 대한민국 안의 부동산을 취득한 때에도 부동산 취득신고를 해야 한다.
ㄷ. 「군사기지 및 군사시설 보호법」에 따른 군사기지 및 군사시설 보호구역 안의 토지는 외국인 등이 취득할 수 없다.
ㄹ. 외국인 등이 허가 없이 「자연환경보전법」에 따른 생태·경관보전지역 안의 토지를 취득하는 계약을 체결한 경우 그 계약은 효력이 발생하지 않는다.

① ㄱ, ㄷ　　② ㄱ, ㄹ　　③ ㄱ, ㄴ, ㄹ
④ ㄴ, ㄷ, ㄹ　　⑤ ㄱ, ㄴ, ㄷ, ㄹ

해설 외국인의 부동산 등의 취득 및 허가
ㄷ. 「군사기지 및 군사시설 보호법」에 따른 군사기지 및 군사시설 보호구역 안의 토지는 허가를 받으면 외국인 등이 취득할 수 있다..

정답 ③

제3장 외국인등의 부동산취득의 특례

02 부동산 등의 취득·보유신고   27·31·34·35회 출제

1 계약에 의한 부동산 등의 취득신고 28회 출제

(1) 의 의
1) 외국인등이 대한민국 안의 부동산 등을 취득하는 계약을 체결하였을 때에는 계약체결일로부터 60일 이내에 부동산 소재지 시·군·구청장(신고관청)에게 신고하여야 한다.
2) 다만, 부동산거래의 신고를 한 경우에는 제외한다(법 제8조 제1항). 그러므로 외국인이 부동산 등을 매매계약에 의해 취득하는 경우 계약체결일로부터 30일 이내에 부동산거래신고를 하여야 한다.
3) 외국인 취득신고를 하지 않거나 거짓으로 신고를 한 경우 300만원 이하 과태료가 부과된다.

(2) 제출서류
증여의 경우 증여계약서(규칙 제7조 제1항 제1호)

2 계약 외의 원인으로 인한 부동산 등의 취득

(1) 의 의   35회 출제
외국인등이 상속, 경매, 환매권 행사, 법원의 확정판결, 법인의 합병, 건축물의 신축·증축·개축·재축 등의 원인으로 부동산을 취득한 경우 부동산 등의 취득한 날로부터 6개월 이내에 부동산 소재지 신고관청에게 신고하여야 한다(법 제8조 제2항, 영 제5조 제2항). 신고를 하지 않거나 거짓으로 신고를 한 경우 100만원 이하 과태료가 부과된다.

(2) 제출서류
상속의 경우 상속인임을 증명할 수 있는 서류, 경매의 경우 경락결정서, 환매권 행사의 경우 환매임을 증명할 수 있는 서류, 법원의 확정판결의 경우 확정판결문, 법인의 합병의 경우 합병사실을 증명할 수 있는 서류, 건축물의 신축 등의 경우 건축물대장 또는 건물등기사항증명서 등 건축물의 취득을 증명할 수 있는 서류(규칙 제7조 제1항 제1호)

3 부동산 등의 계속보유신고(개인, 법인 또는 단체가 외국인으로 변경)

(1) 의의
변경된 날로부터 6개월 이내에 부동산 소재지 신고관청에게 신고하여야 한다(법 제8조 제3항). 신고를 하지 않거나 거짓으로 신고를 한 경우 100만원 이하 과태료가 부과된다.

(2) 제출서류
대한민국의 법령에 의하여 설립된 법인 또는 단체가 외국의 법인 또는 단체로 변경되었음을 증명할 수 있는 서류(법인 또는 단체의 경우에 한한다)(규칙 제7조 제3항)

제2편 부동산거래신고 등에 관한 법률

단락문제 Q02 제23회 기출 개작

개업공인중개사가 대한민국 내의 부동산 등을 취득하고자 하는 외국인에게 한 설명으로 옳은 것은?

① 대한민국 안의 부동산 등을 가지고 있는 대한민국 국민이 외국인으로 변경된 경우 그 외국인이 해당 부동산 등을 계속 보유하려는 경우에는 외국인으로 변경된 날부터 3개월 이내에 국토교통부장관에게 신고해야 한다.
② 국토교통부장관은 부동산 등의 취득신고를 하지 않은 외국인에게 과태료를 부과·징수한다.
③ 외국인이 경매로 대한민국 안의 부동산 등을 취득한 때에는 부동산 등을 취득한 날부터 6개월 이내에 시장·군수 또는 구청장에게 신고해야 한다.
④ 부동산거래신고를 한 경우에도 외국인 등은 계약에 따른 부동산 등의 취득의 신고를 해야 한다.
⑤ 시장·군수 또는 구청장은 분기종료일 1개월 이내에 신고내용을 국토교통부장관에게 제출해야 한다.

해설 외국인의 부동산 등의 취득
① 대한민국 안의 부동산 등을 가지고 있는 대한민국 국민이 외국인으로 변경된 경우 그 외국인이 해당 부동산 등을 계속 보유하려는 경우에는 외국인으로 변경된 날부터 6개월 이내에 시장·군수 또는 구청장에게 신고해야 한다(법 제8조 제3항).
② 시장·군수 또는 구청장은 부동산 등의 취득신고를 하지 않은 외국인에게 과태료를 부과·징수한다(법 제28조 제6항).
④ 부동산거래신고를 한 경우에는 외국인등의 부동산 등의 취득신고가 제외된다(법 제8조 제1항).
⑤ 시장·군수 또는 구청장은 분기종료일 1개월 이내에 그 신고내용을 특별시장·광역시장·도지사 또는 특별자치도지사에게 통보해야 한다(영 제5조 제3항).

정답 ③

03 토지취득허가 27회 출제

1 허가지역 29회 출제

외국인등이 취득하려는 토지가 다음의 허가구역의 어느 하나에 해당하는 구역·지역 등에 있으면 토지취득계약을 체결하기 전에 시장·군수 또는 구청장으로부터 토지취득의 허가를 받아야 한다. 다만, 토지거래계약에 관한 허가를 받은 경우에는 제외한다(법 제9조 제1항).

(1) 「군사기지 및 군사시설 보호법」에 따른 군사기지 및 군사시설 보호구역, 그 밖에 국방목적을 위하여 외국인등의 토지취득을 특별히 제한할 필요가 있는 지역으로서 대통령령으로 정하는 지역
(2) 「문화유산의 보존 및 활용에 관한 법률」에 따른 지정문화유산과 이를 위한 보호물 또는 보호구역
(3) 「자연유산의 보존 및 활용에 관한 법률」에 따라 지정된 천연기념물등과 이를 위한 보호물 또는 보호구역
(4) 「자연환경보전법」에 따른 생태·경관보전지역
(5) 「야생생물 보호 및 관리에 관한 법률」에 따른 야생생물 특별보호구역

2 절차 및 효력

(1) 토지취득의 허가신청을 받은 신고관청은 허가신청을 받은 날부터 다음의 기간 안에 허가 또는 불허가의 처분을 하여야 한다.
   ㉠ 군사기지 및 군사시설보호구역·지역의 경우 : 30일(부득이한 사유로 그 기간 안에 허가 또는 불허가 처분을 할 수 없는 경우에는 30일의 범위에서 그 기간을 연장할 수 있으며, 기간을 연장하는 경우에는 연장 사유와 처리예정일을 지체 없이 신청인에게 알려야 한다.)
   ㉡ 그 외의 구역·지역의 경우 : 15일
(2) 신고관청은 외국인등이 허가를 받아야 하는 구역·지역 등의 토지를 취득하는 것이 당해 구역·지역 등의 지정 목적달성에 지장을 주지 아니한다고 인정되는 경우에 허가를 하여야 한다.
(3) 신고관청은 구역·지역에 대한 토지취득의 허가 여부를 결정하기 위해 국방부장관 또는 국가정보원장 등 관계 행정기관의 장과 협의하려는 경우에는 신청서 등 국토교통부령으로 정하는 서류를 해당 관계 행정기관의 장에게 보내야 한다.
(4) 허가를 받지 않고 체결한 토지취득계약은 그 효력이 발생하지 아니하며 2년이하 징역 또는 2천만원 이하의 벌금에 처한다.
(5) **제출서류** 허가신청서, 당사자 간의 합의서(규칙 제7조 제4항).

> **판례** ■ 허가를 득하지 못한 계약의 효력
>
> 외국인이 관할관청의 허가를 받지 못한 경우 내국인에게 그 약정을 근거로 하여 소유권이전등기절차의 이행을 청구할 수는 없으나 그 약정은 당사자 사이에서는 유효하게 존속하므로 외국인이 관할관청에 그 취득허가신청을 함에 있어서 토지에 관한 권리의 취득을 증명할 수 있는 서류로 사용하기 위하여 내국인을 상대로 그 약정이 유효함의 확인을 구할 확인의 이익이 있다(대판 1995.7.14. 94다29911).

제2편 부동산거래신고 등에 관한 법률

단락문제 Q03 제24회 기출 개작

개업공인중개사가 국내의 부동산등을 취득하려는 외국인에게 설명한 것으로 옳은 것을 모두 고른 것은?

㉠ 「자연환경보전법」상 생태·경관보전지역 내의 토지에 관하여 허가권자의 허가 없이 체결한 토지취득계약은 효력이 없다.
㉡ 경매로 취득한 때에는 그 취득일부터 60일 이내에 시장·군수 또는 구청장에게 신고해야 한다.
㉢ 상속으로 취득한 때에, 이를 신고하지 않거나 거짓으로 신고한 경우 100만원 이하의 과태료가 부과된다.
㉣ 부동산 등의 취득계약을 체결하고 부동산거래신고를 한 때에도 계약체결일부터 60일 이내에 시장·군수 또는 구청장에게 신고해야 한다.

① ㉠, ㉡   ② ㉠, ㉢   ③ ㉡, ㉢   ④ ㉡, ㉣   ⑤ ㉢, ㉣

해설 외국인의 토지취득
㉡ 경매로 취득한 때에는 그 취득일부터 6개월 이내에 시장·군수 또는 구청장에게 신고해야 한다.
㉣ 부동산 등의 취득계약을 체결하고 부동산거래신고를 한 때에는 외국인 등의 취득신고는 제외된다.

정답 ②

제3장 외국인등의 부동산취득의 특례

04 신고 또는 신청 후의 절차   27회 출제

1 서류의 확인

(1) 신고관청의 확인
신고서 또는 신청서를 제출받은 신고관청은 「전자정부법」에 따라 행정정보의 공동이용을 통하여 토지등기사항증명서 및 건물등기사항증명서(집합건물인 경우에만 해당)를 확인하여야 한다(규칙 제7조 제2항).

(2) 대리인이 신고하는 경우
1) 부동산의 취득신고·부동산 등의 계속보유신고 및 토지취득허가신청은 외국인인 당사자의 위임을 받은 자가 대행할 수 있다(규칙 제7조 제4항).
2) 이 경우 대리인은 자필서명이 있는 위임장과 외국인인 당사자의 신분증 사본을 시장·군수·구청장에게 제출해야 한다.

(3) 확인증 또는 허가증의 발급
신고 또는 신청을 받은 신고관청은 제출된 첨부서류를 확인한 후 외국인 부동산등 취득·계속보유 신고확인증 또는 외국인 토지취득허가증을 발급하여야 한다(규칙 제7조 제3항).

2 토지취득의 신고 등의 관리   30회 출제

(1) 신고관청은 신고내용 및 허가내용을 매 분기 종료일부터 1개월 이내에 특별시장·광역시장·도지사 또는 특별자치도지사에게 제출(「전자서명법」에 따른 전자문서에 의한 제출을 포함한다)하여야 한다. 다만, 특별자치시장은 직접 국토교통부장관에게 제출하여야 한다.
(2) 신고내용 및 허가내용을 제출받은 특별시장·광역시장·도지사 또는 특별자치도지사는 제출받은 날부터 1개월 이내에 그 내용을 국토교통부장관에게 제출하여야 한다.

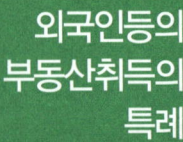

CHAPTER 03 외국인등의 부동산취득의 특례

01 외국인이 부동산 등에 대한 계약을 체결한 때 계약을 체결한 날부터 60일 이내에 신고하여야 한다.

01. ○

02 외국인의 범위에는 사원 또는 구성원의 2분의 1 이상이 대한민국 국적을 보유하고 있지 않은 법인 또는 단체도 포함된다.

02. ○

03 허가를 받지 않고 체결한 토지취득계약은 그 효력에는 영향이 없다.

03. X
계약은 무효가 된다.

04 외국인이 경매로 대한민국 안의 부동산 등을 취득한 때에는 부동산 등을 취득한 날부터 6개월 이내에 시장·군수 또는 구청장에게 신고해야 한다.

04. ○

05 외국인이 상속으로 대한민국 안의 부동산 등을 취득한 후 법정기간 내에 신고하지 않으면 과태료가 부과된다.

05. ○

06 대한민국 안의 부동산 등을 가지고 있는 대한민국 국민이 외국인으로 변경된 경우 그 외국인이 해당 부동산 등을 계속 보유하려는 경우에는 외국인으로 변경된 날부터 3개월 이내에 국토교통부장관에게 신고해야 한다.

06. X
외국인으로 변경된 날부터 6개월 이내에 시장·군수 또는 구청장에게 신고해야 한다

07 국토교통부장관은 부동산 등의 취득신고를 하지 않은 외국인에게 과태료를 부과 징수한다.

07. X
시장·군수 또는 구청장은 부동산 등의 취득신고를 하지 않은 외국인에게 과태료를 부과 징수한다.

CHAPTER 04 토지거래허가

학습포인트
- 토지거래허가구역의 지정에 대하여 알아야 한다.
- 토지거래 허가절차에 대하여 알아야 한다.
- 선매제도에 대하여 숙지하여야 한다.

CHAPTER 학습 & 출제되는 키워드

- ☑ 지정권자
- ☑ 토지사용의무
- ☑ 허가의 불복
- ☑ 허가신청
- ☑ 지정의 해제 또는 축소
- ☑ 허가권자
- ☑ 포상금
- ☑ 선매
- ☑ 허가 또는 불허가
- ☑ 허가지준 면적
- ☑ 지정절차
- ☑ 이행강제금

CHAPTER 학습 & 출제되는 질문

- ☑ 토지거래허가 지정 절차에 대한 설명으로 옳지 않은 것은?
- ☑ 토지거래허가에 대한 설명으로 옳지 않은 것은?
- ☑ 선매제도에 대한 설명으로 옳지 않은 것은?

PART 02 부동산거래신고 등에 관한 법률

제2편 부동산거래신고 등에 관한 법률

01 토지거래 허가구역의 지정   31·35회 출제

1 지정권자

(1) 지정권자 및 목적
국토교통부장관 또는 시·도지사는 국토의 이용 및 관리에 관한 계획의 원활한 수립과 집행, 합리적인 토지이용 등을 위하여 지정할 수 있다(법 제10조 제1항).

(2) 허가구역에 따른 지정권자(법 제10조 제1항)

1) **허가구역이 둘 이상의 시·도의 관할구역에 걸쳐 있는 경우**
   국토교통부장관이 지정한다.

2) **허가구역이 동일한 시·도 안의 일부지역인 경우**
   시·도지사가 지정. 다만, 국가가 시행하는 개발사업 등에 따라 투기적인 거래가 성행하거나 지가가 급격히 상승하는 지역과 그러한 우려가 있는 지역 등 **대통령령으로 정하는 경우**에는 국토교통부장관이 지정할 수 있다(법 제10조 제1항, 영 제7조 제2항).

> ① 국가 또는 공공기관이 관련 법령에 따른 개발사업의 사업시행자인 경우
> ② 해당 지역의 지가변동률 등이 인근지역 또는 전국평균에 비해 급격히 상승하거나 상승할 우려가 있는 지역인 경우

(3) 허가구역에 특정(법 제10조 제1항)

1) 국토교통부장관 또는 시·도지사는 대통령령으로 정하는 바에 따라 허가대상자(외국인등을 포함), 허가대상 용도와 지목 등을 특정하여 허가구역을 지정할 수 있다.

2) 국토교통부장관 또는 시·도지사는 허가대상자, 허가대상 용도와 지목을 다음의 구분에 따라 각각 특정하여 허가구역을 지정할 수 있다.

   ㉠ **허가대상자**: 투기우려지역이나 시·도지사가 요청에 따른 지역에서 지가변동률 및 거래량 등을 고려할 때 투기우려가 있다고 인정되는 자

   ㉡ **허가대상 용도**: 다음의 어느 하나에 해당하는 토지 중 투기우려지역이나 시·도지사가 요청에 따른 지역에서 투기우려가 있다고 인정되는 토지의 용도
      ⓐ 나대지
      ⓑ 「건축법」상 건축물의 용도로 사용되는 부지

   ㉢ **허가대상 지목**: 투기우려지역이나 시·도지사가 요청에 따른 지역에서 투기우려가 있다고 인정되는 「공간정보의 구축 및 관리 등에 관한 법률」에 따른 지목

2 지정지역 및 기간

(1) 지정지역
토지의 투기적인 거래가 성행하거나 지가(地價)가 급격히 상승하는 지역과 그러한 우려가 있는 지역으로 5년 이내의 기간을 정하여 토지거래계약에 관한 허가구역으로 지정할 수 있다(법 제10조 제1항, 영 제7조 제1항).

(2) 지정대상지역(영 제7조 제1항)

1) 광역도시계획, 도시·군기본계획, 도시·군관리계획 등 토지이용계획이 새로 수립되거나 변경되는 지역
2) 법령의 제정·개정 또는 폐지나 그에 의한 고시·공고로 인하여 토지이용에 대한 행위제한이 완화되거나 해제되는 지역
3) 법령에 따른 개발사업이 진행 중이거나 예정되어 있는 지역과 그 인근지역
4) 그 밖에 국토교통부장관 또는 시·도지사가 투기우려가 있다고 인정하는 지역 또는 관계 행정기관의 장이 특별히 투기가 성행할 우려가 있다고 인정하여 국토교통부장관 또는 시·도지사에게 요청하는 지역

3 지정절차

(1) 심의 및 의견청취

1) **심의**

국토교통부장관 또는 시·도지사는 허가구역을 지정하려면 「국토의 계획 및 이용에 관한 법률」 제106조에 따른 중앙도시계획위원회 또는 같은 법 제113조 제1항에 따른 시·도 도시계획위원회의 심의를 거쳐야 한다(법 제10조 제2항).

2) **의견청취**

지정기간이 끝나는 허가구역을 계속하여 다시 허가구역으로 지정하려면 중앙도시계획위원회 또는 시·도 도시계획위원회의 심의 전에 미리 시·도지사(국토교통부장관이 허가구역을 지정하는 경우만 해당) 및 시장·군수 또는 구청장의 의견을 들어야 한다(법 제10조 제2항 단서).

(2) 지정권자의 공고 및 통지

1) 국토교통부장관 또는 시·도지사는 허가구역으로 지정한 때에는 지체없이 다음 사항을 공고하여야 한다(법 제10조 제3항, 영 제7조 제3항).
   ① 허가구역의 지정기간
   ② 허가대상자, 용도와 지목
   ③ 허가구역 내 토지의 소재지, 지번, 지목, 면적 및 용도지역
   ④ 허가구역에 대한 축척 5만분의 1 또는 2만5천분의 1의 지형도
   ⑤ 토지거래허가 면제대상 토지면적

2) **통지**

공고 내용을 국토교통부장관은 시·도지사를 거쳐 시장·군수 또는 구청장에게 통지하고, 시·도지사는 국토교통부장관, 시장·군수 또는 구청장에게 통지하여야 한다(법 제10조 제3항 후단).

(3) 시장·군수 또는 구청장의 통지 및 공고

통지를 받은 시장·군수 또는 구청장은 지체없이 그 공고 내용을 그 허가구역을 관할하는 등기소의 장에게 통지하여야 하며, 지체없이 그 사실을 7일 이상 공고하고, 그 공고 내용을 15일간 일반이 열람할 수 있도록 하여야 한다(법 제10조 제4항).

단락문제 Q01 제32회 기출

부동산 거래신고 등에 관한 법령상 토지거래허가에 관한 내용으로 옳은 것은?

① 토지거래허가구역의 지정은 그 지정을 공고한 날부터 3일 후에 효력이 발생한다.
② 토지거래허가구역의 지정 당시 국토교통부장관 또는 시·도지사가 따로 정하여 공고하지 않은 경우, 「국토의 계획 및 이용에 관한 법률」에 따른 도시지역 중 녹지지역 안의 180제곱미터 면적의 토지거래계약에 관하여는 허가가 필요 없다.
③ 토지거래계약을 허가받은 자는 대통령령으로 정하는 사유가 있는 경우 외에는 토지 취득일부터 10년간 그 토지를 허가받은 목적대로 이용해야 한다.
④ 허가받은 목적대로 토지를 이용하지 않았음을 이유로 이행강제금 부과처분을 받은 자가 시장·군수·구청장에게 이의를 제기하려면 그 처분을 고지받은 날부터 60일 이내에 해야 한다.
⑤ 토지거래허가신청에 대해 불허가처분을 받은 자는 그 통지를 받은 날부터 1개월 이내에 시장·군수·구청장에게 해당 토지에 관한 권리의 매수를 청구할 수 있다.

해설 토지거래허가
① 토지거래허가구역의 지정은 그 지정을 공고한 날부터 5일 후에 효력이 발생한다.
② 토지거래허가구역의 지정 당시 국토교통부장관 또는 시·도지사가 따로 정하여 공고하지 않은 경우, 「국토의 계획 및 이용에 관한 법률」에 따른 도시지역 중 녹지지역 안의 100제곱미터 면적의 토지거래계약에 관하여는 허가가 필요 없다.
③ 토지거래계약을 허가받은 자는 대통령령으로 정하는 사유가 있는 경우 외에는 토지 취득일부터 5년 범위내에서 그 토지를 허가받은 목적대로 이용해야 한다.
④ 허가받은 목적대로 토지를 이용하지 않았음을 이유로 이행강제금 부과처분을 받은 자가 시장·군수·구청장에게 이의를 제기하려면 그 처분을 고지받은 날부터 30일 이내에 해야 한다..

정답 ⑤

제4장 토지거래허가

단락문제 Q02
제32회 기출

부동산 거래신고 등에 관한 법령상 토지거래허가구역(이하 '허가구역'이라 함)에 관한 설명으로 옳은 것은?

① 시·도지사는 법령의 개정으로 인해 토지이용에 대한 행위제한이 강화되는 지역을 허가구역으로 지정할 수 있다.
② 토지의 투기적인 거래 성행으로 지가가 급격히 상승하는 등의 특별한 사유가 있으면 5년을 넘는 기간으로 허가구역을 지정할 수 있다.
③ 허가구역 지정의 공고에는 허가구역에 대한 축적 5만분의 1 또는 2만5천분의 1의 지형도가 포함되어야 한다.
④ 허가구역을 지정한 시·도지사는 지체 없이 허가구역 지정에 관한 공고내용을 관할 등기소의 장에게 통지해야 한다.
⑤ 허가구역 지정에 이의가 있는 자는 그 지정이 공고된 날부터 1개월 내에 시장·군수·구청장에게 이의를 신청할 수 있다.

해설 토지거래허가
① 시·도지사는 법령의 개정으로 인해 토지이용에 대한 행위제한이 완화되는 지역을 허가구역으로 지정할 수 있다.
② 토지의 투기적인 거래 성행으로 지가가 급격히 상승하는 등의 특별한 사유가 있으면 5년 범위 내에서 허가구역을 지정할 수 있다.
④ 지정을 통보받은 시장·군수·구청장은 지체 없이 허가구역 지정에 관한 공고내용을 관할 등기소의 장에게 통지해야 한다.
⑤ 허가구역 지정에 대한 이의신청 규정은 없다..

정답 ③

4 효력의 발생

허가구역의 지정은 허가구역의 지정을 공고한 날부터 5일 후에 그 효력이 발생한다(법 제10조 제5항).

5 지정의 해제 또는 축소

(1) 국토교통부장관 또는 시·도지사는 허가구역의 지정 사유가 없어졌다고 인정되거나 관계 시·도지사, 시장·군수 또는 구청장으로부터 받은 허가구역의 지정 해제 또는 축소 요청이 이유 있다고 인정되면 지체없이 허가구역의 지정을 해제하거나 지정된 허가구역의 일부를 축소하여야 한다(법 제10조 제6항).
(2) 지정의 해제 또는 축소의 경우에는 지정절차를 규정을 준용한다(법 제10조 제7항).
(3) 해제 또는 축소를 한 경우 공고한 날부터 효력이 발생한다.

제2편 부동산거래신고 등에 관한 법률

02 토지거래에 대한 허가(제11조) 34회 출제

1 허가권자 및 대상

(1) 허가권자

토지 소재지 시장·군수 또는 구청장(허가관청)의 허가를 받아야 한다. 허가받은 사항을 변경하려는 경우에도 또한 같다(법 제11조 제1항).

(2) 허가대상

1) 허가구역에 있는 토지에 관한 소유권·지상권(소유권·지상권의 취득을 목적으로 하는 권리를 포함)을 이전하거나 설정(대가를 받고 이전하거나 설정하는 경우만 해당)하는 계약(예약을 포함, 이하 "토지거래계약"이라 한다)을 체결하려는 당사자는 공동으로 시장·군수 또는 구청장의 허가를 받아야 한다(법 제11조 제1항).

2) 허가를 받지 아니하고 체결한 토지거래계약은 그 효력이 발생하지 아니한다(법 제11조 제6항).

Key Point 토지거래허가 대상과 대상이 아닌 경우

허가대상	허가대상이 아닌 것
1) 토지의 소유권의 유상이전 계약 및 예약	1) 건물의 소유권이전계약
2) 토지의 지상권의 유상설정계약	2) 전세권·임차권·저당권
3) 대물변제계약이나 예약	3) 사용대차
4) 양도담보, 가등기담보, 매도담보	4) 상속, 유증, 사인증여
5) 판결(이행판결)에 의한 취득	5) 민사집행법상의 경매
6) 화해조서·조정조서에 의한 취득	6) 국세징수법상의 공매(압류부동산 공매)
7) 비업무용 공매에 의한 취득	7) 3회 이상 유찰된 비업무용 부동산 공매
8) 부담부증여, 유저당계약	8) 점유로 인한 시효취득

2 허가기준면적

(1) 허가기준면적

1) 원칙

경제 및 지가의 동향과 거래단위면적 등을 종합적으로 고려하여 다음의 용도별 면적 이하의 토지에 대한 토지거래계약에 관하여는 허가가 필요하지 아니하다(법 제11조 제2항, 영 제9조 제1항).

제4장 토지거래허가

구 분	용도지역	기준면적
도시지역	주거지역	60제곱미터 이하
	상업지역	150제곱미터 이하
	공업지역	150제곱미터 이하
	녹지지역	200제곱미터 이하
	지역의 미지정	60제곱미터 이하
도시지역 외 지역	임야	1,000제곱미터 이하
	농지	500제곱미터 이하
	기타	250제곱미터 이하

2) 예외

국토교통부장관 또는 시·도지사가 허가구역을 지정할 당시 해당 지역에서의 거래실태 등을 고려하여 위의 면적으로 하는 것이 타당하지 아니하다고 인정하여 해당 기준면적의 10퍼센트 이상 300퍼센트 이하의 범위에서 따로 정하여 공고한 경우에는 그에 따른다(영 제9조 제1항 단서).

(2) 토지 일부의 계약체결

허가면적을 산정할 때 일단의 토지이용을 위하여 토지거래계약을 체결한 날로부터 1년 이내에 일단의 토지 일부에 대하여 토지거래계약을 체결한 경우에는 그 일단의 토지 전체에 대한 거래로 본다(영 제9조 제2항).

(3) 토지의 분할 후 거래

허가구역을 지정할 당시 허가면적을 초과하는 토지가 허가구역의 지정 후 해당 토지가 분할(도시·군 계획사업의 시행 등 공공목적으로 인한 분할 제외)로 허가면적 이하가 된 경우에도 그 분할된 토지에 대한 토지거래계약을 체결함에 있어서는 분할 후 최초의 거래에 한하여 허가면적을 초과하는 토지거래계약을 체결하는 것으로 본다. 허가구역의 지정 후 당해 토지가 공유지분으로 거래되는 경우에도 또한 같다(영 제9조 제3항).

3 허가신청서의 제출

(1) 허가를 받으려는 자는 당사자 공동으로 그 허가신청서에 계약내용과 그 토지의 이용계획, 취득자금 조달계획 등을 적어 시장·군수 또는 구청장에게 제출하여야 한다. 이 경우 토지이용계획, 취득자금 조달계획 등에 포함되어야 할 사항은 국토교통부령으로 정한다(법 제11조 제3항, 영 제8조 제1항).

(2) 허가신청서에 기재할 사항 29회 출제

1) 당사자의 성명 및 주소(법인인 경우에는 법인의 명칭 및 소재지와 대표자의 성명 및 주소)
2) 토지의 지번·지목·면적·이용현황 및 권리설정현황
3) 토지의 정착물인 건축물·공작물 및 입목 등에 관한 사항

4) 이전 또는 설정하려는 권리의 종류
5) 계약예정금액
6) 토지의 이용에 관한 계획
7) 토지취득에 필요한 자금조달계획

(3) 변경허가

토지거래계약 변경허가를 받으려는 자는 공동으로 다음의 사항을 기재한 신청서에 토지취득자금조달계획서(계약예정금액을 변경하려는 경우에 한함)를 첨부하여 허가관청에 제출하여야 한다(영 제8조 제2항).

1) 당사자의 성명 및 주소(법인인 경우에는 법인의 명칭 및 소재지와 대표자의 성명 및 주소)
2) 토지의 지번·지목·면적·이용현황 및 권리설정현황
3) 토지의 정착물인 건축물·공작물 및 입목 등에 관한 사항
4) 토지거래계약 허가번호
5) 변경내용
6) 변경사유

(4) 필요한 조사

1) 허가신청서를 제출받은 허가관청은 지체없이 필요한 조사를 하여야 하고 신청서를 받은 날부터 15일 이내에 허가·변경허가 또는 불허가 처분을 하여야 한다(영 제8조 제3항).
2) 허가관청은 토지거래계약에 관하여 필요한 조사를 하는 경우에는 허가를 신청한 토지에 대한 현황을 파악할 수 있는 사진을 촬영·보관하여야 한다(규칙 제10조).

단락문제 Q03 제32회 기출

부동산 거래신고 등에 관한 법령상 벌금 또는 과태료의 부과기준이 '계약 체결 당시의 개별공시지가에 따른 해당 토지가격' 또는 '해당 부동산 등의 취득가액'의 비율 형식으로 규정된 경우가 아닌 것은?

① 토지거래구역 안에서 허가 없이 토지거래계약을 체결한 경우
② 외국인이 부정한 방법으로 허가를 받아 토지취득계약을 체결한 경우
③ 토지거래허가구역 안에서 속임수나 그 밖의 부정한 방법으로 토지거래계약 허가를 받은 경우
④ 부동산매매계약을 체결한 거래당사자가 그 실제 거래가격을 거짓으로 신고한 경우
⑤ 부동산매매계약을 체결한 후 신고 의무자가 아닌 자가 거짓으로 부동산거래신고를 한 경우

해설 부동산거래신고법
①, ③ 2년이하 징역 또는 토지취득가액(공시지가)의 100분의 30이하의 벌금
② 2년이하 징역 또는 2천만원 이하 벌금
④, ⑤ 취득가액의 100분의 10 이하 과태료.

정답 ②

제4장 토지거래허가

4 허가신청시 제출서류

(1) 제출서류(규칙 제9조 제2항) **29회 출제**

1) 토지이용계획서(「농지법」 규정에 의하여 농지취득자격증명을 발급받아야 하는 농지의 경우에는 농업경영계획서)
2) 토지취득자금조달계획서

Professor Comment

시장·군수 또는 구청장은 「전자정부법」에 따른 행정정보의 공동이용을 통하여 토지 등기사항증명서를 확인하여야 한다.

(2) 토지이용계획 등에 포함될 사항(규칙 제11조 제1항)

1) 토지를 주거용·복지시설용·사업용 건축물 또는 공작물을 건축(신축·증축·개축 또는 재축에만 해당)하는 데 이용하는 경우 또는 형질변경을 수반하는 용도로 이용하는 경우
   ① 토지의 개발·이용계획(착공일 및 준공일 등 추진일정을 포함)

Professor Comment

다른 법령에 의하여 허가·인가 또는 승인 등을 미리 얻은 경우에는 토지이용계획 등에 개략적인 사업개요를 기재하고 허가·인가 또는 승인 등의 사실을 증명하는 서류의 사본을 첨부하는 것으로 이에 대신할 수 있다.

   ② 소요자금의 개략적인 산출내역

2) 토지를 축산업 또는 어업용으로 이용하고자 하는 경우
   ① 토지의 개발·이용계획(착공일 및 준공일 등 추진일정을 포함)
   ② 시설의 설치 또는 기계·기구의 구입이 필요한 경우에는 그 내역 및 설치·구입일정
   ③ 소요자금의 개략적인 산출내역

3) 토지를 임업용으로 이용하고자 하는 경우
   ① 토지에 대한 2년 이상의 산림경영계획(반기별로 구체적인 작업일정을 포함하여야 함)
   ② 소요자금의 개략산출내역

4) 토지를 그 외의 용도로 이용하고자 하는 경우
   ① 토지의 이용 및 관리계획(필요한 경우 추진일정을 포함)
   ② 소요자금의 개략적인 산출내역

(3) 취득자금 조달계획이 변경된 경우

시장·군수 또는 구청장에게 제출한 취득자금 조달계획이 변경된 경우에는 취득토지에 대한 등기일까지 시장·군수 또는 구청장에게 그 변경사항을 제출할 수 있다(법 제11조 제3항 단서).

(4) 착공일

토지의 개발·이용계획 중 착공일은 토지를 취득한 날부터 2년을 초과하지 아니하는 범위 내에서만 할 수 있다. 이 경우 관계 법령에 따른 허가·인가·승인 또는 심의 등에 소요되는 기간은 산입하지 아니한다(규칙 제11조 제2항).

5 허가 또는 불허가

(1) 허가 또는 불허가 처분

1) 시장·군수 또는 구청장은 허가신청서를 받으면 「민원처리에 관한 법률」에 따른 처리기간인 15일 이내에 허가·변경허가 또는 불허가의 처분을 하고, 그 신청인에게 허가증을 발급하거나 불허가처분 사유를 서면으로 알려야 한다(법 제11조 제4항, 영 제8조 제3항).
2) 선매협의(先買協議) 절차가 진행 중인 경우에는 위의 기간 내에 그 사실을 신청인에게 알려야 한다(법 제11조 제4항).
3) 허가관청은 허가증을 발급한 경우에는 해당 토지의 소재지·지번·지목 및 이용목적을 해당 기관의 인터넷 홈페이지에 게재하여야 한다(규칙 제12조 제3항).

(2) 허가처분의 간주

1) 15일 이내에 허가증의 발급 또는 불허가처분 사유의 통지가 없거나 선매협의 사실의 통지가 없는 경우에는 그 기간이 끝난 날의 다음날에 허가가 있는 것으로 본다(법 제11조 제5항).
2) 이 경우 허가관청은 지체없이 신청인에게 허가증을 발급하여야 한다(법 제11조 제5항).

6 국가 등의 토지거래계약에 관한 특례 등(제14조)

(1) 당사자의 한쪽 또는 양쪽이 국가, 지방자치단체, 한국토지주택공사, 그 밖에 다음에 해당하는 공공기관 또는 공공단체인 경우에는 그 기관의 장이 시장·군수 또는 구청장과 협의할 수 있고, 그 협의가 성립된 때에는 그 토지거래계약에 관한 허가를 받은 것으로 본다(법 제14조 제1항, 영 제11조 제1항).

1) 「한국농수산식품유통공사법」에 따른 한국농수산식품유통공사
2) 「대한석탄공사법」에 따른 대한석탄공사
3) 「한국토지주택공사법」에 따른 한국토지주택공사
4) 「한국관광공사법」에 따른 한국관광공사
5) 「한국농어촌공사 및 농지관리기금법」에 따른 한국농어촌공사
6) 「한국도로공사법」에 따른 한국도로공사
7) 「한국석유공사법」에 따른 한국석유공사
8) 「한국수자원공사법」에 따른 한국수자원공사
9) 「한국전력공사법」에 따른 한국전력공사
10) 「한국철도공사법」에 따른 한국철도공사
11) 「산림조합법」에 의한 산림조합 및 산림조합중앙회
12) 「농업협동조합법」에 의한 농업협동조합·축산업협동조합 및 농업협동조합중앙회
13) 「수산업협동조합법」에 의한 수산업협동조합 및 수산업협동조합중앙회

14) 「중소기업진흥에 관한 법률」에 따른 중소기업진흥공단
15) 「한국은행법」에 의한 한국은행
16) 「지방공기업법」에 의한 지방공사와 지방공단
17) 「공무원연금법」에 의한 공무원연금공단
18) 「인천국제공항공사법」에 따른 인천국제공항공사
19) 「국민연금법」에 의한 국민연금공단
20) 「사립학교교직원 연금법」에 의한 사립학교교직원연금공단
21) 「금융회사부실자산 등의 효율적 처리 및 한국자산관리공사의 설립에 관한 법률」에 의한 한국자산관리공사
22) 「항만공사법」에 따른 항만공사

(2) 「국유재산법」에 따른 총괄청 또는 중앙관서의 장등이 같은 국유재산종합계획에 따라 국유재산을 취득하거나 처분하는 경우로서 허가기준에 적합하게 취득하거나 처분한 후 허가관청에 그 내용을 통보한 때에는 법 제14조 제1항에 따른 협의가 성립된 것으로 본다(영 제11조 제2항).

(3) 다음의 경우에는 토지거래허가 규정을 적용하지 아니한다(법 제14조 제2항, 영 제11조 제3항).
35회 출제

1) 「공익사업을 위한 토지 등의 취득 및 보상에 관한 법률」에 따른 토지의 수용
2) 「민사집행법」에 따른 경매
3) 그 밖에 대통령령으로 정하는 경우
    ① 토지를 협의취득·사용하거나 환매하는 경우
    ② 국유재산종합계획에 따라 국유재산을 일반경쟁입찰로 처분하는 경우
    ③ 공유재산의 관리계획에 따라 공유재산을 일반경쟁입찰로 처분하는 경우
    ④ 「도시 및 주거환경정비법」 또는 「빈집 및 소규모 주택정비에 관한 특례법」에 따라 분양하거나 보류지 등을 매각하는 경우
    ⑤ 「도시개발법」에 따른 조성토지등의 공급계획에 따라 토지를 공급하는 경우, 환지예정지로 지정된 종전 토지를 처분하는 경우, 환지처분을 하는 경우, 체비지 등을 매각하는 경우
    ⑥ 「주택법」에 따른 사업계획의 승인을 받아 조성한 대지를 공급하는 경우, 제54조에 따라 주택(부대시설 및 복리시설을 포함하며, 주택과 주택 외의 시설을 동일 건축물로 건축하여 공급하는 경우에는 그 주택 외의 시설을 포함한다)을 공급하는 경우
    ⑦ 「택지개발촉진법」에 따라 택지를 공급하는 경우
    ⑧ 「산업입지 및 개발에 관한 법률」에 따른 산업단지개발사업 또는 준산업단지를 개발하기 위한 사업으로 조성된 토지를 사업시행자(사업시행자로부터 분양에 관한 업무를 위탁받은 산업단지관리공단을 포함한다)가 분양하는 경우
    ⑨ 환지계획에 따라 환지처분을 하는 경우, 농지 등의 교환·분할·합병을 하는 경우

⑩ 사업시행자가 농어촌정비사업을 시행하기 위하여 농지를 매입하는 경우
⑪ 「상법」, 「채무자 회생 및 파산에 관한 법률」의 절차에 따라 법원의 허가를 받아 권리를 이전 또는 설정하는 경우
⑫ 국세 및 지방세의 체납처분 또는 강제집행의 경우
⑬ 국가 또는 지방자치단체가 법령에 따라 비상재해시 필요한 응급조치를 위하여 권리를 이전 또는 설정하는 경우
⑭ 한국농어촌공사가 농지의 매매·교환 및 분할을 하는 경우
⑮ 외국인등이 토지취득의 허가를 받은 경우
⑯ 한국자산관리공사가 「금융회사부실자산 등의 효율적 처리 및 한국자산관리공사의 설립에 관한 법률」에 따라 토지를 취득하거나 경쟁입찰을 거쳐서 매각하는 경우 또는 한국자산관리공사에 매각이 의뢰되어 3회 이상 공매하였으나 유찰된 토지를 매각하는 경우
⑰ 「국토의 계획 및 이용에 관한 법률」, 「개발제한구역의 지정 및 관리에 관한 특별조치법」에 따라 매수청구된 토지를 취득하는 경우
⑱ 「신행정수도 후속대책을 위한 연기·공주지역 행정중심복합도시 건설을 위한 특별법」, 「혁신도시 조성 및 발전에 관한 특별법」, 「기업도시개발 특별법」에 따라 조성된 택지 또는 주택을 공급하는 경우
⑲ 「건축물의 분양에 관한 법률」에 따라 건축물을 분양하는 경우
⑳ 지식산업센터를 분양하는 경우
㉑ 법령의 규정에 의하여 조세·부담금 등을 토지로 물납하는 경우

03 허가기준(제12조)

1 허가를 하여야 하는 경우(실수요성)

토지거래계약을 체결하려는 자의 토지이용목적이 다음의 어느 하나에 해당되는 경우에는 허가를 하여야 한다(법 제12조 제1호, 영 제10조 제1항).

(1) 자기의 거주용 주택용지로 이용하려는 경우

(2) 허가구역을 포함한 지역의 주민을 위한 복지시설 또는 편익시설로서 관할 시장·군수 또는 구청장이 확인한 시설의 설치에 이용하려는 경우

(3) 허가구역에 거주하는 농업인·임업인·어업인 또는 대통령령으로 정하는 자가 그 허가구역에서 농업·축산업·임업 또는 어업을 경영하기 위하여 필요한 경우

  1) 농업인, 어업인 또는 임업인(농업인등)으로서 그가 거주하는 특별시·광역시(광역시의 관할구역 안에 있는 군을 제외한다)·특별자치시·특별자치도·시 또는 군(광역시의 관할구역 안에 있는 군을 포함한다)에 소재하는 토지를 취득하려는 사람

  2) 농업인등으로서 본인이 거주하는 주소지로부터 30킬로미터 이내에 소재하는 토지를 취득하려는 사람

  3) 다음의 어느 하나에 해당하는 농업인 등으로서 협의양도하거나 수용된 날부터 3년 이내에 협의양도하거나 수용된 농지를 대체하기 위하여 본인이 거주하는 주소지로부터의 거리가 80킬로미터 안에 소재하는 농지를 취득하려는 사람. 이때 행정기관의 장이 관계법령이 정하는 바에 따라 구체적인 대상을 정하여 대체농지의 취득을 알선하는 경우를 제외하고는 종전의 토지가액(개별공시지가를 기준으로 하는 가액을 말한다) 이하인 농지로 한정한다.

   ① 공익사업용으로 농지를 협의양도하거나 농지가 수용된 사람(실제의 경작자에 한정한다)
   ② 농지를 임차하거나 사용차하여 경작하던 사람으로서 농업의 손실에 대한 보상을 받은 사람

  4) 그 외 거주지·거주기간 등 국토교통부령이 정하는 다음 요건을 갖춘 사람
   ① 농업을 영위하기 위하여 토지를 취득하려는 경우
      농지취득자격증명을 발급받았거나 그 발급요건에 적합한 사람으로서 다음 어느 하나에 해당하는 사람(규칙 제13조 제1호)
      ㉠ 다음의 요건을 모두 충족하는 사람
        ⓐ 세대주를 포함한 세대원(세대주와 동일한 세대별 주민등록표상에 등재되어 있지 아니한 세대주의 배우자와 미혼인 직계비속을 포함하되, 세대주 또는 세대원 중 취학·질병요양·근무지 이전 또는 사업상 형편 등 불가피한 사유로 인하여 해당

지역에 거주하지 아니하는 자는 제외한다. 이하 같다) 전원이 해당 토지가 소재하는 특별시·광역시·특별자치시·특별자치도(광역시의 관할구역에 있는 군을 제외한다.)·시 또는 군(광역시의 관할구역에 있는 군을 포함한다. 이하 이 조에서 같다)에 주민등록이 되어 있을 것

ⓑ 세대주를 포함한 세대원 전원이 실제로 해당 토지가 소재하는 지역에 거주할 것

ⓛ 해당 토지가 소재하는 지역 또는 그와 연접한 지역에 사무소가 있는 농업법인(「농지법」 제2조 제3호에 따른 농업법인을 말한다. 이하 이 조에서 같다)

② 축산업·임업 또는 어업을 영위하기 위하여 토지를 취득하려는 경우
  ㉠ 다음의 요건을 모두 충족하는 사람
    ⓐ 세대주를 포함한 세대원 전원이 해당 토지가 소재하는 지역에 주민등록이 되어 있을 것
    ⓑ 세대주를 포함한 세대원 전원이 실제로 해당 토지가 소재하는 지역에 거주할 것
    ⓒ 축산업·임업 또는 어업을 자영할 수 있을 것
  ㉡ 해당 토지가 소재하는 지역 또는 그와 연접한 지역에 사무소가 있는 농업법인
  ㉢ 해당 토지가 소재하는 지역 또는 그와 연접한 지역에 사무소가 있는 어업법인(「농어업경영체 육성 및 지원에 관한 법률」 제2조 제5호에 따른 어업법인을 말한다)

(4) 토지를 수용하거나 사용할 수 있는 사업을 시행하는 자가 그 사업을 시행하기 위하여 필요한 경우

(5) 허가구역을 포함한 지역의 건전한 발전을 위하여 필요하고 관계 법률에 따라 지정된 지역·지구·구역 등의 지정목적에 적합하다고 인정되는 사업을 시행하는 자나 시행하려는 자가 그 사업에 이용하려는 경우

(6) 허가구역의 지정 당시 그 구역이 속한 특별시·광역시·특별자치시·시(「제주특별자치도 설치 및 국제자유도시 조성을 위한 특별법」에 따른 행정시를 포함)·군 또는 인접한 특별시·광역시·특별자치시·시·군에서 사업을 시행하고 있는 자가 그 사업에 이용하려는 경우나 그 자의 사업과 밀접한 관련이 있는 사업을 하는 자가 그 사업에 이용하려는 경우

(7) 허가구역이 속한 특별시·광역시·특별자치시·시 또는 군에 거주하고 있는 자의 일상생활과 통상적인 경제활동에 필요한 것 등으로서 대통령령으로 정하는 다음의 용도에 이용하려는 경우

1) 농지 외의 토지를 공익사업용으로 협의양도하거나 수용된 사람이 그 협의양도하거나 수용된 날부터 3년 이내에 그 허가구역에서 협의양도하거나 수용된 토지에 대체되는 토지(종전의 토지가액 이하인 토지로 한정한다)를 취득하려는 경우

2) 관계법령에 의하여 개발·이용행위가 제한되거나 금지된 토지로서 국토교통부령이 정하는 토지에 대하여 현상보존의 목적으로 토지를 취득하려는 경우
  ① 나대지·잡종지 등의 토지(임야 및 농지는 제외)로서 「건축법」에 따른 건축허가의 제한 등 관계 법령에 따라 건축물 또는 공작물의 설치행위가 금지되는 토지

② 나대지·잡종지 등의 토지로서「국토의 계획 및 이용에 관한 법률」에 따른 개발행위허가의 제한 등 관계 법령에 따라 형질변경이 금지되거나 제한되는 토지
③「국토의 계획 및 이용에 관한 법률」에 따른 도시·군계획시설에 편입되어 있는 토지로서 그 사용·수익이 제한되는 토지
3) 임대사업자 등 관계법령에 따라 임대사업을 할 수 있는 자가 임대사업을 위하여 건축물과 그에 딸린 토지를 취득하려는 경우

2 불허가를 하여야 하는 경우

(1) 토지거래계약을 체결하려는 자의 토지이용목적이 다음의 어느 하나에 해당되는 경우(토지이용계획과의 적정성)(법 제12조 제2호).
  1) 도시·군계획이나 그 밖에 토지의 이용 및 관리에 관한 계획에 맞지 아니한 경우
  2) 생태계의 보전과 주민의 건전한 생활환경 보호에 중대한 위해(危害)를 끼칠 우려가 있는 경우
(2) 그 면적이 그 토지의 이용목적에 적합하지 아니하다고 인정되는 경우(면적의 적정성)(법 제12조 제3호).

04 허가의 불복 등

1 이의신청

(1) 허가처분에 이의가 있는 자는 그 처분을 받은 날부터 1개월 이내에 허가관청(시장·군수 또는 구청장)에 이의를 신청할 수 있다(법 제13조 제1항).
(2) 이의신청을 받은 시장·군수 또는 구청장은 시·군·구 도시계획위원회의 심의를 거쳐 그 결과를 이의신청인에게 알려야 한다(법 제13조 제2항).

2 선 매

(1) 선매자의 지정

1) 선매자 지정과 협의 매수

허가관청은 토지거래계약에 관한 허가신청이 있는 경우 다음의 어느 하나에 해당하는 토지에 대하여 국가, 지방자치단체, 한국토지주택공사, 그 밖에 대통령령으로 정하는 공공기관 또는 공공단체가 그 매수를 원하는 경우에는 이들 중에서 해당 토지를 매수할 자[이하 "선매자(先買者)"라 한다]를 지정하여 그 토지를 협의 매수하게 할 수 있다(법 제15조 제1항).
① 공익사업용 토지
② 토지거래계약허가를 받아 취득한 토지를 그 이용목적대로 이용하고 있지 아니한 토지

2) 대통령령으로 정하는 공공기관 또는 공공단체(영 제12조 제1항)
① 「한국농수산식품유통공사법」에 따른 한국농수산식품유통공사
② 「대한석탄공사법」에 따른 대한석탄공사
③ 「한국토지주택공사법」에 따른 한국토지주택공사
④ 「한국관광공사법」에 따른 한국관광공사
⑤ 「한국농어촌공사 및 농지관리기금법」에 따른 한국농어촌공사
⑥ 「한국도로공사법」에 따른 한국도로공사
⑦ 「한국석유공사법」에 따른 한국석유공사
⑧ 「한국수자원공사법」에 따른 한국수자원공사
⑨ 「한국전력공사법」에 따른 한국전력공사
⑩ 「한국철도공사법」에 따른 한국철도공사

(2) 선매절차

1) 선매협의 사실 통지
선매협의(先買協議) 절차가 진행 중인 경우에는 15일 이내에 그 사실을 신청인에게 알려야 한다(법 제11조 제4항).

2) 선매자 지정통지
허가관청은 협의매수 대상 토지에 대하여 토지거래계약 허가신청이 있는 경우에는 그 신청이 있는 날부터 1개월 이내에 선매자를 지정하여 토지소유자에게 알려야 한다(법 제15조 제2항).

3) 선매협의 통지
선매자로 지정된 자는 그 지정 통지를 받은 날로부터 15일 이내에 매수가격 등 선매조건을 기재한 서면을 토지소유자에게 통지하여 선매협의를 하여야 한다(영 제12조 제2항).

4) 선매협의 종료 및 협의조서 제출
선매자는 지정 통지를 받은 날부터 1개월 이내에 그 토지 소유자와 대통령령으로 정하는 바에 따라 선매협의를 끝내야 하며 국토교통부령이 정하는 바에 따라 선매협의조서를 허가관청에 제출하여야 한다(법 제15조 제2항, 영 제12조 제2항).

(3) 선매협의가 이루어진 경우
선매협의조서를 제출하는 자는 거래계약서 사본을 첨부하여야 한다(규칙 제15조 제2항).

(4) 선매가격
선매자가 토지를 매수할 때의 가격은 감정평가업자가 감정평가한 감정가격을 기준으로 하되, 토지거래계약 허가신청서에 적힌 가격이 감정가격보다 낮은 경우에는 허가신청서에 적힌 가격으로 할 수 있다(법 제15조 제3항).

(5) 선매협의가 이루어지지 않은 경우

허가관청은 선매협의가 이루어지지 아니한 경우에는 지체없이 허가 또는 불허가의 여부를 결정하여 통보하여야 한다(법 제15조 제4항).

3 불허가처분 토지에 관한 매수청구

(1) 매수청구서의 제출

1) 허가신청에 대하여 불허가처분을 받은 자는 그 통지를 받은 날부터 1개월 이내에 시장·군수 또는 구청장에게 해당 토지에 관한 권리의 매수를 청구할 수 있다(법 제16조 제1항).
2) 허가관청에게 매수청구를 하고자 하는 자는 토지에 관한 권리의 종류 및 내용, 그 토지의 면적, 그 밖에 국토교통부령이 정하는 사항을 기재한 토지매수청구서를 허가관청에게 제출하여야 한다(영 제13조 제1항).
3) 매수청구서의 기재사항(규칙 제16조 제2항)
   ① 토지소유자의 성명 및 주소
   ② 토지의 소재지·지번·지목·면적·용도지역 및 이용현황
   ③ 토지에 있는 공작물의 종류내용 및 매수청구에 관계되는 권리
   ④ 토지에 대한 소유권 외의 권리가 있는 때에는 그 종류 및 내용, 권리자의 성명 및 주소

(2) 매수자의 지정 및 매수 30회 출제

1) 매수청구를 받은 시장·군수 또는 구청장은 국가, 지방자치단체, 한국토지주택공사, 그 밖에 대통령령으로 정하는 공공기관 또는 공공단체 중에서 매수할 자를 지정하여, 매수할 자로 하여금 예산의 범위에서 공시지가를 기준으로 하여 해당 토지를 매수하게 하여야 한다(법 제16조 제2항).
2) 토지거래계약 허가신청서에 적힌 가격이 공시지가보다 낮은 경우에는 허가신청서에 적힌 가격으로 매수할 수 있다(법 제16조 제2항 단서).
3) 대통령령으로 정하는 공공기관 또는 공공단체(영 제13조 제2항)
   ① 「한국농수산식품유통공사법」에 따른 한국농수산식품유통공사
   ② 「대한석탄공사법」에 따른 대한석탄공사
   ③ 「한국토지주택공사법」에 따른 한국토지주택공사
   ④ 「한국관광공사법」에 따른 한국관광공사
   ⑤ 「한국농어촌공사 및 농지관리기금법」에 따른 한국농어촌공사
   ⑥ 「한국도로공사법」에 따른 한국도로공사
   ⑦ 「한국석유공사법」에 따른 한국석유공사
   ⑧ 「한국수자원공사법」에 따른 한국수자원공사
   ⑨ 「한국전력공사법」에 따른 한국전력공사
   ⑩ 「한국철도공사법」에 따른 한국철도공사

제2편 부동산거래신고 등에 관한 법률

05 토지이용에 관한 의무 등 (법 제17조 제1항) **34회 출제**

1 사용의무

(1) 토지거래계약을 허가받은 자는 대통령령으로 정하는 사유가 있는 경우 외에는 5년의 범위에서 대통령령으로 정하는 기간에 그 토지를 허가받은 목적대로 이용하여야 한다(법 제17조 제1항).

(2) 사용의무기간(영 제14조 제2항)
  1) 자기의 거주용 주택용지 목적으로 허가를 받은 경우에는 토지의 취득일로부터 2년
  2) 주민을 위한 복지시설 또는 편익시설 목적으로 허가를 받은 경우에는 토지의 취득일로부터 2년
  3) 농업·축산업·임업 또는 어업을 영위하기 위한 목적으로 허가를 받은 경우에는 토지의 취득일로부터 2년
  4) 수용, 지역의 건전한 발전, 행정관청의 사업시행 목적으로 허가를 받은 경우에는 토지의 취득일부터 4년. 다만, 분양을 목적으로 허가를 받은 토지로서 개발에 착수한 후 토지 취득일부터 4년 이내에 분양을 완료한 경우에는 분양을 완료한 때에 4년이 지난 것으로 본다.
  5) 대체토지를 취득하기 위하여 허가를 받은 경우에는 토지의 취득일로부터 2년
  6) 현상보존의 목적으로 토지를 취득하기 위하여 허가를 받은 경우에는 토지의 취득일로부터 5년
  7) 그 외의 경우에는 토지의 취득일부터 5년

(3) 사용의무의 예외(영 제14조 제1항)
  1) 토지의 취득을 한 후 관계법령에 의하여 용도지역 등 토지의 이용 및 관리에 관한 계획이 변경됨으로써 관계법령에 따른 행위제한으로 인하여 당초의 목적대로 이용할 수 없게 된 경우
  2) 토지를 이용하기 위하여 관계 법령에 의한 허가·인가 등을 신청하였으나 국가 또는 지방자치단체가 국토교통부령이 정하는 사유로 일정기간동안 허가·인가 등을 제한하는 경우로서 그 제한기간 내에 있는 경우

> **Wide** 국토교통부령이 정하는 사유 (규칙 제17조 제1항)
> ① 「건축법」 제18조에 따른 건축허가의 제한으로 인하여 건축을 할 수 없게 된 경우
> ② 건축자재의 수급조절 등을 위한 행정지도에 따라 착공 또는 시공이 제한된 경우

  3) 허가기준에 적합하게 당초의 이용목적을 변경하는 경우로서 허가관청의 승인을 얻은 경우

> **Wide** 이용목적의 변경승인신청
> ① 토지 이용목적의 변경승인신청은 별지 제17호 서식의 취득토지의 이용목적변경 승인신청서에 따르며, 토지의 이용에 관한 변경계획서를 첨부하여야 한다(규칙 제17조 제2항).
> ② 허가관청은 변경승인신청서를 받은 때에는 신청일로부터 15일 이내에 승인 여부를 결정하여 신청인에게 서면으로 통지(전자문서에 의한 통지를 포함한다)하여야 한다(규칙 제17조 제3항).

4) 다른 법률에 따른 행위허가를 받아 허가기준에 맞게 당초의 이용목적을 변경하는 경우로서 해당 행위의 허가권자가 이용목적 변경에 관하여 허가관청과 협의를 완료한 경우
5) 「해외이주법」에 따라 이주하는 경우
6) 「병역법」에 따라 복무하는 경우
7) 「자연재해대책법」에 따른 재해로 인하여 허가받은 목적대로 이행하는 것이 불가능한 경우
8) 공익사업의 시행 등 토지거래계약 허가를 받은 자에게 책임 없는 사유로 허가받은 목적대로 이용하는 것이 불가능한 경우
9) 다음의 건축물을 취득하여 실제로 이용하는 자가 해당 건축물의 일부를 임대하는 경우
　　① 「건축법 시행령」 [별표 1] 제1호의 단독주택[다중주택 및 공관(公館)은 제외한다]
　　② 「건축법 시행령」 [별표 1] 제2호의 공동주택(기숙사는 제외한다)
　　③ 「건축법 시행령」 [별표 1] 제3호의 제1종 근린생활시설
　　④ 「건축법 시행령」 [별표 1] 제4호의 제2종 근린생활시설
10) 「산업집적활성화 및 공장설립에 관한 법률」에 따른 공장을 취득하여 실제로 이용하는 자가 해당 공장의 일부를 임대하는 경우
11) 그 밖에 토지거래계약허가를 받은 자가 불가피한 사유로 허가받은 목적대로 이용하는 것이 불가능하다고 시·군·구 도시계획위원회에서 인정한 경우

2 이용의 조사

(1) 이용실태의 조사
허가관청은 토지거래계약을 허가받은 자가 허가받은 목적대로 이용하고 있는지를 국토교통부령으로 정하는 바에 따라 조사하여야 한다(법 제17조 제2항).

(2) 토지의 개발·이용 등의 실태조사(규칙 제18조)
1) 허가관청은 국토교통부장관이 정하는 바에 따라 매년 1회 이상 토지의 개발 및 이용 등의 실태를 조사하여야 한다.
2) 그 외 토지의 개발 및 이용 등의 실태조사에 필요한 사항은 국토교통부장관이 정한다.

06 이행강제금 (법 제18조)

1 의무이행명령

(1) 의무이행기간
1) 시장·군수 또는 구청장은 토지의 이용의무를 이행하지 아니한 자에 대하여는 상당한 기간을 정하여 토지의 이용의무를 이행하도록 명할 수 있다(법 제18조 제1항).
2) 이용의무의 이행명령은 문서로 하여야 하며 이행기간은 3개월 이내로 정하여야 한다(영 제16조 제1항).

(2) 의무이행명령의 예외
1) 대통령령으로 정하는 사유가 있는 경우에는 이용의무의 이행을 명하지 아니할 수 있다(법 제18조 제1항 단서).
2) 대통령령으로 정하는 사유란 「농지법」상 다음의 어느 하나를 위반하여 같은 「농지법」상 이행강제금을 부과한 경우를 말한다(영 제16조 제2항, 「농지법」 제10조 제1호부터 제4호).
   ① 소유 농지를 자연재해·농지개량·질병 등 대통령령으로 정하는 정당한 사유 없이 자기의 농업경영에 이용하지 아니하거나 이용하지 아니하게 되었다고 시장(구를 두지 아니한 시의 시장을 말한다. 이하 이 조에서 같다)·군수 또는 구청장이 인정한 경우
   ② 농지를 소유하고 있는 농업회사법인이 제2조 제3호의 요건에 맞지 아니하게 된 후 3개월이 지난 경우
   ③ 농지를 취득한 자가 그 농지를 해당 목적사업에 이용하지 아니하게 되었다고 시장·군수 또는 구청장이 인정한 경우
   ④ 농지를 취득한 자가 자연재해·농지개량·질병 등 대통령령으로 정하는 정당한 사유 없이 그 농지를 주말·체험영농에 이용하지 아니하게 되었다고 시장·군수 또는 구청장이 인정한 경우

제4장 토지거래허가

 **Q04** 제32회 기출

부동산 거래신고 등에 관한 법령상 토지거래계약허가를 받아 취득한 토지를 허가받은 목적대로 이용하고 있지 않은 경우 시장·군수·구청장이 취할 수 있는 조치가 아닌 것은?

① 과태료를 부과할 수 있다.
② 토지거래계약허가를 취소할 수 있다.
③ 3개월 이내의 기간을 정하여 토지의 이용 의무를 이행하도록 문서로 명할 수 있다.
④ 해당 토지에 관한 토지거래계약 허가신청이 있을 때 국가, 지방자치단체, 한국토지주택공사가 그 토지의 매수를 원하면 이들 중에서 매수할 자를 지정하여 협의 매수하게 할 수 있다.
⑤ 해당 토지를 직접 이용하지 않고 임대하고 있다는 이유로 이행명령을 했음에도 정해진 기간에 이행되지 않은 경우, 토지 취득가액의 100분의 7에 상당하는 금액의 이행강제금을 부과한다.

해설 토지거래허가
① 토지거래계약허가를 받아 취득한 토지를 허가받은 목적대로 이용하고 있지 않은 경우 과태료 대상이 아닌 이행강제금 부과 대상이다.

정답 ①

2 이행강제금의 부과

(1) 이행강제금의 부과   31회 출제

1) 이행강제금의 범위

시장·군수 또는 구청장은 이행명령이 정하여진 기간에 이행되지 아니한 경우에는 토지취득가액의 100분의 10의 범위에서 대통령령으로 정하는 금액의 이행강제금을 부과한다(법 제18조 제2항).

2) 부과금액(영 제16조 제3항)

① 토지거래계약허가를 받아 토지를 취득한 자가 당초의 목적대로 이용하지 아니하고 방치한 경우에는 토지취득가액의 100분의 10에 상당하는 금액
② 토지거래계약허가를 받아 토지를 취득한 자가 직접 이용하지 아니하고 임대한 경우에는 토지취득가액의 100분의 7에 상당하는 금액
③ 토지거래계약허가를 받아 토지를 취득한 자가 시장·군수 또는 구청장의 승인없이 당초의 이용목적을 변경하여 이용하는 경우에는 토지취득가액의 100분의 5에 상당하는 금액
④ 그 외의 경우에는 토지취득가액의 100분의 7에 상당하는 금액

3) 토지취득가액

토지취득가액은 실제거래가격으로 한다. 다만, 실거래가가 확인되지 아니하는 경우에는 취득 당시를 기준으로 가장 최근에 발표된 개별공시지가를 기준으로 산정한다(영 제16조 제4항).

(2) 이행강제금 부과 절차 28·30회 출제

1) 시장·군수 또는 구청장은 최초의 이행명령이 있었던 날을 기준으로 1년에 한 번씩 그 이행명령이 이행될 때까지 반복하여 이행강제금을 부과·징수할 수 있다(법 제18조 제3항).
2) 허가관청은 이행강제금을 부과하기 전에 이행기간 내에 이행명령을 이행하지 아니하면 이행강제금을 부과·징수한다는 뜻을 미리 문서로 계고(戒告)하여야 한다(영 제16조 제5항).
3) 시장·군수 또는 구청장은 이용의무기간이 지난 후에는 이행강제금을 부과할 수 없다(법 제18조 제4항).
4) 시장·군수 또는 구청장은 이행명령을 받은 자가 그 명령을 이행하는 경우에는 새로운 이행강제금의 부과를 즉시 중지하되, 명령을 이행하기 전에 이미 부과된 이행강제금은 징수하여야 한다(법 제18조 제5항).
5) 이행강제금의 부과처분에 불복하는 자는 시장·군수 또는 구청장에게 이의를 제기할 수 있다(법 제18조 제6항).
6) 이행강제금 부과처분을 받은 자가 이행강제금을 납부기한까지 납부하지 아니한 경우에는 국세 체납처분의 예 또는 「지방세외수입금의 징수 등에 관한 법률」에 따라 징수한다(법 제18조 제7항).
7) 이행강제금의 부과, 납부, 징수 및 이의제기 방법 등에 필요한 사항은 대통령령으로 정한다(법 제18조 제8항).
   ① 이행강제금을 부과하는 경우에는 이행강제금의 금액, 부과사유, 납부기한 및 수납기관, 이의제기방법 및 이의제기기관 등을 명시한 문서로 하여야 한다(영 제16조 제6항).
   ② 이행강제금 부과처분을 받은 자가 이의를 제기하려는 경우에는 부과처분의 고지를 받은 날부터 30일 이내에 제기하여야 한다(영 제16조 제7항).

07 지가동향의 조사 (제19조)

1 지가동향의 조사

(1) 국토교통부장관이나 시·도지사는 토지거래허가 제도를 실시하거나 그 밖에 토지정책을 수행하기 위한 자료를 수집하기 위하여 대통령령으로 정하는 바에 따라 지가의 동향과 토지거래의 상황을 조사하여야 하며, 관계 행정기관이나 그 밖의 필요한 기관에 이에 필요한 자료를 제출하도록 요청할 수 있다. 이 경우 자료제출을 요청받은 기관은 특별한 사유가 없으면 요청에 따라야 한다(법 제19조).

(2) 국토교통부장관은 연(年) 1회 이상 전국의 지가변동률을 조사하여야 하며, 필요한 경우에는 「한국부동산원법」에 따른 한국부동산원의 원장으로 하여금 매월 1회 이상 지가의 동향, 토지거래상황 및 그 밖에 필요한 자료를 제출하게 할 수 있다. 이 경우 실비의 범위 내에서 그 소요된 비용을 지원하여야 한다(영 제17조 제1항, 제2항).

2 지가동향조사의 방법

(1) 시·도지사는 관할구역 안의 지가동향 및 토지거래상황을 국토교통부령으로 정하는 바에 따라 조사하여야 하며, 그 결과 허가구역을 지정·축소하거나 해제할 필요가 있다고 인정하는 경우에는 국토교통부장관에게 그 구역의 지정·축소 또는 해제를 요청할 수 있다(영 제17조 제3항).

(2) 지가동향 조사의 순서

시·도지사는 다음의 순서대로 지가동향조사 및 토지거래상황조사를 실시한다(규칙 제20조).

1) 개황조사
관할구역 안의 토지거래상황을 파악하기 위하여 분기별로 1회 이상 개괄적으로 실시하는 조사

2) 지역별 조사
개황조사를 실시한 결과 등에 따라 토지거래계약에 관한 허가구역의 지정요건을 충족시킬 수 있는 개연성이 높다고 인정되는 지역에 대하여 지가동향 및 토지거래상황을 파악하기 위하여 매월 1회 이상 실시하는 조사

3) 특별집중조사
지역별 조사를 실시한 결과 허가구역의 지정요건을 충족시킬 수 있는 개연성이 특히 높다고 인정되는 지역에 대하여 지가동향 및 토지거래상황을 파악하기 위하여 실시하는 조사

08 그 외 사항 `34회 출제`

1 다른 법률에 따른 인가·허가 등의 의제

(1) 농지에 대하여 토지거래계약허가를 받은 경우에는 농지취득자격증명을 받은 것으로 본다. 이 경우 시장·군수 또는 구청장은 「농업·농촌 및 식품산업 기본법」에 따른 농촌(「국토의 계획 및 이용에 관한 법률」에 따른 도시지역의 경우에는 같은 법에 따른 녹지지역만 해당한다)의 농지에 대하여 토지거래계약을 허가하는 경우에는 농지취득자격증명의 발급 요건에 적합한지를 확인하여야 하며, 허가한 내용을 농림축산식품부장관에게 통보하여야 한다(법 제20조 제1항).

(2) 허가증을 발급받은 경우에는 「부동산등기 특별조치법」에 따른 검인을 받은 것으로 본다(법 제20조 제2항).

2 제재처분 등

국토교통부장관, 시·도지사, 시장·군수 또는 구청장은 다음의 어느 하나에 해당하는 자에게 허가 취소 또는 그 밖에 필요한 처분을 하거나 조치를 명할 수 있다(법 제21조).

(1) 토지거래계약에 관한 허가 또는 변경허가를 받지 아니하고 토지거래계약 또는 그 변경계약을 체결한 자
(2) 토지거래계약에 관한 허가를 받은 자가 그 토지를 허가받은 목적대로 이용하지 아니한 자
(3) 부정한 방법으로 토지거래계약에 관한 허가를 받은 자

3 권리·의무의 승계 등

(1) 토지의 소유권자, 지상권자 등에게 발생되거나 부과된 권리·의무는 그 토지 또는 건축물에 관한 소유권이나 그 밖의 권리의 변동과 동시에 그 승계인에게 이전한다(법 제22조 제1항).
(2) 이 법 또는 이 법에 따른 명령에 의한 처분, 그 절차 및 그 밖의 행위는 그 행위와 관련된 토지 또는 건축물에 대하여 소유권이나 그 밖의 권리를 가진 자의 승계인에 대하여 효력을 가진다(법 제22조 제2항).

4 청 문

국토교통부장관, 시·도지사, 시장·군수 또는 구청장은 토지거래계약허가의 취소처분을 하려면 청문을 하여야 한다(법 제23조).

■ **토지거래 허가 관련 판례**

1 유동적 무효
토지거래허가구역으로 지정된 구역 안의 토지에 관하여 관할 행정청의 허가를 받지 아니하고 체결한 토지거래계약은 처음부터 그 허가를 배제하거나 잠탈하는 내용의 계약인 경우에는 확정적 무효로서 유효화될 여지가 없으나 이와 달리 허가받을 것을 전제로 한 거래계약일 경우에는 일단은 허가를 받을 때까지 법률상 미완성 법률행위로서 거래계약의 채권적 효력도 전혀 발생하지 아니하지만 일단은 허가를 받으면 그 거래계약은 소급해서 유효로 되고 이와 달리 불허가가 된 때는 무효로 확정되는 이른바 유동적 무효의 상태에 있다고 보아야 한다(대판 1999.6.17).

2 유동적 무효상태에서의 계약해제
매매당사자 일방이 계약 당시 상대방에게 계약금을 교부한 경우 특별한 사정이 없는 한 토지거래허가를 받지 않아 유동적 무효상태인 매매계약에 있어서도 당사자 사이의 매매계약은 매도인이 계약금의 배액을 상환하고 계약을 해제함으로서 적법하게 해제된다(대판 1997.6.27).

3 유동적 무효상태에서 부당이득금 반환청구 가능 여부
토지거래허가를 받지 않아 매매계약이 유동적 무효상태에 있는 경우 매수인이 그에 기하여 임의로 지급한 계약금 등은 그 계약이 유동적 무효상태로 있는 한 부당이득으로서 반환을 구할 수 없고 유동적 무효상태가 확정적 무효로 되었을 때 비로소 부당이득으로 반환을 구할 수 있다(대판 1996.11.22).

제4장 토지거래허가

4 쌍방이 허가신청 협력의무 거절시 효력
유동적 무효의 효력은 불허가처분이 있을 때뿐만 아니라 당사자 쌍방이 허가신청 협력의무의 이행거절의사를 명백히 표시한 경우에는 허가전의 거래계약관계 즉, 계약의 유동적 무효상태가 더 이상 지속된다고 볼 수 없고 그 계약관계는 확정적 무효가 된다(대판 1996. 11. 22).

5 일방이 허가신청 협력의무를 거절하는 경우
토지거래허가지역 내의 토지에 관하여 어느 일방이 허가신청 협력의무의 이행거절의사를 분명히 하였다 하더라도 그 상대방은 소로서 허가신청절차에 협력해 줄 것을 청구할 수 있다(대판 1995. 12. 12).

6 대리권 수여시 허가신청협력청구의 대위권
본인을 대리하여 수임인(매수인)이 토지의 매매계약을 체결한 경우 본인은 수임인을 대위하여 매도인에게 토지거래허가 신청절차에 협력할 것을 청구할 수 있다(대판 1996. 10. 25).

7 허가신청협력청구권의 법적 성질
매수인이 매도인에 대하여 가지는 토지거래허가신청절차의 협력의무의 이행청구권도 채권자대위권의 행사에 의하여 보전될 수 있는 채권에 해당한다(대판 1995. 9. 5).

8 허가구역 지정해제
토지거래계약을 체결한 후 허가구역 지정해제등이 된 때에는 그 토지거래계약이 허가구역지정이 해제되기 전에 확정적 무효로 된 경우를 제외하고는 더 이상 관할 행정청으로부터 토지거래허가를 받을 필요없이 확정적으로 유효로 되어 거래당사자는 그 계약에 기하여 바로 토지의 소유권 등 권리의 이전 또는 설정에 관한 이행청구를 할 수 있고 상대방도 반대급부의 청구를 할 수 있다고 보아야 할 것이고 여전히 유동적 무효가 되는 것은 아니다(대판 1999. 6. 17).

9 허가구역 안에서 건물만의 소유권이전등기 가능 여부
토지거래허가 구역 내의 토지와 건물을 일괄하여 매매한 경우 일반적으로 토지와 그 지상건물은 법률적 운명을 같이 하는 것이 거래의 관행이고 당사자의 의사나 경제적 관념에도 합치되는 것이므로 토지에 관한 당국의 허가가 없으면 건물만이라도 매매하였을 것이라고 볼 수 있는 특별한 사정이 인정되는 경우에 한하여 토지에 대한 허가가 있기 전에 건물만의 소유권이전등기를 명할 수 있다고 보아야 할 것이고 그렇지 않은 경우에는 토지에 대한 거래허가가 있어 그 매매계약의 전부가 유효한 것으로 확정된 후에 토지와 함께 이전등기를 명하는 것이 옳을 것이다(대판 1992. 10. 13).

10 허가처분기간의 경과시 효력
허가증의 교부 또는 불허가 처분의 통지가 15일 이내이어야 한다는 것은 그 기간 내에 허가증 등이 상대방에게 도달하여야 한다는 의미이므로 불허가처분의 기간 내에 이루어진 것이라 하더라도 위 기간의 경과로서 토지거래허가가 있는 것으로 간주된다. 처분경과기간 경과 후 통지된 불허가처분은 위법하다(대판 1996. 6. 28).

11 허가구역 내에서의 미등기 전매 효력
토지거래허가구역 내의 토지가 거래허가를 받거나 소유권이전등기를 경료할 의사없이 중간생략등기의 합의 아래 전매차익을 얻을 목적으로 수인에게 전전매한 경우 각각의 매매계약은 모두 확정적 무효로서 유효화될 여지가 없으며 각 매수인이 각 매도인에 대해 신청절차의 협력의무의 이행을 청구할 수 없고 최종 매수인이 최초매도인에 대해 협력의무의 이행청구권을 대위행사할 수 없다(대판 1996. 6. 28).

12 허가구역에서의 중간생략등기 효력
당사자들 사이에 중간생략등기 합의하에 최종 매수인 자신과 최초 매도인을 매도인으로 하는 토지거래 허가를 받아 자신의 앞으로 소유권이전등기를 경료하였더라도 그러한 최종 매수인 명의의 소유권이전등기는 적법한 토지거래허가 없이 경료된 등기로서 무효이다(대판 1996. 6. 28, 1997. 3. 14).

토지거래허가

CHAPTER 04

• 경록 교재에 모든 답이 있습니다.

01 허가구역이 둘 이상의 시·도의 관할구역에 걸쳐 있는 경우 시·도지사가 협의하여 지정한다.

01. X
허가구역이 둘 이상의 시·도의 관할구역에 걸쳐 있는 경우 국토교통부장관이 지정한다.

02 국토교통부장관 또는 시·도지사는 허가구역을 지정하려면 중앙도시계획위원회 또는 시·도도시계획위원회의 심의를 거쳐야 한다.

02. ○

03 허가를 받지 아니하고 체결한 토지거래계약은 그 효력이 발생하지 아니한다.

03. ○

04 허가신청서를 제출받은 시장·군수 또는 구청장은 지체없이 필요한 조사를 하여야 한다.

04. ○

05 농업인등으로서 그가 거주하는 주소지로부터 10킬로미터 이내에 소재하는 토지를 취득하려는 사람에게 허가를 하여야 한다.

05. X
농업인등으로서 그가 거주하는 주소지로부터 30킬로미터 이내에 소재하는 토지를 취득하려는 사람에게 허가를 하여야 한다.

06 허가처분에 이의가 있는 자는 그 처분을 받은 날부터 1개월 이내에 시장·군수 또는 구청장에게 이의를 신청할 수 있다.

06. ○

07 허가신청에 대하여 불허가처분을 받은 자는 그 통지를 받은 날부터 1개월 이내에 시장·군수 또는 구청장에게 해당 토지에 관한 권리의 매수를 청구할 수 있다.

07. ○

CHAPTER 05
부동산 정보관리 및 보칙

학습포인트
- 부동산 종합관리에 대해 알아야 한다.
- 부동산 정보체계 구축운영에 대하여 알아야 한다.

CHAPTER 학습 & 출제되는 키워드

- ✓ 자료등의 종합관리
- ✓ 부동산정보체계의 구축운영
- ✓ 자료의 보고

CHAPTER 학습 & 출제되는 질문

- ✓ 자료등의 종합관리에 대한 설명으로 옳지 않은 것은?
- ✓ 부동산정보체계의 구축운영에 대한 설명으로 옳지 않은 것은?

제2편 부동산거래신고 등에 관한 법률

01 부동산 정보관리

1 자료 등의 종합관리

(1) 국토교통부장관 또는 시장·군수·구청장은 적절한 부동산정책의 수립 및 시행을 위하여 부동산 거래상황, 주택 임대차 계약상황, 외국인 부동산 취득현황, 부동산 가격 동향 등 이 법에 규정된 사항에 관한 정보를 종합적으로 관리하고, 이를 관련 기관·단체 등에 제공할 수 있다(법 제24조 제1항).

(2) 국토교통부장관 또는 시장·군수·구청장은 정보의 관리를 위하여 관계 행정기관이나 그 밖에 필요한 기관에 필요한 자료를 요청할 수 있다. 이 경우 관계 행정기관 등은 특별한 사유가 없으면 요청에 따라야 한다(법 제24조 제2항).

(3) 정보의 관리·제공 및 자료요청은 「개인정보 보호법」에 따라야 한다(법 제24조 제3항).

2 고유식별정보의 처리

국토교통부장관, 신고관청 및 허가관청은 다음의 사무를 수행하기 위하여 불가피한 경우 「개인정보 보호법 시행령」에 따른 주민등록번호, 여권번호, 외국인등록번호가 포함된 자료를 처리할 수 있다(영 제18조).

(1) 법 제3조에 따른 부동산거래신고
(2) 법 제5조에 따른 신고내용의 검증
(3) 법 제6조에 따른 신고내용의 조사 등
(4) 법 제8조에 따른 외국인 등의 부동산 취득·보유신고
(5) 법 제9조에 따른 외국인등의 토지거래허가
(6) 법 제11조에 따른 허가구역 내 토지거래에 대한 허가
(7) 법 제25조에 따른 부동산정보체계 운영

3 정보체계의 구축·운영

(1) 국토교통부장관은 효율적인 정보의 관리 및 국민편의 증진을 위하여 대통령령으로 정하는 바에 따라 부동산거래 및 주택 임대차의 계약·신고·허가·관리 등의 업무와 관련된 정보체계를 구축·운영할 수 있다(법 제25조, 영 제19조 제1항).

(2) 구축 운영할 정보(영 제19조 제1항)

1) 부동산거래 신고 정보
2) 검증체계 관련 정보
3) 외국인등의 부동산 취득·보유 신고자료 및 관련 정보
4) 토지거래계약허가 관련 정보
5) 「부동산등기 특별조치법」에 따른 검인 관련 정보
6) 부동산거래계약 등 부동산거래 관련 정보

4 정보제공

(1) 국토교통부장관은 정보체계에 구축되어 있는 정보를 수요자에게 제공할 수 있다. 이 경우 정보체계운영을 위하여 불가피한 사유가 있거나 개인정보의 보호를 위하여 필요하다고 인정할 때에는 제공하는 정보의 종류와 내용을 제한할 수 있다(영 제19조 제2항).
(2) 위에서 규정한 사항 외에 정보체계의 구축·운영 및 이용에 필요한 사항은 국토교통부장관이 정한다(영 제19조 제3항).

02 보칙

34회 출제

1 신고 또는 고발에 대한 포상금

(1) 신고 또는 고발 대상

시장·군수 또는 구청장은 다음의 어느 하나에 해당하는 자를 관계 행정기관이나 수사기관에 신고하거나 고발한 자에게 예산의 범위에서 포상금을 지급할 수 있다(법 제25조의2 제1항).

1) 부동산 등의 실제거래가격을 거짓으로 신고한 자
2) 계약을 체결하지 않은 자가 거짓으로 부동산거래신고를 하는 경우
3) 해제 등이 되지 않은 자가 거짓으로 해제등 신고를 하는 경우
4) 주택 임대차 계약의 보증금·차임 등 계약금액을 거짓으로 신고한 자
5) 허가 또는 변경허가를 받지 아니하고 토지거래계약을 체결한 자 또는 거짓이나 그 밖의 부정한 방법으로 토지거래계약허가를 받은 자
6) 토지거래계약허가를 받아 취득한 토지에 대하여 허가받은 목적대로 이용하지 아니한 자

(2) 포상금 지급대상 및 기준

신고관청 또는 허가관청은 다음의 어느 하나에 해당하는 경우에는 포상금을 지급하여야 한다(영 제19조의2 제1항).

1) 신고관청이 적발하기 전에 부동산 등의 실제거래가격을 거짓으로 신고한 자, 계약을 체결하지 않은 자가 거짓으로 부동산거래신고를 하는 경우, 해제 등이 되지 않은 자가 거짓으로 해제등 신고를 하는 경우의 사람을 신고하고 이를 입증할 수 있는 증거자료를 제출한 경우로서 그 신고사건에 대하여 과태료가 부과된 경우
2) 허가관청 또는 수사기관이 적발하기 전에 허가 또는 변경허가를 받지 아니하고 토지거래계약을 체결한 자 또는 거짓이나 그 밖의 부정한 방법으로 토지거래계약허가를 받은 자를 신고하거나 고발한 경우로서 그 신고 또는 고발사건에 대한 공소제기 또는 기소유예 결정이 있는 경우
3) 허가관청이 적발하기 전에 토지거래계약허가를 받아 취득한 토지에 대하여 허가받은 목적대로 이용하지 아니한 자에 해당하는 자를 신고한 경우로서 그 신고사건에 대한 허가관청의 이행명령이 있는 경우

(3) 포상금 지급대상 아닌 것

다음의 어느 하나에 해당하는 경우에는 포상금을 지급하지 아니할 수 있다(영 제19조의2 제2항).

1) 공무원이 직무와 관련하여 발견한 사실을 신고하거나 고발한 경우
2) 해당 위반행위를 하거나 위반행위에 관여한 자가 신고하거나 고발한 경우
3) 익명이나 가명으로 신고 또는 고발하여 신고인 또는 고발인을 확인할 수 없는 경우

(4) 포상금액

포상금은 신고 또는 고발 건별로 다음의 구분에 따라 지급한다(영 제19조의2 제3항).

1) **부동산거래신고, 주택임대차계약신고 관련 위반**

   과태료의 100분의 20에 해당하는 금액(실제거래가격을 거짓으로 한 경우 지급한도액은 1천만원으로 한다)

2) **토지거래허가 관련 위반**

   50만원. 이 경우 같은 목적을 위하여 취득한 일단의 토지에 대한 신고 또는 고발은 1건으로 본다.

(5) 포상금 지급절차(영 제19조의3) 30회 출제

1) 신고하려는 자는 국토교통부령으로 정하는 신고서 및 증거자료(부동산거래신고를 거짓으로 신고한 자를 신고하는 경우만 해당)를 신고관청 또는 허가관청에 제출하여야 한다.
2) 수사기관은 허가 또는 변경허가를 받지 아니하고 토지거래계약을 체결한 자 또는 거짓이나 그 밖의 부정한 방법으로 토지거래계약허가를 받은 자에 대한 신고 또는 고발 사건을 접수하여 수사를 종료하거나 공소제기 또는 기소유예의 결정을 하였을 때에는 지체없이 허가관청에 통보하여야 한다.

3) 신고서를 제출받거나 수사기관의 통보를 받은 신고관청 또는 허가관청은 포상금 지급 여부를 결정하고 이를 신고인 또는 고발인에게 알려야 한다.
4) 포상금 지급 결정을 통보받은 신고인 또는 고발인은 국토교통부령으로 정하는 포상금 지급신청서를 작성하여 신고관청 또는 허가관청에 제출하여야 한다.
5) 신고관청 또는 허가관청은 신청서가 접수된 날부터 2개월 이내에 포상금을 지급하여야 한다.

(6) 포상금 지급방법

1) 하나의 사건에 대하여 신고 또는 고발한 사람이 2명 이상인 경우에는 국토교통부령으로 정하는 바에 따라 포상금을 배분하여 지급한다(영 제19조의3 제6항).
2) 포상금의 지급절차 및 방법 등에 관하여 필요한 사항은 국토교통부령으로 정한다(영 제19조의3 제7항).
3) 신고관청 또는 허가관청은 하나의 위반행위에 대하여 2명 이상이 공동으로 신고 또는 고발한 경우에는 포상금을 균등하게 배분하여 지급한다. 다만, 포상금을 지급받을 사람이 배분방법에 관하여 미리 합의하여 포상금의 지급을 신청한 경우에는 그 합의된 방법에 따라 지급한다(규칙 제20조의2 제3항).
4) 신고관청 또는 허가관청은 하나의 위반행위에 대하여 2명 이상이 각각 신고 또는 고발한 경우에는 최초로 신고 또는 고발한 사람에게 포상금을 지급한다(규칙 제20조의2 제4항).

(7) 정보체계의 기록

신고관청 또는 허가관청은 자체조사 등에 따라 포상금 지급대상 위반행위를 알게 된 때에는 지체 없이 그 내용을 부동산정보체계에 기록하여야 한다(규칙 제20조의2 제5항).

제2편 부동산거래신고 등에 관한 법률

단락문제 001
제32회 기출

부동산 거래신고 등에 관한 법령상 신고포상금 지급대상에 해당하는 위반행위를 모두 고른 것은?

> ㄱ. 부동산 매매계약의 거래당사자가 부동산의 실제 거래가격을 거짓으로 신고하는 행위
> ㄴ. 부동산 매매계약에 관하여 개업공인중개사에게 신고를 하지 않도록 요구하는 행위
> ㄷ. 토지거래계약허가를 받아 취득한 토지를 허가 받은 목적대로 이용하지 않는 행위
> ㄹ. 부동산 매매계약에 관하여 부동산의 실제 거래가격을 거짓으로 신고하도록 조장하는 행위

① ㄱ, ㄷ　　② ㄱ, ㄹ　　③ ㄴ, ㄹ
④ ㄱ, ㄴ, ㄷ　　⑤ ㄴ, ㄷ, ㄹ

해설 거래신고법령상 신고포상금 지급대상(법 제25조의2 제1항)
㉠ 제3조 제1항부터 제4항까지 또는 제4조 제2호를 위반하여 부동산등의 실제 거래가격을 거짓으로 신고한 자
㉡ 제4조 제4호를 위반하여 거짓으로 제3조에 따른 신고를 한 자
㉢ 제4조 제5호를 위반하여 거짓으로 제3조의2에 따른 신고를 한 자
㉣ 제6조의2 또는 제6조의3을 위반하여 주택 임대차 계약의 보증금·차임 등 계약금액을 거짓으로 신고한 자
㉤ 제11조 제1항에 따른 허가 또는 변경허가를 받지 아니하고 토지거래계약을 체결한 자 또는 거짓이나 그 밖의 부정한 방법으로 토지거래계약허가를 받은 자
㉥ 토지거래계약허가를 받아 취득한 토지에 대하여 제17조 제1항을 위반하여 허가받은 목적대로 이용하지 아니한 자.

정답 ①

2 권한 등의 위임 및 위탁

(1) 이 법에 따른 국토교통부장관의 권한은 그 일부를 대통령령으로 정하는 바에 따라 시·도지사, 시장·군수 또는 구청장에게 위임할 수 있다(법 제25조의3 제1항).
(2) 국토교통부장관은 부동산거래가격 검증체계 구축·운영, 신고내용 조사 및 부동산정보체계의 구축·운영업무를 대통령령으로 정하는 바(한국부동산원)에 따라 부동산시장 관련 전문성이 있는 공공기관에 위탁할 수 있다(법 제25조의3 제2항).

3 전자문서를 통한 신고 및 허가의 신청

(1) 법 및 이 영에 따른 신고 또는 신청 중 국토교통부령으로 정하는 사항은 전자문서를 제출하는 방법으로 할 수 있다.
(2) 전자문서로 제출하는 경우에는 「전자서명법」 제2조 제6호에 따른 인증서(서명자의 실지명의를 확인할 수 있는 것으로 한정한다)를 통한 본인확인의 방법으로 서명 또는 날인할 수 있다.

단원 오답 잡기

• 경록 교재에 모든 답이 있습니다.

01. 국토교통부장관 또는 시장·군수·구청장은 정보의 관리를 위하여 관계 행정기관이나 그 밖에 필요한 기관에 필요한 자료를 요청할 수 있다.

01. O

02. 정보의 관리·제공 및 자료요청은 「개인정보 보호법」에 따라야 한다.

02. O

03. 국토교통부장관은 효율적인 정보의 관리 및 국민편의 증진을 위하여 대통령령으로 정하는 바에 따라 부동산거래의 계약·신고·허가·관리 등의 업무와 관련된 정보체계를 구축·운영할 수 있다.

03. O

04. 시·도지사는 정보체계 운영업무를 부동산 가격의 조사·산정에 관한 전문성이 있는 공공기관을 지정하여 위탁할 수 있다.

04. X
국토교통부장관은 정보체계 운영업무를 부동산 가격의 조사·산정에 관한 전문성이 있는 공공기관을 지정하여 위탁할 수 있다.

05. 국토교통부장관은 정보체계를 통한 민원사무의 처리가 장애 등으로 불가능한 경우에는 이용자에게 민원서류를 직접 제출하게 할 수 있다.

05. O

06. 시장·군수 또는 구청장은 선매·매수청구 실적 및 토지이용조사에 관한 사항을 매월 15일까지 시·도지사에게 제출하여야 한다.

06. X
시장·군수 또는 구청장은 선매·매수청구 실적 및 토지이용조사에 관한 사항을 매 분기별로 시·도지사에게 제출하여야 한다.

07. 포상금의 지급에 드는 비용은 국고에서 충당한다.

07. X
포상금의 지급에 드는 비용은 시·군이나 구의 재원으로 충당한다

CHAPTER 06 벌칙

학습포인트
- 부동산거래신고 등에 관한 법령상 벌칙에 대해 알아야 한다.
- 자진신고자 감면제도에 대하여 알아야 한다.

CHAPTER 학습 & 출제되는 키워드

☑ 형벌 ☑ 과태료 ☑ 자진신고

CHAPTER 학습 & 출제되는 질문

☑ 2년 이하 징역 또는 2천만원 이하의 벌금에 처하는 위반행위는?
☑ 100만원 이하의 과태료 대상이 아닌 것은?
☑ 자진 신고자에 대한 감면제도에 대한 설명으로 옳지 않은 것은?

제6장 벌칙

01 벌칙 (제26조)

1 부동산거래신고 관련 위반

부당하게 재물이나 재산상 이득을 취득하거나 제3자로 하여금 이를 취득하게 할 목적으로 다음의 행위를 한 경우 3년 이하의 징역 또는 3천만원 이하의 벌금에 처한다.(법 제26조 제2항).
① 계약을 체결하지 아니하였음에도 불구하고 거짓으로 같은 조에 따른 신고를 하는 행위
② 부동산거래신고 후 해당 계약이 해제등이 되지 아니하였음에도 불구하고 거짓으로 해제등 신고를 하는 행위

2 외국인의 토지취득허가 위반

외국인이 허가를 받지 아니하고 토지취득계약을 체결하거나 부정한 방법으로 허가를 받아 토지취득계약을 체결한 외국인등은 2년 이하의 징역 또는 2천만원 이하의 벌금에 처한다(법 제26조 제1항).

3 토지거래허가 위반

(1) 토지거래허가구역에서 허가 또는 변경허가를 받지 아니하고 토지거래계약을 체결하거나, 속임수나 그 밖의 부정한 방법으로 토지거래계약허가를 받은 자는 2년 이하의 징역 또는 계약 체결 당시의 개별공시지가에 따른 해당 토지가격의 100분의 30에 해당하는 금액 이하의 벌금에 처한다(법 제26조 제2항).
(2) 토지거래허가 취소, 처분 또는 조치명령을 위반한 자는 1년 이하의 징역 또는 1천만원 이하의 벌금에 처한다(법 제26조 제3항).

4 양벌규정

법인의 대표자나 법인 또는 개인의 대리인, 사용인, 그 밖의 종업원이 그 법인 또는 개인의 업무에 관하여 형벌사항의 위반행위를 하면 그 행위자를 벌하는 외에 그 법인 또는 개인에게도 해당 조문의 벌금형을 과(科)한다. 다만, 법인 또는 개인이 그 위반행위를 방지하기 위하여 해당 업무에 관하여 상당한 주의와 감독을 게을리 하지 아니한 경우에는 그러하지 아니하다(법 제27조).

02 과태료

1 부동산거래신고, 주택임대차계약신고 위반

(1) 3천만원 이하 과태료(법 제28조 제1항)
  1) 계약을 체결하지 않은 자가 거짓으로 부동산거래신고를 하는 경우(벌칙을 부과받은 경우 제외)
  2) 해제 등이 되지 않은 자가 거짓으로 해제등 신고를 하는 경우(벌칙을 부과받은 경우 제외)
  3) 거래대금 지급을 증명할 수 있는 자료를 제출하지 아니하거나 거짓으로 제출한 자 또는 그 밖의 필요한 조치를 이행하지 아니한 자

(2) 500만원 이하의 과태료(법 제28조 제2항)
  1) 부동산거래신고를 하지 아니한 자(거래당사자 및 개업공인중개사의 공동신고를 거부한 자를 포함한다)
  2) 계약해제등 신고를 하지 아니한 거래당사자(공동신고를 거부한 자를 포함한다)
  3) 개업공인중개사에게 신고하지 말 것으로 요구하거나 거짓신고를 요구한 자
  4) 거짓으로 부동산거래신고에 따른 신고를 하는 행위를 조장하거나 방조한 자
  5) 거래대금지급을 증명할 수 있는 자료 외의 자료를 제출하지 아니하거나 거짓으로 제출한 자

(3) 100만원 이하 과태료
  주택임대차계약 신고(해제 또는 변경신고 포함)를 하지 아니하거나(공동신고를 거부한 자를 포함한다) 그 신고를 거짓으로 한 자

(4) 부동산등의 취득가액의 100분의 10 이하에 상당하는 금액의 과태료 부동산거래신고를 거짓으로 한 자(법 제28조 제3항)

2 외국인의 부동산 등의 취득신고 위반

(1) 300만원 이하의 과태료
  외국인의 계약으로 인한 신고를 하지 아니하거나 거짓으로 신고한 자(법 제28조 제4항)

(2) 100만원 이하의 과태료(법 제28조 제5항)
  1) 외국인의 계약외 원인에 따른 취득의 신고를 하지 아니하거나 거짓으로 신고한 자
  2) 외국인의 토지의 계속보유 신고를 하지 아니하거나 거짓으로 신고한 자

3 부과징수권자 및 부과절차

(1) 과태료는 신고관청이 부과·징수한다. 과태료 부과기준은 대통령령으로 정하는 바에 따른다(법 제28조 제6항, 영 제20조).

(2) 개업공인중개사에게 과태료를 부과한 신고관청은 부과일부터 10일 이내에 해당 개업공인중개사의 중개사무소(법인의 경우에는 주된 중개사무소를 말함)를 관할하는 시장·군수 또는 구청장에 과태료 부과 사실을 통보하여야 한다(법 제28조 제6항).

4 가중 또는 감경

신고관청은 위반행위의 동기·결과 및 횟수 등을 고려하여 개별기준에 따른 과태료의 2분의 1(3천만원 이하 과태료, 취득가액의 100분의 10 이하 과태료는 5분의 1)의 범위에서 그 금액을 늘리거나 줄일 수 있다. 다만, 늘리는 경우에도 과태료의 총액은 법률에서 규정한 과태료 금액의 상한을 초과할 수 없다.

03 자진 신고자에 대한 감면 등

1 자진 신고자의 감면

(1) 신고관청은 자진신고대상의 위반사실을 자진 신고한 자에 대하여 대통령령으로 정하는 바에 따라 같은 규정에 따른 과태료를 감경 또는 면제할 수 있다(법 제29조).

(2) 자진 신고를 하려는 자는 국토교통부령으로 정하는 신고서 및 위반행위를 입증할 수 있는 서류를 조사기관(국토교통부장관 또는 신고관청)에 제출하여야 한다(영 제21조 제2항).

(3) 자진 신고서류 등(규칙 제21조)

1) 조사가 시작된 시점은 조사기관(국토교통부장관 또는 신고관청)이 거래당사자 또는 개업공인중개사 등에게 자료제출 등을 요구하는 서면을 발송한 때로 한다.

2) **위반행위를 입증할 수 있는 서류**
   ① 계약서, 거짓신고 합의서, 입출금 내역서 등 위반사실을 직접적으로 입증할 수 있는 자료
   ② 진술서, 확인서, 그 밖에 위반행위를 할 것을 논의하거나 실행한 사실을 육하원칙에 따라 기술한 자료
   ③ 당사자 간 의사연락을 증명할 수 있는 전자우편, 통화기록, 팩스 수·발신 기록, 수첩 기재내용 등
   ④ 그 밖에 위반행위를 입증할 수 있는 자료

3) 조사기관은 자진 신고를 한 자에 대하여 과태료 감경 또는 면제대상에 해당하는지 여부, 감경 또는 면제의 내용 및 사유를 통보하여야 한다.
4) 조사기관의 담당 공무원은 자진신고자 등의 신원이나 제보 내용, 증거자료 등을 해당 사건의 처리를 위한 목적으로만 사용하여야 하며 제3자에게 누설하여서는 아니 된다.

2 자진 신고대상(법 제29조) 28회 출제

(1) 부동산등의 거래신고를 하지 아니한 자(공동신고를 거부한 자를 포함한다)
(2) 계약해제등 신고를 하지 아니한 자(공동신고를 거부한 자 포함)
(3) 개업공인중개사에게 부동산등의 거래신고를 하지 아니하게 하거나 거짓으로 신고하도록 요구한 자
(4) 거짓으로 부동산등의 거래신고를 하는 행위를 조장하거나 방조한 자
(5) 부동산등의 거래신고를 거짓으로 한 자
(6) 외국인이 계약에 의한 부동산 등의 취득신고를 하지 아니하거나 거짓으로 신고한 자
(7) 외국인이 계약외의 원인으로 한 부동산 등의 취득신고를 하지 아니하거나 거짓으로 신고한 자
(8) 외국인이 부동산 등의 계속보유 신고를 하지 아니하거나 거짓으로 신고한 자

3 자진 신고자에 대한 감경 또는 면제의 기준(영 제21조 제1항)

(1) 과태료의 면제 및 감경 대상
1) 개업공인중개사에게 부동산등의 거래신고를 하지 아니하게 하거나 거짓으로 신고하도록 요구한 자
2) 거짓으로 부동산등의 거래신고를 하는 행위를 조장하거나 방조한 자
3) 부동산등의 거래신고를 거짓으로 한 자
4) 외국인이 계약에 의한 부동산 등의 취득신고를 하지 아니하거나 거짓으로 신고한 자
5) 외국인이 계약외의 원인으로 한 부동산 등의 취득신고를 하지 아니하거나 거짓으로 신고한 자
6) 외국인이 부동산 등의 계속보유 신고를 하지 아니하거나 거짓으로 신고한 자

(2) 과태료의 면제
조사기관의 조사 시작 전 면제 대상자가 신고관청에 단독으로 최초 자진 신고하고 위반사실을 입증하는 데 필요한 자료 등을 제공하는 등 조사가 끝날 때까지 성실하게 협조한 경우(영 제21조 제1항 제1호)

(3) 100분의 50을 감경
조사기관의 조사 시작 후 신고관청이 허위신고 사실을 입증하는 데 필요한 증거를 충분히 확보하지 못한 상태에서 감경 대상자가 조사기관에 단독으로 최초 자진 신고하고 자료제공 및 성실협조한 경우(영 제21조 제1항 제2호)

제6장 벌칙

(4) 과태료의 면제 및 감경 대상이 아닌 것(영 제21조 제2항)

1) 자진 신고하려는 부동산등 거래계약과 관련하여 「국세기본법」 또는 「지방세법」 등 관련 법령을 위반한 사실 등이 관계기관으로부터 조사기관에 통보된 경우
2) 자진 신고한 날로부터 과거 1년 이내에 자진신고를 하여 3회 이상 과태료의 감경 또는 면제를 받은 경우

(5) 과태료 부과기준(제20조 관련)

1) **일반기준**: 신고관청은 위반행위의 동기·결과 및 횟수 등을 고려하여 제2호의 개별기준에 따른 과태료의 2분의 1(법 제28조 제1항 및 제3항을 위반한 경우에는 5분의 1) 범위에서 그 금액을 늘리거나 줄일 수 있다. 다만, 늘리는 경우에도 과태료의 총액은 법 제28조 제1항부터 제5항까지에서 규정한 과태료의 상한을 초과할 수 없다.

2) **개별기준**

① 법 제28조 제1항 관련

위반행위	과태료
1) 법 제4조 제4호를 위반하여 거짓으로 제3조에 따라 신고한 자	3,000만원
2) 법 제4조 제5호를 위반하여 거짓으로 제3조의2에 따라 신고한 자	3,000만원
3) 법 제6조를 위반하여 거래대금 지급을 증명할 수 있는 자료를 제출하지 않거나 거짓으로 제출한 경우 또는 그 밖의 필요한 조치를 이행하지 않은 경우	
① 신고가격이 1억5천만원 이하인 경우	500만원
② 신고가격이 1억5천만원 초과 2억원 이하인 경우	700만원
③ 신고가격이 2억원 초과 2억5천만원 이하인 경우	900만원
④ 신고가격이 2억5천만원 초과 3억원 이하인 경우	1,100만원
⑤ 신고가격이 3억원 초과 3억5천만원 이하인 경우	1,300만원
⑥ 신고가격이 3억5천만원 초과 4억원 이하인 경우	1,500만원
⑦ 신고가격이 4억원 초과 4억5천만원 이하인 경우	1,700만원
⑧ 신고가격이 4억5천만원 초과 5억원 이하인 경우	1,900만원
⑨ 신고가격이 5억원 초과 6억원 이하인 경우	2,100만원
⑩ 신고가격이 6억원 초과 7억원 이하인 경우	2,300만원
⑪ 신고가격이 7억원 초과 8억원 이하인 경우	2,500만원
⑫ 신고가격이 8억원 초과 9억원 이하인 경우	2,700만원
⑬ 신고가격이 9억원 초과 10억원 이하인 경우	2,900만원
⑭ 신고가격이 10억원을 초과한 경우	3,000만원

〈비고〉 1) 부동산 매매계약의 신고가격이 시가표준액(「지방세법」 제4조에 따른 신고사유 발생연도의 시가표준액을 말한다) 미만인 경우에는 그 시가표준액을 신고가격으로 한다.
2) 부동산에 대한 공급계약 및 부동산을 취득할 수 있는 권리에 관한 계약의 신고가격이 해당 부동산등의 분양가격 미만인 경우에는 그 분양가격을 신고가격으로 한다.

② 법 제28조 제2항 관련

위반행위	근거 법조문	과태료
1) 법 제3조 제1항, 제2항, 제3항, 제4항 또는 제3조의2 제1항을 위반하여 같은 항에 따른 신고를 하지 않은 경우(공동신고를 거부한 경우 또는 자금조달계획 및 입주계획서를 제출하지 아니한 매수인을 포함한다)	법 제28조 제2항 제1호	
① 신고 해태기간이 3개월 이하인 경우 　㉠ 실제거래가격이 1억원 미만인 경우 　㉡ 실제거래가격이 1억원 이상 5억원 미만인 경우 　㉢ 실제거래가격이 5억원 이상인 경우		10만원 25만원 50만원
② 신고 해태기간이 3개월을 초과하는 경우 또는 공동신고를 거부한 경우 　㉠ 실제거래가격이 1억원 미만인 경우 　㉡ 실제거래가격이 1억원 이상 5억원 미만인 경우 　㉢ 실제거래가격이 5억원 이상인 경우		50만원 200만원 300만원
2) 법 제4조 제1호를 위반하여 개업공인중개사에게 법 제3조에 따른 신고를 하지 않게 하거나 거짓으로 신고하도록 요구한 경우 3) 법 제4조 제3호를 위반하여 거짓으로 법 제3조에 따른 신고를 하는 행위를 조장하거나 방조한 경우	법 제28조 제2항 제2호	400만원
3) 법 제4조 제3호를 위반하여 거짓으로 법 제3조에 따른 신고를 하는 행위를 조장하거나 방조한 경우	법 제28조 제2항 제3호	400만원
4) 법 제6조를 위반하여 거래대금지급을 증명할 수 있는 자료 외의 자료를 제출하지 않거나 거짓으로 제출한 경우	법 제28조 제2항 제4호	500만원

〈비고〉 "신고 해태기간"이란 신고기간 만료일의 다음날부터 기산하여 신고를 하지 않은 기간을 말한다. 다만, 다음의 사유가 있는 기간은 신고 해태기간에 산입하지 아니할 수 있다.
　1) 천재지변 등 불가항력적인 경우
　2) 천재지변 등에 준하는 그 밖의 사유로 신고의무를 해태한 상당한 사유가 있다고 인정되는 경우

③ 법 제28조 제3항 관련

위반행위	과태료
법 제3조 제1항부터 제4항까지의 규정 또는 법 제4조 제2호를 위반하여 그 신고를 거짓으로 한 경우	
1) 부동산등의 실제거래가격 외의 사항을 거짓으로 신고한 경우	취득가액(실제거래가격을 말한다. 이하 이 목에서 같다)의 100분의 2
2) 부동산등의 실제거래가격을 거짓으로 신고한 경우 　① 실제거래가격과 신고가격의 차액이 실제거래가격의 10퍼센트 미만인 경우 　② 실제거래가격과 신고가격의 차액이 실제거래가격의 10퍼센트 이상 20퍼센트 미만인 경우 　③ 실제거래가격과 신고가격의 차액이 실제거래가격의 20퍼센트 이상인 경우	취득가액의 100분의 2 취득가액의 100분의 4 취득가액의 100분의 10

④ 법 제28조 제4항 관련

위반행위	과태료
법 제8조 제1항에 따른 부동산등의 취득신고를 하지 않거나 거짓으로 신고한 경우	
1) 신고 해태기간이 3개월 이하인 경우	
① 취득가액이 1억원 미만인 경우	10만원
② 취득가액이 1억원 이상 5억원 미만인 경우	25만원
③ 취득가액이 5억원 이상인 경우	50만원
2) 신고 해태기간이 3개월을 초과하는 경우	
① 취득가액이 1억원 미만인 경우	50만원
② 취득가액이 1억원 이상 5억원 미만인 경우	200만원
③ 취득가액이 5억원 이상인 경우	300만원
3) 거짓으로 신고한 경우	300만원

〈비고〉 1) "신고 해태기간"이란 신고기간 만료일의 다음날부터 기산하여 신고를 하지 않은 기간을 말한다. 다만, 다음의 사유가 기간은 신고 해태기간에 산입하지 아니할 수 있다.
    가) 천재지변 등 불가항력적인 경우   나) 천재지변 등에 준하는 그 밖의 사유로 신고의무를 해태한 상당한 사유가 있다고 인정되는 경우
  2) 취득가액은 신고서에 기재된 취득가액을 기준으로 한다. 다만, 취득가액이 시가표준액(「지방세법」 제4조에 따른 신고사유 발생연도의 시가표준액을 말한다) 미만인 경우 또는 신고서에 취득가액을 기재하지 않은 경우에는 그 시가표준액을 취득가액으로 한다.

⑤ 법 제28조 제5항 관련

위반행위	과태료 금액
법 제8조 제2항에 따른 부동산등의 취득신고 또는 법 제8조 제3항에 따른 부동산등의 계속보유신고를 하지 않거나 거짓으로 신고한 경우	
1) 신고 해태기간이 3개월 이하인 경우	
① 취득가액이 1억원 미만인 경우	5만원
② 취득가액이 1억원 이상 5억원 미만인 경우	10만원
③ 취득가액이 5억원 이상인 경우	15만원
2) 신고 해태기간이 3개월 초과 6개월 이하인 경우	
① 취득가액이 1억원 미만인 경우	15만원
② 취득가액이 1억원 이상 5억원 미만인 경우	30만원
③ 취득가액이 5억원 이상인 경우	45만원
3) 신고 해태기간이 6개월 초과 1년 이하인 경우	
① 취득가액이 1억원 미만인 경우	30만원
② 취득가액이 1억원 이상 5억원 미만인 경우	50만원
③ 취득가액이 5억원 이상인 경우	70만원
4) 신고 해태기간이 1년 초과 3년 이하인 경우	
① 취득가액이 1억원 미만인 경우	40만원
② 취득가액이 1억원 이상 5억원 미만인 경우	60만원
③ 취득가액이 5억원 이상인 경우	80만원
5) 신고 해태기간이 3년 초과한 경우	
① 취득가액이 1억원 미만인 경우	50만원
② 취득가액이 1억원 이상 5억원 미만인 경우	80만원
③ 취득가액이 5억원 이상인 경우	100만원
6) 거짓으로 신고한 경우	100만원

〈비고〉 1) "신고 해태기간"이란 신고기간 만료일의 다음날부터 기산하여 신고를 하지 않은 기간을 말한다. 다만, 다음의 사유가 기간은 신고 해태기간에 산입하지 아니할 수 있다.
    가) 천재지변 등 불가항력적인 경우   나) 천재지변 등에 준하는 그 밖의 사유로 신고의무를 해태한 상당한 사유가 있다고 인정되는 경우
  2) 취득가액은 신고서에 기재된 취득가액을 기준으로 한다. 다만, 취득가액이 시가표준액(「지방세법」 제4조에 따른 신고사유 발생연도의 시가표준액을 말한다) 미만인 경우 또는 신고서에 취득가액을 기재하지 않은 경우에는 그 시가표준액을 취득가액으로 한다.

CHAPTER 06 벌칙

• 경록 교재에 모든 답이 있습니다.

01 거래대금지급증명자료의 제출요구에 불응한 경우 500만원 이하의 과태료에 처한다.

01. X
3천만원 이하의 과태료에 처한다.

02 부동산거래신고를 거짓신고하도록 조장하거나 방조한 자는 500만원 이하의 과태료에 처한다.

02. O

03 외국인이 허가를 받지 아니하고 토지취득계약을 체결하거나 부정한 방법으로 허가를 받아 토지취득계약을 체결한 외국인 등은 3년 이하의 징역 또는 3천만원 이하의 벌금에 처한다.

03. X
2년 이하의 징역 또는 2천만원 이하의 벌금에 처한다.

04 토지거래허가구역에서 허가 또는 변경허가를 받지 아니하고 토지거래계약을 체결하거나, 속임수나 그 밖의 부정한 방법으로 토지거래계약 허가를 받은 자는 2년 이하의 징역 또는 계약 체결 당시의 개별공시지가에 따른 해당 토지가격의 100분의 30에 해당하는 금액 이하의 벌금에 처한다.

04. O

05 토지거래허가 취소, 처분 또는 조치명령을 위반한 자는 1년 이하의 징역 또는 1천만원 이하의 벌금에 처한다.

05. O

06 외국인의 계약 외 원인에 따른 취득의 신고를 하지 아니하거나 거짓으로 신고한 자는 100만원 이하의 과태료에 처한다.

06. O

제6장 별 칙

PART 03 중개실무

출제비율 19.8%

	구 분	26회	27회	28회	29회	30회	31회	32회	33회	34회	35회	계	비율(%)
중개실무	제1장 중개실무 총론	0	0	0	0	1	0	0	0	0	0	1	0.3
	제2장 중개계약	0	0	0	0	1	1	0	1	0	0	3	0.8
	제3장 중개대상물의 조사분석	1	2	1	2	1	1	2	3	3	3	19	4.8
	제4장 중개대상물의 중개기법	0	0	0	0	0	0	0	0	0	0	0	0.0
	제5장 부동산거래계약	1	0	0	0	1	0	0	0	0	2	4	1.0
	제6장 부동산거래 관련제도	4	5	3	3	2	3	2	4	3	6	35	8.8
	제7장 부동산경매 및 공매	1	2	2	2	1	2	1	2	2	2	17	4.3
	소 계	7	9	6	7	7	7	5	10	8	13	79	19.8

CHAPTER 01 중개실무 총론

학습포인트

- 중개실무의 범위 : 중개실무의 범위에 포함될 중개활동의 내용을 이해해야 한다.
- 중개업 경영 : 중개업경영의 특징과 중개광고의 공정화의무에 학습의 비중을 두며, 기타 부분은 그 내용을 이해해야 한다.

CHAPTER 학습 & 출제되는 키워드

- ☑ 중개실무의 범위
- ☑ 매도중개계약 체결
- ☑ 매수중개계약 체결
- ☑ 거래계약 체결
- ☑ 중개업경영의 특징
- ☑ 부동산시장의 복잡다양성
- ☑ 계획과 통제의 곤란성
- ☑ 리스팅농장의 수익성 분석

- ☑ 부동산중개활동
- ☑ 중개대상물 조사분석
- ☑ 중개대상물 확인·설명
- ☑ 거래계약 이행
- ☑ 부동산경영관리이론의 빈곤
- ☑ 순이익의 유동성
- ☑ 리스팅농장의 경영
- ☑ 중개광고

- ☑ 중개업 홍보
- ☑ 중개대상물 홍보
- ☑ 거래조건 교섭·합의
- ☑ 중개업경영
- ☑ 수요공급자의 비공정성
- ☑ 인사관리 비중
- ☑ 리스팅농장
- ☑ 중개광고매체

CHAPTER 학습 & 출제되는 질문

- ☑ 중개실무의 출발점은?
- ☑ 중개업경영의 특징으로 틀린 것은?

제1장 중개실무 총론

제1절 중개실무의 범위

01 부동산중개활동과 중개실무

부동산중개활동은 부동산중개의 업무처리를 위한 개업공인중개사의 모든 활동을 의미하는 것으로, 중개실무의 범위에 포함될 중개활동은 다음과 같은 것으로 판단된다.

(1) 중개계약서 작성
(2) 중개대상물관리대장 작성 및 관리
(3) 중개대상물에 대한 조사(공부 및 현장)
(4) 중개대상물에 대한 분석(가격평가, 권리분석, 입지분석, 투자분석, Selling Point 분석)
(5) 중개대상물의 홍보 및 판매
(6) 중개대상물 확인·설명서 작성 및 교부 등
(7) 거래계약서의 작성 서명·날인 및 교부 등
(8) 부동산거래신고서 작성 및 신고
(9) 중개업무일지 작성 및 관리

단락문제 Q01 제6회 기출 개작

다음 중 개업공인중개사의 업무활동상 출발점이라고 생각되는 것은?
① 중개의뢰
② 상담
③ 실지조사
④ 권리관계의 확인·설명
⑤ 의뢰사항의 법령확인

해설 중개업무의 출발점
중개의뢰가 없는 중개업무는 의미가 없는 것으로, 중개업무의 출발점은 중개의뢰라고 볼 수 있다.   **정답** ①

02 부동산중개활동 ★

「공인중개사법」에서 정한 중개란 거래당사자의 거래가 원활하게 이루어질 수 있도록 돕는 행위로서, 매도인과 매수인 쌍방의 부동산활동을 지원하는 개업공인중개사의 중개활동은 「공인중개사법」을 감안할 때 다음과 같은 순서로 이루어지는 것이 합리적인 것으로 보인다.

제3편 중개실무

순번	중개활동	중개활동의 내용
1	중개업 홍보	중개사무소 개설 및 중개업무 광고
2	매도중개계약 체결	중개계약 유형 선택 및 중개계약서 작성
3	중개대상물 조사·분석	중개대상물에 대한 각종 정보수집 및 분석(가격, 권리, 입지, 투자 등)
4	중개대상물 홍보	중개대상물 매각 광고
5	매수중개계약 체결	중개계약 유형 선택 및 중개계약서 작성
6	중개대상물 확인·설명	법정 확인·설명사항 및 셀링포인트, 하자치유방안
7	거래조건 교섭·합의	거래가격 및 대금지급·하자치유·인도·공과금부담 등 거래조건 교섭
8	거래계약 체결	① 거래계약서 작성 및 교부 ② 중개대상물 확인·설명서 작성 및 교부 ③ 업무보증서면 제공 및 업무보증내용 설명 ④ 중개보수 수수 및 영수증 지급
9	거래계약 이행	중도금 및 잔금 지급, 부동산거래신고, 행정절차, 등기, 점유이전(명도)

단락문제 002   제1회 기출

개업공인중개사가 고객으로부터 주택의 매도중개의뢰를 받았을 경우 제일 먼저 해야 할 사항은?

① 현지안내
② 중개활동계획의 수립
③ 대상물건의 평가
④ 중개의뢰의 접수처리(중개계약체결)
⑤ 실지조사

해설 중개계약체결
개업공인중개사가 중개의뢰인으로부터 중개의뢰를 받았을 때 제일 먼저 해야 할 사항은 법률적인 측면에서는 중개계약체결이다.

정답 ④

제1장 중개실무 총론

제2절 중개업경영

01 중개업경영의 특징 ★

1 부동산경영관리이론의 빈곤

(1) 부동산의 지역성 및 개별성의 특성은 부동산거래는 물론, 부동산중개활동까지도 지역적이고 개별적인 것으로 만든다.

중개업경영의 특징

중개업이란 중개대상물에 대하여 중개완료를 하고 중개보수를 받는 업을 말한다.

중개업경영이란 중개업을 계획적이고 능률적으로 운영하는 활동을 말한다.

중개업경영을 효율적으로 하기 위해서는 3요소가 필요하며, 중개업경영의 3요소에는 고용인(인적 요소), 중개사무소(물적 요소), 부동산광고(운영요소) 등이 있다.

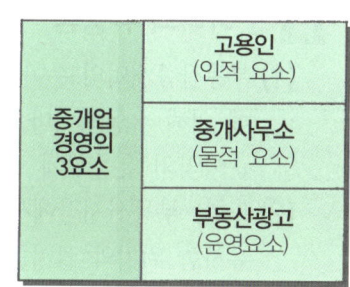

중개업경영에는 8가지 특징이 있다.
① 부동산경영관리이론의 빈곤
② 수요·공급자의 비고정성
③ 부동산시장의 복잡다양성
④ 순이익의 유동성
⑤ 인사관리의 비중이 높음
⑥ 계획과 통제의 곤란성
⑦ 시장의 비조직성
⑧ 고객의사결정의 유동성

(2) 이로 인해 개업공인중개사의 업무는 비표준화되어 부동산중개업 경영에 관한 일반적인 이론을 형성하기 어렵게 하여, 부동산경영관리이론이 빈곤한 특성을 낳고 있다.

2 수요·공급자의 비고정성

(1) 부동산시장에서는 부동산거래에 참여하는 수요자나 공급자가 표면화되지 않으며, 거래가 한번 종료되면 부동산거래시장에서 수요·공급기능을 하지 않게 된다.
(2) 이로 인해 부동산시장에는 항상 새로운 부동산수요자와 공급자가 출현하여 개업공인중개사는 새로운 중개서비스 수요자를 상대로 새로운 중개활동을 해야 한다.

3 부동산시장의 복잡다양성

(1) 부동산의 개별성과 용도의 다양성으로 인해 부동산시장에는 여러 가지 유형의 부동산이 출현하며, 산업의 발달과 소비자의 변화에 따라 부동산상품도 다양해지고 있다.
(2) 이에 더해 부동산의 가변성(사회, 경제, 행정)은 끊임없이 부동산을 둘러싼 제 요인들을 변화시키고 있다. 이러한 시장의 변화에 따라 개업공인중개사의 활동영역인 부동산시장은 항시 복잡하고 다양한 형태로 나타나게 되며, 이에 적응하기 위한 중개업무 역시 다양화되고 있다.

4 순이익의 유동성

(1) 부동산중개업의 순이익은 개업공인중개사의 경영능력이나, 시장상황, 위치 등 다양한 요인에 의해 유동적이다. 특히, 개업공인중개사의 의도와는 관련 없는 부동산시장의 변화는 순이익의 유동성에 절대적인 영향을 주고 있다.
(2) 또한, 부동산시장에서는 개업공인중개사의 경영능력도 순이익에 큰 영향을 미치고 있어, 유사한 위치와 설비를 활용하는 개업공인중개사도 그 능력에 따라 순이익이 크게 차이가 나는 경우가 많다.

5 인사관리의 비중이 높다

중개업무는 부동산활동자의 원활한 거래를 돕는 대인적인 서비스로서, 개별적인 부동산과 부동산거래자 개인을 상대로 한 업무의 특성으로 인해, 개업공인중개사의 개인의 능력에 따라 수익이 좌우된다. 이에 따라 중개업경영은 동일한 규모의 다른 회사에 비해 인사관리의 비중이 높은 특성을 갖고 있다.

6 계획과 통제의 곤란성

부동산중개업의 개별적인 특성과 중개업경영이론의 빈곤성의 원인으로 인해 대부분의 개업공인중개사의 업무는 계획적이지 못하고 비능률적인 방법으로 운영되고 있다.

7 시장의 비조직성

부동산시장은 구체적인 시장이 아닌 추상적인 시장을 형성하고 있다. 또한 시장의 주체인 중개업 자체도 개인의 자유업적 성격을 지니고 있어, 시장에 대한 수급의 통제나 조절이 거의 불가능한 실정이다.

8 고객의사결정의 유동성

중개계약은 특수한 형태의 쌍무계약으로, 개업공인중개사의 노력으로 거래의 상대방이 나타나더라도 중개의뢰인이 반드시 중개완성을 승인할 의무가 없다. 또한 부동산은 소비되는 상품이 아니어서 보유하는 경우에는 장기적으로 보유를 하게 된다. 이로 인해 고객의 의사결정이 신중해진다.

단락문제 Q03   제4회 기출

다음 중 중개업경영의 특징이라고 볼 수 없는 것은?

① 부동산수요자 및 공급자의 비고정성   ② 부동산시장의 복잡다양성
③ 계획과 통제의 곤란성   ④ 순이익의 고정성
⑤ 고객의사결정의 유동성

해설 중개업경영의 특징
중개업은 개업공인중개사의 개인능력이나 부동산경기에 따라 그 수익이 유동적인 것이 특징이다.   **정답** ④

---

02 리스팅농장의 경영 ★   16회 출제

1 리스팅의 의의

미국에서 사용되는 리스팅(Listing)이라는 표현은 일반적으로 중개계약으로 번역할 수 있으나, 다음과 같은 여러 가지 의미로 사용되기도 한다.

(1) 협의의 개념

리스팅이라 함은 권리이전중개의뢰인이 특정의 개업공인중개사에게 자기의 부동산을 매매·임대 또는 교환 등 거래의 알선을 의뢰하는 계약을 뜻하기도 하며, 개업공인중개사가 부동산의 소유자를 대리하여 물건의 매매·임대 또는 교환 등 거래를 알선할 수 있는 권한(權限)을 의미하기도 한다.

(2) 광의의 개념

리스팅이 개업공인중개사가 고객으로부터 부동산의 매매·교환·임대차 등 거래에 대한 중개를 의뢰받아 이를 자신의 중개물건관리대장에 기장하는 행위 및 의뢰(依賴)된 권한을 총칭하는 광의의 표현으로도 사용된다.

2 리스팅농장

(1) 리스팅농장

리스팅농장이란 농부가 자신의 소유인 농장을 경영하여 수확을 거두듯, 개업공인중개사가 중개의뢰를 지속적으로 확보하여 중개업을 경영하기 위하여 집중적으로 중개활동을 벌이는 일정범위의 지역을 의미한다.

(2) 리스팅농장기법

리스팅농장기법은 중개업경영의 과학화와 능률화를 위한 것으로 개업공인중개사는 자신의 중개활동 대상지역의 중개수요를 예측하고, 이를 토대로 합리적인 경영이 가능한 것이다.

리스팅 및 농장

1) **리스팅**
 개업공인중개사가 중개대상물의 의뢰를 받는 것 또는 의뢰받은 목록을 의미한다.

2) **리스팅 농장**
 지속적으로 리스팅할 수 있는 지역적 범위를 말한다.

리스팅농장이 다른 개업공인중개사와 겹치는 경우를 공동경작이라 하며, 이때는 상호 보완하는 공동중개 형태가 바람직하다.

리스팅농장을 경영하기 위해서는 해당 지역의 최신 정보를 항상 수집·관리·활용할 수 있어야 한다.

또한 개별부동산에 대한 각종 현황(소유자, 점유자, 물리적 현황)을 파악해서 보유해야 한다.

정보습득을 지속적으로 하면서 동시에 지역 주민에게 중개서비스 전문가로서의 위치를 꾸준히 홍보하여야만 리스팅농장을 선점하여 경영할 수 있다.

3 리스팅농장의 수익성 분석

(1) 리스팅농장의 경영은 개업공인중개사에게 안정적인 수입을 이끌 수 있는 방법이며, 중개업무의 규모화와 계획화를 가능하게 한다.

> **예** 한 개업공인중개사가 주택 300호를 리스팅농장으로 설정하고 지속적인 활동을 펼칠 경우 예상수익은 다음과 같이 계산할 수 있다.
>
> 1) 주거이전수요
>   주택의 유형에 차이가 있으나 만약 주민들이 평균 5년에 한 번씩 이주를 한다면, 1년에 약 60호(= 300 × 1/5)가 이주를 하게 된다.
> 2) 중개의뢰수요
>   매년 이주하는 60호 중 약 2/3에 대한 중개의뢰를 리스팅농장의 개업공인중개사가 획득하게 된다.
> 3) 연간수익계산
>   이때 중개보수가 건당 평균 100만원이라면 개업공인중개사는 이 리스팅농장에서 매년 4,000만원(= 60 × 2/3 × 100만원)의 안정적인 수익을 얻을 수 있을 것이다.

(2) 또한, 리스팅농장을 다른 개업공인중개사와 공동경작을 할 경우에는 개업공인중개사 간의 상호 경쟁으로 인한 시장의 배분이 이루어질 수 있으며, 개업공인중개사 간 구역분할 등의 방법으로 과다한 경쟁을 회피하는 동시에 상호 보완적인 공동중개의 방법을 택할 수 있다.

03 중개광고

1 중개광고의 의의

개업공인중개사에 의해 시행되는 중개광고(仲介廣告)는 중개업경영의 목적을 달성하기 위하여 중개사무소의 업무나 중개대상물 등에 관하여 신문·방송·잡지 기타 각종 광고매체를 통하여 소비자에게 널리 알리거나 제시하는 것을 의미한다.

2 중개광고의 목적

중개광고의 궁극적인 목적은 중개업경영 수익의 증대이며, 이를 위해서는 보다 많은 권리이전중개의뢰와 권리취득중개의뢰를 받아야 한다. 대다수의 중개광고는 중개대상물광고 형태로 이루어진다. 중개대상물광고란 개업공인중개사에게 중개의뢰된 중개대상물의 매각 사실을 광고하여 해당 중개대상물의 적정 매수중개의뢰인을 찾는 광고를 의미한다.

제3편 중개실무

3 중개광고 매체

(1) 중개광고는 그 목적이나 수요자의 거주범위 등을 감안하여 시행되어야 하는 것으로, 반드시 대상물의 지역성이나 구매가능계층을 감안하여 광고매체(廣告媒體)를 선택해야 한다.

Professor Comment
골프장 인근에 위치한 전원주택부지의 광고는 골프전문 잡지를 선택하는 것이 바람직하며, 벤처기업용 오피스텔의 광고는 인터넷을 통한 광고가 바람직할 것이다.

(2) 중개광고는 중개영업의 범위에 따라서 신문이나 라디오·TV·점두(店頭; 전시장 포함)·안내우편 등 광고 및 간판 등의 매체를 이용하게 된다.

(3) 같은 개업공인중개사에게 중개물건의 목록을 배포하거나, 중개업계에서 발행되는 중개대상물 전문지나 부동산거래정보망 등의 매체를 이용하여 광고를 하는 방법도 있다.

중개실무 총론

CHAPTER 01

단원 오답 잡기

• 경록 교재에 모든 답이 있습니다.

01 부동산시장은 추상적 시장으로 시장이 조직화되어 있지 않다.

01. O

02 모든 중개활동은 법률의 규정에 따라야 하며 법률적 사항이 아닌 것은 관여하지 말아야 한다.

02. X
개업공인중개사는 전문직업인으로서 「공인중개사법」에서 정한 사항뿐만 아니라 직업윤리로서 중개윤리를 준수하는 것이 바람직하다.

03 중개의뢰가 없는 중개업무는 의미가 없는 것으로, 중개업무의 출발점은 중개의뢰라고 볼 수 있다.

03. O

04 개업공인중개사가 중개의뢰인으로부터 중개의뢰를 받았을 때 제일 먼저 해야 할 사항은 법률적인 측면에서는 중개계약체결이다.

04. O

05 중개업은 개업공인중개사의 개인능력이나 부동산경기에 따라 그 수익이 유동적인 것이 특징이다.

05. O

06 리스팅이란 개업공인중개사가 부동산의 소유자를 대리하여 물건의 매매·임대 또는 교환 등 거래를 알선할 수 있는 권한을 의미하기도 한다.

06. O

CHAPTER 02 중개계약

학습포인트
- 중개계약의 수집 : 내용에 대한 전반적인 이해가 필요하다.
- 중개계약서 작성 : 중개계약에 관한 일반적 이론과 각 부문별 작성방법 및 주의점을 숙지하며, 계약서에 기재된 내용을 이해해야 한다.

CHAPTER 학습 & 출제되는 키워드

- ☑ 중개계약 수집업무
- ☑ 직접수집방법과 간접수집방법
- ☑ 하향·후퇴시장
- ☑ 중개계약의 특징
- ☑ 낙성·불요식계약
- ☑ 일반·독점·전속중개계약
- ☑ 중개계약의 필요성
- ☑ 중개계약체결 시 주의점
- ☑ 유효한 중개계약의 요건
- ☑ 부동산경기에 따른 수집
- ☑ 안정시장
- ☑ 민사중개계약
- ☑ 비전형·혼합계약·위임유사설
- ☑ 중개보수 책정 기준에 따른 구분
- ☑ 서면화
- ☑ 일반중개계약서 작성
- ☑ 거래가격·기간·조건·중개능력
- ☑ 상향·회복시장
- ☑ 중개계약서 작성
- ☑ 유상·쌍무
- ☑ 중개권한에 따른 분류
- ☑ 순가·정률·정가중개계약
- ☑ 보수청구권·대리권

CHAPTER 학습 & 출제되는 질문

- ☑ 중개대상물 수집방법 중 직접수집방법은?
- ☑ 중개계약의 특징으로 옳지 않은 것은?
- ☑ 전속중개계약서 기재사항으로 틀린 것은?

제2장 중개계약

제1절 중개계약의 수집

01 중개계약 수집업무 ★

1 중개계약의 중요성

(1) 유효한 중개업무의 시작

중개계약의 체결은 유효한 중개업무의 시작으로서, 유효한 중개계약이 없을 경우 중개보수를 청구할 수 없으며, 개업공인중개사의 수익은 중개완성으로 인해 발생하는 것으로, 보다 많은 중개완성을 위해서는 가능한 한 많은 중개계약을 수집해야 할 것이며, 그 수집이 능률적으로 이루어져야 한다.

(2) 중개계약 수집활동시 점검사항

중개계약의 수집이 능률적으로 이루어지기 위해서는 중개계약 수집활동시 다음과 같은 사항을 지속적으로 점검해야 한다.
1) 중개물건수집수단의 양부(良否)
2) 중개독점권 획득요령의 양부
3) 시장성 있는 중개물건수집의 적부(適否)
4) 가격과 조건설정의 합리성
5) 중개업무처리의 정확·신속성 등

2 유효한 중개계약의 요건

(1) "훌륭한 중개계약과 중개대상물은 반쯤 팔린 물건이다(A Property well listed is half sold)"라는 미국 중개업계의 격언은 중개대상물의 양부가 중개활동 능률화에 미치는 영향이 얼마나 큰가를 말해준다.

(2) 개업공인중개사는 보다 능률적이고 적극적인 방법으로 중개대상물의 수집과 유효중개계약의 확보에 대한 활동을 전개해야 한다. 유효한 중개대상물의 판정기준은 다음과 같다.
1) 거래가격의 적정성
2) 거래기간의 적정성
3) 거래조건의 적정성
4) 중개능력의 적합성

02 직접수집방법과 간접수집방법 ★

1 직접수집방법

직접수집방법이란 개업공인중개사가 직접 중개대상물의 권리자와 교섭하여 중개대상물의 중개를 의뢰받는 것으로 다음과 같은 다양한 방법이 있다.

(1) 개업피로연 및 사교활동을 통한 수집

중개사무소의 개업피로연이나 개업기념일 등에는 유망한 고객(과거·현재·미래의 고객)은 물론 친지와 관련업자 등 가망고객이 될 수 있는 인물을 초대하거나, 인사장 발송과 직접 방문 등의 방법으로 사교활동을 적극적으로 전개한다.

Professor Comment

관련업자는 변호사, 회계사, 세무사, 법무사, 신문사, 구청, 동회, 건축자재업자, 부동산공급업자·부동산관련전문업자 등이 포함될 것이다.

(2) 관혼상제 및 기업의 변동 등을 통한 수집

약혼이나 결혼, 사망 등과 같은 관혼상제(冠婚喪祭)에 참여하거나 기업의 이동 및 확장 등에 관한 정보를 파악하여 참석함으로써 중개계약을 수집할 수 있다.

(3) 호별방문을 통한 수집

개업공인중개사의 지역 내 거주자에 대한 호별방문(戶別訪問)은 노력에 비해 유효중개계약의 수집이 적은 문제점도 있으나, 호별방문을 통하여 지역 내 각종 가격변동요인이나 입지요인의 변화에 관한 정보를 수집할 수 있고 지역주민과의 교류가 촉진되는 등의 효과를 기대할 수 있다.

(4) 전화를 통한 수집

전화는 개업공인중개사를 모르는 중개의뢰인이 각종 광고나 직업별 전화번호부에서 개업공인중개사를 찾아 접촉해오는 첫 길을 열어주고, 개업공인중개사로서도 중개의뢰인과 전화로 직접 접촉하여 중개의뢰 기회를 창출하며, 과거의 중개의뢰인을 추적하여 근황관리를 지속케 하는 능률적인 수단으로 알려져 있다.

(5) DM을 통한 수집

가망고객이 될 수 있는 후보자 계층에 대한 업무안내 등의 안내우편(DM)을 발송하여 예비중개의뢰인(豫備仲介依賴人)의 확보를 시도할 수 있다.

(6) 공지 등의 조사를 통한 수집

지역 내 공지(空地)나 공가(空家) 중 시장성이 있는 부동산은 인근주민의 소개나 등기사항증명서에 기재된 소유자를 찾아 중개계약을 수집할 수 있다. 보다 적극적인 개업공인중개사의 경우에는 해당 공지의 건축을 유도하여 중개의뢰를 창출하는 경우도 있다.

(7) 과거 중개의뢰인의 관리를 통한 수집

과거의 중개의뢰인 관리는 가장 중요한 중개업무 중 하나이다. 특히, 개업공인중개사의 서비스에 만족한 중개의뢰인은 물론이고, 그렇지 못한 과거의 중개의뢰인도 끊임없이 근황을 관리하여 새로운 중개계약을 창출하는 것이 바람직하다.

(8) 광고를 통한 수집

지역신문이나 잡지, 인터넷 광고 등에 게재된 부동산의 매각이나 임대광고에서 부동산의 소유자 등 중개서비스 필요 계층을 찾아 중개계약을 획득하는 방법도 많이 활용되고 있다. 학자에 따라서는 이러한 방법을 간접수집방법에 포함시켜 직접관찰법이라고 하는 경우도 있다.

2 간접수집방법

간접수집방법이란 개업공인중개사와 가망고객 사이에 유력한 제3자의 소개(紹介)나 주선(周旋) 등을 받아 중개계약을 체결하는 방법을 의미한다. 전문직업인인 개업공인중개사는 보다 적극적(積極的)이고 다양한 중개계약 수집방법이 필요할 것이며, 이러한 점에서 간접수집방법이 중요시되고 있다.

(1) 판매협력자 활용법

판매협력자 활용법이란 가망고객이 될 수 있는 자들과 항상 접촉하고 있는 타업종 종사자를 통하여 중개의뢰를 수집하는 방법을 의미한다. 개업공인중개사에게 가망고객을 소개해줄 수 있는 기회가 가장 많은 계층은 부동산관련업종에 종사하는 전문가들이다. 변호사, 건축업자, 법무사, 회계사, 세무사, 부동산관련공무원 등이 포함될 것이다.

수집방법

1) **직접수집방법**
   개업공인중개사가 직접 중개의뢰 수집
2) **간접수집방법**
   제3자의 소개 또는 주선

직접수집방법은 개업공인중개사가 직접 중개대상물의 의뢰를 받기 위하여 활동하는 것을 말하고, 간접수집방법은 개업공인중개사와 중개의뢰인 사이에 제3자가 소개하거나 주선하는 것을 말한다.

대표적인 직접수집방법에는 개업피로연이나 개업기념일에 가망고객을 초대하거나 직접 방문하여 사교활동을 벌이는 것이다.

특히 결혼·사망 등과 같은 관혼상제에 참여하는 것도 유효한 수집방식이다.

(2) 연쇄소개법

과거에 개업공인중개사의 중개활동에 만족한 중개의뢰인은 간접수집에 가장 유력한 힘이 된다는 것이 전문가들의 공통된 의견이다. 이와 같이 과거의 중개의뢰인을 통한 수집방법을 연쇄소개법이라고도 한다.

(3) 유력자이용법

학자에 따라서는 지역 내 유지 등 여론형성계층을 통하여 중개계약을 수집할 수 있다고 하며, 이때의 간접수집방법을 유력자이용법으로 부르고 있다.

(4) 단체개척법

조합주택 등 부동산관련 단체의 담당자와 협의하여 해당 단체에 상담자를 파견하여 부동산 문제를 상담해주는 과정에서 중개계약을 수집할 수 있다. 기타 대기업의 사원조합 단체나 백화점의 주부클럽 등을 통한 부동산상담 등 단체개척법이 시도된 경우도 있다.

단락문제 Q01 제2회 기출

개업공인중개사의 중개물건확보방법이나 수단으로 좋지 못한 것은?

① 인근 개업공인중개사의 물건유인
② 사교활동
③ 광고
④ 주택사업자, 주택조성사업자와의 친교
⑤ 과거 고객과의 유대관계

해설 중개물건확보방법
인근 개업공인중개사의 물건유인은 동업자윤리에 위배된다. **정답** ①

---

3 부동산경기에 따른 중개계약의 수집

부동산경기는 불규칙적인 순환 양상을 보이며, 주택경기는 이사철을 중심으로 한 계절적인 변동을 거치는 것이 일반적이다. 개업공인중개사는 이러한 부동산경기의 순환주기를 감안하여 적정한 중개계약 수집활동을 행해야 할 것이다.

(1) 상향·회복시장의 경우

1) 부동산경기가 회복되는 부동산시장이나 경기가 상향되는 부동산시장에서는 부동산의 거래가 빈번해지며, 부동산가격이 상승한다. 이들 시장에서는 부동산소유자는 가격 상승을 기대하여 부동산 매각을 취소하거나 연기하며, 부동산의 구매자는 가격이 더 이상 상승하기 전에 부동산을 매수하기 위하여 시장에 적극 참여하게 된다.
2) 상향·회복시장에서의 개업공인중개사는 보다 많은 매도중개의뢰를 수집해야 하며, 매수중개의뢰는 유효성이 높은 것을 중심으로 수집해야 한다.

3) 상향·회복시장의 중개활동 가운데 가장 유의할 것은 경기변동의 패턴을 예측해야 하는 것이다. 상당수 매도자는 가격이 지속적으로 상승할 것으로 기대하여 매각시기를 놓치는 경우가 많으며, 개업공인중개사가 가격의 지속적 상승을 장담해 매각시기를 놓친 매도자는 개업공인중개사에 대한 불신감을 갖게 된다.
4) 반면에 매수중개의뢰인에게 보다 좋은 조건의 부동산을 알선해주겠다고 장담했다가, 부동산가격이 상승하여 약속을 지키지 못할 경우에도 개업공인중개사의 신뢰성은 크게 하락할 수 있다.

(2) 하향·후퇴시장의 경우

1) 부동산경기가 하향시장이나 후퇴시장의 국면에 접어들 경우 일반적으로는 부동산거래가 줄어들고 가격이 하락하게 된다. 이 시장에서는 부동산소유자는 가능한 한 빠른 시일 이내에 부동산을 매각하려고 할 것이며, 매수자는 가격의 추가 하락을 기다리거나 보다 좋은 조건의 부동산 구입을 위해 대기하는 사례가 많아진다.
2) 개업공인중개사는 가능한 한 많은 매수중개의뢰 확보에 주력해야 하며, 매도중개계약의 경우에는 거래가 가능할 정도의 유효한 계약을 수집하도록 해야 한다.
3) 특히, 이 시기의 부동산거래는 실수요자를 중심으로 이루어지는 것으로, 중개대상물에 대한 막연한 광고보다는 실수요자계층에 직접 전달될 수 있는 광고매체를 이용해야 하며, 실수요자의 구매의욕을 자극할 수 있는 광고를 해야 할 것이다.

(3) 안정시장의 경우

1) 안정시장에서의 부동산거래는 투기적 목적의 거래보다는 실수요자 중심의 거래와 부동산투자를 위한 거래가 주류를 이루게 된다.
2) 개업공인중개사는 투자성 높은 부동산의 매도중개계약과 실수요자가 접근이 쉬운 부동산의 매도중개계약에 주력해야 하며, 매수중개계약 역시 유효성이 높은 계약의 수집에 주력해야 한다.

안정시장
① 불황에 강한 시장을 말한다.
② 매도·매수 모두 중시된다.
③ 매도·매수 모두 유효성이 강한 것을 수집해야 한다.

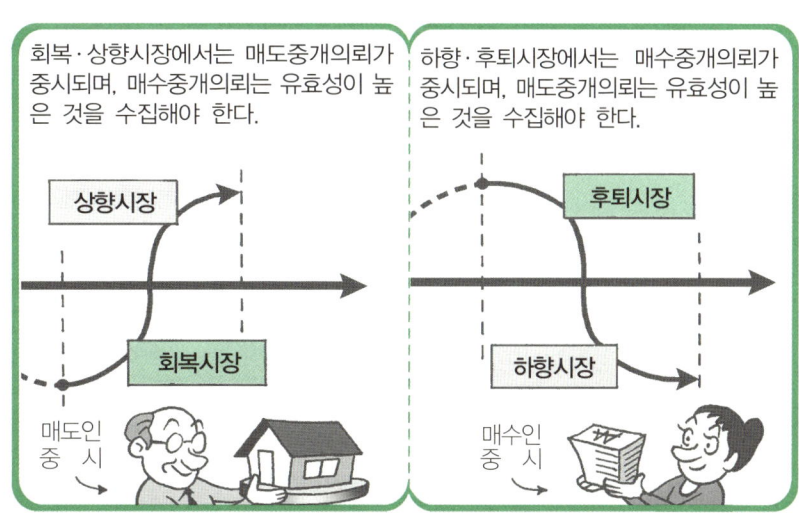

제3편 중개실무

제2절 중개계약서 작성

01 중개계약 ★★

1 부동산중개계약의 개념 10회 출제

(1) 중개계약의 의의

1) 중개계약(仲介契約)이란 개업공인중개사와 중개의뢰인 간에 체결되는 일종의 위임계약으로, 중개의뢰인의 의뢰에 의하여 일정한 보수를 받고 중개대상물의 매매나 교환, 임대차 등 권리의 득실·변경에 관한 행위를 알선해주는 것을 내용으로 하는 계약을 의미한다(법 제2조 제1호 및 제3호 참조).

2) 즉, 중개계약은 개업공인중개사가 중개의뢰인으로부터 중개대상물의 거래에 대하여 중개를 의뢰받고 그 중개의 목적인 거래당사자간의 중개완성에 대하여 보수(報酬)를 지급받기로 약정함으로써 성립하는 계약이 된다.

(2) 중개계약의 특징 추가15회 출제

1) 민사중개계약

「민법」에는 중개업에 대한 규정이 없다. 그러므로 민사중개의 법률관계는 판례나 학설에 따를 수밖에 없다. 「상법」의 적용을 받는 상사중개계약에 대하여, 「민법」의 적용을 받는 중개를 민사중개계약(民事仲介契約)이라고도 한다.

중개계약

문서로도 할 수 있고, 구두로도 할 수 있다.

중개계약은 위임유사의 비전형계약(무명계약)이다.

민법에서 규정한 15개 전형계약 이외의 비전형계약을 무명계약이라고 한다.

중개계약은 쌍무계약(편무계약에 가까운 쌍무계약)이며 낙성계약이다.

낙성계약이란 당사자 합의만으로 성립하는 계약을 말한다.

Professor Comment

부동산중개계약에 대해서는 「상법」의 상사중개에 관한 규정이 적용되지 않는다.

2) 유상계약

중개계약은 중개를 업(業)으로 하는 개업공인중개사와 중개의뢰인 간에 체결되는 계약이다. 중개업이란 다른 사람의 의뢰에 의하여 일정한 보수를 받고 중개를 업으로 행하는 것으로(법 제2조 제3호), 중개계약은 유상이 원칙이다.

3) 쌍무계약

쌍무계약(雙務契約)이란 계약에 의하여 당사자 쌍방이 서로 채무를 부담하고, 그들의 채무가 서로 대가로서의 의미를 가지는 계약을 의미한다. 중개계약은 개업공인중개사의 중개완성의무와 중개의뢰인의 중개보수 지급의무가 상호 교차하는 계약으로 쌍무계약에 속한다.

> **Wide | 쌍무계약**
>
> 1993.11.14 시행 제7회 공인중개사시험에서 대립된 주장에 대해, 서울고등법원에서는 중개계약은 편무계약에 가까운 특수한 쌍무계약 또는 조건부 쌍무계약이라고 판결을 하였다(서울고법 1994. 12.15 판결 94구12069 참조).

4) 낙성계약

중개계약이 성립되기 위해서는 반드시 개업공인중개사 또는 중개의뢰인의 청약(請約)과 상대방의 낙약(諾約)이 존재해야 하나, 중개계약 성립을 위해 다른 형식이나 절차가 필요하지 않으므로 중개계약은 낙성계약이다.

5) 불요식 계약

중개계약의 성립은 개업공인중개사와 중개의뢰인의 구두상의 계약으로도 체결이 될 수 있는 것으로, 특별한 형식이나 양식을 갖추어야 하는 것이 아니므로 불요식 계약(不要式契約)이다.

Professor Comment

중개계약의 불요식적 성격으로 인해 지금까지의 일반적인 중개계약은 비전형의 구두계약으로 이루어져 많은 문제점을 발생시키고 있다.

6) 비전형계약(무명계약)

「민법」에서 정한 증여나 매매 등 15개의 전형적인 계약 중에는 중개계약이 포함되어 있지 않다. 법학에서는 「민법」에서 정한 계약을 전형계약(典型契約)이며, 「민법」에서 정하지 않은 계약은 비전형계약(非典型契約) 또는 무명계약(無名契約)으로 부르고 있다. 이를 기준으로 할 때 중개계약은 비전형계약이며 무명계약이 된다.

7) 혼합계약(혼성계약)

혼합계약(混合契約) 또는 혼성계약(混成契約)이란 비전형계약의 일종으로서 2개 이상의 전형계약의 내용이 혼합하거나 1개의 전형계약의 내용과 전형계약 이외의 것이 혼합한 계약을 의미한다.

제3편 중개실무

8) 위임유사설 `16회 출제`

우리나라의 경우 1960년대 판례는 도급유사계약을 취하고 있으나, 현재의 판례나 학설 중 대부분은 중개계약을 「민법」상 전형계약(典型契約)인 위임계약(委任契約)과 유사한 계약으로 보고 있다.

■ 개업공인중개사와 중개의뢰인과의 법률관계

개업공인중개사와 중개의뢰인과의 법률관계는 **민법상의 위임관계와 같으므로** 개업공인중개사는 중개의뢰의 본지에 따라 선량한 관리자의 주의로써 의뢰받은 중개업무를 처리하여야 할 의무가 있을 뿐 아니라 구 부동산중개업법 제16조(현 공인중개사법 제29조 제1항)에 의하여 **신의와 성실로써 공정하게 중개행위를 하여야 할 의무를** 부담하고 있다(대판 1993.5.11. 92다55350).

단락문제 002 제10회 기출

중개계약에 관한 설명 중 옳지 않은 것은?

① 중개계약은 권리를 이전하고자 하는 자와 권리를 취득하고자 하는 자 사이에 체결되는 계약이다.
② 중개계약은 쌍무계약이다.
③ 중개계약은 관행상 구두계약으로도 행하여진다.
④ 중개에 관한 법적 분쟁을 방지하기 위하여는 중개계약을 성문계약으로 작성할 필요가 있다.
⑤ 중개계약은 불요식 계약이다.

해설 중개계약의 의미 및 성질

중개계약이라 함은 개업공인중개사와 중개의뢰인 간에 체결되는 계약으로, 중개의뢰인의 의뢰에 의하여 일정한 중개보수를 받고 중개대상물의 매매나 교환, 임대차 등 권리의 득실·변경에 관한 행위를 알선해주는 것을 내용으로 하는 계약을 의미한다.

정답 ①

---

2 부동산중개계약의 구분 `11·추가15·17회 출제`

(1) 중개권한에 따른 구분

중개계약은 중개권한의 부여 형태에 따라 일반·전속·독점중개계약으로 구분된다.

1) 일반중개계약

① 일반중개계약(一般仲介契約 : Open Listing Contract) 또는 일반민사중개계약(一般民事仲介契約)이란 중개계약 시 개업공인중개사에게 중개의 독점권을 부여하지 않는 계약을 의미한다. 이런 점에서 임의중개계약(任意仲介契約) 혹은 임의적 중개계약(任意的仲介契約) 등으로 부르는 학자도 있다.

② 일반중개계약은 중개의뢰인(仲介依賴人)이 불특정다수의 개업공인중개사에게 경쟁적인 중개를 의뢰하고, 이들 개업공인중개사 중 중개를 완성시킨 개업공인중개사에게 성공보수로서 중개보수를 지급하는 계약형태이다.

Professor Comment
일반중개계약은 우리나라에서 가장 일반적으로 쓰이는 계약이다.

2) 독점중개계약 ──▶ 미국에서 일반화된 중개계약

① 독점중개계약(獨占仲介契約 : Exclusive Listing Contract) 또는 독점민사중개계약(獨占民事仲介契約)이란 중개의뢰인이 특정 개업공인중개사에게 독점적으로 중개할 권한을 부여하는 중개계약 형태이다.
② 계약기간 내에 개업공인중개사는 누구에 의하여 중개가 완성되었는가를 불문하고 약정된 중개보수를 받을 수 있는 점에 계약의 특성이 있다.

3) 전속중개계약

① 전속중개계약(專屬仲介契約 : Exclusive Agency Listing Contract) 또는 전속민사중개계약(專屬民事仲介契約)이란 의뢰인이 특정한 개업공인중개사를 정하여 그 개업공인중개사에게만 중개를 의뢰하는 것을 말한다.
② 중개의뢰인이 전속중개계약기간 이내에 다른 개업공인중개사에 의뢰하여 부동산이 거래될 경우에는 중개의뢰인은 전속중개계약을 체결한 개업공인중개사에게 중개보수를 부담해야 한다.
③ 우리나라에는 1993.12.27. 법률 개정으로 전속중개계약제도가 도입되었다. 도입 당시 중개업계에서는 독점중개계약의 도입을 주장했으나 오랜 중개계약의 관습 등을 감안하여 전속중개계약제도가 도입되었다.

중개계약의 종류

① 일반중개계약
② 독점중개계약
③ 전속중개계약
④ 공동중개계약
⑤ 순가중개계약

제3편 중개실무

Professor Comment
「공인중개사법」 제23조의 전속중개계약은 미국의 전속중개계약과 독점중개계약의 중간적 형태로 볼 수 있다.

단락문제 Q03

제17회 기출

중개계약에 관한 설명 중 틀린 것은?
① 전속중개계약은 법정서식에 따라야 한다.
② 중개계약시 유상임을 명시하지 않더라도 중개보수청구권은 인정된다.
③ 우리나라에서는 일반중개계약보다 전속중개계약이 업무범위나 책임소재를 명확히 할 수 있어 주로 이용되고 있다.
④ 순가중개계약을 체결하였더라도 법정중개보수를 초과하여 받지 않은 경우에는 처벌할 수 없다.
⑤ 국토교통부장관은 일반중개계약의 표준이 되는 서식을 정하여 그 사용을 권장할 수 있다.

해설 전속중개계약
전속중개계약은 우리나라에서 거의 이용되고 있지 않은 게 현실이다.   **정답** ③

(2) 중개보수 책정기준에 따른 구분

중개계약은 중개보수를 정하는 방법에 따라 순가, 정률, 정가중개계약으로 구분할 수 있다.

1) 순가중개계약

① 순가중개계약(純價仲介契約: Net Listing Contract) 또는 순가민사중개계약(純價民事仲介契約)이란, 중개의뢰인(仲介依賴人)이 중개대상물의 가격을 개업공인중개사에게 제시하고 이를 초과한 가격으로 중개가 완성된 경우, 거래대금에서 중개의뢰인이 제시한 금액을 초과한 금액은 개업공인중개사가 중개보수로 취득하는 중개계약형태이다.

의뢰인이 직접계약시 중개보수청구

① 독점 개업공인중개사는 중개보수청구 가능
② 전속 개업공인중개사는 중개보수 청구 불가하나, 법정 중개보수의 50% 범위 내에서 소요된 비용청구 가능
③ 일반 개업공인중개사는 중개보수 청구 불가

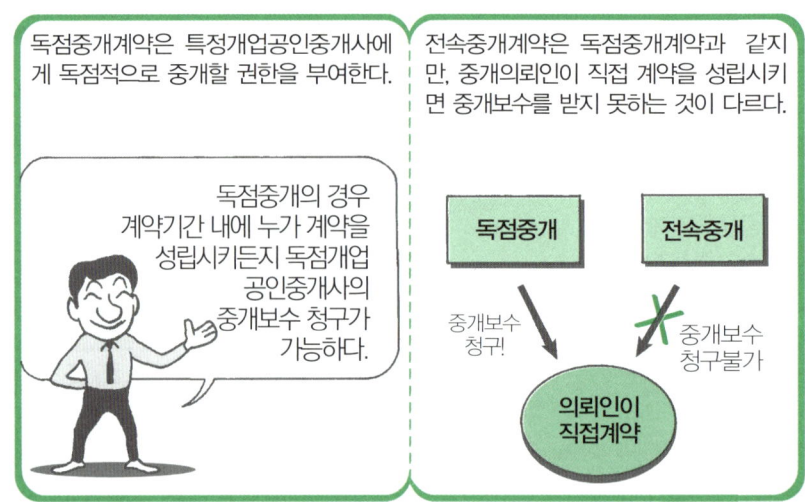

② 순가중개계약은 통상 권리이전 중개계약에서 많이 활용되고 있으나, 권리취득 중개계약의 경우에도 매수가격을 기준으로 유사한 순가중개계약이 체결될 수도 있다.

Professor Comment

순가중개계약을 체결하였어도 이 법에 위반되지 않는다. 그러나 법정중개보수 초과금지 규정에 의해 이를 간접적으로 규제하고 있다.

단락문제 Q04

제9회 기출

다음 거래계약방법 중 부동산 투기조장과 거래가액의 상승을 가져올 수 있는 계약방법은?

① 전속중개계약   ② 일반중개계약   ③ 공동중개계약
④ 순가중개계약   ⑤ 전속전임중개계약

해설 순가중개계약

순가중개계약은 중개의뢰가액을 초과한 거래가액을 중개보수로 인정하는 형태의 중개계약으로, 중개보수가 불합리하게 과다해지기 쉽고 개업공인중개사가 지나치게 수입증대를 도모하다 보면 거래가액이 불합리하게 상승하며 부동산투기의 원인이 될 가능성이 높다.

정답 ④

2) 정률중개계약

① 정률중개계약(定率仲介契約 : Fixed Rate Listing Contract)이란 중개완성으로 인한 거래가액에 대해 일정한 중개보수율을 적용한 중개보수 지급을 약정하는 중개계약을 의미한다. 물론 이때의 거래가액이란 당초의 중개의뢰가액 또는 거래교섭과정에서 변경된 가액이 될 수 있다.

② 우리나라 「공인중개사법」에서는 중개보수의 한도를 거래가액에 따라 일정비율(주택의 매매는 0.7%, 주택의 임대차 등은 0.6%) 이내로 정하고 있으므로(규칙 제20조 제1항), 「공인중개사법」에서의 중개계약은 거래가액에 따른 정률중개계약을 원칙으로 하고 있는 것으로 볼 수 있다.

 순가중개계약

3) 정가중개계약

① 정가중개계약(定價仲介契約 : Fixed Price Listing Contract)이란 중개완성에 의한 거래계약가격이 변동되더라도 중개계약에서 정한 일정액의 중개보수를 지급하는 중개계약을 의미한다. 물론 이때의 거래가액이란 당초의 중개의뢰가액 또는 거래교섭과정에서 변경된 가액이 될 수 있다.

② 우리나라의 「공인중개사법」에서는 중개보수의 한도를 거래가액에 따라 일정비율 이내로 정하고 있으므로, 중개계약 당시 정가로 정한 중개보수액이 법정한도를 초과할 경우에는 법정한도액까지만 받아야 할 것이다.

(3) 참여 개업공인중개사의 숫자에 따른 구분

중개계약 체결의 주체인 개업공인중개사나 중개의뢰인의 숫자에 따라 공동중개계약과 단독중개계약으로 구분할 수 있다.

1) 공동중개계약 13회 출제

통상의 공동중개계약은 매도자측 개업공인중개사와 매수자측 개업공인중개사가 상호 협력하여 중개를 완성하는 형태로 나타난다. 즉 부동산단체, 부동산거래센터, 기타 2인 이상의 업자가 공동으로 활동하는 중개업무를 허용하는 것으로 변형된 독점중개의뢰계약의 일종으로 본다.

2) 단독중개계약

단독중개계약(單獨仲介契約, Individual Listing Contract)이란 1인의 개업공인중개사에게만 중개할 권한을 주는 것으로, 복수의 개업공인중개사가 상호 협력하여 공동중개(共同仲介) 행위를 하는 것을 허용하지 않는 계약을 의미한다.

단락핵심 중개계약

(1) 중개계약은 중개대상물의 매매·교환·임대차 기타 권리의 득실·변경을 하도록 하는 중개의뢰인과 개업공인중개사간의 계약이다.
(2) 중개계약은 구두로 할 수 있으나 전속중개계약 체결시 법정서식을 사용하여야 한다.
(3) 개업공인중개사와 중개의뢰인 숫자에 따라 공동중개계약과 단독중개계약으로 구분할 수 있다.
(4) 「공인중개사법」에서는 순가중개계약을 명문으로 금지하고 있지는 않으나, 법정 중개보수를 초과할 경우 위법이 된다.

Wide 중개계약의 종료사유

① 중개완성
② 계약기간 종료
③ 계약의 해지 및 해제
④ 당사자의 사망, 파산선고 등

02 중개계약의 필요성 ★

Professor Comment
중개계약의 서면화에 대한 장점(필요성)과 중개계약의 특징 등도 가끔 출제되고 있다.

1 서면화의 필요성 10·11회 출제

(1) 구두계약의 관례
우리나라에서는 계약자유의 원칙이 통용되고 있으며 중개계약의 방식을 정하고 있지 않으므로, 중개계약방식은 개업공인중개사와 중개의뢰인 쌍방이 합의하여 정할 수 있다. 이에 따라 현재의 중개계약은 일반중개계약이 관습화되어 있으며, 반드시 서식을 사용해야 한다는 규정이 없어 중개계약을 성문계약(成文契約)으로 하지 않고 구두계약(口頭契約)으로 하는 것이 통상적이다.

(2) 성문계약의 필요성
구두에 의한 중개계약은 중개계약의 성립을 입증하기 어려울 뿐만 아니라, 거래사고시 개업공인중개사와 중개의뢰인의 책임관계를 불명확하게 하는 문제점이 있으며, 이러한 문제점으로 인해 개업공인중개사와 중개의뢰인간의 법률적인 분쟁(紛爭)을 발생시키는 주요한 원인이 되고 있다. 따라서 서면화에 의한 중개계약, 즉 성문계약(成文契約)을 체결하는 것이 바람직하며, 중개계약의 서면화는 다음과 같은 장점을 가진 것으로 알려져 있다.

1) 자주통제의 기능
중개계약의 서면화는 중개계약을 유형화(有形化)하게 되며, 유형화된 중개계약은 중개계약 당사자 간의 권리와 의무를 명확하게 하여, 중개계약 당사자 상호간의 자주적 통제기능을 하게 된다.

2) 유통시장의 정비 및 근대화 기능
① 과거로부터 관행적으로 지속되어온 구두의 중개계약은 중개계약 당사자 간의 분쟁을 유발하는 문제점을 안고 있을 뿐만 아니라 음성적인 부동산거래를 조장하는 등 거래질서문란의 주된 원인이 되고 있다.
② 유통시장의 근대화를 위해서는 서면화·유형화가 선행되어야 하며, 이는 선진국의 경우 전속·독점·공동중개계약의 정착으로 건전한 부동산유통시장 질서를 확보하고 있다는 점에서 그 필요성이 인정되고 있다.

3) 분쟁예방의 기능
구두에 의한 불명확한 중개계약은 중개의뢰인의 보호와 거래의 안전 및 유통원활화의 저해요인이 되고 있으며, 개업공인중개사와 중개의뢰인 간의 분쟁의 원인이 되고 있다. 반면에 서면에 의한 중개계약은 중개계약당사자 간의 각종 권리와 의무 및 책임관계를 명확하게 함으로써 분쟁을 예방할 수 있게 한다.

4) 부동산투기예방 기능

중개계약의 불명확화는 음성적 거래 및 분쟁의 소지가 크다. 반면에 중개계약의 명확화는 개업공인중개사의 적극적 정보공개를 촉진하여 투명한 거래가 될 수 있도록 하는 동시에 중개의뢰인은 거래상대방을 광범위하게 모색할 수 있는 효과를 가져올 수 있다.

단락문제 Q05 제11회 기출

다음 중 중개계약이 서면화·유형화될 때 기대할 수 없는 기능은?

① 개업공인중개사와 중개의뢰인 간에 자주적 통제기능을 기대할 수 있다.
② 부동산거래질서의 투명화를 기대할 수 있다.
③ 부동산투기에 대한 예방적 기능을 기대할 수 있다.
④ 중개계약을 서면화·명확화함으로써 중개보수의 자유로운 약정을 기대할 수 있다.
⑤ 분쟁해결기능을 기대할 수 있다.

해설 중개계약의 서면화·유형화
중개계약을 서면으로 명확하게 체결하면 중개계약체결단계에서 서면으로 중개보수의 약정이 이루어지게 되므로, 중개보수는 법률로 정해진 한도에서 초기단계부터 확정될 수밖에 없다. 따라서 "중개보수의 자유로운 약정을 기대할 수 있다"는 설명은 명백히 틀린 것이다.

정답 ④

---

2 중개계약체결시 주의점

(1) 성문계약으로 할 것
중개계약은 위에서 살핀 바와 같이 법률적 분쟁을 없애기 위하여 관례화된 구두계약보다는 성문계약으로 하는 것이 바람직하다.

(2) 보수청구권의 근거
중개계약은 개업공인중개사의 중개보수청구권의 근거가 된다. 개업공인중개사의 노력으로 부동산의 거래가 성립되었더라도 유효한 중개계약이 없을 경우 중개보수청구권이 인정될 수 없다.

(3) 대리권을 부여받은 경우 대리권까지 명시할 것
개업공인중개사가 중개의뢰인으로부터 중개대상물에 대한 중개의뢰(仲介依賴)와 동시에 거래당사자 간의 계약서 작성과 그 계약의 이행행위에 대하여 대리권(代理權)까지 부여받은 경우에는 중개계약서상에 대리권부여의 사실까지 표시하면 별도의 대리권계약서를 작성할 필요가 없을 것이다.

Professor Comment
중개의뢰인 쌍방대리는 금지행위에 포함됨을 주의하여야 한다.

03 일반중개계약서 작성 ★   30·31회 출제

【별지 제14호서식】 (앞 쪽)

일 반 중 개 계 약 서
([ ] 매도 [ ] 매수 [ ] 임대 [ ] 임차 [ ] 그 밖의 계약( ))

※ 해당하는 곳의 [ ]란에 ∨표를 하시기 바랍니다.

중개의뢰인(갑)은 이 계약서에 의하여 뒤쪽에 표시한 중개대상물의 중개를 개업공인중개사(을)에게 의뢰하고 을은 이를 승낙한다.

1. 을의 의무사항
   을은 중개대상물의 거래가 조속히 이루어지도록 성실히 노력하여야 한다.
2. 갑의 권리·의무 사항
   1) 갑은 이 계약에도 불구하고 중개대상물의 거래에 관한 중개를 다른 개업공인중개사에게도 의뢰할 수 있다.
   2) 갑은 을이 「공인중개사법」(이하 "법"이라 한다) 제25조에 따른 중개대상물의 확인·설명의무를 이행하는데 협조하여야 한다.
3. 유효기간
   이 계약의 유효기간은   년   월   일까지로 한다.
   ※ 유효기간은 3개월을 원칙으로 하되, 갑과 을이 합의하여 별도로 정한 경우에는 그 기간에 따른다.
4. 중개보수
   중개대상물에 대한 거래계약이 성립한 경우 갑은 거래가액의 (   )%(또는   원)을 중개보수로 을에게 지급한다.
   ※ 뒤쪽 별표의 요율을 넘지 않아야 하며, 실비는 별도로 지급한다.
5. 을의 손해배상 책임
   을이 다음의 행위를 한 경우에는 갑에게 그 손해를 배상하여야 한다.
   1) 중개보수 또는 실비의 과다수령: 차액 환급
   2) 중개대상물의 확인·설명을 소홀히 하여 재산상의 피해를 발생하게 한 경우: 손해액 배상
6. 그 밖의 사항
   이 계약에 정하지 않은 사항에 대하여는 갑과 을이 합의하여 별도로 정할 수 있다.

이 계약을 확인하기 위하여 계약서 2통을 작성하여 계약 당사자 간에 이의가 없음을 확인하고 각자 서명 또는 날인한 후 쌍방이 1통씩 보관한다.

년   월   일

계약자

중개의뢰인 (갑)	주소(체류지)		성명	(서명 또는 인)
	생년월일		전화번호	
개업 공인중개사 (을)	주소(체류지)		성명 (대표자)	(서명 또는 인)
	상호(명칭)		등록번호	
	생년월일		전화번호	

210mm×297mm[일반용지 60g/㎡(재활용품)]

제3편 중개실무

(뒤 쪽)

※ 중개대상물의 거래내용이 권리를 이전(매도·임대 등)하려는 경우에는 「Ⅰ. 권리이전용(매도·임대 등)」에 적고, 권리를 취득(매수·임차 등)하려는 경우에는 「Ⅱ. 권리취득용(매수·임차 등)」에 적습니다.

Ⅰ. 권리이전용(매도·임대 등)

구분	[ ] 매도 [ ] 임대 [ ] 그 밖의 사항( )			
소유자 및 등기명의인	성명		생년월일	
	주소			
중개대상물의 표시	건축물	소재지		건축연도
		면적 ㎡	구조	용도
	토지	소재지		지목
		면적 ㎡	지역·지구 등	현재 용도
	은행융자·권리금·제세공과금 등(또는 월임대료·보증금·관리비 등)			
권리관계				
거래규제 및 공법상 제한사항				
중개의뢰 금액				
그 밖의 사항				

Ⅱ. 권리취득용(매수·임차 등)

구분	[ ] 매수 [ ] 임차 [ ] 그 밖의 사항( )	
항목	내용	세부 내용
희망물건의 종류		
취득 희망가격		
희망 지역		
그 밖의 희망조건		
첨부서류	중개보수 요율표(「공인중개사법」 제32조제4항 및 같은 법 시행규칙 제20조에 따른 요율표를 수록합니다) ※ 해당 내용을 요약하여 수록하거나, 별지로 첨부합니다.	

유의사항

[개업공인중개사 위법행위 신고안내]
개업공인중개사가 중개보수 과다수령 등 위법행위 시 시·군·구 부동산중개업 담당 부서에 신고할 수 있으며, 시·군·구에서는 신고사실을 조사한 후 적정한 조치를 취하게 됩니다.

04 전속중개계약서 작성 ★

【별지 제15호서식】 (앞 쪽)

전 속 중 개 계 약 서
([ ] 매도 [ ] 매수 [ ] 임대 [ ] 임차 [ ] 그 밖의 계약(   ))

※ 해당하는 곳의 [ ]란에 v표를 하시기 바랍니다. (앞쪽)

중개의뢰인(갑)은 이 계약서에 의하여 뒤쪽에 표시한 중개대상물의 중개를 개업공인중개사(을)에게 의뢰하고 을은 이를 승낙한다.

1. 을의 의무사항
① 을은 갑에게 계약체결 후 2주일에 1회 이상 중개업무 처리상황을 문서로 통지하여야 한다.
② 을은 이 전속중개계약 체결 후 7일 이내 「공인중개사법」(이하 "법"이라 한다) 제24조에 따른 부동산거래정보망 또는 일간신문에 중개대상물에 관한 정보를 공개하여야 하며, 중개대상물을 공개한 때에는 지체 없이 갑에게 그 내용을 문서로 통지하여야 한다. 다만, 갑이 비공개를 요청한 경우에는 이를 공개하지 아니한다. (공개 또는 비공개 여부:)
③ 법 제25조 및 같은 법 시행령 제21조에 따라 중개대상물에 관한 확인·설명의무를 성실하게 이행하여야 한다.

2. 갑의 권리·의무 사항
① 다음 각 호의 어느 하나에 해당하는 경우에는 갑은 그가 지불하여야 할 중개보수에 해당하는 금액을 을에게 위약금으로 지불하여야 한다. 다만, 제3호의 경우에는 중개보수의 50퍼센트에 해당하는 금액의 범위에서 을이 중개행위를 할 때 소요된 비용(사회통념에 비추어 상당하다고 인정되는 비용을 말한다)을 지불한다.
  1. 전속중개계약의 유효기간 내에 을 외의 다른 개업공인중개사에게 중개를 의뢰하여 거래한 경우
  2. 전속중개계약의 유효기간 내에 을의 소개에 의하여 알게 된 상대방과 을을 배제하고 거래당사자 간에 직접 거래한 경우
  3. 전속중개계약의 유효기간 내에 갑이 스스로 발견한 상대방과 거래한 경우
② 갑은 을이 법 제25조에 따른 중개대상물 확인·설명의무를 이행하는데 협조하여야 한다.

3. 유효기간
이 계약의 유효기간은   년   월   일까지로 한다.
※ 유효기간은 3개월을 원칙으로 하되, 갑과 을이 합의하여 별도로 정한 경우에는 그 기간에 따른다.

4. 중개보수
중개대상물에 대한 거래계약이 성립한 경우 갑은 거래가액의 (   )%(또는   원)을 중개보수로 을에게 지급한다.
※ 뒤쪽 별표의 요율을 넘지 않아야 하며, 실비는 별도로 지급한다.

5. 을의 손해배상 책임
을이 다음의 행위를 한 경우에는 갑에게 그 손해를 배상하여야 한다.
  1) 중개보수 또는 실비의 과다수령: 차액 환급
  2) 중개대상물의 확인·설명을 소홀히 하여 재산상의 피해를 발생하게 한 경우: 손해액 배상

6. 그 밖의 사항
이 계약에 정하지 않은 사항에 대하여는 갑과 을이 합의하여 별도로 정할 수 있다.

이 계약을 확인하기 위하여 계약서 2통을 작성하여 계약 당사자 간에 이의가 없음을 확인하고 각자 서명 또는 날인한 후 쌍방이 1통씩 보관한다.

년   월   일

계약자

중개의뢰인 (갑)	주소(체류지)		성명	(서명 또는 인)
	생년월일		전화번호	
개업 공인중개사 (을)	주소(체류지)		성명 (대표자)	(서명 또는 인)
	상호(명칭)		등록번호	
	생년월일		전화번호	

210mm×297mm[일반용지 60g/㎡(재활용품)]

(뒤 쪽)

※ 중개대상물의 거래내용이 권리를 이전(매도·임대 등)하려는 경우에는 「Ⅰ. 권리이전용(매도·임대 등)」에 적고, 권리를 취득(매수·임차 등)하려는 경우에는 「Ⅱ. 권리취득용(매수·임차 등)」에 적습니다.

Ⅰ. 권리이전용(매도·임대 등)

구분	[ ] 매도 [ ] 임대 [ ] 그 밖의 사항( )		
소유자 및 등기명의인	성명		생년월일
	주소		
중개대상물의 표시	건축물	소재지	건축연도
		면적 ㎡ 구조	용도
	토지	소재지	지목
		면적 ㎡ 지역·지구 등	현재 용도
	은행융자·권리금·제세공과금 등(또는 월임대료·보증금·관리비 등)		
권리관계			
거래규제 및 공법상 제한사항			
중개의뢰 금액	원		
그 밖의 사항			

Ⅱ. 권리취득용(매수·임차 등)

구분	[ ] 매수 [ ] 임차 [ ] 그 밖의 사항( )	
항목	내용	세부내용
희망물건의 종류		
취득 희망가격		
희망 지역		
그 밖의 희망조건		
첨부서류	중개보수 요율표(「공인중개사법」 제32조제4항 및 같은 법 시행규칙 제20조에 따른 요율표를 수록합니다) ※ 해당 내용을 요약하여 수록하거나, 별지로 첨부합니다.	

유의사항

[개업공인중개사 위법행위 신고안내]
개업공인중개사가 중개보수 과다수령 등 위법행위 시 시·군·구 부동산중개업 담당 부서에 신고할 수 있으며, 시·군·구에서는 신고사실을 조사한 후 적정한 조치를 취하게 됩니다.

중개계약

단원 오답 잡기

• 경록 교재에 모든 답이 있습니다.

01 권리취득용 전속중개계약서를 작성하는 경우 「공인중개사법」상 필요적 기재사항에는 거래가액을 기입해야 한다.

01. X
전속중개계약서 중 권리취득용 기입란에는 취득희망가액을 기입한다.

02 리스팅의 획득은 일반상품의 구입, 진열과 같은 영업의 출발점이 된다.

02. O

03 중개계약이 서면화·유형화될 때 부동산거래질서의 투명화를 기대할 수 있다.

03. O

04 중개계약은 개업공인중개사가 중개의뢰인으로부터 중개대상물에 대하여 중개를 의뢰받고, 그 목적인 중개완성에 대하여 보수를 받기로 약정함으로써 성립한 계약을 말한다.

04. O

05 중개계약은 개업공인중개사와 이전중개의뢰인·취득중개의뢰인 3자 사이에 약정된 계약이 일반적이다.

05. X
중개계약은 개업공인중개사와 의뢰인 2자 사이에 약정되는 계약이다.

06 중개계약은 거래당사자 간의 거래계약과 동시에 작성되는 것이 합리적이다.

06. X
중개계약은 거래당사자 간의 거래계약을 알선할 목적으로 체결되는 계약이다.

CHAPTER 03 중개대상물의 조사·분석

학습포인트

- 이 장은 중개실무 가운데 가장 중요시되는 부분으로 다음과 같은 철저한 학습이 필요하다.
- 중개대상물 조사분석 개요 : 권리분석에 대한 상세내용을 숙지해야 한다.
- 공부조사 : 각종 공부의 수록내용과 그 내용의 해석방법을 숙지해야 하나, 토지이용계획확인서의 내용은 암기보다는 내용을 이해하는 수준에서 학습한다.
- 현장조사 : 현장조사방법이 아닌 현장상황에 대한 해석의 정확한 이해가 필요하다.
- 기타 부동산의 조사·분석 : 전반적인 내용을 숙지하되, 분양권조사분석 부문은 그 내용을 이해할 수 있어야 한다.
- 중개대상물 확인·설명서 작성 : 확인·설명의 주의점을 숙지해야 하며 확인·설명서 작성 시 각 항목별로 수록될 내용에 대한 심도 높은 학습이 필요하다.

CHAPTER 학습 & 출제되는 키워드

- ☑ 조사·분석의 목적 및 절차
- ☑ 권리관계의 진실성 분석
- ☑ 등기를 요하지 않는 물권변동
- ☑ 토지이용계획확인서
- ☑ 무허가건물대장
- ☑ 미등기부동산의 조사분석
- ☑ 법정지상권·분묘기지권·종물
- ☑ 입목·광업재단·공장재단
- ☑ 권리분석
- ☑ 공부조사
- ☑ 지적공부조사
- ☑ 공시지가확인서
- ☑ 주민등록
- ☑ 현장조사의 개요
- ☑ 건물의 현장조사
- ☑ 분양권 조사분석
- ☑ 등기부의 판독
- ☑ 부동산등기부의 조사분석
- ☑ 건축물대장
- ☑ 환지예정증명원
- ☑ 시·군·구 조례
- ☑ 토지의 현장조사
- ☑ 조세의 종류와 세율 조사·확인
- ☑ 중개대상물 확인 설명서 작성

CHAPTER 학습 & 출제되는 질문

- ☑ 중개대상물조사 확인에 대한 설명으로 옳지 않는 것은?
- ☑ 분묘에 대한 설명으로 옳지 않은 것은?
- ☑ 확인·설명서 작성법에 대한 설명으로 틀린 것은?

제3장 중개대상물의 조사·분석

제1절 중개대상물 조사·분석 개요
14·27회 출제

01 조사·분석의 목적 및 절차 ★

1 조사·분석의 목적

Professor Comment
조사·분석의 가장 큰 이유는 사고를 최소화하고 개업공인중개사의 손해배상책임을 면하기 위함이다.

중개대상물에 대한 조사는 중개대상물의 거래를 하는 개업공인중개사의 입장에서는 필수적인 과정으로서, 그 조사는 다음과 같은 목적 달성을 위해 수행된다.
(1) 중개대상물 확인·설명을 위한 기초자료 활용
(2) 중개대상물의 권리분석을 위한 기초자료 활용
(3) 중개대상물 최유효이용분석을 위한 기초자료 활용
(4) 중개대상물의 가격 및 투자·입지분석을 위한 기초자료 활용
(5) 중개대상물 셀링포인트 추출을 위한 기초자료로 활용

2 조사·분석절차

(1) 중개대상물 조사·분석절차

중개대상물에 대한 조사·분석은 대략 다음과 같은 절차에 의해 수행되는 것이 바람직하며, 각각의 조사·분석절차는 더욱 상세하게 구분될 수 있다.

1) 공부조사
2) 현장조사
3) 조사자료의 수집 및 정리
4) 조사자료의 분석
5) 중개대상물 확인·설명서 작성 및 중개업무에 활용

Professor Comment
권리분석의 순서는 공부상 확인을 하고 현장조사를 한다.

(2) 조사·분석계획 수립 및 점검단계

부동산은 개별성 등 특유의 특성으로 인하여 가격이나 최유효이용의 판단을 위해서는 다양한 정보가 필요한 것으로, 조사 이전의 단계에서 대상물 조사·분석계획을 수립해야 한다는 의견도 있으며, 다양한 정보의 조사·분석과정에서 누락되거나 불충분한 정보를 점검하는 점검단계가 추가되어야 한다는 의견도 있다.

02 권리분석 ★

12회 출제

1 권리분석의 의의

(1) 조사·분석시 가장 큰 비중
「공인중개사법」의 궁극적인 목적은 국민의 재산권보호로서, 중개대상물의 조사분석에서 가장 큰 비중을 차지하고 있는 것이 권리분석이라고 할 수 있다.

(2) 권리분석의 일반적 목적
부동산에 대한 권리분석의 일반적 목적은 하자 없는 부동산(권리)을 거래하기 위한 것으로, 근본적으로는 하자가 전혀 없는 상태의 부동산을 거래하는 것이 가장 바람직하다.

Professor Comment
때에 따라서는 당사자의 합의 하에 현재의 하자를 인수하는 조건으로 거래하는 경우도 나타나고 있으며, 이 경우에는 부담되는 하자로 인한 경제적 가치를 명확히 판단하여, 적정거래가격에서 하자부담부분을 제외해야 할 것이다.

2 권리분석의 중요성

(1) 부동산거래시 권리분석 전제
부동산에 대한 거래사고의 대부분은 권리분석을 소홀히 함으로 인해 발생되는 것으로, 모든 부동산거래는 권리분석이 반드시 전제되어야 할 것이다.

(2) 개업공인중개사의 입장에서 권리분석
개업공인중개사의 입장에서는 중개물건의 권리분석은 중개대상물 확인·설명서를 작성하는 근거가 될 뿐만 아니라, 중개의뢰인이 개업공인중개사에 대한 손해배상의 청구사유가 되는 중개물건의 흠을 사전에 발견함으로써 중개사고를 예방할 수 있다.

3 권리분석방법

(1) 등기부의 판독
부동산에 관한 법률행위로 인한 물권의 득실변경은 등기를 하여야 그 효력이 발생하는 것으로(민법 제186조), 부동산에 관한 권리관계는 등기부의 판독을 통하여 이루어진다.

(2) 권리관계의 진실성 분석
우리나라의 등기제도는 등기의 공시력(公示力)은 인정하나, 등기에 대한 공신력(公信力)을 인정하지 않으므로, 잘못된 등기로 인한 사고를 방지하기 위해서는 기타 관련 서면에 대한 조사나 현장조사를 통하여 권리관계의 진실성을 분석해야 할 것이다.

단락문제 Q01
제1회 기출

다음은 중개대상물에 대한 권리조사의 필요성을 설명한 것이다. 타당하지 아니한 것은?
① 부동산의 거래과정에서 생기는 법률적 사고를 방지하기 위하여
② 부동산등기에 공신력이 없으므로
③ 등기능력 없는 권리가 있으므로
④ 부동산과 관련한 권리에는 공법상 규제가 많으므로
⑤ 부동산의 가격은 끊임없이 변동하므로

해설 중개대상물에 대한 권리조사의 필요성
부동산가격은 협의의 권리조사의 범위에 포함되지 않는다. 다만, 광의의 권리분석의 범위에 경제적 하자를 포함시키는 견해도 있음을 유의해야 한다.

정답 ⑤

제2절 공부조사
10·추가15·19회 출제

01 개설★★

1 공부(公簿)조사의 의의

공부(公簿)조사란 등기부와 토지·임야대장, 지적·임야도, 건축물대장, 토지이용계획확인서, 환지예정지지정증명원 등에 의하여 조사일 현재의 부동산에 대한 표시와 권리관계, 공법상의 제한사항의 내용 등을 조사하는 개업공인중개사의 활동을 의미한다.

2 공부조사의 필요성

(1) 부동산 관련 공부의 적법성

부동산 관련 공부는 각각의 법률에 의해 대상부동산의 권리나 물리적인 현황 등에 관한 사항을 수록하고 있는 것으로, 등록된 사항들 중 상당수는 해당 법률의 규정에 의해 적법한 것으로 추정되고 있다.

(2) 등기의 적법성

부동산의 물권변동은 등기를 해야 하며, 부동산에 관하여 등기가 경료되어 있는 경우 특별한 사정이 없는 한 그 원인과 절차에 있어서 적법하게 경료된 것으로 추정되고 있다(대판 1995.4.28. 94다23524).

(3) 지적공부에 의한 토지소유권의 범위

일정한 토지가 지적공부에 1필의 토지로 등록된 경우, 그 토지의 소재, 지번, 지목, 지적 및 경계는 일응 그 등록으로써 특정되고 그 토지의 소유권의 범위는 지적공부상의 경계에 의하여 확정되어진다(대판 1982.6.8. 81다611).

(4) 토지대장과 지적도에 의한 법률적인 효력

토지대장과 지적도에 등록된 면적이나 경계 역시 반증이 없는 한 대상부동산의 면적과 경계로서 법률적인 효력이 주어진다(대판 1993.10.8. 92다44503).

중개대상물의 조사방법

1) 종 류
① 공부조사
② 현장조사

2) 공부(=공적장부)조사대상
① 지적공부
② 건축물관리대장
③ 등기사항증명서
④ 토지이용계획확인서

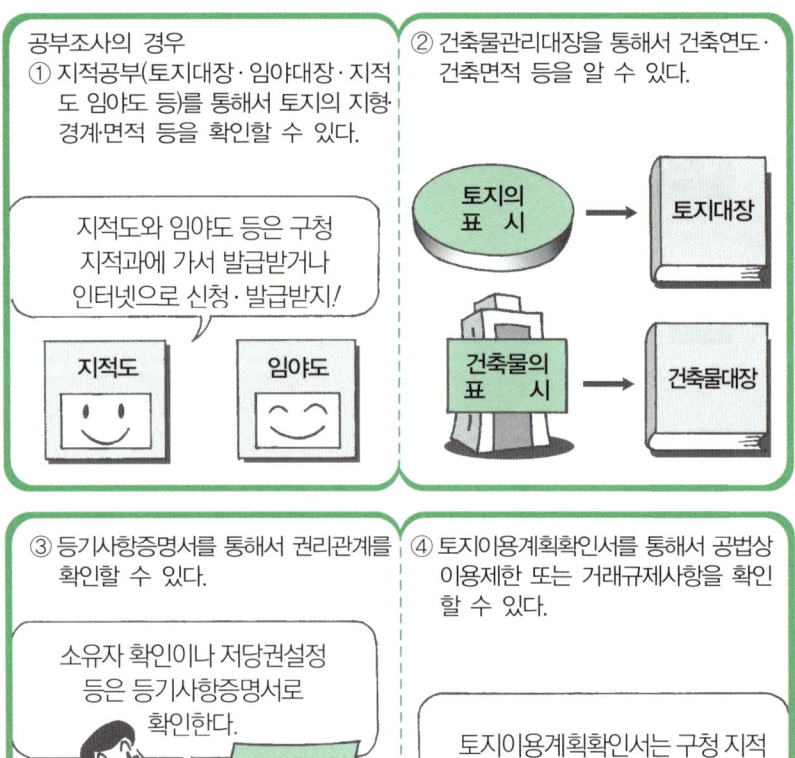

제3장 중개대상물의 조사·분석

Professor Comment

개업공인중개사가 중개대상물에 대한 확인·설명의 근거로서 등기사항증명서나 토지대장 등 공부를 근거로 확인·설명을 한 것은 특별한 사정이 없는 한 개업공인중개사에게 부여된 신의·성실·공정의무를 다한 것으로 보아야 할 것이다.

(5) 부동산의 매매에 있어 부동산등기부상 명의인과 매도인이 동일인인 경우에는 등기부상 매도인 명의를 의심할만한 특별한 사정이 없는 한 그 부동산을 매수한 자는 과실 없는 점유자라고 할 것이다(대판 1992.2.14. 91다1172).

3 공부의 종류 및 조사내용 12회 출제

부동산에 대한 주요 조사대상 공부와 각 공부별 조사내용은 다음과 같다.

구 분	조사내용	발급장소
1) 등기부(토지, 건물)	부동산에 관한 권리 및 권리에 대한 제한, 대지권 비율	법원등기과, 등기소
2) 지적공부	토지의 면적 및 지목, 경계, 위치, 형상 등	시·군·구청
3) 건축물대장	건축물의 면적, 용도, 층수, 건축연도 등	시·군·구청
4) 토지이용계획확인서	토지에 대한 공법상 이용제한 및 거래규제	시·군·구청
5) 공시지가확인서	토지에 대한 개별공시지가	시·군·구청
6) 환지예정증명원	환지방식 도시개발사업지구 내 토지의 환지면적 및 위치 등	시·군·구, 읍·면·동사무소
7) 무허가건물대장	무허가건물에 대한 소유자 및 면적 등	읍·면·동사무소
8) 주민등록	주택임차인의 존재 및 대항력 구비여부 확인	읍·면·동사무소
9) 시·군·구 조례	건폐율 상한 및 용적률 상한	시·군·구청

02 부동산등기부 조사·분석 ★★★ 11·21회 출제

1 부동산등기부를 통한 조사사항

(1) 등기대상 권리 및 등기내용

등기는 구분건물의 표시와 다음의 1에 해당하는 권리의 설정, 보존, 이전, 변경, 처분의 제한 또는 소멸에 대하여 이를 하는 것으로 부동산등기부를 통해서 다음과 같은 권리를 조사할 수 있다(부동산등기법 제3조).

| ① 소유권 | ② 지상권 | ③ 지역권 | ④ 전세권 |
| ⑤ 저당권 | ⑥ 권리질권 | ⑦ 채권담보권 | ⑧ 임차권 |

제3편 중개실무

(2) 등기부 기입사항
부동산등기부를 통해서는 등기내용(권리 및 등기내용)과 권리자의 성명 또는 명칭, 소유자의 주소, 주민등록번호 또는 부동산등기용 등록번호, 등기원인과 그 연월일 등을 판독할 수 있다(기타 상세한 기입사항은 「부동산등기법」 참조). 기타 등기부에 기입되는 사항으로 중요한 것은 다음과 같다.

1) 환매특약이 있는 경우
매수인이 지급한 대금 및 매매비용, 환매기간

2) 권리소멸의 약정이 있는 경우
등기의 목적인 권리의 소멸에 관한 약정사항

3) 등기권리자가 2인 이상인 경우
각 등기권리자 지분 및 합유인 경우에는 합유인 취지

2 부동산등기부의 분석

Professor Comment
이러한 등기가 있어도 양도가 가능하고 중개가 가능하다.

(1) 이중등기의 분석
동일한 부동산에 대한 각각 다른 소유권보존등기가 이루어진 경우 이를 이중등기 혹은 중복등기라고 한다. 이 경우 뒤에 이루어진 소유권보존등기는 중복등기에 해당하여, 선등기에 원인무효의 사유가 없는 한, 원인무효로 귀착될 수밖에 없는 것이다(대판 1995.12.26. 93다16789).

(2) 가등기의 분석　16회 출제
1) 가등기(假登記)란 본등기(本登記)를 하는 데 필요한 형식적 또는 실질적 요건이 완비되지 아니하였을 경우에 장래 실행될 본등기의 순위보전을 위해 해두는 등기를 의미하는 것으로, 장래에 가등기에 기한 본등기를 하면 그 대항력은 가등기 시점으로 소급하여 가등기 이후의 제3자의 본등기보다 우선하게 된다(「부동산등기법」 제91조).
2) 개업공인중개사는 가등기가 되어 있는 부동산을 중개할 때는 매수중개의뢰인에게 가등기가 된 사실과 가등기로 인한 위험성을 알려야 하며, 가능한 한 가등기를 말소하는 조건으로 거래가 되도록 조언을 해야 할 것이다.

Professor Comment
담보가등기는 인수하는 조건으로 계약을 체결하는 것이 가능하다.

(3) 가처분등기의 분석

1) 가처분(假處分)이란 권리의 실현이 소송의 지연이나 강제집행을 면하기 위한 채무자의 재산 은닉 등으로 위험에 처해 있을 경우에, 그 보전을 위하여 그 권리에 관한 분쟁의 소송적 해결 또는 강제집행이 가능하게 되기까지 잠정적·가정적으로 행하여지는 처분으로서, 가압류와 유사한 보전소송의 일종을 의미한다(민사집행법 제300조 참조).
2) 처분금지가처분등기가 되어 있는 부동산의 경우, 가처분권리자의 승소판결이 확정되었을 때에는 가처분권리자는 가처분등기된 이후에 기입된 등기를 단독으로 말소할 수 있으므로, 가처분등기 이후에 이루어진 부동산등기는 불안정한 상태에 놓이게 된다.
3) 거래대상 부동산권리에 대한 가처분등기가 있는 경우, 개업공인중개사는 가처분권리자가 패소판결이 확정될 것이라는 확신이 없는 한, 상기와 같은 가처분등기가 있다는 사실과 가처분등기의 효력을 권리취득 중개의뢰인에게 충분히 설명한 후 거래계약을 체결해야 할 것이다.

(4) 가압류등기의 분석

1) 금전채권이나 금전으로 환산할 수 있는 채권을 위하여 채무자의 재산을 확보하여 장래의 강제집행의 불능 또는 곤란을 초래하지 않도록 보전할 것을 목적으로 법원은 가압류명령을 할 수 있으며, 가압류명령에 의해 성립되는 등기부에는 가압류등기가 기재된다(민사집행법 제276조).
2) 가압류등기는 장래 경매 등 강제집행을 예정하고 있는 것으로, 가압류 등기가 된 부동산을 구입하거나 임대계약을 한 사람은, 해당 부동산이 경매가 되더라도 대항하지 못한다. 따라서 가압류등기가 있는 부동산에 대한 거래를 알선하는 개업공인중개사는 이러한 등기가 있다는 사실을 알림은 물론 그 위험성에 대하여 설명하여야 한다.

Professor Comment
가능한 한 계약금이나 중도금 등을 가압류등기 해제를 위한 변제 등에 사용하는 방법으로 가압류등기를 해제하는 조건의 거래계약을 체결하도록 하는 것이 바람직할 것이다.

(5) 압류등기의 분석

1) 압류란 넓은 의미로는 특정의 물건 또는 권리에 대하여 개인의 사실상 또는 법률상의 처분을 제한하는 국가기관에 의한 강제적 행위를 말하나, 좁은 의미로서는 금전채권에 대한 강제집행의 제1단계로서 집행기관이 채무자의 재산을 확보하고 채무자의 처분권을 제한하는 강제적 행위를 의미한다.
2) 압류등기가 된 부동산의 소유자는 대상부동산의 처분권을 잃게 되며, 압류등기된 부동산등기부의 소유자는 사실상 대상부동산을 매각하거나 임대할 권리가 없는 것으로, 압류등기가 된 부동산을 구입할 경우 소유권을 넘겨받지 못하게 될 가능성이 매우 높다.
3) 따라서 압류등기가 있는 부동산은 그 압류가 해제될 것이 명백하지 않는 한 중개하지 않는 것이 바람직하다. 그러나 압류등기의 사실과 압류등기의 위험성을 권리취득 중개의뢰인에게 충분히 알렸음에도 불구하고 취득중개의뢰인이 거래를 원할 경우, 고지사실에 대한 객관적인 증거를 확보하여 거래사고의 책임에 대비해야 할 것이다.

(6) 환매등기의 분석

1) 환매란 넓게는 매도인이 일단 매각한 목적물에 대하여 대가 상당의 금액을 매수인에게 지급하고, 이것을 다시 구입하는 제도를 의미한다(재매매의 예약, 매도담보, 해제권 유보매매 등).
2) 환매등기된 부동산 소유권의 매수인은 등기부에 표시된 환매권자가 환매권을 행사할 경우 자신의 소유권등기가 말소될 가능성이 있다. 따라서 환매등기가 있는 부동산 역시 환매등기의 사실과 환매등기의 위험성을 권리취득중개의뢰인에게 충분히 알렸음에도 불구하고 취득중개의뢰인이 거래를 원할 경우, 고지사실에 대한 객관적인 증거를 확보하여 거래사고의 책임에 대비해야 할 것이다.

(7) 경매등기의 분석

1) 부동산경매란 법원에서 채무자의 부동산을 매각하여 그 대금으로 채권자의 이행청구권을 실현하는 절차를 의미하는 것으로, 경매등기가 있는 부동산은 소유자의 의사에 관계없이 강제로 매각될 것이 예정되어 있는 것이다.

등기를 요하지 아니하는 물권변동

'법률규정에 의한 물권변동'을 말한다.

예) 상속에 의한 물권변동은 법률(민법의 상속편)에서 규정하고 있다.

2) 따라서 경매등기가 된 이후에 등기된 부동산에 대한 권리는 경매가 완결되면 말소되는 것으로(민사집행법 제90조 참조), 경매등기가 된 부동산은 특별한 사정이 없는 한 중개하지 않아야 할 것이다.

단락문제 002

제16회 기출

권리제한의 등기가 있는 중개대상물을 조사·확인하는 과정에 대한 설명 중 틀린 것은?

① 환매등기가 있는 경우 환매등기사실과 환매등기의 위험성을 알려준다.
② 경매등기가 있는 경우 경매취하 가능성 여부와 경매에 의해 매각된 경우 매수자에 대항할 수 없음을 알려준다.
③ 가처분등기가 있는 경우 채권자, 보전되는 권리 등을 알려준다.
④ 가등기가 있는 경우 가등기에 기한 본등기보다 제3자가 소유권이전등기를 먼저 경료하면 가등기는 효력을 상실한다고 알려준다.
⑤ 가압류등기가 있는 경우 채권자, 채권액 등을 알려준다.

해설 중개대상물의 조사확인
가등기(假登記)란 본등기(本登記)를 하는 데 필요한 형식적 또는 실질적 요건이 완비되지 아니하였을 경우에 장래 실행될 본등기의 순위보전을 위해 해두는 등기를 의미하는 것으로, 장래에 가등기에 기한 본등기를 하면 그 대항력은 가등기 시점으로 소급하여 가등기 이후의 제3자의 본등기보다 우선하게 된다(부동산등기법 제3조 참조). **정답** ④

3 등기를 요하지 아니하는 부동산물권취득 13회 출제

상속, 공용징수, 판결, 경매 기타 법률의 규정에 의한 부동산에 관한 물권의 취득은 등기를 요하지 아니한다. 그러나 등기를 하지 아니하면 이를 처분하지 못한다(민법 제187조).

Professor *Comment*
등기를 요하지 아니하는 부동산물권취득에 의한 권리변동은 등기부조사만으로는 조사하는 것이 불가능하며, 등기가 되지 않은 경우에는 현장조사(탐문조사)를 통해서만 가능할 것이다.

단락핵심 등기부조사

(1) 환매등기가 있는 경우 환매등기사실과 환매등기의 위험성을 알려준다.
(2) 가처분등기가 있는 경우 채권자, 보전되는 권리 등을 알려준다.
(3) 가압류등기가 있는 경우 채권자, 채권액 등을 알려준다.
(4) 우리나라는 등기의 공신력을 인정하지 않으므로 매도인이 진정한 권리자인지 여부를 탐문 등을 통하여 확인하는 것이 필요하다.
(5) 개업공인중개사는 최소한 등기사항증명서와 주민등록증을 대조하여 진정한 권리자인지를 확인하여야 한다.
(6) 중개의뢰인이 법인인 경우 법인격 유무, 대표자의 처분권한 유무 등을 법인등기사항증명서를 통해 조사하여야 한다.

제3편 중개실무

단락문제 Q03
제12회 기출

다음은 개업공인중개사가 중개를 하면서 중개의뢰인에게 부동산관련 권리에 대하여 설명한 것이다. 틀린 것은?

① 유치권자는 누구에게나 유치권을 주장할 수 있다.
② 토지상에 건물이 존재하는 경우 토지만을 매수하면 관습법상의 법정지상권의 부담을 받아 토지를 이용하기가 곤란한 경우도 있다.
③ 전세권은 전세권설정등기로 성립하고, 전세권자가 당해 건물을 인도받는 것은 법적 효력 요건이 아니다.
④ 분묘기지권은 그 효력이 미치는 지역의 범위 내에서는 또 다른 분묘를 설치할 수 있다고 하는 것이 판례이다.
⑤ 실제상의 소유권 입증이 어려우면 자기 소유의 토지에 대해서도 시효로 인한 소유권의 취득을 주장할 수 있다.

해설 분묘기지권

분묘기지권에는 그 효력이 미치는 지역의 범위 내라고 할지라도 기존의 분묘 외에 새로운 분묘를 신설할 권능은 포함되지 아니하는 것이므로, 부부 중 일방이 먼저 사망하여 이미 그 분묘가 설치되고 그 분묘기지권이 미치는 범위 내에서 그 후에 사망한 다른 일방의 합장을 위하여 쌍분(雙墳)형태의 분묘를 설치하는 것도 허용되지 않는다고 할 것이다(대판 1997.5.23. 95다29086, 29093).

정답 ④

03 지적공부조사 ★★
11회 출제

1 지적공부의 종류

지적공부라 함은 토지대장·지적도·임야대장·임야도·공유지연명부·대지권등록부 등이 조사분석자료로 활용될 수 있는 서면이다.

2 지적도 및 임야도의 판독

(1) 지적도 및 임야도의 경계는 폐합된 형태의 다각형으로 표시되어 있는 것으로, 지적도와 임야도를 통하여 ① 토지의 상세 위치 및 형상, ② 인접토지와의 경계, ③ 지목, ④ 접면도로의 폭, ⑤ 도로나 하천 등 주요 지형지물과의 거리 및 방향 등을 개략적으로 판독할 수 있을 것이다.

제3장 중개대상물의 조사·분석

(2) 또한, 임야의 경우에는 통상 구릉과 계곡 등 자연적인 지형에 의해 필지별로 구분되어 임야도에 등록되어 있으며, 농촌지역의 행정구역 역시 하천이나 산과 같은 지형에 의해 구획되어 있다.

Professor Comment
대축척 지도(5만분의 1 내지 2만5천분의 1 지도)와 임야도를 대조할 경우 지도상에 개략적인 임야의 위치를 추정할 수 있을 것이다.

3 지적공부와 등기부와의 불일치

(1) 소유권에 관한 사항의 불일치

1) 토지의 소유권의 득실변경에 관한 등록사항은 등기관서에서 등기한 것을 증명하는 등기완료통지서·등기필증·등기사항증명서 또는 등기관서에서 제공한 등기전산정보자료에 의하여 지적공부를 정리하여야 한다(공간정보의 구축 및 관리에 관한 법률 제88조 제1항 전단).

Professor Comment
토지의 소유권에 관한 사항이 등기부와 지적공부 상호간에 일치하지 않을 경우에는 원칙적으로 등기부 기재사항을 기준으로 조사분석을 해야 할 것이다.

2) 소유권보존등기와 관련된 토지의 소유권에 관한 사항이 상호 불일치할 경우에는 소유권보존등기원인증서를 기준으로 판단해야 할 것이다.

(2) 부동산 표시에 관한 불일치

등기부와 지적공부상의 토지의 표시, 즉 지목이나 면적이 다를 경우에는 지적공부를 기준으로 조사분석을 해야 할 것이다.

(3) 소재지나 지번의 불일치

일반적으로 부동산에 관한 등기의 소재지나 지번 등의 표시에 다소의 착오 또는 오류가 있다고 할지라도 그것이 실제의 권리관계를 표시함에 족할 정도로 동일 혹은 유사성이 있다고 인정되는 경우에는 등기가 유효하고, 만일 이 표시상의 착오 또는 오류가 중대하여 그 실질관계와 동일성 또는 유사성조차 인정할 수 없는 경우에는 그 등기는 공시의 기능을 발휘할 수 없다고 할 것이다.

■ **소재지나 지번의 불일치에 따른 등기로서의 효력 여부**

실제로 경기도 연천군 신서면 갈현리에 위치한 각 부동산에 관하여 등기부 표제부에 부동산 표시가 경기도 연천군 신서면 도밀리로 기재되어 있다면 비록 그 지번, 지목, 지적이 실제의 부동산과 상당 부분 유사하게 기재되어 있다고 하더라도 소재지인 행정구역이 달라 위 등기부상의 표시 부동산과 실제의 위 부동산은 사회관념상 동일하거나 유사한 것이라고 볼 수 없으므로 위 '도밀리'로 된 각 소유권보존등기는 위 각 부동산을 실질적으로 표상하는 등기로서의 효력이 있다고 할 수 없다(대판 1995.9.29. 95다22849, 22856).

지적도 등본

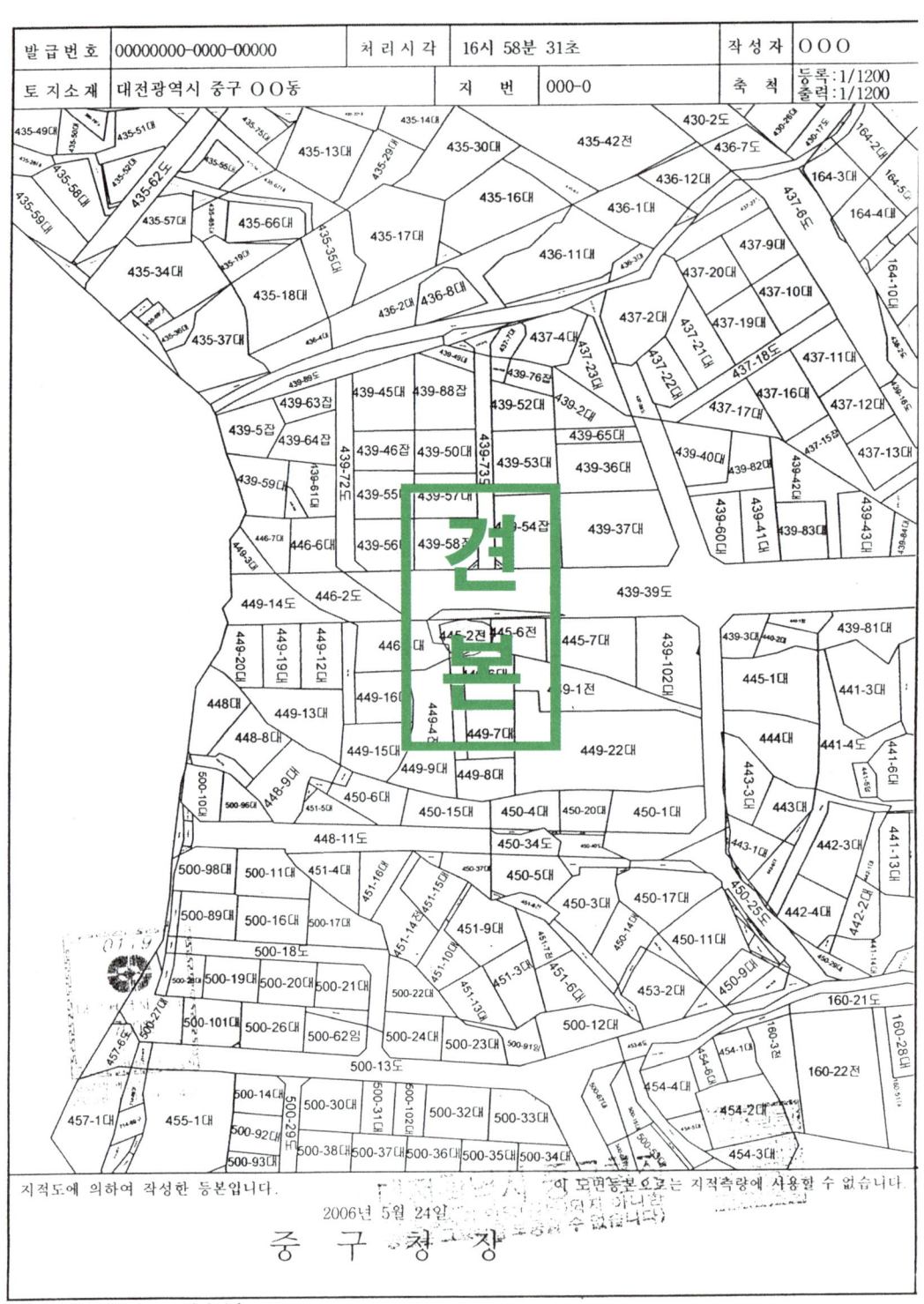

제3장 중개대상물의 조사 · 분석

토지대장

고유번호	0000000000-00000-0000		도면번호	00	발급번호	00000000-0000-0000
토지소재	대전광역시 중구 ○○동		장번호	2-1	처리시각	16시 11분 32초
지 번	000-0	축 척 1 : 1200	비 고		작성자	○○○

토 지 표 시

지 목	면 적 (㎡)	사 유
(01) 전	*790*	(21)1959년9월10일 445-1번에서 분할
(01) 전	*736*	(20)1982년11월11일 분할되어 본번에 -3를 부함
(01) 전	*736*	(51)1989년12월1일 행정관할구역변경
(01) 전	*113*	(20)1993년12월7일 분할되어 본번에 -6 내지 -8를 부함

소 유 자

변동일자	주 소
변동원인	성명 또는 명칭 등록번호
1956년6월7일 (03) 소유권이전	○○동 441 ○○○
1980년6월2일 (03) 소유권이전	○○동 1-190 ○○○ 외 7인
1985년7월1일 (04) 주소변경	○○동 153-10 ○○○ 외 7인
1993년12월27일 (03) 소유권이전	************ ***********

등 급 수 정 연 월 일	1980년1월1일 수정	1981년3월1일 수정	1984년7월1일 수정	1985년7월1일 수정	1986년8월1일 수정	1988년6월1일 수정	1989년8월28일 수정	1991년1월1일 수정
토 지 등 급 (기준수확량등급)	52	57	141	144	145	171	173	179
개별공시지가기준일	2002년1월1일	2003년1월1일	2004년1월1일	2005년1월1일				용도지역 등
개별공시지가(원/㎡)	272,000	287,000	316,000	346,000				

토지대장에 의하여 작성한 등본입니다.

2006년 5월 24일

대전광역시 서구청장

토지대장

고유번호	0000000000-00000-0000			도면번호	00	발급번호	00000000-0000-0000
토지소재	대전광역시 중구 ○○동			장번호	2-2	처리시기	16시 11분 32초
지 번	000-0	축 척	1:1200	비 고		작성자	000

토 지 표 시

지 목	면 적(㎡)	사 유
(01) 전	*113* --- 이하 여백 ---	(50)1995년1월1일 대전직할시에서 행정구역명칭변경

소 유 자

변동일자 변동원인	성명 또는 명칭 주 소	등록번호
1996년11월13일 (04)주소변경	서구 ○○○ 133-22 ○○○	****** -*******
2001년7월20일 (03)소유권이전	대덕구 ○○○ 148-18 ○○○	****** -*******
2002년1월15일 (03)소유권이전	서울 성북구 ○○○ 10-178 ○○○	****** -*******
--- 이하 여백 ---		

등 급 수 정 연 월 일	1992년1월1일 수정	1993년1월1일 수정	1994년1월1일 수정	1995년1월1일 수정	
토 지 등 급 (기준수확량등급)	187	194	200	201	
개별공시지가기준일					용도지역 등
개별공시지가(원/㎡)					

토지대장에 의하여 작성한 등본입니다.

2006년 5월 24일

대전광역시 서구청장

[20060524161132200605240447000 1002]

견본

(4) 분필절차를 거치지 않은 분할등기의 무효

1) 토지의 개수는 「공간정보의 구축 및 관리 등에 관한 법률」(구 지적법, 측량수로조사 및 지적에 관한 법률)에 의한 지적공부상의 토지의 필수를 표준으로 하여 결정되는 것으로서 1필지의 토지를 수필의 토지로 분할하여 등기하려면 「공간정보의 구축 및 관리 등에 관한 법률」이 정하는 바에 따라 먼저 지적공부 소관청에 의하여 지적측량을 하고 그에 따라 필지마다 지번, 지목, 경계 또는 좌표와 면적이 정하여진 후 지적공부에 등록되는 등 분할의 절차를 밟아야 하고, 가사 등기부에만 분필의 등기가 이루어졌다고 하여도 이로써 분필의 효과가 발생할 수는 없다(대판 1990.12.7. 90다카25208, 1984.3.27. 83다카1135).

2) 등기부상만으로 어떤 토지 중 일부가 분할되고 그 분할된 토지에 대하여 지번과 지적이 부여되어 등기되어 있다고 하더라도 지적공부 소관청에 의한 지번, 지적, 지목, 경계확정 등의 분필절차를 거친 바가 없다면 그 등기가 표상하는 목적물은 특정되었다고 할 수는 없다(대판 1995.6.16. 94다4615).

4 지적도상의 경계의 효력

(1) 지적도상의 경계가 우선

토지는 인위적으로 구획된 일정범위의 지면에 사회관념상 정당한 이익이 있는 범위 내에서의 상하를 포함하는 것으로서, 토지의 개수는 「공간정보의 구축 및 관리 등에 관한 법률」에 의한 지적공부상의 필수, 분계선에 의하여 결정되는 것이고, 어떤 토지가 지적공부상 1필의 토지로 등록되면 그 지적공부상의 경계가 현실의 경계와 다르다 하더라도 다른 특별한 사정이 없는 한 그 경계는 지적공부상의 등록, 즉 지적도상의 경계에 의하여 특정되는 것이다(대판 1995.6. 16. 94다4615, 1996.7.9. 95다55597, 55603).

(2) 실제 경계에 의할 경우

지적도를 작성함에 있어 기점을 잘못 선택하는 등의 기술적인 착오로 말미암아 지적도상의 경계가 진실한 경계선과 다르게 잘못 작성되었다는 등의 특별한 사정이 있는 경우에는 그 토지의 경계는 지적도에 의하지 않고 실제의 경계에 의하여 확정하여야 할 것이다(대판 1996.4.23. 95다54761).

단락핵심 지적공부조사

(1) 중개대상물의 종류·면적·용도 등 중개대상물에 관한 기본적인 사항은 토지대장등본 및 건축물대장등본 등을 통하여 조사한다.
(2) 소유권·저당권 등 권리관계에 관한 사항은 등기사항증명서를 통하여 조사한다.
(3) 토지대장상의 면적과 토지등기사항증명서상의 면적이 서로 다른 경우에는 토지대장에 기재된 면적을 기준으로 확인·설명한다.
(4) 건축물대장상의 용도와 실제의 용도가 다른 경우에는 불법건축물인지의 여부를 허가관청에서 확인하여 설명한다.

제3편 중개실무

단락문제 Q04
제14회 기출

다음은 개업공인중개사의 조사·확인설명에 관한 내용이다. 올바른 설명을 모두 고른 것은?

> ㉠ 임야대장의 면적과 등기사항증명서의 면적이 서로 다른 경우에는 임야대장상의 기재사항을 기준으로 판단한다.
> ㉡ 토지소유자의 인적사항에 관하여 토지대장과 등기사항증명서가 일치하지 아니하는 경우에는 토지대장을 기준으로 판단한다.
> ㉢ 토지의 소재가 토지대장과 등기사항증명서와 일치하지 아니하는 경우에는 등기사항증명서를 기준으로 판단한다.
> ㉣ 도시계획에 관한 사항은 건축물대장을 우선적으로 열람하여 확인한다.
> ㉤ 법정지상권의 성립 여부는 등기사항증명서를 열람하여 알 수 있다.

① ㉠ ② ㉠, ㉡ ③ ㉠, ㉢
④ ㉠, ㉡, ㉢ ⑤ ㉠, ㉡, ㉢, ㉣, ㉤

해설 개업공인중개사의 조사·확인설명 내용
㉡ 등기사항증명서를 기준으로 판단한다.
㉢ 동일한 토지에 대하여 소재지 표시가 일치하지 아니하는 경우에는 토지대장이 우선이다.
㉣ 토지이용계획확인서를 열람하여 확인한다.
㉤ 법률의 규정에 의한 권리변동은 등기하지 않아도 효력이 발생하므로(민법 제187조), 현장조사를 통해 확인해야 한다.

정답 ①

04 건축물대장

1 건축물대장의 종류 등

(1) 건축물대장은 건축물 1동을 단위로 하여 각 건축물마다 작성하고, 부속건축물은 주된 건축물에 포함하여 작성한다(건축물대장의 기재 및 관리 등에 관한 규칙 제5조 제1항).

(2) 건축물대장은 건축물의 종류에 따라 다음과 같이 구분한다(규칙 제4조)

 1) **일반건축물대장**
　　일반건축물에 해당하는 건축물 및 대지에 관한 현황을 기재한 건축물대장

 2) **集합건축물대장**
　　집합건축물에 해당하는 건축물 및 대지에 관한 현황을 기재한 건축물대장

2 건축물대장과 등기사항증명서의 불일치

등기부와 건축물대장의 표시, 즉 건물의 구조, 면적, 건물번호, 부속건물의 종류, 구조와 면적이 불일치할 경우에는 건축물대장을 기준으로 조사분석을 해야 할 것이며, 소유자현황이 불일치할 경우에는 등기부를 기준으로 조사·분석을 해야 할 것이다.

제3장 중개대상물의 조사·분석

단락문제 Q05 제9회 기출

중개의뢰물건의 조사방법에 관한 기술이다. 틀린 것은?

① 공법상 이용제한 및 거래제한에 관한 사항을 토지이용계획확인서를 통하여 확인하였다.
② 건축물대장을 통하여 건물의 기능상의 문제점 및 외관상의 구조와 특징을 확인하였다.
③ 토지의 표시사항과 지번의 실제소재를 알기 위하여 지적공부와 지번일람도를 열람하였다.
④ 등기부 乙구를 열람하여 소유권 이외의 권리의 명칭과 접수일자 및 원인을 확인하였다.
⑤ 탐문으로 토지에 대한 미등기소유권의 존재 여부를 확인하였다.

해설 중개의뢰물건의 조사방법
건축물대장은 건축물의 구조나 주요설비, 면적, 용도 등을 확인할 수 있는 장부로서 건축물의 기능상의 문제점이나 외형상의 구조나 특징을 확인하기 위해서는 현장조사가 필요하다.   **정답** ②

05 토지이용계획확인서

1 토지이용계획확인서의 의의

토지이용계획확인서는 중개대상 토지의 가격이나 용도에 대하여 큰 영향을 미친다고 인정되는 공적규제사항에 대한 것을 「토지이용규제 기본법」 제10조에 근거하여 시장·군수·구청장이 토지소유자 또는 이해관계인의 신청에 의하여 발급하는 공적문서이다.

2 토지이용계획확인서의 구성

토지이용계획확인서에서 확인할 수 있는 공적 규제사항으로는 「국토의 계획 및 이용에 관한 법률」에 의한 도시관리계획의 내용, 다른 법령에 의하여 결정·고시된 지역·지구 또는 구역 등의 지정, 토지의 용도 및 도시계획시설의 결정 여부 등에 관한 계획이 포함되어 있다.

3 공법상 이용제한·거래규제사항 16회 출제

토지이용계획확인서를 발급받아 확인한다.

Professor Comment
토지이용계획확인서를 통하여 모든 공법상 이용제한사항과 거래규제 사항을 확인할 수 없다.

4 토지이용계획확인서의 효용(效用)

토지이용계획확인서의 기재내용에 비추어 그것이 토지의 객관적 용도 및 가액 판정의 기초가 되리라는 사정은 충분히 예측가능한 것이다(대판 2006.2.24. 2005다29207).

일반건축물대장(갑)

고유번호	0000000000-0-00000000						정부번호	1-1		특이사항	지구단위계획구역 외1
대지위치	서울특별시 강남구 ○○동		지번	00-00		명칭 및 번호					
*대지면적	342.7㎡	연면적	586.51㎡	*지역	2종일반주거지역	*지구			구역		지하 3층/지상 3층
건축면적	200.22㎡	용적률 산정용 연면적 586.51㎡		주구조 철근콘크리트조		주용도 근린생활시설			층수		
*건폐율 58.42%		*용적률 171.14%		높이 10.35m		지붕 철근콘크리트			부속건축물		㎡

건축물 현황

구분	층별	구조	용도	면적(㎡)
주1	1층	철근콘크리트조	소매점	197.85
주1	2층	철근콘크리트조	소매점	200.22
주1	3층	철근콘크리트조	소매점	188.4
주1	옥탑1층	철근콘크리트조	옥탑, 계단실(연면적 제외)	19.7
			- 이하 여백 -	

소유자현황

성명(명칭) 주민등록번호 (부동산등기용등록번호)	주소	소유권지분	변동일자 변동원인
○○○ ******-*******	서울특별시 강남구 ○○동		1994.09.16 소유권이전
서초구 ○○○ ******-*******		소유자등록	2003.10.14 소유권이전
- 이하 여백 -			

[견 본]

30304-16631바
'97. 10. 9 승인

* 황색은 총괄표제부가 있는 경우에는 기재하지 아니합니다.

297mm×210mm 켄트지260g/㎡

제3장 중개대상물의 조사·분석

[견본]

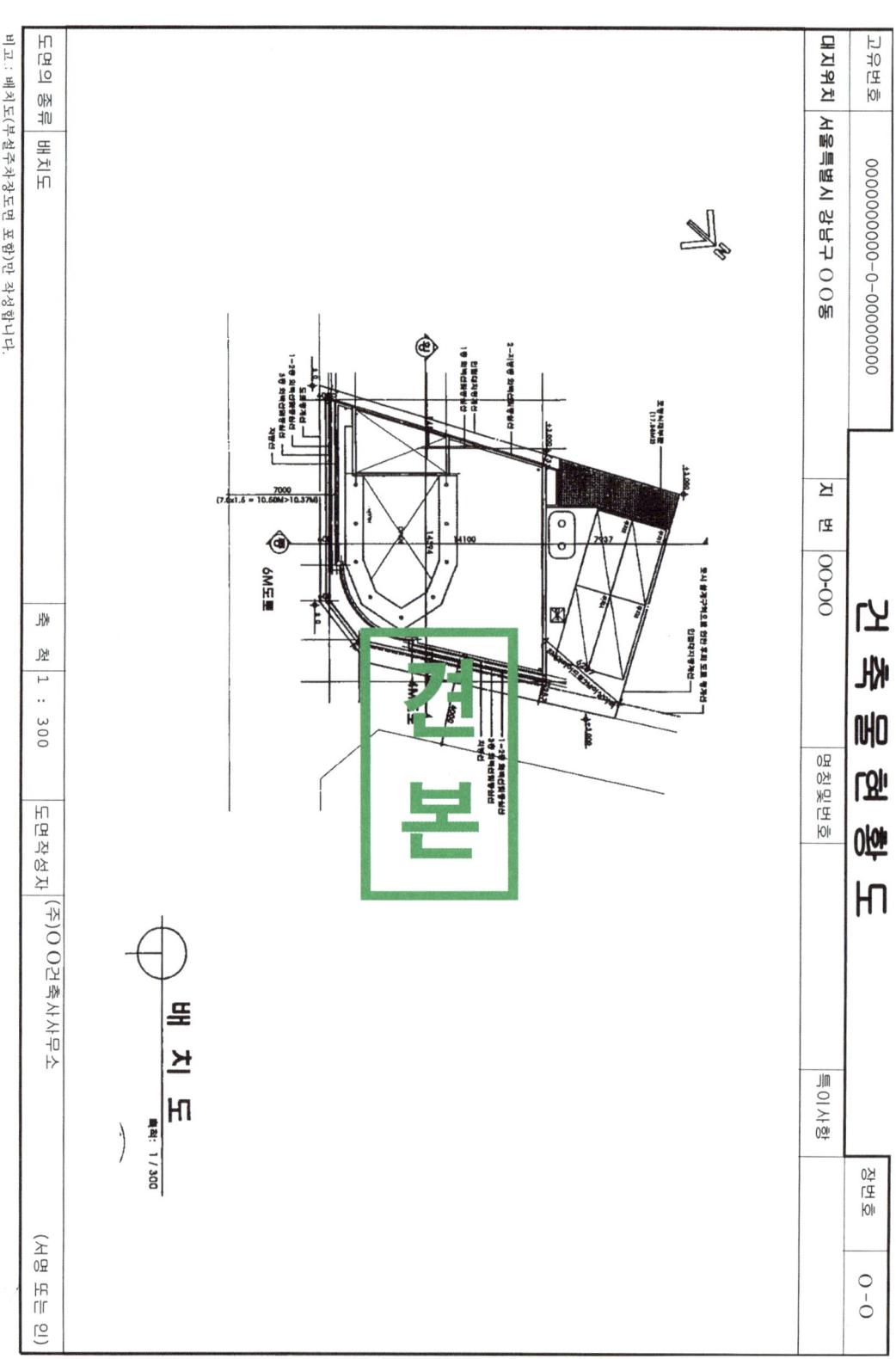

[별지 제2호 서식]

발급번호 :   발행매수 : 0/0   발급일 : 0000/00/00   (앞 쪽)

		토 지 이 용 계 획 확 인 서			처리기간
					1일
신청인	성명		주소		
			전화번호		
신청토지	소재지		지번	지목	면적(m²)
지역·지구 등의 지정 여부	「국토의 계획 및 이용에 관한 법률」에 따른 지역·지구 등				
	다른 법령 등에 따른 지역·지구 등				
「토지이용규제 기본법 시행령」 제9조 제4항 각 호에 해당되는 사항					
확인도면				범례	
				축척 /	
				수입증지 붙이는 곳	
「토지이용규제 기본법」 제10조 제1항에 따라 귀하의 신청토지에 대한 현재의 토지이용계획을 위와 같이 확인합니다.					
			년 월 일	수입증지 금액 (지방자치단체의 조례로 정함)	
		특별자치도지사 시장군수구청장	직인		

210mm×297mm(보존용지(2종) 70g/m²)

발급번호 :   발행매수 : 0/0   발급일 : 0000/00/00   (뒤 쪽)

유의사항	1. 토지이용계획확인서는 「토지이용규제 기본법」 제5조 각 호에 따른 지역·지구등의 지정내용과 그 지역·지구등 안에서의 행위제한내용, 그리고 동법 시행령 제9조 제4항에서 정하는 사항을 확인하여 드리는 것으로서 지역·지구·구역 등의 명칭을 쓰는 모든 것을 확인하여 드리는 것은 아닙니다. 2. 「토지이용규제 기본법」 제8조 제2항 단서에 따라 지형도면을 작성·고시하지 않는 경우로서 「철도안전법」 제45조에 따른 철도보호지구, 「학교보건법」 제5조에 따른 학교환경위생 정화구역 등과 같이 별도의 지정 절차 없이 법령 또는 자치법규에 따라 지역·지구등의 범위가 직접 지정되는 경우에는 그 지역·지구등의 지정 여부를 확인해 드리지 못할 수 있습니다. 3. 「토지이용규제 기본법」 제8조 제3항 단서에 따라 지역·지구등의 지정 시 지형도면등의 고시가 곤란한 경우로서 「토지이용규제 기본법 시행령」 제7조 제4항 각 호에 해당되는 경우에는 그 지형도면등의 고시 전에 해당 지역·지구등의 지정 여부를 확인해 드리지 못합니다. 4. "확인도면"은 해당 필지에 지정된 지역·지구등의 지정 여부를 확인하기 위한 참고 도면으로서 법적 효력이 없고, 측량이나 그 밖의 목적으로 사용할 수 없습니다. 5. 지역·지구등에서의 행위제한 내용은 신청인의 편의를 도모하기 위하여 관계법령 및 자치법규에 규정된 내용을 그대로 제공해 드리는 것으로서 신청인이 신청한 경우에만 제공되며, 신청 토지에 대하여 제공된 행위제한 내용 외의 모든 개발행위가 법적으로 보장되는 것은 아닙니다.
지역·지구 등에서의 행위제한 내용	※ 지역·지구등에서의 행위제한 내용은 신청인이 확인을 신청한 경우에만 기재되며, 「국토의 계획 및 이용에 관한 법률」에 따른 지구단위계획구역에 해당하는 경우에는 담당 과를 방문하여 토지이용과 관련한 계획을 별도로 확인하셔야 합니다.

06 미등기부동산의 조사·분석 ★★

1 미등기의 토지

미등기의 토지는 해당 토지의 소유권을 주장하는 자가 이와 같은 「공간정보의 구축 및 관리 등에 관한 법률」에 의한 신규등록의 요건을 갖추거나 「부동산등기법」에 의한 소유권보존등기 요건을 갖춘 때에 한하여 거래가 될 수 있을 것이다.

2 미등기의 건물

미등기의 건물 역시 해당 건물의 소유권을 주장하는 자가 「건축법」(제29조)에 의해 건축물대장에 기재할 요건을 갖추거나 「부동산등기법」에 의한 건축물의 소유권보존등기 요건을 갖춘 때에 한하여 거래가 될 수 있을 것이다(부동산등기법 제65조).

Professor Comment

거래당사자의 모두의 이익을 보호해야 할 개업공인중개사의 입장에서는 이와 같은 신규등록의 요건이 완벽하게 갖추어졌다고 확신되지 않는 한, 매도의뢰인이 소유권보존등기를 마친 후 거래하도록 권유하는 것이 바람직할 것으로 보인다.

제3장 중개대상물의 조사·분석

제3절 현장조사 **11회 출제**

01 현장조사의 개요★

1 현장조사의 의의

(1) 부동산은 지리적 위치의 고정성이라는 특성으로 인해 권리에 대한 공시수단으로서 등기제도와 국가의 특정목적 달성을 위한 지적공부 등을 두고 있으나, 이들 제도가 부동산에 대한 권리에 공신력을 부여하지 않고 있으며, 등기부를 통해 공시되지 않는 권리도 법령에 의해 인정되고 있다.

(2) 따라서 개업공인중개사는 현장조사라는 임장활동을 통해 중개대상물에 대한 현황을 조사하는 동시에 각종 공부에 기재된 내용과 실질권리관계가 일치하는지의 여부는 물론 공시되지 않는 권리관계도 확인해야 할 것이다.

Professor Comment
중개대상물의 판매활동을 위한 셀링포인트의 추출이나 가격분석을 위한 지역요인과 개별요인의 조사·분석 및 입지분석, 투자분석을 위해서도 현장조사가 반드시 필요할 것이다.

현장조사

① 공부조사를 마친 후 반드시 현장조사를 해야 한다.
② 토지의 경우 지목·지형·지세·입목의 생육상태 등을 조사확인한다.
③ 주택의 경우 연면적·구조·용도·방향·입주자 등을 조사확인한다.

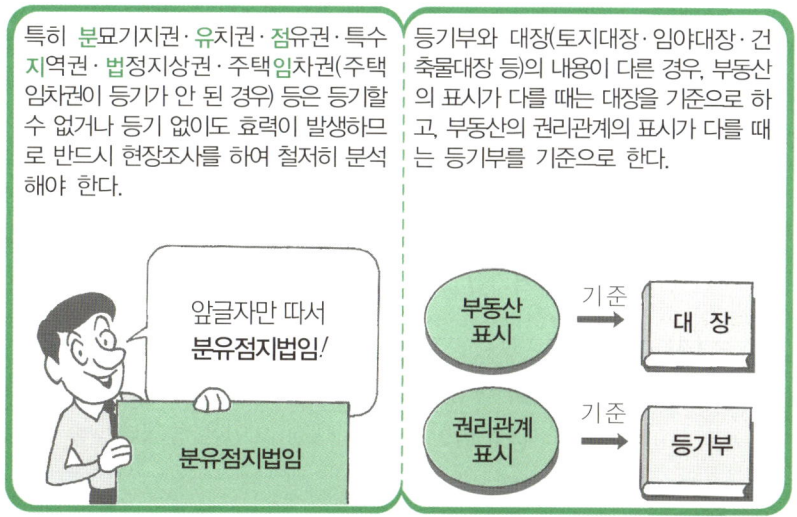

특히 분묘기지권·유치권·점유권·특수지역권·법정지상권·주택임차권(주택임차권이 등기가 안 된 경우) 등은 등기할 수 없거나 등기 없이도 효력이 발생하므로 반드시 현장조사를 하여 철저히 분석해야 한다.

등기부와 대장(토지대장·임야대장·건축물대장 등)의 내용이 다른 경우, 부동산의 표시가 다를 때는 대장을 기준으로 하고, 부동산의 권리관계의 표시가 다를 때는 등기부를 기준으로 한다.

2 현장조사 내용 13회 출제

(1) 기초조사

1) 각종 공부에 등록된 사항은 여러 가지 원인으로 인해 중개대상물의 실제현황과 차이가 나타나는 경우가 많은 것으로 알려져 있다. 따라서 현장조사의 시작은 공부상의 내용과 실제의 현황과의 차이를 분석하는 것부터 시작되는 것이 바람직한 것으로, 이를 위해서는 다음과 같은 사항은 반드시 기초조사에 포함되어야 할 것이다.

① 위 치	지적도·임야도의 위치와 대상부동산의 일치 여부 확인
② 실 재	건축물대장에 등재된 건축물의 존재 여부와 등재되지 않은 건축물 등의 존재 여부 확인
③ 경 계	지적도·임야도의 경계에 대한 인근 토지의 침범 여부 확인
④ 면 적	실제면적에 대한 개략적인 실측을 통한 공부상의 면적의 적정성 확인
⑤ 지목·용도	공부상의 지목과 건축물의 용도에 대한 확인
⑥ 기 타	건축물의 방향이나 설비 등 중개대상물의 가격에 영향을 줄 수 있는 물적 사항의 확인

2) 이러한 기초조사의 업무수행을 위해서는 현장조사시 각종 공부나 기타 조사내용에 대한 점검표를 사전에 준비하는 것이 바람직하다.

Professor Comment
조사된 내용은 별도의 기록을 통해 확인·설명 등 중개활동의 기초자료로 활용해야 할 것이다.

(2) 지역분석

지역분석은 중개대상부동산의 확인·설명 및 가격평가와 각종 분석을 위하여 지역의 지가수준과 부동산의 이용 등에 전반적인 영향을 미치는 자연적·사회적·경제적·행정적 요인을 조사·분석하는 것으로, 지역분석은 다음과 같은 순서에 따라 실시한다.

1) 당해 지역의 전반적인 지역요인의 분석
2) 지역특성을 고려하여 당해 지역을 용도지역이나 용도지구 등을 기준으로 지역적 특성에 따라 중개대상물이 포함되는 세부지역범위 확정
3) 세분된 지역의 지가수준과 부동산의 이용 등에 전반적인 영향을 미치는 자연적·사회적·경제적·행정적 요인 조사
4) 조사된 지역요인의 변동추이 및 주요 변동원인분석

(3) 가격자료수집

중개대상물의 적정 거래가격 평가를 위해서는 인근 유사부동산의 거래사례나 시세, 가격동향 등의 가격자료를 수집해야 할 것이다.

(4) 개별분석

중개대상물의 확인·설명 및 가격평가와 각종 분석을 위한 물리적·사회적·경제적·행정적 요인을 조사·분석한다. 조사대상 요인은 중개대상물 확인·설명서에 포함된 확인·설명사

항은 물론 대상부동산의 권리분석이나 가격·이용·입지·투자 등의 분석에 필요한 각종 개별요인을 의미한다.

(5) 셀링포인트 추출

셀링포인트(販賣訴求点, Selling point)는 중개대상물의 판매를 위한 도구로서, 개별분석과 지역분석을 위한 활동에는 인근의 부동산과 대비한 셀링포인트의 추출작업도 함께 이루어져야 할 것이다.

(6) 법률관계 조사분석

현장조사를 통한 법률관계확인(法律關係確認)은 심문(深聞)이나 중개대상물에 대한 이해관계인에의 질문 등을 통하여 가능한 것으로, 다음과 같은 사항이 포함되어야 할 것이다.

1) 권리자 확인

등기부에 등재된 소유자나 중개대상물의 중개를 의뢰한 권리자의 정당한 권리를 확인하기 위해서는 현장조사과정에서 대상부동산에 거주하는 자나 인근주민에 대한 탐문조사를 실시해야 할 것이다.

2) 부동산에 대한 제한권리 확인

① 중개대상권리를 제한하는 각종 제한물권 및 관습법상의 물권과 채권 중 등기부에 등재되지 않은 제한의 존재 여부를 확인해야 한다.
② 가장 대표적인 제한권리로는 주택임차권이다. 「주택임대차보호법」에 의해 주택임차인은 새로운 소유자에 대한 대항력을 보유하고 있는 것으로, 현장조사시에는 주택임차인의 숫자와 보증금 및 월세, 실제거주여부 등을 반드시 확인해야 할 것이다.

Professor Comment
토지 등의 경우에는 정당한 권리없이 대상부동산을 점유한 불법점유자가 존재하는지 여부도 확인해야 할 것이다.

3) 수인의무 등의 조사·분석

「민법」상 상린관계(相隣關係)의 규제조항에 의한 일정한 수인의무(受忍義務) 등의 존재에 대하여 명확히 조사·분석해야 하며, 인접지의 건축이나 개발로 인한 새로운 수인의무의 발생가능성도 함께 조사·분석해야 할 것이다.

4) 불법요인 조사·분석

중개대상물이 관계법률 등에 금지되는 불법요인을 갖추고 있는지 여부를 확인하고, 이로 인해 중개대상물에 대한 권리취득자에게 불이익이 발생할지 여부도 분석해야 할 것이다.

> **Wide** 조사·분석사항
>
> 「건축법」을 위반하여 건물을 불법개조하거나 불법적으로 용도를 변경한 경우, 중개대상물에 대한 권리취득자는 이를 원상회복해야 할 의무를 부담하게 되거나 「건축법」에 의한 처벌을 받을 수 있으므로, 건축물대장상의 용도와 실제의 용도가 다른 경우 불법요인에 해당하는지 여부를 조사·분석해야 할 것이다.

단락문제 Q06
제1회 기출

다음은 부동산에 대한 권리관계를 확인하기 위해서 반드시 현장확인이 필요한 사항을 나열한 것이다. 가장 옳지 않은 것은?

① 분묘기지권의 확인
② 법정지상권의 확인
③ 주택임차권등기명령에 의한 임차권 관계의 확인
④ 유치권의 확인
⑤ 인지통행권 및 관습법상 지역권의 확인

해설 주택임차권등기명령에 의한 등기
주택임차권등기명령에 의한 등기는 등기사항증명서에 기재되어 있으므로 등기사항증명서를 통해 확인해야 한다.

정답 ③

02 토지의 현장조사 ★★

1 현장조사 내용

토지의 현장조사는 다음과 같은 사항들이 포함되는 것이 바람직할 것이다. 특히, 중개대상물의 확인·설명사항과 등기되지 않는 권리인 주택임차권과 법정지상권, 유치권, 점유권, 특수지역권, 채석권, 분묘기지권 등의 권리는 반드시 조사되어야 할 것이다.

(1) 토지의 소재지·지번·지목·면적
(2) 위치 및 주위환경
(3) 토지의 이용상태·효용성 및 공사법상 제한사항과의 부합 여부
(4) 교통사정 및 도로조건
(5) 형상·지세·지반·지질 등의 상태
(6) 편익시설의 접근성 및 편의정도
(7) 유해시설의 접근성 및 재해·소음 등 유해정도
(8) 기타 중개대상물의 거래의사결정 및 가격 등에 영향을 미칠 수 있는 사항

2 현장조사방법

Professor Comment

현장조사방법은 직접 현장에 나가 탐문조사를 하는 것으로 임장활동이라고도 한다.

제3장 중개대상물의 조사·분석

(1) 조사방법

1) 통상 중개대상물에 대한 현장조사는 개략적인 방법(줄자나 목측, 보측 등)에 의해 행해진다. 토지에 대한 현장조사는 정확한 측량에 의한 것이 이상적인 것으로 볼 수 있으나, 개업공인 중개사가 중개대상물의 현황을 측량까지 하여 중개의뢰인에게 확인설명할 의무가 있다고 할 수는 없다(서울고등법원 1996.4.12. 95나46199호).

2) 또한, 토지매매에 있어서 특단의 사정이 없는 한 매수인에게 측량 또는 지적도와의 대조 등의 방법으로 매매목적물이 지적도상의 그것과 정확히 일치하는지의 여부를 미리 확인하여야 할 주의의무가 있다고 볼 수 없다.

■ **현장답사시 과실 여부** 16회 출제

현장답사에서 매도인이 매매목적물이라고 제시하는 토지의 점유평수가 매매계약상 매매목적물의 평수와 비슷하고 그 토지의 지적(地積) 일부가 하천부지에 편입되어 있음을 의심할만한 특별한 사정이 없었다면 원고가 위 토지 매매당시 매매목적물을 측량하지 아니하거나 또는 현장답사에서 지적도와의 대조를 소홀히 하여 하천부지로 편입된 사실을 미리 발견하지 못하였다고 하여도 여기에 매수인의 과실이 있다고 할 수 없을 것이다(대판 1985.11.12. 84다카2344).

(2) 면적의 계산

중개대상물의 면적은 제곱미터(㎡) 단위로 공부에 등재되어 있으나, 종전에는 부동산의 거래시 평(坪) 단위가 많이 활용되었다. '제곱미터'와 '평'을 환산하기 위한 산식은 다음과 같다(국토교통부 전자민원 2000.9.18. 회신 30500호).

① 면적(㎡) × 0.3025 = 면적(평)　　② 면적(평) ÷ 0.3025 = 면적(㎡)

Professor Comment
지적공부의 면적과 경계는 등록사항과 현장내용이 불일치하더라도 등록사항이 인정되므로 현장과 공부사항을 대조해야 한다.

3 법정지상권의 확인 25·30회 출제

(1) 법정지상권의 발생

1) **건물의 전세권과 법정지상권**

대지와 건물이 동일한 소유자에 속한 경우에 건물에 전세권을 설정한 때에는 그 대지소유권의 특별승계인(特別承繼人)은 전세권설정자에 대하여 지상권을 설정한 것으로 본다. 그러나 지료(地料)는 당사자의 청구에 의하여 법원이 이를 정한다(민법 제305조 제1항). 법정지상권의 대상 대지소유자는 타인에게 그 대지를 임대하거나 이를 목적으로 한 지상권 또는 전세권을 설정하지 못한다(민법 제305조 제2항).

2) 저당권의 경매로 인한 법정지상권

저당물(抵當物)의 경매(競賣)로 인하여 토지와 그 지상건물이 다른 소유자에 속한 경우에는 토지소유자는 건물소유자에 대하여 지상권을 설정한 것으로 본다. 그러나 지료는 당사자의 청구에 의하여 법원이 이를 정한다(민법 제366조).

3) 가등기담보 등에 의한 법정지상권

토지 및 그 지상의 건물이 동일한 소유자에게 속하는 경우에, 그 토지 또는 건물에 대하여 담보권의 실행을 통해 소유권을 취득하거나 담보가등기에 기한 본등기가 행하여진 경우에는 그 건물의 소유를 목적으로 그 토지 위에 지상권이 설정된 것으로 본다(「가등기담보 등에 관한 법률」 제10조).

4) 입목의 경매 등으로 인한 법정지상권

입목의 경매 기타 사유로 인하여 토지와 그 입목이 각각 다른 소유자에게 속하게 되는 경우에는 토지소유자는 입목소유자에 대하여 지상권을 설정한 것으로 본다
(「입목에 관한 법률」 제6조).

법정지상권

① 법률에서 정하고 있는 지상권을 말한다.
② 법정지상권은 등기를 요하지 않는다.
③ 법정지상권(5가지)
 ㉠ 민법 제305조의 법정지상권(건물의 전세권과 법정지상권)
 ㉡ 민법 제366조의 법정지상권(저당권 경매에 의한 법정지상권)
 ㉢ 「가등기담보 등에 관한 법률」 제10조의 법정지상권
 ㉣ 「입목에 관한 법률」 제6조의 법정지상권
 ㉤ 관습법상의 법정지상권

5) 관습법상 법정지상권

관습상의 법정지상권은 토지와 건물이 동일인에게 속하였다가 그 중 어느 하나가 일정한 원인으로 소유자를 달리하게 되는 경우 그 건물을 철거한다는 특약이 없으면 성립되는 것으로 토지와 건물을 각기 독립한 부동산으로 취급하는 우리 법제에서 그 건물의 가치를 유지시키기 위한 필요에 의하여 관습법상 인정한 제도인 바, 토지소유권으로서는 그로 인하여 제한을 당하는 결과로 된다(대판 1999.3.26. 98다64189).

(2) 법정지상권의 존속기간

1) 법정지상권의 존속기간은 성립 후 그 지상목적물의 종류에 따라 규정하고 있는 「민법」 제280조 제1항 소정의 각 기간으로 봄이 상당하고 분묘기지권과 같이 그 지상에 건립된 건물이 존속하는 한 법정지상권도 존속하는 것이라고는 할 수 없다(대판 1992.6.9. 92다4857).

2) 「민법」 제280조 제1항에서는 **지상권의 최소기간을 다음과 같이 정하고 있다.**
   ① 석조, 석회조, 연와조 또는 이와 유사한 견고한 건물이나 수목의 소유를 목적으로 하는 때에는 30년
   ② 전호 이외의 건물의 소유를 목적으로 하는 때에는 15년
   ③ 건물 이외의 공작물의 소유를 목적으로 하는 때에는 5년

(3) 법정지상권의 불성립

건물 없는 토지에 대하여 저당권이 설정된 후 저당권설정자가 그 위에 건물을 건축하였다가 담보권의 실행을 위한 경매절차에서 경매로 인하여 그 토지와 지상 건물이 소유자를 달리하였을 경우에는 「민법」 제366조의 법정지상권이 인정되지 아니할 뿐만 아니라 관습상의 법정지상권도 인정되지 아니하는 것이다(대결 1995.12.11. 95마1262).

4 관습법상 법정지상권의 확인

(1) 관습법상 법정지상권의 성립이 인정되는 경우

1) 소유자의 동일
관습법상의 법정지상권이 성립되기 위하여는 토지와 건물 중 어느 하나가 처분될 당시에 토지와 그 지상건물이 동일인의 소유에 속하였으면 족하고 원시적으로 동일인의 소유였을 필요는 없다[대판 1970.9.29. 70다1454, 1995.7.28. 95다9075, 95다9082(반소)].

2) 매매 등으로 인하여 소유자가 달라질 것
토지 또는 건물이 동일한 소유자에게 속하였다가 그 건물 또는 토지가 매매 기타의 원인으로 인하여 양자의 소유자가 다르게 된 때에 그 건물을 철거한다는 조건이 없는 이상 건물소유자는 토지소유자에 대하여 그 건물을 위한 관습상의 법정지상권을 취득하는 것이고, 자기의 의사에 의하여 건물만의 소유권을 취득하였다고 하여 관습상의 법정지상권을 취득할 수 없는 것은 아니라고 할 것이다(대판 1997.1.21. 96다40080).

(2) 관습법상 법정지상권의 성립이 인정되지 않는 경우

1) 원인무효로 건물과 토지의 소유자가 달라지게 된 경우
원래 동일인에게의 그 소유권 귀속이 원인무효로 이루어졌다가 그 뒤 그 원인무효임이 밝혀져 그 등기가 말소됨으로써 그 건물과 토지의 소유자가 달라지게 된 경우에는 관습상의 법정지상권을 허용할 수 없는 것이다(대판 1999.3.26. 98다64189).

2) 저당권설정 후 경매로 인하여 토지와 지상건물이 소유자를 달리하였을 경우
건물 없는 토지에 대하여 저당권이 설정된 후 저당권설정자가 그 위에 건물을 건축하였다가 담보권의 실행을 위한 경매절차에서 경매로 인하여 그 토지와 지상 건물이 소유자를 달리하였을 경우에는 「민법」 제366조의 법정지상권이 인정되지 아니할 뿐만 아니라 관습상의 법정지상권도 인정되지 아니하는 것이다(대결 1995.12.11. 95마1262).

3) 지상물 중 독립된 건물로 볼 수 없는 단순한 지상구조물
건물에 관하여는 그 건물의 소유를 목적으로 한 관습법상의 법정지상권을 취득하였지만, 지상물 중 독립된 건물로 볼 수 없는 단순한 지상구조물인 자전거보관소와 철봉에 관하여는 관습법상의 법정지상권을 취득할 여지가 없다(대판 1993.2.23. 92다49218).

4) 건물의 등기부상 소유명의를 타인에게 신탁한 경우
건물의 등기부상 소유명의를 타인에게 신탁한 경우에 신탁자는 제3자에게 그 건물이 자기의 소유임을 주장할 수 없고, 따라서 그 건물과 부지인 토지가 동일인의 소유임을 전제로 한 법정지상권을 취득할 수 없다(대판 2004.2.13. 2003다29043).

5) 저당권이 설정될 당시 근저당권자가 토지소유자에 의한 건축에 동의한 경우

토지에 관하여 저당권이 설정될 당시 그 지상에 토지소유자에 의한 건물의 건축이 개시되기 이전이었다면, 건물이 없는 토지에 관하여 저당권이 설정될 당시 근저당권자가 토지소유자에 의한 건물의 건축에 동의하였다 하더라도 그러한 사정은 주관적 사항이고 공시할 수도 없는 것이어서 토지를 낙찰받은 제3자로서는 알 수 없는 것이므로 그와 같은 사정을 들어 법정지상권의 성립을 인정한다면 토지소유권을 취득하려는 제3자의 법적 안정성을 해하는 등 법률관계가 매우 불명확하게 되므로 법정지상권이 성립되지 않는다고 보아야 한다(대판 2003.9.5. 2003다26051).

6) 동일인 소유의 토지와 그 지상건물에 관하여 공동저당권이 설정된 후 건물이 철거되고 신축된 경우

동일인의 소유에 속하는 토지와 그 지상건물에 관하여 공동저당권이 설정된 후 그 지상건물이 철거되고 새로 건물이 신축된 경우에도 그 후 저당권의 실행에 의하여 토지가 매각(경락)됨으로써 대지와 건물의 소유자가 달라지면 언제나 토지에 관하여 신축건물을 위한 법정지상권이 성립되지 않는다. 따라서 이와 상치되는 종전의 판례는 변경하기로 한다(대판 2003.12.18. 98다43601).

단락문제 Q07 (제13회 기출)

다음은 법정지상권에 대한 설명이다. 옳지 않은 것은?

① 나대지에 저당권이 설정된 후 저당권설정자가 그 위에 건물을 건축하였다가 담보권의 실행을 위한 경매로 인하여 그 토지와 지상건물이 소유자를 달리하였을 경우에는 법정지상권이 인정되지 않는다.
② 지상물 중 독립된 건물로 볼 수 없는 단순한 지상구조물인 자전거보관소와 철봉에 관하여는 관습법상의 법정지상권을 취득할 여지가 없다.
③ 저당물의 경매로 인하여 토지와 그 지상건물이 다른 소유자에 속한 경우에는 토지소유자는 건물소유자에 대하여 지상권을 설정한 것으로 본다.
④ 저당권설정 당시의 건물이 멸실되거나 철거된 후 재건축·신축한 경우에도 저당물의 경매로 인하여 토지와 그 지상건물이 다른 소유자에 속한 경우 법정지상권이 인정된다.
⑤ 법정지상권은 건물의 소유에 부속되는 종속적인 권리로서 건물의 소유자가 건물과 법정지상권 중 어느 하나만을 처분하는 것은 불가능하다.

해설 법정지상권(법정지상권의 분리처분 등)
등기는 등기사항증명서에 기재되어 있으므로 등기사항증명서를 통해 확인해야 한다. **정답** ⑤

5 분묘기지권의 확인 16·20·21·25·29·30·34·35회 출제

(1) 분묘기지권의 의의
1) 분묘기지권은 분묘를 수호하고 봉제사하는 목적을 달성하는 데 필요한 범위 내에서 타인의 토지를 사용할 수 있는 권리를 의미하는 것이다(대판 1993.7.16. 93다210).
2) 「민법」 제185조에 따르면 물권은 법률 또는 관습법에 의하는 외에는 임의로 창설할 수 없는 것이나, 타인의 토지에 합법적으로 분묘를 설치한 자는 관습상 그 토지 위에 지상권에 유사한 일종의 물권을 취득한다(대판 1962.4.26. 4294민상1451).
3) 분묘기지권의 존재여부는 현장조사를 통하여 확인해야 한다. 또한, 관습법상 인정되는 분묘기지권은 아닐지라도 분묘가 존재하는 경우에는 묘를 함부로 파헤칠 수 없는 것이므로 현재 상태대로 거래해야 한다. 따라서 존재하는 모든 분묘는 권한 있는 자와 분묘기지권을 조사·분석해야 할 것이다.

(2) 분묘기지권의 취득
1) **합법적 설치로 인한 취득**
타인의 토지에 합법적으로 분묘를 설치한 자는 관습상 그 토지 위에 지상권에 유사한 일종의 물권을 취득한다(대판 1962.4.26. 4294민상1451).

2) **시효취득**
① 타인 소유의 토지에 소유자의 승낙 없이 분묘를 설치한 경우에는 20년간 평온, 공연하게 그 분묘의 기지를 점유함으로써 분묘기지권을 시효로 취득한다 할 것이고 이 경우 그 취득시효기간의 기산점은 당연히 분묘설치시라 할 것이다(대판 1995.2.28. 94다37912).

Professor Comment
장사 등에 관한 법률이 시행(2001년 1월)된 이후에 설치된 분묘는 적용되지 않는다.

② 분묘의 수호 및 제사주재자는 원칙적으로 종손이므로, 사망자의 연고자는 종손이 분묘를 관리할 수 있는 경우에는 토지소유자에 대하여 분묘기지권을 주장할 수 없다.

3) **관습법에 의한 취득**
타인소유의 토지에 분묘를 설치한 자는 20년간 평온·공연히 분묘의 기지를 점유한 때에는 해 기지 및 벌내에 대하여 지상권에 유사한 일종의 물권을 취득하고 자기소유의 토지의 분묘를 설치한 자가 분묘기지에 대한 소유권을 보유하지 않고 또 분묘를 이전한다는 약정 없이 토지를 처분한 경우에도 그 후 20년간 평온·공연히 분묘의 기지를 점유한 때에는 역시 전기 권리를 취득하는 것이 관습이다(대판 1955.9.29. 4288민상210).

(3) 분묘기지권의 성립요건

분묘란 그 내부에 사람의 해골, 유해, 유발 등 시신을 매장하여 사자를 안장한 장소를 말하고, 장래의 묘소로서 설치하는 등 그 내부에 시신이 안장되어 있지 않은 것은 분묘라고 할 수 없으며, 분묘기지권이 성립하기 위하여는 봉분 등 외부에서 분묘의 존재를 인식할 수 있는 형태를 갖추고 있어야 하고, 평장되어 있거나 암장되어 있어 객관적으로 인식할 수 있는 외형을 갖추고 있지 아니한 경우에는 분묘기지권이 인정되지 아니한다(대판 1991.10.25. 91다18040).

(4) 분묘기지권 성립으로 인한 소유권행사의 제한

분묘의 기지인 토지가 분묘소유권자 아닌 다른 사람의 소유인 경우에 그 토지소유자가 분묘소유자에 대하여 분묘의 설치를 승낙한 때에는 그 분묘의 기지에 대하여 분묘소유자를 위한 지상권 유사의 물권(분묘기지권)을 설정한 것으로 보아야 하므로, 이러한 경우 그 토지소유자는 분묘의 수호·관리에 필요한, 상당한 범위 내에서는 분묘기지가 된 토지부분에 대한 소유권의 행사가 제한될 수밖에 없다(대판 2000.9.26. 99다14006).

(5) 분묘기지권의 범위

1) 분묘기지권은 분묘를 수호하고 봉제사하는 목적을 달성하는 데 필요한 범위 내에서 타인의 토지를 사용할 수 있는 권리를 의미하는 것으로서, 분묘기지권은 분묘의 기지 자체뿐만 아니라 그 분묘의 설치목적인 분묘의 수호 및 제사에 필요한 범위 내에서 분묘의 기지 주위의 공지를 포함한 지역에까지 미치는 것이고, 그 확실한 범위는 각 구체적인 경우에 개별적으로 정하여야 할 것이며, 「장사 등에 관한 법률」에 의해 분묘의 점유면적을 1기당 30㎡로 제한하고 있다.

2) 여기서 말하는 분묘의 점유면적이라 함은 분묘의 기지면적만을 가리키며 분묘기지 외에 분묘의 수호 및 제사에 필요한 분묘기지 주위의 공지까지 포함한 묘지면적을 가리키는 것은 아니므로 분묘기지권의 범위가 위 법령이 규정한 제한면적 범위 내로 한정되는 것은 아니라 할 것이다(대판 1994.12.23. 94다15530).

분묘기지권의 취득

① 분묘설치 후 특약 없이 토지 처분
② 분묘설치 후 20년간 점유
③ 이미 설치된 것만 인정되며, 새로운 분묘는 설치할 수 없다.
  * 즉, 부(父)의 분묘에 새로이 모(母)의 분묘를 설치할 수 없다.

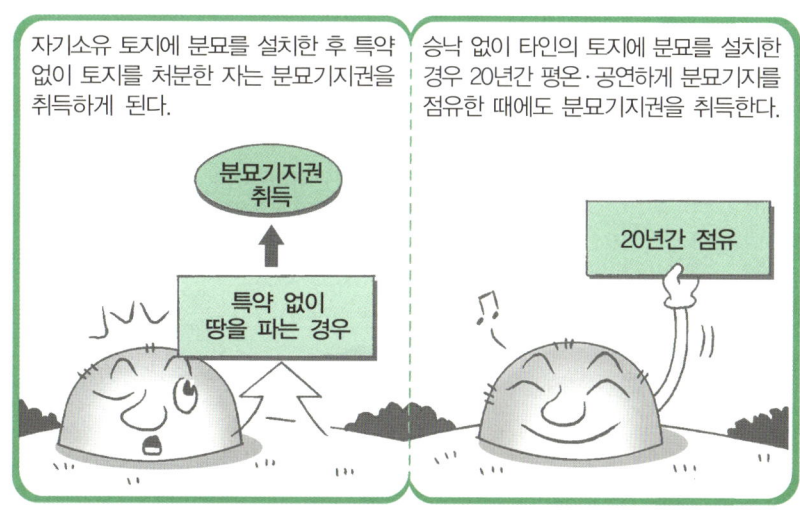

(6) 분묘기지권의 내용

분묘기지권은 분묘를 수호하고 봉제사하는 목적을 달성하는 데 필요한 범위 내에서 타인의 토지를 사용할 수 있는 권리를 의미하는 것으로서(대판 1993.7.16. 93다210), 이 분묘기지권에는 그 효력이 미치는 지역의 범위 내라고 할지라도 기존의 분묘 외에 새로운 분묘를 신설할 권능은 포함되지 아니하는 것이므로, 부부 중 일방이 먼저 사망하여 이미 그 분묘가 설치되고 그 분묘기지권이 미치는 범위 내에서 그 후에 사망한 다른 일방의 합장을 위하여 쌍분(雙墳)형태의 분묘를 설치하는 것도 허용되지 않는다고 할 것이다(대판 1997.5.23. 95다29086, 29093). 또한 그 후에 사망한 다른 일방을 단분형태로 합장하여 분묘를 설치하는 것도 허용되지 않는다(대판 2001.8.21. 2001다28367).

(7) 분묘기지권의 존속기간   19회 출제

1) 분묘기지권은 지상권에 유사한 일종의 물권이나(대판 1962.4.26. 4294민상1451), 그 존속기간에 관하여는 「민법」의 지상권에 관한 규정에 따를 것이 아니라, 당사자 사이에 약정이 있는 등 특별한 사정이 있으면 그에 따를 것이며, 그런 사정이 없는 경우에는 권리자가 분묘의 수호와 봉사를 계속하는 한 그 분묘가 존속하고 있는 동안은 분묘기지권은 존속한다고 해석함이 타당하다(대판 1982.1.26. 81다1220).

2) 분묘가 멸실된 경우라고 하더라도 유골이 존재하여 분묘의 원상회복이 가능하여 일시적인 멸실에 불과하다면 분묘기지권은 소멸하지 않고 존속하고 있다고 해석함이 상당하다(대판 2007.6.28. 2005다44114).

(8) 분묘기지권의 지료

분묘기지권을 시효취득한 경우 토지소유자가 지료를 청구하면 청구한 날부터, 지료 지급의무가 발생한다(대판 2021.4.29. 전합).

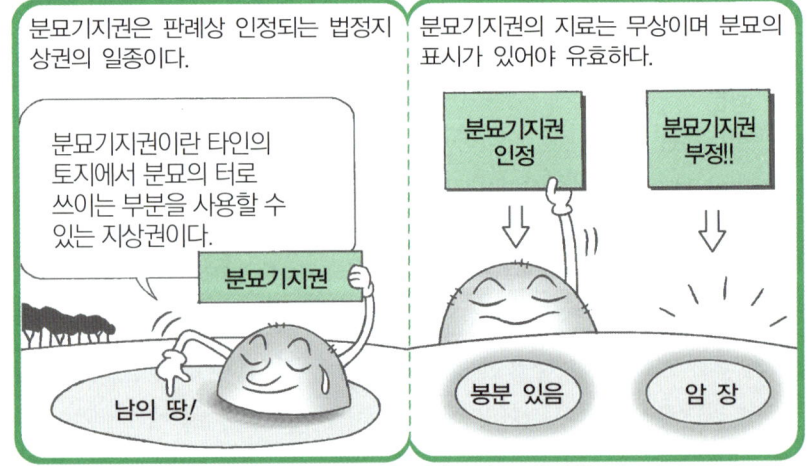

분묘기지권의 내용

1 종중의 선조분묘가 설치되어 있는 사정만으로 "사실상 건축이 불가능한 나대지"로 볼 수 있는지 여부

같은 법 제20조 제1항 제3호 후단에 부담금 부과대상 택지에서 제외되는 택지로 규정되어 있는 "사실상 건축이 불가능한 나대지"라 함은 그 토지 자체에 내재하는 물리적인 사유로 인하여 주택의 건축이 불가능한 토지를 말하는 것으로서 이에 해당하는 것인지 여부는 그 택지를 누가 보유하더라도 건축이 불가능한 것인지 여부의 객관적 기준에 의하여 판단할 것이지 택지 소유자 개인의 사정 등 소유자의 주관적 사정에 의하여 판단할 수는 없으므로, 토지의 일부 지상에 종중의 선대분묘가 설치되어 있는 사정만으로는 그 토지를 같은 법 제20조 제1항 제3호 후단 소정의 주택의 건축이 사실상 불가능한 나대지로 볼 수 없다(대판 1995.5.26. 94누3735).

2 분묘가 있는 토지를 매수한 자가 공사를 시행하는 경우의 주의의무

분묘소재지의 임야소유권을 취득한 자가 그 임야의 공사를 시행하는 경우 분묘에 관하여 지상권 유사의 물건을 가진 분묘소유자에 대항할 수 있는 정당한 권원을 취득하였는지 여부를 확인할 주의의무가 있다(대판 1979.2.13. 78다2338).

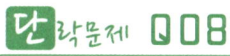 **Q08**

제24회 기출

개업공인중개사가 분묘가 있는 토지에 관하여 중개의뢰인에게 설명한 내용으로 틀린 것은?(다툼이 있으면 판례에 의함)

① 문중 자연장지를 조성하려는 자는 관할 시장 등의 허가를 받아야 한다.
② 남편의 분묘구역 내에 처의 분묘를 추가로 설치한 경우, 추가설치 후 30일 이내에 해당 묘지의 관할 시장 등에게 신고해야 한다.
③ 분묘기지권은 분묘의 수호와 봉사에 필요한 범위 내에서 타인의 토지를 사용할 수 있는 권리이다.
④ 분묘기지권은 특별한 사정이 없는 한, 분묘의 수호와 봉사가 계속되고 그 분묘가 존속하는 동안 인정된다.
⑤ 가족묘지의 면적은 100㎡ 이하여야 한다.

해설 분묘 있는 토지 등
종중 또는 문중 자연장지를 조성하려는 자는 관할 시장 등에게 신고를 하여야 한다.

정답 ①

제3편 중개실무

단락문제 Q09
제32회 기출

분묘가 있는 토지에 관하여 개업공인중개사가 중개의뢰인에게 설명한 내용으로 틀린 것은?(다툼이 있으면 판례에 따름)

① 분묘기지권은 등기사항증명서를 통해 확인할 수 없다.
② 분묘기지권은 분묘의 설치 목적인 분묘의 수호와 제사에 필요한 범위 내에서 분묘 기지 주위의 공지를 포함한 지역에까지 미친다.
③ 분묘기지권이 인정되는 경우 분묘가 멸실되었더라도 유골이 존재하여 분묘의 원상회복이 가능하고 일시적인 멸실에 불과하다면 분묘기지권은 소멸하지 않는다.
④ 분묘기지권에는 그 효력이 미치는 범위 안에서 새로운 분묘를 설치할 권능은 포함되지 않는다.
⑤ 甲이 자기 소유 토지에 분묘를 설치한 후 그 토지를 乙에게 양도하면서 분묘를 이장하겠다는 특약을 하지 않음으로써 甲이 분묘기지권을 취득한 경우, 특별한 사정이 없는 한 甲은 분묘의 기지에 대한 토지사용의 대가로서 지료를 지급할 의무가 없다.

해설 분묘기지권
⑤ 자기 소유 토지에 분묘를 설치한 후 그 토지를 타인에게 양도하면서 분묘를 이장하겠다는 특약을 하지 않음으로써 분묘기지권을 취득한 경우, 특별한 사정이 없는 한 분묘의 기지에 대한 토지사용의 대가로서 지료를 지급할 의무가 있다.

정답 ⑤

Key Point 장사 등에 관한 법률   35회 출제

1) **목적**
이 법은 매장·화장 및 개장에 관한 사항과 묘지·화장장·납골시설 및 장례식장의 설치·관리 등에 관한 사항을 규정함으로써 보건위생상의 위해를 방지하고 국토의 효율적 이용 및 공공복리의 증진에 이바지함을 목적으로 한다(동법 제1조).

2) **묘지설치의 신고 및 허가**
① 개인묘지의 설치
개인묘지를 설치한 자는 묘지를 설치한 후 30일 이내에 보건복지부령에 따라 당해 묘지를 관할하는 시장 등에게 신고하여야 한다(동법 제14조 제2항).
② 가족묘지, 종중, 문중묘지, 법인묘지
가족묘지, 종중, 문중묘지 또는 법인묘지를 설치·관리하고자 하는 자는 보건복지부령이 정하는 바에 따라 당해 묘지를 관할하는 시장 등의 허가를 받아야 한다(동법 제14조 제3항).

3) **묘지 등의 설치제한**
다음의 지역에서는 묘지의 설치가 제한된다(동법 제17조).
① 녹지지역 중 묘지·화장장 또는 납골시설의 설치가 제한되는 지역
② 주거지역·상업지역 및 공업지역
③ 「수도법」에 의한 상수원 보호구역. 다만, 납골시설의 경우는 그러하지 아니하다.
④ 「문화재보호법」에 의한 문화재보호구역
⑤ 「도로법」 및 「고속국도법」에 의한 접도구역

⑥ 「한강수계상수원수질개선 및 주민지원 등에 관한 법률」에 의한 수변구역
⑦ 기타 하천지역, 농업진흥지역, 채종림, 요존국유림, 사방지, 군사시설보호구역

4) 사설묘지의 설치 등
① 국가, 시·도지사 또는 시장·군수·구청장이 아닌 자는 다음의 구분에 따른 묘지(이하 "사설묘지"라 한다)를 설치·관리할 수 있다(동법 제14조 제1항).
  ㉠ 개인묘지: 1기의 분묘 또는 해당 분묘에 매장된 자와 배우자 관계였던 자의 분묘를 같은 구역 안에 설치하는 묘지
  ㉡ 가족묘지: 「민법」에 따라 친족관계였던 자의 분묘를 같은 구역 안에 설치하는 묘지
  ㉢ 종중·문중묘지: 종중이나 문중 구성원의 분묘를 같은 구역 안에 설치하는 묘지
  ㉣ 법인묘지: 법인이 불특정 다수인의 분묘를 같은 구역 안에 설치하는 묘지
② 개인묘지를 설치한 자는 보건복지부령으로 정하는 바에 따라 묘지를 설치한 후 30일 이내에 해당 묘지를 관할하는 시장등에게 신고하여야 한다. 신고한 사항 중 대통령령으로 정하는 사항을 변경한 경우에도 또한 같다(동법 제14조 제2항).
③ 가족묘지, 종중·문중묘지 또는 법인묘지를 설치·관리하려는 자는 보건복지부령으로 정하는 바에 따라 해당 묘지를 관할하는 시장등의 허가를 받아야 한다. 허가받은 사항 중 대통령령으로 정하는 사항을 변경하려는 경우에도 또한 같다(동법 제14조 제3항).
④ 시장등은 묘지의 설치·관리를 목적으로 「민법」에 따라 설립된 재단법인에 한정하여 법인묘지의 설치·관리를 허가할 수 있다(동법 제14조 제4항).
⑤ 시장등이 위 ③에 따른 가족묘지, 종중·문중묘지 또는 법인묘지의 설치·관리를 허가한 때에는 「산지관리법」 제14조·제15조에 따른 산지전용허가 및 산지전용신고, 같은 법 제15조의2에 따른 산지일시사용허가·신고와 「산림자원의 조성 및 관리에 관한 법률」 제36조 제1항·제4항에 따른 입목벌채 등의 허가·신고가 있는 것으로 본다. 다만, 대통령령으로 정하는 면적 이상의 묘지의 경우에는 그러하지 아니하다(동법 제14조 제5항).
⑥ 묘지 면적(법 제18조 제2항, 시행령 별표 2)
  ㉠ 법인묘지: 법인묘지의 면적은 10만 제곱미터 이상으로 한다.
  ㉡ 종중·문중묘지: 종중·문중묘지는 종중 또는 문중별로 각각 1개소에 한정하여 설치할 수 있으며, 그 면적은 1천제곱미터 이하이어야 한다.
  ㉢ 가족묘지: 가족묘지는 가족당 1개소로 제한하되, 그 면적은 100제곱미터 이하이어야 한다.
  ㉣ 개인묘지는 30제곱미터를 초과하여서는 아니 된다.

5) 분묘의 설치기간
① 공설묘지 및 사설묘지에 설치된 분묘의 설치기간은 30년으로 한다(동법 제19조 제1항). 설치기간이 경과한 분묘의 연고자가 시·도지사, 시장·군수·구청장 또는 법인묘지의 설치·관리를 허가받은 자에게 당해 설치기간의 연장을 신청하는 경우에는 30년씩 1회에 한하여 당해 설치기간을 연장하여야 한다(동법 제19조 제2항).
② 시·도지사 또는 시장·군수·구청장은 관할구역 안의 묘지의 수급을 위하여 필요하다고 인정되는 때에는 조례가 정하는 바에 따라 5년 이상 30년 미만의 기간 내에서 분묘설치기간의 연장기간을 단축할 수 있다(동법 제19조 제4항).

6) 설치기간이 종료된 분묘의 처리
설치기간이 종료된 분묘의 연고자는 설치기간이 종료된 날부터 1년 이내에 당해 분묘에 설치된 시설물을 철거하고 매장된 유골을 화장 또는 봉안하여야 한다(동법 제20조 제1항).

7) 타인의 토지 등에 설치된 무연분묘의 처리 등
① 토지소유자(점유자 기타 관리인을 포함함)·묘지설치자 또는 연고자는 다음에 해당하는 분묘에 대하여 당해 분묘를 관할하는 시장 등 허가를 받아 분묘에 매장된 시체 또는 유골을 개장할 수 있다(동법 제27조 제1항).
  ㉠ 토지소유자의 승낙 없이 당해 토지에 설치한 분묘
  ㉡ 묘지 설치자 또는 연고자의 승낙 없이 당해 묘지에 설치한 분묘

② 토지소유자·묘지설치자 또는 연고자가 개장을 하고자 하는 때에는 미리 3개월 이상의 기간을 정하여 그 뜻을 해당 분묘의 설치자 또는 연고자에게 통보하여야 한다. 다만, 당해 분묘의 연고자를 알 수 없는 경우에는 그 뜻을 공고하여야 한다(동법 제27조 제2항).
③ 무연분묘의 연고자는 해당 토지소유자·묘지 설치자 또는 연고자에게 토지사용권 기타 분묘의 보존을 위한 권리를 주장할 수 없다(동법 제27조 제3항).

8) 자연장지
① 자연장의 방법
㉠ 자연장을 하는 자는 화장한 유골을 묻기에 적합하도록 분골하여야 한다.
㉡ 유골을 분골하여 용기에 담아 묻는 경우 그 용기는 생화학적으로 분해가 가능한 것이어야 한다.

② 자연장지의 조성 등
㉠ 국가, 시·도지사 또는 시장·군수·구청장이 아닌 자는 다음의 구분에 따라 수목장림 그 밖의 자연장지(사설자연장지)를 조성할 수 있다.
ⓐ 개인·가족자연장지 : 면적이 100제곱미터 미만인 것으로서 1구의 유골을 자연장하거나 「민법」에 따라 친족관계였던 자의 유골을 같은 구역 안에 자연장할 수 있는 구역으로 1개소만 조성할 수 있다.
ⓑ 종중·문중자연장지 : 종중이나 문중 구성원의 유골을 같은 구역 안에 자연장할 수 있는 구역면적은 2천 제곱미터 이하이어야 하며 종중 또는 문종별로 각각 1개소만 조성할 수 있다.
ⓒ 법인 등 자연장지 : 법인이나 종교단체가 불특정 다수인의 유골을 같은 구역 안에 자연장할 수 있는 구역
㉡ 개인자연장지를 조성한 자는 자연장지의 조성을 마친 후 30일 이내에 보건복지부령으로 정하는 바에 따라 관할 시장등에게 신고하여야 한다. 신고한 사항 중 대통령령으로 정하는 사항을 변경하는 경우에도 또한 같다.
㉢ 가족자연장지 또는 종중문중자연장지를 조성하려는 자는 보건복지부령으로 정하는 바에 따라 관할시장 등에게 신고하여야 한다. 신고한 사항을 변경하고자 하는 경우에도 또한 같다.
㉣ 법인등자연장지를 조성하려는 자는 대통령령으로 정하는 바에 따라 시장등의 허가를 받아야 한다. 허가받은 사항을 변경하고자 하는 경우에도 또한 같다.
㉤ 시장등은 다음의 어느 하나에 해당하는 자에 한하여 법인등자연장지의 조성을 허가할 수 있다.
ⓐ 자연장지의 조성·관리를 목적으로 「민법」에 따라 설립된 재단법인
ⓑ 대통령령으로 정하는 공공법인 또는 종교단체
㉥ 사설자연장지를 조성·관리하는 자는 자연장에 관한 상황을 보건복지부령으로 정하는 바에 따라 기록·보관하여야 한다.
㉦ 자연장지에는 사망자 및 연고자의 이름 등을 기록한 표지와 편의시설 외의 시설을 설치하여서는 아니 된다.

③ 자연장의 방법과 용기 기준
㉠ 법 제10조 제3항에 따른 자연장의 방법은 다음과 같다.
ⓐ 지면으로부터 30센티미터 이상의 깊이에 화장한 유골의 골분(骨粉)을 묻되, 용기를 사용하지 아니하는 경우에는 흙과 섞어서 묻어야 한다.
ⓑ 화장한 유골의 골분, 흙, 용기 외의 유품(遺品) 등을 함께 묻어서는 아니 된다.
㉡ 법 제10조 제3항에 따라 자연장에 사용하는 용기의 재질은 다음의 어느 하나에 해당하는 것이어야 한다.
ⓐ 「자원의 절약과 재활용촉진에 관한 법률」 제2조 제6호에 따른 생분해성수지제품
ⓑ 전분 등 천연소재로서 생화학적으로 분해가 가능한 것
㉢ 지면으로부터 30센티미터 이상의 깊이에 화장한 유골의 골분(骨粉)을 묻되, 용기를 사용하지 아니하는 경우에는 흙과 섞어서 묻어야 한다. 화장한 유골의 골분, 흙, 용기 외의 유품 등을 함께 묻어서는 아니 된다.

6 토지의 종물

(1) 물건의 소유자가 그 물건의 상용(常用)에 공하기 위하여 자기소유인 다른 물건을 이에 부속하게 한 때에는 그 부속물은 종물(從物)이며, 종물은 주물(主物)의 처분에 따른다(민법 제100조).
(2) 「공인중개사법」에서는 개업공인중개사가 부동산의 기본사항 및 권리관계사항을 확인·설명하도록 규정하고 있으므로(동법 제25조 참조), 개업공인중개사는 거래 대상 토지상에 존재하는 정원수나 정원석, 대문, 철책담장 등이 거래대상 토지에 포함되는지 여부를 확인하여 설명해야 할 것이다.
(3) 대법원의 관련 판례 중에는 어떤 물건이 토지에 부합된 종물인지 여부를 토지로부터 분리하는 데 소요되는 비용의 과다를 기준으로 판시하는 사례도 있다.

■ 유류저장탱크가 토지에 부합된 종물인지 여부

이 사건 유류저장탱크를 토지로부터 분리하는 데 과다한 비용이 들고 또한 사실관계가 이와 같다면 지하에 매설된 유류저장탱크를 분리하여 발굴할 경우 그 경제적 가치가 현저히 감소할 것임은 경험칙상 분명하므로 이 사건 유류저장탱크는 이 사건 토지에 부합된 것이라고 할 것이다(대판 1996.8.20. 94다44705, 44712).

단락핵심 토지의 현장조사

(1) 장사 등에 관한 법률의 규정에서 말하는 분묘의 점유면적은 분묘의 기지면적만을 가리킨다.
(2) 분묘기지권의 효력이 미치는 범위 내에서 기존의 분묘에 단분(單墳)형태로 합장(合葬)하여 새로운 분묘를 설치하는 것은 허용되지 않는다.
(3) 분묘기지권을 시효취득하는 경우 토지소유자가 지료를 청구한 날부터 지료지급 의무가 있다.
(4) 분묘가 멸실된 경우 유골이 존재하여 분묘의 원상회복이 가능한 정도의 일시적인 멸실에 불과하다면 분묘기지권은 존속하고 있다.
(5) 외형상 분묘의 형태만 갖추었을 뿐 시신이 안장되어 있지 아니한 경우에는 분묘기지권이 생기지 않는다.
(6) 평장 또는 암장되어 객관적으로 분묘의 존재를 인식할 수 있는 외형을 갖추지 않으면 분묘기지권이 인정되지 않는다.
(7) 분묘기지권은 분묘의 기지뿐만 아니라 분묘의 수호 및 제사에 필요한 주위의 공지를 포함한 지역에까지 미친다.
(8) 토지상에 건물이 존재하는 경우 토지만을 매수하면 관습법상의 법정지상권의 부담을 받아 토지를 이용하기가 곤란한 경우도 있다.
(9) 분묘기지권은 그 효력이 미치는 지역의 범위 내에서는 또 다른 분묘를 설치할 수 없다고 하는 것이 판례이다.
(10) 실제상의 소유권이 입증이 어려우면 자기 소유의 토지에 대해서도 시효로 인한 소유권의 취득을 주장할 수 있다.

03 건물의 현장조사 ★

10회 출제

1 건물현장조사의 내용

건물의 현장조사는 건물에 대한 기초사항(건축물대장에 포함된 사항)은 물론, 해당 건물 내·외의 관리상태나 입지환경, 디자인 및 기능성 등 건물의 이용이나 가격에 영향을 줄 수 있는 제반 요인들을 포함해 시행되어야 할 것이다.

Professor Comment

「공인중개사법」에서는 중개대상물의 확인·설명서에 건물의 외장이나 각종 시설에 대한 상세한 사항을 조사하도록 규정하고 있으므로, 이들 각 사항에 대한 상세 점검표를 소지하고 현장조사에 임해야 할 것이다.

2 건물의 독립성 판단

물건의 소유자가 그 물건의 상용(常用)에 공하기 위하여 자기소유인 다른 물건을 이에 부속하게 한 때에는 그 부속물은 종물(從物)이며, 종물은 주물(主物)의 처분에 따른다(민법 제100조).

(1) 증축부문의 독립성 판단

기존건물에 붙여 지은 증축부분이 기존건물에 부합된 건물부분으로 볼 것인가 아니면 독립된 건물로 볼 것인가 하는 점은 증축부분이 기존건물에 부착된 물리적 구조뿐만 아니라, 그 용도와 기능의 면에서 기존건물과 독립된 경제적 효용을 가지고 거래상 별개의 소유권의 객체가 될 수 있는지의 여부를 가려서 판단하여야 한다(대판 1992.10.27. 92다33541).

(2) 부속건물의 독립성 판단

1) 저당권의 효력이 미치는 저당부동산의 종물이라 함은 「민법」 제100조가 규정하는 종물과 같은 의미로서, 어느 건물이 주된 건물의 종물이기 위하여는 주물의 상용에 이바지되어야 하는 관계가 있어야 하는 바, 여기에서 주물의 상용에 이바지한다 함은 주물 그 자체의 경제적 효용을 다하게 하는 것을 말하는 것이며, 주물의 소유자나 이용자의 상용에 공여되고 있더라도 주물 그 자체의 효용과는 직접 관계없는 물건은 종물이 아니다(대판 1988.2.23. 87다카600, 1985.3.26. 84다카269).

2) 또한 경매목적물과 동일 지번상에 건립되어 있다는 것만으로 그의 종물이거나 부속건물이라 할 수 없고, 건축물대장 등 공부상에 경매목적건물의 부속건물이라 기재되어 있다 하여 그것을 곧 그 건물에 부합되었다거나 종물로서 저당권의 효력이 미칠 건물이었다고 단정할 수 없다(대판 1994.6.10. 94다11606).

(3) 건물의 구분소유권 인정기준

1) 건물의 일부분이 구조상으로나 이용상으로 다른 부분과 구분되는 독립성이 있으면 구분소유권의 객체로 될 수 있다 할 것이다(대판 1993.3.9. 92다41214).

2) 대법원에서는 건물의 증축부분이 이용상의 독립성이 있고 기존 건물 부분과 벽으로 구분되어 있다면 그 구조상으로도 독립성이 있다고 못 볼 바 아니라고 판시(대판 1996.8.20. 94다44705, 94다44712)하여 증축부분만으로도 독립한 구분소유권의 대상이 될 수 있다고 한다.

3 건축 중인 건물에 대한 권리

(1) 도급계약 시 건물의 소유권

일반적으로 자기의 노력과 재료를 들여 건물을 건축한 사람은 그 건물의 소유권을 원시취득하는 것이고, 다만 도급계약에 있어서는 수급인이 자기의 노력과 재료를 들여 건물을 완성하더라도 도급인과 수급인 사이에 도급인 명의로 건축허가를 받아 소유권보존등기를 하기로 하는 등 완성된 건물의 소유권을 도급인에게 귀속시키기로 합의한 것으로 보여질 경우에는 그 건물의 소유권은 도급인에게 원시적으로 귀속된다(대판 1996.9.20. 96다24804).

(2) 하수급인이 하도급 받은 공사대금채권을 담보할 경우

공사를 도급받은 자가 그 공사에 의하여 완성될 다가구주택 전부 또는 일부를 도급인을 대리하여 임대하는 방법으로 공사대금에 충당하는 것이 통상적으로 행하여지는 거래형태라고는 볼 수 없을 것이므로, 하수급인이 하도급받은 공사대금 채권을 담보하기 위하여 하도급인과 사이에 장차 완공될 다가구주택의 일부에 대한 전세계약을 체결함에 있어서는, 건축주에게 직접 확인할 수 없는 부득이한 사정이 있는 경우를 제외하고는 직접 건축주에게 과연 당해 다가구주택을 담보로 제공할 의사를 가지고 있는지를 확인하여 보는 것이 보통이라고 할 것이다(대판 1995.9.26. 95다23743).

(3) 수급인이 신축건물에 대하여 유치권을 가지는 경우

주택건물의 신축공사를 한 수급인이 그 건물을 점유하고 있고 또 그 건물에 관하여 생긴 공사금 채권이 있다면, 수급인은 그 채권을 변제받을 때까지 건물을 유치할 권리가 있다고 할 것이고, 이러한 유치권은 수급인이 점유를 상실하거나 피담보채무가 변제되는 등 특단의 사정이 없는 한 소멸되지 않는다(대판 1995.9.15. 95다16202).

04 취득시 부담하여야 할 조세의 종류 및 세율 조사·확인

중개대상물에 대한 권리를 취득함에 따라 부담하여야 할 조세의 종류 및 세율(영 제21조 제1항 제9호) 부분이다. 일반적으로 권리를 취득함에 따라 부담하여야 할 조세에는 취득세와 취득세액에 대한 농어촌특별세 및 지방교육세가 있다. 개업공인중개사는 이들 항목별 세금에 대하여 기재요령과 같이 주된 세금 항목을 열거하고, 중개대상물에 적용되는 세율을 기입해야 할 것이다.

제3편 중개실무

제4절 기타 부동산의 조사·분석

01 입목 조사·분석 ★   20회 출제

1 「공인중개사법」상 중개대상물
입목은 토지의 정착물로서 독립한 물건이 아니지만, 명인방법을 취하거나 「입목에 관한 법률」에 따라 등기하면, 독립한 물건으로 취급된다. 그리고 「공인중개사법」에서는 「입목에 관한 법률」에 의한 입목을 중개대상물로 정하고 있다(영 제2조 제1호).

2 중개대상물 확인·설명서 조사사항
「공인중개사법」에서는 입목에 관한 확인·설명사항을 별도로 정하고 있지 않으나, 시행규칙 별지 제20호의4 서식 중 중개대상물 확인설명서[Ⅳ]를 볼 경우 다음의 사항을 조사해야 할 것이다.
(1) 입목의 소재지(등기·등록지)
(2) 등기부기재사항(소유권에 관한 사항 및 소유권 외의 권리사항)
(3) 입목의 생육상태 기타 참고사항

3 「입목에 관한 법률」상 입목
「입목에 관한 법률」에서 말하는 입목이란 토지에 부착된 수목(樹木)의 집단으로서, 소유권보존의 등기를 받을 수 있는 수목의 집단은 입목등록원부에 등록된 것에 한정된다(법 제8조).

4 입목등기부
입목등기부는 부동산등기부와 같이 표제부와 갑구 및 을구로 구성되며, 갑구에는 소유권에 관한 사항이 기재되며, 을구에는 저당권에 관한 사항이 기재된다(법 제14조).

Professor Comment
입목을 목적으로 하는 저당권의 효력은 입목을 베어 낸 경우에 그 토지로부터 분리된 수목에도 미친다(법 제4조 제1항).

5 입목을 중개할 경우
입목을 중개할 경우에는 입목등기부와 입목등록원부를 기초로 한 현장조사를 통하여 입목등록원부의 등재사항과 현장에 식재된 수목의 집단이 동일한지 여부도 함께 조사해야 할 것이다.

6 입목에 대한 명인방법

(1) 특정하지 않고 매수한 입목에 대하여 그 입목을 특정하지 않은 채 한 명인방법은 물권변동의 효력을 나타내지 못한다(대판 1975.11.25. 73다1323).

(2) 임야지반과 분리하여 입목을 매수하여 그 소유권양도를 받은 사람이 임야의 수 개소에 "입산금지 소유자 아무"라는 표기를 써서 붙였다면 입목 소유권 취득의 명인방법으로 부족하다 할 수 없다(대판 1967.12.18. 66다2382).

(3) 입목에 대한 매매계약을 체결함에 있어서 매도인이 그 입목에 대한 소유권을 매매계약과 동시에 매수인에게 이전하여 준다는 의사표시를 한 것으로 볼 수 있다면 잔대금지급 전이라 할지라도 매수인이 명인방법을 실시하면 다른 특별한 사정이 없는 한 매수인은 그 입목의 소유권을 취득하는 것이다(대판 1969.11.25. 69다1346).

 Q10   제6회 기출

> 개업공인중개사 甲은 A소유토지상의 B 소유입목에 관하여 중개하였다. 甲의 중개행위에 관한 설명 중 틀린 것은?
>
> ① B소유입목에 대한 등기부를 확인하였다.
> ② 입목은 토지와 분리하여 양도할 수 있다고 설명하였다.
> ③ 입목은 토지와는 별도로 저당권을 설정할 수 있다고 설명하였다.
> ④ 토지와 입목이 각각 다른 소유자에게 속하게 될 경우 입목소유자에게는 법정지상권이 인정된다고 설명하였다.
> ⑤ 입목에 관한 등기사항은 A 소유토지의 등기용지 중 갑구에 표시된다고 설명하였다.

해설 입목의 중개 시 확인·설명 내용
입목에 관해서는 별도의 입목등기부가 있다.   **정답** ⑤

02 광업재단 및 공장재단 조사·분석 ★

1 「공인중개사법」상 중개대상물
「공인중개사법」에서 「공장 및 광업재단 저당법」에 의한 광업재단 및 공장재단을 중개대상물로 정하고 있다(영 제2조 제1호).

2 중개대상물 확인·설명서 조사사항
「공인중개사법」에서는 광업재단 및 공장재단에 관한 확인·설명사항을 별도로 정하고 있지 않으나, 시행규칙 [별지 제20호의4 서식] 중 중개대상물 확인·설명서[Ⅳ]를 볼 경우 다음의 사항을 조사해야 할 것이다.

(1) 광업재단 및 공장재단의 소재지(등기·등록지)
(2) 등기부기재사항(소유권에 관한 사항 및 소유권 외의 권리사항)
(3) 재단목록

3 광업재단과 공장재단의 구성
광업재단과 공장재단은 다음에 열거하는 것으로서 그 광업 및 공장에 관하여 전부 또는 일부로써 이를 구성할 수 있다(공장 및 광업재단 저당법 제13조·제53조).

광 업 재 단	공 장 재 단
1) 토지와 건축물 2) 지상권 기타의 토지사용권 3) 임대인의 동의가 있는 경우에는 물건의 임차권 4) 기계, 기구, 차량, 선박 기타 부속물 5) 지식재산권	1) 토지와 건축물 2) 기계, 기구, 전주, 전선, 배치제관(配置諸管), 궤조(軌條) 기타의 부속물 3) 항공기, 선박, 자동차 등 등기 또는 등록이 가능한 동산 4) 지상권 및 전세권 5) 임대인의 동의가 있는 경우에는 물건의 임차권 6) 지식재산권

4 광업재단과 공장재단을 중개할 경우
개업공인중개사는 등기부와 현장조사를 통하여 재단목록에 포함된 상기 물건 등이 실제로 존재하는지 여부와 대상물건 등의 관리상태, 잔존내용연수, 적정거래가격 등을 조사·분석해야 할 것이다.

5 소유권보존등기의 소멸
광업재단 및 공장재단의 소유권보존의 등기는 그 등기 후 10개월 내에 저당권설정의 등기를 하지 아니하는 경우에는 그 효력을 상실하며(공장 및 광업재단 저당법 제11조), 저당권이 소멸한 후 10개월 내에 신저당권을 설정하지 아니한 때에도 등기가 소멸하는 것으로(공장 및 광업재단 저당법 제21조), 을구에 유효한 저당권이 존재하는지 여부도 반드시 확인해야 할 것이다.

■ 공장저당법에 정하여진 공장재단을 이루지 아니한 다수의 토지가 공장저당의 목적물이 된 경우 위 토지에 대한 매각방법의 결정기준

공장저당법(현 공장 및 광업재단 저당법)에 정하여진 공장재단을 이루지 아니한 다수의 토지가 공장저당의 목적물이 된 경우에 있어서 그 중 일부의 토지 위에 공장에 속하는 건물이나 공장의 공용물 등이 설치되어 있지 아니하면 단순히 공동으로 공장저당의 목적물이 되었다는 이유만으로 다수의 토지 전부에 대하여 일괄매각을 하여야 하는 것은 아니고, 이러한 경우에도 그 토지들이 공장의 부지로 상용되고 있는 것으로 사회통념상 인정될 수 있는 경우에 이를 공장건물이 서 있는 토지와 마찬가지로 보아 그 토지 또는 건물 및 공장의 공용물 등과 분리하여 분할매각을 할 수 없다(대결 2004.11.30. 2004마796).

03 분양권 조사·분석★★

12회 출제

1 분양권의 인정범위

(1) 「공인중개사법」에서 중개대상물로 규정된 건물에는 기존의 건축물뿐만 아니라 장래에 건축될 건물도 포함되어 있는 것으로, 아파트의 특정 동, 호수에 대한 피분양자로 선정되거나 분양계약이 체결된 후의 분양권은 중개대상물인 건물에 포함된다(대판 1990.2.13. 89도1885).

(2) 다만, 아파트 분양에서 당첨된 자가 분양계약을 체결하지 않은 상태에서 당첨권을 전매하는 것은 「주택법」에서 금지하며, 이러한 당첨권의 전매를 알선할 경우 「공인중개사법」 제33조 제5호의 규정에 저촉될 수 있다(국토교통부 전자민원 1999.8.26. 회신 제9176호).

Professor Comment

분양권은 아파트 등 건물의 분양계약에 의해서 피분양자에게 발생되는 권리로서, 건설회사와 같은 분양자와 피분양자의 분양계약이 유효한 범위 이내에서 적법한 분양권이 인정될 수 있다.

2 분양권 전매절차

(1) 분양권 거래계약체결
(2) 부동산거래신고
(3) 분양권 거래대금 지급
(4) 분양계약서 명의변경(사업주체)

 ■ 아파트 입주가 되었으나 잔금을 납부하지 않아 건설회사 명의로 등기된 아파트의 임대를 중개한 개업공인중개사의 확인사항

아파트 입주가 되었으나 잔금을 납부하지 않아 건설회사 명의로 등기된 아파트의 임대를 중개한 개업공인중개사에 대하여, 임대차계약 당시 건설회사 명의로 소유권보존등기가 되어있었을 뿐이므로, 개업공인중개사로서는 임대중개의뢰인이 분양을 받은 자가 맞는지 여부와, 소유권을 이전 받을 수 있는 상황인지 여부, 대상 아파트를 적법하게 임대할 수 있는 지위에 있는지 여부, 소유권이전등기청구에 대하여 제한이 없는지 여부, 아파트 분양대금 납입현황 및 납입대금 내역 등에 관하여 확인한 후 이를 임차중개의뢰인에게 설명하여 임차중개의뢰인이 대상 아파트의 임차여부를 결정할 수 있도록 해야 한다는 판례도 있다(서울지법남부지원 1999.7.2. 98가합23745).

3 분양권 전매 시 조사·분석할 사항

(1) 분양권 대상 부동산의 조사·분석
(2) 분양권의 적정거래가격 및 가격 전망
(3) 분양권 대상 분양계약이 체결되어 있는지 여부
(4) 분양권 매도중개의뢰인이 보유한 분양권이 적법하게 존재하는지 여부
(5) 중도금 등의 연체료 등의 부담이 있는지 여부
(6) 분양권 매도중개의뢰인이 납부한 계약금이나 중도금에 가압류 등이 존재하는지 여부
(7) 분양권 매도중개의뢰인이 분양대상 아파트에 대한 중도금이나 잔금 등의 융자를 받았는지 여부
(8) 융자를 받은 경우 은행융자의 승계가 가능한지 여부 및 승계방법
(9) 현재 분양권의 명의변경이 가능한지 여부
(10) 분양권 명의변경을 위한 상세한 절차
(11) 분양자가 정한 분양권 명의변경 요건
(12) 분양권의 전매가 금지되어 있는지 여부

단락문제 Q11 제12회 기출

다음은 아파트분양권 소유자의 매각의뢰를 받고 중개를 하는 경우에 대한 설명이다. 가장 타당하지 않은 것은?

① 아파트 분양에 당첨된 후 분양권자와 분양계약을 체결하여야 원칙적으로 분양권의 매매중개가 가능하다.
② 「공공임대주택특별법」상 임대주택의 임차권의 양도는 제한되어 있다.
③ 매매계약 전 분양권에 대한 금융기관의 대출이나 권리제한 여부 및 중도금 등 연체 여부를 확인하여야 한다.
④ 아파트 분양권은 언제든지 미등기전매가 가능하다.
⑤ 분양권을 거래한 경우에도 거래계약이 체결된 후 부동산거래신고를 하여야 한다.

해설 아파트분양권의 중개 시 확인·설명내용
분양대상 아파트에 대한 잔금지급 후 등기가 진행중인 경우나 전매가 금지된 분양권은 미등기전매가 불가능하다.

정답 ④

제3장 중개대상물의 조사·분석

제5절 중개대상물 확인·설명서 작성

01 개요★ 25·34회 출제

Professor Comment
확인·설명서 작성 시 필요한 사항은 모두 체크하고 기재하여야 행정처분을 받지 않는다.

1 확인·설명 기준시점

(1) 현행 「공인중개사법」 제25조에서는 중개대상물 확인·설명의무와 중개대상물 확인·설명서 작성 및 교부의무를 함께 규정하고 있다.
(2) 확인·설명의무의 규정에 따르면 개업공인중개사는 거래계약 이전에는 확인·설명의무를 이행해야 하고, 거래계약을 체결할 경우에는 거래계약 현재일의 상황을 명시한 중개대상물 확인·설명서를 작성·교부해야 한다.
→ 업무정지

2 확인·설명 증빙서면

현행 「공인중개사법」에서는 중개대상물 확인·설명서에 첨부한 서면이 규정되어 있지 않다. 다만, 법 제25조 제1항에서는 중개의뢰인에게 확인·설명을 할 때 토지대장·등기사항증명서 등 설명의 근거자료를 제시하도록 규정하고 있다.

중개대상물 확인·설명서 작성

「거래계약서」를 작성할 때 함께 작성하여 교부한다.

개업공인중개사는 중개완성시 확인·설명한 내용 등을 서면(중개대상물 확인·설명서)으로 작성하여 거래당사자 쌍방에게 교부한다.

중개대상물 확인·설명은 중개의뢰를 받았을 때부터 중개완성 전까지 하지만, 확인설명서는 거래계약서 작성 시 함께 작성하여 거래당사자 쌍방에게 교부한다.

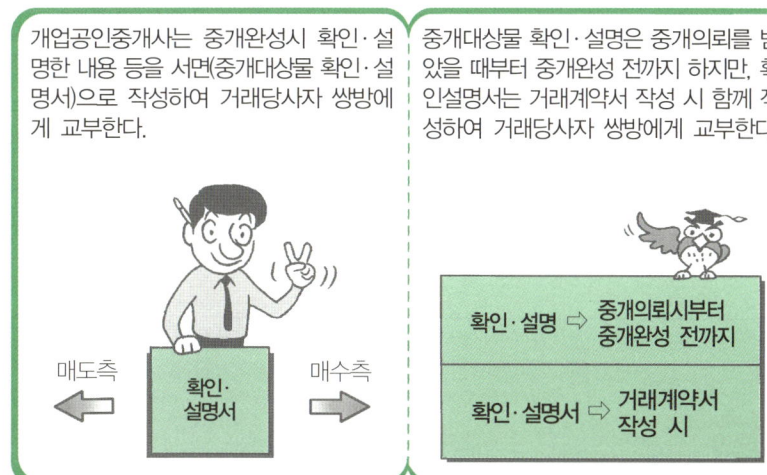

3 확인·설명사항의 불일치

중개대상물에 대한 조사·분석과정에서 각종 공부 상호 간의 기재내용이 다르거나, 공부의 기재내용과 실제 내용이 다른 것을 발견한 경우, 개업공인중개사는 가능한 한 불일치의 원인을 찾아 확인·설명하는 것이 바람직하며, 구두에 의한 설명으로 만족하지 말고 중개대상물 확인·설명서에 이러한 사항을 반드시 명시해 거래당사자 쌍방에게 교부하는 것이 바람직할 것이다.

4 하자발생 가능성

부동산의 개별성으로 인해 중개실무에서는 중개대상물에 대한 다양한 유형의 하자발생 가능성에 직면하는 경우가 많다. 이 중에는 개업공인중개사의 정당한 중개활동만으로는 대상 하자의 발생여부를 확신할 수 없는 경우도 있으며, 이런 경우 개업공인중개사는 하자의 발생 가능성만이라도 확인·설명하고 관련 전문가의 도움을 받도록 권유함으로써 자신의 의무를 다해야 할 것이다.

5 공동중개계약과 확인·설명의무

(1) 「공인중개사법」에서는 공동중개에 의해 거래계약을 체결할 경우 공동중개를 한 2인 이상의 개업공인중개사 중 확인·설명을 해야 할 의무자가 누구라는 것을 명시하고 있지 않다.

(2) 「공인중개사법」에서는 중개대상물에 관한 권리를 취득하고자 하는 중개의뢰인에게 서면으로 제시하고 성실·정확하게 설명하여야 한다고 규정하고 있으므로(법 제25조 제1항 후단), 양측 개업공인중개사 누구도 중개대상물 확인·설명의무를 이행하지 않을 경우, 특별한 사정이 없는 한 권리취득중개의뢰인을 위한 권리취득개업공인중개사가 책임을 부담하는 것으로 해석하는 것이 바람직할 것이다.

(3) 다만, 중개대상물확인·설명서는 개업공인중개사는 서명 또는 날인하여야 하며 권리이전중개의뢰인과 권리취득중개의뢰인 모두가 서명 또는 날인을 하는 것을 전제로 양식이 제정되어 있으므로, 공동중개에 참여한 양측 개업공인중개사 모두 서명 및 날인을 해야 할 것이다.

6 확인·조사방법의 명시

권리이전 중개의뢰인이 제공한 사항을 기초로 중개대상물 확인·설명서를 작성해도 「공인중개사법」에 위반되는 것은 아니나, 권리이전 중개의뢰인이 제공한 사항 중 사실과 다른 사항이 발견될 경우 사안에 따라서는 개업공인중개사에게 행정 또는 민사상의 책임이 부과될 수 있다.

제3장 중개대상물의 조사·분석

Professor Comment

중개의뢰인이 제공한 사실을 기초로 중개대상물 확인·설명서를 작성할 경우에는, 작성의 근거를 명시하여 책임의 한계를 분명히 해야 할 것이다.

7 집합건물의 중개대상물 표시

집합건물의 등기부의 표제부는 2장으로 구성되어 있다. 첫째 장에는 1동의 건물과 이에 대한 대지권의 목적인 토지의 표시가 되어 있고, 둘째 장에는 거래대상인 전유부분의 건물의 표시와 대지권의 표시가 되어 있다.

02 작성방법 ★★★

14·추가15·19·21·24·28·31·34회 출제

Professor Comment

중개대상물 확인·설명서 작성은 「공인중개사법 시행규칙」 별지 제20호 서식, 제20호의 2 서식, 제20호의 3 서식, 제20호의 4 서식을 작성하여야 한다. 반드시 별지 서식을 익혀야 한다.

제3편 중개실무

■ 공인중개사법 시행규칙 [별지 제20호서식] 〈개정 2024. 7. 2.〉 (6쪽 중 제1쪽)

중개대상물 확인·설명서[I] (주거용 건축물)

(주택 유형 : [ ]단독주택   [ ]공동주택   [ ]주거용 오피스)
(거래 형태 : [ ]매매·교환 [ ]임대)

확인·설명 자료	확인·설명 근거자료 등	[ ]등기권리증 [ ]등기사항증명서 [ ]토지대장 [ ]건축물대장 [ ]지적도 [ ]임야도 [ ]토지이용계획확인서 [ ]확정일자 부여현황 [ ]전입세대확인서 [ ]국세납세증명서 [ ]지방세납세증명서 [ ]그 밖의 자료( )
	대상물건의 상태에 관한 자료요구 사항	

유의사항	
개업공인중개사의 확인·설명 의무	개업공인중개사는 중개대상물에 관한 권리를 취득하려는 중개의뢰인에게 성실·정확하게 설명하고, 토지대장 등본, 등기사항증명서 등 설명의 근거자료를 제시해야 합니다.
실제 거래가격 신고	「부동산 거래신고 등에 관한 법률」 제3조 및 같은 법 시행령 별표 1 제1호마목에 따른 실제 거래가격은 매수인이 매수한 부동산을 양도하는 경우 「소득세법」 제97조제1항 및 제7항과 같은 법 시행령 제163조제11항제2호에 따라 취득 당시의 실제 거래가액으로 보아 양도차익이 계산될 수 있음을 유의하시기 바랍니다.

I. 개업공인중개사 기본 확인사항

① 대상물건의 표시	토지	소재지				
		면적(㎡)		지목	공부상 지목	
					실제 이용 상태	
	건축물	전용면적(㎡)			대지지분(㎡)	
		준공년도 (증개축년도)		용도	건축물대장상 용도	
					실제 용도	
		구조			방향	(기준:)
		내진설계 적용여부			내진능력	
		건축물대장상 위반건축물여부	[ ]위반 [ ]적법	위반내용		

② 권리관계	등기부 기재사항	소유권에 관한 사항		소유권 외의 권리사항	
		토지		토지	
		건축물		건축물	

③ 토지이용계획, 공법상 이용제한 및 거래규제에 관한 사항(토지)	지역·지구	용도지역			건폐율 상한	용적률 상한
		용도지구			%	%
		용도구역				
	도시·군계획 시설		허가·신고 구역 여부	[ ]토지거래허가구역		
			투기지역 여부	[ ]토지투기지역 [ ]주택투기지역 [ ]투기과열지구		
	지구단위계획구역, 그 밖의 도시·군관리계획		그 밖의 이용제한 및 거래규제사항			

제3장 중개대상물의 조사·분석

(6쪽 중 제2쪽)

④ 임대차 확인사항	확정일자 부여현황 정보		[ ] 임대인 자료제출 [ ] 열람 동의		[ ] 임차인 권리 설명	
	국세 및 지방세 체납정보		[ ] 임대인 자료제출 [ ] 열람 동의		[ ] 임차인 권리 설명	
	전입세대 확인서		[ ] 확인(확인서류 첨부) [ ] 미확인(열람·교부 신청방법 설명) [ ] 해당 없음			
	최우선변제금	소액임차인범위: 만원 이하		최우선변제금액: 만원 이하		
	민간임대등록여부	등록	[ ]장기일반민간임대주택 [ ] 공공지원민간임대주택 [ ]그 밖의유형(　　　　　　　)		[ ] 임대보증금 보증 설명	
			임대의무기간	임대개시일		
		미등록 [ ]				
	계약갱신 요구권 행사 여부		[ ] 확인(확인서류 첨부) [ ] 미확인 [ ] 해당 없음			

개업공인중개사가 "④ 임대차 확인사항"을 임대인 및 임차인에게 설명하였음을 확인함	임대인	(서명 또는 날인)
	임차인	(서명 또는 날인)
	개업공인중개사	(서명 또는 날인)
	개업공인중개사	(서명 또는 날인)

※ 민간임대주택의 임대사업자는 「민간임대주택에 관한 특별법」제49조에 따라 임대보증금에 대한 보증에 가입해야 합니다.
※ 임차인은 주택도시보증공사(HUG)등이 운영하는 전세보증금반환보증에 가입할것을 권고합니다.
※ 임대차 계약 후 「부동산 거래신고 등에 관한 법률」 제6조의2에 따라 30일 이내 신고해야 합니다(신고 시 확정일자 자동부여).
※ 최우선변제금은 근저당권 등 선순위 담보물권 설정 당시의 소액임차인범위 및 최우선변제금액을 기준으로 합니다.

⑤입지조건	도로와의 관계	(m × m)도로에 접함 [ ] 포장 [ ] 비포장		접근성	[ ] 용이함 [ ] 불편함	
	대중교통	버스	( ) 정류장, 소요시간: ([ ] 도보 [ ] 차량) 약 분			
		지하철	( ) 역, 소요시간: ([ ] 도보 [ ] 차량) 약 분			
	주차장	[ ] 없음 [ ] 전용주차시설 [ ] 공동주차시설 [ ] 그 밖의 주차시설 (　　　　　　)				
	교육시설	초등학교	( ) 학교, 소요시간: ([ ] 도보 [ ] 차량) 약 분			
		중학교	( ) 학교, 소요시간: ([ ] 도보 [ ] 차량) 약 분			
		고등학교	( ) 학교, 소요시간: ([ ] 도보 [ ] 차량) 약 분			

⑥ 관리에 관한 사항	경비실	[ ] 있음 [ ] 없음	관리주체	[ ] 위탁관리 [ ] 자체관리 [ ] 그 밖의유형
	관리비	관리비 금액: 총 원 관리비 포함 비목: [ ] 전기료 [ ] 수도료 [ ] 가스사용료 　　　　[ ] 난방비 [ ] 인터넷 사용료 [ ] TV 수신료 [ ] 그 밖의 비목( ) 관리비 부과방식: [ ] 임대인이 직접 부과 [ ] 관리규약에 따라 부과 　　　　[ ]그 밖의 부과 방식( )		

⑦비선호시설(1km이내)	[ ] 없음　　[ ] 있음 (종류 및 위치:　　　　　　　　　　)

⑧ 거래예정금액 등	거래예정금액			
	개별공시지가(㎡당)		건물(주택) 공시가격	

⑨ 취득 시 부담할 조세의 종류 및 세율	취득세	%	농어촌특별세	%	지방교육세	%
	※ 재산세와 종합부동산세는 6월 1일 기준으로 대상물건 소유자가 납세의무를 부담합니다.					

(6쪽 중 제3쪽)

II. 개업공인중개사 세부 확인사항

⑩ 실제 권리관계 또는 공시되지 않은 물건의 권리 사항

⑪ 내부·외부 시설물의 상태 (건축물)	수도	파손 여부	[ ] 없음 [ ] 있음 (위치:)
		용수량	[ ] 정상 [ ] 부족함 (위치:)
	전기	공급상태	[ ] 정상 [ ] 교체 필요 (교체할 부분:)
	가스(취사용)	공급방식	[ ] 도시가스 [ ] 그 밖의 방식 ( )
	소방	단독경보형 감지기	[ ] 없음 [ ] 있음 (수량: 개) ※「소방시설 설치 및 관리에 관한 법률」 제10조 및 같은 법 시행령 제10조에 따른 주택용 소방시설로서 아파트(주택으로 사용하는 층수가 5개층 이상인 주택을 말한다)를 제외한 주택의 경우만 적용합니다.
	난방방식 및 연료공급	공급방식	[ ] 중앙공급 [ ] 개별공급 [ ] 지역난방 시설 작동: [ ] 정상 [ ] 수선 필요 ( ) ※ 개별 공급인 경우 사용연한 ( ) [ ] 확인불가
		종류	[ ] 도시가스 [ ] 기름 [ ] 프로판가스 [ ] 연탄 [ ] 그 밖의 종류 ( )
	승강기		[ ] 있음 ([ ] 양호 [ ] 불량) [ ] 없음
	배수		[ ] 정상 [ ] 수선필요 ( )
	그 밖의 시설물		

⑫ 벽면·바닥면 및 도배 상태	벽면	균열	[ ] 없음 [ ] 있음 (위치:)
		누수	[ ] 없음 [ ] 있음 (위치:)
	바닥면		[ ] 깨끗함 [ ] 보통임 [ ] 수리 필요 (위치:)
	도배		[ ] 깨끗함 [ ] 보통임 [ ] 도배 필요

⑬ 환경조건	일조량	[ ] 풍부함 [ ] 보통임 [ ] 불충분 (이유:)
	소음	[ ] 아주 작음 [ ] 보통임 [ ] 심한 편임 진동: [ ] 아주 작음 [ ] 보통임 [ ] 심한 편임

⑭ 현장안내	현장안내자	[ ] 개업공인중개사 [ ] 소속공인중개사 [ ] 중개보조원(신분고지 여부: [ ] 예 [ ] 아니오) [ ] 해당 없음

※ "중개보조원"이란 공인중개사가 아닌 사람으로서 개업공인중개사에 소속되어 중개대상물에 대한 현장안내 및 일반서무 등 개업공인중개사의 중개업무와 관련된 단순한 업무를 보조하는 사람을 말합니다.
※ 중개보조원은 「공인중개사법」 제18조의4에 따라 현장안내 등 중개업무를 보조하는 경우 중개의뢰인에게 본인이 중개보조원이라는 사실을 미리 알려야 합니다.

제3장 중개대상물의 조사·분석

(6쪽 중 제4쪽)

Ⅲ. 중개보수 등에 관한 사항

⑮ 중개보수 및 실비의 금액과 산출내역	중개보수		〈산출내역〉 중개보수: 실　　비: ※ 중개보수는 시·도 조례로 정한 요율한도에서 중개의뢰인과 개업공인중개사가 서로 협의하여 결정하며 부가가치세는 별도로 부과될 수 있습니다.
	실비		
	계		
	지급시기		

「공인중개사법」제25조제3항 및 제30조제5항에 따라 거래당사자는 개업공인중개사로부터 위 중개대상물에 관한 확인·설명 및 손해배상책임의 보장에 관한 설명을 듣고, 같은 법 시행령 제21조제3항에 따른 본 확인·설명서와 같은 법 시행령 제24조제2항에 따른 손해배상책임 보장 증명서류(사본 또는 전자문서)를 수령합니다.

년　　월　　일

매도인 (임대인)	주소		성명		(서명 또는 날인)
	생년월일		전화번호		
매수인 (임차인)	주소		성명		(서명 또는 날인)
	생년월일		전화번호		
개업 공인중개사	등록번호		성명(대표자)		(서명 및 날인)
	사무소 명칭		소속공인중개사		(서명 및 날인)
	사무소 소재지		전화번호		
개업 공인중개사	등록번호		성명(대표자)		(서명 및 날인)
	사무소 명칭		소속공인중개사		(서명 및 날인)
	사무소 소재지		전화번호		

작성방법(주거용 건축물)

〈작성일반〉

1. "[ ]"있는 항목은 해당하는 "[ ]"안에 √로 표시합니다.

2. 세부항목 작성 시 해당 내용을 작성란에 모두 작성할 수 없는 경우에는 별지로 작성하여 첨부하고, 해당란에는 "별지 참고"라고 적습니다.

〈세부항목〉

1. 「확인·설명자료」항목의 "확인·설명 근거자료 등"에는 개업공인중개사가 확인·설명 과정에서 제시한 자료를 적으며, "대상물건의 상태에 관한 자료요구 사항"에는 매도(임대)의뢰인에게 요구한 사항 및 그 관련 자료의 제출 여부와 ⑩ 실제 권리관계 또는 공시되지 않은 물건의 권리사항부터 ⑬ 환경조건까지의 항목을 확인하기 위한 자료의 요구 및 그 불응 여부를 적습니다.

2. ① 대상물건의 표시부터 ⑨ 취득 시 부담할 조세의 종류 및 세율까지는 개업공인중개사가 확인한 사항을 적어야 합니다.

3. ① 대상물건의 표시는 토지대장 및 건축물대장 등을 확인하여 적고, 건축물의 방향은 주택의 경우 거실이나 안방 등 주실(主室)의 방향을, 그 밖의 건축물은 주된 출입구의 방향을 기준으로 남향, 북향 등 방향을 적고 방향의 기준이 불분명한 경우 기준(예: 남동향 - 거실 앞 발코니 기준)을 표시하여 적습니다.

4. ② 권리관계의 "등기부 기재사항"은 등기사항증명서를 확인하여 적습니다.

   가. 대상물건에 신탁등기가 되어 있는 경우에는 수탁자 및 신탁물건(신탁원부 번호)임을 적고, 신탁원부 약정사항에 명시된 대상물건에 대한 임대차계약의 요건(수탁자 및 수익자의 동의 또는 승낙, 임대차계약 체결의 당사자, 그 밖의 요건 등)을 확인하여 그 요건에 따라 유효한 임대차계약을 체결할 수 있음을 설명(신탁원부 교부 또는 ⑩ 실제 권리관계 또는 공시되지 않은 물건의 권리사항에 주요 내용을 작성)해야 합니다.

   나. 대상물건에 공동담보가 설정되어 있는 경우에는 공동담보 목록 등을 확인하여 공동담보의 채권최고액 등 해당 중개물건의 권리관계를 명확히 적고 설명해야 합니다.

   ※ 예를 들어, 다세대주택 건물 전체에 설정된 근저당권 현황을 확인·제시하지 않으면서, 계약대상 물건이 포함된 일부 호실의 공동담보 채권최고액이 마치 건물 전체에 설정된 근저당권의 채권최고액인 것처럼 중개의뢰인을 속이는 경우에는 「공인중개사법」위반으로 형사처벌 대상이 될 수 있습니다.

5. ③ 토지이용계획, 공법상 이용제한 및 거래규제에 관한 사항(토지)의 "건폐율 상한 및 용적률 상한"은 시·군의 조례에 따라 적고, "도시·군계획시설", "지구단위계획구역, 그 밖의 도시·군관리계획"은 개업공인중개사가 확인하여 적으며, "그 밖의 이용제한 및 거래규제사항"은 토지이용계획확인서의 내용을 확인하고, 공부에서 확인할 수 없는 사항은 부동산종합공부시스템 등에서 확인하여 적습니다(임대차의 경우에는 생략할 수 있습니다).

6. ④ 임대차 확인사항은 다음 각 목의 구분에 따라 적습니다.

   가. 「주택임대차보호법」제3조의7에 따라 임대인이 확정일자 부여일, 차임 및 보증금 등 정보(확정일자 부여 현황 정보) 및 국세 및 지방세 납세증명서(국세 및 지방세 체납 정보)의 제출 또는 열람 동의로 갈음했는지 구분하여 표시하고, 「공인중개사법」제25조의3에 따른 임차인의 권리에 관한 설명 여부를 표시합니다.

   나. 임대인이 제출한 전입세대 확인서류가 있는 경우에는 확인에 √로 표시를 한 후 설명하고, 없는 경우에는 미확인에 √로 표시한 후 「주민등록법」제29조의2에 따른 전입세대확인서의 열람·교부 방법에 대해 설명합니다(임대인이 거주하는 경우이거나 확정일자 부여현황을 통해 선순위의 모든 세대가 확인되는 경우 등에는 '해당 없음'에 √로 표시합니다).

   다. 최우선변제금은 「주택임대차보호법 시행령」제10조(보증금 중 일정액의 범위 등) 및 제11조(우선변제를 받을 임차인의 범위)를 확인하여 각각 적되, 근저당권 등 선순위 담보물권이 설정되어 있는 경우 선순위 담보물권 설정 당시의 소액임차인범위 및 최우선변제금액을 기준으로 적어야 합니다.

   라. "민간임대 등록여부"는 대상물건이 「민간임대주택에 관한 특별법」에 따라 등록된 민간임대주택인지 여부를 같은 법 제60조에 따른 임대주택정보체계에 접속하여 확인하거나 임대인에게 확인하여 "[ ]"안에 √로 표시하고, 민간임대주택인 경우 같은 법에 따른 권리·의무사항을 임대인 및 임차인에게 설명해야 합니다.

(6쪽 중 제6쪽)

작성방법(주거용 건축물)

※ 민간임대주택은「민간임대주택에 관한 특별법」제5조에 따른 임대사업자가 등록한 주택으로서, 임대인과 임차인 간 임대차계약(재계약 포함) 시에는 다음의 사항이 적용됩니다.
  - 「민간임대주택에 관한 특별법」제44조에 따라 임대의무기간 중 임대료 증액청구는 5퍼센트의 범위에서 주거비 물가지수, 인근 지역의 임대료 변동률 등을 고려하여 같은 법 시행령으로 정하는 증액비율을 초과하여 청구할 수 없으며, 임대차계약 또는 임대료 증액이 있은 후 1년 이내에는 그 임대료를 증액할 수 없습니다.
  - 「민간임대주택에 관한 특별법」제45조에 따라 임대사업자는 임차인이 의무를 위반하거나 임대차를 계속하기 어려운 경우 등에 해당하지 않으면 임대의무기간 동안 임차인과의 계약을 해제·해지하거나 재계약을 거절할 수 없습니다.

마. "계약갱신요구권 행사여부"는 대상물건이「주택임대차보호법」의 적용을 받는 주택으로서 임차인이 있는 경우 매도인(임대인)으로부터 계약갱신 요구권 행사 여부에 관한 사항을 확인할 수 있는 서류를 받으면 "확인"에 √로 표시하여 해당 서류를 첨부하고, 서류를 받지 못한 경우 "미확인"에 √로 표시하며, 임차인이 없는 경우에는 "해당 없음"에 √로 표시합니다. 이 경우 개업공인중개사는「주택임대차보호법」에 따른 임대인과 임차인의 권리·의무사항을 매수인에게 설명해야 합니다.

7. ⑥ 관리비는 직전 1년간 월평균 관리비 등을 기초로 산출한 총 금액을 적되, 관리비에 포함되는 비목들에 대해서는 해당하는 곳에 √로 표시하며, 그 밖의 비목에 대해서는 √로 표시한 후 비목 내역을 적습니다. 관리비 부과방식은 해당하는 곳에 √로 표시하고, 그 밖의 부과방식을 선택한 경우에는 그 부과방식에 대해서 작성해야 합니다. 이 경우 세대별 사용량을 계량하여 부과하는 전기료, 수도료 등 비목은 실제 사용량에 따라 금액이 달라질 수 있고, 이에 따라 총 관리비가 변동될 수 있음을 설명해야 합니다.

8. ⑦ 비선호시설(1㎞이내)의 "종류 및 위치"는 대상물건으로부터 1㎞ 이내에 사회통념상 기피 시설인 화장장·봉안당·공동묘지·쓰레기처리장·쓰레기소각장·분뇨처리장·하수종말처리장 등의 시설이 있는 경우, 그 시설의 종류 및 위치를 적습니다.

9. ⑧ 거래예정금액 등의 "거래예정금액"은 중개가 완성되기 전 거래예정금액을, "개별공시지가(㎡당)" 및 "건물(주택)공시가격"은 중개가 완성되기 전 공시된 공시지가 또는 공시가격을 적습니다[임대차의 경우에는 "개별공시지가(㎡당)" 및 "건물(주택)공시가격"을 생략할 수 있습니다].

10. ⑨ 취득 시 부담할 조세의 종류 및 세율은 중개가 완성되기 전「지방세법」의 내용을 확인하여 적습니다(임대차의 경우에는 제외합니다).

11. ⑩ 실제 권리관계 또는 공시되지 않은 물건의 권리 사항은 매도(임대)의뢰인이 고지한 사항(법정지상권, 유치권,「주택임대차보호법」에 따른 임대차, 토지에 부착된 조각물 및 정원수, 계약 전 소유권 변동 여부, 도로의 점용허가 여부 및 권리·의무 승계 대상 여부 등)을 적습니다. 「건축법 시행령」별표 1 제2호에 따른 공동주택(기숙사는 제외합니다) 중 분양을 목적으로 건축되었으나 분양되지 않아 보존등기만 마쳐진 상태인 공동주택에 대해 임대차계약을 알선하는 경우에는 이를 임차인에게 설명해야 합니다.

※ 임대차계약의 경우 현재 존속 중인 임대차의 임대보증금, 월 단위의 차임액, 계약기간 및 임대차 계약의 장기수선충당금의 처리 등을 확인하여 적습니다. 그 밖에 경매 및 공매 등의 특이사항이 있는 경우 이를 확인하여 적습니다.

12. ⑪ 내부·외부 시설물의 상태(건축물), ⑫ 벽면·바닥면 및 도배 상태와 ⑬ 환경조건은 중개대상물에 대해 개업공인중개사가 매도(임대)의뢰인에게 자료를 요구하여 확인한 사항을 적고, ⑪ 내부·외부 시설물의 상태(건축물)의 "그 밖의 시설물"은 가정자동화 시설(Home Automation 등 IT 관련 시설)의 설치 여부를 적습니다.

13. ⑮ 중개보수 및 실비는 개업공인중개사와 중개의뢰인이 협의하여 결정한 금액을 적되 "중개보수"는 거래예정금액을 기준으로 계산하고, "산출내역(중개보수)"은 "거래예정금액(임대차의 경우에는 임대보증금 + 월 단위의 차임액 × 100) × 중개보수 요율"과 같이 적습니다. 다만, 임대차로서 거래예정금액이 5천만원 미만인 경우에는 "임대보증금 + 월 단위의 차임액 × 70"을 거래예정금액으로 합니다.

14. 공동중개 시 참여한 개업공인중개사(소속공인중개사를 포함합니다)는 모두 서명·날인해야 하며, 2명을 넘는 경우에는 별지로 작성하여 첨부합니다.

210mm×297mm[백상지(80g/㎡) 또는 중질지(80g/㎡)]

■ Enforcement Rules of Licensed Real Estate Agents Act [Annex No. 20] (p.1)

Explanation Manual for Verifying the Premises [I]
(Residential Building)

([ ] Single-family housing [ ] Multi-family Housing [ ] Purchase·Sale/Exchange [ ] Lease)

Materials for verification · explanation	Verification/ Explanation Evidence, etc.	[ ] Registration certificate　　　[ ] Certified Copy of Register [ ] Land ledger　[ ] Building ledger　[ ] Cadastral map [ ] Forest Land Cadastral map　[ ] Certificate of Land Use Planning [ ] Others (　　　　　　　　　　)
	Matters of requesting References for Condition of Premises	

Cautions		
Licensed real estate agent's obligation to verify · explain		Agent shall explain faithfully and accurately to the client who is acquiring the right of premises and shall present evidence of explanation such as land ledger, certified copy of register, etc.
Report of actual transaction price		In case a real estate property is transferred by a person who acquired the property, the actual transaction price of the property, prescribed in the Article 3 of the Act on Real Estate Transaction Report and the ATTACHMENT/FORM 1(1)5 of the Enforcement Decree of the same Act, may be subject to calculation of transfer gains over the actual transaction price reported at the time of its acquisition in accordance with the (1) and (7) of the Article 97 of the Income Tax Act and the Article 163 (11) 2 of the Enforcement Decree of the same Act.

I. Basic matters confirmed by licensed real estate agent

① Description of premises	Land	Location				
		Area(m²)		Land Category	Category on the ledger	
					Actual status	
	Building	Net area(m²)			Land share(m²)	
		Year of completion(year of addition/remodeling)		Use	Use on building ledger	
					Actual use	
		Structure		Direction		(based on :　)
		Seismic design		Seismic capacity		
		Legal status under building ledger	[ ] Illegal [ ] Legal	Matters of violation		

② Legal rights relationship	Matters written on the register		Matters related to ownership		Matters other than ownership	
			Land		Land	
			Building		Building	
	Private rental housing registration	Registered	[ ] Long-term private rental housing　[ ] Publicly-funded private rental housing [ ] Others Type(　　　　　　)			
			Mandatory lease period		Lease initiation date	
		Not registered	[ ] None of the above				
	Right to lease contract renewal		[ ] Confirmed (Confirming documents attached)　　[ ] Not confirmed			

③ Matters of land use planning, use restrictions and transaction regulations on public law (land)	Zoning district	Use area		Building coverage ratio limit	Floor area ratio limit
		Use district			
		Use zone		%	%
	City/Gun planning facilities		Permission, report zone	[ ] Land transaction permitted zone	
			Speculative area	[ ] Land speculative area [ ] Housing speculative area [ ] Speculation-ridden district	
	District unit planning area, other city/Gun management planning		Other use restrictions and transaction regulations		

210mm×297mm[woodfree paper 80g/m²(wood containing paper)]

(p.2)

④ Site condition	Relations with roads	(m × m) from road [ ]paved road [ ]unpaved road			Accessibility	[ ]easy [ ]inconvenient
	Public transportation	Bus	( )Stop, Time required: ([ ]on foot [ ]by car) approximately min.			
		Subway	( )Station, Time required: ([ ]on foot [ ]by car) approximately min.			
	Parking lot	[ ]none [ ]private parking [ ]public parking [ ]others ( )				
	Educational facilities	Elementary school	( ) School, Time required:([ ]on foot [ ]by car) approximately min.			
		Middle school	( ) School, Time required:([ ]on foot [ ]by car) approximately min.			
		High school	( ) School, Time required:([ ]on foot [ ]by car) approximately min.			
	Shopping mall and Medical facilities	Department store and Outlet	( ), Time required:([ ]on foot [ ]by car) approximately min.			
		General medical center	( ), Time required:([ ]on foot [ ]by car) approximately min.			
⑤ Matters of management	Security Office	[ ]Yes [ ]No		Management	[ ]Outsourcing [ ]Self-management	[ ] Others
⑥ Undesirable facilities(within 1km)	[ ] No [ ]Yes (type and location:)					
⑦ Expected transaction amount, etc.	Expected transaction amount					
	Individual land price recorded on the register(per ㎡)			building(housing) price recorded on the register		
⑧ Type of taxes and rates acquiring premises	Acquisition tax		%	Special tax for rural and fishing villages	%	Local education tax %
	※ All who have real estate on June 1 must pay property tax					

II. Detailed matters confirmed by licensed real estate agent

⑨ Actual legal right relationship or matters of rights not recorded on the register

⑩ Interior and exterior conditions of the facility (building)	Water	whether damage or not	[ ]No [ ]yes (location:)	
		Water capacity	[ ]normal [ ]insufficient (location:)	
	Electricity	Supply condition	[ ]normal [ ]needs to be replaced (parts to be replaced:)	
	Gas(for cooking)	Supply method	[ ]gas [ ]others ( )	
	Firefighting	Stand-alone fire alarm detector	[ ]no [ ]yes (Quantity: ea)	※ As Only houses except for apartments(houses with five or more floors to be used as housing) are designated as residential fire-fighting facilities specified in Article 8 of the Act on Installation, Maintenance, and Safety Control of Fire-Fighting Systems and Article 13 of the Enforcement Decree of the same Act.
	Method of heating and fueling	Supply method	[ ]central supply [ ]individual supply	Operation [ ]normal [ ]needs to be repaired
		Type	[ ]gas [ ]oil [ ]propane gas [ ]coal briquettes [ ]others ( )	
	Elevator	[ ]yes [ ]good [ ]not good [ ]no		
	Drainage	[ ]normal [ ]needs to be repaired( )		
	Other facilities			

210mm×297mm[woodfree paper 80g/㎡(wood containing paper)]

(p.3)

⑪ Condition of wall surface and wallpaper	Wall surface	crack	[ ]no [ ]yes (location :)
		water leak	[ ]no [ ]yes (location :)
	Wallpaper		[ ]clean [ ]normal [ ]need to be redone
⑫ Environmental condition	Sunshine		[ ]sufficient [ ]normal [ ]insufficient (reason :)
	Noise		[ ]slight [ ]normal [ ]serious vibration [ ]slight[ ]normal[ ]serious

III. Matters related to commission, etc.

⑬ Commission, Actual expense and Details of Calculation	Commission		Details of Calculation Commission : Actual expense : ※ Commission comply with fixed rates by the Municipal·Province Ordinance or mutual consentient rate within fixed rates by the Municipal·Province Ordinance. Value added tax may be imposed.
	Actual Expenses		
	Total		
	Payment period		

In accordance with the Article 25 (3) and the Article 30 (5) of the Licensed Real Estate Agents Act, the parties to transaction shall be provided with the verification · explanation on the above premises and the guarantee of damage compensation liability, and take this explanation note for verifying the premises prepared and issued by the agent and documentary evidence of damage compensation liability guarantee such as a certificate(copy or electronic document) in accordance with the Article 21 (3) and the Article 24 (2) of the Enforcement Decree of the same Act.

Year   Month   Day

Seller (Lessor)	Address		Name	signature or seal
	Date of Birth		Telephone No.	
Buyer (Lessee)	Address		Name	signature or seal
	Date of Birth		Telephone No.	
Licensed real estate agent	Brokerage registration No.		Name (Representative)	signature and seal
	Office name		Employed certified public realtor	signature and seal
	Office location		Telephone No.	
Licensed real estate agent	Brokerage registration No.		Name (Representative)	signature and seal
	Office name		Employed certified public realtor	signature and seal
	Office location		Telephone No.	

210mm×297mm[woodfree paper 80g/㎡(wood containing paper)]

Guideline for filling out(Residential Building)

⟨General⟩
1. For items with brackets "[ ]", please check √ where appropriate.
2. In case there is not enough space when writing down detailed items, attach additional pages and write in the specific item space: "See attached.

⟨Detailed Items⟩
1. In "Verification·Explanation Evidence, etc." of category 「Materials for Verification·Explanation」, write down any supporting materials that a licensed real estate agent presented during Verification·explanation process, and for "Matters of requesting References for Condition of Premises", write down any matters that were requested to client who is a seller(lessor) and whether such related materials are presented and write down material request and whether to respond or not to confirm categories from ⑨ (Actual legal right relationship or matters of rights not recorded on the register) to ⑫ (Environmental condition).
2. From section ① (Description of premises) to section ⑧ (Type of taxes and rates acquiring premises), write down matters confirmed by the licensed real estate agent.
3. For ① (Description of premises), write down, after confirming it from land ledger and building ledger, etc.: the direction of the building: in case of the housing, write down the compass direction that the main room faces.(such as the living room or the master bedroom in case of housing), or in case of the other buildings, write down the compass direction that the main entrance faces. If the direction is unclear, write down the point where it is seen from(e.g.: southeast — seen from balcony in front of living room).
4. For "Matters written on the register" in section ② (Legal rights relationship): write down after confirming them by the certified copy of register.
5. For "Private rental housing registration" of the section ② on "Legal rights relationship", a licensed real estate agent shall check the register status of the private rental housing based on either the search result at Rental Housing Information System, the official rental register set up and run by the Ministry of Land, Information and Transport of Korea in accordance with the Article 60 of the Special Act on Private Rental Housing or confirmation of the relevant fact with the landlord and explain the tenant the rights and obligations of the tenant prescribed under the Special Act on Private Rental Housing.

   * In case a rental agreement, including a lease extension contract, is concluded between a landlord and tenant, a private rental house, a house registered for renting by a housing rental business entity under the Article 5 of the Special Act on Private Rental Housing, will be subject to the following.
   ① Under the Article 44 of the Special Act on Private Rental Housing, when a lessor requests rent increase during the mandatory rental period, the rate of the increase may not exceed the rate determined by the Enforcement Decree of the Special Act on Private Rental Housing within a five percent per annum range, taking into account the house price index, fluctuations of rental rates in the adjacent area, etc.; however, such a request may not be made if the rental contract or agreement on rent increase was concluded less than one year ago.
   ② Under the Article 45 of the Special Act on Private Rental Housing, a rental business entity may not revoke, terminate, nor refuse to renew a rental agreement during the mandatory rental period unless the lessee violates any of his/her obligations or it is impractical to continue the relevant lease.

6. In the "Right to lease contract renewal" of the Section ② (Legal rights relationship), a licensed real estate agent, provided that a property up for transaction is subjed to the Housing Lease Protection Act and is currently leased to a tenant, shall seek documentary evidence from the lessor(seller) to confirm the status of the tenant's exercising of the right to lease contract renewal. In case such documents were acquired, the real estate agent shall mark (√) in the "Confirmed" bracket and attach the documents acquired. In case such documents were not acquired for reasons including but not limited to the incommunicated of the lessor(seller), the real estate agent shall mark (√) in the "Not confirmed" bracket. In either case, the licensed real estate agent shall explain to the buyer of the property the rights and obligations of the lessor and tenant stipulated in the Housing Lease Protection Act.
7. For "Building coverage Ratio limit and floor area ratio limit" of section ③ [Matters of land use planning, use restrictions and transaction regulations on public law(land)]: it shall be written down pursuant to the rules of the city or district. The licensed real estate agent shall confirm them and write "District unit planning area, other city management planning" and other matters shall be written after confirming them from the Certificate of land use planning; or, if they cannot be confirmed by means of a public document, they can be confirmed from the real estate total network etc. (These items can be omitted in case of leases).
8. For section ⑦ (Expected transaction amount, etc.), write down the anticipated transaction amount before the deal is completed, and for "Individual land price recorded on the register" and "building(housing) price recorded on the register", write down posted land price, building(housing) price that is posted before completion of brokerage. [If you are dealing with a leasing agreement, "Individual land price recorded on the register" and "building(housing) price recorded on the register" can be omitted].
9. For section ⑧ (Type of taxes and rates acquiring premises), types of taxes and rates applied shall be written based on reference to「Local Tax Act」before completing brokerage(These items can be omitted in a leasing agreement).
10. For section ⑨ (Actual legal right relationship or matters of rights not recorded on the register), write down matters as notified by the client who sells(leases) the real estate (surface rights, lien, lease agreement pursuant to 「Housing Lease Protection Act」, number of sculptures and gardens attached to the land, etc.). For a multi-family housing unit, categorized as such under Paragraph 2 of the Appendix 1 of the Enforcement Decree of the Building Act(except for dormitory housing), which was built for the purpose of sale but remains unsold with only preservation registration completed, a licensed real estate agent should explain such status to a prospective tenant when brokering the lease.

    ※ In case of leasing agreement, lease deposits, monthly rents, agreement period and an arrangement on long range repair costs shall be confirmed and written. If the premise up for lease is put up as a collateral, the maximum amount of the mortgaged credits shall be confirmed and written down. If there are extraordinary matters such as auction or public sale, such matters shall be confirmed and written down.

11. For sections ⑩ [Interior and exterior conditions of the facility (building)], ⑪ (Condition of wall surface and wallpaper), and ⑫ (Environmental condition), the agent shall request the seller(lessor) to submit related materials and write down those matters as confirmed, and for "other facilities" of section ⑩ [Interior and exterior conditions of the facility(building)], write down whether there are IT related facilities such as Home Automation etc.
12. For section ⑬ (Commission, Actual Expenses and Details of Calculation), write down the amount determined upon consultation between agent and client, provided that "Commission" shall be calculated on the basis of the expected transaction amount, and "Details of Calculation(Commision)" shall be written down as "expected transaction amount(in case of lease, leasing deposit + monthly rent × 100) × rate of commission". In case of lease, expected transaction amount less than 50 million won, expected transaction amount calculation shall be "leasing deposit + monthly rent × 70".
13. In case of joint brokerage, all participating licensed real estate agents (including an employed certified public realtor) shall sign and if there are more than two parties, all the parties shall be named in a separate document, which should be attached.

210mm×297mm[woodfree paper 80g/m²(wood containing paper)]

■ 공인중개사법 시행규칙 【별지 제20호의2서식】 (4쪽 중 제1쪽)

중개대상물 확인·설명서[Ⅱ] (비주거용 건축물)   33·35회 출제

([ ] 업무용 [ ] 상업용 [ ] 공업용 [ ] 매매·교환 [ ] 임대 [ ] 그 밖의 경우)

※ [ ]에는 해당하는 곳에 √표를 합니다.

확인·설명자료	확인·설명 근거자료 등	[ ] 등기권리증 [ ] 등기사항증명서 [ ] 토지대장 [ ] 건축물대장 [ ] 지적도 [ ] 임야도 [ ] 토지이용계획확인서 [ ] 그 밖의 자료( )
	대상물건의 상태에 관한 자료요구사항	

유의사항

개업공인중개사의 확인·설명의무	개업공인중개사는 중개대상물에 관한 권리를 취득하려는 중개의뢰인에게 성실·정확하게 설명하고, 토지대장 등본, 등기사항증명서 등 설명의 근거자료를 제시하여야 합니다.
실제거래가격신고	「부동산 거래신고 등에 관한 법률」 제3조 및 같은 법 시행령 제3조 제1항 제5호에 따른 실제거래가격은 매수인이 매수한 부동산을 양도하는 경우 「소득세법」 제97조 제1항 및 제7항과 같은 법 시행령 제163조 제11항 제2호에 따라 취득 당시의 실제 거래가액으로 보아 양도차익이 계산될 수 있음을 유의하시기 바랍니다.

Ⅰ. 개업공인중개사 기본 확인사항

① 대상물건의 표시	토지	소재지					
		면적(㎡)		지목	공부상 지목		
					실제이용 상태		
	건축물	전용면적(㎡)			대지지분(㎡)		
		준공연도 (증개축연도)		용도	건축물대장상 용도		
					실제 용도		
		구조			방향		(기준:)
		내진설계 적용여부			내진능력		
		건축물대장상 위반건축물 여부	[ ]위반 [ ]적법	위반내용			

② 권리관계	등기부 기재사항	소유권에 관한 사항	소유권 외의 권리사항
		토지	토지
		건축물	건축물
	민간임대 등록여부	등록	[ ] 장기일반민간임대주택 [ ] 공공지원민간임대주택 [ ] 그밖의 유형( ) 임대의무기간 임대개시일
		미등록	[ ] 해당사항 없음
	계약갱신요구권 행사여부	[ ] 확인(확인서류첨부) [ ] 미확인 [ ] 해당 없음	

③ 토지이용 계획 공법상 이용제한 및 거래규제 에 관한 사항 (토지)	지역·지구	용도지역		건폐율 상한	용적률 상한
		용도지구		%	%
		용도구역			
	도시·군 계획시설	허가·신고 구역 여부	[ ]토지거래허가구역		
		투기지역 여부	[ ]토지투기지역 [ ]주택투기지역 [ ]투기과열지구		
	지구단위계획구역, 그 밖의 도시·군관리계획		그 밖의 이용제한 및 거래규제사항		

210mm×297mm[백상지(80g/㎡) 또는 중질지(80g/㎡)]

(4쪽 중 제2쪽)

④ 입지조건	도로와의 관계	(m × m)도로에 접함 [ ]포장 [ ]비포장		접근성	[ ]용이함 [ ]불편함
	대중교통	버스	( ) 정류장,	소요시간 : ([ ]도보 [ ]차량) 약 분	
		지하철	( ) 역,	소요시간 : ([ ]도보 [ ]차량) 약 분	
	주차장	[ ]없음 [ ]전용주차시설 [ ]공동주차시설 [ ]그 밖의 주차시설 ( )			

⑤ 관리에 관한 사항	경비실	[ ]있음 [ ]없음	관리주체	[ ]위탁관리 [ ]자체관리 [ ]그 밖의 유형

⑥ 거래예정금액 등	거래예정금액			
	개별공시지가(㎡당)		건물(주택)공시가격	

⑦ 취득 시 부담할 조세의 종류 및 세율	취득세	%	농어촌특별세	%	지방교육세	%
	※ 재산세는 6월 1일 기준 대상물건 소유자가 납세의무를 부담					

II. 개업공인중개사 세부 확인사항

⑧ 실제권리관계 또는 공시되지 않은 물건의 권리사항

⑨ 내부·외부 시설물의 상태 (건축물)	수도	파손 여부	[ ]없음 [ ]있음(위치:)		
		용수량	[ ]정상 [ ]부족함(위치:)		
	전기	공급상태	[ ]정상 [ ]교체 필요(교체할 부분:)		
	가스(취사용)	공급방식	[ ]도시가스 [ ]그 밖의 방식( )		
	소방	소화전	[ ]없음 [ ]있음(위치:)		
		비상벨	[ ]없음 [ ]있음(위치:)		
	난방방식 및 연료공급	공급방식	[ ]중앙공급 [ ]개별공급	시설작동	[ ] 정상[ ]수선 필요( ) ※개별공급인 경우 사용연한( ) [ ] 확인불가
		종류	[ ]도시가스 [ ]기름 [ ]프로판가스 [ ]연탄 [ ]그 밖의 종류( )		
	승강기	[ ]있음 ([ ] 양호 [ ] 불량) [ ]없음			
	배수	[ ]정상 [ ]수선 필요( )			
	그 밖의 시설물				

⑩ 벽면	벽면	균열	[ ]없음 [ ]있음(위치:)
		누수	[ ]없음 [ ]있음(위치:)
	바닥면	[ ] 깨끗함 [ ] 보통임 [ ] 수리 필요(위치 :)	

210mm×297mm[백상지(80g/㎡) 또는 중질지(80g/㎡)]

(4쪽 중 제3쪽)

III. 중개보수 등에 관한 사항

⑪ 중개보수 및 실비의 금액과 산출내역	중개보수		〈산출내역〉 중개보수 : 실 비 : ※ 중개보수는 시·도 조례로 정한 요율한도에서 중개의뢰인과 개업공인중개사가 서로 협의하여 결정하며 부가가치세는 별도로 부과될 수 있습니다.
	실비		
	계		
	지급시기		

「공인중개사법」 제25조 제3항 및 제30조 제5항에 따라 거래당사자는 개업공인중개사로부터 위 중개대상물에 관한 확인·설명 및 손해배상책임의 보장에 관한 설명을 듣고, 같은 법 시행령 제21조 제3항에 따른 본 확인·설명서와 같은 법 시행령 제24조 제2항에 따른 손해배상책임 보장 증명서류(사본 또는 전자문서)를 수령합니다.

년   월   일

매도인 (임대인)	주소		성명	(서명 또는 날인)
	생년월일		전화번호	
매수인 (임차인)	주소		성명	(서명 또는 날인)
	생년월일		전화번호	
개업 공인중개사	등록번호		성명 (대표자)	(서명 및 날인)
	사무소 명칭		소속 공인중개사	(서명 및 날인)
	사무소 소재지		전화번호	
개업 공인중개사	등록번호		성명 (대표자)	(서명 및 날인)
	사무소 명칭		소속 공인중개사	(서명 및 날인)
	사무소 소재지		전화번호	

210mm×297mm[백상지(80g/㎡) 또는 중질지(80g/㎡)]

(4쪽 중 제4쪽)

작성방법(비주거용 건축물)

〈작성일반〉
1. " [ ] " 있는 항목은 해당하는 " [ ] " 안에 √로 표시합니다.
2. 세부항목 작성 시 해당 내용을 작성란에 모두 작성할 수 없는 경우에는 별지로 작성하여 첨부하고, 해당란에는 "별지 참고"라고 적습니다.

〈세부항목〉
1. 「확인·설명자료」 항목의 "확인·설명 근거자료 등"에는 개업공인중개사가 확인·설명 과정에서 제시한 자료를 적으며, "대상물건의 상태에 관한 자료요구사항"에는 매도(임대)의뢰인에게 요구한 사항 및 그 관련 자료의 제출 여부와 ⑧ 실제권리관계 또는 공시되지 않은 물건의 권리사항부터 ⑩ 벽면까지의 항목을 확인하기 위한 자료의 요구 및 그 불응 여부를 적습니다.
2. ① 대상물건의 표시부터 ⑧ 취득 시 부담할 조세의 종류 및 세율까지는 개업공인중개사가 확인한 사항을 적어야 합니다.
3. ① 대상물건의 표시는 토지대장 및 건축물대장 등을 확인하여 적습니다.
4. ② 권리관계의 "등기부기재사항"은 등기사항증명서를 확인하여 적습니다.
5. ② 권리관계의 "민간임대 등록여부"는 대상물건이 「민간임대주택에 관한 특별법」에 따라 등록된 민간임대주택인지 여부를 같은 법 제60조에 따른 임대주택정보체계에 접속하여 확인하거나 임대인에게 확인하여 " [ ] " 안에 √로 표시하고, 민간임대주택인 경우 「민간임대주택에 관한 특별법」에 따른 권리·의무사항을 임차인에게 설명해야 합니다.

   * 민간임대주택은 「민간임대주택에 관한 특별법」 제5조에 따른 임대사업자가 등록한 주택으로서, 임대인과 임차인간 임대차 계약(재계약 포함)시 다음과 같은 사항이 적용됩니다.
     ① 같은 법 제44조에 따라 임대의무기간 중 임대료 증액청구는 5퍼센트의 범위에서 주거비 물가지수, 인근 지역의 임대료 변동률 등을 고려하여 같은 법 시행령으로 정하는 증액비율을 초과하여 청구할 수 없으며, 임대차계약 또는 임대료 증액이 있은 후 1년 이내에는 그 임대료를 증액할 수 없습니다.
     ② 같은 법 제45조에 따라 임대사업자는 임차인이 의무를 위반하거나 임대차를 계속하기 어려운 경우 등에 해당하지 않으면 임대의무기간동안 임차인과의 계약을 해제·해지하거나 재계약을 거절할 수 없습니다.

6. ③ 토지이용계획, 공법상 이용제한 및 거래규제에 관한 사항(토지)의 "건폐율 상한 및 용적률 상한"은 시·군의 조례에 따라 적고, "도시·군계획시설", "지구단위계획구역, 그 밖의 도시·군관리계획"은 개업공인중개사가 확인하여 적으며, "그 밖의 이용제한 및 거래규제사항"은 토지이용계획확인서의 내용을 확인하고, 공부에서 확인할 수 없는 사항은 부동산종합정보망 등에서 확인하여 적습니다(임대차의 경우에는 생략할 수 있습니다).
7. ⑥ 거래예정금액 등의 "거래예정금액"은 중개가 완성되기 전 거래예정금액을, "개별공시지가(㎡당)" 및 "건물(주택)공시가격"은 중개가 완성되기 전 공시된 공시지가 또는 공시가격을 적습니다[임대차계약의 경우에는 "개별공시지가(㎡당)" 및 "건물(주택)공시가격"을 생략할 수 있습니다].
8. ⑦ 취득 시 부담할 조세의 종류 및 세율은 중개가 완성되기 전 「지방세법」의 내용을 확인하여 적습니다(임대차의 경우에는 제외합니다).
9. ⑧ 실제권리관계 또는 공시되지 않은 물건의 권리사항은 매도(임대)의뢰인이 고지한 사항(법정지상권, 유치권, 「상가건물 임대차보호법」에 따른 임대차, 토지에 부착된 조각물 및 정원수 등)을 적습니다.
   ※ 임대차계약이 있는 경우 임대보증금, 월 단위의 차임액, 계약기간, 장기수선충당금의 처리 등을 확인하고, 근저당 등이 설정된 경우 채권최고액을 확인하여 적습니다. 그 밖에 경매 및 공매 등의 특이사항이 있는 경우 이를 확인하여 적습니다.
10. ⑨ 내부·외부의 시설물의 상태(건축물), ⑩ 벽면은 중개대상물에 대하여 개업공인중개사가 매도(임대)의뢰인에게 자료를 요구하여 확인한 사항을 적고, ⑨ 내부·외부의 시설물의 상태(건축물)의 "그 밖의 시설물"은 상업용은 오수·정화시설용량, 공업용은 전기용량, 오수정화시설용량, 용수시설 내용을 개업공인중개사가 매도(임대)의뢰인에게 자료를 요구하여 확인한 사항을 적습니다.
11. ⑬ "조례상 중개보수 상한"은 상한요율 및 한도액을 적고, "협의된 중개보수" 및 "실비"는 개업공인중개사와 중개의뢰인이 협의하여 결정한 금액을 적습니다.
    〈산출내역〉의 "중개보수"는 거래예정금액을 기준으로 계산하고 "협의된 중개보수"의 산출내역을 적되, 임대차의 경우에는 "임대보증금 + (월 단위의 차임액 × 100) × 중개보수 요율"과 같이 적습니다.
12. 공동중개 시 참여한 개업공인중개사(소속공인중개사를 포함합니다)는 모두 서명·날인하여야 하며, 2명을 넘는 경우에는 별지로 작성하여 첨부합니다.

210mm×297mm[백상지(80g/㎡) 또는 중질지(80g/㎡)]

■ 공인중개사법 시행규칙 [별지 제20호의3서식] (3쪽 중 제1쪽)

중개대상물 확인·설명서[Ⅲ] (토지)
([ ] 매매·교환   [ ] 임대)

※ [ ]에는 해당하는 곳에 √표를 합니다.

확인·설명 자료	확인·설명 근거자료 등	[ ] 등기권리증 [ ] 등기사항증명서 [ ] 토지대장 [ ] 건축물대장 [ ] 지적도 [ ] 임야도 [ ] 토지이용계획확인서 [ ] 그 밖의 자료( )
	대상물건의 상태에 관한 자료요구사항	

유의사항

개업공인중개사의 확인·설명의무	개업공인중개사는 중개대상물에 관한 권리를 취득하려는 중개의뢰인에게 성실·정확하게 설명하고, 토지대장 등본, 등기사항증명서 등 설명의 근거자료를 제시하여야 합니다.
실제거래가격신고	「부동산거래신고 등에 관한 법률」 제3조 및 같은 법 시행령 제3조 제1항 제5호에 따른 실제거래가격은 매수인이 매수한 부동산을 양도하는 경우 「소득세법」 제97조 제1항 및 제7항과 같은 법 시행령 제163조 제11항 제2호에 따라 취득 당시의 실제 거래가액으로 보아 양도차익이 계산될 수 있음을 유의하시기 바랍니다.

Ⅰ. 개업공인중개사 기본 확인사항

① 대상물건의 표시	토지	소재지				
		면적(㎡)		지목	공부상 지목	
					실제이용 상태	

② 권리관계	등기부 기재사항	소유권에 관한 사항		소유권 외의 권리사항	
		토지		토지	

③ 토지이용계획, 공법상 이용 제한 및 거래규제에 관한 사항 (토지)	지역·지구	용도지역			건폐율 상한	용적률 상한
		용도지구			%	%
		용도구역				
	도시·군 계획시설	허가·신고 구역 여부	[ ] 토지거래허가구역			
		투기지역 여부	[ ] 토지투기지역 [ ] 주택투기지역 [ ] 투기과열지구			
	지구단위계획구역, 그 밖의 도시·군관리계획		그 밖의 이용제한 및 거래규제사항			

④ 입지조건	도로와의 관계	(m × m)도로에 접함 [ ] 포장 [ ] 비포장	접근성	[ ] 용이함 [ ] 불편함
	대중교통	버스	( ) 정류장,	소요시간: ([ ] 도보, [ ] 차량) 약 분
		지하철	( ) 역,	소요시간: ([ ] 도보, [ ] 차량) 약 분

⑤ 비 선호시설(1km이내)	[ ] 없음 [ ] 있음(종류 및 위치:)

⑥ 거래예정금액 등	거래예정금액	
	개별공시지가(㎡당)	건물(주택)공시가격

⑦ 취득시 부담할 조세의 종류 및 세율	취득세	%	농어촌특별세	%	지방교육세	%
	※ 재산세는 6월 1일 기준 대상물건 소유자가 납세의무를 부담					

210mm×297mm[백상지(80g/㎡) 또는 중질지(80g/㎡)]

제3장 중개대상물의 조사 · 분석

(3쪽 중 제2쪽)

Ⅱ. 개업공인중개사 세부 확인사항

⑧ 실제권리관계 또는 공시되지 않은 물건의 권리사항	

Ⅲ. 중개보수 등에 관한 사항

⑨ 중개보수 및 실비의 금액과 산출내역	중개보수		〈산출내역〉 중개보수 : 실 비 : ※ 중개보수는 시·도 조례로 정한 요율한도에서 중개의뢰인과 개업공인중개사가 서로 협의하여 결정하며 부가가치세는 별도로 부과될 수 있습니다.
	실비		
	계		
	지급시기		

「공인중개사법」 제25조 제3항 및 제30조 제5항에 따라 거래당사자는 개업공인중개사로부터 위 중개대상물에 관한 확인·설명 및 손해배상책임의 보장에 관한 설명을 듣고, 같은 법 시행령 제21조 제3항에 따른 본 확인·설명서와 같은 법 시행령 제24조 제2항에 따른 손해배상책임 보장 증명서류(사본 또는 전자문서)를 수령합니다.

년   월   일

매도인 (임대인)	주소		성명	(서명 또는 날인)
	생년월일		전화번호	
매수인 (임차인)	주소		성명	(서명 또는 날인)
	생년월일		전화번호	
개업 공인중개사	등록번호		성명 (대표자)	(서명 및 날인)
	사무소 명칭		소속공인중개사	(서명 및 날인)
	사무소 소재지		전화번호	
개업 공인중개사	등록번호		성명 (대표자)	(서명 및 날인)
	사무소 명칭		소속공인중개사	(서명 및 날인)
	사무소 소재지		전화번호	

210mm×297mm[백상지(80g/㎡) 또는 중질지(80g/㎡)]

작성방법(토지)

〈작성일반〉

1. " [ ] " 있는 항목은 해당하는 " [ ] " 안에 √로 표시합니다.

2. 세부항목 작성 시 해당 내용을 작성란에 모두 작성할 수 없는 경우에는 별지로 작성하여 첨부하고, 해당란에는 "별지 참고"라고 적습니다.

〈세부항목〉

1. 「확인·설명자료」 항목의 "확인·설명 근거자료 등"에는 개업공인중개사가 확인·설명 과정에서 제시한 자료를 적으며, "대상물건의 상태에 관한 자료요구 사항"에는 매도(임대)의뢰인에게 요구한 사항 및 그 관련 자료의 제출 여부와 ⑧ 실제권리관계 또는 공시되지 않은 물건의 권리사항의 항목을 확인하기 위한 자료요구 및 그 불응 여부를 적습니다.

2. ① 대상물건의 표시부터 ⑦ 취득 시 부담할 조세의 종류 및 세율까지는 개업공인중개사가 확인한 사항을 적어야 합니다.

3. ① 대상물건의 표시는 토지대장 등을 확인하여 적습니다.

4. ② 권리관계의 "등기부기재사항"은 등기사항증명서를 확인하여 적습니다.

5. ③ 토지이용계획, 공법상 이용제한 및 거래규제에 관한 사항(토지)의 "건폐율 상한 및 용적률 상한"은 시·군의 조례에 따라 적고, "도시·군계획시설", "지구단위계획구역, 그 밖의 도시·군관리계획"은 개업공인중개사가 확인하여 적으며, 그 밖의 사항은 토지이용계획확인서의 내용을 확인하고, 공부에서 확인할 수 없는 사항은 부동산종합정보망 등에서 확인하여 적습니다(임대차의 경우에는 생략할 수 있습니다).

6. ⑥ 거래예정금액 등의 "거래예정금액"은 중개가 완성되기 전 거래예정금액을, "개별공시지가"는 중개가 완성되기 전 공시가격을 적습니다(임대차계약의 경우에는 "개별공시지가"를 생략할 수 있습니다).

7. ⑦ 취득 시 부담할 조세의 종류 및 세율은 중개가 완성되기 전 「지방세법」의 내용을 확인하여 적습니다(임대차의 경우에는 제외합니다).

8. ⑧ 실제권리관계 또는 공시되지 않은 물건의 권리에 관한 사항은 매도(임대)의뢰인이 고지한 사항(임대차, 지상에 점유권 행사여부, 구축물, 적치물, 진입로, 경작물 등)을 적습니다.
   ※ 임대차계약이 있는 경우 임대보증금, 월 단위의 차임액, 계약기간 등을 확인하고, 근저당 등이 설정된 경우 채권최고액을 확인하여 적습니다. 그 밖에 경매 및 공매 등의 특이사항이 있는 경우 이를 확인하여 적습니다.

9. ⑨ "중개보수 상한"은 상한요율 및 한도액을 적고, "협의된 중개보수" 및 "실비"는 개업공인중개사와 중개의뢰인이 협의하여 결정한 금액을 적습니다.
   〈산출내역〉의 "중개보수"는 거래예정금액을 기준으로 계산하고 "협의된 중개보수"의 산출내역을 적되, 임대차의 경우에는 "임대보증금 + (월 단위의 차임액 × 100) × 중개보수 요율"과 같이 적습니다.

10. 공동중개 시 참여한 개업공인중개사(소속공인중개사를 포함합니다)는 모두 서명·날인하여야 하며, 2명을 넘는 경우에는 별지로 작성하여 첨부합니다.

210mm×297mm[백상지(80g/m²) 또는 중질지(80g/m²)]

■ 공인중개사법 시행규칙【별지 제20호의4서식】 (3쪽 중 제1쪽)

중개대상물 확인·설명서[Ⅳ](입목·광업재단·공장재단)
([ ] 매매·교환   [ ] 임대)

※ [ ]에는 해당하는 곳에 √표를 합니다.

확인·설명자료	확인·설명 근거자료 등	[ ] 등기권리증 [ ] 등기사항증명서 [ ] 토지대장 [ ] 건축물대장 [ ] 지적도 [ ] 임야도 [ ] 토지이용계획확인서 [ ] 그 밖의 자료( )
	대상물건의 상태에 관한 자료요구사항	

유의사항

개업공인중개사의 확인·설명의무	개업공인중개사는 중개대상물에 관한 권리를 취득하려는 중개의뢰인에게 성실·정확하게 설명하고, 토지대장 등본, 등기사항증명서 등 설명의 근거자료를 제시하여야 합니다.
실제거래가격신고	「부동산거래신고 등에 관한 법률」 제3조 및 같은 법 시행령 제3조 제1항 제5호에 따른 실제거래가격은 매수인이 매수한 부동산을 양도하는 경우 「소득세법」 제97조 제1항 및 제7항과 같은 법 시행령 제163조 제11항 제2호에 따라 취득 당시의 실제 거래가액으로 보아 양도차익이 계산될 수 있음을 유의하시기 바랍니다.

Ⅰ. 개업공인중개사 기본 확인사항

① 대상물건의 표시	토지	대상물 종별	[ ] 입목 [ ] 광업재단 [ ] 공장재단
		소재지 (등기·등록지)	

② 권리관계	등기부 기재사항	소유권에 관한 사항	성명	
			주소	
		소유권 외의 권리사항		

③ 재단목록 또는 입목의 생육상태	

④ 그 밖의 참고사항	

⑤ 거래예정금액 등	거래예정금액			
	개별공시지가(㎡당)		건물(주택)공시가격	

210mm×297mm[백상지(80g/㎡) 또는 중질지(80g/㎡)]]

(3쪽 중 제2쪽)

⑥ 취득 시 부담할 조세의 종류 및 세율	취득세		%	농어촌특별세		%	지방교육세		%
	※ 재산세는 6월 1일 기준 대상물건 소유자가 납세의무를 부담								

II. 개업공인중개사 세부 확인사항

⑦ 실제권리관계 또는 공시되지 않은 물건의 권리사항	

III. 중개보수 등에 관한 사항

⑧ 중개보수 및 실비의 금액과 산출내역	중개보수		〈산출내역〉 중개보수 : 실 비 : ※ 중개보수는 시·도 조례로 정한 요율한도에서 중개의뢰인과 개업공인중개사가 서로 협의하여 결정하며 부가가치세는 별도로 부과될 수 있습니다.
	실비		
	계		
	지급시기		

「공인중개사법」 제25조 제3항 및 제30조 제5항에 따라 거래당사자는 개업공인중개사로부터 위 중개대상물에 관한 확인·설명 및 손해배상책임의 보장에 관한 설명을 듣고, 같은 법 시행령 제21조 제3항에 따른 본 확인·설명서와 같은 법 시행령 제24조 제2항에 따른 손해배상책임보장 증명서류(사본 또는 전자문서)를 수령합니다.

년   월   일

매도인 (임대인)	주소		성명	(서명 또는 날인)
	생년월일		전화번호	
매수인 (임차인)	주소		성명	(서명 또는 날인)
	생년월일		전화번호	
개업 공인중개사	등록번호		성명 (대표자)	(서명 및 날인)
	사무소 명칭		소속공인중개사	(서명 및 날인)
	사무소 소재지		전화번호	
개업 공인중개사	등록번호		성명 (대표자)	(서명 및 날인)
	사무소 명칭		소속공인중개사	(서명 및 날인)
	사무소 소재지		전화번호	

210mm×297mm[백상지(80g/㎡) 또는 중질지(80g/㎡)]

(3쪽 중 제3쪽)

작성방법(입목·광업재단·공장재단)

〈작성일반〉

1. " [ ] " 있는 항목은 해당하는 " [ ] " 안에 √로 표시합니다.

2. 세부항목 작성 시 해당 내용을 작성란에 모두 작성할 수 없는 경우에는 별지로 작성하여 첨부하고, 해당란에는 "별지 참고"라고 적습니다.

〈세부항목〉

1. 「확인·설명자료」 항목의 "확인·설명 근거자료 등"에는 개업공인중개사가 확인·설명 과정에서 제시한 자료를 적으며, "대상물건의 상태에 관한 자료요구 사항"에는 매도(임대)의뢰인에게 요구한 사항 및 그 관련 자료의 제출 여부와 ⑦ 실제권리관계 또는 공시되지 않은 물건의 권리사항의 항목을 확인하기 위한 자료요구 및 그 불응 여부를 적습니다.

2. ① 대상물건의 표시부터 ⑥ 취득 시 부담할 조세의 종류 및 세율까지는 개업공인중개사가 확인한 사항을 적어야 합니다.

3. ① 대상물건의 표시는 토지대장 등을 확인하여 적습니다.

4. ② 권리관계의 "등기부기재사항"은 등기사항증명서를 확인하여 적습니다.

5. ③ 재단목록 또는 입목의 생육상태는 공장재단에 있어서는 공장재단목록과 공장재단 등기사항증명서를, 광업재단에 있어서는 광업재단목록과 광업재단 등기사항증명서를, 입목에 있어서는 입목등록원부와 입목 등기사항증명서를 확인하여 적습니다.

6. ⑤ 거래예정금액 등의 "거래예정금액"은 중개가 완성되기 전의 거래예정금액을 적으며, "개별공시지가" 및 "건물(주택)공시가격"은 해당하는 경우에 중개가 완성되기 전 공시된 공시지가 또는 공시가격을 적습니다[임대차계약의 경우에는 "개별공시지가" 및 "건물(주택)공시가격"을 생략할 수 있습니다].

7. ⑥ 취득 시 부담할 조세의 종류 및 세율은 중개가 완성되기 전 「지방세법」의 내용을 확인하여 적습니다(임대차의 경우에는 제외합니다).

8. ⑦ 실제권리관계 또는 공시되지 않은 물건의 권리에 관한 사항은 매도(임대)의뢰인이 고지한 사항(임대차, 법정지상권, 법정저당권, 유치권 등)을 적습니다.
   ※ 임대차계약이 있는 경우 임대보증금, 월 단위의 차임액, 계약기간 등을 확인하고, 근저당 등이 설정된 경우 채권최고액을 확인하여 적습니다. 그 밖에 경매 및 공매 등의 특이사항이 있는 경우 이를 확인하여 적습니다.

9. ⑧ "중개보수 상한"은 상한요율 및 한도액을 적고, "협의된 중개보수" 및 "실비"는 개업공인중개사와 중개의뢰인이 협의하여 결정한 금액을 적습니다.
   〈산출내역〉의 "중개보수"는 거래예정금액을 기준으로 계산하고 "협의된 중개보수"의 산출내역을 적되, 임대차의 경우에는 "임대보증금 + (월 단위의 차임액 × 100) × 중개보수 요율"과 같이 적습니다.

10. 공동중개 시 참여한 개업공인중개사(소속공인중개사를 포함합니다)는 모두 서명·날인하여야 하며, 2명을 넘는 경우에는 별지로 작성하여 첨부합니다.

210mm×297mm[백상지(80g/㎡) 또는 중질지(80g/㎡)]

중개대상물의 조사·분석

CHAPTER 03

단원 오답 잡기

· 경록 교재에 모든 답이 있습니다.

01 건축물대장의 소유자 지분과 건물등기사항증명서의 소유자 지분이 같지 않은 경우에는 건축물대장의 기재사항을 기준으로 판단해야 한다.

01. X
권리관계에 관련된 사항은 등기사항증명서를 기준으로 판단해야 한다. 따라서 건축물대장의 소유자 지분과 건물등기사항증명서의 소유자 지분이 다를 경우에는 건물등기사항증명서의 기재사항을 기준으로 판단해야 한다.

02 토지대장상의 소유자와 토지등기부상의 소유자가 틀린 경우 등기부상의 소유자가 우선한다.

02. O

03 현장확인은 반드시 개업공인중개사가 행하여야 한다.

03. X
현장확인은 개업공인중개사나 소속공인중개사가 행해야 한다.

04 물권변동이 있으면 등기를 하게 되므로 부동산에 대한 권리분석은 등기부의 조사·확인으로도 충분하다.

04. X
부동산에 대한 권리에 공신력을 부여하지 않고 있으며, 등기부를 통해 공시되지 않는 권리도 법령에 의해 인정되고 있으므로, 반드시 현장조사가 필요하다.

05 건물임차인이 그 권원에 의하여 증축한 건물부분이 구조상으로나 이용상으로 기존건물과 구분되는 독립성이 있는 때에는 구분소유권이 성립하여 증축된 부분은 독립한 소유권의 객체로 인정된다.

05. O

06 기재항목 중 물건의 표시, 권리관계 등 기본적인 사항은 1차적으로 등기부에 따라 확인·기재한다.

06. X
물건의 표시는 토지대장 및 건축물대장에 의해 기재하고, 권리관계는 등기부에 의해 기재하는 것이 바람직하다.

07 '대상물건의 표시'란은 토지대장등본 및 건축물대장등본 등을 확인하여 기재한다.

07. O

CHAPTER 04

중개대상물의 중개기법

학습포인트

- 특징분석
  셀링포인트의 의의와 기준에 대한 이해가 필요하나, 각 부동산별 특징분석은 그 내용을 이해하는 수준으로만 학습한다.
- 중개기법
  내용을 이해하는 수준으로 학습하되, 주요 용어는 반드시 이해하도록 한다.

CHAPTER 학습 & 출제되는 키워드

- ☑ 특징분석
- ☑ 셀링포인트의 가변성
- ☑ 셀링포인트의 활용
- ☑ 개별적 특징
- ☑ 주목단계
- ☑ 행동단계
- ☑ 다변사교형·침묵방어형
- ☑ 현장안내 경로

- ☑ 셀링포인트
- ☑ 셀링포인트의 발굴
- ☑ 개별 부동산의 특징분석
- ☑ 중개기법
- ☑ 흥미단계
- ☑ 고객의 특징분석
- ☑ 현장안내
- ☑ 클로징 유도

- ☑ 셀링포인트 기법의 필요성
- ☑ 셀링포인트의 기준
- ☑ 지역적 특징
- ☑ 중개심리 및 고객의 특징분석
- ☑ 욕망단계
- ☑ 우유부단형·가격의식형
- ☑ 사전준비
- ☑ 점진적 확안계약전제법 등

PART 03 중개실무

CHAPTER 학습 & 출제되는 질문

- ☑ 셀링포인트에 대한 설명으로 틀린 것은?
- ☑ 중개심리에 대한 설명으로 옳지 않은 것은?

제3편 중개실무

제1절 특징분석 [11회 출제]

01 셀링포인트 ★★ [17회 출제]

1 의의

부동산이 지니는 제 특성 중 권리를 취득하는 중개의뢰인에게 만족을 주는 특징을 셀링포인트(selling point)라 하며, 판매소구점(販賣訴求點)이라고 부르는 경우도 있다. 또한, 중개대상물의 셀링포인트를 구하는 개업공인중개사의 활동을 특징분석이라고 할 수 있다.

Professor Comment
셀링포인트는 중개대상물에 대한 장점을 말한다.

2 셀링포인트 기법의 필요성

(1) 중개의뢰인에게 있어 부동산선택기준의 비정형성

권리취득 중개의뢰인은 부동산시장에서 발견된 수많은 중개대상물 중 자신의 목적에 가장 알맞은 부동산을 구입하려 할 것이나, 부동산의 가격이나 최유효이용은 다양한 요인에 의해 결정되는 것으로, 중개의뢰인의 입장에서는 정형화된 부동산의 선택기준을 갖기 어렵다.

(2) 개업공인중개사의 중개완성에 필요

다양한 부동산 중 1개의 부동산을 선택하여 구입한다는 것은, 각각의 부동산에 대한 장·단점을 비교분석하여 이들 중 가장 적합한 부동산을 선택하는 것으로, 부동산의 거래를 촉진해야 하는 개업공인중개사는 중개대상부동산에 대한 적정한 셀링포인트를 제시함으로써 중개완성에 이를 수 있을 것이다.

셀링포인트(selling point)

'판매소구점(販賣訴求點)'이라고도 한다.

3 셀링포인트의 가변성

Professor Comment
셀링포인트는 대상물마다 틀리고 의뢰인마다 틀리므로 의뢰인의 생활수준이나 소득수준을 파악해야 한다.

(1) 권리취득 중개의뢰인에 따라 셀링포인트 변화
셀링포인트는 중개의뢰인의 입장에서 인식할 수 있는 중개대상물 상호 간의 장점을 의미하는 것으로, 중개대상물별로 별도의 셀링포인트가 존재할 수 있으며, 동일한 부동산에 대한 셀링포인트도 권리취득 중개의뢰인의 연령이나 취득목적, 사회환경, 개인적 취향 등에 따라 그 중요도가 다르게 인식될 수 있다.

(2) 중개대상물의 종류나 지역에 따라 셀링포인트 변화
셀링포인트는 중개대상물의 종류나 지역, 중개대상권리, 거래시기별로 다르게 나타날 수 있으며, 동일한 부동산이더라도 부동산시장을 구성하는 경제·사회·행정·기술적인 여건의 변화에 따라 다른 셀링포인트를 적용해야 하는 경우도 있다. 개업공인중개사는 이와 같은 가변적인 셀링포인트의 특성을 감안하여, 중개대상물에 따른 독자적인 특징분석을 시행함으로써 능률적인 중개활동을 도모해야 할 것이다.

(3) 적정한 셀링포인트 반론
셀링포인트의 개인적 성격을 감안한다면, 개업공인중개사는 권리취득 중개의뢰인과의 대화를 통해 중개의뢰인에게 적용할 수 있는 적정한 셀링포인트를 신속하게 발굴할 수 있는 능력을 갖추어야 할 것이다.

4 셀링포인트의 기준

부동산의 셀링포인트는 가변적인 것이나 각 부동산별로 적용되는 셀링포인트는 다음과 같은 일정한 기준을 가지고 분석해야 한다.

(1) 주거용 부동산 ──────── 쾌적성
(2) 상업용 부동산 ──────── 수익성
(3) 농업 및 공업용 부동산 ── 생산성(노동, 원료, 소비시장)
(4) 레저용 부동산 ──────── 쾌적성과 수익성

Professor Comment
모든 부동산에 적용될 수 있는 셀링포인트는 대상부동산의 안전성과 능률성(편리성)이며, 자본주의 경제사회에서 대부분의 부동산매수자들은 투자성을 감안하고 있을 것이다.

제3편 중개실무

5 셀링포인트의 활용

(1) 셀링포인트의 선정

중개의뢰인의 부동산 구입목적 및 취향 등을 감안한 요소를 중심으로 셀링포인트를 선정하는 것이 바람직하며, 과다한 셀링포인트의 제시는 중개의뢰인의 판단을 흐리게 하며, 오히려 중개의뢰인의 구입 욕망을 촉발할 수 있는 셀링포인트의 효과를 감소시킬 가능성이 많다.

(2) 셀링포인트의 제시

대부분의 개업공인중개사는 중개의뢰인에 대한 직접적인 설명으로 셀링포인트를 제시하는 방법을 사용하고 있으나, 중개의뢰인이 스스로 지각할 수 있도록 간접적으로 제시하는 방안이 더 바람직한 경우가 있다.

Professor Comment

매수중개의뢰인이 취학을 앞둔 어린이의 부모인 경우, 중개대상물의 현장설명 경로를 초등학교 앞을 경유하도록 선정한다면, 중개의뢰인은 당연히 자녀의 통학의 편의라는 셀링포인트를 스스로 인식할 수 있을 것이며, 구두의 설명보다는 더 큰 효과를 기대할 수 있을 것이다.

단락핵심 셀링포인트

(1) 부동산이 가지고 있는 여러 가지 특징 중 고객인 권리취득 중개의뢰인의 욕구를 충족시켜줄 수 있는 특징을 말한다.
(2) 각각의 셀링포인트는 중개대상물이 갖는 고유의 특성이라고 할 수 있지만 모든 특성이 절대적인 것은 아니기 때문에 상대성이 있을 수 있다.
(3) 부동산가격 및 임료수준의 적정성 등은 경제적 측면의 셀링포인트에서 가장 중요한 내용이다.
(4) 과다한 셀링포인트는 중개의뢰인의 매수의사결정에 결정적으로 작용할 수 있는 셀링포인트 제시효과를 떨어뜨릴 수 있다.
(5) 주택의 경우 교육여건, 투자가치 등을 셀링포인트로 활용할 수 있다.

단락문제 Q01 제9회 기출

부동산의 셀링포인트(selling point)에 관한 설명이다. 틀린 것은?

① 부동산은 개별성이 강하므로 셀링포인트가 다양화되지 못하는 것이 단점이다.
② 개업공인중개사는 중개대상물의 특성설명과 함께 고객의 잠재적 욕망을 자극하도록 셀링포인트를 조성하여 강조할 필요가 있다.
③ 부동산의 셀링포인트는 인공적인 것 외에도 자연적인 것도 많다.
④ 개업공인중개사가 법률적 측면에서 권리분석을 하였다 하여 그에게 무한책임을 지울 수는 없다.
⑤ 건축공법 등 기술적 측면의 셀링포인트는 시간이 흐름에 따라 소멸하는 경향이 있다.

해설 셀링포인트(selling point)
중개대상물의 종류 및 중개의뢰인에 따라 그 특징이 각기 다르기 때문에 셀링포인트도 다양하다. **정답** ①

02 개별 부동산의 특징분석

1 주거용 부동산의 특징분석

Professor Comment
주거용 부동산의 가장 큰 특징은 쾌적성이다.

주거용 부동산의 유용성은 쾌적성을 기준으로 분석해야 하는 것으로, 대상부동산이 위치한 지역과 개별 부동산별 특징분석을 위한 요소는 다음과 같다.

(1) 지역적 특징분석

부동산 특히, 주택은 인근지역(隣近地域)의 한 구성요소로서 작용한다. 일반적으로 주택은 인근지역의 위치에 따라서 유용성이 좌우되는 것으로, 주거용 부동산의 셀링포인트로 활용할 수 있는 주요 인근지역상황은 다음과 같다.

1) **근린생활시설**   시장이나 할인매장, 쇼핑센터, 의료시설, 문화시설, 기타 오락 및 휴식시설의 접근성이 좋은 것도 셀링포인트로 활용될 수 있다.
2) **어린이놀이터**   어린 자녀가 있는 중개의뢰인의 경우에는 인근에 어린이놀이터가 있는 주택은 선호의 대상이 될 수 있다.
3) **지역주민의 수준**   중개의뢰인에게 알맞은 지역주민의 소득이나 사회적 수준은 셀링포인트로 활용될 수 있다.
4) **기 타**
   ① 양호한 환경   ② 교육시설
   ③ 도로 및 교통상황   ④ 대중교통수단

(2) 개별적 특징분석

일반적으로 주택에 대한 셀링포인트로 활용될 수 있는 주택의 개별적 요인은 ① 일조권, ② 현관, ③ 거실, ④ 창문, ⑤ 동선 등이다.

2 상업용·공업용 부동산의 특징분석

(1) 상업용 부동산과 공업용 부동산의 셀링포인트 선정

상업용 부동산	공업용 부동산
1) 배후지의 상태 및 고객의 질과 양 2) 영업의 종류 및 경쟁의 상태 3) 고객의 통행량과 상가의 연립성(聯立性), 영업시간의 장단, 범죄의 발생정도 4) 번영의 정도 및 변화전망 5) 당해 지역 경영자의 창의와 자력의 정도 6) 상업 및 업무시설의 배치 상태 7) 교통수단 및 공공시설과의 접근성 8) 가로의 폭, 구조 등의 상태 9) 상가의 전문화와 집단화, 고층화 이용 정도	1) 제품의 판매시장 및 원재료 구입시장과의 위치관계 2) 항만, 철도, 간선도로 등 수송시설의 정비상태 3) 동력자원 및 용수·배수 등 공급처리시설의 상태 4) 노동력 확보의 난이 5) 관련산업과의 위치관계 6) 수질오염, 대기오염 등 공해발생의 위험성 7) 온도, 습도, 강우 등 기상의 상태

(2) 상업용 부동산과 공업용 부동산의 개별적인 사항들을 점검

상업용 부동산	공업용 부동산
1) 상업지역 중심과의 접근성 2) 접면도로의 상태와 접면의 폭 및 접면도로와의 고저차이 3) 지역 내 임대료 및 관리비의 수준 4) 건물의 보존상태와 각종 설비의 상태 5) 전용주차장의 수용능력 6) 건물의 디자인이나 기능성 7) 인근지역 상점의 권리금 상태 8) 유동인구 유발시설에 의한 유동인구의 동선	1) 접근도로의 폭 및 구조 등의 상태 2) 인근교통시설(철도, 항만 등)과의 거리 및 접근성 3) 동력 및 공업용수, 폐수처리 등 공급 및 처리시설의 상태 4) 행정상의 조장 및 규제정도

3 기타 부동산의 특징분석

농지의 특징분석	임야의 특징분석
1) 토질의 종류 및 비옥도 2) 관개·배수의 설비상태 3) 한해·수해의 유무와 그 정도 4) 관리 또는 경작의 편리성 5) 단위면적당 평균수확량 6) 마을 및 출하지와의 접근성	1) 표고, 지세 등의 자연상태 2) 지층의 상태 3) 일조·온도·습도 등의 상태 4) 임도 등의 상태 5) 노동력 확보의 난이

단락문제 Q02   제16회 기출

개업공인중개사가 설명한 부동산의 셀링포인트(판매소구점)에 대한 연결로서 가장 옳은 것은?

① 아파트 — 동선, 조망
② 농지 — 주방시설
③ 창고시설 — 교육시설
④ 단독주택 — 단지규모
⑤ 상업시설 — 동력 및 공업용수

해설 중개대상물별 셀링포인트
② 농지 – 농업용수
③ 창고시설 – 교통시설
④ 단독주택 – 주방시설
⑤ 상업시설 – 배후지

정답 ①

제2절 중개기법

01 중개심리 및 고객의 특징분석 ★
추가15회 출제

1 중개심리 → 마케팅 이론에서 발전된 이론임

일반적으로 상품을 구매하는 고객의 심리단계는 다음과 같은 4단계로 구분되는 것으로 알려져 있으며, 이를 중개에 적용할 경우 중개심리(仲介心理)라고 부르는 경우도 있다.

> ① 주목(注目 : Attention)   ② 흥미(興味 : Interest)
> ③ 욕망(慾望 : Desire)   ④ 행동(行動 : Action)

일반 상품의 구매심리를 중개활동 중 판매활동에 적용할 경우 각 단계에서의 중개의뢰인 및 개업공인중개사의 활동은 다음과 같이 구분된다.

(1) 주목단계

1) 주목단계는 개업공인중개사가 중개대상물 매각 광고 등 판매활동을 통하여 중개대상물의 구매자를 유인하는 단계이다. 개업공인중개사는 효율적인 고객 유인을 위하여 신문이나 잡지 등 각종 매체를 통하여 중개대상물에 대한 광고를 하거나, 점두광고(店頭廣告)를 한다.
2) 권리취득중개의뢰인이 거래대상부동산을 탐색하기 위하여 중개사무소를 방문한 경우에 이루어지는 중개의뢰인과 개업공인중개사의 초기 상담도 주목단계에 포함될 수 있다.

AIDA(고객구매심리)의 원리(Ⅰ)

아이다(AIDA)의 원리란 고객구매심리 단계로서의 판매기술원리를 말한다.

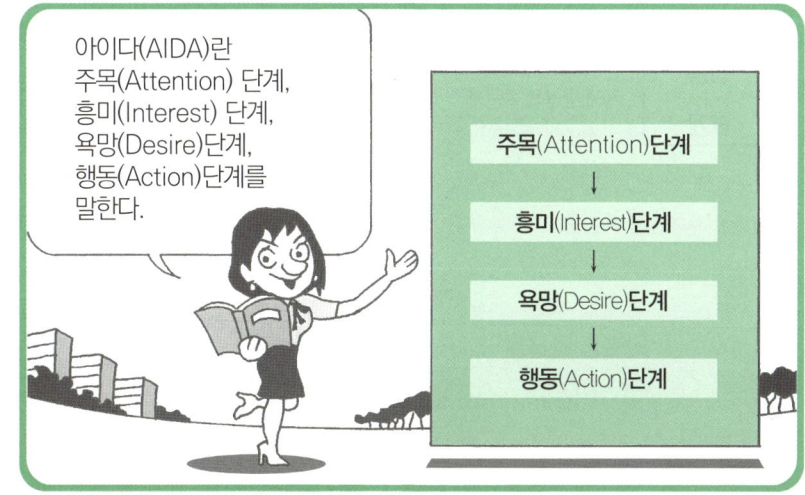

아이다(AIDA)란 주목(Attention) 단계, 흥미(Interest) 단계, 욕망(Desire)단계, 행동(Action)단계를 말한다.

주목(Attention)단계
↓
흥미(Interest)단계
↓
욕망(Desire)단계
↓
행동(Action)단계

(2) 흥미단계

1) 흥미단계는 광고 또는 개업공인중개사와의 상담을 통해 자신의 구매조건과 유사한 거래대상 부동산을 찾은 중개의뢰인에게 적용되는 단계이다.
2) 이 단계에서 개업공인중개사는 중개의뢰인에게 적합한 2~3개 정도의 중개대상물을 설명한다. 중개의뢰인이 이 중 하나 이상의 중개대상물을 선정할 경우, 개업공인중개사는 해당 중개대상물에 대한 상세한 확인·설명과 셀링포인트를 제시함으로써 중개의뢰인의 구매를 유도해야 한다.

(3) 욕망단계

1) 욕망단계란 중개의뢰인이 중개대상물의 거래의사를 결정하는 단계를 의미한다.
2) 중개의뢰인의 검토가 거의 성숙하면 개업공인중개사는 조용히 계약완성을 시도해본다. 욕망단계에서 개업공인중개사가 중개의뢰인의 욕망을 촉발시켜 계약체결을 유도하는 것을 클로징(Closing)이라고 한다.

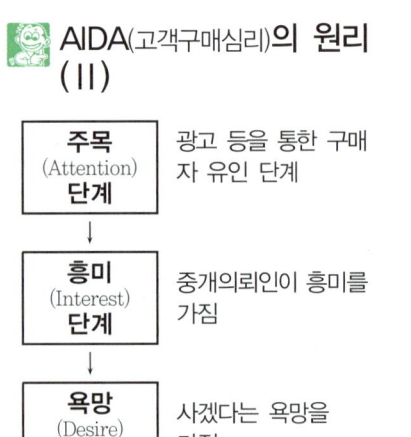

(4) 행동단계

1) 행동단계란 중개의뢰인이 거래의사를 확정하고 거래계약을 체결하는 단계를 의미한다.
2) 구체적인 거래계약조건이 결정되는 단계로서 거래당사자 쌍방이 가장 첨예하게 대립되므로, 개업공인중개사의 중립적인 행동과 적절한 교섭이 필요하다.

2 고객의 특징분석

중개의뢰인 중에는 큰 금액이 소요되는 거래에 대한 부담이나 거래에 대한 불안감, 개업공인중개사에 대한 불신임 등으로 인해 적정한 거래기회를 놓치는 경우가 많다. 개업공인중개사는 원활한 부동산거래를 돕는 위치에 있으므로, 거래당사자 모두를 면밀하게 분석하여 중개가 완성될 수 있도록 해야 할 것이다.

(1) 우유부단형

우유부단형(優柔不斷型)이란 여러 가지 측면에서 이해득실만 따지고 판단을 못 내리는 유형이다. 이런 유형의 중개의뢰인에게는 대체 부동산을 소개하지 말고 하나의 부동산에 대한 셀링포인트를 집중적으로 제시하여 결정을 내리도록 하는 것이 바람직하다.

(2) 가격의식형

가격의식형(價格意識型)이란 매사를 가격위주로 삼는 것이 습관화되어 타당한 가격이라도 깎아야만 좋아하는 유형을 의미한다. 이런 중개의뢰인에게는 거래사례를 제시하고 중개대상물과 상호 비교하여 거래가격의 적정성을 설득해야 한다.

(3) 다변사교형

다변사교형(多辯社交型)이란 자기중심적이며 타인의 의견에 따르지 않으려는 형태의 중개의뢰인을 의미한다. 중개의뢰인의 기분을 살리면서 고객의 다변(多辯)을 적당히 역이용(逆利用)해야 한다.

(4) 침묵방어형

침묵방어형(沈默防禦型)이란 개업공인중개사의 설명에는 거의 반응이 없고 무리하게 말을 시키면 역효과가 나타나는 형태의 중개의뢰인을 의미한다. 개업공인중개사에 대한 불신이나 부동산에의 무지 등에 원인이 있으므로 그 불안을 제거해주어야 한다.

(5) 자신과잉형

자신과잉형(自信過剰型)이란 항상 동작·음성·표현 등에 자신이 넘치는 유형이다. 개업공인중개사는 중개의뢰인이 자신의 주관적 의사로 거래의사를 결정했다는 만족감을 갖도록 해야 한다. 이런 중개의뢰인에게는 충분하고 빈틈없이 자료를 제공하여 스스로 판단하도록 하는 것이 바람직하다.

(6) 만사긍정형

만사긍정형(萬事肯定型)이란 개업공인중개사의 모든 설명에 긍정하는 유형이다. 따라서 개업공인중개사는 중개의뢰인의 의도를 파악할 수 없으므로, 간단히 질문을 하여 중개의뢰인의 구입동기나 및 선호도 등을 알아볼 필요가 있다.

(7) 자기현시형

자기현시형(自己顯示型)이란 불완전한 부동산지식을 앞세워 자기도 부동산 전문가인 것처럼 보이고 싶어하는 유형이다. 자신의 부동산에 관한 지식을 개업공인중개사에게 보여 속지 않으려는 개업공인중개사에 대한 불안의식의 경우가 많으므로 각종 공부나 중개대상물 안내서, 개업공인중개사 소개자료 등을 주면 유익하다.

(8) 자기과장형

자기과장형(自己誇張型)이란 자신의 지위·소득 등을 늘려서 말하는 형으로 때로는 실제로 지위와 소득이 높은 계층의 사람 중에도 이런 고객형이 있다. 가능한 한 대화를 줄이고 과장하는 부분을 역이용하는 것이 좋다. 만약, 실제 소득 등을 과장한 경우에는 가능한 한 시간낭비를 않는 것이 좋다.

(9) 놀림형

거래의 준비(Ready)·의사(Willing)·능력(Able, 이를 유효중개의뢰의 3요건이라 함)이 없음에도 불구하고 개업공인중개사를 놀리러 다니는 형이다. 장래의 거래가능성이 없는 경우와 후일에 고객이 될 수 있는 2가지의 형이 있다. 이런 고객은 인근지역에서 평판이 나쁘지 않는 한 개업공인중개사의 명함을 주고 고객의 유치를 부탁해도 무방하다.

단락문제 003 제15회 추가 기출

부동산 중개활동에 있어서의 'AIDA(주의·관심·욕망·행동)원리'와 클로징(Closing)에 대한 설명 중 틀린 것은?

① 'AIDA 원리'란 마케팅에서 발달한 용어로 사람이 어떤 물건을 구입하기까지의 심리적 발전단계를 표시한 것이다.
② 주의(Attention)단계는 개업공인중개사가 중개대상물 매각광고 등을 통하여 중개대상물의 구매자를 유인하는 단계이다.
③ 욕망(Desire)단계는 고객의 흥미를 유발시키는 단계로 고객의 흥미가 부족한 부분을 집중적으로 공략하여 구입욕망을 높여야 한다.
④ 클로징이란 부동산 매매계약서에 서명·날인시키는 행위를 말한다.
⑤ 계약금·보증금·입주일 등에 관하여 부분적으로 결정을 유도하고 거래를 성사시키는 방법을 부분선결법 또는 세부선결법이라 한다.

> **해설** AIDA(주의·관심·욕망·행동)원리
> 고객의 흥미를 유발시키는 단계는 흥미(Interest)단계이며, 욕망(Desire)단계에서는 고객의 흥미가 부족한 부분을 집중적으로 공략하여 구입욕망을 높여야 한다.
> **정답** ③

02 현장안내 및 클로징 ★

1 현장안내

(1) 사전준비

중개의뢰인과 중개대상물을 방문하여 중개대상물에 대한 설명을 하는 행위를 현장안내 또는 현장설명이라고 한다. 개업공인중개사는 현장안내의 능률화를 위하여 현장안내 이전에 다음과 같은 사항을 준비해야 할 것이다.

1) 예상 질의응답에 대한 준비

현장안내 과정에서 중개의뢰인의 질문이 예상되는 중개대상물에 관한 사항과 인근지역의 주요시설 및 편의시설에 관한 사전 숙지가 필요하다.

2) 현장 설명을 위한 셀링포인트 준비

중개대상물과 인근지역에 대한 셀링포인트를 사전에 분석하고, 지역의 셀링포인트 설명을 위한 답사 경로를 사전에 선정해야 한다.

3) 안내시간 확정

방문할 중개의뢰인과의 안내시간 약속은 물론, 중개대상물에 거주하는 자에게 사전에 방문시간을 숙지시켜야 한다.

4) 중개대상물의 준비

중개대상물에 거주하는 자에게 중개대상물을 청소하도록 하는 등 현장 안내의 효과를 극대화할 수 있도록 준비한다.

(2) 현장안내 경로

1) 부동산의 가격이나 용도는 인근지역의 상황에 의해 결정되는 것으로, 현장안내는 중개대상물에 대한 개별적인 셀링포인트의 설명뿐만 아니라 지역적 셀링포인트를 효율적으로 설명하는 방법으로 이루어져야 할 것이다.
2) 현장안내의 경로는 대상 부동산의 셀링포인트가 될 수 있는 인근의 공공시설이나 편의시설 등을 경유하도록 준비되어야 한다.

(3) 현장안내의 유의점

기타 개업공인중개사의 현장안내 활동에 있어서 유의할 점은 다음과 같다.

1) 1회 현장안내에서 제시될 부동산은 3개 이내로 하는 것이 바람직하다.
2) 첫 방문은 비가 오거나 바람이 부는 악천후는 피한다.
3) 현장안내의 최적의 시간은 낮 시간으로 알려져 있다.
4) 신축주택은 밝은 낮에, 고옥은 밤에 현장을 안내하는 것이 좋다.
5) 대상 부동산의 장점을 살릴 수 있는 시간을 선택한다.

Professor Comment
나무 그늘이 있는 집은 한낮에, 상점의 경우에는 유동인구가 가장 많은 시간대에 안내한다.

2 클로징 유도

클로징(closing)이란 취득중개의뢰인의 욕망을 촉구시켜 계약에 서명시키는 작업을 의미하는 것으로, 더 넓은 의미에서는 소유권을 현실적으로 이전시키는 행위를 말한다. 능률적인 클로징은 중개완성에 큰 도움이 될 것이다.

다음은 중개업무과정에서 클로징을 유도하는 기법에 대한 설명이다.

(1) 점진적 확인법

점진적 확인법(漸進的確認法)이란 고객이 중개대상물의 구매에 관심을 가졌다는 것을 포착했을 때 사용하는 방법으로, 대상부동산의 매수조건 중 매수인이 동의할 수 있는 조건을 단계적으로 제시하여 클로징을 유도하는 방법을 의미한다.

(2) 계약전제법

계약전제법(契約前提法)이란 중개의뢰인이 부동산거래의 의사결정을 했다고 판단했을 경우에 사용하는 방법으로, 개업공인중개사는 계약을 전제로 상세한 계약조건 및 계약 이후 절차를 중개의뢰인과 상의함으로써 자연스럽게 클로징을 유도할 수 있다.

(3) 부분선결법

부분선결법(部分先決法)이란 고객이 관심을 가지고 있으나 일부 문제 때문에 아직 거래의사를 결정하지 못한 단계에서 사용하는 방법을 의미한다. 개업공인중개사는 중개의뢰인이 불만족한 작은 부분부터 1가지씩 해결방법을 제시하여 작은 결단부터 내리게 한 다음, 결국은 거래의사를 결정하게 만드는 방법이다.

Professor Comment
이를 세부선결법이라고도 한다.

(4) 장단비교법

장단비교법(長短比較法)이란 중개의뢰인이 중개대상물을 구입하고 싶으나 2가지 이상의 대안을 상호 비교하면서 결정을 못 내리는 경우에 사용하는 방법이다. 2가지 또는 다른 유형의 중개대상물과 비교한 장·단점 비교표를 제시하거나, 이들 중개대상물의 상호 간의 장·단점을 1가지씩 설명하여 중개대상물을 선택하도록 하는 방법이다.

(5) 결과강조법

결과강조법(結果強調法)이란 부동산의 구매를 선불리 결정하지 못하는 중개의뢰인에게 사용되는 방법이다. 중개의뢰인에게 과거에 투자하여 성공한 사례 등을 제시하고, 지금 구입하지 않으면 장래에 발생될 수 있는 투자이익의 기회를 놓치게 된다는 점 등을 강조하여 구매를 결정하도록 유도한다.

(6) 만족강조법

만족강조법(滿足強調法)이란 대상 부동산을 구입할 경우 발생되는 기대효과를 강조함으로써 거래계약을 유도하는 방법을 의미한다.

Professor Comment
대상주택을 구입할 경우 초등학교가 가까워 자녀의 등·하교길이 안전하다는 등의 기대효과를 강조하는 것이다.

단원 오답 잡기

중개대상물의 중개기법

CHAPTER 04

• 경록 교재에 모든 답이 있습니다.

01 부동산의 셀링포인트는 인공적인 것 외에도 자연적인 것도 많다.

01. O

02 부동산특성은 개별성이 강하므로 부동산마다 특징분석을 달리하는 것이 원칙이다.

02. O

03 단독주택은 주거가 밀집되어 편의시설과 교통이 편리하다.

03. X
아파트 단지는 주거가 밀집되어 편의시설과 교통이 편리하다.

04 건축공법 등 기술적 측면의 셀링포인트는 시간이 흐름에 따라 소멸하는 경향이 있다.

04. O

05 신축주택은 저녁이나 밤이, 고옥은 밝은 낮에 현장을 안내하는 것이 좋다.

05. X
신축주택은 밝은 낮에, 고옥은 밤에 현장을 안내하는 것이 좋다.

06 클로징이란 부동산 매매계약서에 서명·날인시키는 행위를 말한다.

06. O

CHAPTER 05 부동산거래계약

학습포인트

- 거래계약의 성질 : 내용을 이해하는 수준으로 학습한다.
- 거래계약체결 : 계약서 작성방법에 대해서는 철저하게 학습하는 것이 바람직하며, 「민법」에서 배운 내용을 응용한 문제 출제에 대비해야 한다. 다만 판례부분은 그 내용을 이해하는 수준에서 학습한다.
- 전자계약시스템 : 제30회 시험부터 전자계약시스템 관련 문제가 출제될 수 있다. 전자계약시스템의 특성을 중심으로 학습한다.

CHAPTER 학습 & 출제되는 키워드

- ☑ 거래계약의 성질
- ☑ 거래계약체결
- ☑ 서명 및 날인
- ☑ 등기비용
- ☑ 물건의 표시
- ☑ 거래대금·계약금과 지급시기
- ☑ 거래권한 확인의무
- ☑ 대상물의 특정

- ☑ 계약자유의 원칙
- ☑ 문자
- ☑ 매매비용
- ☑ 계약서의 필요기재사항
- ☑ 물건의 인도
- ☑ 약정내용
- ☑ 대리인의 계약
- ☑ 토지의 경우

- ☑ 계약의 중요성·증거능력
- ☑ 내용
- ☑ 균분부담
- ☑ 거래당사자의 인적사항
- ☑ 권리이전의 내용
- ☑ 거래당사자 확인의무
- ☑ 타인소유 부동산거래
- ☑ 주택임대차의 경우 대상물 특정

PART 03 중개실무

CHAPTER 학습 & 출제되는 질문

- ☑ 거래계약서 작성에 대한 설명으로 틀린 것은?
- ☑ 거래계약서의 기재사항에 대한 다음의 설명 중 옳지 않은 것은?

제3편 중개실무

제1절 거래계약의 성질

01 계약서의 법률적 성질 및 효력

1 계약자유의 원칙

우리나라의 「민법」은 개인 간의 거래에서 계약서의 작성을 계약성립의 요건으로 하고 있지 않으며, 계약자유의 원칙이 「민법」의 대원칙으로 적용되므로 계약방식과 내용은 거래당사자의 자유로운 의사에 의해 결정될 수 있고, 계약서도 반드시 작성하여야 하는 것은 아니다.

2 계약서의 중요성

「민사소송법」에서 사문서(私文書)는 본인 또는 그 대리인의 서명이나 날인 또는 무인(拇印)이 있는 때에는 진정한 것으로 추정한다고 규정하고 있으므로(민사소송법 제358조), 계약서는 분쟁이 있을 경우에 유일한 증거로 사용될 수 있다.

3 증거능력

다만, 개업공인중개사가 거래계약서를 작성할 경우에는 이와 같은 계약서의 증거능력을 감안하여 장래에 발생할지 모르는 분쟁에 대비해야 하므로, 거래계약의 내용이 빠짐없이 명료하게 표시될 수 있도록 해야 할 것이다.

02 부동산거래계약서의 요건

「공인중개사법」에서는 개업공인중개사가 작성하는 모든 거래계약서에는 다음과 같은 사항이 포함되도록 강제하고 있다(동법 시행령 제22조 제1항).
(1) 거래당사자의 인적 사항
(2) 물건의 표시
(3) 계약일
(4) 거래금액·계약금액 및 그 지급일자 등 지급에 관한 사항
(5) 물건의 인도일시
(6) 권리이전의 내용
(7) 계약의 조건이나 기한이 있는 경우에는 그 조건 또는 기한
(8) 중개대상물 확인·설명서 교부일자
(9) 그 밖의 약정내용

제2절 거래계약체결 10·11·12회 출제

01 일반적 주의사항 ★ 10회 출제

1 필기도구

(1) 필기도구와 용지 거래계약에 사용되는 필기도구는 연필같이 쉽게 지워지는 것과 색깔이 변하는 것은 피하고, 용지는 5년 이상 장기간 보존하는 것이 가능한 용지를 사용해야 한다.

(2) 계약서의 작성통수 계약서의 작성 통수는 거래당사자 2통과, 개업공인중개사보관용 1통을 포함하여 3통 이상을 작성하여야 하며, 3통의 계약서는 같은 글씨체인 것이 바람직하다.

2 용 어

계약서는 분쟁이 발생할 경우 증거로 제공하기 위하여 작성하는 것이며, 부동산거래계약의 해석은 당사자의 내심적 의사의 여하에 관계없이 그 서면의 기재내용에 의하여 당사자가 그 표시행위에 부여한 객관적 의미를 합리적으로 해석하여야 하는 것이다(대판 1992.5.26. 91다5571).

3 문 자

(1) 계약서의 문자표기

계약서의 문자(文字)는 한글이나 한문 등 외국어로 표기하든지 자유이나 계약내용을 법관 등 제3자가 쉽게 읽어볼 수 있도록 한글로 표기하는 것이 좋다.

(2) 매매대금 등은 한자 및 한글로 표기

매매대금 등 계약의 중요사항에 사용하는 숫자는 변조를 방지하기 위하여 로마숫자 표기를 피하고, 일(壹), 이(貳), 삼(參), 십(拾)처럼 한자 및 한글로 표기하는 것이 좋다.

4 내 용

(1) 계약서의 내용

계약서의 내용은 거래당사자 간의 중개대상물에 대한 의견합치가 충실하게 기재되어야 한다. 계약내용이 계약당사자 간의 자유의사에 기한 것이어야 함은 물론이다.

(2) 거래계약서 관련 판례

1) 중개사무소에서 거래계약을 작성할 때 사용하는 계약서는 대부분이 인쇄된 양식이다. 대법원에서는 계약서의 기재내용이 부동문자로 인쇄되어 있다면 인쇄된 예문에 지나지 아니하여 그 기재를 합의의 내용이라고 볼 수 없는 경우도 있으므로 계약서라 하여 곧바로 당사자의 합의의 내용이라고 단정할 수는 없고, 구체적 사안에 따라 당사자의 의사를 고려하여 그 계약 내용의 의미를 파악하고 그것이 예문에 불과한 것인지의 여부를 판단하여야 한다고 판시하였다(대판 1989. 8. 8. 89다카5628. 1992. 2. 11. 91다21954).

2) 이런 취지에서 부동산거래계약에서 당사자의 의사합치가 없는 인쇄된 계약서의 내용은 단순히 예문에 불과하다는 판결도 있다(대판 1997. 11. 28. 97다36231).

Professor Comment

인쇄된 계약서를 사용할 경우에는 반드시 계약당사자에 불이익이 되는 부분이 있는지 읽어보고 삭제하거나 유리한 부분을 삽입하여야 할 것이다.

5 서명 또는 날인

(1) 사문서의 진정성립의 추정

사문서(私文書)는 본인 또는 그 대리인의 서명(署名)이나 날인(捺印) 또는 무인(拇印)이 있는 때에는 진정한 것으로 추정하는 것이나(민사소송법 제358조), 사문서의 작성명의인이 인영 부분을 시인하였다고 하더라도 반증을 들어 진정성립에 관하여 법원으로 하여금 의심을 품게 하면 진정성립의 추정이 깨어진다고 할 것이다(대판 1995. 3. 10. 93다30129, 30136).

(2) 인영(印影) 및 문서의 진정성립 추정

문서에 날인된 작성명의인의 인영이 그의 인장에 의하여 현출된 것이라면 특단의 사정이 없는 한 그 인영의 진정성립, 즉 날인행위가 작성명의인의 의사에 기한 것임이 추정되고, 일단 인영의 진정성립이 추정되면 「민사소송법」 제357조에 의하여 그 문서 전체의 진정성립이 추정되는 것이며, 다만 이와 같은 추정은 그 날인행위가 작성명의인 이외의 자에 의하여 작성명의인의 의사에 기하지 않고 이루어진 것임이 따로 밝혀진 경우에 더 이상 유지될 수 없다고 할 것이다(대판 1995. 3. 10. 94다24770).

Professor Comment

거래계약서에 인감증명을 첨부하는 것도 바람직하다.

6 매매비용 **11회 출제**

(1) 당사자 쌍방이 균분부담

매매비용(賣買費用), 즉 매매계약에 관한 비용은 당사자 쌍방이 균분하여 부담한다(민법 제566조). 매매계약에 관한 비용이라 함은 목적물의 측량, 감정비용, 증서에 첨부하는 인지대, 공정증서작성의 수수료, **중개보수** 등 계약을 체결하는 데 필요한 비용을 말한다.

→ 쌍방이 각각 부담

(2) 등기비용

등기비용이 매매계약에 관한 비용이냐 아니냐에 대하여는 다툼이 있으나, 등기비용은 대부분 권리를 취득하는 자가 부담하는 것이 일반적이며, 대법원에서도 등기비용이나 취득세, 대서료 등은 권리를 취득하는 자가 부담하는 것이 원칙이라고 판시하고 있다(대판 1981.7.28. 81다257, 1981.1.27. 79다1978, 1979).

단락문제 Q01   제1회 기출

주택매매계약서의 작성에 대한 설명으로서 가장 올바른 것은?

① 등기부상의 소유자와 진정한 소유자가 다른 경우에는 등기부상의 소유자와 계약을 체결한다.
② 정원수와 정원석은 주택의 일부이므로 그 소유관계를 계약서상에 분명히 하지 않아도 후에 분쟁의 여지는 없다.
③ 주택의 일부임대에 의해서 차임은 양도인에게 귀속하도록 계약할 수 있다.
④ 건물의 공부면적과 실제면적에 차이가 있는 경우 실제면적을 기재하면 되고 공부면적은 구태여 기재할 필요가 없다.
⑤ 매매대금의 지불은 일시에 지불하는 것이 법률상 금지되므로 계약금, 중도금, 잔금으로 나누어 지불하도록 해야 한다.

해설 주택매매계약서의 작성
① 등기부에 공신력이 주어지지 않으므로, 실제소유자와 계약을 체결해야 한다.
② 정원수와 정원석이 적정한 가격 이상일 경우 주택의 종물에 포함하지 않는 경우도 있다.
④ 실제면적을 기재하되 공부면적을 함께 기재하여 분명히 하는 것이 필요하다.
⑤ 매매대금을 일시불로 지급하는 것을 규제하는 법률은 없다.

정답 ③

02 계약서의 필요기재사항 ★★★   추가15회 출제

「공인중개사법」에서는 개업공인중개사가 작성하는 거래계약서에 거래당사자의 인적사항과 물건의 표시 등 총 9가지 내용을 기재하도록 필요적 기재사항을 규정하고 있다(영 제22조 제1항).

1 거래당사자의 인적사항

(1) 소유자와 거래하는 경우 ──→ 등기부와 신분증명서를 통해 확인

1) 부동산을 매수하는 자는 특별한 사정이 없는 한 매도인에게 그 부동산을 처분할 권한이 있는지의 여부를 조사하여 보아야 하고, 그 조사를 하였더라면 매도인에게 처분권이 없음을 알 수 있었을 것임에도 그와 같은 조사를 하지 아니하고 매수하였다면 부동산의 점유에 관하여 과실이 없다고 할 수 없다(대판 1993.9.28. 93다16369).

2) 개업공인중개사는 선량한 관리자의 주의와 신의, 성실로써 매도 등 처분을 하려는 자가 진정한 권리자와 동일인인지의 여부를 부동산등기부와 주민등록증 등에 의하여 조사확인할 의무가 있다고 할 것이다(대판 1992.2.11. 91다36239).

(2) 제한능력자가 계약당사자일 경우

1) 미성년자가 거래당사자일 때는 법정대리인 또는 후견인이, 또한 피성년후견인일 경우에는 후견인이 계약을 체결하는 것이 바람직하다. 그리고 계약 당시는 미성년자이던 자가 19세를 넘어 성년이 된 자는 본인에게 추인을 받아야 하고 만약 추인을 받지 못하면 계약이 취소될 수 있다.

2) 다만, 계약당사자가 법률행위 당시 사무를 처리할 능력이 부족하거나 지속적으로 결여되는 자가 피성년후견인 또는 피한정후견인 선고를 받을 만한 상태에 있었다고 하여도 그 당시 법원으로부터 피성년후견인 또는 피한정후견인 선고를 받은 사실이 없는 이상 그 후 피성년후견인 또는 피한정후견인 선고가 있어 그의 후견인이 된 자는 피성년후견인 또는 피한정후견인의 행위능력 규정을 들어 그 선고이전의 법률행위를 취소할 수 없다고 할 것이다(대판 1992.10.13. 92다6433 참조).

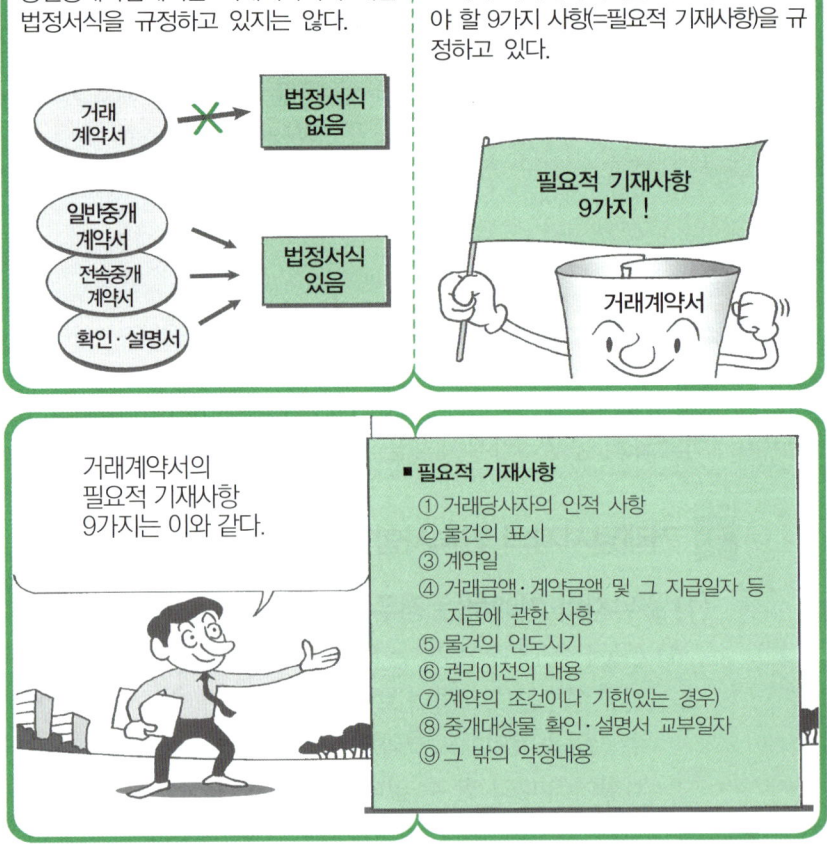

거래계약서의 필요적 기재사항

① 거래계약서 작성 시 9가지 사항은 반드시 기재하여야 한다.
② 거래계약서는 법정서식이 없으나, 나머지(일반중개계약서, 전속중개계약서, 확인·설명서)는 법정서식이 있다.

공인중개사법에서는 거래계약서에 대한 법정서식을 규정하고 있지는 않다.

그러나 거래계약서에는 반드시 기재하여야 할 9가지 사항(=필요적 기재사항)을 규정하고 있다.

거래계약서의 필요적 기재사항 9가지는 이와 같다.

■ 필요적 기재사항
① 거래당사자의 인적 사항
② 물건의 표시
③ 계약일
④ 거래금액·계약금액 및 그 지급일자 등 지급에 관한 사항
⑤ 물건의 인도시기
⑥ 권리이전의 내용
⑦ 계약의 조건이나 기한(있는 경우)
⑧ 중개대상물 확인·설명서 교부일자
⑨ 그 밖의 약정내용

제5장 부동산거래계약

Professor Comment

거래당사자가 미성년 또는 미성년후견에 해당하는지 여부는 가족관계 등록 등에 관한 법률상의 증명서를 통하여, 성년후견·한정후견·특정후견·후견계약의 여부는 후견등기에 관한 법률상의 등기사항증명서를 발급받아 확인할 수 있다(가족관계의 등록 등에 관한 법률 제80조, 후견등기에 관한 법률 제2조 참조).

(3) 회사일 경우

1) 거래당사자가 회사 또는 단체일 경우에는 더욱 몇 가지 주의를 요한다. 회사는 대표이사가 계약당사자이어야 한다. 따라서 대표이사 이외의 회사원의 경우는 대표이사로부터 위임장(委任狀)에 의하여만 계약당사자가 될 수 있다.
2) 또한, 법인에 따라서는 대표이사의 처분권을 제한하고 있는 경우도 있으므로 법인의 등기사항증명서 등을 통하여 이를 확인해야 할 것이다.

(4) 단체일 경우 13회 출제

1) 단체, 즉 조합, 법인격이 없는 사단, 사단법인, 재단법인, 지방공공단체, 국가기관 등은 정관(定款)·등기(登記) 등에 의하여 계약당사자가 누구인가 판단하고 그 계약당사자 외에 다른 조합원의 위임장이나 보증서를 첨부토록 한다.
2) 예를 들어, 종중 소유의 재산은 종중원의 총유에 속하는 것이므로 그 관리 및 처분에 관하여 먼저 종중규약에 정하는 바가 있으면 이에 따라야 하고, 이 점에 관한 종중규약이 없으면 종중총회의 결의에 의하여야 하므로, 비록 종중 대표자에 의한 종중 재산의 처분이라고 하더라도 이러한 절차를 거치지 아니한 채 한 행위는 무효라고 할 것이다(대판 1994.9.30. 93다27703, 1992.10.13. 92다27034, 1992.4.24. 91다18965).

2 물건의 표시

물건의 표시(表示)는 중개대상물이 토지인 경우 소재지·지목·면적을 표기하며, 건물인 경우는 소재지·건물번호·구조·면적 등을 토지대장·건축물대장 등 공부를 보고 표기한다.

Professor Comment

면적은 실측면적, 등기부면적, 토지대장면적, 건축물대장면적이 각각 서로 다를 때가 있으므로 어느 면적을 기준으로 하는지 명확히 기재한다.

3 물건의 인도

중개대상물의 인도(引渡)와 등기이전(登記移轉)은 동일한 것이 아니므로 그 인도시기 및 이행시기를 명확히 할 필요가 있다. 만일 이 조항이 없다면 취득중개의뢰인이나 이전중개의뢰인이 서로 몇 월 며칠까지 중개대상물의 인도나 등기를 하라고 최고하지 않는 한 그 이행시기가 확정되지 않아 불합리할 뿐만 아니라 불편하므로, 인쇄된 양식에 이 조항이 빠져 있으면 반드시 삽입해야 한다.

4 권리이전의 내용

중개대상물의 인도시기에 잔금지급과 동시에 이전(移轉)하는 권리이전(權利移轉) 내용도 기재한다. 수량을 지정한 매매계약에서는 취득중개의뢰인이 계약당시 수량부족을 알지 못했으면 이전중개의뢰인에게 담보책임(擔保責任)을 추구할 수 있다(민법 제574조, 572조).

5 거래대금·계약금과 지급시기

(1) 거래대금

1) 거래대금(去來代金)은 가능하면 그 내역을 표기한다. 즉, 토지·건물에 대하여 단위 면적당 금액을 표기한다. 계약 후 실측결과 부족면적이 있을 때 단위면적(제곱미터)당 금액표시를 하여야만 감액청구권(減額請求權)을 행사할 수 있기 때문이다.
2) 단지 공부상 표시된 면적을 그대로 표기하여 ○○제곱미터로 기재하였다면 이것은 단지 토지를 계약서에 특정표시한 것에 불과하며, 그 토지의 면적을 표시하였다고는 볼 수 없다는 판례도 있다. 따라서 계약서의 기재는 "제곱미터당 ○○원"이나 "평당 ○○원" 등으로 표기하여야 할 것이다.

(2) 계약금

1) 계약금의 법률적 성질은 증약계약금(證約契約金 ; 계약성립의 증거)·위약계약금(違約契約金 ; 손해배상액의 예정)·해약계약금(解約契約金 ; 계약의 해제권유보)의 3종류가 있다.
2) 계약보증금은 모두 증약보증의 성질을 지니는데 계약서가 작성되어 있을 경우에는 증약계약보증(證約契約保證)으로서의 의의가 희미해진다. 해약계약보증(解約契約保證)이냐, 위약계약보증(違約契約保證)이냐는 특약으로써 결정되지만, 만일 당사자 간에 아무런 특약도 없을 시는 해약계약보증이라고 해석된다.

Professor Comment
당사자 일방이 이행에 착수할 때까지 교부자는 이를 포기하고 수령자는 그 배액을 상환할 것을 약정한 것으로 본다.

(3) 해약금

「민법」 제565조 제1항의 규정에 의하여 다른 약정이 없는 한 당사자의 일방이 이행에 착수할 때까지 취득중개의뢰인은 이를 포기하고 이전중개의뢰인은 그 배액을 상환하여 매매계약을 해제할 수 있다.

(4) 거래대금의 지급방법 및 시기

거래대금의 지급방법 및 그 시기는 매매계약서작성의 요건으로서 당사자 간에 이해관계가 크다. 일반적으로 거래대금의 지급시기를 계약의 성립·중개대상물의 인도(引渡)·이전등기(移轉登記)의 각 단계로 나누어 정하고 있다.

Professor Comment

약정이 없는 경우에 동시이행항변권(同時履行抗辯權)의 주장이나 최고(催告)를 받을 때까지는 대금을 지급하지 않아도 무방하다.

6 약정내용

매도인의 하자담보책임(瑕疵擔保責任)·수익의 귀속·부담의 귀속·위험부담·매매의 비용·실권약관·위약금 등의 사항을 약정내용으로 기재한다.

Professor Comment

거래계약서에 명시되지 않을 경우에는 「민법」의 규정이 적용될 것이다.

단락문제 Q02   제24회 기출

개업공인중개사 甲의 중개로 丙이 乙소유의 X토지를 매수한 후 乙에게 계약금과 중도금을 지급하였다. 그 후 甲은 乙이 X토지를 丁에게 다시 매각한 사실을 알게 되었다. 甲의 설명으로 옳은 것을 모두 고른 것은?(다툼이 있으면 판례에 의함)

> ㄱ. 丁이 乙과 丙 사이의 매매계약이 있음을 미리 알았다는 사실만으로도 乙과 丁 사이의 매매계약은 무효가 된다.
> ㄴ. 특별한 사정이 없는 한, 乙은 丙으로부터 받은 계약금의 배액과 중도금을 반환하고 丙과의 매매계약을 해제할 수 있다.
> ㄷ. 특별한 사정이 없는 한, 丙과 丁 중에서 소유권이전등기를 먼저 하는 자가 X토지의 소유자가 된다.

① ㄱ   ② ㄴ   ③ ㄷ
④ ㄱ, ㄴ   ⑤ ㄴ, ㄷ

해설 **이중매매**

ㄱ. 丁이 乙과 丙 사이의 매매계약이 있음을 미리 알았다는 사실만으로도 乙과 丁 사이의 매매계약이 무효가 되는 것은 아니다.
ㄴ. 중도금이 지급된 경우 계약의 이행이 착수된 상태이므로 당사자 일방이 일방적으로 계약을 해제할 수 없다.   **정답** ③

03 거래당사자 확인의무 ★★★

1 거래권한 확인의무

(1) 권리를 이전하는 중개의뢰인의 소유권 확인
개업공인중개사는 선량한 관리자의 주의와 신의, 성실로써 매도 등 처분을 하려는 자가 진정한 권리자와 동일인인지의 여부를 부동산등기부와 주민등록증 등에 의하여 조사확인할 의무가 있다고 할 것이다(대판 1992.2.11. 91다36239).

(2) 알지 못하는 매도인의 확인
등기권리증은 소유권이전등기 단계에서 뿐 아니라 그 이전의 거래에 있어서도 당사자 본인의 증명이나 그 처분권한의 유무의 확인 등을 위하여 중요한 자료가 되는 것이므로 개업공인중개사로서 매도의뢰인이 알지 못하는 사람인 경우 필요할 때에는 등기권리증의 소지 여부나 그 내용을 확인 조사하여 보아야 할 주의의무가 있다고 할 것이다(대판 1993.5.11. 92다55350).

거래당사자 확인 등

1) **거래당사자 확인**
   계약서 작성 시 가장 먼저 확인할 사항은 거래당사자를 확인하는 것이다.

2) **전대차 중개**
   개업공인중개사는 전대차에 대하여 '임대인의 승낙이나 동의를 하였는지 여부'와 전대차기 등을 확인·설명하여야 한다.

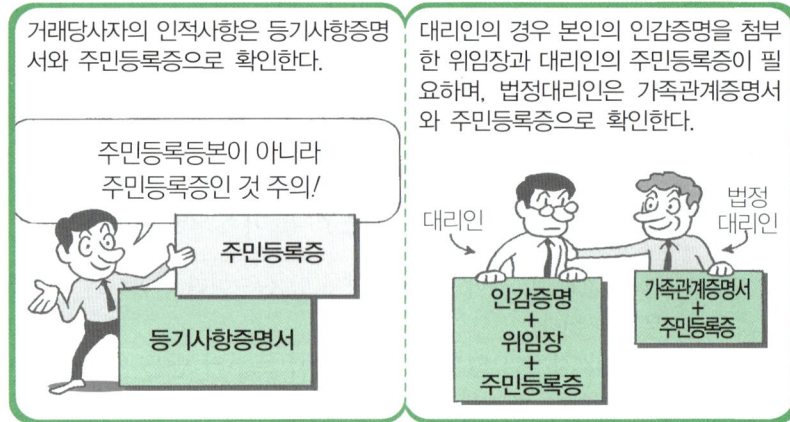

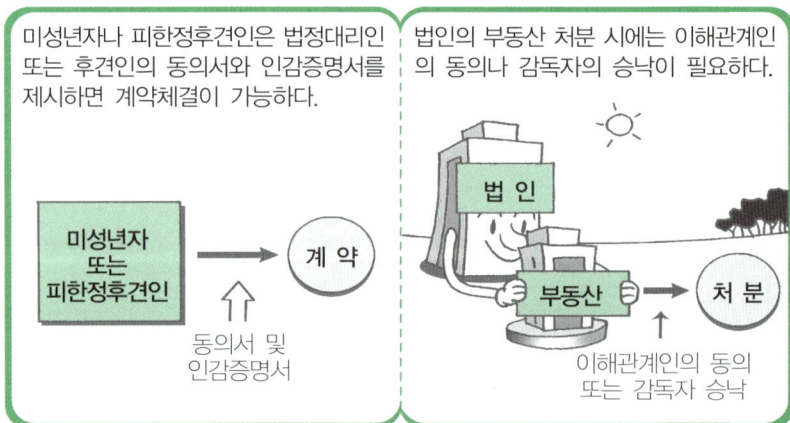

(3) 건물 전대차의 동의 여부 확인

1) 건물의 임차인으로부터 전대차의 중개의뢰를 받은 개업공인중개사에 대하여, 전대차는 원임대인의 승낙이나 동의가 없는 한 원임대인에 대해서는 효력이 없는 것이다.
2) 개업공인중개사는 전대차에 대하여 원임대인이 승낙이나 동의를 하였는지 여부와 전대차기간은 얼마나 보장될 수 있는지 등 중개의뢰인이 건물을 전차하여 이를 사용함에 있어서 아무런 권리상의 하자가 없는지 여부를 선량한 관리자의 주의로써 확인하고 그 내용을 정확하게 설명하여야 한다는 판례도 있다(서울지방법원 1995.10.13. 94가합107632호).

(4) 분양권 매도인의 권한 확인

1) **아파트 입주가 되었으나 잔금을 납부하지 않아 건설회사 명의로 등기된 아파트 중개 시 조사·확인할 의무**

   아파트 입주가 되었으나 잔금을 납부하지 않아 건설회사 명의로 등기된 아파트의 임대를 중개한 개업공인중개사에 대하여, 임대차계약 당시 건설회사 명의로 소유권보존등기가 되어있었을 뿐이므로, 개업공인중개사로서는 임대중개의뢰인이 분양을 받은 자가 맞는지 여부와, 소유권을 이전받을 수 있는 상황인지 여부, 대상 아파트를 적법하게 임대할 수 있는 지위에 있는지 여부, 소유권이전등기청구에 대하여 제한이 없는지 여부, 아파트 분양대금 납입현황 및 납입대금 내역 등에 관하여 확인한 후 이를 임차중개의뢰인에게 설명하여 임차중개의뢰인이 대상 아파트의 임차여부를 결정할 수 있도록 해야 한다는 판례도 있다(서울지법남부지원 1999.7.2. 98가합23745).

2) **개업공인중개사는 완공 전의 아파트에 대한 교환계약중개 시 양도의뢰인이 분양예정 자인지를 조사확인할 의무**

   개업공인중개사가 아파트의 교환계약을 중개함에 있어서 당시 위 아파트가 완공되기 전이어서 소유자가 누구인지에 대한 분쟁이 발생할 가능성이 크므로 공사계약서나 도급계약서의 제시를 요구하거나 재건축추진위원회에 문의하여 양도의뢰인이 과연 위 아파트의 분양 예정자인지, 다른 분양예정자가 있는지 여부를 조사 확인할 의무가 있고, 그 결과 만일 위 아파트의 분양예정자가 양도의뢰인이 아닌 사실을 알게 되었다면 양수의뢰인에게 이를 고지함으로써 교환계약을 체결할 것인지 여부를 심사숙고할 기회를 주어야 한다고 한 사례도 있다(대판 2003.2.26. 2001다68990).

2 대리인의 계약

(1) 대리권 확인방법

1) 대리인이 부동산거래계약을 체결할 경우에는 개업공인중개사는 대리인의 대리권한을 확인하기 위하여 위임장과 대리인의 주민등록증을 요구하여 확인해야 할 것이다.
2) 이때의 위임장에는 위임자의 인감도장이 날인되어 있어야 하고, 인감도장과 일치하는 인감증명서가 첨부되어 있다면 특별한 사정이 없는 한 본인이나 그로부터 정당한 권한을 위임받은 자에 의하여 그 권한의 범위 안에서 적법하게 작성된 것으로 보아야 하는 것이다(대판 1996.6.30. 94도1286).

제3편 중개실무

Professor Comment
위임장을 확인할 때는 반드시 그 위임내용을 확인해야 할 것이며, 만약 중개대상물 소유자의 인감증명이 첨부된 위임장을 제시했더라도 위임의 내용이 거래계약에 관한 사항이 아닌 경우에는 유효한 거래계약이 체결될 수 없을 것이다.

(2) 부부간의 대리행위
1) 「민법」 제832조에서 말하는 일상의 가사에 관한 법률행위라 함은 부부의 공동생활에서 필요로 하는 통상의 사무에 관한 법률행위를 말하는 것이다.
2) 그 구체적인 범위는 부부공동체의 사회적 지위·직업·재산·수입 능력 등 현실적 생활상태 뿐만 아니라 그 부부의 생활 장소인 지역 사회의 관습 등에 의하여 정하여진다고 할 것이다.
3) 그러나 당해 구체적인 법률행위가 일상의 가사에 관한 법률행위인지 여부를 판단함에 있어서는 그 법률행위를 한 부부공동체의 내부 사정이나 그 행위의 개별적인 목적만을 중시할 것이 아니라, 그 법률행위의 객관적인 종류나 성질 등도 충분히 고려하여 판단하여야 할 것이다(대판 1997.11.28. 97다31229).

(3) 대리권의 범위
1) 임의대리에 있어서 대리권의 범위는 수권행위(대리권수여행위)에 의하여 정하여지는 것이므로 어느 행위가 대리권의 범위 내의 행위인지의 여부는 개별적인 수권행위의 내용이나 그 해석에 의하여 판단할 것이나, 일반적으로 말하면 수권행위의 통상의 내용으로서의 임의대리권은 그 권한에 부수하여 필요한 한도에서 상대방의 의사표시를 수령하는 이른바 수령대리권을 포함하는 것으로 보아야 할 것이다(대판 1994.2.8. 93다39379).
2) 또한 부동산의 소유자로부터 매매계약을 체결할 대리권을 수여받은 대리인은 특별한 사정이 없는 한 그 매매계약에서 약정한 바에 따라 중도금이나 잔금을 수령할 권한도 있다고 보아야 할 것이다(대판 1991.1.29. 90다9247, 1992.4.14. 91다43107).

3 타인소유 부동산거래

(1) 타인소유 부동산거래의 효력
특정한 매매의 목적물이 타인의 소유에 속하는 경우라 하더라도, 그 매매계약이 원시적 이행불능에 속하는 내용을 목적으로 하는 당연무효의 계약이라고 볼 수 없다(대판 1993.9.10. 93다20283).

(2) 권리를 이전하지 못한 경우의 손해배상
1) 매매의 목적이 된 권리의 일부가 타인에게 속함으로 인하여 매도인이 그 권리를 취득하여 매수인에게 이전할 수 없게 된 때에는 선의의 매수인은 매도인에게 담보책임을 물어 이로 인한 손해배상을 청구할 수 있다.
2) 이 경우에 매도인이 매수인에 대하여 배상하여야 할 손해액은 원칙적으로 매도인이 매매의 목적이 된 권리의 일부를 취득하여 매수인에게 이전할 수 없게 된 때의 이행불능이 된 권리의 시가, 즉 이행이익 상당액이라고 할 것이어서, 불법 등기에 대한 불법행위책임을 물어 손해배상청구를 할 경우의 손해의 범위와 같이 볼 수 없는 것이다(대판 1993.1.19. 92다37727).

(3) 타인소유 부동산거래에 포함되지 않는 경우

부동산을 매수한 후 그 소유권이전등기를 하지 아니한 채 이를 다시 제3자에게 매도한 경우에는 그것을 「민법」 제569조에서 말하는 "타인의 권리 매매"라고 할 수 없다(대판 1972. 11. 28. 72다982).

 ■ **타인소유 부동산거래에 포함되지 않는 경우**

타인의 명의로 오피스텔을 분양받은 후 그 소유권이전등기를 하지 아니한 채 매도하였다면, 그 매도인은 오피스텔을 사실상 처분할 수 있을 뿐 아니라 법률상으로도 처분할 수 있는 권원에 의하여 매도한 것이므로 이를 「민법」 제569조 소정의 타인의 권리의 매매에 해당한다고 해석할 수는 없다(대판 1996. 4. 12. 95다55245).

단락핵심 거래당사자 확인

(1) 미성년자나 피한정후견인과 거래를 할 때에는 법정대리인 또는 한정후견인의 동의가 있으면 가능하다.
(2) 등기부상의 소유자와 실제의 소유자가 다른 경우에는 실제 소유자와 계약을 체결해야 한다.
(3) 공법상의 이용제한사항은 계약서 기재사항이 아니다.
(4) 합유인 재산에 대하여 계약을 체결할 때에는 합유자 전원의 동의 여부를 확인해야 한다.

04 대상물의 특정★★

1 토지의 경우

(1) 거래계약의 목적물과 대금이 특정되지 않은 거래의 무효

1) 목적물과 대금이 특정되는 시기

매매계약에 있어서 그 목적물과 대금은 반드시 계약체결 당시에 구체적으로 특정될 필요는 없고 이를 사후에라도 구체적으로 특정할 수 있는 방법과 기준이 정해져 있으면 족하다고 할 것이다(대판 1986. 2. 11. 84다카2454, 1993. 6. 8. 92다49447).

2) 목적물과 대금이 특정되지 않은 거래무효의 경우

그러나 부동산이 토지인지 건물인지, 토지라면 그 필지, 지번, 지목, 면적, 건물이라면 그 소재지, 구조, 면적 등 어떠한 부동산인지를 알 수 있는 표시가 전혀 되어 있지 아니할 뿐 아니라 계약당시 당사자들도 어떠한 부동산이 몇 개나 존재하고 있는지조차 알지 못한 상태에서 이루어진 것이고, 계약일로부터 17년 남짓 지난 후에야 그 소재가 파악될 정도라면, 이 사건 부동산에 대한 매매는 그 목적물의 표시가 너무 추상적이어서 매매계약 이후에 이를 구체적으로 특정할 수 있는 방법과 기준이 정해져 있다고 볼 수 없어 매매계약이 성립되었다고 볼 수 없다(대판 1997. 1. 24. 96다26176).

(2) 거래의 목적과 다른 부동산의 소유권이 이전된 경우(대판 1993.10.26. 93다2629, 2636)

1) 거래대상(매매목적물)

부동산의 매매계약에 있어 쌍방당사자가 모두 특정의 甲토지를 계약의 목적물로 삼았으나 그 목적물의 지번 등에 관하여 착오를 일으켜 계약을 체결함에 있어서는 계약서상 그 목적물을 甲토지와는 별개인 乙토지로 표시하였다 하여도 위 甲토지에 관하여 이를 매매의 목적물로 한다는 쌍방당사자의 의사합치가 있은 이상 위 매매계약은 甲토지에 관하여 성립한 것으로 보아야 할 것이고 乙토지에 관하여 매매계약이 체결된 것으로 보아서는 안 된다.

2) 소유권이전등기의 효력

만일 乙토지에 관하여 위 매매계약을 원인으로 하여 매수인 명의로 소유권이전등기가 경료되었다면 이는 원인이 없이 경료된 것으로써 무효라고 하지 않을 수 없다.

(3) 지적도와 실제경계와 다른 경우 매매의 효력(대판 1997.2.28. 96다49339, 96다49346)

1) 거래대상의 경계판단 기준

1필의 토지 위에 여러 동의 건물을 짓고 건물의 경계에 담장을 설치하여 각 건물의 부지로 사실상 구획지어 어림잡아 매도한 후 그 분필등기를 하였기 때문에 그 경계와 지적이 실제의 것과 일치하지 아니하게 되었다 하더라도 그 매매 당사자가 지적공부에 의하여 소유권의 범위가 확정된 토지를 매매할 의사가 아니고 사실상의 경계대로의 토지를 매매할 의사를 가지고 매매한 사실이 인정되는 등 특별한 사정이 없는 한 사실상의 경계에 관계없이 지적공부에 기재된 지번, 지목, 지적 및 경계에 의하여 소유권의 범위가 확정된 토지를 매매한 것으로 보아야 한다.

2) 지적도와 실제 경계가 상이한 것을 모른 경우

그 매매 당사자가 그 토지의 실제의 경계가 지적공부상의 경계와 상이한 것을 모르는 상태에서 당시 실제의 경계를 대지의 경계로 알고 매매하였다고 해서 매매 당사자들이 지적공부상의 경계를 떠나 현실의 경계에 따라 매매목적물을 특정하여 매매한 것이라고 볼 수는 없다 할 것이다.

제5장 부동산거래계약

2 주택임대차의 경우 대상물 특정

(1) 대항력의 요건인 주민등록

「주택임대차보호법」제3조 제1항에서 주택의 인도와 더불어 대항력의 요건으로 규정하고 있는 주민등록은 거래의 안전을 위하여 임대차의 존재를 제3자가 명백히 인식할 수 있게 하는 공시방법으로 마련된 것이라고 볼 것이므로, 주민등록이 어떤 임대차를 공시하는 효력이 있는가의 여부는 일반사회 통념상 그 주민등록으로 당해 임대차건물에 임차인이 주소 또는 거소를 가진 자로 등록되어 있는지를 인식할 수 있는가의 여부에 따라 결정된다고 할 것이다(대판 1989.6.27. 89다카3370, 1994.11.22. 94다13176, 1995.4.28. 94다27427).

(2) 실제표시와 불일치한 주민등록

다세대주택의 실제 표시(2층 202호)와 불일치한 302호로 된 주민등록은 임대차의 공시방법으로 유효한 것으로 볼 수 없어 임차권자인 피고가 대항력을 가지지 못한다(대판 1996.4.12. 95다55474).

(3) 잘못된 주민등록 이전의 경우

신축 중인 연립주택(다세대주택) 중 1층 소재 주택의 임차인이 주민등록 이전 시 잘못된 현관문의 표시대로 '1층 201호'라고 전입신고를 마쳤는데, 준공 후 그 주택이 공부상 '1층 101호'로 등재된 경우 「주택임대차보호법」상의 대항력이 없다(대판 1995.8.11. 95다177).

(4) 해당 지번으로만 전입신고를 한 경우

1) 다세대주택

다세대주택의 특정 동호수를 기재하지 않고 해당 지번으로만 전입신고를 한 경우에도 주택에 관한 임대차의 유효한 공시방법을 갖추었다고 볼 수 없다(대판 1994.11.22. 94다13176, 1995.4.28. 94다27427).

2) 다가구주택

처음에 다가구용 단독주택으로 소유권보존등기가 경료된 건물의 일부를 임차한 임차인은 이를 인도받고 임차 건물의 지번을 정확히 기재하여 전입신고를 하면 「주택임대차보호법」소정의 대항력을 적법하게 취득하고, 나중에 다가구용 단독주택이 다세대 주택으로 변경되었다는 사정만으로 임차인이 이미 취득한 대항력을 상실하게 되는 것은 아니다(대판 2007.2.8. 2006다70516).

단락문제 003
제11회 기출

다음은 개업공인중개사가 부동산중개시 유의할 사항이다. 틀린 것은?

① 공유물의 공유자 1인이 지분을 처분할 경우 다른 공유자의 처분동의가 필요하다.
② 종중재산의 처분은 종중규약이 정하는 바에 따라야 한다.
③ ②의 경우 종중규약이 없다면 종중총회의 결의에 따라야 한다.
④ 외국인의 경우 원칙적으로 내국인과 동등하게 국내 부동산을 취득할 수 있다.
⑤ 피성년후견인, 피한정후견인의 확인은 후견등기에 관한 법률상의 등기사항증명서로 알 수 있다.

해설 부동산중개 시 유의사항

② 종중 소유의 재산은 종중원의 총유에 속하는 것이므로 그 관리 및 처분에 관하여 먼저 종중규약에 정하는 바가 있으면 이에 따라야 하고, 이 점에 관한 종중규약이 없으면 종중총회의 결의에 의하여야 한다(대판 1994.9.30. 93다27703, 1992.10.13. 92다27034, 1992.4.24. 91다18965).
③ 총유물의 관리 및 처분은 사원총회의 결의에 의한다(민법 제276조).
④ 「부동산거래신고 등에 관한 법률」에 의한 토지취득 신고절차는 내국인이 부동산을 취득할 때도 검인을 받는 것과 유사한 절차이므로 원칙적으로는 자유인 것으로 볼 수 있다.
⑤ 거래당사자가 미성년 또는 미성년후견에 해당하는지 여부는 가족관계 등록 등에 관한 법률상의 증명서를 통하여, 성년후견·한정후견·특정후견·후견계약의 여부는 후견등기에 관한 법률상의 등기사항증명서를 발급받아 확인할 수 있다(가족관계의 등록 등에 관한 법률 제80조, 후견등기에 관한 법률 제2조 참조).

정답 ①

05 부동산거래 전자계약시스템 (홈페이지 https://irts.molit.go.kr) ★★
30회 출제

1 부동산거래 전자계약의 개요 및 장점

(1) 개 요

1) 종이나 인감증명서 없이도 온라인 서명으로 개업공인중개사를 통해 부동산 전자계약을 체결하고, 부동산거래의 투명성을 위해 부동산 실거래신고 및 확정일자 부여를 자동화함으로써 더 편리하고 경제적이며 안전한 거래가 가능하도록 하기 위한 것이다.

2) 부동산거래 전자계약은 국토교통부가 주관 및 장려하고 한국부동산원이 운영하며, 주택, 상가, 오피스텔, 토지 등, 그리고 매매·전세·월세계약을 대상으로 전자계약이 가능하며, 전국에서 지속 확대·시행·장려되고 있다.

Professor Comment
국토부장관은 「부동산거래신고 등에 관한 법률」에 따라 부동산정보체계의 구축운영을 한국부동산원에 위탁한다.

(2) 부동산거래 전자계약의 장점

구 분		내 용
거래당사자	경제성	• 대출우대금리 　- 대출금리 0.2%p 인하(3.1억원 대출 시 760만원, 1.7억원 대출 시 417만원, 1.4억원 대출 시 33만원 절약) ※ 은행별 문의 필요 　- 주택도시기금(HUG) 내집마련디딤돌, 버팀목 전세자금 대출을 이용할 경우 0.1%p 추가 인하 　- 1천만원 내 최대 30% 신용대출금리 할인 　- 주택매매 및 전세자금대출 은행 모바일 뱅킹과 연계되어 우대금리 적용 • 한국주택금융공사(HUG) 전세보증이용 시 보증료율 0.1%p 인하 • 등기 관련 법무대행 보수(전세권설정, 소유권이전 등 등기수수료) 30% 절감 (전자계약시스템에 등록된 전자등기 법무대리인 선택 시) • 중개보수료 바우처 지급혜택 • 중개보수 카드결제 및 무이자 카드 할부혜택 등
	편리성	• 도장 없이 계약이 가능하며 별도의 계약서 보관이 필요 없음 • (임대차계약) 주택임대차 확정일자 무료 및 자동 부여(수수료 면제) 　※ 주택임대차보호법 근거 • 담보대출 신청 및 등기통합처리 • 은행 방문 없이 대출금액 조회 등
	안전성	• 공인중개사 신분확인 철저 • 계약서 위·변조 및 부실한 확인·설명방지(타임스탬프 사용) • 개인정보보호 철저
개업공인중개사	경제성	• 종이계약서 및 확인·설명사항 보관 불필요(「공인중개사법」 제25조 내지 제26조) • 부동산 서류 발급 최소화(건축물대장, 토지대장 등)
	안정성	• 부동산 중개사고 예방 • 개인정보 암호화로 안심거래지원 • 무자격·무등록자의 불법 중개행위차단 • 계약서 진본 확인 및 부실한 계약차단
	편리성	• (매매계약) 부동산거래신고 자동처리로 실거래신고 자동화 　※ 「부동산거래신고 등에 관한 법률 시행규칙」 제2조 제10항 근거
정 부	기대효과	• 불법 부동산 중개행위 차단 • 다운·이중계약 등 탈법행위 근절 • 분쟁 예방 및 생산적 거래정보 축적 • 실시간 DB 융·복합 및 공유 가능

2 부동산거래 전자계약을 사용하려면

(1) 개업공인중개사

중개업 확인(사업자등록번호 등 입력) 및 공인인증서 등록 후, 부동산거래 전자계약 시스템의 회원으로 반드시 가입하여야 한다.

→ 공동중개의 경우, 모든 공인중개사가 가입 및 인증서 등록

Professor Comment

개업공인중개사 회원이 전자계약시스템에 회원가입을 하려는 경우, 시·군·구청에서 자격신고 및 등록여부 등을 사전에 확인하여, 안전한 부동산거래를 도모한다.

(2) 거래당사자

본인 명의의 휴대폰(부동산거래의 안전성 확보)을 지참하고, 전자계약시스템에 회원으로 가입한 중개업소를 방문하여 전자계약을 체결할 수 있다.
→ 전자계약 홈페이지에서, 해당 중개업소를 검색할 수 있다.

Professor Comment

개업공인중개사가 제시하는 스마트폰 또는 태블릿PC에서 서명 진행할 계약 건이 선택되면, 거래정보를 확인한 후, 휴대폰 본인인증을 진행한다. 거래당사자는 공인중개사 신원을 확인한 후, '휴대전화 본인인증' 및 '자필서명'을 거쳐 전자서명을 진행한다.

(3) 거래당사자가 법인인 경우

법인(법인 아닌 사단, 법인 아닌 재단 및 단체 등은 제외)은 회원가입을 마친 후, 개업공인중개사를 통한 중개거래에서 계약당사자가 되어 전자계약이 가능하다.

3 부동산거래 전자계약절차

(1) 계약서 작성 절차

매매, 임대차 계약서 선택 → 확인설명서(기본)작성 → 확인설명서(세부)작성
→ 거래계약서 작성 → 거래당사자 주소 등 작성 → 계약서 생성

(2) 거래당사자 전자서명

전자계약 앱 로그인 → 계약서 선택 → 동의 및 인증 → 개업공인중개사 신분확인 →
거래당사자 휴대폰 인증 → 거래당사자 신분증 촬영 → 확인설명서 내용 확인 →
신분증 사진, 공제증서 확인 → 계약내용 확인 → 전자서명

(3) 개업공인중개사 전자서명

시스템 로그인 → 마이페이지 계약조회 → 계약내용 및 의뢰인 서명확인 → 개업공인중개사
휴대폰 본인 인증 → 공인인증 전자서명

Professor Comment

공인중개사의 최종 전자서명(공인인증서)이 완료되기 전까지는 계약내용 수정이 가능하며, 계약해제의 경우에도 개업공인중개사를 통한 전자계약시스템을 사용한다. 계약이 체결된 때에 부동산거래계약 신고서를 제출한 것으로 본다.

제5장 부동산거래계약

부동산거래
전자계약시스템
(irts.molit.go.kr)
회원가입 — 공인인증서 — 휴대폰 — 신분증
공인중개사 필수   거래의뢰인 필수

단락핵심 전자계약의 특성

(1) 전자계약은 해당 부동산거래의 경제성, 편의성 및 안정성 측면에서 장점을 가진다.
(2) '주거용 건축물', '비주거용 건축물(오피스텔, 상가 등)', '토지' 등의 전자계약이 가능하다.
(3) 전자계약을 통한 당사자간 직접거래 또는 대리(위임)계약은 불가능하다.
(4) 계약서는 확인·설명사항과 함께 전자문서로 공인전자문서센터에 5년간 보관되며, 보관기간 동안 언제든지 전자계약시스템을 통해 확인할 수 있다.
(5) 전자계약을 통해 실거래가 신고를 마친 매매계약건은 '거래신고완료'로 표기되고, 실거래가 신고번호를 확인할 수 있다.
(6) 전자계약을 통해 확정일자가 부여된 임대차계약건은 '확정일자 신고완료'로 표기되고, 해당 주민센터 직인과 확정일자, 번호를 확인할 수 있다.
(7) 전자계약을 통해 체결되는 계약이라 하더라도, 별도로 전자등기신청을 통해 등기를 해야 하며, 공인중개사의 주의·고지·설명의무가 완화되지 않는다.
(8) 전자계약의 활성화는 부동산 투기를 방지하는 효과를 가져올 수 있다.

단락문제 Q04 제23회 기출

다음 중 "전자계약시스템"과 관련된 내용으로 옳은 것은?

① 전자계약시스템은 부동산거래의 경제성, 편리성을 가지고 있으나 투명하고 안전한 거래에는 부적합하다.
② 전자계약시스템을 사용하는 공인중개사는 그 편리성에 따른 중개의뢰인에 대한 물건설명의무가 면제 또는 완화될 수는 없으나, 중개의뢰인에 대한 신분확인의무는 면제될 수 있다.
③ 전자계약시스템을 통해 부동산 전세 및 월세의 직거래가 가능하다.
④ 공동중개의 경우, 한 명의 공인중개사가 대표로 거래 당사자의 전자계약을 체결한다.
⑤ 전자계약시스템의 사용은 국토교통부를 주관으로 장려되고 있다.

해설 전자계약시스템

실거래가 자동등록, 실명인증 및 공인중개사·중개의뢰인 신원확인을 필수로 하는 가운데, 공인중개사가 공인중개사법에 따른 의무를 다하는 데 편의성과 경제성을 제공하므로 투명하고 안전한 부동산거래에 적합하다. 전자계약에서도 공인중개사법의 입법취지에 따라 공인중개사의 알선을 통한 부동산거래만이 가능하다. 이에 국토교통부가 주무부처로서 거의 모든 분야의 부동산 계약이 전자계약시스템을 통해 이루어질 수 있도록 지속적으로 그 사용범위가 확대 및 장려되고 있다.

정답 ⑤

부동산 거래계약

CHAPTER 05

단원 오답 잡기

• 경록 교재에 모든 답이 있습니다.

01 대리인과의 계약은 위임장 및 위임인의 인감증명의 소지를 확인할 필요가 있다.

01. O

02 등기부상의 소유자와 실제의 소유자가 다른 경우에는 등기부상의 소유자와 계약을 체결한다.

02. X
등기부상의 소유자와 실제의 소유자가 다른 경우에는 실제의 소유자와 계약을 체결한다.

03 등기필증을 분실한 경우도 부동산매각이 가능하다.

03. O

04 월부상환주택의 경우는 회사측으로부터 그 소유권 관계를 확인할 필요가 있다.

04. O

05 1필의 토지의 일부는 분필등기하지 않고는 소유권이전등기를 할 수 없다.

05. O

06 주택을 매매함에 있어 정원수, 정원석에 대한 특약이 없으면 이들은 권리이전 내용에서 제외된다.

06. X
정원수 등 종물은 특약이 없으면 주물의 처분에 따르는 것이 원칙이다.

07 사문서는 본인 또는 그 대리인의 서명이나 날인이 있는 때에는 진정한 것으로 추정될 뿐이다.

07. O

08 계약서의 날인은 등록된 인장을 사용하여야 한다.

08. O

09 매매비용, 즉 매매계약에 관한 비용은 반드시 당사자 쌍방이 균분하여 부담해야 한다.

09. X
매매계약에 관한 비용은 당사자 쌍방이 균분하여 부담한다(민법 제566조). 그러나 이 규정은 임의규정으로 해석되므로, 당사자 쌍방의 합의가 우선할 것이며, 관행상으로는 매수인이 매매계약에 관한 비용(측량비, 감정평가비용 등)을 부담하고 있다.

10 계약서 작성부수는 몇 통이고 누가 보관한다는 취지를 기재하여 소재를 명확히 한다.

10. O

11 개업공인중개사는 처분을 하려는 자가 진정한 권리자와 동일인인지의 여부를 부동산등기부와 주민등록증 등에 의하여 조사확인할 의무가 있다고 할 것이다.

11. O

12 전자계약을 통해 이루어지는 부동산계약의 경우 확정일자, 거래신고 및 등기가 자동으로 이루어진다.

12. X
전자계약의 경우, 법무대리인을 통하더라도, 등기는 별도로 신청해야 한다.

CHAPTER 06 부동산거래 관련제도

학습포인트

- 부동산등기 특별조치법 : 주요 용어와 등기신청의무화 및 검인계약 관련 사항을 집중적으로 학습하되, 검인계약 관련 사항 학습에 비중을 둔다.
- 부동산 실권리자명의 등기에 관한 법률 : 주요용어와 실권리자명의 등기의무를 숙지해야 한다.
- 주택임대차보호법, 상가건물임대차보호법 : 법률 전반에 대한 이해 및 각종 우선순위에 대한 이해와 숙지가 필요하다.
- 기타 부동산거래 관련 법규 : 대상 법률에서 정하는 거래관련 규제내용을 이해하는 수준의 학습이 필요하다.

CHAPTER 학습 & 출제되는 키워드

- ☑ 부동산등기 특별조치법
- ☑ 계약서 등의 검인
- ☑ 실명등기의무
- ☑ 확정일자인과 우선변제권
- ☑ 소액보증금의 보호
- ☑ 계약의 갱신
- ☑ 기타 부동산거래 관련법규
- ☑ 등기신청의무
- ☑ 등기원인 허위기재 등의 금지
- ☑ 명의신탁약정의 효력
- ☑ 보증금반환채권의 양수
- ☑ 임차권등기명령
- ☑ 주택임대차위원회
- ☑ 미등기전매 금지
- ☑ 부동산실명법
- ☑ 주택임대차보호법
- ☑ 우선변제권
- ☑ 임대차기간 및 차임증감
- ☑ 상가건물임대차보호법

CHAPTER 학습 & 출제되는 질문

- ☑ 검인대상이 아닌 것은?
- ☑ 부동산등기 특별조치법에 대한 설명으로 옳지 않은 것은?
- ☑ 명의신탁에 대한 설명으로 옳지 않은 것은?
- ☑ 주택임대차보호법에 대한 설명으로 틀린 것은?
- ☑ 상가건물임대차보호법 내용으로 옳지 않은 것은?
- ☑ 농지법상 농지에 대한 설명으로 옳지 않은 것은?

제6장 부동산거래 관련제도

제1절 부동산등기 특별조치법

01 등기신청의무 및 미등기전매 금지 ★★ 16회 출제

1 소유권이전등기 및 보존등기 신청의무

(1) 소유권이전등기 신청

부동산의 소유권이전(所有權移轉)을 내용으로 하는 계약을 체결한 자는 다음의 어느 하나에 정하여진 날부터 60일 이내에 소유권이전등기를 신청하여야 한다. 다만, 그 계약이 취소·해제되거나 무효인 경우에는 그러하지 아니하다(법 제2조 제1항).

1) 계약의 당사자가 서로 대가적인 채무를 부담하는 경우에는 반대급부의 이행이 완료된 날
2) 계약당사자의 일방만이 채무를 부담하는 경우에는 그 계약의 효력이 발생한 날

Professor Comment

등기를 정하여진 기간 내에 하지 않은 경우 취득세 표준세율에서 1,000분의 20을 뺀 세율을 적용하여 산출한 금액의 5배 이하의 과태료에 처한다.

(2) 미등기부동산 전매인의 소유권보존등기 신청의무

소유권보존등기가 되어 있지 아니한 부동산에 대하여 소유권이전을 내용으로 하는 계약을 체결한 자는 다음의 1에 정하여진 날부터 60일 이내에 소유권보존등기를 신청하여야 한다 (법 제2조 제5항).

1) 「부동산등기법」제65조의 규정에 의하여 소유권보존등기를 신청할 수 있음에도 이를 하지 아니한 채 계약을 체결한 경우에는 그 계약을 체결한 날
2) 계약을 체결한 후에 「부동산등기법」제65조의 규정에 의하여 소유권보존등기를 신청할 수 있게 된 경우에는 소유권보존등기를 신청할 수 있게 된 날

2 미등기 전매금지

(1) 의무기간 경과 후 전매하고자 할 때

부동산의 소유권을 이전받을 것을 내용으로 하는 계약을 체결한 자가 반대급부의 이행완료 또는 계약의 효력이 발생한 날 이후 그 부동산에 대하여 다시 제3자와 소유권이전을 내용으로 하는 계약이나 제3자에게 계약당사자의 지위를 이전하는 계약을 체결하고자 할 때에는 그 제3자와 계약을 체결하기 전에 먼저 체결된 계약에 따라 소유권이전등기를 신청하여야 한다(법 제2조 제2항).

Professor Comment
잔금지불일 후 등기를 하지 않고 전매하고자 할 때, 계약을 체결하기 전에 본인명의로 등기를 하고 계약을 체결하여야 한다.

(2) 의무기간 경과 전 전매인의 소유권이전등기 신청의무

부동산의 소유권을 이전받을 것을 내용으로 하는 계약을 체결한 자가 반대급부의 이행완료 또는 계약의 효력이 발생한 날 전에 그 부동산에 대하여 다시 제3자와 소유권이전을 내용으로 하는 계약을 체결한 때에는 먼저 체결된 계약의 반대급부(反對給付)의 이행이 완료되거나 계약의 효력이 발생한 날부터 60일 이내에 먼저 체결된 계약에 따라 소유권이전등기를 신청하여야 한다(법 제2조 제3항).

 소유권이전등기신청

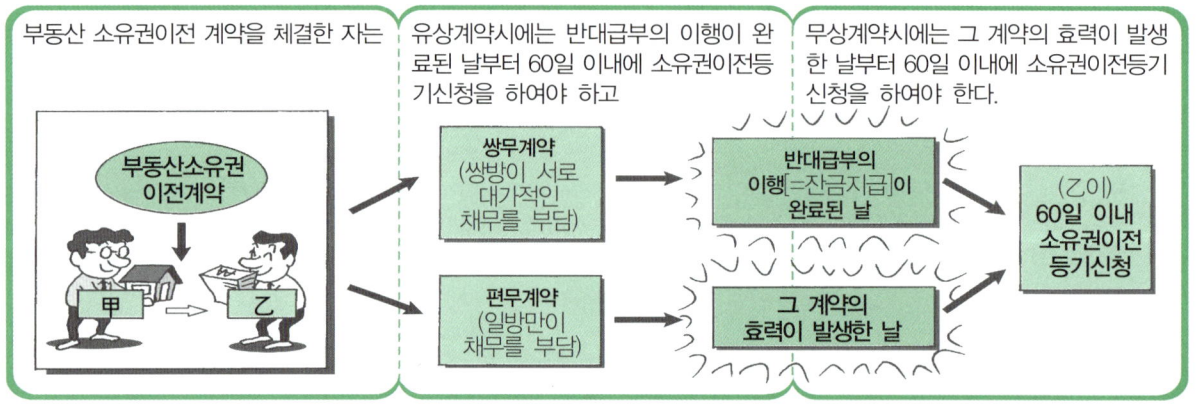

제6장 부동산거래 관련제도

단락문제 Q01
제10회 기출 개작

개업공인중개사가 토지의 매매를 성사시킨 후 소유권이전에 관한 설명을 하고 있는 것 중 옳지 않은 것은?

① 부동산소유권이전을 내용으로 매매계약을 체결한 사람은 반대급부의 이행이 완료된 때부터 60일 이내에 소유권이전등기를 하라고 하였다.
② 소유권보존등기가 되어 있지 않은 부동산을 양도하였을 경우 소유권보존등기를 할 수 있게 된 때로부터 30일 이내 보존등기신청을 하라고 하였다.
③ 소유권이전을 전제로 계약체결한 고객은 원칙적으로 남의 명의를 빌려 소유권이전등기를 할 수 없다고 하였다.
④ 등기원인에 대하여 행정관청의 허가·신고를 받아야 할 경우 등기신청 시 그 증명을 서면으로 제출하도록 강제하고 있다.
⑤ 토지의 소유권이전을 내용으로 하는 계약체결이 이루어졌을 때 계약체결일로부터 60일 이내에 부동산거래신고를 하여야 한다.

해설 소유권이전등기
소유권보존등기를 할 수 있음에도 소유권보존등기가 되어 있지 않은 부동산을 양도한 경우 60일 이내 보존등기신청을 해야 한다(법 제2조 제5항).　　　　　　　　　　　　　　　　　　　　　**정답** ②

02 계약서 등의 검인에 대한 특례 ★　　11·12·14·추가15·18회 출제

1 계약서검인 신청의무

(1) 신청의무의 내용

계약을 원인으로 소유권이전등기를 신청할 때에는 다음의 사항이 기재된 계약서 또는 판결서 등(등기원인을 증명하는 서면이 집행력 있는 판결서 또는 판결과 같은 효력을 갖는 조서)에 검인신청인(檢印申請人)을 표시하여 부동산의 소재지를 관할하는 시장등 검인권자의 검인을 받아 관할등기소에 이를 제출하여야 한다(법 제3조 제1항 및 제2항).

1) 당사자
2) 목적부동산
3) 계약연월일
4) 대금 및 그 지급일자 등 지급에 관한 사항 또는 평가액 및 그 차액의 정산에 관한 사항
5) 개업공인중개사가 있을 때에는 개업공인중개사
6) 계약의 조건이나 기한이 있을 때에는 그 조건 또는 기한

Professor Comment
개업공인중개사의 검인신청 의무는 없다.

(2) 전매자의 신청의무   부동산의 소유권을 이전받을 것을 내용으로 제2조 제1항 각 호의 계약을 체결한 자는 그 부동산에 대하여 다시 제3자와 소유권이전을 내용으로 하는 계약이나 제3자에게 계약당사자의 지위를 이전하는 계약을 체결하고자 할 때에는 먼저 체결된 계약의 계약서에 제3조의 규정에 의한 검인(檢印)을 받아야 한다(법 제4조).

(3) 신청의무의 예외   등기원인(登記原因)에 대하여 행정관청의 허가, 동의 또는 승낙을 받을 것이 요구되는 때에는 소유권이전등기를 신청할 때에 그 허가, 동의 또는 승낙을 증명하는 서면을 제출하여야 한다(법 제5조 제1항).

(4) 등기신청 첨부서면   등기원인에 대하여 행정관청에 신고할 것이 요구되는 때에는 소유권이전등기를 신청할 때에 신고를 증명하는 서면을 제출하여야 한다(법 제5조 제2항).

계약서 검인

1) 계약서 검인
계약서 검인은 부동산 소재지 관할 시·군·구청장이 한다.

2) 검인에서 제외되는 경우(검인 안 해도 되는 경우)
① 경매·공매·공용수용(계약을 원인으로 하지 않음)
② 토지거래허가구역에서 토지거래허가를 받은 경우
③ 입목·공장재단·광업재단(검인대상이 아님)
④ 「부동산거래신고 등에 관한 법률」에서 정한 부동산거래신고에 의한 신고필증을 교부받은 경우

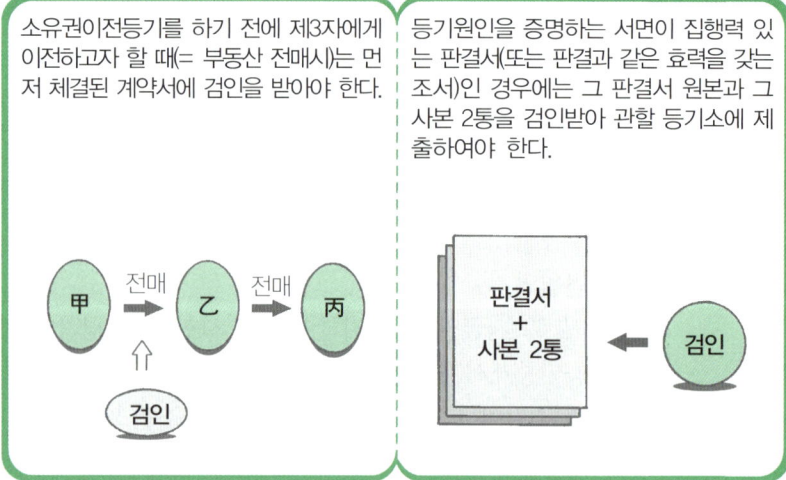

2 계약서검인절차 13·15회 출제

(1) 검인권자
1) 검인권자는 부동산의 소재지를 관할하는 시장(구가 설치되어 있는 시에 있어서는 구청장)·군수(이하 "시장등"이라 함) 또는 그 권한의 위임을 받은 자이다(법 제3조 제1항).
2) 시장등으로부터 검인의 권한을 위임받을 수 있는 자는 읍·면·동장으로 한다. 시장등이 읍·면·동장에게 검인의 권한을 위임한 때에는 지체 없이 관할등기소장에게 그 뜻을 통지하여야 한다(규칙 제1조 제6항).
3) 2개 이상의 시·군·구에 있는 수개의 부동산의 소유권이전을 내용으로 하는 계약서 또는 판결서 등을 검인받고자 하는 경우에는 그 중 1개의 시·군·구를 관할하는 시장등에게 검인을 신청할 수 있다. 이 경우 검인을 한 시장등은 그 각 부동산의 소재지를 관할하는 세무서장에게 그 계약서 또는 판결서 등의 사본 1통을 각각 송부하여야 한다(규칙 제1조 제5항).

(2) 검인대상 24회 출제
「부동산등기 특별조치법」에 의한 검인을 받아야 할 대상은 계약을 원인으로 소유권이전등기를 신청하는 경우이므로, 교환, 증여, 양도담보, 가등기에 기한 본등기, 공유물분할계약, 명의신탁해지약정은 검인의 대상이다. 그러나 소유권이 이전되지 않는 지상권설정계약서, 임대차계약서, 전세권설정계약서, 저당권설정계약서 등은 검인의 대상이 아니다(법 제3조 제1·2항 참조).

(3) 검인신청자
계약서 검인은 계약을 체결한 당사자 중 1인이나 그 위임을 받은 자, 계약서를 작성한 변호사와 법무사 및 개업공인중개사가 신청할 수 있다(규칙 제1조 제1항).

(4) 제출서면
검인신청을 할 때에는 계약서의 원본 또는 판결서 등의 정본과 그 사본 2통을 제출하여야 한다. 만약 2개 이상의 시·군·구에 있는 수개의 부동산의 소유권이전을 내용으로 하는 계약서 또는 판결서 등을 검인받고자 하는 경우에는 사본은 시·군·구의 수에 1을 더한 통수를 제출해야 한다(규칙 제1조 제2항).

(5) 검인방법
1) 검인신청을 받은 경우 시장·군수·구청장(이하 "시장 등"이라 함)은 계약서 또는 판결서 등의 형식적 요건의 구비여부만을 확인하고 그 기재에 흠결(欠缺)이 없다고 인정한 때에는 지체없이 검인을 하여 검인신청인에게 교부하여야 한다(규칙 제1조 제3항).
2) 계약서 또는 판결서 등의 검인에는 검인인 취지와 검인의 번호, 연월일의 기재와 검인권자인 시장등의 표시가 있어야 한다(규칙 제1조 제4항).

단락핵심 검인신청

(1) 2개 이상의 시·군·구에 있는 수개의 부동산을 교환하는 경우 그 중 1개의 시·군·구를 관할하여 시장·군수·구청장에게 검인신청을 할 수 있다.
(2) 시장등이 읍·면·동장에게 검인의 권한을 위임한 때에는 지체없이 관할등기소장에게 그 뜻을 통지하여야 한다.
(3) 검인신청을 할 때는 계약서의 원본 또는 판결서 등의 정본과 그 사본 2통(2개 이상의 시·군·구에 있는 부동산을 교환하는 경우에는 시·군·구의 수에 1을 더한 통수)을 제출하여야 한다.

단락문제 002
제24회 기출

개업공인중개사 甲이 乙소유의 X토지를 매수하려는 丙의 의뢰를 받아 매매를 중개하는 경우에 관한 설명으로 옳은 것은?

① 계약서를 작성한 甲이 자신의 이름으로는 그 계약서의 검인을 신청할 수 없다.
② X토지의 소유권을 이전받은 丙이 매수대금의 지급을 위하여 X토지에 저당권을 설정하는 경우, 저당권설정계약서도 검인의 대상이 된다.
③ 丙이 X토지에 대하여 매매를 원인으로 소유권이전청구권보전을 위한 가등기에 기하여 본등기를 하는 경우, 매매계약서는 검인의 대상이 된다.
④ 甲이 부동산거래 신고필증을 교부받아도 계약서에 검인을 받지 않는 한 소유권이전등기를 신청할 수 없다.
⑤ 丙으로부터 검인신청을 받은 X토지 소재지 관할청이 검인할 때에는 계약서 내용의 진정성을 확인해야 한다.

해설 검인신청
① 개업공인중개사가 계약서의 검인을 신청할 수 있다.
② 저당권설정계약서는 검인의 대상이 아니다.
④ 부동산거래 신고필증을 교부받은 경우 검인받은 것으로 본다.
⑤ 검인은 형식적 심사이다.

정답 ③

03 등기원인 허위기재 등의 금지★

부동산의 소유권이전을 내용으로 하는 계약을 원인으로 소유권이전등기를 신청하여야 할 자는 그 등기를 신청함에 있어서 등기신청서에 등기원인(登記原因)을 허위로 기재하여 신청하거나 소유권이전등기 외의 등기를 신청하여서는 아니 된다(법 제6조).

> **판례** ■ 부동산등기 특별조치법 제2조 제3항과 제6조가 무효인 계약에도 적용되는지 여부
>
> 법 제2조 제1항은 부동산의 소유권이전을 내용으로 하는 계약을 체결한 경우에 일정 기간 내 소유권이전등기 신청의무를 부과하면서도 그 계약이 취소, 해제되거나 무효인 경우에는 그 예외를 인정하고 있으므로, 결국 법 제6조의 '법 제2조의 규정에 의하여 소유권이전등기를 신청하여야 할 자'도 부동산소유권이전을 내용으로 하는 계약 자체가 유효함을 전제로 한 규정이라고 보아야 할 것이다. 비록 부동산소유권이전을 내용으로 하는 계약이 위법하여 무효인 경우에, 중간생략등기를 하는 행위와 등기원인을 허위로 기재하여 등기를 신청하는 행위를 처벌할 필요성이 있다 하더라도, 죄형법정주의의 원칙에 비추어 이와 같은 행위를 법 제2조 및 제6조 위반으로 의율할 수는 없는 것이다(대판 2006.3.24. 2005도10033).

04 벌 칙★★

1 3년 이하의 징역이나 1억원 이하의 벌금에 처하는 경우

(1) 조세부과를 면하려는 등의 목적으로 미등기전매(중간생략등기)를 한 경우

조세부과를 면하려 하거나 다른 시점 간의 가격변동에 따른 이득을 얻으려 하거나 소유권 등 권리변동을 규제하는 법령의 제한을 회피할 목적으로 미등기전매를 한 경우(법 제2조 제2항 또는 제3항의 규정에 위반한 때)에는 3년 이하의 징역이나 1억원 이하의 벌금에 처한다(법 제8조 제1호).

(2) 등기원인 허위기재 등의 금지의무위반

등기원인 허위기재 등의 금지(법 제6조)의무를 위반한 때에도 3년 이하의 징역이나 1억원 이하의 벌금에 처한다(법 제8조 제2호).

2 1년 이하의 징역이나 3천만원 이하의 벌금에 처하는 경우

조세부과(租稅賦課)를 면하려 하거나 다른 시점 간의 가격변동에 따른 이득을 얻으려 하거나 소유권 등 권리변동을 규제하는 법령의 제한을 회피할 목적은 없으나, 계약서검인신청을 하지 않은 전매자(제8조 제1호에 해당하지 아니한 자로서 제4조의 규정에 위반한 때)인 경우에 해당한다(법 제9조).

3 과태료

등기권리자가 상당한 사유 없이 법 제2조 각 항의 규정에 의한 등기신청을 해태한 때에는 그 해태한 날 당시의 그 부동산에 대한 취득세 기본세율에서 1천분의 20을 뺀 금액의 5배 이하에 상당하는 금액의 과태료에 처한다. 다만, 「부동산 실권리자명의 등기에 관한 법률」 제10조 제1항의 규정에 의하여 과징금을 부과한 경우에는 그러하지 아니하다(법 제11조 제1항).

05 법률위반 계약의 효력 [35회 출제]

1 부동산등기 특별조치법에 저촉된 부동산소유권 이전등기청구권 양도 계약의 사법상 효력(유효)

부동산소유권 이전등기청구권의 양도가 「부동산등기 특별조치법」 제8조 제1호에 저촉되는 미등기전매일지라도 당연히 그 사법상 효력이 부정되는 것은 아니다(대판 1998.9.25. 98다22543).

2 중간생략등기합의에 관한 사법상 효력

「부동산등기 특별조치법」상 조세포탈과 부동산투기 등을 방지하기 위하여 위 법률 제2조 제2항 및 제8조 제1호에서 등기하지 아니하고 제3자에게 전매하는 행위를 일정 목적범위 내에서 형사처벌하도록 되어 있으나 이로써 순차매도한 당사자 사이의 중간생략등기합의에 관한 사법상 효력까지 무효로 한다는 취지는 아니다(대판 1993.1.26. 92다39112).

3 부동산등기 특별조치법 제7조 제1항 소정 목적에 의한 계약명의 신탁약정의 효력

「부동산등기 특별조치법」 제7조 제1항, 제8조의 규정 자체에 의하더라도 등기신청의 원인행위인 같은 법 제7조 제1항 소정의 목적에 의한 계약명의의 신탁약정 자체가 금지된다고는 해석할 수 없으므로 그와 같은 명의신탁약정이 그 사법적 법률행위의 효력까지 부인되는 것은 아니다(대판 1993.8.13. 92다42651).

제2절 부동산 실권리자명의 등기에 관한 법률 ★★★

11·12·13·15·18·25·31회

01 용어의 정의 및 실명등기의무

1 용어의 정의

(1) 명의신탁약정

명의신탁약정(名義信託約定)이라 함은 부동산에 관한 소유권이나 그 밖의 물권(이하 "부동산에 관한 물권"이라 함)을 보유한 자 또는 사실상 취득하거나 취득하려고 하는 자(이하 "실권리자"라 함)가 타인과의 사이에서 대내적으로는 실권리자(實權利者)가 부동산에 관한 물권을 보유하거나 보유하기로 하고 그에 관한 등기(가등기를 포함함. 이하 같음)는 그 타인의 명의로 하기로 하는 약정(위임·위탁매매의 형식에 의하거나 추인에 의한 경우를 포함)을 말한다. 다만, 다음의 경우를 제외한다(법 제2조 제1호).

1) 채무의 변제를 담보하기 위하여 채권자가 부동산에 관한 물권을 이전받거나 가등기하는 경우
2) 부동산의 위치와 면적을 특정하여 2인 이상이 구분소유하기로 하는 약정을 하고 그 구분소유자의 공유로 등기하는 경우
3) 「신탁법」 또는 「자본시장과 금융투자업에 관한 법률」에 따른 신탁재산인 사실을 등기한 경우

(2) 명의신탁자

명의신탁자(名義信託者)라 함은 명의신탁약정에 따라 자신의 부동산에 관한 물권을 타인의 명의로 등기하게 하는 실권리자를 말한다(법 제2조 제2호).

(3) 명의수탁자

명의수탁자(名義受託者)라 함은 명의신탁약정에 따라 실권리자의 부동산에 관한 물권을 자신의 명의로 등기하는 자를 말한다(법 제2조 제3호).

(4) 실명등기

실명등기(實名登記)라 함은 이 법 시행 전에 명의신탁약정에 따라 명의수탁자의 명의로 등기된 부동산에 관한 물권을 이 법 시행일 이후 명의신탁자의 명의로 등기하는 것을 말한다(법 제2조 제5호).

제3편 중개실무

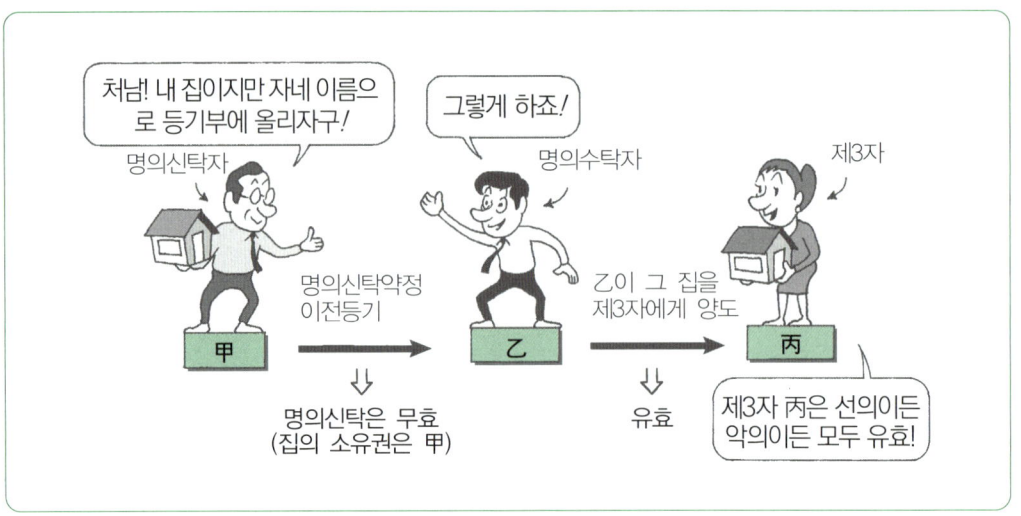

명의신탁

① 본인(甲) 소유의 부동산을 타인(乙) 이름으로 소유권 등기하는 것을 말한다.
② 명의신탁은 당사자 간(甲과 乙 사이) 무효이다.
③ 장기미등기자(등기권리자)는 5년 이하의 징역 또는 2억원 이하의 벌금에 처해진다.

2 종중 및 배우자, 종교단체에 대한 특례

다음의 어느 하나에 해당하는 경우로서 조세포탈, 강제집행의 면탈 또는 법령상 제한의 회피를 목적으로 하지 아니하는 경우에는 제4조(명의신탁약정의 효력) 및 제5조 내지 제7조(과징금 및 벌칙)의 규정을 적용하지 아니한다(법 제8조).

(1) 종중이 보유한 부동산에 관한 물권을 종중(종중과 그 대표자를 같이 표시하여 등기한 경우를 포함함) 외의 자의 명의로 등기한 경우
(2) 배우자 명의로 부동산에 관한 물권을 등기한 경우
(3) 종교단체 명의로 그 산하조직이 보유한 부동산에 관한 물권을 등기한 경우

판례 ■ 명의신탁에 관한 판례

1 명의신탁등기가 무효가 된 후 명의신탁자와 수탁자가 혼인한 경우 그 명의신탁등기가 유효가 되는지 여부
본래 명의신탁등기가 부동산 실권리자명의 등기에 관한 법률의 규정에 따라 무효로 된 경우에도 그 후 명의신탁자가 수탁자와 혼인을 함으로써 법률상의 배우자가 되고 법 제8조 제2호의 특례의 예외사유에 해당되지 않으면 그 때부터는 위 특례가 적용되어 그 명의신탁등기가 유효로 된다고 보아야 한다(대결 2002.10.28. 2001마1235).

2 명의신탁자인 종중이 사정명의인인 수탁자에게 실질적인 소유권을 주장할 수 있는지 여부
임야의 사정명의를 수탁받은 자는 대외적으로 토지사정의 법리상 사정으로 인하여 임야의 소유권을 취득한다 하더라도 대내적으로는 명의신탁자에 대한 명의수탁자로서의 지위에 있다 할 것이므로 신탁자는 사정명의인인 수탁자에게 그 임야에 대한 실질적인 소유권을 주장할 수 있다(대판 1993.5.25. 92다47694).

3 명의신탁에 있어서 수탁자의 상속인이 신탁부동산의 소유권을 시효취득할 수 있는지 여부
명의신탁에 의하여 부동산의 소유자로 등기된 자는 그 점유권원의 성질상 자주점유라 할 수 없고 수탁자의 상속인은 피상속인의 법률상의 지위를 그대로 승계하는 것이므로 상속인이 따로이 소유의 의사로서 점유를 개시하였다고 인정할 수 있는 별개의 사유가 존재하지 않는 한 수탁자의 상속인으로서는 시효의 효과로 인하여 신탁물인 부동산의 소유권을 취득할 수 없다(대판 1987.11.10. 85다카1644).

4 명의신탁 해지를 원인으로 하고 소유권에 기한 소유권이전등기청구의 가부
명의신탁자는 명의수탁자에 대하여 신탁해지를 하고 신탁관계의 종료 그것만을 이유로 하여 소유 명의의 이전 등기절차의 이행을 청구할 수 있음은 물론, 신탁해지를 원인으로 하고 소유권에 기해서도 그와 같은 청구를 할 수 있다(대판 2002.5.10. 2000다55171).

3 실권리자명의 등기의무 등

(1) 누구든지 부동산에 관한 물권(物權)을 명의신탁약정(名義信託約定)에 따라 명의수탁자의 명의로 등기하여서는 아니 된다(법 제3조 제1항).
(2) 채무의 변제를 담보하기 위하여 채권자가 부동산에 관한 물권을 이전받는 경우에는 채무자·채권금액 및 채무변제를 위한 담보라는 뜻이 기재된 서면을 등기신청서와 함께 등기관에게 제출하여야 한다(법 제3조 제2항).

02 명의신탁약정의 효력

27·28·30·34회 출제

1 명의신탁약정 및 명의신탁약정에 의한 등기의 무효

(1) 명의신탁약정의 무효
명의신탁약정은 무효(無效)로 한다(법 제4조 제1항).

(2) 명의신탁약정에 따른 물권변동의 무효
명의신탁약정에 따른 등기로 이루어진 부동산에 관한 물권변동(物權變動)도 무효로 한다. 다만, 부동산에 관한 물권을 취득하기 위한 계약에서 명의수탁자가 그 일방당사자가 되고 그 타방당사자는 명의신탁약정이 있다는 사실을 알지 못한 경우에는 그러하지 아니하다(법 제4조 제2항).

2 명의신탁약정의 대항력

(1) 명의신탁약정과 그에 따라 행하여진 등기
명의신탁약정의 무효와 명의신탁약정에 따라 행하여진 등기에 의한 부동산에 관한 물권변동의 무효는 제3자에게 대항하지 못한다(법 제4조 제3항).

(2) 명의신탁된 부동산을 수탁자가 제3자에게 처분한 경우 소유권의 귀속관계
부동산을 명의신탁한 경우에는 소유권이 대외적으로는 수탁자에게 귀속되는 것이므로 수탁자가 수탁 부동산을 제3자에게 처분하였을 때에는 그 처분행위가 무효 또는 취소되는 등의 사유가 없는 한 제3취득자는 신탁재산에 대한 소유권을 적법히 취득하고 명의신탁관계는 소멸한다(대판 1997.10.10. 96다38896).

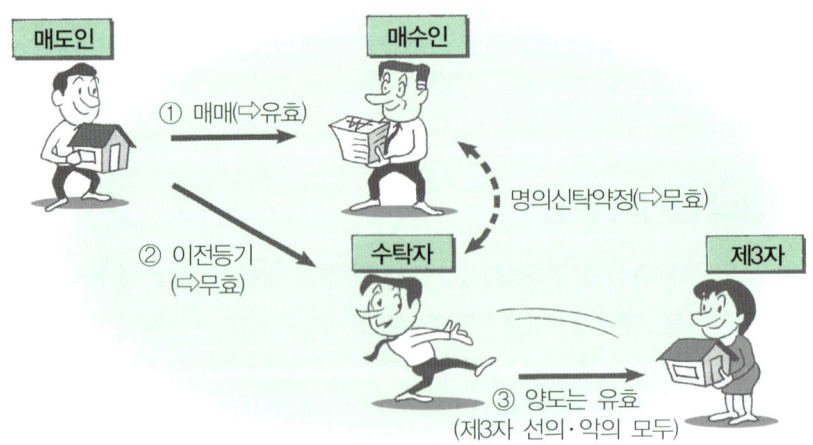

(3) 명의수탁자의 처분행위가 무효가 되는 경우

일반적으로 명의수탁자는 신탁재산을 유효하게 제3자에게 처분할 수 있고 제3자가 명의신탁사실을 알았다 하여도 그의 소유권취득에 영향이 없는 것이기는 하지만, 특별한 사정이 있는 경우, 즉 명의수탁자로부터 신탁재산을 매수한 제3자가 명의수탁자의 명의신탁자에 대한 배신행위에 적극 가담한 경우에는 명의수탁자와 제3자 사이의 계약은 반사회적인 법률행위로서 무효라고 할 것이고, 따라서 명의수탁받은 부동산에 관한 명의수탁자와 제3자 사이의 매매계약은 무효로 보아야 할 것이다(대판 1992.6.9. 91다29842).

단락문제 Q03

제32회 기출

2020. 10. 1. 甲과 乙은 甲 소유의 X토지에 관해 매매계약을 체결하였다. 乙과 丙은 「농지법」상 농지소유 제한을 회피할 목적으로 명의신탁 약정을 하였다. 그 후 甲은 乙의 요구에 따라 丙 명의로 소유권이전 등기를 마쳐주었다. 그 사정을 아는 개업공인중개사가 X토지의 매수의뢰인에게 설명한 내용으로 옳은 것을 모두 고른 것은?(다툼이 있으면 판례에 따름)

> ㄱ. 甲이 丙 명의로 마쳐준 소유권이전등기는 유효하다.
> ㄴ. 乙은 丙을 상대로 매매대금 상당의 부당이득 반환청구권을 행사할 수 있다.
> ㄷ. 乙은 甲을 대위하여 丙 명의의 소유권이전등기의 말소를 청구할 수 있다.

① ㄱ   ② ㄴ   ③ ㄷ
④ ㄱ, ㄴ   ⑤ ㄴ, ㄷ

해설 명의신탁
중간생략형 명의신탁으로서 ㄱ. 명의신탁약정과 물권변동(등기)는 무효이며, ㄴ. 乙은 甲을 상대로 명의신탁의 해지로 인한 등기를 요구할 수 있다.

정답 ③

명의신탁과 제3자보호

① 「부동산 실권리자명의 등기에 관한 법률」상 제3자(丙)는 선·악의에 관계 없이 소유권을 취득한다.
② 丙은 악의여도 소유권을 취득한다.
③ 왜냐하면, 명의신탁의 무효는 제3자에게 대항하지 못하기 때문이다.

3 명의수탁자의 횡령

(1) 2자간 명의신탁의 횡령죄
부동산을 소유자로부터 명의수탁받은 2자간 명의신탁에 있어서 수탁자가 이를 임의로 처분하였다면 명의신탁자에 대한 횡령죄가 성립하지 않는다(대판 2021.2.28. 전합).

(2) 중간간생략형 명의신탁의 횡령죄
신탁부동산의 소유자도 아닌 명의신탁자에 대한 관계에서 명의수탁자의 횡령죄에서 말하는 '타인의 재물을 보관하는 자'의 지위에 있다고 볼 수는 없다. 그러므로 중간생략등기형 명의신탁을 한 경우, 명의신탁자는 신탁부동산의 소유권을 가지지 아니하고, 명의신탁자와 명의수탁자의 사이에 위탁신임관계를 인정할 수도 없다. 따라서 명의수탁자가 명의신탁자의 재물을 보관하는 자라고 할 수 없으므로, 명의수탁자가 신탁받은 부동산을 임의로 처분하여도 명의신탁자에 대한 관계에서 횡령죄가 성립하지 아니한다(대판 2016.5.19. 2014도6992).

단락핵심 명의신탁

(1) 유효한 명의신탁의 효력
  1) 배우자 명의로 부동산에 관한 물권을 등기한 경우로서 조세포탈, 강제집행의 면탈 또는 법령상 제한의 회피를 목적으로 하지 않는 명의신탁은 유효하다.
  2) 명의신탁자는 대내적으로 명의수탁자에 대하여 실질적인 소유권을 주장할 수 있다.
  3) 명의수탁자의 점유는 권원의 객관적 성질상 타주점유에 해당하므로, 명의수탁자 또는 그 상속인은 소유권을 점유시효 취득할 수 없다.
  4) 명의신탁자는 명의신탁계약을 해지하고 명의수탁자에게 신탁재산의 반환을 청구할 수 있다.

(2) 명의신탁약정
  1) 명의신탁약정의 금지에 위반한 명의신탁에 대하여는 5년 이하의 징역 또는 2억원 이하의 벌금에 처한다.
  2) 명의신탁약정의 무효와 명의신탁약정에 따라 행하여진 등기에 의한 부동산에 관한 물권변동의 무효는 제3자에게 대항하지 못한다.
  3) 배우자 명의로 부동산에 관한 물권을 등기한 경우에는 조세포탈, 강제집행의 면탈 또는 법령상 제한의 회피를 목적으로 하지 아니하는 한 명의신탁약정의 효력 및 과징금·벌칙의 규정이 적용되지 아니한다.
  4) 양도담보, 가등기담보, 부동산구분소유자의 공유등기 등은 명의신탁약정에 해당되지 아니한다.
  5) 부동산소유자로부터 명의수탁을 받은 2자간 명의신탁에 있어서 이를 임의로 처분하였다면 명의신탁자에 대한 횡령죄가 성립하지 않는다고 대법원은 판시하고 있다.

03 벌칙 및 과징금

1 명의신탁자 등에 대한 벌칙
제3조 제1항의 규정을 위반한 명의신탁자는 5년 이하의 징역 또는 2억원 이하의 벌금에 처한다(법 제7조 제1항 제1호).

2 명의수탁자 등에 대한 벌칙
제3조 제1항의 규정을 위반한 명의수탁자는 3년 이하의 징역 또는 1억원 이하의 벌금에 처한다(동조 제2항).

3 과징금

(1) 과징금 부과대상
1) 명의신탁자, 장기미등기자(부동산등기특별조치법상의 과태료가 이미 부과된 경우 부과된 과태료 금액을 공제하고 과태료가 부과되지 않은 경우 과태료를 부과하지 않는다)

2) 양도담보기재의무를 위반한 채권자채무자를 허위로 기재하여 제출하게 한 실채무자

(2) 과징금 부과율
과징금은 당해 부동산 가액의 100분의 30에 해당하는 금액의 범위안에서 부과한다. 과징금은 부동산가액과 위반한 기간, 조세를 포탈하였거나 법령에 의한 제한을 회피할 목적으로 하였는지 여부를 고려하여 아래와 같이 정한다.

1) 과징금 부과율을 합산한 과징금 부과율에 부동산평가액을 곱하여 산정

부동산평가액을 기준으로 하는 과징금 부과율	의무위반기간 경과기간을 기준으로 하는 과징금 부과율
① 5억원 이하 : 5% ② 5억원 초과 30억원 이하 : 10% ③ 30억원 초과 : 15%	① 1년 이하 : 5% ② 1년 초과 2년 이하 : 10% ③ 2년 초과 : 15%

2) 조세포탈, 법령의 제한을 회피할 목적이 아닌 경우
① 명의신탁, 장기미등기자 : 과징금의 100분의 50을 감경할 수 있다.
② 기존 양도담보권자의 서면제출 의무위반자 : 부동산평가액의 100분의 5를 부과한다.

(3) 이행강제금
1) 과징금 부과일로부터 1년 이내에 이행치 않은 경우 : 부동산 평가액의 100분의 10
2) 첫 이행강제금 부과일로부터 다시 1년 이내에 이행치 않은 경우 : 부동산 평가액의 100분의 20

제3편 중개실무

 ■ 과징금 부과시점에 명의신탁관계가 종료된 경우(헌법불합치)

과징금부과시점의 부동산가액을 과징금 산정기준으로 한 것은 과징금 부과시점에 명의신탁 관계가 이미 종료된 경우에는 비례원칙에 위배되므로, 헌법 제23조 제1항에서 보장된 재산권을 침해한다(2005헌가17, 2006헌바17(병합), 2006. 5. 25).

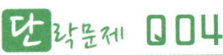 **Q04**　　　　　　　　　　　　　　　　　　　　　　　　　　　　제11회 기출

다음은 개업공인중개사가 중개의뢰인에게 「부동산 실권리자 명의등기에 관한 법률」에 대하여 설명한 내용이다. 바르게 설명하지 못한 것은?

① 누구든지 부동산에 관한 물권을 명의신탁약정에 의하여 명의수탁자의 명의로 등기하여서는 안 된다고 설명하였다.
② 명의신탁자 A가 명의수탁자 B의 명의로 가장 매매하여 등기를 이전한 경우에는 그 등기이전은 무효가 되고, 소유권은 A에게 귀속된다고 설명하였다.
③ 이 법은 등기명의신탁이나 계약명의신탁의 경우에도 선의·악의를 불문하고 제3자에게 대항하지 못한다고 설명하였다.
④ 매도인 A가 명의신탁자 B와 명의수탁자 C 사이에 명의신탁약정이 있다는 사실을 모르고 명의수탁자 C와 매매계약을 체결하고 소유권이전등기가 완료된 경우 소유권이전등기는 무효라고 설명하였다.
⑤ 소유권보존등기를 타인명의로 한 경우에도 명의신탁약정은 무효가 되며 명의신탁에 의한 소유권보존등기도 무효가 된다고 설명하였다.

해설 부동산실권리자 명의등기에 관한 법률(계약명의신탁 등)
④ 법 제4조 제2항 후단에는 "다만, 부동산에 관한 물권을 취득하기 위한 계약에서 명의수탁자가 그 일방당사자가 되고 그 타방당사자는 명의신탁약정이 있다는 사실을 알지 못한 경우에는 그러하지 아니하다."라고 규정하고 있다.

정답 ④

제3절 주택임대차보호법 ★★★   16·17·18·21·25·27·28회 출제

01 적용범위 및 강행규정

1 적용범위

이 법은 주거용 건물(이하 "주택"이라 함)의 전부 또는 일부의 임대차에 관하여 이를 적용한다. 그 임차주택의 일부가 주거 외의 목적으로 사용되는 경우에도 또한 같다(법 제2조).

■ 미등기 또는 무허가 건물도 주택임대차보호법의 적용 대상이 되는지 여부

주택임대차보호법은 주택의 임대차에 관하여 민법에 대한 특례를 규정함으로써 국민의 주거생활의 안정을 보장함을 목적으로 하고 있고, 주택의 전부 또는 일부의 임대차에 관하여 적용된다고 규정하고 있을 뿐 임차주택이 관할관청의 허가를 받은 건물인지, 등기를 마친 건물인지 아닌지를 구별하고 있지 아니하므로, 어느 건물이 국민의 주거생활의 용도로 사용되는 주택에 해당하는 이상 비록 <u>그 건물에 관하여 아직 등기를 마치지 아니하였거나 등기가 이루어질 수 없는 사정이 있다고 하더라도 다른 특별한 규정이 없는 한 같은 법의 적용대상이 된다</u>(대판 [전합] 2007.6.21. 2004다26133).

2 강행규정

이 법의 규정에 위반된 약정으로서 임차인에게 불리한 것은 그 효력이 없다(법 제10조).
→ 편면적 강행규정

3 일시사용을 위한 임대차의 적용 배제

이 법은 일시사용을 위한 임대차임이 명백한 경우에는 적용하지 아니한다(법 제11조).

4 미등기전세에의 준용

이 법은 주택의 등기를 하지 아니한 전세계약에 관하여 이를 준용한다. 이 경우 "전세금"은 "임대차의 보증금"으로 본다(법 제12조).

5 기타 적용기준

이 법은 계약 당시 실제 사용용도가 주택인 경우 가건물이나 무허가건물의 경우는 물론 등기된 주택의 임대차도 해당되나, 사용대차나 일시사용임대차, 콘도, 주택소유자의 허락없이 주거용으로 개조한 건물은 해당되지 않는 것으로 해석된다.

Professor Comment
개인을 대상으로 하는 것으로 개인의 범위에는 외국인도 포함되며 「중소기업기본법」에 의한 중소기업의 경우 소속직원의 주거용 주택도 적용된다.

02 대항력 등

1 대항력의 발생 22·23회 출제

임대차는 그 등기가 없는 경우에도 임차인이 주택의 인도와 주민등록을 마친 때에는 그 익일부터 제3자에 대하여 효력이 생긴다. 이 경우 전입신고를 한 때에 주민등록이 된 것으로 본다(법 제3조 제1항). 즉, 대항력 발생시점은 주민등록전입신고일과 인도일 중 나중 날짜의 다음 날 00시 00분으로 해석할 수 있다.

> **판례** ■ 대항력이 생기는 시점인 '익일'의 의미
> 주택임대차보호법 제3조의 임차인이 주택의 인도와 주민등록을 마친 때에는 그 '익일부터' 제3자에 대하여 효력이 생긴다고 함은 익일 오전 영시부터 대항력이 생긴다는 취지이다(대판 1999.5.25. 99다9981).

2 대항력의 내용

(1) 임차주택의 양수인(기타 임대할 권리를 승계한 자를 포함)은 임대인의 지위를 승계한 것으로 본다(법 제3조 제4항).

(2) 대항력보다 선순위의 권리에는 대항할 수 없는 것으로, 선순위의 저당권으로 인한 경매나 선순위의 환매권의 실행으로 소유권을 취득한 자 등은 임대인의 지위를 승계하지 않는 것으로 해석된다.

대항력

① 대항력이란 임차인이 후순위권리자(저당권자 등)의 권리(저당권) 실행으로부터 임대차의 존속기간을 보장받는 것을 말한다.
② 대항력이 생기면 주인이 바뀌어도 존속기간과 보증금을 보장받는다.

(3) 일부 법인에 적용 26회 출제

1) **한국토지주택공사 및 지방공사** 주택도시기금을 재원으로 하여 저소득층의 무주택자에게 주거생활안정을 목적으로 전세임대주택을 지원하는 법인이 주택을 임차한 후 지방자치단체의 장 또는 해당 법인이 선정한 입주자가 그 주택에 관하여 인도와 주민등록을 마친 때에는 다음날부터 대항력이 발생한다. 이 경우 대항력이 인정되는 법인은 대통령령으로 정한다(법 제3조 제2항).

2) **「중소기업기본법」에 의한 중소기업** 「중소기업기본법」 제2조에 따른 중소기업에 해당하는 법인이 소속 직원의 주거용으로 주택을 임차한 후 그 법인이 선정한 직원이 해당 주택을 인도받고 주민등록을 마쳤을 때에는 대항력이 발생한다. 임대차가 끝나기 전에 그 직원이 변경된 경우에는 그 법인이 선정한 새로운 직원이 주택을 인도받고 주민등록을 마친 다음날부터 제3자에 대하여 효력이 생긴다(법 제3조 제3항).

3 대항력의 소멸 20회 출제

(1) 경매에 의한 임차권의 소멸

1) 임차권은 임차주택에 대하여 「민사집행법」에 의한 경매가 행하여진 경우에는 그 임차주택의 매각(경락)에 의하여 소멸한다. 다만, 보증금이 전액 변제되지 아니한 대항력이 있는 임차권은 그러하지 아니하다(법 제3조의5).

2) 이 경우 임차인의 배당요구에 의하여 임대차는 종료되지만 법 제4조 제2항에 의하여 위 임차인이 그 보증금의 잔액을 반환받을 때까지 그 임대차관계가 존속하는 것으로 의제되므로, 매수인(경락인)은 법 제3조 제2항에 의해서 임대인의 지위를 승계하게 되는 것으로 해석된다.

경매에 의한 임차권의 소멸
① 대항력이 없는 임차권은 소멸한다.
② 그러나 보증금이 전액변제되지 아니한 '대항력 있는 임차권'은 소멸하지 않는다(법 제3조의5 단서).

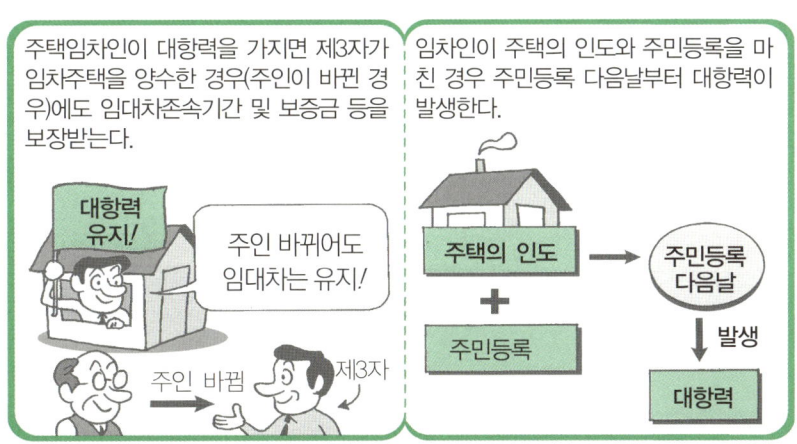

(2) 대항요건의 상실로 인한 대항력의 소멸

「주택임대차보호법」이 제3조 제1항에서 주택임차인에게 주택의 인도와 주민등록을 요건으로 명시하여 등기된 물권에 버금가는 강력한 대항력을 부여하고 있는 취지에 비추어 볼 때, 달리 공시방법이 없는 주택임대차에 있어서 주택의 인도 및 주민등록이라는 대항요건은 그 대항력 취득시에만 구비하면 족한 것이 아니고, 그 대항력을 유지하기 위하여서도 계속 존속하고 있어야 한다고 해석함이 상당하다(대판 1987.2.24. 86다카1695, 1989.1.17. 88다카143).

■ 대항력에 관한 판례정리

1. 연립주택 중 1개 세대에 대한 미등기전세권자가 연립주택 동호수를 기재하지 아니하고 그 지번만을 신고하여 주민등록된 경우, 그 주민등록이 미등기전세권에 대한 유효한 공시방법으로 볼 수 없다(대판 1995.4.28. 94다27427).
2. 이른바 다가구용 단독주택의 경우 건축법이나 구 주택건설촉진법(주택법)상 이를 공동주택으로 볼 근거가 없어 단독주택으로 보는 이상 임차인이 위 건물의 일부나 전부를 임차하고, **전입신고를 하는 경우 지번만 기재하는 것으로 충분**하고, 나아가 위 건물 거주자의 편의상 구분하여 놓은 호수까지 기재할 의무나 필요가 있다고 할 수 없고, 설사 위 임차인이 위 건물의 소유자나 거주자 등이 부르는 대로 지층 1호를 1층 1호로 잘못 알고, 이에 따라 전입신고를 '연립-101'로 하였다고 하더라도 달리 볼 것은 아니다(대판 1997.11.14. 97다29530).
3. 주택임차인이 임차주택을 직접 점유하여 거주하지 않고 간접 점유하여 자신의 주민등록을 이전하지 아니한 경우라 하더라도, 임대인의 승낙을 받아 임차주택을 전대하고 그 전차인이 주택을 인도받아 자신의 주민등록을 마친 때에는 그때로부터 임차인은 제3자에 대하여 대항력을 취득한다(대결 1995.6.5. 94마2134).
4. 확정일자를 받은 임대차계약서가 당사자 사이에 체결된 당해 임대차계약에 관한 것으로서 진정하게 작성된 이상, 임대차계약서에 임대차 목적물을 표시하면서 지번, 구조, 용도만 기재하고 아파트의 명칭과 그 전유 부분의 동호수의 기재를 누락하였다는 사유만으로 주택임대차보호법 제3조의2제2항에 규정된 확정일자의 요건을 갖추지 못하였다고 볼 수는 없다(대판 1999.6.11. 99다7992).
5. 다가구용 단독주택으로 소유권보존등기된 건물의 일부를 임차한 사람이 그 지번을 기재하여 전입신고를 함으로써 대항력을 취득한 후에 위 건물이 다세대주택으로 변경된 경우, 이미 취득한 대항력을 상실하게 되는 것은 아니다(대판 2007.2.8. 2006다70516).

단락핵심 대항력

(1) 다가구주택의 경우에는 지번까지만 기재하고 정확한 호수를 기재하지 않아도 「주택임대차보호법」상의 보호를 받을 수 있다.
(2) 임차인이 미성년자라서 그의 부친이 자신의 이름으로 임대차계약을 체결하더라도 「주택임대차보호법」상의 보호를 받을 수 있다.
(3) 「중소기업기본법」에 의한 중소기업의 경우 주택을 임차하고 그 소속직원 명의로 주민등록을 이전하여 대항력 요건을 갖추고 또 확정일자를 받았다면 「주택임대차보호법」의 보호대상이다.
(4) 다세대주택의 경우에는 정확한 호수를 기재하지 않고 지번까지만 기재한 경우 「주택임대차보호법」상의 보호를 받을 수 없다.

03 확정일자인과 우선변제권

1 확정일자인의 효력 → 공시기능 없음

제3조 제1항·제2항 또는 제3항의 대항요건과 임대차계약증서상의 확정일자를 갖춘 임차인은 「민사집행법」에 의한 경매 또는 「국세징수법」에 의한 공매시 임차주택(대지를 포함함)의 환가대금에서 후순위권리자 기타 채권자보다 우선하여 보증금을 변제받을 권리가 있다(법 제3조의2 제2항).
→ 확정일자에 의한 우선변제권

2 확정일자 부여 및 임대차 정보제공 29회 출제

(1) 확정일자는 주택 소재지의 읍·면사무소, 동 주민센터 또는 시(특별시·광역시·특별자치시는 제외하고, 특별자치도는 포함)·군·구(자치구를 말함)의 출장소, 지방법원 및 그 지원과 등기소 또는 「공증인법」에 따른 공증인(이하 이 조에서 "확정일자부여기관"이라 한다)이 부여한다(법 제3조의6 제1항).

(2) 확정일자부여기관은 해당 주택의 소재지, 확정일자 부여일, 차임 및 보증금 등을 기재한 확정일자부를 작성하여야 한다. 이 경우 전산처리정보조직을 이용할 수 있다(법 제3조의6 제2항).

(3) 주택의 임대차에 이해관계가 있는 자는 확정일자부여기관에 해당 주택의 확정일자 부여일, 차임 및 보증금 등 정보의 제공을 요청할 수 있다. 이 경우 요청을 받은 확정일자부여기관은 정당한 사유 없이 이를 거부할 수 없다(법 제3조의6 제3항).

(4) 임대차계약을 체결하려는 자는 임대인의 동의를 받아 확정일자부여기관에 따른 정보제공을 요청할 수 있다(법 제3조의6 제4항).

(5) 확정일자를 부여받거나 정보를 제공받으려는 자는 수수료를 내야 한다(법 제3조의6 제5항).

(6) 확정일자부에 기재하여야 할 사항, 주택의 임대차에 이해관계가 있는 자의 범위, 확정일자부여기관에 요청할 수 있는 정보의 범위 및 수수료, 그 밖에 확정일자부여사무와 정보제공 등에 필요한 사항은 대통령령 또는 대법원규칙으로 정한다(법 제3조의6 제6항).

(7) 확정일자인을 받은 계약서의 보관

1) 확정일자인을 받은 계약서는 임대차 보증금 모두를 받을 때까지 보관해야 한다.

2) 임대차기간이 종료되어 새로운 임대차계약서를 작성해 새로운 계약서에 확정일자인을 받을 경우 새로운 계약서의 확정일자인은 확정일자인을 받은 시점부터 효력이 발생하는 것으로, 처음 계약서상의 확정일자인의 효력을 주장하기 위해서는 종전의 확정일자인을 받은 계약서도 함께 보관하여야 하며, 경매에서 배당신청 시에는 모든 계약서를 함께 제출해야 하는 것으로 해석된다.

(8) 임차인에게 제시의무

① 제3조의6제3항에 따른 해당 주택의 확정일자 부여일, 차임 및 보증금 등 정보. 다만, 임대인이 임대차계약을 체결하기 전에 제3조의6제4항에 따라 동의함으로써 이를 갈음할 수 있다.

② 「국세징수법」 제108조에 따른 납세증명서 및 「지방세징수법」 제5조제2항에 따른 납세증명서. 다만, 임대인이 임대차계약을 체결하기 전에 「국세징수법」 제109조제1항에 따른 미납국세와 체납액의 열람 및 「지방세징수법」 제6조제1항에 따른 미납지방세의 열람에 각각 동의함으로써 이를 갈음할 수 있다. [본조신설 2023. 4. 18.]

3 우선변제권의 효력발생일

법 제3조의2 제1항에 규정된 확정일자를 입주 및 주민등록일과 같은 날 또는 그 이전에 갖춘 경우에는 우선변제적 효력은 대항력과 마찬가지로 인도와 주민등록을 마친 다음날을 기준으로 발생한다고 보아야 할 것이다(대판 1997.12.12. 97다22393).

우선변제권

① 경매시 임차인이 임대차보증금을 후순위권리자보다 우선하여 변제(=배당)받을 수 있는 권리를 말한다.
② 우선변제권에 의해 임차권(채권)의 물권화가 가능해진다.

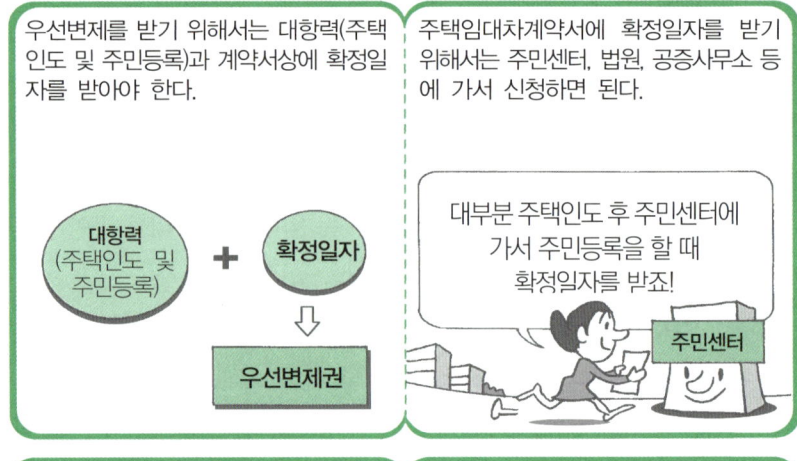

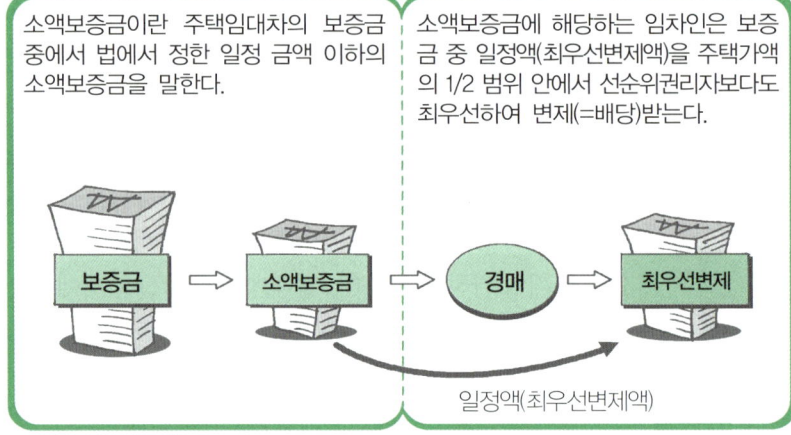

4 우선변제권의 효력존속기간

주택의 인도와 주민등록이라는 우선변제의 요건은 그 우선변제권 취득시에만 구비하면 족한 것이 아니고, 민사집행법상 배당요구의 종기까지 계속 존속하고 있어야 한다(대판 2007.6.14. 2007다17475).

5 우선변제권이 인정되지 않는 경우

(1) 주택임대차로서의 우선변제권을 취득한 것처럼 외관을 만들었을 뿐 실제 주택을 주거용으로 사용·수익할 목적을 갖지 아니한 계약에는 주택임대차보호법이 정하고 있는 우선변제권을 부여할 수 없다(대판 2003.7.22. 2003다21445).

(2) 대지에 관한 저당권 설정 후 지상에 건물이 신축된 경우, 건물의 소액임차인은 그 저당권 실행에 따른 환가대금에 대하여 우선변제를 받을 수 없다(대판 1999.7.23. 99다25532).

단락핵심 확정일자

(1) 확정일자부여 신청시에는 임대차계약서만 제시하면 된다.
(2) 확정일자를 부여받았다 하더라도 임차인에게 경매신청권 또는 전전세권이 주어지는 것은 아니다.
(3) 확정일자부여로 우선변제의 효력이 발생하는 시점은 확정일자를 받은 날부터이다.
(4) 확정일자를 부여하는 곳은 전입하는 곳의 읍·면사무소, 주민센터 및 법원, 공증사무소에서 받을 수 있다.

Wide 확정일자 부여 및 임대차 정보제공에 관한 규칙(주요사항)

① 확정일자 부여 시 확인사항
확정일자부여기관은 계약증서에 확정일자를 부여하기 전에 다음의 사항을 확인하여야 한다.
  ㉠ 임대인·임차인의 인적사항, 임대차목적물, 임대차기간, 차임보증금 등이 적혀 있는 완성된 문서일 것
  ㉡ 계약당사자의 서명 또는 기명날인이 있을 것
  ㉢ 글자가 연결되어야 할 부분에 빈 공간이 있는 경우에는 계약당사자가 빈 공간에 직선 또는 사선을 그어 그 부분에 다른 글자가 없음이 표시되어 있을 것
  ㉣ 정정한 부분이 있는 경우에는 그 난외 밖이나 끝부분 여백에 정정한 글자 수가 기재되어 있고, 그 부분에 계약당사자의 서명이나 날인이 되어있을 것
  ㉤ 확정일자가 부여되어 있지 아니할 것. 다만, 이미 확정일자를 부여받은 계약증서에 새로운 내용을 추가 기재하여 재계약을 한 경우에는 그러하지 아니하다.

② 확정일자 부여의 방법
확정일자는 계약증서의 여백(여백이 없는 경우에는 그 뒷면을 말한다)에 확정일자인을 찍고, 인영 안에 날짜와 확정일자부의 확정일자번호를 아라비아숫자로 적는 방법으로 부여한다.

③ 확정일자부의 작성 등
  ㉠ 확정일자부의 확정일자번호는 신청순으로 부여하여야 한다.
  ㉡ 확정일자부는 1년을 단위로 매년 만들고, 사용기간이 지난 확정일자부는 마지막으로 적힌 확정일자번호의 다음 줄에 폐쇄의 뜻을 표시한 후 폐쇄하여야 한다.
  ㉢ 폐쇄한 확정일자부는 20년간 보존하여야 한다.
  ㉣ 확정일자부를 작성하는 경우 확정일자부의 전국적인 통일을 위하여 표준서식으로 사용할 수 있다.

단락문제 Q05 제23회 기출

개업공인중개사가 주택임대차 계약을 중개하면서 설명한 내용으로 틀린 것은?

① 당사자의 합의로 임대차 계약기간을 1년으로 정한 경우에 임차인은 그 기간이 유효함을 주장할 수 있다.
② 주택의 미등기 전세계약에 관하여는 「주택임대차보호법」을 준용한다.
③ 「주택임대차보호법」에 따라 임대차 계약이 묵시적으로 갱신된 경우 임차인은 언제든지 임대인에게 계약해지를 통지할 수 있다.
④ 「주택임대차보호법」에 위반된 약정으로서 임차인에게 불리한 것은 그 효력이 없다.
⑤ 임차인이 대항력을 취득하려면 주민등록 전입신고 이외에 임대차계약증서에 확정일자도 받아야 한다.

해설 주택임대차보호법
임차인이 대항력을 취득하려면 인도와 주민등록 전입신고를 하면 다음날 0시부터 대항력이 발생된다. 확정일자는 대항력 발생요건이 아니다(주택임대차보호법 제3조 제1항 참조). **정답** ⑤

04 보증금반환채권의 양수와 우선변제권

(1) 금융기관 등이 확정일자와 임차권 등기에 따른 우선변제권을 취득한 임차인의 보증금반환채권을 계약으로 양수한 경우에는 양수한 금액의 범위에서 우선변제권을 승계한다(법 제3조의2 제7항).
   1) 「은행법」에 따른 은행
   2) 「중소기업은행법」에 따른 중소기업은행
   3) 「한국산업은행법」에 따른 한국산업은행
   4) 「농업협동조합법」에 따른 농협은행
   5) 「수산업협동조합법」에 따른 수협은행
   6) 「우체국예금·보험에 관한 법률」에 따른 체신관서
   7) 「한국주택금융공사법」에 따른 한국주택금융공사
   8) 「보험업법」 제4조 제1항 제2호 라목의 보증보험을 보험종목으로 허가받은 보험회사
   9) 「주택도시기금법」에 따른 주택도시보증공사
   10) 그 밖에 위 1)부터 9)까지에 준하는 것으로서 대통령령으로 정하는 기관

(2) 위 **(1)**에 따라 우선변제권을 승계한 금융기관 등(이하 '금융기관등'이라 한다)은 다음의 어느 하나에 해당하는 경우에는 우선변제권을 행사할 수 없다(법 제3조의2 제8항).
 1) 임차인이 제3조 제1항·제2항 또는 제3항의 대항요건을 상실한 경우
 2) 제3조의3 제5항에 따른 임차권등기가 말소된 경우
 3) 「민법」 제621조에 따른 임대차등기가 말소된 경우

(3) 금융기관등은 우선변제권을 행사하기 위하여 임차인을 대리하거나 대위하여 임대차를 해지할 수 없다(법 제3조의2 제9항).

05 소액보증금의 보호 15회 출제

1 보증금 중 일정액의 보호(최우선변제권) ─▶ 확정일자 없어도 됨

임차인은 보증금 중 일정액을 다른 담보물권자보다 우선하여 변제받을 권리가 있다. 이 경우 임차인은 주택에 대한 경매신청의 등기 전에 제3조 제1항의 요건(주택의 인도 및 주민등록전입)을 갖추어야 한다(법 제8조 제1항).

Professor Comment
이런 의미에서 이와 같은 변제권을 "최우선변제권"이라고 부르기도 한다.

2 소액보증금 보호의 금액범위

(1) 최우선변제를 받을 임차인 및 보증금 중 일정액의 범위와 기준은 주택임대차위원회의 심의를 거쳐 대통령령으로 정한다. 다만 보증금 중 일정액의 범위와 기준은 주택가액(대지의 가액을 포함)의 2분의 1을 넘지 못한다(법 제8조 제3항).

(2) 대통령령에서는 보증금 중 일정액의 범위를 서울특별시에서는 1억6천5백만원 이하의 보증금에 5천5백만원, 「수도권정비계획법」에 따른 과밀억제권역(서울특별시는 제외), 세종특별자치시, 용인시, 화성시, 김포시에서는 1억 4천5백만원 이하의 보증금에 4천8백만원, 광역시(과밀억제권역에 포함된 지역과 군지역 제외) 및 안산시·광주시·파주시·이천시·평택시에서는 8천5백만원 이하의 보증금에 2천 8백만원, 그 밖의 지역에서는 7천5백만원 이하의 보증금에 2천5백만원으로 한다(영 제10조).

현재 최우선변제 금액(2023. 2. 21 현재)

2023.2.21 ~ 현재	서울특별시	1억6천5백만원 이하	5,500만원
	수도권중 과밀억제권역, 세종특별자치시, 용인시, 화성시, 김포시	1억4천5백만원 이하	4,800만원
	광역시(군지역, 과밀억제권역 제외), 안산시, 광주시, 파주시, 이천시, 평택시	8,500만원 이하	2,800만원
	기타 지역	7,500만원 이하	2,500만원

(3) 임차인의 소액보증금액이 주택가액의 1/2을 초과하는 경우

임차인의 보증금 중 일정액이 주택의 가액의 2분의 1을 초과하는 경우에는 주택의 가액의 2분의 1에 해당하는 금액까지만 우선변제권이 있다(영 제10조 제2항).

> **Wide** 「수도권정비계획법」에 의한 수도권 중 과밀억제권역의 범위(시행령 별표1)
>
> ① 서울특별시
> ② 인천광역시[강화군, 옹진군, 서구 대곡동·불노동·마전동·금곡동·오류동·왕길동·당하동·원당동, 인천경제자유구역(경제자유구역에서 해제된 지역을 포함) 및 남동 국가산업단지는 제외]
> ③ 남양주시(호평동·평내동·금곡동·일패동·이패동·삼패동·가운동·수석동·지금동 및 도농동에 한함)
> ④ 시흥시[반월특수지역(반월특수지역에서 해제된 지역을 포함)을 제외]
> ⑤ 의정부시 ⑥ 구리시 ⑦ 하남시 ⑧ 고양시
> ⑨ 수원시 ⑩ 성남시 ⑪ 안양시 ⑫ 부천시
> ⑬ 광명시 ⑭ 과천시 ⑮ 의왕시 ⑯ 군포시

(4) 하나의 주택에 임차인이 2명 이상이고, 그 각 보증금 중 일정액의 합산액이 주택가액의 2분의 1을 초과하는 경우

그 각 보증금 중 일정액의 합산액에 대한 각 임차인의 보증금 중 일정액의 비율로 그 주택가액의 2분의 1에 해당하는 금액을 분할한 금액을 각 임차인의 보증금 중 일정액으로 본다(영 제10조 제3항).

(5) 하나의 주택에 임차인이 2명 이상이고 이들이 그 주택에서 가정공동생활을 하는 경우

이들을 1명의 임차인으로 보아 이들의 각 보증금을 합산한다(영 제10조 제4항).

3 경과규정

(1) 소액보증금의 보호는 1984년 제정 이후 총 9회에 걸쳐 보호대상 보증금액과 보호금액이 변경되었다.

(2) 해당 규정의 제정 및 변경 시에는 시행령 부칙으로 변경된 규칙의 시행 전에 임차주택에 대하여 담보물권을 취득한 자에 대하여는 종전의 규정에 의하도록 규정하고 있다.

단락핵심 최우선변제

(1) 소액보증금의 우선변제권의 범위는 지역별로 차이가 있다.
(2) 수도권정비계획법에 의한 과밀억제권역에서는 보증금이 1억 4천5백만원 이하인 경우에는 4,800만원까지 다른 권리자보다 우선하여 변제받을 수 있다.

06 임차권등기명령

31·35회 출제

1 임차권등기명령 신청권자

(1) 임대차가 종료된 후 보증금을 반환받지 못한 임차인은 임차주택의 소재지를 관할하는 지방법원·지방법원지원 또는 시·군법원에 임차권등기명령을 신청할 수 있다(법 제3조의3 제1항).

(2) 보증금반환채권을 양수받은 금융기관등은 임차인을 대위하여 임차권등기명령을 신청할 수 있다(법 제3조의3 제9항).

임차권등기명령

① 임차권등기명령에 의해 임차권등기가 경료되면 등기의 효력을 갖게 된다.
② 임차권등기가 이뤄진 임차인은 대항력과 우선변제권을 취득하므로 이사를 가더라도 그대로(대항력과 우선변제권이) 유지된다.
③ 임차권등기 이전에 취득한 대항력과 우선변제권 역시 임차권등기 후 그대로 유지된다.

2 임차권등기명령의 집행에 의한 임차권등기의 효력

(1) 대항력 및 우선변제권의 취득유지

1) 임차권등기명령의 집행에 의한 임차권등기가 경료되면 임차인은 제3조 제1항·제2항 또는 제3항의 규정에 의한 대항력 및 제3조의2 제2항의 규정에 의한 우선변제권을 취득한다.
2) 다만, 임차인이 임차권등기 이전에 이미 대항력 또는 우선변제권을 취득한 경우에는 그 대항력 또는 우선변제권은 그대로 유지되며, 임차권등기 이후에는 제3조 제1항·제2항 또는 제3항의 대항요건을 상실하더라도 이미 취득한 대항력 또는 우선변제권을 상실하지 아니한다(법 제3조의3 제5항).

(2) 임차권등기명령에 의한 임차권등기를 마친 주택임차인의 보호배제

임차권등기명령의 집행에 의한 임차권등기를 마친 주택(임대차의 목적이 주택의 일부분인 경우에는 해당 부분에 한함)을 그 이후에 임차한 임차인은 제8조의 규정에 의한 우선변제를 받을 권리가 없다(법 제3조의3 제6항).

Professor Comment

개업공인중개사는 부동산거래사고를 방지하기 위해서 사전에 등기사항증명서를 발급받거나 열람하여 임차권명령에 의한 임차권등기나 우선변제권을 갖춘 임차인의 임대차등기 여부를 반드시 확인해야 하며, 중개대상물 확인설명서에 이러한 사항을 반드시 기입해야 할 것이다.

■ 임차권등기가 첫 경매개시결정등기 전 등기된 경우 배당 여부

임차권등기가 첫 경매개시결정등기 전에 등기된 경우, 배당받을 채권자의 범위에 관하여 규정하고 있는 민사집행법 제148조 제4호의 "저당권·전세권, 그 밖의 우선변제청구권으로서 첫 경매개시결정 등기 전에 등기되었고 매각으로 소멸하는 것을 가진 채권자"에 준하여, 그 임차인은 별도로 배당요구를 하지 않아도 당연히 배당받을 채권자에 속하는 것으로 보아야 한다(대판 2005.9.15. 2005다33039).

07 임대차기간 및 차임증감 등

1 최소기간

기간의 정함이 없거나 기간을 2년 미만으로 정한 임대차는 그 기간을 2년으로 본다. 다만, 임차인은 2년 미만으로 정한 기간이 유효함을 주장할 수 있다(법 제4조 제1항).

2 임차권의 존속

임대차가 종료한 경우에도 임차인이 보증금을 반환받을 때까지는 임대차관계는 존속하는 것으로 본다(법 제4조 제2항).

3 차임 등의 증감청구권

(1) 당사자는 약정한 차임이나 보증금이 임차주택에 관한 조세, 공과금, 그 밖의 부담의 증감이나 경제사정의 변동으로 인하여 적절하지 아니하게 된 때에는 장래에 대하여 그 증감을 청구할 수 있다. 이 경우 증액청구는 임대차 계약 또는 약정한 차임이나 보증금의 증액이 있은 후 1년 이내에는 하지 못한다(법 제7조 제1항).

(2) 증액청구는 약정한 차임이나 보증금의 20분의 1의 금액을 초과하지 못한다. 다만, 특별시·광역시·특별자치시·도 및 특별자치도는 관할 구역 내의 지역별 임대차 시장 여건 등을 고려하여 본문의 범위에서 증액청구의 상한을 조례로 달리 정할 수 있다(법 제7조 제2항).

4 월차임 전환시 산정률의 제한

보증금의 전부 또는 일부를 월 단위 차임으로 전환하는 경우에는 그 전환되는 금액에 다음 중 낮은 비율을 곱한 월차임의 범위를 초과할 수 없다(법 제7조의2).

(1) 「은행법」에 따른 은행에서 적용하는 대출금리와 해당 지역의 경제 여건 등을 고려하여 대통령령으로 정하는 비율 : 연 1할(영 제9조 제1항)

(2) 한국은행에서 공시한 기준금리에 대통령령으로 정하는 이율을 더한 비율 : 2%(영 제9조 제2항)

5 초과차임 등의 반환청구

임차인이 증액비율을 초과하여 차임 또는 보증금을 지급하거나 월차임 산정률을 초과하여 차임을 지급한 경우에는 초과 지급된 차임 또는 보증금 상당금액의 반환을 청구할 수 있다(법 제10조의2).

제3편 중개실무

단락문제 Q06 제32회 기출

개업공인중개사 甲의 중개로 乙과 丙은 丙 소유의 주택에 관하여 임대차계약(이하 '계약'이라 함)을 체결하려 한다. 「주택임대차보호법」의 적용에 관한 甲의 설명으로 <u>틀린</u> 것은? (임차인 乙은 자연인임)

① 乙과 丙이 임대차기간을 2년 미만으로 정한다면 乙은 그 임대차기간이 유효함을 주장할 수 없다.
② 계약이 묵시적으로 갱신되면 임대차의 존속기간은 2년으로 본다.
③ 계약이 묵시적으로 갱신되면 乙은 언제든지 丙에게 계약해지를 통지할 수 있고, 丙이 그 통지를 받은 날부터 3개월이 지나면 해지의 효력이 발생한다.
④ 乙이 丙에게 계약갱신요구권을 행사하여 계약이 갱신되면, 갱신되는 임대차의 존속기간은 2년으로 본다.
⑤ 乙이 丙에게 계약갱신요구권을 행사하여 계약이 갱신된 경우 乙은 언제든지 丙에게 계약해지를 통지할 수 있다.

해설 주택임대차보호법
① 乙(임차인)과 丙(임대인)이 임대차기간을 2년 미만으로 정한다면 乙(임차인)은 그 임대차기간이 유효함을 주장할 수 있다.

정답 ①

08 계약의 갱신 24·35회 출제

1 계약갱신 요구 등

(1) 임대인은 임차인이 계약만료 6개월 전부터 2개월 전까지 계약갱신을 요구할 경우 정당한 사유 없이 거절하지 못한다. 다만, 다음의 어느 하나에 해당하는 경우에는 그러하지 아니하다(법 제6조의3 제1항).
  1) 임차인이 2기의 차임액에 해당하는 금액에 이르도록 차임을 연체한 사실이 있는 경우
  2) 임차인이 거짓이나 그 밖의 부정한 방법으로 임차한 경우
  3) 서로 합의하여 임대인이 임차인에게 상당한 보상을 제공한 경우
  4) 임차인이 임대인의 동의 없이 목적 주택의 전부 또는 일부를 전대(轉貸)한 경우
  5) 임차인이 임차한 주택의 전부 또는 일부를 고의나 중대한 과실로 파손한 경우

6) 임차한 주택의 전부 또는 일부가 멸실되어 임대차의 목적을 달성하지 못할 경우
7) 임대인이 다음의 어느 하나에 해당하는 사유로 목적 주택의 전부 또는 대부분을 철거하거나 재건축하기 위하여 목적 주택의 점유를 회복할 필요가 있는 경우
   ① 임대차계약 체결 당시 공사시기 및 소요기간 등을 포함한 철거 또는 재건축 계획을 임차인에게 구체적으로 고지하고 그 계획에 따르는 경우
   ② 건물이 노후·훼손 또는 일부 멸실되는 등 안전사고의 우려가 있는 경우
   ③ 다른 법령에 따라 철거 또는 재건축이 이루어지는 경우
8) 임대인(임대인의 직계존속·직계비속을 포함)이 목적 주택에 실제 거주하려는 경우
9) 그 밖에 임차인이 임차인으로서의 의무를 현저히 위반하거나 임대차를 계속하기 어려운 중대한 사유가 있는 경우

(2) 임차인은 계약갱신요구권을 1회에 한하여 행사할 수 있다. 이 경우 갱신되는 임대차의 존속기간은 2년으로 본다(법 제6조의3 제2항).

(3) 갱신되는 임대차는 전 임대차와 동일한 조건으로 다시 계약된 것으로 본다. 다만, 차임과 보증금은 이 법이 규정하는 범위내에서 증감할 수 있다(법 제6조의3 제3항).

(4) 임차인은 갱신된 기간내에 언제든지 임대인에게 계약해지(契約解止)를 통지할 수 있다. 해지는 임대인이 그 통지를 받은 날부터 3개월이 지나면 그 효력이 발생한다(법 제6조의3 제4항).

(5) 임대인이 목적 주택에 실제 거주하려는 사유로 갱신을 거절하였음에도 불구하고 갱신요구가 거절되지 아니하였더라면 갱신되었을 기간이 만료되기 전에 정당한 사유 없이 제3자에게 목적 주택을 임대한 경우 임대인은 갱신거절로 인하여 임차인이 입은 손해를 배상하여야 한다(법 제6조의3 제5항).

(6) 손해배상액은 거절 당시 당사자 간에 손해배상액의 예정에 관한 합의가 이루어지지 않는 한 다음의 금액 중 큰 금액으로 한다(법 제6조의3 제6항).
1) 갱신거절 당시 월차임(차임 외에 보증금이 있는 경우에는 그 보증금을 연 10% 또는 기준금리에 2%를 더한 비율 중 낮은 비율에 따라 월 단위의 차임으로 전환한 금액을 포함한다. 이하 "환산월차임"이라 한다)의 3개월분에 해당하는 금액
2) 임대인이 제3자에게 임대하여 얻은 환산월차임과 갱신거절 당시 환산월차임 간 차액의 2년분에 해당하는 금액
3) 임대인이 실제 거주할 목적인 갱신거절로 인해 임차인이 입은 손해액

2 묵시의 갱신(법정갱신)

(1) 의 의
1) 임대인이 임대차기간이 끝나기 6개월 전부터 2개월 전까지의 기간에 임차인에 대하여 갱신거절의 통지 또는 조건을 변경하지 아니하면 갱신하지 아니한다는 뜻의 통지를 하지 아니한 경우에는 그 기간이 끝난 때에 전임대차와 동일한 조건으로 다시 임대차한 것으로 본다.
2) 임차인이 임대차기간이 끝나기 2개월 전까지 통지하지 아니한 때에도 또한 같다(법 제6조 제1항). 이 경우 임대차의 존속기간은 2년으로 본다(법 제6조 제2항).

(2) 적용제한
2기의 차임액에 달하도록 차임을 연체하거나 기타 임차인으로서의 의무를 현저히 위반한 임차인에 대하여는 제1항의 규정을 적용하지 아니한다(법 제6조 제3항).

3 묵시의 갱신이 된 경우의 계약해지

(1) 해지통고의 효력발생시기
묵시의 갱신이 된 경우 임차인은 언제든지 임대인에 대하여 계약해지의 통지를 할 수 있다(법 제6조의2 제1항). 이때의 해지는 임대인이 그 통지를 받은 날부터 3개월이 지나면 그 효력이 발생한다.

(2) 존속기간
반면에 묵시의 갱신의 경우 임대차의 존속기간은 2년으로 정하고 있으므로(법 제6조 제2항), 묵시적 갱신이 이루어진 경우 임차인은 임대차 계약기간이 2년간 유효한 것으로 **주장할 수 있다**.
→ 임대인은 주장할 수 없음

단락핵심 주택임대차

(1) 임차권등기가 첫 경매개시결정등기 전에 등기된 경우, 임차인이 별도의 배당요구를 하지 않아도 배당받을 채권자에 속한다.
(2) 일시사용을 위한 임대차임이 명백한 경우에는 「주택임대차보호법」이 적용되지 않는다.
(3) 「주택임대차보호법」에 따라 임대차계약이 묵시적으로 갱신된 경우 임차인은 임대차계약의 존속기간이 2년이라고 주장할 수 있다.
(4) 다가구용 단독주택을 임차하여 대항력을 취득한 후에 그 주택이 다세대주택으로 변경된 사정만으로는 임차인의 대항력을 상실하는 것은 아니다.

09 주택임대차위원회

1 위원회의 목적 및 구성(법 제8조의2 제1항)

→ 소액보증금에 의한 우선변제

(1) 제8조에 따라 우선변제를 받을 임차인 및 보증금 중 일정액의 범위와 기준을 심의하기 위하여 법무부에 주택임대차위원회(이하 "위원회"라 한다)를 둔다(법 제8조의2 제1항).
(2) 위원회는 위원장 1명을 포함한 9명 이상 15명 이하의 위원으로 성별을 고려하여 구성한다 (법 제8조의2 제2항).
(3) 위원회의 위원장은 법무부차관이 된다(법 제8조의2 제3항).

2 위원회의 위원(법 제8조의2 제4항, 제5항, 영 제12조)

(1) 위원회의 위원은 다음의 어느 하나에 해당하는 사람 중에서 위원장이 임명하거나 위촉하되, 다음 1)부터 5)까지에 해당하는 위원을 각 1명 이상을 임명하거나 위촉하여야 하고, 위원 중 2분의 1이상은 1)·2) 또는 6)에 해당하는 사람을 위촉하여야 한다.

1) 법학·경제학 또는 부동산학 등을 전공하고 주택임대차 관련 전문지식을 갖춘 사람으로서 공인된 연구기관에서 조교수 이상 또는 이에 상당하는 직에 5년 이상 재직한 사람
2) 변호사·감정평가사·공인회계사·세무사 또는 공인중개사로서 5년 이상 해당 분야에서 종사하고 주택임대차 관련 업무경험이 풍부한 사람
3) 기획재정부에서 물가 관련 업무를 담당하는 고위공무원단에 속하는 공무원
4) 법무부에서 주택임대차 관련 업무를 담당하는 고위공무원단에 속하는 공무원(이에 상당하는 특정직 공무원을 포함한다)
5) 국토교통부에서 주택사업 또는 주거복지 관련 업무를 담당하는 고위공무원단에 속하는 공무원
6) 그 밖에 주택임대차 관련 학식과 경험이 풍부한 사람으로서 다음에 해당하는 사람
   ① 특별시·광역시·특별자치시·도 및 특별자치도(이하 "시·도"라 한다)에서 주택정책 또는 부동산 관련 업무를 담당하는 주무부서의 실·국장
   ② 법무사로서 5년 이상 해당 분야에서 종사하고 주택임대차 관련 업무 경험이 풍부한 사람

(2) 그 밖에 위원회의 구성 및 운영 등에 필요한 사항은 대통령령으로 정한다.

3 위원의 임기 등(영 제13조)

(1) 법 제8조의2에 따른 주택임대차위원회(이하 "위원회"라 한다)의 위원의 임기는 2년으로 하되, 한 차례만 연임할 수 있다. 다만, 공무원인 위원의 임기는 그 직위에 재직하는 기간으로 한다.
(2) 위원장은 위촉된 위원이 부득이한 사유로 직무를 수행할 수 없게 되거나, 직무를 현저히 게을리 하는 등 위원으로 적합하지 않다고 인정된 경우에는 해촉(解囑)할 수 있다.

4 위원장의 직무(영 제14조)

(1) 위원장은 위원회를 대표하고, 위원회의 업무를 총괄한다.
(2) 위원장이 부득이한 사유로 인하여 직무를 수행할 수 없을 때에는 위원장이 미리 지명한 위원이 그 직무를 대행한다.

5 간사(영 제15조)

(1) 위원회에 간사 1명을 두되, 간사는 주택임대차 관련 업무에 종사하는 법무부 소속의 고위공무원단에 속하는 일반직 공무원(이에 상당하는 특정직·별정직 공무원을 포함) 중에서 위원회의 위원장이 지명한다.
(2) 간사는 위원회의 운영을 지원하고, 위원회의 회의에 관한 기록과 그 밖에 서류의 작성과 보관에 관한 사무를 처리한다.
(3) 간사는 위원회에 참석하여 심의사항을 설명하거나 그 밖에 필요한 발언을 할 수 있다.

6 위원회의 회의(영 제16조)

(1) 위원회의 회의는 매년 1회 개최되는 정기회의와 위원장이 필요하다고 인정하거나 위원 3분의 1 이상이 요구할 경우에 개최되는 임시회의로 구분하여 운영한다.
(2) 위원장은 위원회의 회의를 소집하고, 그 의장이 된다.
(3) 위원회의 회의는 재적위원 과반수의 출석으로 개의하고, 출석위원 과반수의 찬성으로 의결한다.
(4) 위원회의 회의는 비공개로 한다.
(5) 위원장은 위원이 아닌 자를 회의에 참석하게 하여 의견을 듣거나 관계기관·단체 등에게 필요한 자료, 의견제출 등 협조를 요청할 수 있다.

7 실무위원회(영 제17조)

(1) 위원회에서 심의할 안건의 협의를 효율적으로 지원하기 위하여 위원회에 실무위원회를 둔다.

(2) 실무위원회는 다음 각 호의 사항을 협의·조정한다.
   1) 심의안건 및 이와 관련하여 위원회가 위임한 사항
   2) 그 밖에 위원장 및 위원이 실무협의를 요구하는 사항

(3) 실무위원회의 위원장은 위원회의 간사가 되고, 실무위원회의 위원은 다음 각 호의 사람 중에서 그 소속기관의 장이 지명하는 사람으로 한다.
   1) 기획재정부에서 물가 관련 업무를 담당하는 5급 이상의 국가공무원
   2) 법무부에서 주택임대차 관련 업무를 담당하는 5급 이상의 국가공무원
   3) 국토교통부에서 주택사업 또는 주거복지 관련 업무를 담당하는 5급 이상의 국가공무원
   4) 시·도에서 주택정책 또는 부동산 관련 업무를 담당하는 5급 이상의 지방공무원

8 전문위원(영 제18조)

(1) 위원회의 심의사항에 관한 전문적인 조사·연구업무를 수행하기 위하여 5명 이내의 전문위원을 둘 수 있다.

(2) 전문위원은 법학, 경제학 또는 부동산학 등에 학식과 경험을 갖춘 사람 중에서 법무부장관이 위촉하고, 임기는 2년으로 한다.

9 수당(영 제19조)

위원회 또는 실무위원회 위원에 대해서는 예산의 범위에서 수당을 지급할 수 있다. 다만, 공무원인 위원이 그 소관 업무와 직접적으로 관련되어 위원회에 출석하는 경우에는 그러하지 아니하다.

10 운영세칙(영 제20조)

영에서 규정한 사항 외에 위원회의 운영에 필요한 사항은 법무부장관이 정한다.

10 주택임대차분쟁조정위원회

1 주택임대차 분쟁조정위원회의 설치

(1) 이 법의 적용을 받는 주택임대차와 관련된 분쟁을 심의·조정하기 위하여 대통령령으로 정하는 바에 따라 대한법률구조공단의 지부, 한국토지주택공사의 지사 또는 사무소 및 한국부동산원의 지사 또는 사무소에 주택임대차분쟁조정위원회를 둔다(법 제14조 제1항).

(2) 특별시·광역시·특별자치시·도 및 특별자치도는 그 지방자치단체의 실정을 고려하여 조정위원회를 둘 수 있다(법 제14조 제1항 후단).

(3) 조정위원회는 다음의 사항을 심의·조정한다(법 제14조 제2항).
   1) 차임 또는 보증금의 증감에 관한 분쟁
   2) 임대차 기간에 관한 분쟁
   3) 보증금 또는 임차주택의 반환에 관한 분쟁
   4) 임차주택의 유지·수선 의무에 관한 분쟁
   5) 그 밖에 대통령령으로 정하는 주택임대차에 관한 분쟁

(4) 조정위원회의 사무를 처리하기 위하여 조정위원회에 사무국을 두고, 사무국의 조직 및 인력 등에 필요한 사항은 대통령령으로 정한다(법 제14조 제3항).

(5) 사무국의 조정위원회 업무담당자는 다른 직위의 업무를 겸직하여서는 아니 된다(법 제14조 제4항).

(6) 예산의 지원
   국가는 조정위원회의 설치·운영에 필요한 예산을 지원할 수 있다(법 제15조).

2 조정위원회의 구성 및 운영

(1) 조정위원회는 위원장 1명을 포함하여 5명 이상 30명 이하의 위원으로 성별을 고려하여 구성한다(법 제16조 제1항).

(2) 조정위원회의 위원은 조정위원회를 두는 기관에 따라 공단 이사장, 공사 사장, 감정원 원장 또는 조정위원회를 둔 지방자치단체의 장이 각각 임명하거나 위촉한다(법 제16조 제2항).

(3) 조정위원회의 위원은 주택임대차에 관한 학식과 경험이 풍부한 사람으로서 다음 각 호의 어느 하나에 해당하는 사람으로 한다. 이 경우 1)부터 4)까지에 해당하는 위원을 각 1명 이상 위촉하여야 하고, 위원 중 5분의 2 이상은 판사·검사 또는 변호사로 6년 이상 재직한 사람이어야 한다(법 제16조 제3항).
   1) 법학·경제학 또는 부동산학 등을 전공하고 대학이나 공인된 연구기관에서 부교수 이상 또는 이에 상당하는 직에 재직한 사람

2) 판사·검사 또는 변호사로 6년 이상 재직한 사람
3) 감정평가사·공인회계사·법무사 또는 공인중개사로서 주택임대차 관계 업무에 6년 이상 종사한 사람
4) 「사회복지사업법」에 따른 사회복지법인과 그 밖의 비영리법인에서 주택임대차분쟁에 관한 상담에 6년 이상 종사한 경력이 있는 사람
5) 해당 지방자치단체에서 주택임대차 관련 업무를 담당하는 4급 이상의 공무원
6) 그 밖에 주택임대차 관련 학식과 경험이 풍부한 사람으로서 대통령령으로 정하는 사람

(4) 조정위원회의 위원장은 판사·검사 또는 변호사로 6년 이상 재직한 사람에 해당하는 위원 중에서 위원들이 호선한다(법 제16조 제4항).
(5) 조정위원회위원장은 조정위원회를 대표하여 그 직무를 총괄한다(법 제16조 제5항).
(6) 조정위원회위원장이 부득이한 사유로 직무를 수행할 수 없는 경우에는 조정위원회위원장이 미리 지명한 조정위원이 그 직무를 대행한다(법 제16조 제6항).
(7) 조정위원의 임기는 3년으로 하되 연임할 수 있으며, 보궐위원의 임기는 전임자의 남은 임기로 한다(법 제16조 제7항).
(8) 조정위원회는 조정위원회위원장 또는 판사·검사 또는 변호사로 6년 이상 재직한 사람에 해당하는 조정위원 1명 이상을 포함한 재적위원 과반수의 출석과 출석위원 과반수의 찬성으로 의결한다(법 제16조 제8항).
(9) 그 밖에 조정위원회의 설치, 구성 및 운영 등에 필요한 사항은 대통령령으로 정한다(법 제16조 제9항).

3 조정부의 구성 운영

(1) 조정위원회는 분쟁의 효율적 해결을 위하여 3명의 조정위원으로 구성된 조정부를 둘 수 있다(법 제17조 제1항).
(2) 조정부에는 판사·검사 또는 변호사로 6년 이상 재직한 사람에 해당하는 사람이 1명 이상 포함되어야 하며, 그 중에서 조정위원회위원장이 조정부의 장을 지명한다(법 제17조 제2항).
(3) 조정부는 다음의 사항을 심의·조정한다(법 제17조 제3항).
   1) 주택임대차분쟁 중 대통령령으로 정하는 금액 이하의 분쟁
   2) 조정위원회가 사건을 특정하여 조정부에 심의·조정을 위임한 분쟁
(4) 조정부는 조정부의 장을 포함한 재적위원 과반수의 출석과 출석위원 과반수의 찬성으로 의결한다(법 제17조 제4항).
(5) 조정부가 내린 결정은 조정위원회가 결정한 것으로 본다(법 제17조 제5항).
(6) 그 밖에 조정부의 설치, 구성 및 운영 등에 필요한 사항은 대통령령으로 정한다(법 제17조 제6항).

4 조정위원의 결격사유 및 신분보장

(1) 결격사유
「국가공무원법」 제33조 각 호의 어느 하나에 해당하는 사람은 조정위원이 될 수 없다(법 제18조).

(2) 조정위원의 신분보장
1) 조정위원은 자신의 직무를 독립적으로 수행하고 주택임대차분쟁의 심리 및 판단에 관하여 어떠한 지시에도 구속되지 아니한다(법 제19조 제1항).
2) 조정위원은 결격사유에 해당되는 경우와 신체상 또는 정신상의 장애로 직무를 수행할 수 없게 된 경우를 제외하고는 그 의사에 반하여 해임 또는 해촉되지 아니한다(법 제19조 제2항).

5 조정위원의 제척 등

(1) 조정위원이 다음의 어느 하나에 해당하는 경우 그 직무의 집행에서 제척된다(법 제20조 제1항).
  1) 조정위원 또는 그 배우자나 배우자이었던 사람이 해당 분쟁사건의 당사자가 되는 경우
  2) 조정위원이 해당 분쟁사건의 당사자와 친족관계에 있거나 있었던 경우
  3) 조정위원이 해당 분쟁사건에 관하여 진술, 감정 또는 법률자문을 한 경우
  4) 조정위원이 해당 분쟁사건에 관하여 당사자의 대리인으로서 관여하거나 관여하였던 경우

(2) 사건을 담당한 조정위원에게 제척의 원인이 있는 경우에는 조정위원회는 직권 또는 당사자의 신청에 따라 제척의 결정을 한다(법 제20조 제2항).

(3) 당사자는 사건을 담당한 조정위원에게 공정한 직무집행을 기대하기 어려운 사정이 있는 경우 조정위원회에 기피신청을 할 수 있다(법 제20조 제3항).

(4) 기피신청에 관한 결정은 조정위원회가 하고, 해당 조정위원 및 당사자 쌍방은 그 결정에 불복하지 못한다(법 제20조 제4항).

(5) 기피신청이 있는 때에는 조정위원회는 그 신청에 대한 결정이 있을 때까지 조정절차를 정지하여야 한다(법 제20조 제5항).

(6) 조정위원은 제척 또는 기피신청에 해당하는 경우 조정위원회의 허가를 받지 아니하고 해당 분쟁사건의 직무집행에서 회피할 수 있다(법 제20조 제6항).

6 조정의 신청

(1) 주택임대차분쟁의 당사자는 해당 주택이 소재하는 지역을 관할하는 조정위원회에 분쟁의 조정을 신청할 수 있다(법 제21조 제1항).
(2) 조정위원회는 신청인이 조정을 신청할 때 조정 절차 및 조정의 효력 등 분쟁조정에 관하여 대통령령으로 정하는 사항을 안내하여야 한다(법 제21조 제2항).
(3) 조정위원회의 위원장은 다음의 어느 하나에 해당하는 경우 신청을 각하한다. 이 경우 그 사유를 신청인에게 통지하여야 한다(법 제21조 제3항).

   1) 이미 해당 분쟁조정사항에 대하여 법원에 소가 제기되거나 조정 신청이 있은 후 소가 제기된 경우
   2) 이미 해당 분쟁조정사항에 대하여 「민사조정법」에 따른 조정이 신청된 경우나 조정신청이 있은 후 같은 법에 따른 조정이 신청된 경우
   3) 이미 해당 분쟁조정사항에 대하여 이 법에 따른 조정위원회에 조정이 신청된 경우나 조정신청이 있은 후 조정이 성립된 경우
   4) 조정신청 자체로 주택임대차에 관한 분쟁이 아님이 명백한 경우
   5) 피신청인이 조정절차에 응하지 아니한다는 의사를 통지하거나 조정신청서를 송달받은 날부터 7일 이내에 아무런 의사를 통지하지 아니한 경우
   6) 신청인이 정당한 사유 없이 조사에 응하지 아니하거나 2회 이상 출석요구에 응하지 아니한 경우

7 조정절차 및 조정

(1) 조정절차
   1) 조정위원회의 위원장은 신청인으로부터 조정신청을 접수한 때에는 지체 없이 조정절차를 개시하여야 한다(법 제22조 제1항).
   2) 조정위원회의 위원장은 조정신청을 접수하면 피신청인에게 조정신청서를 송달하여야 한다. 이 경우 조정절차를 안내하여야 한다(법 제22조 제2항).
   3) 조정서류의 송달 등 조정절차에 관하여 필요한 사항은 대통령령으로 정한다(법 제22조 제3항).

(2) 처리기간
   1) 조정위원회는 분쟁의 조정신청을 받은 날부터 60일 이내에 그 분쟁조정을 마쳐야 한다. 다만, 부득이한 사정이 있는 경우에는 조정위원회의 의결을 거쳐 30일의 범위에서 그 기간을 연장할 수 있다(법 제23조 제1항).
   2) 조정위원회는 기간을 연장한 경우에는 기간 연장의 사유와 그 밖에 기간 연장에 관한 사항을 당사자에게 통보하여야 한다(법 제23조 제2항).

(3) 조사 등

1) 조정위원회는 조정을 위하여 필요하다고 인정하는 경우 신청인, 피신청인, 분쟁 관련 이해관계인 또는 참고인에게 출석하여 진술하게 하거나 조정에 필요한 자료나 물건 등을 제출하도록 요구할 수 있다(법 제24조 제1항).
2) 조정위원회는 조정을 위하여 필요하다고 인정하는 경우 조정위원 또는 사무국의 직원으로 하여금 조정 대상물 및 관련 자료에 대하여 조사하게 하거나 자료를 수집하게 할 수 있다. 이 경우 조정위원이나 사무국의 직원은 그 권한을 표시하는 증표를 지니고 이를 관계인에게 내보여야 한다(법 제24조 제2항).
3) 조정위원회위원장은 시·도지사에게 해당 조정업무에 참고하기 위하여 인근지역의 확정일자 자료, 보증금의 월차임 전환율 등 적정 수준의 임대료 산정을 위한 자료를 요청할 수 있다. 이 경우 시·도지사는 정당한 사유가 없으면 조정위원회위원장의 요청에 따라야 한다(법 제24조 제3항).

(4) 조정을 하지 아니하는 결정

1) 조정위원회는 해당 분쟁이 그 성질상 조정을 하기에 적당하지 아니하다고 인정하거나 당사자가 부당한 목적으로 조정을 신청한 것으로 인정할 때에는 조정을 하지 아니할 수 있다(법 제25조 제1항).
2) 조정위원회는 조정을 하지 아니하기로 결정하였을 때에는 그 사실을 당사자에게 통지하여야 한다(법 제25조 제2항).

(5) 조정의 성립

1) 조정위원회가 조정안을 작성한 경우에는 그 조정안을 지체없이 각 당사자에게 통지하여야 한다(법 제26조 제1항).
2) 조정안을 통지받은 당사자가 통지받은 날부터 14일 이내에 수락의 의사를 서면으로 표시하지 아니한 경우에는 조정을 거부한 것으로 본다(법 제26조 제2항).
3) 각 당사자가 조정안을 수락한 경우에는 조정안과 동일한 내용의 합의가 성립된 것으로 본다(법 제26조 제3항).
4) 합의가 성립한 경우 조정위원회위원장은 조정안의 내용을 조정서로 작성한다. 조정위원회위원장은 각 당사자 간에 금전, 그 밖의 대체물의 지급 또는 부동산의 인도에 관하여 강제집행을 승낙하는 취지의 합의가 있는 경우에는 그 내용을 조정서에 기재하여야 한다(법 제26조 제4항).

8 그 외 사항

(1) 집행력의 부여
강제집행을 승낙하는 취지의 내용이 기재된 조정서의 정본은 집행력 있는 집행권원과 같은 효력을 가진다(법 제27조).

(2) 비밀유지의무
조정위원, 사무국의 직원 또는 그 직에 있었던 자는 다른 법률에 특별한 규정이 있는 경우를 제외하고는 직무상 알게 된 정보를 타인에게 누설하거나 직무상 목적 외에 사용하여서는 아니 된다(법 제28조).

(3) 다른 법률의 준용
조정위원회의 운영 및 조정절차에 관하여 이 법에서 규정하지 아니한 사항에 대하여는 「민사조정법」을 준용한다(법 제29조).

(4) 벌칙 적용에서 공무원 의제
공무원이 아닌 주택임대차위원회의 위원 및 주택임대차분쟁조정위원회의 위원은 「형법」 제127조, 제129조부터 제132조까지의 규정을 적용할 때에는 공무원으로 본다(법 제31조).

(5) 주택임대차표준계약서 사용
주택임대차계약을 서면으로 체결할 때에는 법무부장관이 국토교통부장관과 협의하여 정하는 주택임대차표준계약서를 우선적으로 사용한다. 다만, 당사자가 다른 서식을 사용하기로 합의한 경우에는 그러하지 아니하다(법 제30조).

제3편 중개실무

제4절 상가건물임대차보호법 ★★★ 18·21·22·25·28·29·30·31·35회 출제

「상가건물 임대차보호법」은 2001년 12월 7일에 제225회 국회 제21차 본회의에서 의결되었고, 2001년 12월 29일 법률 제6542호 공포된 법률로서, 2002년 11월 1일부터 시행되었다. 또한 동법 시행령은 2002년 10월 14일 공포되어 11월 1일부터 시행되었다.

▼ 상가건물 임대차보호법과 주택임대차보호법 비교표

구 분	주택임대차보호법	상가건물 임대차보호법
1) 연 혁	1981.3. 제정, 1981.3.5 시행	2001.12. 제정, 2002.11.1 시행
2) 목 적	국민 주거생활 안정	국민 경제생활 안정
3) 적용대상	모든 주택임대차(법인 제외)	영세 상가건물 임대차 • 보증금이 시행령에서 정하는 금액 이하인 경우
4) 최단임대기간	2년(임차인 요구시 2년 미만 계약가능)	1년(임차인 요구시 1년 미만 계약 가능)
5) 임차인 계약갱신 요구권	9가지 사유에 해당하지 않으면 1회에 한하여 요구할 수 있으며 계약갱신요구 거절 불가	법 제10조 제1항에서 정한 8가지 사유에 해당하지 않으면 총 10년 임대인은 임차인의 계약갱신요구 거절 불가
6) 대항력 발생요건	주민등록전입신고 및 점유	사업자등록 및 점유
7) 우선변제권 발생요건	대항요건과 임대차계약증서상의 확정일자를 갖춘 임차인	대항요건을 갖추고 관할 세무서장으로부터 임대차계약서상의 확정일자를 받은 임차인
8) 임대료 인상제한	시행령에서 정하는 비율(5%) 이내 • 최근 증액 후 1년 내에는 불가	시행령에서 정하는 비율 5% 이내 • 최근 증액 후 1년 내에는 불가
9) 월세 전환 산정률 제한	연 10%와 한국은행이 공시한 기준금리에 2%를 더한 비율 중 낮은 비율을 초과할 수 없다.	연 12%와 한국은행이 공시한 기준금리의 4.5배 중 낮은 비율을 초과할 수 없다.

01 제정목적

「상가건물 임대차보호법」은 상가건물의 임대차에서 일반적으로 **사회적·경제적 약자인 임차인을 보호함**으로써 임차인들의 경제생활의 안정을 도모하기 위하여 민법에 대한 특례를 규정하기 위해 제정된 것이다(법 제1조).

→ 모든 상가임차인에게 적용되는 것이 아님

02 적용대상

1 대상건물

(1) 상가건물(법 제3조 제1항의 규정에 의한 사업자등록의 대상이 되는 건물을 말함)의 임대차(임대차 목적물의 주된 부분을 영업용으로 사용하는 경우를 포함함)에 대하여 적용한다(법 제2조 제1항 전단).

(2) 법 제3조 제1항에서는 "사업자등록"의 범위를 부가가치세법 제8조, 소득세법 제168조 또는 법인세법 제111조의 규정에 의한 사업자등록 모두로 규정하고 있는 것으로, 사업자등록을 한 건물은 모두 상가건물로 보아야 하는 해설도 가능하다.

2 적용대상 보증금 24회 출제

(1) 보증금액

이 법은 상가건물(사업자등록의 대상이 되는 건물을 말한다)의 임대차(임대차 목적물의 주된 부분을 영업용으로 사용하는 경우를 포함한다)에 대하여 적용한다. 다만 상가건물임대차위원회의 심의를 거쳐 대통령령으로 정하는 보증금액을 초과하는 임대차에 대하여는 그러하지 아니하다(법 제2조 제2항).

(2) 대통령령이 정하는 보증금액

이때 "대통령령이 정하는 보증금액"이라 함은 다음과 같다(영 제2조 제1항).

지 역	적용대상 보증금상한액	비 고
1) 서울특별시	9억원	
2) 「수도권정비계획법」에 따른 과밀억제권역 및 부산광역시(서울특별시 제외)	6억9천만원	상기 수도권 중 과밀억제권역의 범위 참고
3) 광역시(과밀억제권역과 군지역·부산광역시 제외), 세종특별자치시·파주시·화성시·안산시·용인시·김포시·광주시	5억4천만원	
4) 기타 지역	3억7천만원	

(3) 대통령령이 정하는 비율

법 제2조 제2항의 규정에 의하여 보증금 외에 차임이 있는 경우의 차임액은 월 단위의 차임액으로 하며(영 제2조 제2항), 법 제2조 제2항에서 "대통령령이 정하는 비율"이라 함은 1분의 100을 말한다.

예) 보증금 5천만원에 월세(차임)가 100만원인 경우 보증금은 다음과 같이 계산된다.
　　보증금 5천만원 + (월세 100만원 × 100) = 1억5천만원

(4) 초과금액의 적용

대항력(제3조), 계약갱신요구권(법 제10조 제1항 내지 제3항 본문), 계약갱신특례(법 제10조의 2), 권리금(제10조의3부터 제10조의7), 3기의 차임연체시 계약해지(제10조의8), 표준계약서(제19조)에 관한 규정은 보증금액이 초과된 임대차의 경우에도 적용된다(법 제2조 제3항).

3 기 타

(1) 미등기전세에의 준용

이 법은 목적건물을 등기하지 아니한 전세계약에 관하여 이를 준용한다. 이 경우 "전세금"은 "임대차의 보증금"으로 본다(법 제17조).

(2) 일시사용을 위한 임대차의 부적용

이 법은 일시사용을 위한 임대차임이 명백한 경우에는 이를 적용하지 아니한다(법 제16조).

(3) 강행규정

이 법의 규정에 위반된 약정으로서 임차인에게 불리한 것은 그 효력이 없다(법 제15조).

03 대항력

1 대항력 발생요건

(1) 취득요건   16회 출제

임대차는 그 등기가 없는 경우에도 임차인이 건물의 인도와 「부가가치세법」 제8조, 「소득세법」 제168조 또는 「법인세법」 제111조의 규정에 의한 사업자등록을 신청한 때에는 그 다음 날부터 제3자에 대하여 효력이 생긴다(법 제3조 제1항).

대항력

임차건물의 양수인은 임대인의 지위를 승계한 것으로 본다. 즉 임차건물의 주인이 바뀌어도 임대차는 그대로 유지된다.

(2) 사업자등록을 한 것으로 보는 규정

상기 법령에서는 다음과 같은 경우에 사업자등록을 한 것으로 본다고 규정하고 있음을 유의해야 한다.

1) 「개별소비세법」 제21조 제1항 전단에 따른 개업신고를 한 경우(부가가치세법 제8조 제9항)
2) 「교통·에너지·환경법」 제18조 제1항 전단에 따른 개업신고를 한 경우(부가가치세법 제8조 제9항)
3) 「법인세법」 제109조에 따른 설립신고를 한 경우(법인세법 제111조 제4항)

■ **대항력 관련 판례**

1 상가건물의 임차인이 임대차보증금반환채권에 대하여 상가건물 임대차보호법상 대항력 또는 우선변제권을 가지기 위한 요건

상가건물의 임차인이 임대차보증금반환채권에 대하여 상가건물 임대차보호법 제3조 제1항 소정의 대항력 또는 같은 법 제5조 제2항 소정의 우선변제권을 가지려면 임대차의 목적인 상가건물의 인도 및 부가가치세법 등에 의한 사업자등록을 구비하고, 관할세무서장으로부터 확정일자를 받아야 하며, 그 중 사업자등록은 대항력 또는 우선변제권의 취득요건일뿐만 아니라 존속요건이기도 하므로, 배당요구의 종기까지 존속하고 있어야 한다(대판 2006. 1. 13. 2005다64002).

2 상가건물을 임차하고 사업자등록을 마친 사업자가 임차 건물의 전대차 등으로 당해 사업을 개시하지 않거나 사실상 폐업한 경우, 임차인이 상가건물 임대차보호법상의 대항력 및 우선변제권을 유지하기 위한 방법

상가건물을 임차하고 사업자등록을 마친 사업자가 임차 건물의 전대차 등으로 당해 사업을 개시하지 않거나 사실상 폐업한 경우에 임차인이 상가건물 임대차보호법상의 대항력 및 우선변제권을 유지하기 위해서는 건물을 직접 점유하면서 사업을 운영하는 전차인이 그 명의로 사업자등록을 하여야 한다(대판 2006. 1. 13. 2005다64002).

3 폐업신고 후 다시 같은 상호 및 등록번호로 등록한 경우 대항력 및 우선변제권 존속여부

상가건물을 임차하고 사업자등록을 마친 사업자가 폐업신고를 하였다가 다시 같은 상호 및 등록번호로 사업자등록을 하였다고 하더라도 상가건물 임대차보호법상의 대항력 및 우선변제권이 그대로 존속한다고 할 수 없다(대판 2006. 10. 13. 2006다56299).

2 대항력의 범위

임차건물의 양수인(그 밖에 임대할 권리를 승계한 자를 포함)은 임대인의 지위를 승계한 것으로 본다(법 제3조 제2항).

Professor Comment

이때의 양수인의 범위는 그 밖에 임대할 권리를 승계한 자를 포함한다고 규정하고 있으므로 임차건물의 매수인뿐만 아니라 상속, 증여, 경매 등을 원인으로 소유권을 취득한 자도 포함되는 것으로 판단된다.

3 대항력의 행사 26회 출제

임차권은 임차건물에 대하여 「민사집행법」에 의한 경매가 행하여진 경우에는 그 임차건물의 매각(경락)에 의하여 소멸한다. 다만, 보증금이 전액 변제되지 아니한 대항력이 있는 임차권은 그러하지 아니하다(법 제8조).

말소기준권리 위에 있는 권리 ←

04 확정일자 받은 임차인에 의한 우선변제권

1 우선변제권의 보장

제3조 제1항의 대항요건을 갖추고 관할 세무서장으로부터 임대차계약서상의 확정일자를 받은 임차인은 「민사집행법」에 의한 경매 또는 「국세징수법」에 의한 공매 시 임차건물(임대인 소유의 대지를 포함)의 환가대금에서 후순위권리자 그 밖의 채권자보다 우선하여 보증금을 변제받을 권리가 있다(법 제5조 제2항).

2 우선변제권 시행요건

임차인은 임차건물을 양수인에게 인도하지 아니하면 보증금을 수령할 수 없다(법 제5조 제3항).

3 임차인의 경매에 대한 특례

임차인이 임차건물에 대하여 보증금반환청구소송의 확정판결 그 밖에 이에 준하는 집행권원에 의하여 경매를 신청하는 경우에는 「민사집행법」 제41조의 규정에도 불구하고 반대의무의 이행 또는 이행의 제공을 집행개시의 요건으로 하지 아니한다(법 제5조 제1항).

단락핵심 대항력과 우선변제권

(1) 임대차는 그 등기가 없는 경우에도 乙이 건물의 인도와 사업자등록을 신청한 때에는 그 다음날부터 제3자에 대하여 대항력이 생긴다.
(2) 乙이 소액임차인일 때 임대건물가액의 1/2범위 안에서 보증금 중 일정액을 다른 담보물권보다 우선하여 변제받을 권리가 있다.
(3) 임차인이 대항력을 계속 유지하려면 임차상가 건물을 점유하고 사업자 등록도 계속 유지하여야 한다.
(4) 대항력을 갖춘 임차인이 관할 세무서장에게 확정일자를 받은 경우에 임차상가 건물이 경매되면 그 순위에 따라 보증금은 우선적으로 변제받을 수 있다.

05 보증금반환채권 양수와 우선변제권

(1) 다음의 금융기관 등이 확정일자인에 따른 우선변제권을 취득한 임차인의 보증금반환채권을 계약으로 양수한 경우에는 양수한 금액의 범위에서 우선변제권을 승계한다(법 제5조 제7항).

1) 「은행법」에 따른 은행
2) 「중소기업은행법」에 따른 중소기업은행
3) 「한국산업은행법」에 따른 한국산업은행
4) 「농업협동조합법」에 따른 농협은행
5) 「수산업협동조합법」에 따른 수협은행
6) 「우체국예금·보험에 관한 법률」에 따른 체신관서
7) 「보험업법」 제4조 제1항 제2호 라목의 보증보험을 보험종목으로 허가받은 보험회사
8) 그 밖에 1)부터 7)까지에 준하는 것으로서 대통령령으로 정하는 기관

(2) 우선변제권을 승계한 위의 금융기관 등(이하 '금융기관 등')은 다음의 어느 하나에 해당하는 경우에는 우선변제권을 행사할 수 없다.
1) 임차인이 제3조 제1항의 대항요건을 상실한 경우
2) 제6조 제5항에 따른 임차권등기가 말소된 경우
3) 「민법」 제621조에 따른 임대차등기가 말소된 경우

(3) 금융기관등은 우선변제권을 행사하기 위하여 임차인을 대리하거나 대위하여 임대차를 해지할 수 없다.

단락문제 007 제14회 기출

「상가건물 임대차보호법」에 대한 설명으로 틀린 것은?

① 상가건물 임대차에 관하여 「민법」에 대한 특례를 규정함으로써 국민경제생활의 안정을 보장함을 목적으로 한다.
② 사업자등록이 되는 영업용 건물의 임대차에 대해서만 적용되므로 교회, 동창회, 종친회 등의 사무실은 적용대상이 아니다.
③ 대항요건을 갖추고 관할 동사무소에서 확정일자를 받은 임차인은 우선변제의 효력이 발생한다.
④ 경매개시결정등기 전에 대항력을 갖춘 임차인은 일정 보증금 중 일정액을 다른 담보물권자보다 우선하여 변제받을 권리가 있다.
⑤ 우선변제받을 임차인 및 보증금 중 일정액의 범위와 기준은 임대건물가액의 2분의 1의 범위 안에서 당해 지역의 경제여건, 보증금 및 차임 등을 고려하여 대통령령으로 정한다.

해설 **상가건물 임대차보호법의 주요내용**(우선변제의 효력 등)
법 제3조 제1항의 대항요건을 갖추고 관할 세무서장으로부터 임대차계약서상의 확정일자를 받은 임차인은 「민사집행법」에 의한 경매 또는 「국세징수법」에 의한 공매시 임차건물(임대인 소유의 대지를 포함함)의 환가대금에서 후순위권리자나 그 밖의 채권자보다 우선하여 보증금을 변제받을 권리가 있다(상가건물 임대차보호법 제5조 제2항).

정답 ③

제3편 중개실무

06 소액보증금에 의한 우선변제권

1 최우선변제권

(1) 의의
임차인은 보증금 중 일정액을 다른 담보물권자보다 우선하여 변제받을 권리가 있다. 이 경우 임차인은 건물에 대한 경매신청의 등기 전에 제3조 제1항의 요건(대항력 발생요건)을 갖추어야 한다(법 제14조 제1항).

(2) 최우선변제 받는 임대차보증금의 범위와 기준
우선변제를 받을 임차인 및 보증금 중 일정액의 범위와 기준은 임대건물가액(임대인 소유의 대지가액을 포함)의 2분의 1 범위에서 해당 지역의 경제 여건, 보증금 및 차임 등을 고려하여 상가건물임대차위원회의 심의를 거쳐 대통령령으로 정한다(법 제14조 제3항).

2 최우선변제 대상 보증금

(1) 우선변제를 받을 임차인의 범위
법 제14조의 규정에 의하여 우선변제를 받을 임차인은 보증금과 차임이 있는 경우 법 제2조 제2항의 규정에 의하여 환산한 금액의 합계가 다음의 구분에 의한 금액 이하인 임차인으로 한다(영 제6조).
1) 서울특별시 : 6,500만원
2) 「수도권정비계획법」에 따른 수도권 중 과밀억제권역(서울특별시를 제외함) : 5,500만원
3) 광역시(과밀억제권역에 포함된 지역과 군지역 제외), 안산시·용인시·김포시·광주시 : 3,800만원
4) 그 밖의 지역 : 3,000만원

(2) 보증금과 월세가 있는 상가건물 임대차의 경우
상기 규정에서는 보증금의 범위를 "법 제2조 제2항의 규정에 의하여 환산한 금액의 합계"로 보고 있으므로, 보증금과 월세가 있는 상가건물 임대차의 경우에는 월세에 100을 곱하여 환산할 금액과 보증금을 포함하여 최우선변제 대상인지 여부를 판단해야 할 것이다.

Professor Comment
이 점은 「주택임대차보호법」과 차이가 있음을 유의해야 한다.

예) 서울특별시에 소재한 상가건물의 경우 보증금 1,000만원에 월세 35만원인 임대차라면 총 4,500만원(= 35 × 100 + 1,000)으로 최우선변제권의 대상이 될 수 있을 것이다.
반면에, 보증금 4,000만원에 월세 30만원인 임대차라면 7,000만원(= 30 × 100 + 4,000)으로 환산되어 최우선변제권의 대상이 될 수 없을 것이다.

3 최우선변제를 받을 보증금의 범위

(1) 우선변제를 받을 보증금의 범위

법 제14조의 규정에 의하여 우선변제를 받을 보증금 중 일정액의 범위는 다음의 구분에 의한 금액 이하로 한다(영 제7조 제1항).

1) 서울특별시 : 2,200만원
2) 「수도권정비계획법」에 따른 수도권 중 과밀억제권역(서울특별시를 제외함) : 1,900만원
3) 광역시(과밀억제권역에 포함된 지역과 군지역을 제외), 안산시·용인시·김포시·광주시 : 1,300만원
4) 그 밖의 지역 : 1,000만원

지 역	보증금 상한액	최우선변제 상한액
① 서울특별시	6,500만원	2,200만원
② 수도권 중 과밀억제권역(서울특별시 제외)	5,500만원	1,900만원
③ 광역시(과밀억제권역 및 군지역 제외), 안산시·용인시·김포시·광주시	3,800만원	1,300만원
④ 기타 지역	3,000만원	1,000만원

(2) 최우선변제대상은 보증금으로 추정

1) 서울특별시의 경우 보증금이 환산하여 4,500만원인 임대차계약일 경우 2,200만원만 우선변제를 받을 수 있을 것이다.
2) 다만, 최우선변제 대상은 보증금으로 규정하고 있으므로 상기 예와 같이 보증금 1,000만원에 월세 35만원인 임대차라면 1,000만원까지만 최우선변제를 받을 수 있을 것이다.

(3) 최우선변제 받는 임대차보증금의 범위

1) 임차인의 보증금 중 일정액이 상가건물의 가액의 2분의 1을 초과하는 경우

상가건물의 가액의 2분의 1에 해당하는 금액에 한하여 우선변제권이 있다(영 제7조 제2항).

2) 하나의 상가건물에 임차인이 2인 이상이고, 그 각 보증금 중 일정액의 합산액이 상가건물의 가액의 2분의 1을 초과하는 경우

그 각 보증금 중 일정액의 합산액에 대한 각 임차인의 보증금 중 일정액의 비율로 그 상가건물의 가액의 2분의 1에 해당하는 금액을 분할한 금액을 각 임차인의 보증금 중 일정액으로 본다(영 제7조 제3항).

07 임대차기간 보장 및 계약갱신요구권

1 임대차기간의 최소한

(1) 최단기간

기간의 정함이 없거나 기간을 1년 미만으로 정한 임대차는 그 기간을 1년으로 본다. 다만, 임차인은 1년 미만으로 정한 기간이 유효함을 주장할 수 있다(법 제9조 제1항).

(2) 유효한 임대차기간

1년 미만으로 임대차계약을 체결한 경우 임차인은 임의대로 1년이나 계약에서 정한 기간 중 1가지를 선택하여 유효한 임대차기간으로 주장할 수 있을 것이다.

(3) 보증금의 반환과 임대차 관계의 존속

임대차가 종료한 경우에도 임차인이 보증금을 반환받을 때까지는 임대차 관계는 존속하는 것으로 본다(법 제9조 제2항).

(4) 1년의 임대차기간이 종료된 경우

따라서 1년의 임대차기간이 종료되었으나 임대인이 보증금을 반환하기 이전이라면 정당한 임차권에 의거하여 해당 상가건물을 사용·수익할 수 있는 것으로 보아야 하며, 이런 경우 종전에 정한 월세는 임차인이 부담해야 할 것이다.

2 임차인의 계약갱신요구권

임대인은 임차인이 임대차기간 만료되기 6개월 전부터 1개월 전까지 사이에 행하는 계약갱신요구에 대하여 정당한 사유 없이 이를 거절하지 못한다. 다만, 다음 1의 경우에는 그러하지 아니하다(법 제10조 제1항).

(1) 임차인이 3기의 차임액에 해당하는 금액에 이르도록 차임을 연체한 사실이 있는 경우
(2) 임차인이 거짓이나 그 밖의 부정한 방법으로 임차한 경우
(3) 서로 합의하여 임대인이 임차인에게 상당한 보상을 제공한 경우
(4) 임차인이 임대인의 동의 없이 목적 건물의 전부 또는 일부를 전대한 경우
(5) 임차인이 임차한 건물의 전부 또는 일부를 고의나 중대한 과실로 파손한 경우
(6) 임차한 건물의 전부 또는 일부가 멸실되어 임대차의 목적을 달성하지 못할 경우

(7) 임대인이 다음의 어느 하나에 해당하는 사유로 목적 건물의 전부 또는 대부분을 철거하거나 재건축하기 위해 목적 건물의 점유를 회복할 필요가 있는 경우
　1) 임대차계약 체결 당시 공사시기 및 소요기간 등을 포함한 철거 또는 재건축 계획을 임차인에게 구체적으로 고지하고 그 계획에 따르는 경우
　2) 건물이 노후·훼손 또는 일부 멸실되는 등 안전사고의 우려가 있는 경우
　3) 다른 법령에 따라 철거 또는 재건축이 이루어지는 경우
(8) 그 밖의 임차인이 임차인으로서의 의무를 현저히 위반하거나 임대차를 계속하기 어려운 중대한 사유가 있는 경우

Professor Comment

상기 사유가 있다고 해서 임대인이 계약기간 중에 임차인에 대하여 계약을 해약할 수 있는 것은 아니며, 상기 사유 중 1가지 사유가 있을 경우에는 임대차계약 기간이 종료되는 시점에서 임차인의 계약갱신의 청구에 대하여 거절할 수 있을 뿐임을 유의해야 할 것이다.

계약갱신요구권 등

1) 계약갱신요구권
① 임대차계약의 갱신을 요구할 수 있는 권리이다.
② 상가임대차에서의 임차인은 계약갱신요구권이 있다.
③ 주택임대차에서의 임차인은 계약갱신요구권이 없다.

2) 최단기간 보장
① 상가임대차의 존속기간은 최단기 1년으로 법정 보장된다(1년 미만도 1년은 보장).
② 주택임대차의 최단기간은 2년이다.

상가임차인은 계약갱신요구권이 인정된다.

임차인이 임대차기간만료 전 6개월부터 1개월까지 사이에 계약갱신요구를 하면 임대인은 정당한 사유 없이 이를 거절하지 못한다.

임차인의 계약갱신요구권은 최초 임대차기간을 포함하여 전체 10년을 초과하지 않는 범위 내에서 행사할 수 있다.

갱신시 전 임대차와 동일한 조건으로 다시 계약된 것으로 본다.

최장 10년 / 동일조건으로 계약

상가임대차에서와 마찬가지로 주택임대차에서도 임차인의 계약갱신요구권이 있다.

갱신 요구권 있음 / 최단 존속기간 1년 — 상가
갱신 요구권 있음 / 최단 존속기간 2년 — 주택

임차인이 3기의 차임연체시 계약갱신요구를 거절할 수 있다.

3기 연체했으니까 계약갱신 안 해!

주택의 경우 2기의 차임 연체시 법정갱신이 인정되지 않는다.

제3편 중개실무

> **Wide** 현행 민법에서 임대차기간 중 임대인이 계약을 해제할 수 있는 사유로 명시하고 있는 사례
> ① 임차인이 임대인의 동의 없이 그 권리를 양도하거나 임차물을 전대한 경우(민법 제629조 제2항)
> ② 임차인이 파산선고를 받은 경우(민법 제637조 제1항)
> ③ 건물 기타 공작물의 임대차의 경우 임차인의 차임연체액이 2기의 차임액에 달하는 때(민법 제640조) 이 경우 임대차계약해지의 경우에는 임대인의 최고절차가 필요없다(대판 1962.10.11. 62다496).
> ④ 임차인이 계약 또는 그 목적물의 성질에 의하여 정하여진 용법으로 이를 사용, 수익하지 않은 경우(민법 제610조 제3항)

3 계약갱신요구권의 최장기간 27회 출제

임차인의 계약갱신요구권은 최초의 임대차기간을 포함한 전체 임대차기간이 10년을 초과하지 않는 범위 내에서만 행사할 수 있다(법 제10조 제2항).

단락문제 Q08 제23회 기출

개업공인중개사가 「상가건물 임대차보호법」의 적용을 받는 상가건물의 임대차를 중개하면서, 임차인의 계약갱신요구권에 관하여 설명한 내용으로 옳은 것을 모두 고른 것은?

> ㉠ 임차인의 계약갱신요구권은 최초의 임대차기간을 포함한 전체 임대차기간이 3년을 초과하지 않는 범위 내에서만 행사할 수 있다.
> ㉡ 임대인의 동의를 받고 전대차계약을 체결한 전차인은 임차인의 계약갱신요구권 행사기간 이내에 임차인을 대위하여 임대인에게 계약갱신요구권을 행사할 수 있다.
> ㉢ 임차인이 임대인의 동의 없이 목적 건물의 전부 또는 일부를 전대한 경우에는 임대인은 임차인의 계약갱신 요구를 거절할 수 있다.
> ㉣ 갱신되는 임대차는 전(前) 임대차와 동일한 조건으로 다시 계약된 것으로 보므로 차임과 보증금은 변경할 수 없다.

① ㉠, ㉡   ② ㉠, ㉢   ③ ㉡, ㉢   ④ ㉡, ㉣   ⑤ ㉡, ㉢, ㉣

해설 상가건물 임대차보호법
㉠ 임차인의 계약갱신요구권은 최초 임대차 기간을 포함한 10년을 초과하지 않는 범위 내에서만 행사할 수 있다(상가건물 임대차보호법 제10조 제2항).
㉣ 갱신되는 임대차는 전(前) 임대차와 동일한 조건으로 다시 계약된 것으로 보며 차임과 보증금은 증액할 수 있다. 증액하는 경우 100분의 5를 초과할 수 없다(상가건물 임대차보호법 제10조 제3항). **정답** ③

4 계약의 갱신(법정갱신, 묵시적 갱신)

(1) 의의

임대인이 임대차기간 만료 전 6개월부터 1개월까지의 기간 내에 임차인에 대하여 갱신거절의 통지 또는 조건의 변경에 대한 통지를 하지 아니한 경우에는 그 기간이 만료된 때에 전임대차와 동일한 조건으로 다시 임대차한 것으로 본다. 이 경우에 임대차의 존속기간은 1년으로 본다(법 제10조 제4항).

(2) 해지의 통고
묵시적 갱신이 된 경우 임차인은 언제든지 임대인에 대하여 계약해지의 통고를 할 수 있고, 임대인이 그 통고를 받은 날로부터 3개월이 경과하면 그 효력이 발생한다(법 제10조 제5항).

(3) 임대차계약 종류
1) 「주택임대차보호법」과는 달리 「상가건물 임대차보호법」에서는 임차인의 갱신거절 시한을 명시하고 있지 않다.
2) 따라서 임차인은 계약이 종료되기 이전까지 계약갱신을 거절통지를 할 경우 계약종료일에 임대차계약이 종료된다고 보아야 한다.
3) 이미 계약종료일 이후에 갱신거절통지를 할 경우에는 통지를 한 날부터 3개월이 경과한 날에 계약이 종료된 것으로 보아야 할 것이다.

(4) 갱신거절·조건변경의 통지
1) 임대인은 반드시 임대차기간 만료 전 6개월부터 1개월 이내에 갱신거절의 통지나 조건변경의 통지를 해야 한다.
2) 이 기간 중에 이런 통지를 하더라도, 임차인이 동 기간 이내에 계약갱신요구권을 행사할 경우 계약갱신요구권의 제한사유(법 제10조 제1항 각 호의 1에 해당하는 사유)가 없는 한 임대인은 임차인의 계약갱신요구권에 대항하지 못할 것이다.

(5) 임차인이 계약갱신요구권의 제한사유에 해당할 경우
임차인이 계약갱신요구권의 제한사유에 해당할 경우에도 임대인이 상기 기간 이내에 갱신거절의 통지나 조건변경의 통지를 하지 않을 경우, 임대차계약은 묵시적으로 갱신되는 것으로 보아야 할 것이다.

(6) 계약갱신의 특례
보증금액을 초과하는 임대차의 계약갱신의 경우에는 당사자는 상가건물에 관한 조세, 공과금, 주변 상가건물의 차임 및 보증금, 그 밖의 부담이나 경제사정의 변동 등을 고려하여 차임과 보증금의 증감을 청구할 수 있다(법 제10조의2).

 ■ **임차인의 계약갱신요구권과 법정갱신**

임차인의 계약갱신요구권은 임차인이 임대차기간이 만료되기 6개월 전부터 1개월 전까지 사이에 계약의 갱신을 요구하면 그 단서에서 정하는 사유가 없는 한 임대인이 그 갱신을 거절할 수 없는 것을 내용으로 하여서 임차인의 주도로 임대차계약의 갱신을 달성하려는 것이다. 이에 비하여 같은 조 제4항은 임대인이 위와 같은 기간 내에 갱신거절의 통지 또는 조건변경의 통지를 하지 아니하면 임대차기간이 만료된 때에 임대차의 갱신을 의제하는 것으로서, 기간의 만료로 인한 임대차 관계의 종료에 임대인의 적극적인 조치를 요구한다. 이와 같이 이들 두 법조항상의 각 임대차갱신제도는 그 취지와 내용을 서로 달리하는 것이므로, 임차인의 갱신요구권에 관하여 전체 임대차기간을 10년으로 제한하는 같은 조 제2항의 규정은 같은 조 제4항에서 정하는 법정갱신에 대하여는 적용되지 아니한다(대판 2010. 6. 10. 2009다64307).

> **단락핵심** 계약갱신요구권
>
> 상가임차인이 3기에 달하도록 차임을 연체한 사실이 있는 경우 임대인은 임차인의 계약갱신요구를 거절할 수 있다.

(7) 폐업으로 인한 계약해지권(법 제11조의2)
① 임차인은 「감염병의 예방 및 관리에 관한 법률」에 따른 집합 제한 또는 금지 조치(운영시간을 제한한 조치를 포함한다)를 총 3개월 이상 받음으로써 발생한 경제사정의 중대한 변동으로 폐업한 경우에는 임대차계약을 해지할 수 있다.
② 해지는 임대인이 계약해지의 통고를 받은 날부터 3개월이 지나면 효력이 발생한다.

08 권리금

1 권리금의 정의
(1) 권리금이란 임대차 목적물인 상가건물에서 영업을 하는 자 또는 영업을 하려는 자가 영업시설·비품, 거래처, 신용, 영업상의 노하우, 상가건물의 위치에 따른 영업상의 이점 등 유형·무형의 재산적 가치의 양도 또는 이용대가로서 임대인, 임차인에게 보증금과 차임 이외에 지급하는 금전 등의 대가를 말한다(법 제10조의3 제1항).
(2) 권리금 계약이란 신규임차인이 되려는 자가 임차인에게 권리금을 지급하기로 하는 계약을 말한다(법 제10조의3 제2항).

2 권리금 회수기회 보호 등
(1) 임대인은 임대차기간이 끝나기 6개월 전부터 임대차 종료 시까지 다음의 어느 하나에 해당하는 행위를 함으로써 권리금 계약에 따라 임차인이 주선한 신규임차인이 되려는 자로부터 권리금을 지급받는 것을 방해하여서는 아니 된다. 다만, 계약갱신요구를 거절할 수 있는 사유(제10조 제1항 각 호)의 어느 하나에 해당하는 사유가 있는 경우에는 그러하지 아니하다(법 제10조의4 제1항).
   1) 임차인이 주선한 신규임차인이 되려는 자에게 권리금을 요구하거나 임차인이 주선한 신규임차인이 되려는 자로부터 권리금을 수수하는 행위
   2) 임차인이 주선한 신규임차인이 되려는 자로 하여금 임차인에게 권리금을 지급하지 못하게 하는 행위
   3) 임차인이 주선한 신규임차인이 되려는 자에게 상가건물에 관한 조세, 공과금, 주변 상가 건물의 차임 및 보증금, 그 밖의 부담에 따른 금액에 비추어 현저히 고액의 차임과 보증금을 요구하는 행위

4) 그 밖에 정당한 사유 없이 임대인이 임차인이 주선한 신규임차인이 되려는 자와 임대차 계약의 체결을 거절하는 행위

(2) 임대차계약의 체결을 거절할 수 있는 정당한 사유(법 제10조의4 제2항)
1) 임차인이 주선한 신규임차인이 되려는 자가 보증금 또는 차임을 지급할 자력이 없는 경우
2) 임차인이 주선한 신규임차인이 되려는 자가 임차인으로서의 의무를 위반할 우려가 있거나 그 밖에 임대차를 유지하기 어려운 상당한 사유가 있는 경우
3) 임대차 목적물인 상가건물을 1년 6개월 이상 영리목적으로 사용하지 아니한 경우
4) 임대인이 선택한 신규임차인이 임차인과 권리금 계약을 체결하고 그 권리금을 지급한 경우

(3) 손해배상의 청구
1) 임대인이 권리금을 지급받는 것을 방해하여 임차인에게 손해를 발생하게 한 때에는 그 손해를 배상할 책임이 있다. 이 경우 그 손해배상액은 신규임차인이 임차인에게 지급하기로 한 권리금과 임대차 종료 당시의 권리금 중 낮은 금액을 넘지 못한다(법 제10조의4 제3항).
2) 임대인에게 손해배상을 청구할 권리는 임대차가 종료한 날부터 3년 이내에 행사하지 아니하면 시효의 완성으로 소멸한다(법 제10조의4 제4항).

3 임차인의 정보제공의무

임차인은 임대인에게 임차인이 주선한 신규임차인이 되려는 자의 보증금 및 차임을 지급할 자력 또는 그 밖에 임차인으로서의 의무를 이행할 의사 및 능력에 관하여 자신이 알고 있는 정보를 제공하여야 한다(법 제10조의4 제5항).

4 권리금 적용 제외(법 제10조의5)

(1) 「유통산업발전법」에 따른 대규모 점포 또는 준대규모 점포의 일부인 경우(전통시장 제외)
(2) 「국유재산법」에 따른 국유재산 또는 「공유재산 및 물품 관리법」에 따른 공유재산인 경우

5 표준권리금계약서의 작성 등(법 제10조의6)

국토교통부장관은 법무부장관과 협의를 거쳐 임차인과 신규임차인이 되려는 자가 권리금 계약을 체결하기 위한 표준권리금계약서를 정하여 그 사용을 권장할 수 있다.

6 권리금 평가기준의 고시(법 제10조의7)

국토교통부장관은 권리금에 대한 감정평가의 절차와 방법 등에 관한 기준을 고시할 수 있다.

09 기타 사항

1 확정일자 부여 및 임대차정보의 제공 등

(1) 확정일자 부여기관

확정일자는 상가건물의 소재지 관할 세무서장이 부여한다(법 제4조 제1항).

(2) 확정일자부 작성

관할 세무서장은 해당 상가건물의 소재지, 확정일자 부여일, 차임 및 보증금 등을 기재한 확정일자부를 작성하여야 한다. 이 경우 전산정보처리조직을 이용할 수 있다(법 제4조 제2항).

(3) 임대차 정보제공

1) 상가건물의 임대차에 이해관계가 있는 자는 관할 세무서장에게 해당 상가건물의 확정일자 부여일, 차임 및 보증금 등 정보의 제공을 요청할 수 있다. 이 경우 요청을 받은 관할 세무서장은 정당한 사유 없이 이를 거부할 수 없다(법 제4조 제3항).
2) 임대차계약을 체결하려는 자는 임대인의 동의를 받아 관할 세무서장에게 확정일자등의 정보제공을 요청할 수 있다(법 제4조 제4항).

(4) 그 외 사항

확정일자부에 기재하여야 할 사항, 상가건물의 임대차에 이해관계가 있는 자의 범위, 관할 세무서장에게 요청할 수 있는 정보의 범위 및 그 밖에 확정일자 부여사무와 정보제공 등에 필요한 사항은 대통령령으로 정한다(법 제4조 제5항).

2 임차권등기명령

(1) 임대차가 종료된 후 보증금을 반환받지 못한 임차인은 임차건물의 소재지를 관할하는 지방법원·지방법원지원 또는 시·군법원에 임차권등기명령을 신청할 수 있다(법 제6조).
(2) 금융기관등은 임차인을 대위하여 임차권등기명령을 신청할 수 있다(법 제6조 제9항).

3 임차료증감청구권 23회 출제

(1) 의 의

차임 또는 보증금이 임차건물에 관한 조세, 공과금 그 밖에 부담의 증감이나 경제사정의 변동으로 인하여 상당하지 아니하게 된 때에는 당사자는 장래의 차임 또는 보증금에 대하여 그 증감을 청구할 수 있다(법 제11조 제1항).

(2) 증액의 제한

1) 증액의 경우에는 대통령령이 정하는 기준에 따른 비율을 초과하지 못하며(법 제11조 제1항), 증액청구는 임대차계약 또는 약정한 차임 등의 증액이 있은 후 1년 이내에는 이를 하지 못한다(법 제11조 제2항).
2) 법 제11조 제1항의 규정에 의한 차임 또는 보증금의 증액청구는 청구 당시의 차임 또는 보증금의 100분의 5의 금액을 초과하지 못한다(영 제4조). 20회 출제

Professor Comment
이러한 차임증감청구는 전대인과 전차인의 전대차관계에도 적용된다.

4 차임연체와 해지

임차인의 차임연체액이 '3기의 차임액에 달하는 때'에는 임대인은 계약을 해지할 수 있다(법 제10조의8).

5 월차임 전환시 산정률의 제한   23회 출제

보증금의 전부 또는 일부를 월 단위의 차임으로 전환하는 경우에는 그 전환되는 금액에 다음 중 낮은 비율을 곱한 월차임의 범위를 초과할 수 없다(법 제12조).

(1) 「은행법」에 따른 은행의 대출금리 및 해당 지역의 경제여건 등을 고려하여 대통령령으로 정하는 비율 : 연 1할2푼(영 제5조 제1항)
(2) 한국은행에서 공시한 기준금리에 대통령령으로 정하는 배수를 곱한 비율 : 4.5배(영 제5조 제2항)

6 전대차의 준용

계약갱신요구권, 차임 등의 증감청구권, 월차임 전환시 산정률의 제한규정은 전대인과 전차인의 전대차관계에 적용하고, 임대인의 동의를 받고 전대차계약을 체결한 전차인은 임차인의 계약갱신요구권 행사기간 범위 내에서 임차인을 대위하여 임대인에게 계약갱신요구권을 행사할 수 있다(법 제13조).

7 상가임대차표준계약서의 작성 등

법무부장관은 국토교통부장관과 협의를 거쳐 임차인과 신규임차인이 되려는 자의 권리금 계약 체결을 위한 표준권리금계약서를 정하여 그 사용을 권장할 수 있다(법 제19조).

> **Wide** 상가건물임대차위원회
>
> ① 상가건물 임대차에 관한 다음의 사항을 심의하기 위하여 법무부에 상가건물임대차위원회(이하 "위원회"라 한다)를 둔다.
>   ㉠ 제2조 제1항 단서에 따른 보증금액
>   ㉡ 제14조에 따라 우선변제를 받을 임차인 및 보증금 중 일정액의 범위와 기준
> ② 위원회는 위원장 1명을 포함한 10명 이상 15명 이하의 위원으로 성별을 고려하여 구성한다.
> ③ 위원회의 위원장은 법무부차관이 된다.
> ④ 위원회의 위원은 다음 각 호의 어느 하나에 해당하는 사람 중에서 위원장이 임명하거나 위촉하되, 제1호부터 제6호까지에 해당하는 위원을 각각 1명 이상 임명하거나 위촉하여야 하고, 위원 중 2분의 1 이상은 제1호·제2호 또는 제7호에 해당하는 사람을 위촉하여야 한다.
>   ㉠ 법학·경제학 또는 부동산학 등을 전공하고 상가건물 임대차 관련 전문지식을 갖춘 사람으로서 공인된 연구기관에서 조교수 이상 또는 이에 상당하는 직에 5년 이상 재직한 사람
>   ㉡ 변호사·감정평가사·공인회계사·세무사 또는 공인중개사로서 5년 이상 해당 분야에서 종사하고 상가건물 임대차 관련 업무경험이 풍부한 사람
>   ㉢ 기획재정부에서 물가 관련 업무를 담당하는 고위공무원단에 속하는 공무원
>   ㉣ 법무부에서 상가건물 임대차 관련 업무를 담당하는 고위공무원단에 속하는 공무원(이에 상당하는 특정직공무원을 포함한다)
>   ㉤ 국토교통부에서 상가건물 임대차 관련 업무를 담당하는 고위공무원단에 속하는 공무원
>   ㉥ 중소벤처기업부에서 소상공인 관련 업무를 담당하는 고위공무원단에 속하는 공무원
>   ㉦ 그 밖에 상가건물 임대차 관련 학식과 경험이 풍부한 사람으로서 대통령령으로 정하는 사람

8 상가임대차 분쟁조정위원회

(1) 이 법의 적용을 받는 상가건물 임대차와 관련된 분쟁을 심의·조정하기 위하여 대통령령으로 정하는 바에 따라 대한법률구조공단의 지부, 한국토지주택공사의 지사 또는 사무소 및 한국부동산원의 지사 또는 사무소에 상가건물임대차분쟁조정위원회(이하 "조정위원회"라 한다)를 둔다.

(2) 특별시·광역시·특별자치시·도 및 특별자치도는 그 지방자치단체의 실정을 고려하여 조정위원회를 둘 수 있다.

(3) 조정위원회는 다음의 사항을 심의·조정한다.
① 차임 또는 보증금의 증감에 관한 분쟁
② 임대차기간에 관한 분쟁
③ 보증금 또는 임차상가건물의 반환에 관한 분쟁
④ 임차상가건물의 유지·수선의무에 관한 분쟁
⑤ 권리금에 관한 분쟁
⑥ 그 밖에 대통령령으로 정하는 상가건물 임대차에 관한 분쟁

(4) 조정위원회의 사무를 처리하기 위하여 조정위원회에 사무국을 두고, 사무국의 조직 및 인력 등에 필요한 사항은 대통령령으로 정한다.

제6장 부동산거래 관련제도

단락핵심 상가건물 임대차 종합

(1) 상가건물을 임차하고 사업자등록을 마친 사업자가 임차건물의 전대차 등으로 당해 사업을 개시하지 않거나 사실상 폐업한 경우,「상가건물 임대차보호법」상 적법한 사업자등록이라고 볼 수 없다.
(2) 보증금의 전부 또는 일부를 월단위의 차임으로 전환하는 경우 산정률은 연 1할2푼과 한국은행 기준금리 4.5배 중 낮은 금액을 초과할 수 없다.
(3) 상가건물임차인이 3기의 차임액에 달하도록 차임을 연체한 사실이 있는 경우 임대인은 임차인의 계약갱신요구를 거절할 수 있다.
(4) 상가건물임차인이 건물에 대한 경매신청등기 전에 대항요건을 갖추었다면 보증금 중 일정액을 다른 담보물권자보다 우선하여 변제받을 권리가 있다.

단락문제 Q09 제15회 추가 기출

개업공인중개사가 상가건물 임대차를 중개하면서 설명한 내용 중 틀린 것은?

① 임차인이 대항력을 계속 유지하려면 임차상가 건물을 점유하고 사업자등록도 계속 유지하여야 한다.
② 대항력을 갖춘 임차인이 관할 구청장에게 확정일자를 받은 경우에 임차상가 건물이 경매되면 그 순위에 따라 보증금은 우선적으로 변제받을 수 있다.
③ 임대차기간이 끝났음에도 임대인이 보증금을 돌려주지 않으면 임차인이 법원에 임차권등기명령을 단독으로 신청할 수 있다.
④ 상가임대차에서 임차기간이 만료되었음에도 보증금을 반환받지 못한 임차인은 해당 건물을 계속 사용할 수 있으나 차임은 지불하여야 한다.
⑤ 상가임차인이 3기에 달하도록 차임을 연체한 사실이 있는 경우 임대인은 임차인의 계약갱신요구를 거절할 수 있다.

해설 상가건물 임대차 중개 시 주요 확인·설명내용
대항요건을 갖추고 관할 세무서장으로부터 임대차계약서상의 확정일자를 받은 임차인은 「민사집행법」에 의한 경매 또는 「국세징수법」에 의한 공매시 임차건물(임대인 소유의 대지를 포함함)의 환가대금에서 후순위권리자 그 밖의 채권자보다 우선하여 보증금을 변제받을 권리가 있다(상가건물 임대차보호법 제5조 제2항).

정답 ②

제3편 중개실무

제5절 기타 부동산거래 관련법규 17회 출제

01 농지법상의 거래규제 ★★ 15·추가15·21·22·29회 출제

1 농지의 소유상한

(1) 상속으로 농지를 취득한 자로서 농업경영을 하지 아니하는 자는 그 상속 농지 중에서 총 1만㎡ 까지만 소유할 수 있다.

(2) 8년 이상 농업경영을 한 후 이농한 자는 이농 당시 소유 농지 중에서 총 1만㎡ 까지만 소유할 수 있다.

(3) 주말·체험영농을 하려는 자는 총 1천㎡ 미만의 농지를 소유할 수 있다. 이 경우 면적 계산은 그 세대원 전부가 소유하는 총면적으로 한다.

(4) 한국농어촌공사에 위탁하여 농지를 임대하거나 사용대하는 경우에는 위 (1) 또는 (2)에도 불구하고 소유 상한을 초과할지라도 그 기간에는 그 농지를 계속 소유할 수 있다.

2 농지취득자격증명 23회 출제

(1) 농지취득자격증명의 발급

1) 원칙

농지를 취득하고자 하는 자는 농지의 소재지를 관할하는 시장·구청장·읍장 또는 면장으로부터 농지취득자격증명을 발급받아야 한다.

2) 예외
① 국가나 지방자치단체가 농지를 소유하는 경우
② 상속으로 농지를 취득하여 소유하는 경우
③ 금융기관등이 경매기일 2회 이상 유찰된 후 담보농지를 취득하여 소유하는 경우
④ 농지전용협의를 마친 농지를 소유하는 경우
⑤ 농업법인의 합병으로 농지를 취득하는 경우
⑥ 공유농지의 분할로 농지를 취득하는 경우
⑦ 시효의 완성으로 농지를 취득하는 경우
⑧ 일정한 법률의 규정에 의한 환매권자가 환매권에 의하여 농지를 취득하는 경우

(2) 농지취득자격증명의 발급절차

1) 농지취득자격증명을 발급받으려는 자는 농업경영계획서를 작성하여 농지의 소재지를 관할하는 시·구·읍·면장에게 그 발급을 신청하여야 한다.

2) 시·구·읍·면장은 농지취득자격증명의 발급신청을 받은 때에는 그 신청을 받은 날부터 7일(농지위원회 심의 대상 농지는 14일, 농업경영계획서를 작성하지 아니하고 농지취득자격증명의 발급신청을 할 수 있는 경우에는 4일) 이내에 발급요건에 적합한지의 여부를 확인하여 이에 적합한 경우에는 신청인에게 농지취득자격증명을 발급하여야 한다.

(3) 농업경영계획서를 작성하지 아니하고 발급신청을 할 수 있는 경우

1) 학교, 공공단체·농업연구기관·농업생산자단체 또는 종묘 기타 농업기자재를 생산하는 자가 그 목적사업을 수행하기 위하여 필요한 시험지·연구지·실습지·종묘생산지 또는 과수 인공수분용 꽃가루 생산지로 쓰기 위하여 농림축산식품부령이 정하는 바에 농지를 취득하여 소유하는 경우
2) 농지전용허가(다른 법률에 의하여 농지전용허가가 의제되는 인가·허가·승인 등을 포함)를 받거나 농지전용신고를 한 자가 당해 농지를 소유하는 경우
3) 개발사업지구에 있는 농지로서 한국농어촌공사가 개발하여 매도하는 1,500㎡ 미만의 농원부지 및 농지를 취득하여 소유하는 경우

 ■ 농지와 농지가 아닌 토지를 일괄매각할 수 있는지 여부

농지와 농지가 아닌 토지는 특별한 사정이 없는 한 그 상호간에 이용관계에 있어서 견련성이 없으며, 농지법상의 농지인 경우에는 매수인의 자격이 법령에 의하여 제한되므로 농지와 농지가 아닌 토지를 일괄하여 매각하게 되면 농지취득자격증명을 받을 수 없는 사람은 매수신고를 할 수 없게 되어 매수희망자를 제한하게 되므로 <u>경매목적인 토지 중 일부 토지만이 농지에 해당하는 경우에는 일괄매각의 요건을 갖추지 못한 것이다</u>(대결 2004. 11. 30. 2004마796).

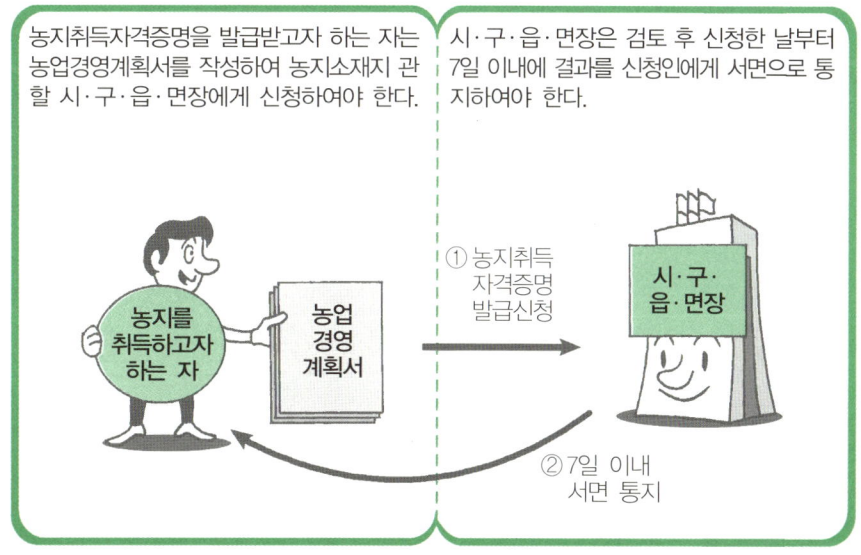

농지취득자격증명

농지를 취득하기 위해 시·구·읍·면장으로부터 발급받아야 하는 서류이다.

농지취득자격증명을 발급받고자 하는 자는 농업경영계획서를 작성하여 농지소재지 관할 시·구·읍·면장에게 신청하여야 한다.

시·구·읍·면장은 검토 후 신청한 날부터 7일 이내에 결과를 신청인에게 서면으로 통지하여야 한다.

단락핵심 농지법

(1) 「공간정보의 구축 및 관리 등에 관한 법률」에 의한 지목이 임야인 토지로서 그 형질을 변경하지 아니하고 다년생 식물의 재배에 이용되는 토지는 농지가 아니다.
(2) 주말·체험영농을 위해 농지를 취득하고자 하는 자는 도시민의 경우 남편이 660㎡, 세대원인 부인이 330㎡ 각각 취득할 수 있다.
(3) 「농지법」에 의한 농업인이 농지를 취득하여 8년 이상을 농지소재지에 거주하고 자경하면 양도소득세가 감면된다.
(4) 농지전용협의를 완료한 농지는 농지취득자격증명을 발급받지 않는다.
(5) 농지임대차기간은 3년 이상으로 하여야 한다.

02 기타 거래규제제도

기타 다른 법률의 규정에 의해 부동산의 거래가 제한되는 경우는 다음과 같다.

1 사립학교법

학교교육에 직접 사용되는 재산의 양도·담보 금지(법 제28조 제2항) 및 사립학교법인의 기본재산의 양도 등의 허가 등(법 제28조 제1항)

2 전통사찰의 보존 및 지원에 관한 법률

부동산의 대여·양도 등은 소속대표단체의 대표자의 승인서를 첨부하여 문화체육관광부장관(양도)·시·도지사(대여·담보제공)의 허가를 받아야 한다(법 제9조 제1항, 제2항).

3 향교재산법

향교재단에 속한 부동산의 처분 또는 담보 등에 대한 시·도지사의 허가(법 제8조 제1항).

4 산업집적활성화 및 공장설립에 관한 법률

입주기업체가 공장 등의 설립을 완료하기 전에 분양받은 산업용지 및 공장 등을 처분하는 경우 관리기관에 양도할 의무 등(법 제39조 제1항)

5 공익법인의 설립·운영에 관한 법률

공익법인 기본재산의 매도·증여·임대·교환 등에 대한 주무관청 허가(법 제11조 제3항)

6 사회복지사업법

사회복지법인 기본재산 매도·증여·교환 등에 대한 시·도지사의 허가(법 제23조 제3항)

7 국유재산법, 공유재산 및 물품 관리법

국·공유재산에 관한 사무에 종사하는 직원의 국·공유재산을 취득 또는 교환금지(「국유재산법」 제20조 제1항, 「공유재산 및 물품 관리법」 제15조 제1항)

8 부동산의 취득이나 소유가 제한되는 경우

「신용협동조합법」에 의한 부동산의 소유제한(법 제45조), 「새마을금고법」에 의한 부동산의 소유제한(법 제31조)

9 하천법

(1) 하천을 구성하는 토지와 그 밖의 하천시설에 대하여는 사권(私權)을 행사할 수 없다. 다만, 다음의 어느 하나에 해당하는 경우에는 그러하지 아니하다(하천법 제4조 제2항).

1) 소유권을 이전하는 경우
2) 저당권을 설정하는 경우
3) 제33조에 따른 하천점용허가(소유권자 외의 자는 소유권자의 동의를 얻은 경우에 한함)를 받아 그 허가받은 목적대로 사용하는 경우

(2) 홍수관리구역 안에서의 행위제한

홍수관리구역 안에서 다음의 행위를 하려는 자는 하천관리청의 허가를 받아야 한다. 다만, 대통령령으로 정하는 경미한 행위에 대하여는 그러하지 아니하다(법 제38조 제1항).

1) 공작물의 신축 또는 개축
2) 토지의 굴착·성토·절토, 그 밖에 토지의 형질변경
3) 죽목의 재식

부동산거래 관련제도

CHAPTER 06

• 경록 교재에 모든 답이 있습니다.

01 부동산의 소유권이전을 내용으로 하는 계약을 체결한 자는 잔금지급일부터 60일 이내에 소유권이전등기를 신청하여야 한다.

01. O

02 부동산의 소유권이전을 내용으로 하는 계약을 체결한 자는 계약당사자의 일방만이 채무를 부담하는 경우에는 그 계약의 효력이 발생한 날부터 60일 이내에 소유권이전등기를 신청하여야 한다.

02. O

03 명의신탁약정이라 함은 실권리자가 타인과의 사이에서 대내적으로는 실권리자가 부동산에 관한 물권을 보유하거나 보유하기로 하고 그에 관한 등기는 그 타인의 명의로 하기로 하는 약정을 말한다.

03. O

04 채무의 변제를 담보하기 위하여 채권자가 부동산에 관한 물권을 이전받거나 가등기하는 경우에도 실권리자와 등기명의인이 다르므로 명의신탁약정에 포함되는 것으로 보아야 한다.

04. X
채무의 변제를 담보하기 위하여 채권자가 부동산에 관한 물권을 이전받거나 가등기하는 경우는 명의신탁약정으로 보지 않는다(법 제2조 제1호 가목).

05 「주택임대차보호법 시행령」에 규정된 소액보증금 보호대상 임차인은 항상 보증금 전액을 최우선적으로 변제받을 수 있다.

05. X
임차인은 보증금 중 일정액을 다른 담보물권자보다 우선하여 변제받을 권리가 있다. 이 경우 임차인은 주택에 대한 경매신청의 등기 전에 제3조 제1항의 요건을 갖추어야 한다. 또한, 우선변제를 받을 임차인 및 보증금 중 일정액의 범위와 기준은 주택가액(대지의 가액을 포함함)의 2분의 1의 범위 안에서 대통령령으로 정한다.

06 「주택임대차보호법」에 의해 확정일자 날인을 받은 경우라도 우선변제권만을 근거로 임의경매를 신청할 수 없다.

06. O

07 임차권등기명령신청은 임차인이 단독으로 신청할 수 있다.

07. O

CHAPTER 07 부동산경매 및 공매

학습포인트

- 공인중개사의 매수신청대리인 등록 등에 관한 규칙 등 : 법원경매 매수신청등록을 위한 요건과 절차, 업무내용 등을 숙지해야 한다.
- 경매제도 : 각 경매제도 및 용어의 개념에 대한 이해가 필요하다.
- 법원경매 참가방법 : 참가절차를 숙지하고, 각 단계에서의 업무내용을 이해하는 수준의 학습이 필요하다.
- 공매 : 공매에 대한 개략적인 사항을 이해하는 수준에서 학습하되, 경매와 대비한 장·단점을 숙지해야 한다.

CHAPTER 학습 & 출제되는 키워드

- ☑ 경매제도
- ☑ 강제경매 · 임의경매
- ☑ 당연말소등기
- ☑ 배당요구
- ☑ 국세징수법에 의한 공매
- ☑ 대상물 조사
- ☑ 최고가매수신고인 결정
- ☑ 매수신청대리의 대상물
- ☑ 민사집행법
- ☑ 새매각 · 재매각
- ☑ 가압류 · 가등기 분석
- ☑ 기일입찰 · 기간입찰 · 호가경매
- ☑ 한국자산관리공사에서의 공매
- ☑ 입찰참가 여부 결정
- ☑ 매각결정 · 매각대금 납부
- ☑ 매수신청대리인의 등록
- ☑ 부동산경매
- ☑ 부동산 경매 권리분석
- ☑ 매수인에게 인수되는 권리
- ☑ 공매
- ☑ 법원경매 절차
- ☑ 입찰참가
- ☑ 매수신청대리권의 범위
- ☑ 매수신청대리행위

CHAPTER 학습 & 출제되는 질문

- ☑ 경매제도에 대한 설명으로 옳지 않은 것은?
- ☑ 경매와 공매에 대한 비교설명으로 틀린 것은?
- ☑ 부동산경매에 대한 설명으로 옳지 않은 것은?
- ☑ 매수신청대리 대법원규칙에 대한 설명으로 틀린 것은?
- ☑ 공인중개사법과 대법원규칙에 대한 비교설명으로 옳지 않은 것은?

제3편 중개실무

제1절 경매제도 12·13·21회 출제

01 민사집행법과 경매

1 「민사집행법」의 의의

「민사집행법(民事執行法)」이란 강제집행, 담보권 실행을 위한 경매, 「민법」·「상법」그 밖의 법률의 규정에 의한 경매(이하 "민사집행"이라 함) 및 보전처분의 절차를 규정함을 목적으로 2002.1.26 법률 제6627호로 제정되어, 2002.7.1부터 시행되는 법률이다.

2 부동산경매의 의의

부동산경매(不動産競賣)란 채권자가 채권을 회수하기 위하여 법원에 경매신청을 함으로써, 공적 기관인 법원이 채무자의 부동산을 강제적으로 환가하고, 그 매각대금으로 채권을 충당하는 절차를 말하는 것으로, 현행 법원의 부동산경매는 「민사집행법」과 「민사집행규칙」, 관련 「법원송무예규」등에 의해서 규율된다.

경 매

제7장 부동산경매 및 공매

02 경매의 종류 ★

1 강제경매와 임의경매 14회 출제

Professor Comment
강제경매는 집행권원에 의한 경매이고, 임의경매는 피담보채권에 근거한 경매이다.

(1) 강제경매

1) 「민사집행법」상의 강제집행(强制執行)의 일종으로, 법원(法院)에서 채무자의 부동산을 압류·매각하여 그 대금으로 채권자의 금전채권의 변제에 충당시키는 절차(동법 제78조 내지 제171조)를 말한다.

2) 강제경매를 신청하려면 집행권원(집행력 있는 판결정본, 확정된 지급명령, 민사 조정조서, 약속어음, 공정증서 등 채권자에 대한 채권의 존재와 범위를 증명할 수 있는 증서)을 필요로 한다.

(2) 임의경매

1) 담보권실행을 위한 경매(동법 제264조 내지 제275조)를 의미하는 것으로, 저당권이나 유치권 등 담보물권, 담보가등기 등을 위한 강제적 환가(換價)방법이다.

Professor Comment
피담보채권이 존재하고 이행기가 도래되어 이행지체가 있어야 한다.

2) 기타 공유물 분할을 위한 경매나 재산의 보관 또는 정리의 방법으로 환가하는 자조매각(自助賣却)에 기한 경매등도 임의경매에 포함된다는 주장도 있다.

3) 임의경매는 담보물권이 본래 지니고 있는 환가권(換價權)에 의하여 시행되는 것으로 담보권의 존재를 증명하는 서류만 첨부하면 된다.

경매의 종류

① 경매에는 2가지가 있다.
  ㉠ 강제경매
  ㉡ 임의경매
② 경매는 공개경쟁입찰방식에 의하여 최고가(最高價) 입찰자(= 경매참여자)에게 해당 부동산을 낙찰시킨다.

강제경매란 집행권원에 의해 법원에서 채무자의 부동산을 압류·매각하여 그 대금으로 채권자의 금전채권의 만족에 충당시키는 절차를 말한다.

임의경매는 저당권이나 유치권 등이 가진 경매권에 의하여 실행되는 경매이다.

임의경매는 환가권에 의하여 경매를 신청하므로 집행권원이 필요 없다.

단락문제 Q01
제14회 기출

부동산 경매와 공매에 대한 설명 중 가장 옳은 것은?

① 임의경매는 집행력 있는 집행권원을 가진 채권자의 신청에 의해 법원이 채무자의 소유재산을 압류하여 「민사집행법」의 절차에 따라 부동산등을 매각하는 환가절차이다.
② 강제경매는 담보물권이 본래 지니고 있는 환가권에 의하여 경매신청이 인정되는 것으로 담보권의 존재를 증명하는 서류가 있어야 한다.
③ 집행권원이란 채권자가 채무자에 대하여 급부청구권을 가지고 있음을 표시하고 그 청구권을 강제집행할 수 있음을 인정한 공적인 문서를 말한다.
④ 한국자산관리공사에 의한 공매 중 압류부동산 공매는 금융기관이 채권정리를 위하여 법원경매과정에서 유입한 부동산을 압류하여 공매하는 것을 말한다.
⑤ 경매에서 유찰되는 경우의 저감률은 매회당 10%이다.

해설 부동산 경매와 공매
① 강제경매에 대한 설명이다.
② 임의경매에 대한 설명이다.
④ 「국세징수법」 등에 근거하여 국세나 지방세의 체납처분의 일종인 공매로서, 과세관청이 체납자의 소유부동산을 압류하고 한국자산관리공사에 공매대행을 의뢰한다.
⑤ 허가할 매수가격의 신고가 없이 매각기일이 최종적으로 마감된 때에는 법 제91조 제1항(잉여주의)의 규정에 어긋나지 아니하는 한도에서 법원은 최저매각가격을 상당히 낮추고 새 매각기일을 정하여야 한다. 그 기일에 허가할 매수가격의 신고가 없는 때에도 또한 같다(민사집행법 제119조). 실무상으로 경매의 저감률은 20~30%이다. **정답** ③

2 새매각과 재매각

(1) 새매각

1) 허가할 매수가격의 신고가 없이 매각기일이 최종적으로 마감된 때에는 법원은 최저매각가격을 상당히 낮추고 새 매각기일을 정하여야 한다. 그 기일에 허가할 매수가격의 신고가 없는 때에도 또한 같다(법 제119조). → 유찰된 때
2) 또한 매각에 대한 정당한 이의신청이 있어 법원이 매각을 허가하지 아니하고 다시 매각을 명하는 때에는 직권으로 새 매각기일을 정하여야 한다(법 제125조 참조).
3) 허가할 매수가격의 신고 없이 매각기일이 최종적으로 마감된 때의 새매각은 최저매각가격을 통상 20%씩 낮추어 실시하며, 매각에 대한 이의신청으로 하는 새매각의 경우에는 종전의 매각과 같은 최저매각가격으로 새매각을 실시한다.

(2) 재매각

1) 매수인이 대금지급기한 또는 추가 대금지급기한(법 제142조 제4항)까지 그 의무를 완전히 이행하지 아니하였고, 차순위매수신고인이 없는 때에는 법원은 직권으로 부동산의 재매각을 명하여야 한다(법 제138조 제1항).
2) 재매각절차에도 종전에 정한 최저매각가격, 그 밖의 매각조건을 적용한다(동조 제2항).
3) 매수인이 재매각기일의 3일 이전까지 대금, 그 지급기한이 지난 뒤부터 지급일까지의 대금에 대한 대법원규칙이 정하는 이율에 따른 지연이자와 절차비용을 지급한 때에는 재매각절차를 취소하여야 한다.

Professor Comment
이 경우 차순위 매수신고인이 매각허가결정을 받았던 때에는 위 금액을 먼저 지급한 매수인이 매매목적물의 권리를 취득한다.

4) 재매각절차에서는 전의 매수인은 매수신청을 할 수 없으며 매수신청의 보증을 돌려 줄 것을 요구하지 못한다(동조 제4항).

단락핵심 경매의 종류

강제경매란 집행력이 있는 집행권원을 가진 채권자의 신청에 의하여 집행권원에 표시된 이행청구권을 실현하기 위하여 법원이 채무자의 소유재산을 압류·환가한 금액으로 부동산을 매각하는 강제환가절차를 말한다.

🐸 새매각과 재매각

1) **새매각**
   유찰되어 새로운 매각일을 정하여 실시하는 경매

2) **재매각**
   낙찰받은 매수인이 매각대금을 납부하지 않고 차순위 매수신고인이 없는 때 법원이 직권으로 실시하는 경매

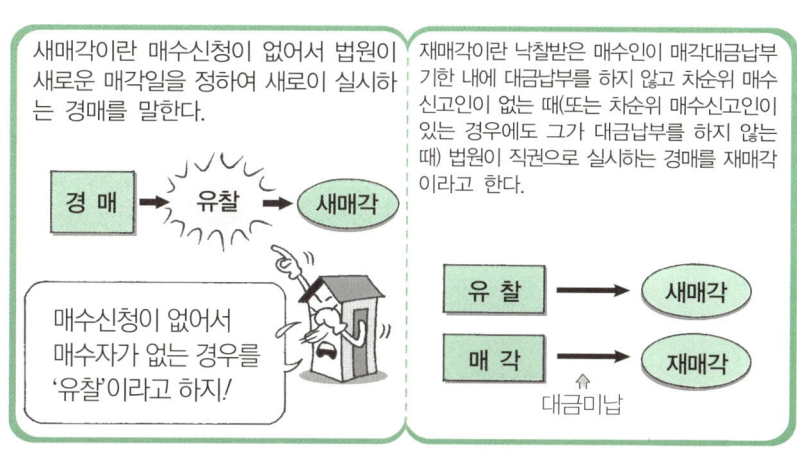

03 부동산 경매 권리분석 ★★★

21회 출제

1 당연말소등기(소멸주의) 26회 출제

(1) 원칙

1) 매각부동산 위의 모든 저당권은 매각으로 소멸된다(법 제91조 제1항). 또한 지상권·지역권·전세권 및 등기된 임차권은 저당권·압류채권·가압류채권에 대항할 수 없는 경우에는 매각으로 소멸된다(동조 제2항).

2) 이와 같이 경매로 인해 당연히 말소되는 등기사항을 '당연말소등기'라고 한다. 즉, 당연말소등기란 매각(경락)으로 인해 당연히 말소되는 경매신청등기, 저당권등기, 「가등기담보 등에 관한 법률」에 의한 담보가등기, 가압류등기, 압류등기, 배당요구를 한 전세권등기를 의미한다.

3) 압류채권자에 우선하는 권리라 하여도 매각으로 소멸하는 권리에 대항할 수 없는 경우에는 매각으로 소멸한다.

(2) 가압류등기의 분석

1) 가압류등기는 선후에 관계없이 모두 말소되는 것이 원칙이다.

2) 또한 부동산에 대한 선순위가압류등기 후 가압류목적물의 소유권이 제3자에게 이전되고 그 후 제3취득자의 채권자가 경매를 신청하여 매각된 경우, 가압류채권자는 그 매각절차에서 당해 가압류목적물의 매각대금 중 가압류결정 당시의 청구금액을 한도로 배당을 받을 수 있고, 이 경우 종전 소유자를 채무자로 한 가압류등기는 말소촉탁의 대상이 될 수 있다.

권리분석의 중요성

① 저당권(근저당권 포함)과 압류(가압류 포함) 등은 경매로 모두 소멸한다.
② 그러나 임차권·유치권·법정지상권 등은 낙찰자에게 인수될 수 있으므로 권리분석을 하여야 한다.

(3) 가등기의 분석

1) 담보가등기가 경료된 부동산에 대하여 경매되면 담보가등기권리는 그 부동산의 매각에 의하여 소멸하므로, 당연말소등기 이전에 등기된 담보가등기도 선후에 관계없이 말소되나, 담보가등기가 아닌 가등기의 경우에는 경매신청·저당권등기나 경매로 소멸되는 압류·가압류등기 이전에 등기된 경우 말소되지 않는다.

2) 따라서 가등기에 대해서는 담보가등기인지 소유권이전청구권가등기인지 여부를 판단해야 한다. 등기부 등으로 판단이 되지 않을 때는, 채권자가 경매법원에 배당 요구를 했는지 여부를 조사해야 하며, 채권자가 배당을 요구를 했더라도 심사과정에서 담보가등기가 아닌 것으로 인정될 수 있음을 유의해야 한다(대판 1996.9.6. 95다51694, 대결 1988.3.24. 87마1270).

3) 또한 담보가등기임이 확인되더라도, 청산절차를 마친 것인지 여부를 확인해야 한다. 담보가등기가 경매신청등기나 저당권보다 선순위이며, 경매등기 전에 청산절차를 마친 경우는 사실상 소유권을 취득한 상태이므로 인수될 수 있다.

권리분석

1) 권리분석
인수되는 권리와 말소되는 권리가 무엇인지 파악하는 분석이다.

2) 말소기준권리
① 말소와 인수의 기준이 되는 권리이다.
② 말소기준권리보다 앞선 임차권은 인수된다.
③ 말소기준권리가 될 수 있는 권리는 다음의 4가지이다.
  ㉠ (근)저당
  ㉡ (가)압류
  ㉢ 담보가등기
  ㉣ 경매개시결정등기
④ 위 4가지 권리 중에서 가장 먼저 등기된 것이 말소기준권리가 된다.

저당권(말소기준권리)보다 앞선 선순위 임차권은 낙찰자에게 인수되므로 권리분석이 중요하다.

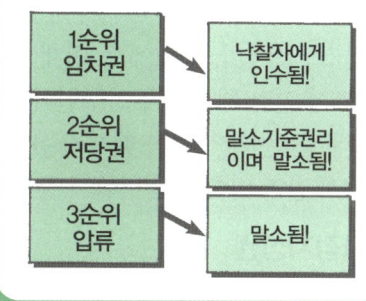

권리분석은 3차에 걸쳐서 진행되는데, 1차 권리분석이란 경매법원의 비치서류와 경매정보지를 통해서 하는 권리분석을 말한다.

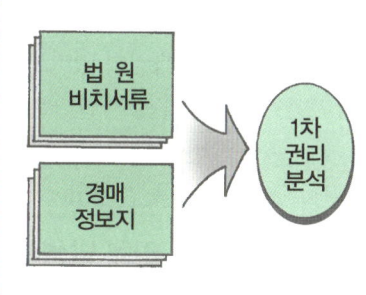

2차 권리분석이란 등기사항증명서·토지대장(또는 임야대장)·지적도(또는 임야도)·토지이용계획확인서·공시지가확인원 등을 가지고 하는 권리분석을 말한다.

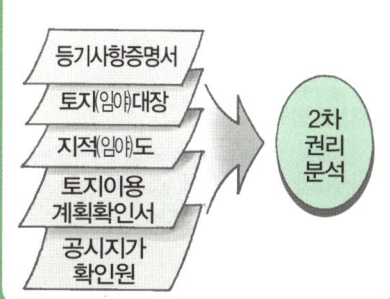

3차 권리분석이란 현장답사(임장활동)를 통한 최종분석을 말한다.

현장답사를 통해서 경매 부동산을 살펴보고 동시에 주민센터에 가서 세입자 현황을 파악한다.

Professor Comment
청산절차를 마쳤는지 여부는 가등기권자를 만나 알아보는 수밖에 없다.

2 매수자에게 인수되는 권리

매각기일 현재 대상 부동산에 존재하는 권리나 등기 중 다음과 같은 권리는 경매부동산의 매수자가 인수해야 된다. 따라서 경매투자자는 다음과 같은 인수권리나 등기가 있는지 여부를 사전에 판단해야 하며, 인수해야 할 권리가 있는 경우 이로 인한 경매부동산의 가치하락을 감안하여 입찰가격을 결정하거나 포기 여부를 판정해야 한다.

(1) 당연말소등기보다 앞선 지상권·지역권·전세권·환매등기·등기한 임차권·대항력 갖춘 주택 및 상가건물 임차권, 가처분등기, 전소유자의 소유권을 대상으로 한 가압류등기(인수조건)

(2) 법정지상권 및 관습법상 법정지상권, 분묘기지권, 관습법상의 권리(농작물의 소유권, 명인방법을 갖춘 수목의 집단, 명인방법을 갖춘 과실의 집단 등)

(3) 유치권
1) 매수인은 유치권자에게 그 유치권으로 담보하는 채권을 변제할 책임이 있다(민사집행법 제91조 제5항).
2) 「민사집행법」 제91조 제5항은 매수인은 유치권자에게 그 유치권으로 담보하는 채권을 변제할 책임이 있다고 규정하고 있는 바, 여기에서 '변제할 책임이 있다'는 의미는 부동산상의 부담을 승계한다는 취지로서 인적 채무까지 인수한다는 취지는 아니므로, 유치권자는 경락인에 대하여 그 피담보채권의 변제가 있을 때까지 유치목적물인 부동산의 인도를 거절할 수 있을 뿐이고 그 피담보채권의 변제를 청구할 수는 없다(대판 1996.8.23. 95다8713).

(4) 경매로 인해 발생하는 법정지상권

단락핵심 부동산 경매시 권리관계

(1) 매각부동산 위의 모든 저당권은 매각으로 소멸한다.
(2) 담보가등기권리는 그 부동산의 매각에 의하여 소멸된다.
(3) 전세권은 압류채권, 가압류채권에 대항할 수 없는 경우에는 매각으로 소멸된다.
(4) 유치권자는 매수인에 대하여 그 피담보채권의 변제가 있을 때까지 유치목적물인 부동산의 인도를 거절할 수 있을 뿐이고 그 피담보채권의 변제를 청구할 수는 없다.

3 권리 상호 간의 순위 판단기준

하나의 부동산에 동시에 인정되는 여러 가지 권리나 등기가 존재할 경우에는 다음과 같은 기준으로 판단한다.

(1) 소액보증금 중 일정금액과 임금채권
소액보증금 중 일정금액과 「근로기준법」상의 임금채권 중 일정금액은 최우선변제권이 있어 어떤 권리보다 우선한다.

(2) 국세 및 지방세와 그 가산금
집행목적물에 부과된 국세 및 지방세와 그 가산금(당해세)은 최우선변제권보다는 후순위이나, 기타 어떤 권리보다 우선한다.

(3) 등기의 전후
등기의 전후는 등기용지 중 동구에서 한 등기에 대하여는 순위번호에 의하고 별구에서 한 등기에 대하여는 접수번호에 의한다(부동산등기법 제4조).

(4) 부기등기의 순위
부기등기의 순위는 주등기의 순위에 의한다. 그러나 부기등기상호 간의 순위는 그 전후에 의한다.

(5) 가등기에 의한 본등기의 순위
가등기에 의한 본등기의 순위는 가등기의 순위에 의한다(부동산등기법 제5조).

(6) 임차인의 우선변제권과 등기된 권리의 순위
주택이나 상가건물 임차인의 우선변제권과 등기된 권리의 순위는 우선변제권의 발생일과 등기신청일을 비교하여 판단한다.

(7) 임차인의 대항력과 등기한 권리의 순위
주택이나 상가건물 임차인의 대항력과 등기한 권리의 순위는 대항력 발생일과 등기신청일을 기준으로 판단한다. 다만, 대항력 발생일과 등기신청일이 같을 경우 대항력이 우선한다.

▼ 경매배당 순위표 **17회 출제**

순위	배당채권	근거법령
1	① 강제집행 비용 ② 제3취득자의 비용상환청구권	①「민사집행법」제53조 ②「민법」제367조
2	①「주택임대차보호법」상 소액보증금 중 일정범위 ②「상가건물 임대차보호법」상 소액보증금 중 일정범위 ③「근로기준법」에서 정한 최종 3월분의 임금과 재해보상금, 근로자퇴직급여보장법상 최종 3년간 퇴직금	①「주택임대차보호법」제8조 ②「상가건물 임대차보호법」제14조 ③「근로기준법」제38조 제2항 및「근로자퇴직급여 보장법」제12조
3	국세 및 지방세 중 경매 부동산에 대하여 부과된 국세와 가산금 및 지방세와 가산금	①「국세기본법」제35조 ②「지방세법」제31조
4	우선변제권을 갖춘 채권(저당권,「주택·상가건물 임대차보호법」상 우선변제권 등) : 채권 상호 간의 우선순위에 따라 배당	「민사집행법」제91조 외
5	「근로기준법」에 의한 임금·퇴직금·재해보상금 기타 근로관계로 인한 채권 중 최우선변제 대상 채권을 제외한 채권	「근로기준법」제37조
6	①「국민건강보험법」에 의한 건강보험료와 징수금 ②「국민연금법」에 의한 연금보험료와 징수금 ③「산업재해보상보험법」에 의한 보험료와 징수금	①「국민건강보험법」제86조 ②「국민연금법」제98조 ③「산업재해보상보험법」제76조
7	우선변제권이 인정되지 않는 일반채권	「민사집행법」제91조 외

단락문제 Q02

법원경매로 인한 배당에서 가장 후순위를 가진 채권은?

① 제3취득자의 비용상환청구권
② 지방세 중 경매 부동산에 대하여 부과된 지방세와 가산금
③ 「국민연금법」에 의한 연금보험료와 징수금
④ 우선변제권을 갖춘 임차권
⑤ 「근로기준법」에 의한 임금·퇴직금·재해보상금 기타 근로관계로 인한 채권 중 최우선변제 대상 채권을 제외한 채권

해설 경매시 배당순위
앞의 배당순위 참조

정답 ③

4 효율적 권리분석 순서

경매투자자의 권리분석업무가 효율적으로 진행되기 위해서는 다음과 같은 절차를 거치는 것이 바람직하다.

(1) 당연말소등기 탐색

권리분석에서 가장 먼저 할 일은 당연말소등기가 되는 경매신청등기, 최초의 저당권등기와 최초의 담보가등기, 경매로 소멸되는 압류·가압류등기나 전세권등기 등을 찾는 작업이다.

(2) 당연말소등기 유효성 분석

당연말소등기 중 최우선 등기의 유효성을 분석한다. 만약, 대상 등기가 유효하지 않은 것으로 밝혀질 경우에는 그 다음 순위의 당연말소등기에 대한 유효성을 분석하는 방식으로 분석을 진행해야 할 것이다.

(3) 말소되지 않는 등기분석

당연말소등기의 등기신청일을 기준으로, 당연말소등기보다 선순위인 권리, 즉 매각(경락) 이후에도 인수되는 권리의 등기를 분석한다.

(4) 경매대상 권리분석

경매대상 부동산의 권리가 완전한 것인지 여부를 판단해야 한다. 아파트나 공동주택의 경우 대부분 대지 지분에 대한 권리가 없이 건물만 경매되는 경우가 발생한다.

(5) 임차권분석

1) 주택임차권
    ① 해당 번지 내 전입자 확인을 위한 주민등록등본 또는 초본을 통하여 당연말소등기보다 선순위의 대항력 있는 주택임차권을 분석한다. 특히, 빌딩의 일부가 주택이면 세심한 주의가 필요하다.
    ② 주택의 경우에는 임차인이 임대보증금이 얼마인지, 전입신고가 언제인지, 확정일자를 받았는지, 배당신청을 했는지를 상세히 조사해, 임차인이 대항력을 행사할 수 있는지 반드시 판단해야 한다.

Professor Comment
소액임차인제도는 최우선변제 대상으로 법원이 경락대금에서 배당하는 것이므로 경락자와는 직접적인 상관은 없다.

2) 상가건물임차권
    상가건물의 경우 해당 건물의 세입자 중 「상가건물 임대차보호법」에서 정한 보호대상 임차인이 있는지 여부와 각 임차인이 대항력이나 우선변제권, 최우선변제권을 갖추고 있는지 여부를 분석한다.

(6) 법정지상권 등의 분석

현장조사 및 등기부를 통하여 경매로 인해 발생되거나 인수해야 할 법정지상권 및 관습법상 지상권 등을 찾는다.

(7) 유치권분석

유치권은 등기부에 기재되지 않으므로 현장조사를 통하여 유치권 설정 여부를 확인한다.

(8) 관습법상 물권분석

현장조사를 통하여 분묘기지권이나 기타 관습법상의 권리(농작물의 소유권, 명인방법을 갖춘 수목, 명인방법을 갖춘 과실 등)를 찾는다.

> **단락핵심 권리분석**
>
> (1) 경매종결로 매수인에게 소유권이 이전되는 경우에 유치권, 예고등기 등은 소멸하지 않는다.
> (2) 전세권은 최고 선순위더라도 배당신청을 한 것은 매각으로 인하여 소멸된다.
> (3) 담보가등기가 최고 선순위 담보물권보다 앞서 설정되었다면 매각으로 소멸한다.
> (4) 배당받을 채권자가 매수인인 경우에는 자기가 매각대금으로부터 배당받을 금액과 법원에 납부할 금액의 채권상계 신청을 할 수 있다.

5 배당요구

(1) 배당요구를 하지 않아도 배당받는 권리자

1) 경매신청을 한 자
2) 이중경매신청을 한 자
3) 경매기입등기 전에 등기한 가압류채권자
4) 경매기입등기 전에 등기한 저당권자, 전세권자 및 등기된 임차권자로서 매각으로 인하여 소멸되는 권리자
5) 배당기일 전에 채권신고(교부신청)를 한 국세, 지방세 채권자

(2) 배당요구를 하여야만 배당받을 수 있는 권리자

1) 「주택임대차보호법」 또는 상가건물 「임대차보호법」에 의하여 최우선변제권이 인정되는 임차인
2) 「주택임대차보호법」 또는 「상가건물 임대차보호법」상에 정한 대항요건 및 우선변제권을 갖춘 임차인
3) 「근로기준법」에 의한 임금채권 중 최종 3개월간의 임금채권자 및 재해보상금채권자
4) 「근로자퇴직급여보장법」에 의한 최종 3년간의 퇴직금 채권자
5) 경매기입등기 후에 등기된 가압류채권자, 저당권자, 전세권자
6) 집행력 있는 판결정본, 가집행선고 있는 판결정본, 화해조서, 조정조서, 지급명령, 집행력 있는 공정증서 등의 집행권원을 가진 채권자

(3) 배당요구를 하여야 배당을 받을 수 있는 권리자는 배당요구의 종기까지 법원에 신고하여야 한다(민사집행법 제84조 제4항).

04 경매방법 ★★

20회 출제

부동산의 매각은 매각기일에 하는 호가경매, 매각기일에 입찰 및 개찰하게 하는 기일입찰 또는 입찰기간 이내에 입찰하게 하여 매각기일에 개찰하는 기간입찰의 3가지 방법으로 한다(법 제103조 제2항).

1 기일입찰(期日入札)

(1) 기일입찰에서 입찰은 매각기일에 입찰표를 집행관에게 제출하는 방법으로 하는 것으로(민사집행규칙 제62조), 기일입찰에서는 매각기일에 최고가매수신고인을 선정하게 되며, 최고가매수신고인이 되면 매각허가가 결정되고 잔금을 납부하면 그 부동산의 소유권을 넘겨받게 된다.

경매의 입찰방식(Ⅰ)

1) 의 의
경매에서의 부동산 매각방법을 말한다.

2) 종류(3가지)
① 기일입찰
② 기간입찰
③ 호가경매

입찰방식이란 경매에서의 부동산 매각방법을 말하는데, 입찰방식에는 ① 기일입찰, ② 기간입찰, ③ 호가경매의 3가지가 있다.

① 기일입찰은 매각기일에 입찰법정에서 입찰자들에게 입찰표에 입찰가격을 기재하여 봉합하여 제출하게 한 후

그 중에서 최고가(최저매각가격 이상이어야 함)로 입찰한 자에게 낙찰되게 하는 방식이다.

② 기간입찰이란 입찰기간을 정하여 그 기간 내에 입찰표를 직접 또는 우편으로 법원에 제출하게 한 후 매각기일에 최고가 입찰자에게 낙찰시키는 방식이다.

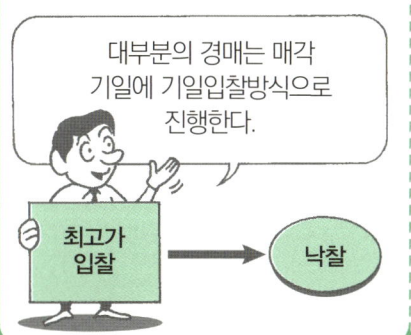

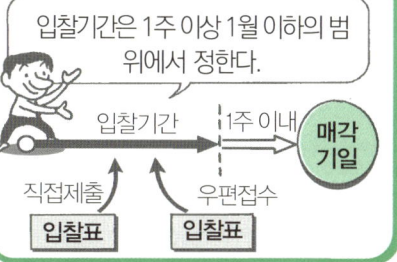

(2) 기일입찰의 입찰장소에는 입찰자가 다른 사람이 알지 못하게 입찰표를 적을 수 있도록 설비를 갖추어야 한다(동규칙 제61조 제1항).

(3) 같은 입찰기일에 입찰에 부칠 사건이 2건 이상이거나 매각할 부동산이 2개 이상인 경우에는 각 부동산에 대한 입찰을 동시에 실시하여야 한다. 다만, 법원이 따로 정하는 경우에는 그러하지 아니하다(동조 제2항).

2 기간입찰(期間入札)

기간입찰에서 입찰은 입찰표를 넣고 봉함을 한 봉투의 겉면에 매각기일을 적어 집행관에게 제출하거나 그 봉투를 등기우편으로 부치는 방법으로 한다(민사집행규칙 제69조). 기간입찰에서 입찰기간은 1주 이상 1월 이하의 범위 안에서 정하고, 매각기일은 입찰기간이 끝난 후 1주 안의 날로 정하여야 한다(동규칙 제68조).

Professor Comment
기간입찰에서는 입찰기간이 경과한 후 정해지는 매각기일 당일에 최고가매수신고인이 결정된다.

3 호가경매(呼價競賣)

(1) 부동산의 매각을 위한 호가경매는 호가경매기일에 매수신청의 액을 서로 올려가는 방법으로 한다(동규칙 제72조 제1항). 매수신청을 한 사람은 더 높은 액의 매수신청이 있을 때까지 신청액에 구속된다(동조 제2항).

(2) 집행관은 매수신청의 액 가운데 최고의 것을 3회 부른 후 그 신청을 한 사람을 최고가매수신고인으로 정하며, 그 이름과 매수신청의 액을 고지여야 한다(동조 제3항).

Professor Comment
나머지 절차는 기일입찰과 동일하다.

4 1기일 2입찰

기일입찰 또는 호가경매의 방법에 의한 매각기일에서 매각기일을 마감할 때까지 허가할 매수가격의 신고가 없는 때에는 집행관은 즉시 매각기일의 마감을 취소하고 같은 방법으로 매수가격을 신고하도록 최고할 수 있다(법 제115조 제4항). 매수가격 신고의 최고에 대하여 매수가격의 신고가 없어 매각기일을 마감하는 때에는 매각기일의 마감을 다시 취소하지 못한다(법 제115조 제5항).

Professor Comment
이때에는 저감하지 않는다.

제7장 부동산경매 및 공매

제2절 공 매

15회 출제

01 공매 개요

1 공매

(1) 광의로는 법률의 규정에 의거하여 공적 기관에 의해 강제적으로 행하여지는 매매로서 개인 간의 임의매매와 대립된다. 「민법」상의 강제집행의 수단으로서 행하여지는 경매도 광의의 공매의 범위에 포함된다.

(2) 협의로는 조세체납처분(租稅滯納處分)의 최종단계로서의 공매, 즉 재산환가처분(財産換價處分)을 뜻한다(국세징수법 제61조 이하). 협의의 공매의 특색은 조세징수권자에 의하여 행하여진다는 것과, 공매의 종결에 의하여 채무가 소멸된다는 것 등이다.

2 공매방식

대부분의 공매는 입찰매각 방식을 사용하고 있으며, 법원의 경매 역시 현재는 입찰의 방법으로 낙찰자를 결정하는 제도를 따르고 있다. 일반적으로 부동산시장에서 공매는 자산관리공사에서 시행하는 국세체납압류자산과 기타의 재산의 공매를 의미하고 있다.

경매의 입찰방식(Ⅱ)

공매는 「국세징수법」에 의하여 진행되고, 경매는 「민사집행법」에 의하여 진행된다.

③ 호가경매란 다수의 매수신고인이 모여 구두로 매수신청가격을 부르고, 최후의 입찰자 1인이 남을 때까지 호가를 올려부르는 방식으로 낙찰자를 결정하는 방식이다.

• 呼 : 부를 「호」
• 價 : 가격 「가」

↳ 호가경매 : 제일 높은 가격을 부를 때까지 하는 경매방식

기일입찰은 입찰자간 비밀이 유지되어 담합에 의한 가격하락을 방지할 수 있으나, 호가경매는 담합하여 가격하락의 부작용이 크다.

최근에는 기일입찰을 위주로 하며, 일부 기간입찰을 보조로 시행하고 있다.

기일입찰 / 기간입찰 / 호가경매

제3편 중개실무

02 국세징수법에 의한 공매 ★★

1 국세징수법

「국세징수법」은 국세(國稅)의 징수(徵收)에 관하여 필요한 사항을 규정하여 국세수입을 확보함을 목적으로(제1조) 1949년 12월 20일 법률 제82호로 공포된 법률로서, 체납처분된 국세의 압류와 압류된 부동산에 대하여 공매에 대한 절차를 규정하고 있다.

또한, 「지방세법」이나 「공인중개사법」 기타 법률에서 세금이나 과태료 등의 강제징수에 대해서는 「국세징수법」의 절차에 따르도록 규정하고 있다.

2 공매권자 (국가·지자체)

(1) 세무서장(稅務署長)은 압류(押留)한 동산·유가증권·부동산·무체재산권과 체납자에게 대위하여 받은 물건(통화는 제외)을 공매에 부친다.

(2) 세무서장은 압류한 재산의 공매에 전문지식이 필요하거나 기타 특수한 사정이 있어 직접 공매하기에 적당하지 아니하다고 인정되는 때에는 「금융회사부실자산 등의 효율적 처리 및 한국자산관리공사의 설립에 관한 법률」에 의하여 설립된 한국자산관리공사(韓國資産管理公社)로 하여금 이를 대행하게 할 수 있으며 이 경우의 공매는 세무서장이 한 것으로 본다(법 제61조).

단락문제 Q03 제15회 기출

「국세징수법」이나 「지방세법」에 근거한 압류부동산 공매 실시에 관한 설명 중 옳은 것은?

① 매수자 명의변경이 가능하다.
② 매수대금은 할부로 납부할 수 없다.
③ 법원경매절차를 거친 물건이므로 권리분석의 필요성이 적다.
④ 토지거래허가구역 내의 토지인 경우 토지거래허가가 면제되지 않는다.
⑤ 유찰시에는 다시 공매할 때마다 최초의 매각예정가격의 100분의 20에 해당하는 금액을 체감하여야 한다.

해설 압류부동산공매의 특징
① 매수자 명의변경이 불가능하다.
③ 「민사집행법」의 절차에 따르는 경매와 「국세징수법」의 절차에 따르는 공매는 다르다.
④ 토지거래허가구역 내의 토지인 경우 토지거래허가가 면제된다.
⑤ 유찰시에는 다시 공매할 때마다 최초의 매각예정가격의 100분의 10에 해당하는 금액을 체감한다.

정답 ②

03 한국자산관리공사에서의 공매 ★

1 의의

(1) 한국자산관리공사

한국자산관리공사(KAMCO)란 「금융회사부실자산 등의 효율적 처리 및 한국자산관리공사의 설립에 관한 법률」에 의거 설립된 법인체로서, 금융기관이 보유하는 부실재산의 효율적 정리를 촉진하고 부실징후기업의 경영 정상화 노력을 지원하여 금융기관 재산의 유동성과 건전성을 제고함으로써 금융산업 및 국민경제 발전에 이바지하기 위하여 설립된 부실채권 정리전문기관이다.

(2) 한국자산관리공사의 공매

한국자산관리공사의 공매는 국세압류재산과 유입자산, 수탁재산, 국유재산 등으로 구분하여 실시하며, 국세압류재산 중 500만원 미만의 재산을 제외한 모든 재산은 공매를 통해 처분하고 있다.

2 공매 대상 재산의 종류

(1) 유입자산

1) 유입자산
금융기관의 구조개선을 위해 법원경매를 통하여 자산관리공사 명의로 취득한 재산과 부실징후 기업체를 지원하기 위해 기업체로부터 취득한 재산을 일반인에게 다시 매각하는 부동산을 의미한다.

2) 고정재산
금융기관 구조조정과정에서 정리된 5개 정리은행의 보유재산을 취득하여 일반인에게 다시 매각하는 부동산이다.

3) 부실징후기업
부실징후기업이라 함은 금융기관 또는 금융기관으로 구성된 단체가 여신거래기업 중 경영상태가 불량하여 경영위기에 처하거나 부실화될 가능성이 있다고 판단하는 기업을 말한다.

(2) 수탁재산

1) 수탁재산이란 금융기관이나 기업체가 갖고 있는 비업무용 부동산을 한국자산관리공사 앞으로 처분을 의뢰한 재산을 의미한다. 수탁재산처분에서 자산관리공사는 대리인의 자격으로 업무를 취급한다.

2) 비업무용 자산은 다음의 자산을 의미한다(「금융회사부실자산 등의 효율적 처리 및 한국자산관리공사의 설립에 관한 법률」 제2조 제4호).

① 금융회사등이 부실채권을 변제받기 위하여 취득한 자산
② 금융회사등이 재무구조 개선 및 경영정상화 등을 위하여 매각하려는 자산으로서 대통령령이 정하는 것
③ 「법인세법」·「지방세법」 기타 법령에 의한 비업무용 자산

(3) 국유재산

1) 국유재산이란 한국자산관리공사가 국가소유 잡종재산의 관리와 처분을 위임받아 입찰의 방법(유찰계약도 병행함)으로 일반인에게 임대(또는 매각)하는 부동산으로, 주로 국세 물납으로 인해 취득한 잡종재산 중 재정경제부가 지정하는 부동산과 유가증권이다.
2) 「국유 일반재산의 위탁에 관한 규칙」에 의하면 기획재정부장관이 한국자산관리공사에 위탁한 국유 일반재산(위탁재산)의 관리·처분에 관하여는 국유재산 관계 법령 및 다른 법령에서 정하는 것을 제외하고는 이 규칙이 정하는 바에 의하도록 하고 있다.

3 한국자산관리공사 공매의 성격

(1) 압류재산, 유입자산, 수탁재산

압류재산 공매는 국세·지방세 등 세금을 체납하여 국가 또는 지방자치단체가 압류하여야 하는 공매로 이는 국가의 법집행인 법원의 경매와 매우 유사하나, 한국자산관리공사 및 금융기관 소유 부동산을 매각하는 유입자산과 수탁재산에 대한 공매는 개인 간의 매매와 법률적 성질이 동일하다.

(2) 법원경매와 다른 점

법원경매와 비교해볼 경우 매수자 입장에서는 그 대상이 모두 부동산이지만, 한국자산관리공사 또는 금융기관의 소유 부동산을 매각하는 것과 체납자 소유인 상태로 국가가 강제로 매각하는 것이 법원경매와 다르다. 기타 공매와 경매의 주요 차이점은 다음과 같다.

1) **압류재산과 법원경매의 차이점**

법률의 규정에 의한 강제매각이라는 점에서 절차 등이 매우 유사하나, 다음과 같은 차이점이 있다.
① 1회 유찰이 되면 법원경매의 경우 최저입찰가가 20% 하락하나, 압류재산은 10%만 하락한다.
② 대금납부기간은 법원경매의 경우 1개월 이내이나, 압류재산은 매각결정기일로부터 7일 이내이며 30일 한도로 연장 가능하다(1천만원 미만은 7일 이내이며, 1천만원 이상은 60일 이내이다).

2) **유입자산 및 수탁재산과 법원경매의 차이점**

한국자산관리공사에서 시행하는 유입자산이나 수탁재산은 다음과 같은 측면에서 법원경매와 차이가 있다.

① 한국자산관리공사에서 명도책임을 부담하는 경우가 많으나, 공매 참가자가 명도책임을 부담하는 경우도 있다.
② 유입자산과 수탁재산의 구입을 위한 조사는 일반적 부동산거래의 경우와 같은 것으로 볼 수 있는 것으로, 각 부동산마다 첨부된 부대조건 표시를 정확하게 이해해야 한다.

Professor Comment
일반적으로 유입자산과 수탁재산은 권리관계가 안전한 반면 가격이 일반 매매가와 큰 차이가 없는 단점이 있는 것으로 알려져 있다.

3) 기타 공매와 경매의 주요 차이점

구 분	자산관리공사 공매			법원경매
	압류재산	수탁재산	유입자산	
1) 부동산소유자	체납자	금융기관	한국자산관리공사	채무자 등
2) 유찰가격 인하 비율	10% 인하	10% 인하	-	20% 인하
3) 대금납부기한	매각결정일로부터 7일 이내 (30일 한도로 연장 가능)	6개월 또는 최고 5년	일시급 또는 최장 5년 기간 내 할부	1개월 이내
4) 명도책임	입찰자	금융기관 원칙	한국자산관리공사 원칙	입찰자
5) 매각방법	공 매	공매 후 수의계약 가능	공매 후 수의계약 가능	입 찰
6) 매수자 자격취득	매각결정		낙찰 후 5일 내 계약체결	매각허가
7) 대금납부 전 명의변경	불 가	가 능	가 능	불 가
8) 대금납부 전 점유사용	불 가	금융기관 승낙 필요	매수대금 1/3 납부 후	불 가
9) 토지거래허가	면 제	3회 이상 유찰시 면제	면 제	면 제

 **Q04** 제23회 기출

개업공인중개사가 부동산경매에 관하여 의뢰인에게 설명한 내용으로 옳은 것은?

① 기일입찰에서 매수신청의 보증금액은 매수신고가격의 10분의 1로 한다.
② 차순위매수신고는 그 신고액이 최고가매수신고액에서 그 보증액을 뺀 금액을 넘을 때에만 할 수 있다.
③ 매수인은 매각대금이 지급되어 법원사무관 등이 소유권이전등기를 촉탁한 때에 매각의 목적인 권리를 취득한다.
④ 매각허가결정이 확정되면 매수인은 법원이 정한 대금지급기일에 매각대금을 지급해야 한다.
⑤ 재매각절차에서 전(前)의 매수인은 매수신청할 수 있다.

해설 부동산경매
① 기일입찰에서 매수신청의 보증금액은 최저매각가격의 10분의 1로 한다.
③ 매수인은 매각대금을 완납한 때 매각의 목적인 권리를 취득한다.
④ 매각허가 결정이 확정되면 매수인은 법원이 정한 대금지급 기한 내에 매각대금을 지급해야 한다.
⑤ 재매각절차에서 전(前)의 매수인은 매수신청할 수 없다.

정답 ②

제3편 중개실무

제3절 법원경매 절차
25·28·30·31·35회 출제

01 법원경매의 진행 ★★★

부동산 경매절차는 강제경매와 임의경매의 두 절차가 있다. 다만, 그 절차에 있어서 큰 차이가 없으므로 여기서는 강제경매절차를 중심으로 설명한다.
경매절차는 대체로 목적물을 압류하여 환가한 다음 채권자의 채권을 변제하는 3단계의 절차로 진행되는 것이다.

단락문제 Q05
제15회 기출

법원경매의 진행절차이다. 각 ( )에 들어갈 내용을 순서대로 바르게 나열한 것은?

경매신청 및 경매개시 결정 → ( ) → ( ) → ( ) → ( ) → ( ) → 매각대금의 납부 → 소유권이전등기 등의 촉탁 → 부동산 인도 또는 명도

㉠ 매각허부결정 절차
㉡ 매각 및 매각결정기일의 지정·공고·통지
㉢ 배당요구의 종기결정 및 공고
㉣ 매각의 준비
㉤ 매각의 실시

① ㉣, ㉢, ㉠, ㉡, ㉤
② ㉢, ㉣, ㉡, ㉤, ㉠
③ ㉣, ㉢, ㉡, ㉠, ㉤
④ ㉢, ㉣, ㉠, ㉡, ㉤
⑤ ㉠, ㉣, ㉡, ㉤, ㉢

해설 법원경매의 진행절차
경매신청 및 경매개시 결정 → (배당요구의 종기결정 및 공고) → (매각의 준비) → (매각 및 매각결정기일의 지정·공고·통지) → (매각의 실시) → (매각허부결정 절차) → 매각대금의 납부 → 소유권이전등기 등의 촉탁 → 부동산 인도 또는 명도

정답 ②

Professor Comment
법원경매의 진행절차는 다음의 플로우 차트를 통하여 전체적인 절차를 이해하는 것이 가장 중요하다.

▼ 법원경매의 진행절차

1) 경매신청 경매개시결정
··· 채권자의 신청이 있으면 법원은 경매개시결정을 하여 목적부동산을 압류하고 관할 등기소에 경매개시결정의 기입등기를 촉탁하여 등기관으로 하여금 등기부에 기입등기를 하도록 한다. 경매개시결정 정본은 채무자에게 송달한다.

2) 배당요구 종기 결정 및 배당요구 종기 공고
··· (구)「민사소송법」에서는 낙찰기일까지 배당요구를 할 수 있었으나, 현행 「민사집행법」에서는 법원이 정한 배당요구의 종기까지만 배당요구를 할 수 있도록 하고 있다. 배당요구의 종기는 경매개시결정에 따른 압류의 효력이 생긴 때부터 1주일 내에 결정하되, 종기는 첫 매각기일 이전의 날로 정하게 된다.

3) 매각 준비
··· 환가의 준비절차로서 부동산의 현상, 점유관계, 차임 또는 보증금의 액수, 기타 현황에 관하여 조사를 명하고, 감정인에게 부동산을 평가하게 하여 그 평가액을 참작하여 최저매각가격(최저입찰가격)을 정한다.

4) 매각 및 매각결정 기일 지정, 공고, 통지
··· 담당판사의 판단에 따라 통상의 기일입찰방법과 일정기간의 입찰기간을 정하여 입찰을 실시하는 기간입찰방법 중 하나를 택하여 매각기일 등을 지정, 통지, 공고한다.

5) 매각 실시
··· ┌ 기일입찰: 집행관이 집행보조기관으로서 미리 지정된 기일, 장소에서 매각을 실시하여 최고가매수신고인 및 차순위매수신고인을 정한다.
└ 기간입찰: 매각기일에 입찰기간 동안 접수된 입찰봉투를 개봉하여 최고가매수신고인과 차순위매수신고인을 정한다.

6) 매각허부 결정
··· 법원은 매각결정기일에 이해관계인의 의견을 들은 후 매각허부 결정을 한다. 매각허부의 결정에 대하여 이해관계인은 즉시항고할 수 있다.

7) 매각대금 납부
··· 매각허가결정이 확정되면 법원은 대금지급기한을 지정하므로, 정해진 기한 내에 언제든지 대금을 납부할 수 있다.

8) 배당
··· 매수인이 매각대금을 완납하면 법원은 배당기일을 정하여 이해관계인과 배당을 요구한 채권자에게 통지하여 배당을 한다.

9) 소유권이전 등기 촉탁
··· 매수인이 대금을 완납하면 부동산의 소유권을 취득하므로, 집행법원은 매수인이 필요서류를 제출하면 매수인을 위하여 소유권이전등기, 매수인이 인수하지 아니하는 부동산상의 부담의 말소등기를 등기관에 촉탁하게 된다.

10) 부동산인도 명령
··· 매수인은 매각허가결정이 선고된 후에는 매각부동산의 관리명령을 신청할 수 있고 대금완납 후에는 인도명령을 신청할 수 있다.

02 법원경매 참가절차 ★

18·25회 출제

법원경매는 크게 기일입찰과 기간입찰로 구분되는 것으로, 여기에서는 가장 일반적인 기일입찰을 기준으로 설명한다.

1) 매각공고	인터넷, 신문 및 법원 게시판(입찰공고 14일 전)
2) 매각물건명세서열람	해당 지방법원 경매계(입찰 1주일 전) (매각물건명세서, 임대차조사서, 시가감정서)
3) 물건조사 및 현장조사	권리분석, 주택임대차 현황조사, 시세파악 (등기사항증명서, 토지이용계획확인서, 토지대장, 지적도, 건축물대장)
4) 입찰참여 결정	위험성 및 위험비용 분석, 적정매수가격 결정, 적정경매시기 결정
5) 변경사항 확인	매각물건명세서 정정·변경사항 최종 점검
6) 입찰참여	일 시 : 일찰기일 오전 10시 시작 장 소 : 경매대상물 소재 경매법원 순 서 : 입찰표 작성 → 입찰함에 투입 → 입찰마감
7) 최고가 매수인 선정	개찰 및 최고가매수인선정
8) 매각허가	경매법정(7일 이내)
9) 대금납부	현금 또는 수표로 납부(1개월 이내)
10) 등기촉탁	소유권이전등기 매수인이 인수하지 아니한 부동산 위의 부담의 기입의 말소등기 경매개시결정등기 말소등기
11) 인도 및 명도(입주)	일반적으로 낙찰 후 3개월 내지 6개월 정도 소요

제7장 부동산경매 및 공매

1 매각기일공고(입찰공고)

법원은 매각기일(기간입찰의 방법으로 진행하는 경우에는 입찰기간의 개시일)의 2주 전까지 공고하여야 한다(법 제106조 및 동규칙 제56조).

2 매각물건명세서 등의 열람

(1) 매각물건명세서 등의 법원비치

1) 매각물건명세서·현황조사보고서 및 평가서의 사본은 매각기일(기간입찰의 방법으로 진행하는 경우에는 입찰기간의 개시일)마다 그 1주 전까지 법원에 비치하여야 한다.
2) 다만, 법원은 상당하다고 인정하는 때에는 매각물건명세서·현황조사보고서 및 평가서의 기재내용을 전자통신매체로 공시함으로써 그 사본의 비치에 갈음할 수 있다(규칙 제55조).

(2) 법원은 매각물건명세서·현황조사보고서 및 평가서의 사본을 법원에 비치하여 누구든지 볼 수 있도록 하여야 한다.

경매개시결정

1) 경매개시결정
법원(판사)이 경매개시결정을 하면 해당 부동산에 대한 압류의 효력이 발생한다.

2) 매수자
경매부동산이 매각되면 낙찰자는 법원에 매각대금을 납부하고 해당부동산의 소유권을 이전받는다.

경매개시결정이란 집행법원이 경매신청서와 첨부서류를 심사한 결과, 그 신청이 적법하다고 인정되면 경매를 진행하겠다는 결정을 말한다.

경매개시결정은 경매신청접수일로부터 2일 내에 해야 한다.

경매개시결정은 일정한 사항을 기재하고 판사가 서명(또는 기명)·날인한다.

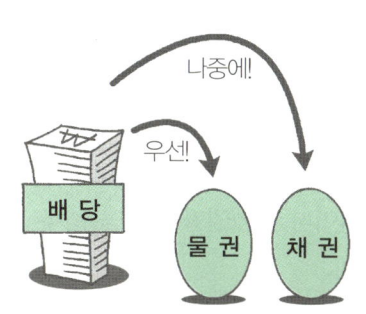

배당이란 매각대금을 등기순서에 따라 채권자 등에게 나눠주는 것을 말한다.

채권자 등은 배당요구의 종기까지 배당요구를 할 수 있으며, 배당요구를 하지 않을 경우 등기사항증명서 등의 서류에 따라 배당액을 계산한다.

배당요구의 종기 이전에는 배당요구를 철회할 수 있으나, 종기 이후에는 철회할 수 없다.

3 대상물 조사

(1) 경매대상물의 권리분석
경매대상물에 대해서는 반드시 철저한 권리분석이 필요하며, 권리분석을 소홀히 할 경우 대상 경매물건을 인도받지 못하거나 나중에 대상부동산에 대한 소유권까지 상실되는 사례가 발생될 수 있다.

(2) 권리분석 소홀로 인한 문제발생
입찰대금을 입금하고도 가처분이나 가등기, 전세권, 지상권 등 등기부상의 권리가 말소되지 않고, 단 하나라도 인수받을 경우 이런 문제가 발생될 수 있다.

Professor Comment
이들 권리를 분석하기 위한 경매대상물의 조사는 서류조사와 현장조사로 구분되며, 그 조사사항은 부동산중개대상물 조사와 거의 유사하다.

4 입찰참가 여부 결정

경매부동산 투자자는 올바른 경매투자가 실현되기 위해서 다음과 같은 사항을 분석하는 것이 필수적이다.

(1) 위험성을 판단해 경매진행여부 및 적정 경락가격 판정
권리분석을 위한 조사된 결과를 종합하여 매각(경락) 이후 인수되는 권리 및 등기 등의 내용을 정리하고, 이로 인한 위험성의 정도를 판단해 경매를 진행할 것인가의 여부 및 적정 경락가격을 판정한다.

(2) 소유권 상실가능성이 있는 대상물에 입찰참가 여부
예고등기나 소멸되지 않는 가압류등기와 같이 인수되는 권리로 인해 매각(경락) 후 소유권이전등기를 받더라도 언젠가는 대상 부동산의 소유권을 상실할 가능성이 있다면 당연히 대상물의 입찰에 참가하지 않아야 한다.

(3) 소유권이 제한될 경우 경매참여의 목적달성 가능여부판단
인수되는 권리로 인해 소유권이 제한될 경우 경매참여의 목적달성 가능 여부를 판단해야 한다. 예를 들어 지상권을 인수받을 경우 해당 지상권의 약정기간이 경과할 때까지 장기간 대상 부동산을 이용하지 못한다.

(4) 인수되는 권리로 인한 금전적 손실액 판단
인수되는 권리로 인해 금전적 손실이 발생할 경우에는 손실액을 판단해야 한다. 예를 들어 대항력을 갖춘 주택임차인이나 전세권자가 있을 경우 그 보증금반환의무를 경락자가 부담해야 한다.

Professor Comment

매각(경락) 이후에 인수되는 등기나 권리가 있는 경우에는 이를 인정하고도 경매참여의 목적을 달성할 수 있다고 판단된 이후에 경매에 참여해야 할 것이다.

(5) 농지 또는 토지거래허가구역 내의 토지의 경매

1) 농지의 경매
① 경매목적물이 농지인 경우에는 최고가매수신고인 등은 매각결정기일까지 농지소재지 관서의 농지취득자격증명을 집행법원에 제출하여야 경락허가를 받을 수 있다(등기선례 4-660).
② 농지를 낙찰받은 최고가매수인은 집행관으로부터 「농지입찰사실증명」을 발급받아 농지소재지 관서에 신청하여 「농지취득자격증명」을 발급받아 매각결정기일까지 법원에 제출하여야 한다. 만일 이를 제출하지 않으면 매각불허가결정되고 매수신청보증금은 회수할 수 없게 된다.

2) 토지거래허가구역 내의 토지의 경매
민사집행법에 의한 경매의 경우에는 「부동산거래신고 등에 관한 법률」 제11조(토지거래계약에 관한 허가)의 규정을 적용하지 아니한다. 즉 이 경우에는 토지거래계약에 관한 허가 없이 당해 토지를 취득할 수 있다.

5 입찰참가

(1) 경매참가 자격

입찰에는 원칙적으로 누구나 참여할 수 있으나, 다음의 경우에는 경매의 참가가 제한된다.

1) 채무자
2) 매각절차에 관여한 집행관 및 그 친족(4촌 이내)
3) 매각 부동산을 평가한 감정인(감정평가법인이 감정인인 때에는 그 감정평가법인 또는 소속 감정평가사) 및 그 친족(4촌 이내)
4) 동일사건의 재매각에 있어서 매수허가를 받았으나 대금지급 기한까지 대금을 지급하지 않은 매수인
5) 매각장소의 질서유지

집행관은 다음 중 어느 하나에 해당한다고 인정되는 사람에 대하여 매각장소에 들어오지 못하도록 하거나 매각장소에서 내보내거나 매수의 신청을 하지 못하도록 할 수 있다(법 제108호).
① 다른 사람의 매수신청을 방해한 사람
② 부당하게 다른 사람과 담합하거나 그 밖에 매각의 적정한 실시를 방해한 사람

③ ① 또는 ②의 행위를 교사(敎唆)한 사람
④ 민사집행절차에서의 매각에 관하여 공무집행방해(형법 제136조)·위계에 의한 공무집행방해(제137조)·공무상비밀표시무효(제140조)·부동산강제집행효용침해(제140조의2)·공무상보관물의 무효(제142조)·경매, 입찰의 방해(제315조) 및 제37장 권리행사를 방해하는 죄(제323조 내지 제327조)에 규정된 죄로 유죄판결을 받고 그 판결확정일부터 2년이 지나지 아니한 사람

(2) 기일입찰에서의 입찰진행과정   15·16회 출제

1) **입찰법정 참가**
   매각물건명세서 정정·변경사항 확인(빨간색으로 취하, 변경, 연기 등이 기재되어 있음)

2) **최종확인**
   변경된 권리관계 확인(등기사항증명서, 입찰물건명세서, 임대차조사서, 감정평가서 등 열람)

3) **교부**
   입찰표, 입찰보증금 봉투, 입찰대봉투

4) **기재**
   기재대에서 입찰표, 봉투기재, 입찰대봉투를 기재

5) **봉함**
   입찰대봉투에 입찰표와 보증금 봉투를 넣고 봉함

6) **투함**
   일련번호를 부여받은 후 수취증을 떼고 입찰봉투만 투함

7) **입찰 마감**

8) **개찰 및 최고가매수신고인, 차순위매수신고인 선정**

9) **보증금 영수증 교부**
   낙찰되지 않은 경우 입찰자용 수취증과 주민등록증 제시, 입찰표의 보증금반환란에 서명날인 후 입찰보증금반환

10) **서명날인**
    최고가매수신고인 및 차순위매수신고인과 출석한 이해관계인

(3) 입찰참가 유의사항

경매투자자는 기입입찰참가의 경우 다음과 같은 사항에 유의해야 한다.

1) 통상 입찰에는 1시간 정도 시간이 주어지나, 일단 제출된 입찰표 등은 취소, 변경이나 교환이 불가능하므로, 시간 여유를 갖고 입찰표 등을 작성하여 제출하는 것이 바람직하다.

2) 입찰표와 입찰보증금봉투, 입찰봉투는 반드시 물건마다 별도의 용지를 사용해야 한다. 다만, 일괄입찰시에는 1매의 용지를 사용한다.

3) 입찰표의 기재는 입찰법정 안에 칸막이가 되어 있는 입찰표 기재대를 이용하는 것이 바람직하다. 여기에는 입찰표 및 입찰봉투의 견본, 필기도구, 풀, 스테이플러 등이 비치되어 있다.

4) 대리인의 위임장이나 인감증명, 자격증명서(법인의 등기부등·초본) 등은 입찰표에 첨부해야 한다. 입찰자 본인과 대리인의 주소, 성명이 기입되어 있으나 위임장이 첨부되어 있지 아니한 경우 본인의 입찰로서 개찰에 포함시키게 되므로 주의해야 한다.

5) 공동으로 입찰하는 경우에는 각자의 지분을 표시하여 입찰표와 함께 제출하고, 입찰표 본인란의 성명, 주민등록번호, 주소 등은 별지로 첨부하고 간인해야 한다.

Professor Comment
집행관의 허가를 받을 필요는 없다.

6) 입찰보증금은 입찰보증금봉투(흰색 작은 봉투)에 넣고 풀칠해서 봉한다. 보증금봉투의 앞면에는 사건번호, 물건번호, 제출자의 성명을 기입하고 도장을 날인한다. 대리인의 경우 제출자 성명란에 대리인의 성명을 기입하고 대리인의 도장을 날인한다. 보증금봉투의 뒷면의 날인의 표시(인)가 있는 곳에도 날인해야 한다.

6 기타 절차 22·29회 출제

(1) 최고가매수신고인 결정

1) 최고가매수신고를 한 사람이 둘 이상인 때에는 집행관은 그 사람들에게 다시 입찰하게 하여 최고가매수신고인을 정한다. 이 경우 입찰자는 전의 입찰가격에 못 미치는 가격으로는 입찰할 수 없다.

2) 이 경우 다시 입찰하는 경우에 입찰자 모두가 입찰에 응하지 아니하거나(전의 입찰가격에 못 미치는 가격으로 입찰한 경우에는 입찰에 응하지 아니한 것으로 봄) 두 사람 이상이 다시 최고의 가격으로 입찰한 때에는 추첨으로 최고가매수신고인을 정한다(규칙 제66조 참조).

(2) 차순위매수신고 23·27회 출제

최고가매수신고인 외의 매수신고인 중 그 신고액이 최고가매수신고액에서 그 보증액을 뺀 금액을 넘는 매수신고인은 매각기일을 마칠 때까지 집행관에게 최고가매수신고인이 대금지급기한까지 그 의무를 이행하지 아니하면 자기의 매수신고에 대하여 매각을 허가하여 달라는 취지의 신고(차순위매수신고)를 할 수 있다(법 제114조 참조).

단락문제 Q06
제28회 기출

다음 ( )에 들어갈 금액으로 옳은 것은?

> 법원에 매수신청대리인으로 등록된 개업공인중개사 甲은 乙로부터 매수신청대리의 위임을 받았다. 甲은 법원에서 정한 최저매각가격 2억원의 부동산 입찰(보증금액은 최저매각가격의 10분의 1)에 참여하였다. 최고가매수신고인의 신고액이 2억 5천만원인 경우, 甲이 乙의 차순위매수신고를 대리하려면 그 신고액이 ( )원을 넘어야 한다.

① 2천만
② 2억
③ 2억 2천만
④ 2억 2천 5백만
⑤ 2억 3천만

해설 차순위매수신고
차순위매수신고의 자격은 최고가 매수신고인이 써낸 금액에서 보증금을 뺀 금액을 넘을 때만 할 수 있으므로(민사집행법 제114조 제2항) 2억 5천만원에서 보증금 2천만원을 빼면 2억 3천만이 넘어야 한다. **정답** ⑤

(3) 매각결정

1) 매각결정기일은 매각기일부터 1주 이내로 정하여야 한다(법 제109조 제1항). 법원은 매각결정기일에 출석한 이해관계인에게 매각허가에 관한 의견을 진술하게 하여야 한다(법 제120조 제1항).

2) 매각을 허가하거나 허가하지 아니하는 결정은 선고하여야 하며, 그 결정은 확정되어야 효력을 가진다(법 제126조 참조).

(4) 매각대금납부

1) 매각허가결정이 확정되면 법원은 대금의 지급기한을 정하고, 이를 매수인과 차순위 매수신고인에게 통지하여야 하며, 매수인은 대금지급기한까지 매각대금을 지급하여야 한다(법 제142조 참조).

차순위매수신고의 방법

차순위매수신고는 당해 경매사건이 종결되기 전에 입찰법정에서 집행관에게 '구두'로 '차순위매수신고 의사가 있음'을 말하면 된다.

차순위매수신고란 최고가매수인(낙찰자)이 매각대금을 납부하지 않을 경우 차순위매수신고인에게 매각(낙찰)을 해 달라는 취지의 신고를 말한다.

차순위매수신고인이 되려면 그 신고액이 최고가매수신고액에서 그 보증액을 뺀 금액을 넘는 금액을 신고한 자 중에서 신고한 매수가격이 가장 높은 자이어야 한다.

- 최저매각가격: 1억원
- 입찰보증금: 1천만원(1억의 10%)
- 최고입찰가격: 1억 2천만원

↳ 차순위 매수자격 계산
= 최고입찰가격 − 입찰보증금
= 1억 2천만원 − 1천만원
= 1억 1천만원
→ 1억 1천만원 초과이면 차순위매수인 자격 있음!

2) 대금지급기한은 매각허가결정이 확정된 날부터 1월 안의 날로 정하여야 한다. 다만, 경매사건기록이 상소법원에 있는 때에는 그 기록을 송부받은 날부터 1월 안의 날로 정하여야 한다(규칙 제78조).
3) 차순위매수신고인은 매수인이 대금을 모두 지급한 때 매수의 책임을 벗게 되고 즉시 매수신청의 보증을 돌려 줄 것을 요구할 수 있다(동조 제6항).
4) 매수인은 매각대금을 다 낸 때에 매각의 목적인 권리를 취득한다(법 제135조).
5) 매수인이 대금지급기한까지 그 의무를 완전히 이행하지 아니하였고, 차순위매수신고인이 없는 때에는 법원은 직권으로 부동산의 재매각을 명하여야 하며, 매수인이 재매각기일의 3일 이전까지 대금, 그 지급기한이 지난 뒤부터 지급일까지의 대금에 대한 대법원규칙이 정하는 이율에 따른 지연이자와 절차비용을 지급한 때에는 재매각절차를 취소하여야 한다. 이 경우 차순위 매수신고인이 매각허가결정을 받았던 때에는 위 금액을 먼저 지급한 매수인이 매매목적물의 권리를 취득한다(법 제138조 참조).

🧑 인도명령 대상자

① 원소유자, 채무자 또는 경매개시결정일 이후의 점유자
② 원소유자와 채무자의 일반승계인(상속 또는 증여를 받은 사람)
③ 채무자의 동거가족·근친관계·피고용인
④ 채무자가 법인일 경우 같은 법인의 점유보조자
⑤ 채무자와 공모하여 집행을 방해할 목적으로 점유한 자

* 점유자가 매수인에게 대항할 수 있는 권원을 가진 경우는 예외

(5) 소유권이전등기 등의 촉탁

매각대금이 지급되면 법원사무관등은 매각허가결정의 등본을 붙여 다음의 등기를 촉탁하여야 하며, 등기에 드는 비용은 매수인이 부담한다(법 제144조).

1) 매수인 앞으로 소유권을 이전하는 등기
2) 매수인이 인수하지 아니한 부동산의 부담에 관한 기입을 말소하는 등기
3) 법 제94조 및 제139조 제1항의 규정에 따른 경매개시결정등기를 말소하는 등기

(6) 인도명령 및 명도소송

1) 인도명령의 대상

인도명령의 대상자는 채무자, 소유자 또는 부동산의 점유자이다.

Professor Comment

매수인에게 대항할 수 있는 권원을 가지지 못한 자도 인도명령의 대상이 되나, 매수인에게 대항할 수 있는 정당한 권원을 가진 자는 인도명령의 대상이 아니다.

2) 신청요건

대금을 납부한 후 6월 내에 매수인(경락인)이 신청해야 한다.

3) 인도명령의 실행방법

낙찰자는 인도명령 정본을 집달관에게 제출하여 인도명령의 실행을 요구해야 한다. 인도명령실행을 위한 강제인도 시 인도에 필요한 노동력은 낙찰자가 조달해야 한다.

4) 명도소송

명도소송은 대상부동산을 점유할 권원이 없는 자에 대하여 대상부동산의 점유를 이전할 것을 청구하는 소송으로서, 법원경매에서는 인도명령의 요건을 갖추지 못한 경우 활용된다. 예를 들어 매수인이 대금을 낸 뒤 6월이 경과된 이후에 활용될 것이다.

인도명령의 신청

① 대금납부 후 6개월 이내에 신청하여야 한다.
② 대금납부 후 6개월이 넘으면 명도소송을 해야 한다.

인도명령이란 낙찰된 부동산의 점유자(대항력 없는 점유자임)로 하여금 낙찰자에게 부동산을 인도하라고 법원이 명하는 것을 말한다.

낙찰자는 대금을 납부한 후에 점유자에게 부동산에 대한 인도를 요구할 수 있으며, 점유자(대항력 없는 점유자로서 원소유자, 채무자 등)가 인도를 거부한 경우 점유자를 상대로 법원에 인도명령을 신청할 수 있다.

단락핵심 경매절차

(1) 매각허가결정이 확정되면 법원은 대금지급기한을 정하여 매수인과 차순위 매수신고인에게 통지하고, 매수인은 그 기한까지 매각대금을 지급하여야 한다.
(2) 「주택임대차보호법」에 의거하여 우선변제권을 갖춘 주택임차인은 최초 매각기일 전까지 배당요구를 하여야 한다.
(3) 매각허가를 받은 매수인이 법원에서 통지받은 대금지급기한 이전에 매각대금을 전부 납부하면 소유권을 취득한다.
(4) 부동산 매각의 법원경매는 기일 입찰제, 기간 입찰제와 1기일 2회 입찰제제도, 호가경매제가 있다.
(5) 경매개시결정 이전에 전입한 임차인이라면 경락인에게 대항하지 못할 경우 인도명령의 대상이 된다.

단락문제 007
제26회 기출

개업공인중개사가 「민사집행법」에 따른 경매에 대해 의뢰인에게 설명한 내용으로 옳은 것은?

① 기일입찰에서 매수신청인은 보증으로 매수가격의 10분의 1에 해당하는 금액을 집행관에게 제공해야 한다.
② 매각허가결정이 확정되면 법원은 대금지급기일을 정하여 매수인에게 통지해야 하고 매수인은 그 대금지급기일에 매각대금을 지급해야 한다.
③ 민법·상법 그 밖의 법률에 의하여 우선변제청구권이 있는 채권자는 매각결정기일까지 배당요구를 할 수 있다.
④ 매수인은 매각부동산 위의 유치권자에게 그 유치권으로 담보하는 채권을 변제할 책임이 없다.
⑤ 매각부동산 위의 전세권은 저당권에 대항할 수 있는 경우라도 전세권자가 배당요구를 하면 매각으로 소멸된다.

해설 경매실무
① 기일입찰에서 매수신청인은 보증으로 최저매각가격의 10분의 1에 해당하는 금액을 집행관에게 제공해야 한다.
② 매각허가결정이 확정되면 법원은 대금지급기한을 정하여 매수인에게 통지해야 하고 매수인은 그 대금지급기한에 매각대금을 지급해야 한다.
③ 민법·상법 그 밖의 법률에 의하여 우선변제청구권이 있는 채권자는 배당요구의 종기일까지 배당요구할 수 있다.
④ 매수인은 매각부동산 위의 유치권자에게 그 유치권으로 담보하는 채권을 변제할 책임이 있다.

정답 ⑤

제3편 중개실무

제4절 공인중개사의 매수신청대리인 등록 등에 관한 규칙 등 ★★

[17·18·25·31·34·35회 출제]

01 총 칙

Professor Comment
민사집행법상 경매에 대한 대리업무 이외에는 매수신청대리등록을 하지 않고도 할 수 있다.

1 개 설 [26회 출제]

(1) 「공인중개사법」에 의한 개업공인중개사의 매수신청 또는 입찰신청의 대리

「공인중개사법」제14조 제2항에 의거 개업공인중개사는 「민사집행법」에 의한 경매 및 「국세징수법」그 밖의 법령에 의한 공매대상 부동산에 대한 권리분석 및 취득의 알선과 매수신청 또는 입찰신청의 대리를 할 수 있다.

(2) 개업공인중개사가 경매대상 부동산의 매수신청 또는 입찰신청의 대리를 하고자 하는 경우

이에 따라 개업공인중개사가 「민사집행법」에 의한 경매대상 부동산의 매수신청 또는 입찰신청의 대리를 하고자 하는 때에는 대법원규칙이 정하는 요건을 갖추어 법원에 등록을 하고 그 감독을 받아야 한다(법 제14조 제3항).

(3) 개업공인중개사의 법원경매대상 부동산의 매수신청대리를 위한 법원등록절차 등의 규정

대법원규칙 제1980호로 2005.12.29. 공포된 「공인중개사의 매수신청대리인 등록 등에 관한 규칙」과 이 "규칙"이 위임한 사항 및 그 시행에 관하여 필요한 사항을 규정함을 목적으로 한 「공인중개사의 매수신청대리인 등록 등에 관한 예규」를 두었다.

2 목 적

(1) 「공인중개사의 매수신청대리인 등록 등에 관한 규칙」의 목적

「공인중개사의 매수신청대리인 등록 등에 관한 규칙」은 「공인중개사법」(이하 "법"이라 함)이 대법원규칙에 위임한 개업공인중개사의 매수신청대리인 등록 및 감독에 관한 사항과 그 시행에 관하여 필요한 사항을 규정함을 목적으로 한다(규칙 제1조).

(2) 「공인중개사의 매수신청대리인 등록 등에 관한 예규」의 목적

「공인중개사의 매수신청대리인 등록 등에 관한 예규」는 「공인중개사의 매수신청대리인 등록 등에 관한 규칙」(이하 "규칙"이라 함)이 위임한 사항 및 그 시행에 관하여 필요한 사항을 규정함을 목적으로 한다(예규 제1조).

3 매수신청대리권의 범위 24회 출제

법원에 매수신청대리인으로 등록된 개업공인중개사가 매수신청대리의 위임을 받은 경우 다음의 행위를 할 수 있다(규칙 제2조).

(1) 「민사집행법」 제113조의 규정에 따른 매수신청 보증의 제공
(2) 입찰표의 작성 및 제출
(3) 「민사집행법」 제114조의 규정에 따른 차순위매수신고
(4) 「민사집행법」 제115조 제3항, 제142조 제6항의 규정에 따라 매수신청의 보증을 돌려 줄 것을 신청하는 행위
(5) 「민사집행법」 제140조의 규정에 따른 공유자의 우선매수신고
(6) (구) 「임대주택법」 제22조의 규정에 따른 임차인의 임대주택 우선매수신고
(7) 공유자 또는 임대주택 임차인의 우선매수신고에 따라 차순위매수신고인으로 보게 되는 경우 그 차순위매수신고인의 지위를 포기하는 행위

Professor Comment
위의 대리행위 이외의 사항을 대리한 경우 변호사법 위반이 된다.

단락문제 Q08 제24회 기출

「공인중개사의 매수신청대리인 등록 등에 관한 규칙」상 매수신청대리인으로 등록된 개업공인중개사가 매수신청대리의 위임을 받아 할 수 없는 행위는?

① 입찰표의 작성 및 제출
② 매각기일변경신청
③ 「민사집행법」에 따른 차순위매수신고
④ 「민사집행법」에 따른 매수신청 보증의 제공
⑤ 「민사집행법」에 따른 공유자의 우선매수신고

해설 매수신청대리등록에관한 대법원 규칙상 대리권의 범위(규칙 제2조)
법원에 매수신청대리인으로 등록된 개업공인중개사가 매수신청대리의 위임을 받은 경우 다음의 행위를 할 수 있다.
1) 「민사집행법」 제113조의 규정에 따른 매수신청 보증의 제공
2) 입찰표의 작성 및 제출
3) 「민사집행법」 제114조의 규정에 따른 차순위매수신고
4) 「민사집행법」 제115조 제3항, 제142조 제6항의 규정에 따라 매수신청의 보증을 돌려 줄 것을 신청하는 행위
5) 「민사집행법」 제140조의 규정에 따른 공유자의 우선매수신고
6) (구) 「임대주택법」 제22조의 규정에 따른 임차인의 임대주택 우선매수신고
7) 공유자 또는 임대주택 임차인의 우선매수신고에 따라 차순위매수신고인으로 보게 되는 경우 그 차순위매수신고인의 지위를 포기하는 행위

정답 ②

4 매수신청대리의 대상물

(1) 이 규칙에 의한 매수신청대리의 대상물은 다음과 같다(규칙 제3조).
  1) 토지
  2) 건물 그 밖의 토지의 정착물
  3) 「입목에 관한 법률」에 따른 입목
  4) 「공장 및 광업재단 저당법」에 따른 공장재단 및 광업재단

(2) 따라서 개업공인중개사는 모든 중개대상물에 대한 법원경매물건의 경매에서 매수신청대리인으로서의 업무를 수행할 수 있을 것이다.

(3) 반면에 상기 물건 이외의 경매물건에 대해 매수신청대리업무나 권리분석, 취득알선 업무를 할 경우에는 「변호사법」 위반으로 처벌받을 수 있음을 유의해야 한다.

매수신청대리

① 공인중개사법에 의해 일정요건을 갖춘 개업공인중개사는 매수신청대리를 할 수 있다.

② 개업공인중개사가 매수신청대리인으로 등록한 경우 중개사무실에 ㉠ 등록증, ㉡ 매수신청대리등 수수료표, ㉢ 보증설정서류 등을 게시해야 한다.

매수신청대리란 경매부동산의 입찰신청을 대리하는 것을 말한다.

일반인 →(위임)→ 개업공인중개사 →(매수신청대리)→ 경매부동산

개업공인중개사가 매수신청대리를 하려면 중개사무소 소재지를 관할하는 지방법원의 장에게 매수신청대리인 등록을 하여야 한다.

개업공인중개사 →(매수신청대리인 등록)→ 지방법원

매수신청대리인 등록요건은 ① 개업공인중개사이거나 법인인 개업공인중개사일 것, ② 중개사무소 개설등록을 하였을 것, ③ 부동산경매에 관한 실무교육을 이수하였을 것, ④ 보증설정을 하였을 것 등이다.

개업공인중개사 — 실무교육, 보증설정

보증설정은 보증보험이나 공제가입 또는 공탁을 하면 된다.

보증금액은 법인인 개업공인중개사 4억원 이상, 분사무소 2억원 이상, 개업공인중개사 2억원 이상이다.

중개법인 4억원 이상 / 분사무소 2억원 이상 / 공인중개사 2억원 이상

02 매수신청대리인 등록 등

1 매수신청대리인 등록 20·27회 출제

(1) 등록신청
매수신청대리인이 되고자 하는 개업공인중개사는 중개사무소(법인인 개업공인중개사의 경우에는 주된 중개사무소를 말함)가 있는 곳을 관할하는 지방법원의 장(이하 "지방법원장"이라 함)에게 매수신청대리인 등록을 하여야 한다(규칙 제4조).

Professor Comment
개업공인중개사는 중개사무소 소재지 지방법원장에게 매수신청대리인 등록을 할 경우 전국 모든 법원에서 시행하는 경매부동산의 매수신청대리인 업무를 수행할 수 있는 것으로 봐야 할 것이다.

(2) 등록요건
개업공인중개사가 매수신청대리인으로 등록하기 위한 요건은 다음과 같다(규칙 제5조).

1) 개업공인중개사이거나 법인인 개업공인중개사일 것
2) 제10조의 규정에 따라 부동산경매에 관한 실무교육을 이수하였을 것 → 등록신청일 전 1년 이내
3) 제11조 제2항의 규정에 따라 보증보험 또는 공제에 가입하였거나 공탁을 하였을 것

Professor Comment
개업공인중개사만이 매수신청대리 등록을 할 수 있다.

(3) 등록의 결격사유 29회 출제
다음의 어느 하나에 해당하는 자는 매수신청대리인 등록을 할 수 없다(규칙 제6조).

1) 매수신청대리인 등록이 취소된 후 3년이 지나지 아니한 자. 단 중개업의 폐업으로 인한 등록취소는 제외한다.
2) 「민사집행법」 제108조 제4호에 해당하는 자
3) 매수신청대리 업무정지처분을 받고 법 제21조 규정에 의한 폐업신고를 한 자로서 업무정지기간(폐업에 불구하고 진행되는 것으로 봄)이 경과되지 아니한 자
4) 매수신청대리 업무정지처분을 받은 개업공인중개사인 법인의 업무정지의 사유가 발생한 당사의 사원 또는 임원이었던 자로서 당해 개업공인중개사에 대한 업무정지기간이 경과되지 아니한 자
5) 위 1)부터 4)까지 중 어느 하나에 해당하는 자가 사원 또는 임원으로 있는 법인인 개업공인중개사

제3편 중개실무

 매수신청대리인의 등록

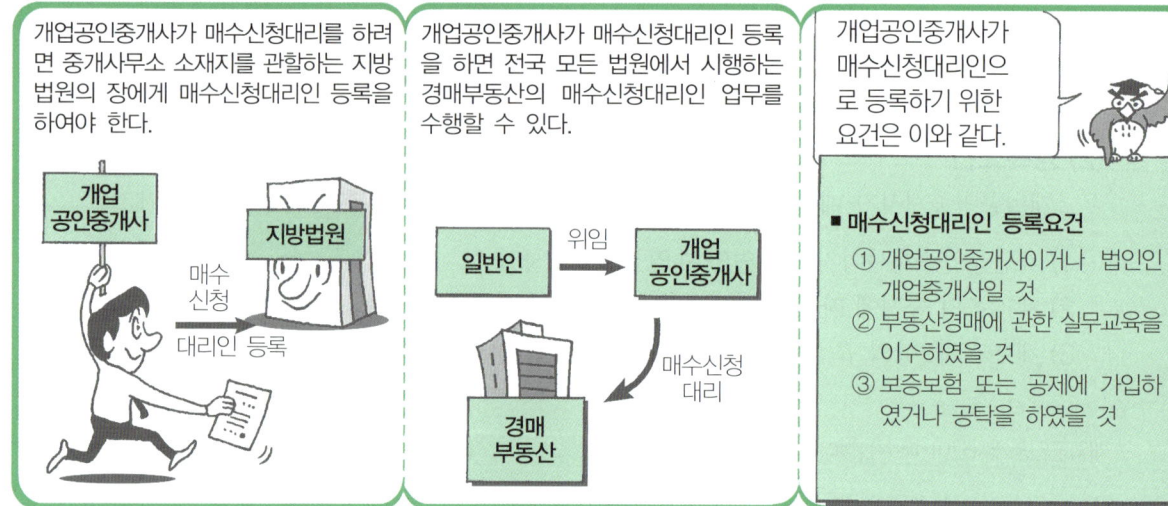

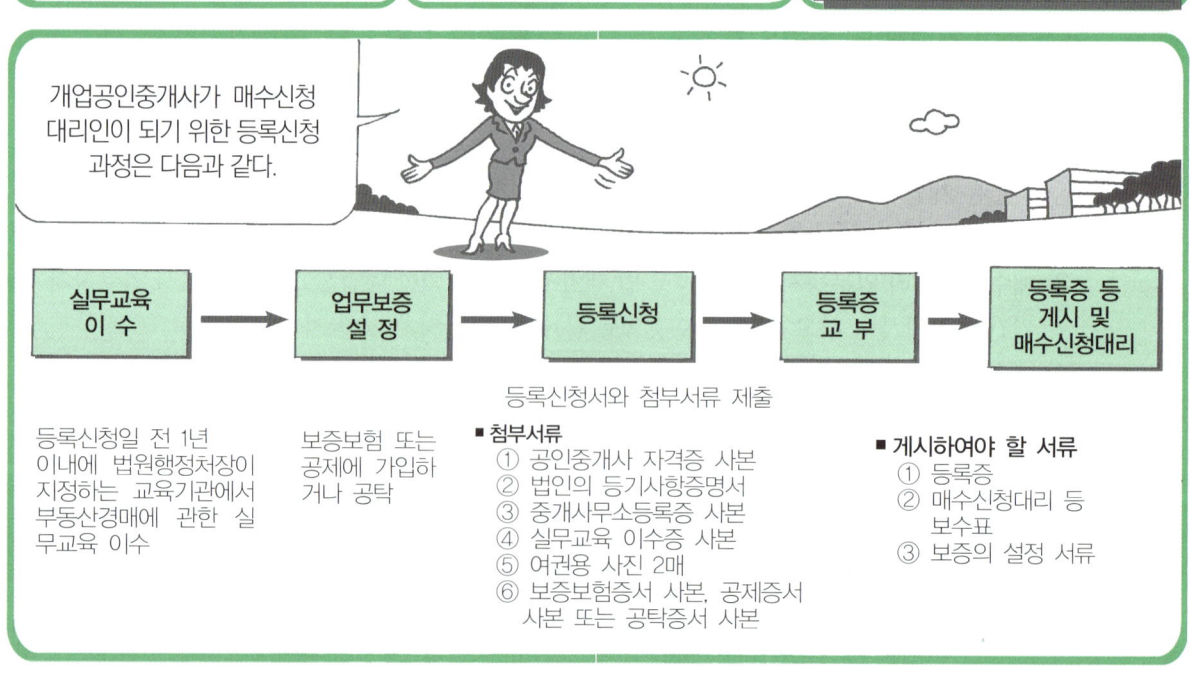

> **Wide** 「민사집행법」 제108조(매각장소의 질서유지) 제4호
>
> ① 민사집행절차에서의 매각에 관하여 공무집행방해(「형법」제136조)
> ② 위계에 의한 공무집행방해(제137조)
> ③ 공무상 비밀표시무효(제140조)
> ④ 부동산강제집행효용침해(제140조의2)
> ⑤ 공무상 보관물의 무효(제142조)
> ⑥ 경매, 입찰의 방해(제315조) 및 제37장 권리행사를 방해하는 죄 : 권리행사방해, 폭력에 의한 권리행사방해, 점유강취, 준점유강취, 준권리행사방해, 강제집행면탈(제323조 내지 제327조)에 규정된 죄로 유죄판결을 받고 그 판결확정일부터 2년을 경과하지 아니한 사람

단락문제 Q09

개업공인중개사가 매수신청대리인으로 등록하기 위한 요건에 대한 설명이다. 가장 옳지 못한 것은?

① 개업공인중개사이거나 법인인 개업공인중개사이어야 한다.
② 부동산 경매에 관한 실무교육을 이수하였어야 한다.
③ 법률의 규정에 따라 보증보험 또는 공제에 가입하였거나 공탁을 하였어야 한다.
④ 매수신청대리인 등록이 취소된 후 3년이 지나지 아니한 자는 매수신청대리인 등록을 할 수 없다.
⑤ 매수신청대리인 등록이 취소된 후 3년이 지나지 아니한 자가 사원 또는 임원으로 있는 법인인 개업공인중개사는 매수신청대리인 등록을 할 수 없다.

해설 매수신청대리인 등록요건
「공인중개사의 매수신청대리인 등록 등에 관한 규칙」제11조 제2항의 규정에 따라 보증보험 또는 공제에 가입하였거나 공탁을 하였을 것(규칙 제5조 제3호)

정답 ③

(4) 등록신청

1) 등록신청서

규칙 제4조의 규정에 따라 매수신청대리인으로 등록하고자 하는 자는 매수신청대리인 등록신청서(별지 제1호 양식)에 다음의 서류를 첨부하여 중개사무소(법인의 경우에는 주된 중개사무소를 말함)가 있는 곳을 관할하는 **지방법원의 장**(이하 "지방법원장"이라 함)에게 신청하여야 한다(예규 제2조 제1항). ➡ 법원행정처장이 아님

① 공인중개사 자격증 사본
② 법인의 등기사항증명서(법인인 경우에 한함) 다만, 「전자정부법」제38조 제1항의 규정에 따른 행정정보의 공동이용을 통하여 그 서류에 대한 정보를 확인할 수 있는 경우에는 그 확인으로 갈음할 수 있다.

③ 중개사무소등록증 사본
④ 실무교육 이수증 사본
⑤ 여권용 사진(3.5cm × 4.5cm) 2매
⑥ 규칙 제11조 제2항에 따라 보증을 제공하였음을 증명하는 보증보험증서 사본, 공제증서 사본 또는 공탁증서 사본

2) 등록신청 수수료

매수신청대리인 등록신청 수수료는 공인중개사의 경우 20,000원, 법인의 경우 30,000원이고, 정부수입인지로 납부하여야 한다(예규 제2조 제2항). → 지자체 수수료가 아님

3) 등록

매수신청대리인 등록신청을 받은 지방법원장은 14일 이내에 다음의 개업공인중개사의 종별에 따라 구분하여 등록을 하여야 한다(예규 제2조 제3항). → 7일이 아님

① 개업공인중개사 ② 법인인 개업공인중개사

4) 개업공인중개사의 종별 변경

매수신청대리인 등록을 한 개업공인중개사가 종별을 달리하여 업무를 하고자 하는 경우에는 제1항의 규정에 따라 등록신청서를 다시 제출하여야 한다. 이 경우 종전에 제출한 서류는 이를 제출하지 아니할 수 있으며, 종전의 등록증은 이를 반납하여야 한다(예규 제2조 제4항).

(5) 행정정보의 제공요청

1) 법원행정처장은 국토교통부장관, 시장·군수·구청장 또는 공인중개사협회(이하 "협회"라 함)가 보유·관리하고 있는 개업공인중개사에 관한 행정정보가 필요한 경우에는 국토교통부장관, 시장·군수·구청장 또는 협회에게 이용목적을 밝혀 당해 행정정보의 제공, 정보통신망의 연계, 행정정보의 공동이용 등의 협조를 요청할 수 있다(규칙 제7조 제1항).

2) 상기 협조요청을 받은 국토교통부장관, 시장·군수·구청장 또는 협회는 정당한 사유가 없는 한 이에 응하여야 한다(규칙 제7조 제2항).

(6) 등록증의 교부 등

1) 등록증의 교부

① 지방법원장은 제4조의 규정에 따른 매수신청대리인 등록을 한 자에 대해서는 매수신청대리인 등록증(이하 "등록증"이라 함)을 교부하여야 한다(규칙 제8조 제1항).
② 지방법원장은 매수신청대리인 등록을 한 자에게 규칙 제8조 제1항의 규정에 따라 매수신청대리인등록증(별지 제2-1호 양식)을 교부하고, 매수신청대리인등록대장(별지 제3호 양식)에 그 등록에 관한 사항을 기록·유지하여야 한다(예규 제3조 제1항).
③ 등록번호는 법원별 고유번호 두 자리 숫자, 서기 연도의 뒤 두 자리 숫자, 진행번호인 아라비아 숫자로 표시하고, 진행번호는 등록증을 발급한 시간순서에 따라 일련번호로써 부여한다(예규 제3조 제2항).

2) 등록증의 재교부

① 등록증을 교부받은 자가 등록증을 잃어버리거나 못쓰게 된 경우와 등록증의 기재사항의 변경으로 인하여 다시 등록증을 교부받고자 하는 경우에는 재교부를 신청할 수 있다(규칙 제8조 제2항).

② 규칙 제8조 제2항의 규정에 따른 등록증의 재교부신청은 매수신청대리인등록증 재교부신청서(별지 제4호 양식)에 의한다(예규 제3조 제3항).

③ 개업공인중개사가 등록증의 기재사항의 변경으로 인하여 다시 등록증을 교부받고자 하는 경우에는 매수신청대리인등록증 재교부신청서에 이미 교부받은 등록증과 변경사항을 증명하는 서류를 첨부하여야 한다(예규 제3조 제4항).

2 등록증 등의 게시

개업공인중개사는 등록증·매수신청대리 등 보수표 그 밖에 예규가 정하는 사항을 당해 중개사무소 안의 보기 쉬운 곳에 게시하여야 한다(규칙 제9조). 규칙 제9조의 규정에 따라 개업공인중개사가 당해 사무소 안에 게시하여야 할 사항은 다음과 같다(예규 제5조).

(1) 등록증
(2) 규칙 제17조의 규정에 따른 매수신청대리 등 보수표
(3) 규칙 제11조 제2항의 규정에 따른 보증의 설정을 증명할 수 있는 서류

3 중개사무소이전신고 등

(1) 중개사무소 이전신고

1) 규칙 제18조 제4항의 규정에 따른 신고를 하는 경우 중개사무소의 이전신고는 중개사무소 이전신고서(별지 제5호 양식), 그 외의 사항에 대한 신고는 신고서(별지 제6호 양식)에 등록증을 첨부하여 관할 지방법원장에게 제출하여야 한다. 다만, 중개사무소 이전으로 관할이 바뀌는 경우에는 새로운 중개사무소 소재지를 관할하는 지방법원장에게 이전신고를 하여야 한다(예규 제4조 제1항).

2) 중개사무소이전신고를 받은 지방법원장은 그 내용이 적합한 경우에는 새로운 등록증(별지 제2-2호 양식)을 교부하여야 한다(예규 제4조 제2항).

(2) 관할 외의 이전신고

1) 이전신고를 받은 지방법원장은 종전 중개사무소 소재지 관할 지방법원장에게 관련서류를 송부하여 줄 것을 요청하고, 이 경우 종전 중개사무소 소재지 관할 지방법원장은 지체없이 다음의 서류를 송부하여야 한다(예규 제4조 제3항).

① 매수신청대리인 등록대장
② 매수신청대리인 등록신청서류
③ 최근 1년간의 행정처분서류 및 행정처분절차가 진행 중인 경우 그 관련서류

2) 종전 중개사무소 소재지 관할 지방법원장으로부터 관련서류를 송부 받은 지방법원장은 이전등록을 하여야 하고, 이전신고 전에 발생한 사유로 인하여 개업공인중개사에 대한 행정처분을 하여야 할 경우에는 이를 행한다(예규 제4조 제4항).

Professor Comment
「공인중개사법」상의 사무소 이전신고와 유사하다.

4 실무교육 19·23회 출제

(1) 실무교육 이수의무

1) 매수신청대리인 등록을 하고자 하는 개업공인중개사(다만, 법인인 개업공인중개사의 경우에는 공인중개사인 대표자를 말함)는 등록신청일 전 1년 이내에 법원행정처장이 지정하는 교육기관에서 부동산경매에 관한 실무교육을 이수하여야 한다. 다만, 제13조의2 제1항 및 제18조 제4항 제2호의 규정에 따른 폐업신고 후 1년 이내에 다시 등록신청을 하고자 하는 자는 그러하지 아니하다(규칙 제10조 제1항).
2) 실무교육에는 평가가 포함되어야 하며, 교육시간, 교육과목 및 교육기관 지정에 관한 사항은 예규로 정한다(규칙 제10조 제2항).

(2) 교육시간 등

1) 교육시간은 32시간 이상 44시간 이내로 하며(예규 제6조 제1항), 실무교육은 직업윤리, 「민사소송법」, 「민사집행법」, 경매실무 등 필수과목 및 교육기관이 자체적으로 정한 부동산경매 관련과목의 수강과 교육과목별 평가로 한다(예규 제6조 제2항).
2) 실무교육에 필요한 전문인력 및 교육시설을 갖추고 객관적 평가기준을 마련한 다음의 기관 또는 단체는 **법원행정처장**에게 그 지정승인을 요청할 수 있다(예규 제6조 제3항).
   → 지방 법원장이 아님
   ① 「고등교육법」에 따라 설립된 대학 또는 전문대학으로서 부동산관련학과가 개설된 학교
   ② 「공인중개사법」 제41조의 규정에 따라 설립된 공인중개사협회(이하 "협회"라 함)

5 손해배상책임의 보장

(1) 손해배상책임의 보장의무

매수신청대리인이 된 개업공인중개사는 매수신청대리를 함에 있어서 고의 또는 과실로 인하여 위임인에게 재산상 손해를 발생하게 한 때에는 그 손해를 배상할 책임이 있다(규칙 제11조 제1항).

(2) 업무보증

1) 업무보증설정
① 매수신청대리인이 되고자 하는 개업공인중개사는 매수신청대리로 인한 손해배상책임을 보장하기 위하여 보증보험 또는 협회의 공제에 가입하거나 공탁(이하 "보증"이라 함)을 하여야 한다(규칙 제11조 제2항).

② 보증을 위해 공탁한 공탁금은 매수신청대리인이 된 개업공인중개사가 폐업, 사망 또는 해산한 날부터 3년 이내에는 이를 회수할 수 없다(규칙 제11조 제3항).

2) 보증사실 설명의무
매수신청의 위임을 받은 개업공인중개사는 매수신청인에게 손해배상책임의 보장에 관한 다음의 사항을 설명하고 관계증서의 사본을 교부하거나 관계증서에 관한 전자문서를 제공하여야 한다(규칙 제11조 제4항).

① 보장금액
② 보증보험회사, 공제사업을 행하는 자, 공탁기관 및 그 소재지
③ 보장기간

3) 보증금액
개업공인중개사가 규칙 제11조 제2항의 규정에 따른 손해배상책임을 보장하기 위한 보증을 설정하여야 하는 금액은 다음과 같다(규칙 제13조 제1항).

① **법인인 개업공인중개사**
4억원 이상. 다만, 분사무소를 두는 경우에는 분사무소마다 2억원 이상을 추가로 설정하여야 한다.

② **개업공인중개사**
2억원 이상

4) 보증의 변경 등
보증기간의 만료로 인한 새로운 보증의 설정 및 다른 보증으로 변경하고자 하는 경우의 보증설정방법 등 보증의 변경에 관한 사항은 예규로 정한다(규칙 제13조 제2항).

① **보증변경**
규칙 제11조 제2항의 규정에 따라 보증을 설정한 개업공인중개사가 그 보증을 다른 보증으로 변경하고자 하는 경우에는 이미 설정한 보증의 효력이 있는 기간 중에 다른 보증을 설정하고, 그 증빙서를 갖추어 관할 지방법원장에게 제출하여야 한다(예규 제10조 제1항).

② **보증갱신**
보증보험 또는 공제에 가입한 개업공인중개사로서 보증기간의 만료로 인하여 다시 보증을 설정하고자 하는 자는 당해 보증기간 만료일까지 다시 보증을 설정하고, 관할 지방법원장에게 제출하여야 한다(예규 제10조 제2항).

5) 보증보험금의 지급 등

보증금액을 지급받는 방법은 예규로 정한다(규칙 제13조 제3항).

① 지급청구
매수신청인이 손해배상금으로 보증보험금, 공제금 또는 공탁금을 지급받고자 하는 경우에는 당해 매수신청인과 매수신청대리인이 된 개업공인중개사와의 손해배상합의서, 화해조서, 확정된 법원의 판결서 사본 또는 기타 이에 준하는 효력이 있는 서류를 첨부하여 보증기관에 손해배상금의 지급을 청구하여야 한다(예규 제11조 제1항).

② 보험금 등 보전
매수신청대리인이 된 개업공인중개사가 보증보험금, 공제금 또는 공탁금으로 손해배상을 한 때에는 15일 이내에 보증보험 또는 공제에 다시 가입하거나 공탁금 중 부족하게 된 금액을 보전하여야 한다(예규 제11조 제2항).

(3) 협회의 공제사업

1) 공제사업
① 법 제41조의 규정에 따라 설립된 공인중개사협회는 제11조의 규정에 따른 개업공인중개사의 손해배상책임을 보장하기 위하여 공제사업을 할 수 있다(규칙 제12조 제1항).
② 규칙 제12조의 규정에 따라 협회가 할 수 있는 공제사업의 범위는 다음과 같다(예규 제7조).
　㉠ 규칙 제11조의 규정에 따른 손해배상책임을 보장하기 위한 공제기금의 조성 및 공제금의 지급에 관한 사업
　㉡ 공제사업의 부대업무로서 공제규정으로 정하는 사업

2) 공제규정
① 협회는 공제사업을 하고자 하는 때에는 공제규정을 제정하여 법원행정처장의 승인을 얻어야 한다. 공제규정을 변경하고자 하는 때에도 또한 같다(규칙 제12조 제2항).
② 공제규정에는 예규에 정하는 바에 따라 공제사업의 범위, 공제계약의 내용, 공제금, 공제료, 회계기준 및 책임준비금의 적립비율 등 공제사업의 운용에 관하여 필요한 사항을 정하여야 한다(규칙 제12조 제3항).
③ 규칙 제12조 제3항의 규정에 따른 공제규정은 다음의 기준에 따라야 한다(예규 제8조).
　㉠ **공제계약의 내용**
　　협회의 공제책임, 공제금, 공제료, 공제기간, 공제금의 청구와 지급절차, 구상 및 대위권, 공제계약의 실효 그 밖에 공제계약에 필요한 사항
　㉡ **공제금**
　　규칙 제13조 제1항의 규정에 따른 손해배상책임 보장금액
　㉢ **공제료**
　　공제사고 발생률, 보증보험료 등을 종합적으로 고려하여 결정한 금액

ⓔ **회계기준**
    공제사업을 손해배상기금과 복지기금으로 구분하여 각 기금별 목적 및 회계원칙에 부합되는 세부기준을 규정
ⓜ **책임준비금의 적립비율**
    공제사고 발생률 및 공제금 지급액 등을 종합적으로 고려하여 결정하되, 공제료 수입액의 100분의 10 이상으로 규정

3) 공제회계
협회는 공제사업을 다른 회계와 구분하여 별도의 회계로 관리하여야 하며, 책임준비금을 다른 용도로 사용하고자 하는 경우에는 법원행정처장의 승인을 얻어야 한다(규칙 제12조 제4항).

4) 운용실적 공시
① 협회는 예규에 정하는 바에 따라 매년도의 공제사업 운용실적을 일간신문 또는 협회보 등을 통하여 공제계약자에게 공시하여야 한다(규칙 제12조 제5항).
② 협회는 다음의 규정에 따른 공제사업 운용실적을 매 회계연도 종료 후 3개월 이내에 일간신문 또는 협회보에 공시하고 협회 홈페이지에 게시하여야 한다(예규 제9조).
   ㉠ 결산서인 요약 대차대조표, 손익계산서 및 감사보고서
   ㉡ 공제료 수입액, 공제금 지급액, 책임준비금 적립액
   ㉢ 그 밖에 공제사업 운용과 관련된 참고사항

5) 감독
① 법원행정처장은 협회가 이 규칙 및 공제규정을 준수하지 아니하여 공제사업의 건전성을 해할 우려가 있다고 인정되는 경우에는 이에 대한 시정을 명할 수 있다(규칙 제12조 제6항).
② 「금융위원회의 설치 등에 관한 법률」에 따른 금융감독원의 원장은 법원행정처장으로부터 요청이 있는 경우에는 협회의 공제사업에 관하여 검사를 할 수 있다(규칙 제12조 제7항).

단락핵심 중개사무소 개설등록 등

(1) 중개사무소 개설등록과 매수신청대리인 등록의 비교
  1) 공인중개사는 중개사무소 개설등록을 하지 않으면 매수신청대리인으로 등록할 수 없다.
  2) 중개사무소의 개설등록은 등록관청에 하여야 하고, 매수신청대리인등록은 관할 지방법원의 장에게 하여야 한다.
  3) 매수신청대리인 등록을 하고자 하는 자는 등록신청일 전 1년 이내에 법원행정처장이 지정하는 교육기관에서 부동산경매에 관한 실무교육을 받아야 한다.
  4) 중개사무소 개설등록의 결격사유와 매수신청대리인 등록의 결격사유는 서로 다르다.

(2) 대리등록
  1) 매수신청대리인이 되고자 하는 개업공인중개사는 중개사무소가 있는 곳을 관할하는 지방법원의 장에게 매수신청대리인 등록을 하여야 한다.
  2) 매수신청대리인 등록을 하고자 하는 개업공인중개사는 등록신청일 전 1년 이내에 법원행정처장이 지정하는 교육기관에서 부동산경매에 관한 실무교육을 이수하여야 한다.

단락문제 Q10

제23회 기출

공인중개사의 매수신청대리인 등록에 관한 규칙에 관한 설명으로 틀린 것은?

① 매수신청대리인이 되고자 하는 공인중개사인 개업공인중개사는 중개사무소가 있는 곳을 관할하는 지방법원장에게 매수신청대리인 등록을 해야 한다.
② 매수신청대리인으로 등록된 개업공인중개사가 매수신청 대리의 위임을 받은 경우,「민사집행법」의 규정에 따른 차순위 매수신고를 할 수 있다.
③ 매수신청대리인이 된 개업공인중개사가 손해배상책임을 보장하기 위하여 공탁한 공탁금은 그가 폐업, 사망 또는 해산한 날부터 3년 이내에는 회수할 수 없다.
④ 공인중개사법령상 중개사무소 개설등록에 필요한 실무교육을 이수하고 1년이 경과되지 않은 자는 매수신청대리인으로 등록하기 위하여 부동산경매에 관한 실무교육을 별도로 받지 않아도 된다.
⑤ 개업공인중개사가 매수신청대리를 위임받은 경우 매수신청대리 대상물의 경제적 가치도 위임인에게 확인·설명해야 한다.

해설 공인중개사의 매수신청대리인 등록에 관한 규칙
공인중개사법령상 중개사무소 개설등록에 필요한 실무교육을 이수하였다 하더라도 매수신청대리 등록을 하기 위해서는 대법원 규칙에 의한 부동산 경매에 관한 실무교육을 별도로 받아야 한다(공인중개사의 매수신청대리인 등록에 관한 규칙 제5조 참조).

정답 ④

제7장 부동산경매 및 공매

03 매수신청대리행위

1 대리행위방식

(1) 대리권 증명문서 제출

1) 개업공인중개사는 규칙 제2조 각 호에 규정된 대리행위를 하는 경우 각 대리행위마다 대리권을 증명하는 문서(본인의 인감증명서가 첨부된 위임장과 대리인등록증 사본 등)를 제출하여야 한다. 다만, 같은 날 같은 장소에서 규칙 제2조 각 호에 규정된 대리행위를 동시에 하는 경우에는 하나의 서면으로 갈음할 수 있다(규칙 제14조 제1항).

2) 규칙 제14조 제1항·제2항에 규정된 문서는 매 사건마다 제출하여야 한다. 다만, 개별매각의 경우에는 매 물건번호마다 제출하여야 한다(예규 제12조 제1항).

개업공인중개사의 매수신청대리

① 개업공인중개사는 '매수신청대리 사건카드'를 비치하여야 한다.
② 개업공인중개사가 매수신청을 위임받은 때에는 '매수신청대리 사건카드'에 필요사항을 기재하고 서명날인 후 5년간 보존하여야 한다.
③ 서명날인시 날인하는 인장은 등록관청에 등록한 인장을 말한다.

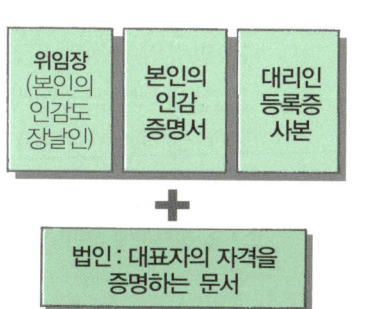

3) 위임장에는 사건번호, 개별매각의 경우 물건번호, 대리인의 성명과 주소, 위임내용, 위임인의 성명과 주소를 기재하고, 위임인의 인감도장을 날인하고 인감증명서를 첨부하거나 위임인이 위임장에 서명하고 본인서명사실확인서 또는 전자본인서명확인서의 발급증을 첨부하여야 한다.(예규 제12조 제2항).

(2) 법인의 대표자격 증명문서 제출
1) 법인인 개업공인중개사인 경우에는 대리권을 증명하는 문서 이외에 대표자의 자격을 증명하는 문서를 제출하여야 한다(규칙 제14조 제2항).
2) 규칙 제14조 제1항·제2항에 규정된 문서는 매 사건마다 제출하여야 한다. 다만, 개별매각의 경우에는 매 물건번호마다 제출하여야 한다(예규 제12조 제1항).

(3) 직접 출석의무
개업공인중개사는 규칙 제2조의 규정에 따른 대리행위를 함에 있어서 매각장소 또는 집행법원에 직접 출석하여야 한다(규칙 제14조 제3항). 법인인 경우에는 대표자가 직접 출석하여야 한다.

2 사건카드의 작성·보존

개업공인중개사는 매수신청대리 사건카드를 비치하고, 사건을 위임받은 때에는 사건카드에 위임받은 순서에 따라 일련번호, 경매사건번호, 위임받은 연월일, 보수액과 위임인의 주소·성명 기타 필요한 사항을 기재하고, 서명날인한 후 **5년간 이를 보존하여야 한다**(규칙 제15조 제1항). 서명날인에는 법 제16조의 규정에 따라 등록한 인장을 사용하여야 한다.

→ 위임인에게 교부하는 것이 아님

3 매수신청대리 대상물의 확인·설명 25회 출제

(1) 매수신청대상물 확인·설명의무
개업공인중개사가 매수신청대리를 위임받은 경우 매수신청대리 대상물의 권리관계, 경제적 가치, 매수인이 부담하여야 할 사항 등에 대하여 위임인에게 성실·정확하게 설명하고 등기사항증명서 등 설명의 근거자료를 제시하여야 한다(규칙 제16조 제1항). 확인·설명사항은 다음과 같다(예규 제14조 제1항).
1) 당해 매수신청대리 대상물의 표시 및 권리관계
2) 법령의 규정에 따른 제한사항
3) 당해 매수신청대리 대상물의 경제적 가치
4) 당해 매수신청대리 대상물에 관한 소유권을 취득함에 따라 부담·인수하여야 할 권리 등 사항

Professor Comment
소유권을 취득함에 따라 조세의 경우 설명의무가 없다.

(2) 매수신청대상물 확인·설명서

1) 개업공인중개사는 위임계약을 체결한 경우 확인·설명 사항을 서면으로 작성하여 서명날인한 후 위임인에게 교부하고, 그 사본을 사건카드에 철하여 **5년간** 보존하여야 한다(규칙 제16조 제2항). 이때의 서명날인에는 「공인중개사법」에 의거 등록한 인장을 사용하여야 한다(규칙 제16조 제3항). *(→3년이 아님)*

2) 규칙 제16조 제2항의 매수신청대상물 확인·설명서는 별지 제8호 양식과 같다(예규 제14조 제2항).

단락문제 Q11

다음은 개업공인중개사의 매수신청대상물 확인·설명 의무에 따른 확인·설명사항이다. 가장 옳지 않은 것은?

① 당해 매수신청대리 대상물의 표시 및 권리관계
② 법령의 규정에 따른 제한사항
③ 당해 매수신청대리 대상물의 경제적 가치
④ 당해 매수신청대리 대상물에 관한 소유권을 취득함에 따라 부담·인수하여야 할 권리 등 사항
⑤ 당해 매수신청대리 대상물에 관한 최유효이용 용도 및 가격 변화 전망

해설 매수신청대상물 확인·설명사항
당해 매수신청대리 대상물에 관한 최유효이용 용도 및 가격 변화 전망은 포함되지 않는다. **정답** ⑤

4 보수 등

(1) 매수신청대리 보수

개업공인중개사는 매수신청대리에 관하여 위임인으로부터 예규에서 정한 보수표의 범위 안에서 소정의 보수를 받는다. 이때 보수 이외의 명목으로 돈 또는 물건을 받거나 예규에서 정한 보수 이상을 받아서는 아니 된다(규칙 제17조 제1항). 규칙 제17조 제1항의 매수신청대리 등 보수표는 별지 제9호 양식과 같다(예규 제15조 제1항).

1) 상담 및 권리분석 보수

① 보수
  50만원의 범위 안에서 당사자의 합의에 의하여 결정한다.
② 주의사항
  ㉠ 4개 부동산 이상의 일괄매각의 경우에는 3개를 초과하는 것부터 1부동산당 5만원의 범위 안에서 상한선을 증액할 수 있다.
  ㉑ 5개 부동산의 일괄매각의 경우 3개를 초과하는 2개 때문에 60만원까지로 보수의 상한선 범위가 증액될 수 있다.

ⓛ 개별매각의 여러 물건을 함께 분석하는 경우에는 1부동산당 5만원의 범위 안에서 상한선을 증액할 수 있다.
ⓒ 위 보수에 대하여 위임계약 체결 전에 위임인에게 미리 설명하여야 하며, 이를 사건카드에 반드시 기록하여야 한다.

2) 매수신청대리 보수
  ① 매각허가결정이 확정되어 매수인으로 된 경우
    ㉠ 보수
    감정가의 1% 이하 또는 최저매각가격의 1.5% 이하의 범위 안에서 당사자의 합의에 의하여 결정한다.
    ㉡ 주의사항
    위 보수에 대하여 위임계약 체결 전에 위임인에게 미리 설명하여야 하며, 이를 사건카드에 반드시 기록하여야 한다.
  ② 최고가매수신고인 또는 매수인으로 되지 못한 경우
    ㉠ 보수 요율
    50만원의 범위 안에서 당사자의 합의에 의하여 결정한다.
    ㉡ 주의사항
    위 보수에 대하여 위임계약 체결 전에 위임인에게 미리 설명하여야 하며, 이를 사건카드에 반드시 기록하여야 한다.

3) 실비
  ① 보수
  30만원의 범위 안에서 당사자의 합의에 의하여 결정한다.
  ② 주의사항
    ㉠ 실비는 매수신청대리와 관련하여 발생하는 특별한 비용(원거리 출장비, 원거리 교통비 등)으로써 개업공인중개사는 이에 관한 영수증 등을 첨부하여 청구하여야 한다.
    ㉡ 매수신청대리와 관련하여 발생하는 통상의 비용(등기사항증명서 비용, 근거리 교통비 등)은 위 보수에 당연히 포함된 것으로 보고 별도로 청구하지 않는다.
    ㉢ 실비에 대하여 위임계약 체결 전에 위임인에게 미리 설명하여야 하며, 이를 사건카드에 반드시 기록하여야 한다.

(2) 매수신청대리 실비
개업공인중개사는 위임인으로부터 매수신청대리 대상물의 권리관계 등의 확인 또는 매수신청대리의 실행과 관련하여 발생하는 별도의 실비를 받을 수 있다. 다만, 매수신청대리에 필요한 통상의 실비(확인·설명을 위한 등기기록 열람비용 등)는 보수에 포함된 것으로 본다(예규 제15조 제2항).

(3) 보수 설명의무
개업공인중개사는 보수표와 보수에 대하여 이를 위임인에게 위임계약 전에 설명하여야 한다(규칙 제17조 제2항).

(4) 보수의 지급시기
매수신청인과 매수신청대리인의 약정에 따르며 약정이 없을 때에는 매각대금의 지급기한일로 한다(규칙 제17조 제5항).

(5) 영수증 교부의무
1) 개업공인중개사는 보수를 받은 경우 예규에서 정한 양식에 의한 영수증을 작성하여 서명·날인한 후 위임인에게 교부하여야 한다(규칙 제17조 제3항). 이때의 서명날인에는 「공인중개사법」에 의거 등록한 인장을 사용하여야 한다(규칙 제17조 제4항).
2) 규칙 제17조 제3항의 보수 영수증은 별지 제10호 양식과 같다(예규 제15조 제3항).

5 의무·금지행위 24회 출제

(1) 신의성실의무
개업공인중개사는 신의와 성실로써 공정하게 매수신청대리업무를 수행하여야 한다(규칙 제18조 제1항).

(2) 비밀준수의무
개업공인중개사는 다른 법률에서 특별한 규정이 있는 경우를 제외하고는 그 업무상 알게 된 비밀을 누설하여서는 아니 된다. 개업공인중개사가 그 업무를 떠난 경우에도 같다(규칙 제18조 제2항).

(3) 질서유지의무
개업공인중개사는 매각절차의 적정과 매각장소의 질서유지를 위하여 「민사집행법」의 규정 및 집행관의 조치에 따라야 한다(규칙 제18조 제3항).

(4) 대리업의 휴업·폐업신고
1) 매수신청 대리인은 매수신청대리업을 휴업(3월을 초과하는 경우), 폐업하고자 할 때 감독법원에 미리 신고하여야 한다. 휴업은 6월을 초과할 수 없다.
2) 매수신청대리업을 재개하고자 할 때, 휴업기간을 변경하고자 할 때도 미리 신고하여야 한다.

(5) 중개사무소 관련 신고의무

개업공인중개사는 다음의 어느 하나에 해당하는 경우에는 그 사유가 발생한 날로부터 10일 이내에 지방법원장에게 그 사실을 신고하여야 한다(규칙 제18조 제4항).

1) 중개사무소를 이전한 경우
2) 중개업을 휴업 또는 폐업한 경우
3) 법 제35조의 규정에 따라 공인중개사 자격이 취소된 경우
4) 법 제36조의 규정에 따라 공인중개사 자격이 정지된 경우
5) 법 제38조의 규정에 따라 중개사무소 개설등록이 취소된 경우
6) 법 제39조의 규정에 따라 중개업무가 정지된 경우
7) 법 제13조의 규정에 따라 분사무소를 설치한 경우

(6) 금지행위

개업공인중개사는 다음의 행위를 하여서는 아니 된다(규칙 제18조 제5항).

1) 이중으로 매수신청대리인 등록신청을 하는 행위
2) 매수신청대리인이 된 사건에 있어서 매수신청인으로서 매수신청을 하는 행위
3) 동일 부동산에 대하여 이해관계가 다른 2인 이상의 대리인이 되는 행위
4) 명의대여를 하거나 등록증을 대여 또는 양도하는 행위
5) 다른 개업공인중개사의 명의를 사용하는 행위
6) 「형법」 제315조에 규정된 경매·입찰방해죄에 해당하는 행위
7) 사건카드 또는 확인·설명서에 허위기재하거나 필수적 기재사항을 누락하는 행위
8) 그 밖에 다른 법령에 따라 금지되는 행위

단락핵심 매수신청대리행위

(1) 개업공인중개사는 매수신청대리행위를 함에 있어서 매각장소 또는 집행법원에 직접 출석하여야 한다.
(2) 매수신청대리인으로 등록한 개업공인중개사는 동일 부동산에 대하여 이해관계가 다른 2인 이상의 대리인이 되는 행위를 하여서는 아니 된다.
(3) 개업공인중개사는 매수신청대리에 관하여 위임인으로부터 예규에서 정한 보수표의 범위 안에서 소정의 보수를 받는다.

단락문제 Q12 제24회 기출

「공인중개사의 매수신청대리인 등록 등에 관한 규칙」상 매수신청대리업무를 수행하는 개업공인중개사의 금지행위에 해당하지 않는 것은?

① 명의를 대여하는 행위
② 매수신청대리인 등록증을 대여하는 행위
③ 다른 개업공인중개사의 명의를 사용하는 행위
④ 이중으로 매수신청대리인 등록신청을 하는 행위
⑤ (구)「임대주택법」에 따른 임차인의 임대주택 우선매수신고를 하는 행위

해설 공인중개사의 매수신청대리인 등록 등에 관한 규칙상 금지행위
개업공인중개사는 다음의 행위를 하여서는 아니 된다(대법원 규칙 제18조 제5항).
1) 이중으로 매수신청대리인 등록신청을 하는 행위
2) 매수신청대리인이 된 사건에 있어서 매수신청인으로서 매수신청을 하는 행위
3) 동일 부동산에 대하여 이해관계가 다른 2인 이상의 대리인이 되는 행위
4) 명의대여를 하거나 등록증을 대여 또는 양도하는 행위
5) 다른 개업공인중개사의 명의를 사용하는 행위
6) 「형법」제315조에 규정된 경매·입찰방해죄에 해당하는 행위
7) 사건카드 또는 확인·설명서에 허위기재하거나 필수적 기재사항을 누락하는 행위
8) 그 밖에 다른 법령에 따라 금지되는 행위

정답 ⑤

단락문제 Q13 제32회 기출

매수신청대리인으로 등록한 개업공인중개사 甲이 매수신청대리 위임인 乙에게 「공인중개사의 매수신청대리인 등록 등에 관한 규칙」에 관하여 설명한 내용으로 틀린 것은?(단, 위임에 관하여 특별한 정함이 없음)

① 甲의 매수신고액이 차순위이고, 최고가 매수신고액에서 그 보증액을 뺀 금액을 넘는 때에만 甲은 차순위매수신고를 할 수 있다.
② 甲은 乙을 대리하여 입찰표를 작성·제출할 수 있다.
③ 甲의 입찰로 乙이 최고가매수신고인이나 차순위매수신고인이 되지 않은 경우, 甲은 「민사집행법」에 따라 매수신청의 보증을 돌려 줄 것을 신청할 수 있다.
④ 乙의 甲에 대한 보수의 지급시기는 당사자 간 약정이 없으면 매각허가결정일로 한다.
⑤ 甲은 기일입찰의 방법에 의한 매각기일에 매수신청대리 행위를 할 때 집행법원이 정한 매각 장소 또는 집행법원에 직접 출석해야 한다.

해설 매수신청대리
보수의 지급시기는 당사자 간 약정이 있으면 약정에 의하고, 약정이 없으면 매각대금지급기한일로 한다. **정답** ④

제3편 중개실무

04 지도 및 감독

1 협회·개업공인중개사등의 감독

(1) 협회의 감독
법원행정처장은 매수신청대리업무에 관하여 **협회를 감독**한다(규칙 제19조 제1항).
→ 개업공인중개사는 감독대상이 아님

(2) 시·도지부 및 개업공인중개사의 감독
지방법원장은 매수신청대리업무에 관하여 관할 안에 있는 협회의 시·도지부와 매수신청대리인 등록을 한 개업공인중개사를 감독한다(규칙 제19조 제2항).

(3) 감독사무의 위탁
지방법원장은 매수신청대리업무에 대한 감독의 사무를 지원장과 협회의 시·도지부에 위탁할 수 있고, 이를 위탁받은 지원장과 협회의 시·도지부는 그 실시결과를 지체없이 지방법원장에게 보고하여야 한다(규칙 제19조 제3항).

(4) 법규위반 개업공인중개사 처분
지방법원장은 법규를 위반하였다고 인정되는 개업공인중개사에 대하여 해당 법규에 따른 상당한 처분을 하여야 한다(규칙 제19조 제4항).

(5) 통 지
1) 협회는 등록관청으로부터 중개사무소의 개설등록, 휴업·폐업의 신고, 자격의 취소, 자격의 정지, 등록의 취소, 업무의 정지 등에 관한 사항을 통보받은 후 10일 이내에 법원행정처장에게 통지하여야 한다(규칙 제19조 제5항).
2) 법원행정처장은 규칙 제19조 제5항의 규정에 따라 협회로부터 통지받은 내용 중 행정처분이 필요한 사항을 관할 지방법원장에게 통지한다(예규 제16조 제1항).
3) 지방법원장은 매월 매수신청대리인등록·행정처분 및 신고된 사항을 별지 제11호 양식에 의하여 다음달 10일까지 법원행정처장에게 통지하여야 한다(예규 제16조 제2항).
4) 법원행정처장은 매월 매수신청대리인등록·행정처분 및 신고된 사항을 별지 제11호 양식에 의하여 다음달 15일까지 공인중개사협회에 통지하여야 한다(예규 제16조 제3항).

2 감독상의 명령

(1) 지방법원장의 감독
지방법원장 또는 규칙 제19조 제3항의 규정에 따라 감독의 사무를 행하는 지원장은 매수신청대리인 등록을 한 개업공인중개사에게 매수신청대리업무에 관한 사항에 대하여 보고하게 하거나 자료의 제출 그 밖에 필요한 명령을 할 수 있고, 소속공무원으로 하여금 중개사무소에 출입하여 장부·서류 등을 조사 또는 검사하게 할 수 있다(규칙 제20조 제1항).

(2) 감독사무 수탁자의 감독

규칙 제19조 제3항의 규정에 따라 감독의 사무를 행하는 협회의 시·도지부는 규칙 제20조 제1항의 규정에 따른 중개사무소 출입·조사 또는 검사를 할 수 있다(규칙 제20조 제2항).

(3) 조사권한증명서의 제시

규칙 제20조 제1항의 규정에 따라 중개사무소에 출입하여 장부·서류 등을 조사하는 공무원은 공무원증과 매수신청대리업무 조사권한증명서(별지 제12호 양식), 규칙 제20조 제2항의 규정에 따라 중개사무소에 출입하여 장부·서류 등을 조사하는 자는 신분증과 협회의 시·도지부 대표자가 발급한 조사권한증명서를 지니고, 상대방에게 이를 내보여야 한다(예규 제17조).

3 등록취소처분

(1) 절대등록취소

지방법원장은 다음의 어느 하나에 해당하는 경우에는 매수신청대리인 등록을 취소하여야 한다(규칙 제21조 제1항).

1) 법 제10조 제1항 각 호의 어느 하나에 해당하는 경우

Professor Comment

법 제10조 제1항 각 호의 어느 하나에 해당하는 경우란 「공인중개사법」 제10조 제1항의 규정에 의한 등록의 결격사유에 해당하는 것을 의미한다.

2) 법 제21조 또는 규칙 제13조의2 제1항의 규정에 따라 폐업신고를 한 경우
3) 법 제35조의 규정에 따라 공인중개사 자격이 취소된 경우
4) 법 제38조에 규정에 따라 중개사무소 개설등록이 취소된 경우
5) 등록당시 규칙 제5조에 규정된 등록요건을 갖추지 않았던 경우
6) 등록당시 규칙 제6조에 규정된 결격사유가 있었던 경우

(2) 상대등록취소

지방법원장은 다음의 어느 하나에 해당하는 경우에는 매수신청대리인 등록을 취소할 수 있다(규칙 제21조 제2항).

1) 등록 후 규칙 제5조에 규정된 등록요건을 갖추지 못하게 된 경우
2) 등록 후 규칙 제6조에 규정된 결격사유가 있게 된 경우
3) 규칙 제15조 제1항의 규정을 위반하여 사건카드를 작성하지 아니하거나 보존하지 아니한 경우
4) 규칙 제16조 제2항의 규정을 위반하여 확인·설명서를 교부하지 아니하거나 보존하지 아니한 경우

5) 규칙 제17조 제1항·제3항의 규정을 위반하여 보수 이외의 명목으로 돈 또는 물건을 받은 경우, 예규에서 정한 보수를 초과하여 받은 경우, 보수의 영수증을 교부하지 아니한 경우
6) 규칙 제18조 제2항·제3항·제5항의 규정을 위반한 경우
7) 규칙 제20조 제1항의 규정에 따른 감독상의 명령이나 중개사무소의 출입, 조사 또는 검사에 대하여 기피, 거부 또는 방해하거나 거짓으로 보고 또는 제출한 경우
8) 최근 1년 이내에 이 규칙에 따라 2회 이상 업무정지처분을 받고 다시 업무정지처분에 해당하는 행위를 한 경우

(3) 등록증반납

매수신청대리인 등록이 취소된 자는 등록증을 관할 지방법원장에게 반납하여야 한다(규칙 제21조 제3항).

4 업무정지처분 28회 출제

(1) 절대업무정지

지방법원장은 개업공인중개사(이 경우 분사무소를 포함함)가 다음의 어느 하나에 해당하는 경우에는 그 기간을 정하여 매수신청대리업무를 정지하는 처분을 하여야 한다(규칙 제22조 제1항).

1) 법 제21조 또는 규칙 제13조의2 제1항의 규정에 따라 휴업하였을 경우
2) 법 제36조의 규정에 위반하여 공인중개사 자격을 정지당한 경우
3) 법 제39조의 규정에 위반하여 업무의 정지를 당한 경우
4) 규칙 제21조 제2항(재량등록취소) 제1호 내지 제6호 또는 제8호 중 어느 하나에 해당하는 경우

(2) 상대업무정지

지방법원장은 매수신청대리인 등록을 한 개업공인중개사(이 경우 분사무소를 포함)가 다음의 어느 하나에 해당하는 경우에는 기간을 정하여 매수신청대리업무의 정지를 명할 수 있다(규칙 제22조 제2항).

1) 「민사집행법」 제108조 제1호 내지 제3호 중 어느 하나에 해당하는 경우
2) 제9조의 규정을 위반하여 등록증 등을 게시하지 아니한 경우
3) 제15조 제2항, 제16조 제3항 또는 제17조 제4항의 규정을 위반한 경우

Professor Comment

제15조 제2항, 제16조 제3항 또는 제17조 제4항의 규정을 위반한 경우란 매수신청대리인 등록을 한 개업공인중개사가 사건카드(제15조)와 매수신청대리 대상물 확인·설명서(제16조), 제17조(보수 영수증)에 「공인중개사법」에 의해 등록한 인장을 서명날인하지 않은 경우를 의미한다.

4) 제18조 제4항의 규정을 위반하여 사무소 이전 등의 신고를 하지 아니한 경우
5) 제21조 제2항 제7호의 규정에 해당하는 경우
6) 제23조 제1항의 규정을 위반하여 "법원"의 명칭이나 휘장 등을 표시하였을 경우
7) 그 밖에 이 규칙에 따른 명령이나 처분에 위반한 경우

(3) 업무정지기간

규칙 제22조 제1항 또는 제2항의 업무정지기간은 1월 이상 2년 이하로 한다(규칙 제22조 제3항).

단락문제 Q14 제20회 기출

공인중개사의 매수신청대리인 등록 등에 관한 규칙에 관한 설명으로 틀린 것은?

① 법원에 매수신청대리인으로 등록된 개업공인중개사가 매수신청 대리의 위임을 받은 경우 민사집행법에 따른 공유자의 우선매수신고를 할 수 있다.
② 이 규칙상의 업무정지기간은 1월 이상 2년 이하로 한다.
③ 소속공인중개사도 매수신청대리인 등록을 신청할 수 있다.
④ 매수신청대리인이 되고자 하는 개업공인중개사는 위임인에 대한 손해배상책임을 보장하기 위해 보증보험 또는 협회의 공제에 가입하거나 공탁을 해야 한다.
⑤ 매수신청대리인으로 등록된 개업공인중개사가 보수를 받은 경우 예규에서 정한 양식의 영수증을 작성하여 서명날인한 후 위임인에게 교부해야 한다.

해설 매수신청대리인의 등록

매수신청대리인이 되고자 하는 개업공인중개사는 중개사무소(법인인 개업공인중개사의 경우에는 주된 중개사무소를 말함)가 있는 곳을 관할하는 지방법원의 장(지방법원장)에게 매수신청대리인 등록을 하여야 한다(규칙 제4조). 소속공인중개사는 매수신청대리 등록을 할 수 없다.

정답 ③

---

5 명칭의 표시 등

(1) 법원명칭 등 표시금지

매수신청대리인 등록을 한 개업공인중개사는 그 사무소의 명칭이나 간판에 고유한 지명 등 법원행정처장이 인정하는 특별한 경우를 제외하고는 "법원"의 명칭이나 휘장 등을 표시하여서는 아니 된다(규칙 제23조 제1항).

(2) 등록취소 및 업무정지 조치

개업공인중개사는 매수신청대리인 등록이 취소된 때에는 사무실 내·외부에 매수신청대리 업무에 관한 표시 등을 제거하여야 하며, 업무정지처분을 받은 때에는 업무정지사실을 당해 중개사사무소의 출입문에 표시하여야 한다(규칙 제23조 제2항).

부동산 경매 및 공매

CHAPTER 07

단원 오답 잡기

• 경록 교재에 모든 답이 있습니다.

01 강제경매란 집행력 있는 집행권원의 정본을 가진 채권자의 신청에 의하여 국가권력기관인 법원이 채무자의 소유재산을 압류·환가한 금액으로 집행권원에 표시된 사법상의 이행청구권을 실현하기 위하여 「민사집행법」에서 정한 절차에 따라 부동산등을 매각하는 강제환가절차를 의미한다.

01. ○

02 임의경매란 저당권이나 질권·전세권 등 담보물권의 실행을 위한 강제적 환가방법을 의미한다.

02. ○

03 새매각이란 허가할 매수가격의 신고가 없이 매각기일이 최종적으로 마감된 때에는 법원이 최저매각가격을 상당히 낮추고 새 매각기일을 정해 시행하는 경매를 의미한다.

03. ○

04 재매각이란 매각에 대한 정당한 이의신청이 있어 법원이 매각을 허가하지 아니하고 다시 매각을 명하는 때에는 직권으로 새 매각기일을 정해 시행하는 경매를 의미한다.

04. X
- 재경매(재매각)
  매각에 대한 정당한 이의신청이 있어 법원이 매각을 허가하지 아니하고 다시 매각을 명하는 때에는 직권으로 새 매각기일을 정해 시행하는 경매는 새매각의 범위에 포함되며, 재매각이란 매수인이 대금지급기한까지 그 의무를 완전히 이행하지 아니한 경우로 차순위매수신고인이 없는 때에 법원이 직권으로 명하는 부동산의 재매각을 의미한다.

05 개업공인중개사는 대리행위를 함에 있어서 매각장소 또는 집행법원에 직접 또는 소속공인중개사를 통해 출석하여야 한다.

05. X
개업공인중개사는 규칙 제2조의 규정에 따른 대리행위를 함에 있어서 매각장소 또는 집행법원에 직접 출석하여야 한다(규칙 제14조 제3항).

06 개업공인중개사는 대리행위를 하는 경우 각 대리행위마다 대리권을 증명하는 문서를 제출하여야 한다.

06. ○

07 개업공인중개사는 매수신청대리 사건카드를 비치하고 필요한 사항을 기재하며, 서명날인한 후 5년간 이를 보존하여야 한다.

07. ○

08 개업공인중개사는 위임계약을 체결한 경우 확인·설명 사항을 서면으로 작성하여 서명날인한 후 위임인에게 교부하고, 그 사본을 사건카드에 철하여 5년간 보존하여야 한다.

08. ○

부록

제35회 공인중개사 기출문제

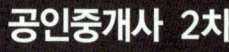

01

경록 '25 기본서 23쪽 출제

공인중개사법령상 공인중개사 정책심의위원회(이하 "위원회"라 함)에 관한 설명으로 옳은 것은?

① 위원회는 국무총리 소속으로 한다.
② 손해배상책임의 보장에 관한 사항은 위원회의 심의사항에 해당하지 않는다.
③ 위원회 위원장은 위원이 제척사유에 해당하는 데에도 불구하고 회피하지 아니한 경우에는 해당 위원을 해촉할 수 있다.
④ 위원회에서 심의한 중개보수 변경에 관한 사항의 경우 시·도지사는 이에 따라야 한다.
⑤ 국토교통부장관이 직접 공인중개사자격시험을 시행하려는 경우에는 위원회의 의결을 미리 거쳐야 한다.

해설 공인중개사 정책심의위원회
① 공인중개사의 업무에 관한 다음 각 호의 사항을 심의하기 위하여 국토교통부에 공인중개사 정책심의위원회를 둘 수 있다(법 제2조의 2).
② 손해배상책임의 보장에 관한 사항은 위원회의 심의사항에 해당한다.
③ 국토교통부장관은 위원이 제척사유에 해당하는 데에도 불구하고 회피하지 아니한 경우에는 해당 위원을 해촉할 수 있다.
④ 위원회에서 심의한 공인중개사의 시험 등 공인중개사의 자격취득에 관한 사항의 경우 시·도지사는 이에 따라야 한다.

정답 01. ⑤

02

공인중개사법령상 법인인 개업공인중개사가 중개업과 함께 할 수 없는 업무는? (단, 다른 법률의 규정은 고려하지 않음)

① 주택의 임대업
② 상업용 건축물의 분양대행
③ 부동산의 이용·개발 및 거래에 관한 상담
④ 중개의뢰인의 의뢰에 따른 도배·이사업체의 소개
⑤ 개업공인중개사를 대상으로 한 중개업의 경영기법 및 경영정보의 제공

해설 법인의 겸업업무

법인인 개업공인중개사는 다른 법률에 규정된 경우를 제외하고는 중개업 및 다음 각 호에 규정된 업무와 제2항에 규정된 업무 외에 다른 업무를 함께 할 수 없다(법 제14조 제1항).
㉠ 상업용 건축물 및 주택의 임대관리 등 부동산의 관리대행
㉡ 부동산의 이용·개발 및 거래에 관한 상담
㉢ 개업공인중개사를 대상으로 한 중개업의 경영기법 및 경영정보의 제공
㉣ 상업용 건축물 및 주택의 분양대행
㉤ 그 밖에 중개업에 부수되는 업무로서 대통령령으로 정하는 업무

03

공인중개사법령상 개업공인중개사의 휴업의 신고 등에 관한 설명으로 틀린 것은?

① 법인인 개업공인중개사가 4개월간 분사무소의 휴업을 하려는 경우 휴업신고서에 그 분사무소설치 신고확인서를 첨부하여 분사무소의 휴업신고를 해야 한다.
② 개업공인중개사가 신고한 휴업기간을 변경하려는 경우 휴업기간 변경신고서에 중개사무소등록증을 첨부하여 등록관청에 미리 신고해야 한다.
③ 관할 세무서장이「부가가치세법 시행령」에 따라 공인중개사법령상의 휴업신고서를 함께 받아 이를 해당 등록관청에 송부한 경우에는 휴업신고서가 제출된 것으로 본다.
④ 등록관청은 개업공인중개사가 대통령령으로 정하는 부득이한 사유가 없음에도 계속하여 6개월을 초과하여 휴업한 경우 중개사무소의 개설등록을 취소할 수 있다.
⑤ 개업공인중개사가 휴업한 중개업을 재개하고자 등록관청에 중개사무소재개신고를 한 경우 해당 등록관청은 반납받은 중개사무소등록증을 즉시 반환해야 한다.

해설 휴업 및 폐업
② 개업공인중개사가 신고한 휴업기간을 변경하려는 경우 등록증을 첨부하지 않는다.

정답   02. ①   03. ②

04

공인중개사법령상 공인중개사인 개업공인중개사 甲과 그에 소속된 소속공인중개사 乙에 관한 설명으로 틀린 것을 모두 고른 것은?

> ㄱ. 甲과 乙은 실무교육을 받은 후 2년마다 등록관청이 실시하는 연수교육을 받아야 한다.
> ㄴ. 甲이 중개를 의뢰받아 乙의 중개행위로 중개가 완성되어 중개대상물 확인·설명서를 작성하는 경우 乙은 甲과 함께 그 확인·설명서에 서명 또는 날인하여야 한다.
> ㄷ. 乙이 甲과의 고용관계 종료 신고 후 1년 이내에 중개사무소의 개설등록을 신청한 경우 개설등록 후 1년 이내에 실무교육을 받아야 한다.

① ㄱ ② ㄴ ③ ㄱ, ㄷ ④ ㄴ, ㄷ ⑤ ㄱ, ㄴ, ㄷ

해설 소속공인중개사

ㄱ. 甲과 乙은 실무교육을 받은 후 2년마다 시·도지사가 실시하는 연수교육을 받아야 한다.
ㄴ. 甲이 중개를 의뢰받아 乙의 중개행위로 중개가 완성되어 중개대상물 확인·설명서를 작성하는 경우 乙은 甲과 함께 그 확인·설명서에 서명 및 날인하여야 한다.
ㄷ. 乙이 甲과의 고용관계 종료 신고 후 1년 이내에 중개사무소의 개설등록을 신청한 경우 실무교육을 받지 않는다.

05

공인중개사법령상 고용인의 신고 등에 관한 설명으로 옳은 것은?

① 등록관청은 중개보조원의 고용 신고를 받은 경우 이를 공인중개사협회에 통보하지 않아도 된다.
② 개업공인중개사는 소속공인중개사를 고용한 경우에는 소속공인중개사가 업무를 개시한 날부터 10일 이내에 등록관청에 신고하여야 한다.
③ 개업공인중개사가 고용할 수 있는 중개보조원의 수는 개업공인중개사와 소속공인중개사를 합한 수의 5배를 초과하여서는 아니 된다.
④ 개업공인중개사는 소속공인중개사와의 고용관계가 종료된 때에는 고용관계가 종료된 날부터 30일 이내에 등록관청에 신고하여야 한다.
⑤ 소속공인중개사에 대한 고용 신고를 받은 등록관청은 공인중개사협회에게 그 소속공인중개사의 공인중개사자격 확인을 요청하여야 한다.

해설 고용인

① 등록관청은 중개보조원의 고용 신고를 받은 경우 다음달 10일까지 공인중개사협회에 통보하여야 한다.
② 개업공인중개사는 소속공인중개사를 고용한 경우 업무개시 등록관청에 신고하여야 한다.
④ 개업공인중개사는 소속공인중개사와의 고용관계가 종료된 때에는 고용관계가 종료된 날부터 10일 이내에 등록관청에 신고하여야 한다.
⑤ 소속공인중개사에 대한 고용 신고를 받은 등록관청은 시·도지사에게 그 소속공인중개사의 공인중개사자격 확인을 요청하여야 한다.

정답 04. ⑤ 05. ③

06

공인중개사법령상 부동산거래질서교란행위에 해당하지 않는 것은?

① 공인중개사자격증 양도를 알선한 경우
② 중개보조원이 중개업무를 보조하면서 중개의뢰인에게 본인이 중개보조원이라는 사실을 미리 알리지 않은 경우
③ 개업공인중개사가 중개행위로 인한 손해배상책임을 보장하기 위하여 가입해야 하는 보증보험이나 공제에 가입하지 않은 경우
④ 개업공인중개사가 동일한 중개대상물에 대한 하나의 거래를 완성하면서 서로 다른 둘 이상의 거래계약서를 작성한 경우
⑤ 개업공인중개사가 거래당사자 쌍방을 대리한 경우

해설 신고센터에 신고할 수 있는 사항(법 제47조의 2 제2항)

㉠ 제7조부터 제9조까지(자격증 양도대여 금지, 공인중개사 아닌 자의 유사명칭 금지, 중개사무소 개설등록), 제8조의4(중개보조원 고지의무) 또는 제33조제2항(업무방해 금지)을 위반하는 행위
㉡ 제48조제2호(거짓부정 등록)에 해당하는 행위
㉢ 개업공인중개사가 제12조제1항(이중등록), 제13조제1항(이중사무소)·제2항(임시중개시설물), 제14조제1항(법인의 겸업), 제15조제3항(중개보조원 채용제한), 제17조(등록증 등 게시의무), 제18조(명칭), 제19조(등록증 양도·대여), 제25조제1항(확인·설명 의무), 제25조의3(주택임대차 중개시 설명의무) 또는 제26조제3항(거래계약서 거짓기재·이중계약서)을 위반하는 행위
㉣ 개업공인중개사등이 제12조제2항(이중소속), 제29조제2항(비밀준수위반) 또는 제33조제1항(개업공인중개사 등의 금지행위)을 위반하는 행위
㉤ 「부동산 거래신고 등에 관한 법률」 제3조(부동산거래신고), 제3조의2(해제신고) 또는 제4조(금지행위)를 위반하는 행위

07

공인중개사법령상 개업공인중개사가 다음의 행위를 하기 위하여 법원에 등록해야 하는 것을 모두 고른 것은? (단, 법 제7638호 부칙 제6조제2항은 고려하지 않음)

ㄱ. 「민사집행법」에 의한 경매대상 부동산의 매수신청의 대리
ㄴ. 「국세징수법」에 의한 공매대상 부동산의 입찰신청의 대리
ㄷ. 중개행위에 사용할 인장의 변경
ㄹ. 중개행위로 인한 손해배상책임을 보장하기 위한 보증보험의 가입

① ㄱ   ② ㄱ, ㄴ   ③ ㄴ, ㄹ   ④ ㄱ, ㄴ, ㄷ   ⑤ ㄱ, ㄷ, ㄹ

해설 겸업업무

① 개업공인중개사가 「민사집행법」에 의한 경매대상 부동산의 매수신청 또는 입찰신청의 대리를 하고자 하는 때에는 대법원규칙으로 정하는 요건을 갖추어 법원에 등록을 하고 그 감독을 받아야 한다(법 제14조 제3항).

정답   06. ③   07. ①

08

경록 '25 기본서 142쪽 출제

공인중개사법령상 소속공인중개사를 둔 개업공인중개사가 중개사무소 안의 보기 쉬운 곳에 게시하여야 하는 것을 모두 고른 것은?

> ㄱ. 소속공인중개사의 공인중개사자격증 원본
> ㄴ. 보증의 설정을 증명할 수 있는 서류
> ㄷ. 소속공인중개사의 고용신고서
> ㄹ. 개업공인중개사의 실무교육 수료확인증

① ㄱ, ㄴ ② ㄱ, ㄹ ③ ㄴ, ㄷ ④ ㄷ, ㄹ ⑤ ㄱ, ㄴ, ㄹ

해설 게시의무

개업공인중개사가 당해 중개사무소안에 게시하여야 할 사항은 다음과 같다(법 제17조, 규칙 제10조).
- ⊙ 중개사무소등록증 원본(분사무소의 경우에는 분사무소 설치신고확인서 원본을 말한다)
- ⓒ 개업공인중개사 및 소속공인중개사의 공인중개사자격증 원본(해당되는 자가 있는 경우에 한함)
- ⓒ 중개보수실비의 요율 및 한도액표
- ⓔ 업무보증 설정을 증명할 수 있는 서류
- ⓜ 사업자등록증

09

경록 '25 기본서 82쪽 출제

공인중개사법령상 중개사무소의 개설등록에 관한 설명으로 틀린 것은?

① 금고 이상의 형의 집행유예를 받고 그 유예기간이 만료된 날부터 2년이 지나지 아니한 자는 개설등록을 할 수 없다.
② 공인중개사협회는 매월 중개사무소의 등록에 관한 사항을 중개사무소등록·행정처분등통지서에 기재하여 다음달 10일까지 시·도지사에게 통보하여야 한다.
③ 외국에 주된 영업소를 둔 법인의 경우에는 「상법」상 외국회사 규정에 따른 영업소의 등기를 증명할 수 있는 서류를 제출하여야 한다.
④ 개설등록의 신청을 받은 등록관청은 개업공인중개사의 종별에 따라 구분하여 개설등록을 하고, 개설등록 신청을 받은 날부터 7일 이내에 등록신청인에게 서면으로 통지하여야 한다.
⑤ 공인중개사인 개업공인중개사가 법인인 개업공인중개사로 업무를 하고자 개설등록신청서를 다시 제출하는 경우 종전의 등록증은 이를 반납하여야 한다.

해설 등록관청의 통보사항

② 공인중개사협회는 매월 중개사무소의 등록에 관한 사항을 중개사무소등록·행정처분등통지서에 기재하여 다음달 10일까지 공인중개사협회에게 통보하여야 한다.

정답 08. ① 09. ②

10

공인중개사법령상 개업공인중개사와 중개의뢰인의 중개계약에 관한 설명으로 틀린 것은?

① 일반중개계약은 계약서의 작성 없이도 체결할 수 있다.
② 전속중개계약을 체결하면서 유효기간을 3개월 미만으로 약정한 경우 그 유효기간은 3개월로 한다.
③ 전속중개계약을 체결한 개업공인중개사는 중개대상물의 권리자의 인적 사항에 관한 정보를 공개해서는 안 된다.
④ 중개의뢰인은 일반중개계약을 체결하면서 거래예정가격을 포함한 일반중개계약서의 작성을 요청할 수 있다.
⑤ 임대차에 대한 전속중개계약을 체결한 개업공인중개사는 중개의뢰인의 비공개 요청이 없어도 중개대상물의 공시지가를 공개하지 아니할 수 있다.

해설 전속중개계약
② 약정이 있다면 약정에 의하므로 전속중개계약을 체결하면서 유효기간을 3개월 미만으로 약정한 경우 약정된 기간이 유효하다.

11

공인중개사법령상 부동산거래정보망의 지정 및 이용에 관한 설명으로 옳은 것은?

① 「전기통신사업법」의 규정에 의한 부가통신사업자가 아니어도 국토교통부령으로 정하는 요건을 갖추면 거래정보 사업자로 지정받을 수 있다.
② 거래정보사업자로 지정받으려는 자는 공인중개사의 자격을 갖추어야 한다.
③ 거짓이나 그 밖의 부정한 방법으로 거래정보사업자로 지정받은 경우 그 지정은 무효이다.
④ 법인인 거래정보사업자의 해산으로 부동산거래정보망의 계속적인 운영이 불가능한 경우 국토교통부장관은 청문 없이 그 지정을 취소할 수 있다.
⑤ 부동산거래정보망에 정보가 공개된 중개대상물의 거래가 완성된 경우 개업공인중개사는 3개월 이내에 해당 거래정보사업자에게 이를 통보하여야 한다.

해설 부동산거래정보망
① 「전기통신사업법」의 규정에 의한 부가통신사업자이어야 한다.
② 공인중개사 1인 이상 확보하여야 한다.
③ 지정을 취소할 수 있으나 지정은 무효는 아니다.
⑤ 개업공인중개사는 지체없이 해당 거래정보사업자에게 이를 통보하여야 한다.

정답 10. ② 11. ④

12 공인중개사법령상 개업공인중개사가 계약금등을 금융기관에 예치하도록 거래당사자에게 권고하는 경우 예치명의자가 될 수 없는 자는?

경록 '25 기본서 224쪽 출제

① 개업공인중개사
② 거래당사자 중 일방
③ 부동산 거래계약의 이행을 보장하기 위하여 계약 관련서류 및 계약금등을 관리하는 업무를 수행하는 전문회사
④ 국토교통부장관의 승인을 얻어 공제사업을 하는 공인중개사협회
⑤ 「은행법」에 따른 은행

해설 예치명의자(법 제31조 제1항, 영 제27조 제1항)
㉠ 개업공인중개사
㉡ 은행법에 따른 은행
㉢ 보험업법에 따른 보험회사
㉣ 자본시장과 금융투자업에 관한 법률에 따른 신탁업자
㉤ 우체국예금보험에 관한법률에 따른 체신관서
㉥ 공제사업을 하는 자
㉦ 부동산 거래계약의 이행을 보장하기 위하여 계약금·중도금 또는 잔금(계약금등) 및 계약관련서류를 관리하는 업무를 수행하는 전문회사

13 공인중개사법령상 누구든지 시세에 부당한 영향을 줄 목적으로 개업공인중개사등의 업무를 방해해서는 아니 되는 행위를 모두 고른 것은?

경록 '25 기본서 249쪽 출제

ㄱ. 중개의뢰인과 직접 거래를 하는 행위
ㄴ. 안내문, 온라인 커뮤니티 등을 이용하여 특정가격 이하로 중개를 의뢰하지 아니하도록 유도하는 행위
ㄷ. 정당한 사유 없이 개업공인중개사등의 중개대상물에 대한 정당한 표시·광고 행위를 방해하는 행위
ㄹ. 단체를 구성하여 특정 중개대상물에 대하여 중개를 제한하거나 단체 구성원 이외의 자와 공동중개를 제한하는 행위

① ㄱ, ㄷ   ② ㄱ, ㄹ   ③ ㄴ, ㄷ   ④ ㄱ, ㄴ, ㄹ   ⑤ ㄴ, ㄷ, ㄹ

정답   12. ②   13. ③

> **해설** 개업공인중개사의 업무방해 금지행위(법 제33조 제2항)

누구든지 시세에 부당한 영향을 줄 목적으로 다음 각 호의 어느 하나의 방법으로 개업공인중개사 등의 업무를 방해해서는 아니 된다.
  (1) 안내문, 온라인 커뮤니티 등을 이용하여 특정 개업공인중개사등에 대한 중개의뢰를 제한하거나 제한을 유도하는 행위
  (2) 안내문, 온라인 커뮤니티 등을 이용하여 중개대상물에 대하여 시세보다 현저하게 높게 표시·광고 또는 중개하는 특정 개업공인중개사등에게만 중개의뢰를 하도록 유도함으로써 다른 개업공인중개사등을 부당하게 차별하는 행위
  (3) 안내문, 온라인 커뮤니티 등을 이용하여 특정 가격 이하로 중개를 의뢰하지 아니하도록 유도하는 행위
  (4) 정당한 사유 없이 개업공인중개사등의 중개대상물에 대한 정당한 표시·광고 행위를 방해하는 행위
  (5) 개업공인중개사등에게 중개대상물을 시세보다 현저하게 높게 표시·광고하도록 강요하거나 대가를 약속하고 시세보다 현저하게 높게 표시·광고하도록 유도하는 행위

14

'25 기본서 49쪽 출제

공인중개사법령상 다음의 행위를 한 자에 대하여 3년의 징역에 처할 수 있는 경우는?

① 거짓이나 그 밖의 부정한 방법으로 중개사무소의 개설등록을 한 경우
② 공인중개사가 다른 사람에게 자기의 성명을 사용하여 중개업무를 하게 한 경우
③ 등록관청의 관할 구역안에 2개의 중개사무소를 둔 경우
④ 개업공인중개사가 천막 그 밖에 이동이 용이한 임시 중개시설물을 설치한 경우
⑤ 공인중개사가 아닌 자로서 공인중개사 또는 이와 유사한 명칭을 사용한 경우

> **해설** 행정형벌

① 거짓이나 그 밖의 부정한 방법으로 중개사무소의 개설등록을 한 경우 – 3년이하 징역 또는 3천만원 이하의 벌금
② 공인중개사가 다른 사람에게 자기의 성명을 사용하여 중개업무를 하게 한 경우 – 1년이하 징역 또는 1천만원 이하의 벌금
③ 등록관청의 관할 구역안에 2개의 중개사무소를 둔 경우 – 1년이하 징역 또는 1천만원 이하의 벌금
④ 개업공인중개사가 천막 그 밖에 이동이 용이한 임시 중개시설물을 설치한 경우 – 1년이하 징역 또는 1천만원 이하의 벌금
⑤ 공인중개사가 아닌 자로서 공인중개사 또는 이와 유사한 명칭을 사용한 경우 – 1년이하 징역 또는 1천만원 이하의 벌금

정답   14. ①

15

경록 '25 기본서 255쪽 출제

공인중개사법령상 중개보수 등에 관한 설명으로 틀린 것은?

① 개업공인중개사의 중개업무상 과실로 인하여 중개의뢰인간의 거래행위가 무효가 된 경우 개업공인중개사는 중개의뢰인으로부터 소정의 보수를 받을 수 없다.
② 주택의 중개에 대한 보수는 중개의뢰인 쌍방으로부터 각각 받되, 그 금액은 시·도의 조례로 정하는 요율한도 이내에서 중개의뢰인과 개업공인중개사가 서로 협의하여 결정한다.
③ 중개보수의 지급시기는 개업공인중개사와 중개의뢰인간의 약정에 따르되, 약정이 없을 때에는 중개대상물의 거래대금 지급이 완료된 날로 한다.
④ 중개대상물인 주택의 소재지와 중개사무소의 소재지가 다른 경우 중개보수는 중개대상물의 소재지를 관할하는 시·도의 조례에서 정한 기준에 따라야 한다.
⑤ 개업공인중개사는 중개의뢰인으로부터 중개대상물의 권리관계 등의 확인에 소요되는 실비를 받을 수 있다.

해설 중개보수

④ 중개대상물인 주택의 소재지와 중개사무소의 소재지가 다른 경우 중개보수는 중개사무소의 소재지를 관할하는 시·도의 조례에서 정한 기준에 따라야 한다.

16

경록 '25 기본서 316쪽 출제

공인중개사법령상 개업공인중개사 업무정지의 기준에서 개별기준에 따른 업무정지기간이 6개월인 것은?

① 인장등록을 하지 않거나 등록하지 않은 인장을 사용한 경우
② 거래정보사업자에게 공개를 의뢰한 중개대상물의 거래가 완성된 사실을 그 거래정보사업자에게 통보하지 않은 경우
③ 부동산거래정보망에 중개대상물에 관한 정보를 거짓으로 공개한 경우
④ 중개대상물 확인·설명서를 보존기간 동안 보존하지 않은 경우
⑤ 법령상의 전속중개계약서 서식에 따르지 않고 전속중개계약을 체결한 경우

해설 업무정지 기준

① 인장등록을 하지 않거나 등록하지 않은 인장을 사용한 경우 – 3월
② 거래정보사업자에게 공개를 의뢰한 중개대상물의 거래가 완성된 사실을 그 거래정보사업자에게 통보하지 않은 경우 – 3월
③ 부동산거래정보망에 중개대상물에 관한 정보를 거짓으로 공개한 경우 – 6월
④ 중개대상물 확인·설명서를 보존기간 동안 보존하지 않은 경우 – 3월
⑤ 법령상의 전속중개계약서 서식에 따르지 않고 전속중개계약을 체결한 경우 – 3월

정답 15. ④ 16. ③

17

공인중개사법령상 공인중개사인 개업공인중개사의 중개사무소 개설등록 취소 사유에 해당하지 않는 경우는?

① 중개대상물 확인·설명서를 교부하지 아니한 경우
② 거짓으로 중개사무소의 개설등록을 한 경우
③ 업무정지기간 중에 중개업무를 한 경우
④ 공인중개사인 개업공인중개사가 개업공인중개사인 법인의 사원·임원이 된 경우
⑤ 개업공인중개사가 사망한 경우

> **해설** 등록취소
> ① 중개대상물 확인·설명서를 교부하지 아니한 경우 – 업무정지
> ② 거짓으로 중개사무소의 개설등록을 한 경우 – 절대등록취소
> ③ 업무정지기간 중에 중개업무를 한 경우 – 절대등록취소
> ④ 공인중개사인 개업공인중개사가 개업공인중개사인 법인의 사원·임원이 된 경우 – 절대등록취소
> ⑤ 개업공인중개사가 사망한 경우 – 절대등록취소

18

공인중개사법령상 국토교통부장관이 공인중개사협회의 공제사업 운영에 대한 개선조치로서 명할 수 있는 것이 아닌 것은?

① 가치가 없다고 인정되는 자산의 손실 처리
② 공제사업의 양도
③ 불건전한 자산에 대한 적립금의 보유
④ 업무집행방법의 변경
⑤ 자산의 장부가격의 변경

> **해설** 공제사업 운영의 개선명령(법 제452조의 2)
> ㉠ 업무집행방법의 변경
> ㉡ 자산예탁기관의 변경
> ㉢ 자산의 장부가격의 변경
> ㉣ 불건전한 자산에 대한 적립금의 보유
> ㉤ 가치가 없다고 인정되는 자산의 손실 처리
> ㉥ 그 밖에 이 법 및 공제규정을 준수하지 아니하여 공제사업의 건전성을 해할 우려가 있는 경우 이에 대한 개선명령

정답 17. ① 18. ②

19 공인중개사법령상 개업공인중개사가 중개를 완성한 때에 작성하는 거래계약서에 기재하여야 하는 사항을 모두 고른 것은?

경록 '25 기본서 192쪽 출제

ㄱ. 권리이전의 내용
ㄴ. 물건의 인도일시
ㄷ. 계약의 조건이나 기한이 있는 경우에는 그 조건 또는 기한
ㄹ. 중개대상물 확인·설명서 교부일자

① ㄱ, ㄹ ② ㄴ, ㄷ ③ ㄱ, ㄴ, ㄷ ④ ㄱ, ㄴ, ㄹ ⑤ ㄱ, ㄴ, ㄷ, ㄹ

해설 거래계약서의 필요적 기재사항(영 제22조 제1항)
㉠ 거래당사자의 인적사항
㉡ 물건의 표시
㉢ 계약일
㉣ 거래금액·계약금액 및 그 지급일자 등 지급에 관한 사항
㉤ 물건의 인도일시
㉥ 권리이전의 내용
㉦ 계약의 조건이나 기한이 있는 경우에는 그 조건 또는 기한
㉧ 중개대상물확인·설명서 교부일자
㉨ 그 밖의 약정내용

20 공인중개사법령상 중개대상물 확인·설명서[Ⅱ] (비주거용 건축물)에서 개업공인중개사 기본 확인사항이 아닌 것은?

경록 '25 기본서 534쪽 출제

① 토지의 소재지, 면적 등 대상물건의 표시
② 소유권 외의 권리사항 등 등기부 기재사항
③ 관리비
④ 입지조건
⑤ 거래예정금액

해설 중개대상물 확인·설명서[Ⅱ]
관리비는 중개대상물 확인·설명서[Ⅰ](주거용 건축물)에 기재하는 사항이다.

정답 19. ⑤ 20. ③

21

공인중개사법령상 공인중개사협회의 업무에 해당하는 것을 모두 고른 것은?

> ㄱ. 회원의 윤리헌장 제정 및 그 실천에 관한 업무
> ㄴ. 부동산 정보제공에 관한 업무
> ㄷ. 인터넷을 이용한 중개대상물에 대한 표시·광고 모니터링 업무
> ㄹ. 회원의 품위유지를 위한 업무

① ㄱ, ㄹ ② ㄴ, ㄷ ③ ㄱ, ㄴ, ㄷ ④ ㄱ, ㄴ, ㄹ ⑤ ㄱ, ㄴ, ㄷ, ㄹ

해설 협회의 고유업무

협회는 그 목적을 달성하기 위하여 아래와 같은 업무를 수행할 수 있다(영 제31조).
 ㉠ 회원의 품위유지를 위한 업무
 ㉡ 부동산중개제도의 연구·개선에 관한 업무
 ㉢ 회원의 자질향상을 위한 지도 및 교육·연수에 관한 업무
 ㉣ 회원의 윤리헌장 제정 및 그 실천에 관한 업무
 ㉤ 부동산 정보제공에 관한 업무
 ㉥ 공제사업(이 경우 공제사업은 비영리사업으로서 회원 간의 상호부조를 목적으로 한다)
 ㉦ 그 밖에 협회의 설립목적달성을 위하여 필요한 업무

22

부동산 거래신고 등에 관한 법령상 토지거래허가구역(이하 "허가구역"이라 함)의 지정에 관한 설명으로 옳은 것은?

① 허가구역이 둘 이상의 시·도의 관할구역에 걸쳐 있는 경우 해당 시·도지사가 공동으로 지정한다.
② 토지의 투기적인 거래 성행으로 지가가 급격히 상승하는 등의 특별한 사유가 있으면 7년 이내의 기간을 정하여 허가구역을 지정할 수 있다.
③ 허가구역의 지정은 시장·군수 또는 구청장이 허가구역지정의 통지를 받은 날부터 5일 후에 그 효력이 발생한다.
④ 허가구역 지정에 관한 공고 내용의 통지를 받은 시장·군수 또는 구청장은 지체 없이 그 공고 내용을 관할 등기소의 장에게 통지해야 한다.
⑤ 허가구역 지정에 관한 공고 내용의 통지를 받은 시장·군수 또는 구청장은 그 사실을 7일 이상 공고해야 하고, 그 공고 내용을 30일간 일반이 열람할 수 있도록 해야 한다.

정답 21. ④ 22. ④

해설 토지거래허가
① 허가구역이 둘 이상의 시·도의 관할구역에 걸쳐 있는 경우 해당 국토교통부장관이 지정한다.
② 토지의 투기적인 거래 성행으로 지가가 급격히 상승하는 등의 특별한 사유가 있으면 5년 이내의 기간을 정하여 허가구역을 지정할 수 있다.
③ 지정권자가 지정공고를 한 날부터 5일 후에 그 효력이 발생한다.
⑤ 허가구역 지정에 관한 공고 내용의 통지를 받은 시장·군수 또는 구청장은 그 사실을 7일 이상 공고해야 하고, 그 공고 내용을 15일간 일반이 열람할 수 있도록 해야 한다.

23 (경록 '25 기본서 382쪽 출제)

부동산 거래신고 등에 관한 법령상 부동산 거래계약의 변경신고사항이 아닌 것은?

① 거래가격
② 공동매수의 경우 매수인의 추가
③ 거래 지분 비율
④ 거래대상 부동산의 면적
⑤ 거래 지분

해설 변경신고 사항(규칙 제3조 제3항)
㉠ 거래 지분 비율
㉡ 거래 지분
㉢ 거래대상 부동산등의 면적
㉣ 계약의 조건 또는 기한
㉤ 거래가격
㉥ 중도금·잔금 및 지급일
㉦ 공동매수의 경우 일부 매수인의 변경(매수인 중 일부가 제외되는 경우만 해당한다)
㉧ 거래대상 부동산등이 다수인 경우 일부 부동산등의 변경(거래대상 부동산등 중 일부가 제외되는 경우만 해당한다)
㉨ 위탁관리인의 주소, 성명 등 인적사항

24 (경록 '25 기본서 383쪽 출제)

부동산 거래신고 등에 관한 법령상 주택 임대차계약의 신고에 관한 설명으로 옳은 것은? (단, 다른 법률에 따른 신고의 의제는 고려하지 않음)

① A특별자치시 소재 주택으로서 보증금이 6천만원이고 월 차임이 30만원으로 임대차계약을 신규 체결한 경우 신고 대상이다.
② B시 소재 주택으로서 보증금이 5천만원이고 월 차임이 40만원으로 임대차계약을 신규 체결한 경우 신고 대상이 아니다.
③ 자연인 甲과 「지방공기업법」에 따른 지방공사 乙이 신고 대상인 주택 임대차계약을 체결한 경우 甲과 乙은 관할 신고관청에 공동으로 신고하여야 한다.
④ C광역시 D군 소재 주택으로서 보증금이 1억원이고 월 차임이 100만원으로 신고된 임대차계약에서 보증금 및 차임의 증감 없이 임대차 기간만 연장하는 갱신계약은 신고 대상이 아니다.
⑤ 개업공인중개사가 신고 대상인 주택 임대차계약을 중개한 경우 해당 개업공인중개사가 신고하여야 한다.

정답 23. ② 24. ④

해설 **주택임대차계약신고**
① 6천만원 초과 또는 월 차임이 30만원 초과이여야 신고대상이다.
② 6천만원 초과 또는 월 차임이 30만원 초과이면 신고대상이므로 월 차임이 40만원으로 신고 대상이다.
③ 당사자 일방이 국가 등이라면 국가 등이 신고관청에 공동으로 신고하여야 한다.
⑤ 개업공인중개사는 신고의무가 없다.

25

부동산 거래신고 등에 관한 법령상 부동산거래신고에 관한 설명으로 틀린 것은?

① 거래당사자 또는 개업공인중개사는 부동산 거래계약 신고 내용 중 거래 지분 비율이 잘못 기재된 경우 신고관청에 신고 내용의 정정을 신청할 수 있다.
② 자연인 甲이 단독으로「주택법」상 투기과열지구 외에 소재하는 주택을 실제 거래가격 6억원으로 매수한 경우 입주 예정 시기 등 그 주택의 이용계획은 신고사항이다.
③ 법인이 주택의 매수자로서 거래계약을 체결한 경우 임대 등 그 주택의 이용계획은 신고사항이다.
④ 부동산의 매수인은 신고인이 부동산거래계약 신고필증을 발급받은 때에「부동산 등기 특별조치법」에 따른 검인을 받은 것으로 본다.
⑤ 개업공인중개사가 신고한 후 해당 거래계약이 해제된 경우 그 계약을 해제한 거래당사자는 해제가 확정된 날부터 30일 이내에 해당 신고관청에 단독으로 신고하여야 한다.

해설 **계약해제등신고**
거래계약이 해제된 경우 그 계약을 해제한 거래당사자는 해제가 확정된 날부터 30일 이내에 해당 신고관청에 공동으로 신고하여야 한다.

26

부동산 거래신고 등에 관한 법령상 외국인등의 대한민국 안의 부동산(이하 "국내 부동산" 이라 함) **취득에 관한 설명으로 틀린 것은?** (단, 상호주의에 따른 제한은 고려하지 않음)

① 정부간 기구는 외국인등에 포함된다.
② 외국의 법령에 따라 설립된 법인이 건축물의 신축으로 국내 부동산을 취득한 때에는 부동산을 취득한 날부터 60일 이내에 신고관청에 취득신고를 하여야 한다.
③ 외국인이 국내 부동산을 취득하는 교환계약을 체결하였을 때에는 계약체결일부터 60일 이내에 신고관청에 취득신고를 하여야 한다.
④ 외국인이 국내 부동산을 매수하기 위하여 체결한 매매계약은 부동산 거래신고의 대상이다.
⑤ 국내 부동산을 가지고 있는 대한민국국민이 외국인으로 변경된 경우 그 외국인이 해당 부동산을 계속보유하려는 때에는 외국인으로 변경된 날부터 6개월 이내에 신고관청에 계속보유신고를 하여야 한다.

정답 25. ⑤ 26. ②

해설 외국인 부동산 취득신고
② 외국의 법령에 따라 설립된 법인이 건축물의 신축으로 국내 부동산을 취득한 때에는 부동산을 취득한 날부터 6개월 이내에 신고관청에 취득신고를 하여야 한다.

27
경록 '25 기본서 409쪽 출제

부동산 거래신고 등에 관한 법령상 '허가구역 내 토지거래에 대한 허가'의 규정이 적용되지 <u>않는</u> 경우를 모두 고른 것은?

> ㄱ. 「부동산 거래신고 등에 관한 법률」에 따라 외국인이 토지취득의 허가를 받은 경우
> ㄴ. 「공익사업을 위한 토지 등의 취득 및 보상에 관한 법률」에 따라 토지를 환매하는 경우
> ㄷ. 「한국농어촌공사 및 농지관리기금법」에 따라 한국농어촌공사가 농지의 매매를 하는 경우

① ㄱ ② ㄴ ③ ㄱ, ㄷ ④ ㄴ, ㄷ ⑤ ㄱ, ㄴ, ㄷ

해설 토지거래허가
모두 허가를 받지 않아도 되는 사항이다.

28
경록 '25 기본서 370쪽 출제

부동산 거래신고 등에 관한 법령상 부동산거래신고의 대상이 <u>아닌</u> 것은?

① 「주택법」에 따른 조정대상지역에 소재하는 주택의 증여 계약
② 「공공주택 특별법」에 따른 부동산의 공급계약
③ 토지거래허가를 받은 토지의 매매계약
④ 「택지개발촉진법」에 따른 부동산 공급계약을 통하여 부동산을 공급받는 자로 선정된 지위의 매매계약
⑤ 「빈집 및 소규모주택 정비에 관한 특례법」에 따른 사업시행계획인가로 취득한 입주자로 선정된 지위의 매매계약

해설 부동산거래신고대상
부동산거래신고는 매매계약에 한해 적용되며 교환이나 임대차 등 각종 권리설정(저당권, 전세권, 지상권, 지역권)은 거래신고 대상이 아님을 유의하여야 한다. 또한 입목, 광업재단, 공장재단의 거래 또한 거래신고 대상이 아니다.

정답 27. ⑤ 28. ①

29

甲의 저당권이 설정되어 있는 乙소유의 X주택을 丙이 임차하려고 한다. 개업공인중개사가 중개의뢰인 丙에게 임대차계약 체결 후 발생할 수 있는 상황에 관하여 설명한 내용으로 옳은 것은? (다툼이 있으면 판례에 따름)

① 丙이 X주택을 인도받고 그 주소로 동거하는 자녀의 주민등록을 이전하면 대항력이 인정되지 않는다.
② 丙이 부동산임대차 등기를 한 때에도 X주택을 인도받고 주민등록의 이전을 하지 않으면 대항력이 인정되지 않는다.
③ 乙이 보증금반환채권을 담보하기 위하여 丙에게 전세권을 설정해 준 경우, 乙은 丙의 전세권을 양수한 선의의 제3자에게 연체차임의 공제 주장으로 대항할 수 있다.
④ 丙이 「주택임대차보호법」상 최우선변제권이 인정되는 소액임차인인 때에도 甲의 저당권이 실행되면 丙의 임차권은 소멸한다.
⑤ 丙이 임대차계약을 체결한 후 丁이 X주택에 저당권을 설정받았는데, 丁이 채권을 변제받지 못하자 X주택을 경매한 경우 甲의 저당권과 丙의 임차권은 매각으로 소멸하지 않는다.

해설 주택임대차보호법
① 자녀의 주민등록도 인정된다.
② 부동산임대차 등기를 한 경우 그날부터 대항력이 인정된다.
③ 전세권을 양수한 선의의 제3자에게 연체차임의 공제를 주장할 수 없다.
⑤ 甲의 저당권은 당연 소멸되며 甲의 저당권에 의해 丙의 임차권은 매각으로 소멸한다.

30

개업공인중개사가 「민사집행법」에 따른 강제경매에 관하여 중개의뢰인에게 설명한 내용으로 틀린 것은?

① 법원이 경매절차를 개시하는 결정을 할 때에는 동시에 그 부동산의 압류를 명하여야 한다.
② 압류는 부동산에 대한 채무자의 관리·이용에 영향을 미치지 아니한다.
③ 제3자는 권리를 취득할 때에 경매신청 또는 압류가 있다는 것을 알았을 경우에도 압류에 대항할 수 있다.
④ 경매개시결정이 등기된 뒤에 가압류를 한 채권자는 배당요구를 할 수 있다.
⑤ 이해관계인은 매각대금이 모두 지급될 때까지 법원에 경매개시결정에 대한 이의신청을 할 수 있다.

해설 경매실무
③ 제3자는 권리를 취득할 때에 이미 경매신청 또는 압류가 있다는 것을 알았을 경우에는 대항할 수 없다.

정답 29. ④ 30. ③

31

개업공인중개사 甲은 「공인중개사의 매수신청대리인 등록 등에 관한 규칙」에 따라 매수신청대리인으로 등록한 후 乙과 매수신청대리에 관한 위임계약을 체결하였다. 이에 관한 설명으로 옳은 것은?

① 甲이 법인이고 분사무소를 1개 둔 경우 매수신청대리에 따른 손해배상책임을 보장하기 위하여 설정해야 하는 보증의 금액은 6억원 이상이다.
② 甲은 매수신청대리 사건카드에 乙에게서 위임받은 사건에 관한 사항을 기재하고 서명날인 한 후 이를 3년간 보존해야 한다.
③ 甲은 매수신청대리 대상물에 대한 확인·설명 사항을 서면으로 작성하여 사건카드에 철하여 3년간 보존해야 하며 乙에게 교부할 필요는 없다.
④ 등기사항증명서는 甲이 乙에게 제시할 수 있는 매수신청 대리 대상물에 대한 설명의 근거자료에 해당하지 않는다.
⑤ 甲이 중개사무소를 이전한 경우 14일 이내에 乙에게 통지하고 지방법원장에게 그 사실을 신고해야 한다.

해설 매수신청대리
② 사건카드는 5년간 보존해야 한다.
③ 확인·설명서는 사건카드에 철하여 5년간 보존해야 한다
④ 등기사항증명서는 매수신청 대리 대상물에 대한 설명의 근거자료에 해당한다.
⑤ 중개사무소를 이전한 경우 10일 이내에 지방법원장에게 그 사실을 신고해야 한다. 乙에게 통지의무는 없다.

32

개업공인중개사가 구분소유권의 목적인 건물을 매수하려는 중개의뢰인에게 「집합건물의 소유 및 관리에 관한 법률」에 관하여 설명한 내용으로 옳은 것은?

① 일부의 구분소유자만이 공용하도록 제공되는 것임이 명백한 공용부분도 구분소유자 전원의 공유에 속한다.
② 대지의 공유자는 그 대지에 구분소유권의 목적인 1동의 건물이 있을 때에도 그 건물 사용에 필요한 범위의 대지에 대해 분할을 청구할 수 있다.
③ 구분소유자는 공용부분을 개량하기 위해서 필요한 범위에서 다른 구분소유자의 전유부분의 사용을 청구할 수 있다.
④ 전유부분이 속하는 1동의 건물의 설치 또는 보존의 흠으로 인하여 다른 자에게 손해를 입힌 경우에는 그 흠은 전유부분에 존재하는 것으로 추정한다.
⑤ 대지사용권이 없는 구분소유자는 대지사용권자에게 대지사용권을 시가(時價)로 매도할 것을 청구할 수 있다.

정답 31. ① 32. ③

해설 집합건물의 소유 및 관리에 관한 법률
① 일부의 구분소유자만이 공용하도록 제공되는 것임이 명백한 공용부분은 그 구분소유자의 공유에 속한다.
② 대지의 공유자는 그 대지에 구분소유권의 목적인 1동의 건물이 있을 때에 그 건물 사용에 필요한 범위의 대지에 대해 분할을 청구할 수 없다.
④ 전유부분이 속하는 1동의 건물의 설치 또는 보존의 흠으로 인하여 다른 자에게 손해를 입힌 경우에는 그 흠은 공용부분에 존재하는 것으로 추정한다.
⑤ 대지사용권을 가지지 아니한 구분소유자가 있을 때에는 그 전유부분의 철거를 청구할 권리를 가진 자는 그 구분소유자에 대하여 구분소유권을 시가(時價)로 매도할 것을 청구할 수 있다.

33

'25 기본서 618쪽 출제

개업공인중개사가 중개의뢰인에게 건물의 소유를 목적으로 한 토지임대차를 중개하면서 임대인을 상대로 지상건물에 대한 매수청구권을 행사할 수 있는 임차인에 대하여 설명하였다. 이에 해당하는 자를 모두 고른 것은? (다툼이 있으면 판례에 따르며, 특별한 사정은 고려하지 않음)

ㄱ. 종전 임차인이 신축한 건물을 매수한 임차인
ㄴ. 차임연체를 이유로 계약을 해지당한 임차인
ㄷ. 건물을 신축하였으나 행정관청의 허가를 받지 않은 임차인
ㄹ. 토지에 지상권이 설정된 경우 지상권자로부터 그 토지를 임차하여 건물을 신축한 임차인

① ㄱ, ㄴ ② ㄴ, ㄷ ③ ㄷ, ㄹ ④ ㄱ, ㄴ, ㄹ ⑤ ㄱ, ㄷ, ㄹ

해설 지상물매수청구권
ㄴ. 차임연체를 이유로 계약을 해지당한 임차인은 임대인에게 지상물매수청구권이 없다.

34

'25 기본서 07쪽 출제

개업공인중개사가 소유자 甲으로부터 X주택을 임차한 「주택임대차보호법」상 임차인 乙에게 임차권등기명령과 그에 따른 임차권등기에 대하여 설명한 내용으로 옳은 것을 모두 고른 것은? (다툼이 있으면 판례에 따름)

ㄱ. 법원의 임차권등기명령이 甲에게 송달되어야 임차권등기명령을 집행할 수 있다.
ㄴ. 乙이 임차권등기를 한 이후에 甲으로부터 X주택을 임차한 임차인은 최우선변제권을 가지지 못한다.
ㄷ. 乙이 임차권등기를 한 이후 대항요건을 상실하더라도, 乙은 이미 취득한 대항력이나 우선변제권을 잃지 않는다.
ㄹ. 乙이 임차권등기를 한 이후에는 이행지체에 빠진 甲의 보증금반환의무가 乙의 임차권등기 말소의무보다 먼저 이행되어야 한다.

① ㄴ, ㄷ ② ㄱ, ㄴ, ㄹ ③ ㄱ, ㄷ, ㄹ
④ ㄴ, ㄷ, ㄹ ⑤ ㄱ, ㄴ, ㄷ, ㄹ

정답 33. ⑤ 34. ④

> **해설** 임차권등기명령
>
> ㄱ. 법원의 임차권등기명령은 등기부에 기입되어야 임차권등기명령을 집행할 수 있다(민사집행법 제293조 제1항).

35

경록 '25 기본서
민법 343쪽 출제

개업공인중개사가 X토지를 공유로 취득하고자 하는 甲의 乙에게 설명한 내용으로 옳은 것을 모두 고른 것은? (다툼이 있으면 판례에 따름)

> ㄱ. 甲의 지분이 1/2, 乙의 지분이 1/2인 경우, 乙과 협의 없이 X토지 전체를 사용·수익하는 甲에 대하여 乙은 X토지의 인도를 청구할 수 있다.
> ㄴ. 甲의 지분이 2/3, 乙의 지분이 1/3인 경우, 甲이 X토지를 임대하였다면 乙은 그 임대차의 무효를 주장할 수 없다.
> ㄷ. 甲의 지분이 1/3, 乙의 지분이 2/3인 경우, 乙은 甲의 동의 없이 X토지를 타인에게 매도할 수 없다.

① ㄱ   ② ㄴ   ③ ㄱ, ㄴ   ④ ㄴ, ㄷ   ⑤ ㄱ, ㄴ, ㄷ

> **해설** 공유지분
>
> ㄱ. 甲의 지분이 1/2, 乙의 지분이 1/2인 경우, 乙과 협의 없이 X토지 전체를 사용·수익하는 甲에 대하여 乙은 X토지의 인도를 청구할 수 없으나 방해상태를 제거하거나 공동점유를 방해하는 행위의 금지 등을 청구할 수는 있다.

36

경록 '25 기본서
588쪽 출제

甲이 乙로부터 乙 소유의 X주택을 2020. 1. 매수하면서 그 소유권이전등기는 자신의 친구인 丙에게로 해 줄 것을 요구하였다(이에 대한 丙의 동의가 있었음). 乙로부터 X주택의 소유권이전등기를 받은 丙은 甲의 허락을 얻지 않고 X주택을 丁에게 임대하였고, 丁은 X주택을 인도받은 후 주민등록을 이전하였다. 그런데 丁은 임대차계약 체결 당시에 甲의 허락이 없었음을 알고 있었다. 이에 대하여 개업공인중개사가 丁에게 설명한 내용으로 틀린 것은? (다툼이 있으면 판례에 따름)

① 丙은 X주택의 소유권을 취득할 수 없다.
② 乙은 丙을 상대로 진정명의 회복을 위한 소유권이전등기를 청구할 수 있다.
③ 甲은 乙과의 매매계약을 기초로 乙에게 X주택의 소유권이전등기를 청구할 수 있다.
④ 丁은 甲 또는 乙에 대하여 임차권을 주장할 수 있다.
⑤ 丙은 丁을 상대로 임대차계약의 무효를 주장할 수 없지만, 甲은 그 계약의 무효를 주장할 수 있다.

> **해설** 중간생략형 명의신탁
>
> ⑤ 丙과 甲 모두 임대차계약의 무효를 주장할 수 없다.

정답   35. ④   36. ⑤

37 개업공인중개사가 중개의뢰인에게 「주택임대차보호법」상 계약갱신요구권에 관하여 설명한 것으로 옳은 것은?

① 임차인은 최초의 임대차기간을 포함한 전체 임대차기간이 10년을 초과하지 아니하는 범위에서 계약갱신요구권을 행사할 수 있다.
② 임차인뿐만 아니라 임대인도 계약갱신요구권을 행사할 수 있다.
③ 임차인이 계약갱신요구권을 행사하여 임대차계약이 갱신된 경우 임차인은 언제든지 임대인에게 계약해지를 통지할 수 있다.
④ 임차인이 계약갱신요구권을 행사하여 임대차계약이 갱신된 경우 임대인은 차임을 증액할 수 없다.
⑤ 임차인이 계약갱신요구권을 행사하려는 경우 계약기간이 끝난 후 즉시 이를 행사하여야 한다.

해설 주택임대차보호법
① 임차인은 1회에 한하여 계약갱신요구권을 행사할 수 있다.
② 임차인만 계약갱신요구권을 행사할 수 있다.
④ 임차인이 계약갱신요구권을 행사하여 임대차계약이 갱신된 경우 임대인은 차임을 5%범위내에서 증액할 수 있다.
⑤ 임차인이 계약갱신요구권을 행사하려는 경우 계약만료 6개월 전부터 1개월 사이에 행사하여야 한다.

38 개업공인중개사가 상가건물을 임차하려는 중개의뢰인 甲에게 「상가건물 임대차보호법」의 내용에 관하여 설명한 것으로 틀린 것은?

① 甲이 건물을 인도 받고 「부가가치세법」에 따른 사업자등록을 신청하면 그 다음 날부터 대항력이 생긴다.
② 확정일자는 건물의 소재지 관할 세무서장이 부여한다.
③ 임대차계약을 체결하려는 甲은 임대인의 동의를 받아 관할 세무서장에게 건물의 확정일자 부여일 등 관련 정보의 제공을 요청할 수 있다.
④ 甲이 거짓이나 그 밖의 부정한 방법으로 임차한 경우 임대인은 甲의 계약갱신요구를 거절할 수 있다.
⑤ 건물의 경매 시 甲은 환가대금에서 우선변제권에 따른 보증금을 지급받은 이후에 건물을 양수인에게 인도하면 된다.

해설 상가건물임대차보호법
⑤ 건물의 경매 시 甲은 건물의 양수인에게 인도하여야 환가대금에서 우선변제권에 따른 보증금을 지급받을 수 있다.

정답 37. ③ 38. ⑤

39

개업공인중개사가 토지를 매수하려는 중개의뢰인에게 분묘기지권에 관하여 설명한 내용으로 옳은 것을 모두 고른 것은? (다툼이 있으면 판례에 따름)

> ㄱ. 분묘기지권을 시효취득한 사람은 시효취득한 때부터 지료를 지급할 의무가 발생한다.
> ㄴ. 특별한 사정이 없는 한 분묘기지권자가 분묘의 수호와 봉사를 계속하는 한 그 분묘가 존속하는 동안은 분묘기지권이 존속한다.
> ㄷ. 분묘기지권을 취득한 자는 그 분묘기지권의 등기 없이도 그 분묘가 설치된 토지의 매수인에게 대항할 수 있다.

① ㄴ   ② ㄱ, ㄴ   ③ ㄱ, ㄴ   ④ ㄴ, ㄷ   ⑤ ㄱ, ㄴ, ㄷ

해설 분묘기지권
ㄱ. 분묘기지권을 시효취득한 사람은 토지소유자가 청구한 때부터 지료를 지급할 의무가 발생한다.

40

토지를 매수하여 사설묘지를 설치하려는 중개의뢰인에게 개업공인중개사가 장사 등에 관한 법령에 관하여 설명한 내용으로 옳은 것은?

① 개인묘지를 설치하려면 그 묘지를 설치하기 전에 해당 묘지를 관할하는 시장등에게 신고해야 한다.
② 가족묘지를 설치하려면 해당 묘지를 관할하는 시장등의 허가를 받아야 한다.
③ 개인묘지나 가족묘지의 면적은 제한을 받지만, 분묘의 형태나 봉분의 높이는 제한을 받지 않는다.
④ 분묘의 설치기간은 원칙적으로 30년이지만, 개인묘지의 경우에는 3회에 한하여 그 기간을 연장할 수 있다.
⑤ 설치기간이 끝난 분묘의 연고자는 그 끝난 날부터 1개월 이내에 해당 분묘에 설치된 시설물을 철거하고 매장된 유골을 화장하거나 봉안해야 한다.

해설 장사등에 관한 법률
① 개인묘지를 설치한 경우 설치후 30일 이내에 시장등에게 신고해야 한다.
③ 분묘의 형태나 봉분의 높이도 제한받는다.
④ 개인묘지의 경우에는 1회에 한하여 그 기간을 연장할 수 있다.
⑤ 그 끝난 날부터 1년 이내에 해당 분묘에 설치된 시설물을 철거하고 매장된 유골을 화장하거나 봉안해야 한다.

정답 39. ④ 40. ②

한방에 합격은 경록이다

제1회 시험부터 수많은 합격자를 배출한 전문성 - 경록

시험장에서 눈을 의심할 만큼, 진가를 합격으로 확인하세요

정가 41,000원

1회 시험부터 수많은 합격자를 배출한 독보적 교재
공인중개사 기본서
2차 ③ 공인중개사법령및중개실무

27년연속99% 독보적 정답률

시험최적화 대한민국 1등 교재
(100인의 부동산학 대학교수진, 2021)

최초로 부동산학을 정립한 부동산학의
모태(원조)로서 부동산전문교육
1위 인증(한국부동산학회)

대한민국 부동산교육 공헌대상(한국부동산학회)
4차산업혁명대상(대한민국 국회)
고객만족대상(교육부)
고객감동 1위(중앙일보)
고객만족 1위(조선일보)
고객감동경영 1위(한국경제)
한국소비자만족도 1위(동아일보) 등 석권

발　　행	2025년 1월 10일
인　　쇄	2024년 11월 18일
연　　대	최초 부동산학 연구논문에서부터 현재까지 (1957년 원전 ~ 현재)
편　　저	경록 공인중개사 교재편찬위원회, 신한부동산연구소 편
발 행 자	이 성 태 / 李 垕 兊
발 행 처	경록 / 景鹿
주　　소	서울시 강남구 영동대로 114길 7 (삼성동 91-24) 경록메인홀
문　　의	02)3453-3993 / 02)3453-3546
홈페이지	www.kyungrok.com
팩　　스	02)556-7008
등　　록	제16-496호
I S B N	979-11-93559-84-0 14320

대표전화 1544-3589

이 책의 무단전재·복제를 금함

이 책은 저작권법에 의해 저작권이 보호됩니다. 무단전재 및 복제행위는 이 법 제136조에 의해 5년 이하의 징역 또는 5,000만원 이하의 벌금에 처하거나 병과(倂科)할 수 있습니다.

부동산전문교육 68년 전통과 노하우

개정법령 및 정오사항 등은 경록 홈페이지에서 서비스됩니다.